Baedeker

Allianz Reiseführer

W0307682

# Polen

www.baedeker.com

Verlag Karl Baedeker

# TOP-REISEZIELE ★★

**Polen ist überaus reich an historischen, architektonischen und landschaftlichen Sehenswürdigkeiten: Herausgeputzte Städte und Dörfer, prächtige Kirchen, majestätische Schlösser und Burgen und eine weite, unberührte Natur in über zwanzig Nationalparks versprechen ein unvergessliches Urlaubserlebnis. Die Highlights des Landes, die Sie auf keinen Fall verpassen sollten, haben wir hier für Sie zusammengestellt.**

**1 ★★ Słowiński Park Narodowy**
Die »polnische Sahara« erstreckt sich mit ihren 40 m hohen Sanddünen entlang der Ostseeküste. ► **Seite 298**

**2 ★★ Gdańsk**
Mit Krantor, Rechtstädischem Rathaus, Artushof und Neptunbrunnen ist Danzig heute eine der schönsten Städte des Landes. ► **Seite 194**

**3 ★★ Malbork**
Mit der riesigen Burg demonstrierte der Deutsche Orden seine Macht. ► **Seite 317**

**4 ★★ Mazury**
Dank ihrer faszinierenden Seenlandschaft ist die Region eines der beliebtesten Ferienziele Polens. ► **Seite 322**

**5 ★★ Puszcza Białowieska**
Mit etwas Glück entdeckt man in Europas letztem Urwald wild lebende Wisente. ► **Seite 367**

**6 ★★ Poznań**
Die Messestadt glänzt mit ihren prächtigen Renaissancebauten. ► **Seite 356**

**7 ★★ Gniezno**
Gotische Schmuckstücke zieren die einstige Hauptstadt des Landes. ► **Seite 219**

**8 ★★ Toruń**
Die mittelalterliche Altstadt ist das Glanzstück der Geburtsstadt von Nikolaus Kopernikus. ► **Seite 397**

**9 ★★ Warszawa**
Polens Hauptstadt ist nicht nur politisches, sondern auch modernes, kulturelles Zentrum des Landes. ► **Seite 408**

**10 ★★ Karkonosze**
In Begleitung von Rübezahl sind Wanderungen im Riesengebirge nochmal so schön. ► **Seite 238**

**11 ★★ Krzeszów**
Seit dem Jahr 2000 ist die bedeutendste spätbarocke Klosteranlage Schlesiens Unesco-Weltkulturerbe. ► **Seite 408**

**12 ★★ Karpacz**
Sommers wie winters ist das Städtchen am Fuß der Schneekoppe einer der attraktivsten Urlaubsorte im Riesengebirge. ► **Seite 242**

**13 ★★ Wrocław**
Das prachtvolle gotische Rathaus ist nur eines der vielen architektonischen Prunkstücke Breslaus. ► **Seite 438**

**14 ★★ Świdnica**
Schweidnitz beherbergt mit der Friedenskirche einen der beeindruckendsten Sakralbauten Europas. ► **Seite 381**

**15 ★★ Kłodzko**
Das 1000-jährige Glatz zeigt sich seinen Besuchern auch unterirdisch. ► **Seite 264**

**16 ★★ Częstochowa**
Hunderttausende pilgern jährlich ins religiöse Zentrum Polens. ► **Seite 182**

1 Słowiński Park Narowody
2 Gdańsk
©Baedeker
3 Malbork
4 Mazury
5 Puszcza Białowieska
8 Toruń
7 Gniezno
6 Poznań
9 Warszawa
20 Kazimierz Dolny
13 Wrocław
12 Karpacz
14 Świdnica
0 Karkonosze
11 Krzeszów
16 Częstochowa
21 Zamość
15 Kłodzko
17 Oświęcim
18 Kraków
22 Łańcut
19 Tatry
23 Bieszczady

# DIE BESTEN BAEDEKER-TIPPS

**Von allen Baedeker-Tipps in diesem Buch haben wir hier die interessantesten für Sie zusammengestellt! Erleben und genießen Sie das Nachbarland Polen von seiner schönsten Seite.**

### ! Besuch bei Matejko
Polens berühmtester Historienmaler heißt jeden Besucher in seinem Krakauer Wohnhaus in der ul. Floriańska willkommen.
► **Seite 63**

### ! Revolutionäre Künstler
An welchen Vorbildern sich in den 1930er-Jahren die junge polnische Malergruppe »Revolutionäre Künstler« orientierte, zeigt ihre »Internationale Sammlung Moderner Kunst« im Muzeum Sztuki in Łódź.
► **Seite 64**

### ! Edel speisen in Warschau
Und zwar beim Shootingstar der »neuen polnischen Küche« Pawel Oszczyk, der in seinem Restaurant »Rôtisserie« eine Kombination aus französischer und polnischer Küche anbietet. ► **Seite 93**

### ! Woodstock lebt
Neuauflage des legendären Rock-Festivals in der »Haltestelle Woodstock« nahe der deutsch-polnischen Grenze. ► **Seite 95**

### ! Kulturschock Polen?
Wie unsere Nachbarn leben, was ihnen wichtig oder unwichtig erscheint, erzählen Izabella Gawin und Dieter Schulze in ihrem Buch »KulturSchock Polen«.
► **Seite 100**

### ! »Wetterreise«
Die beste Zeit für einen Frühjahrs-Trip nach Polen. ► **Seite 110**

### ! »Keramik-Festival«
Sammler und »Freiluft-Tonkünstler« treffen sich alljährlich in der niederschlesischen Keramik-Stadt Bunzlau.
► **Seite 113**

### ! Low budget und Komfort
Günstig übernachten in Warschau und Krakau bei vollem Komfort. ► **Seite 124**

### ! Eissegeln
Auch mitten im Winter kann man auf einigen masurischen Seen der Segelleidenschaft frönen. ► **Seite 126**

### ! Unterwegs im Kanu
Eine der schönsten Strecken für Kanuten führt rund 100 km auf dem ehemaligen Grenzfluss San von Sanok nach Przemyśl.
► **Seite 130**

### ! Paradies für Kite-Surfer
Das Fischerdörfchen Rewa, ganz in der Nähe von Gdynia, ist wegen der dort herrschenden guten Windverhältnisse eine Hochburg für Kite-Surfer. ► **Seite 128**

**Woodstock-Festival**
*Jedes Jahr lassen die Organisatoren das wohl legendärste Festival der Rock-Geschichte neu aufleben. Zu Gast sind heute wie damals internationale Top-Acts.*

**Setzt die Segel!**
*Einen Hauch von Nostalgie bietet eine Flusskreuzfahrt auf einem Segelschiff.*

**! Flusskreuzfahrt**
Eine etwas andere Art der Landeserkundung – z. B. eine Fahrt mit der »Frédéric Chopin« auf der Oder bis nach Breslau.
► **Seite 134**

**! Über den Wolken ...**
Wer hoch hinaus möchte, kann sich die masurische Seenlandschaft oder das Hirschberger Tal aus der Vogelperspektive ansehen – im Segelflugzeug oder im Heißluftballon. ► **Seite 143**

**! Leuchtende Gänge**
Hochinteressant und völlig ungefährlich ist die Besichtigung des aufgelassenen Eisen- und Uranbergwerks in dem Riesengebirgs-Ort Kowary. ► **Seite 148**

**! Von See zu See**
Von Augustów aus lassen sich tagelange Kajaktouren auf den umliegenden, durch einen historischen Kanal miteinander verbundenen Seen unternehmen.
► **Seite 155**

**! Polish Prestige**
Ein Muss für Pferdefreunde ist, einmal die spannende Pferdeauktion in dem berühmten Gestüt Wygoda zu erleben.
► **Seite 157**

**! Unter Wölfen**
Wer keine Angst vor wilden Tieren hat und körperlich fit ist, begleitet Biologen auf den Spuren der Wölfe durch den Bieszczady-Nationalpark. ► **Seite 168**

**! »Apiphytotherapie«**
Am idyllischen Witosławskie-See, in der Nähe von Bydgoszcz, schwört man auf die heilende Wirkung von »Gesundmachern«, deren Ingredienzen allesamt von Bienen geliefert werden. ► **Seite 172**

**! Mit Fackeln in die Unterwelt**
Im Schein von Fackeln geht's kilometerweit durch die labyrinthischen Gänge des mittelalterlichen Kreidebergwerks unter dem Städtchen Chełm. ► **Seite 174**

**Gespenstisch**
*geht's zu im Bergwerk von Chełm. Auf kilometerlangen Touren gilt es allerlei zu entdecken und bestaunen.*

**! Wallfahrtskalender**
Wer erleben will, wie die »Königin Polens«, die Schwarze Madonna von Tschenstochau, von Zehntausenden Pilgern »belagert« wird, kommt am besten zu Mariä Himmelfahrt, am 15. August, ins Paulinenkloster auf dem »Hellen Berg«.
► **Seite 188**

**! Kanal-Tour**
Zu einer reizvollen Schiffstour – die teilweise über Land verläuft! – lockt der Oberländische Kanal zwischen Elbląg und Ostróda. ► **Seite 191**

**! Bernstein fischen**
In Jantar, ein paar Kilometer von Danzig entfernt, finden jeden Sommer Meisterschaften im Bernsteinfischen statt: Mit an langen Stangen befestigten Netzen wird dabei der Meeresboden nach dem »Gold der Ostsee« abgesucht. ► **Seite 202**

**! Goldwasser im »Lachs«**
Das edelmetallhaltige Danziger »Goldwasser« genießt man am besten dort, wo es erfunden wurde ... ► **Seite 206**

**! Musica Sacra**
Klang-Kostproben der 7876 Pfeifen großen Orgel der Kathedrale im Danziger Stadtteil Oliva. ► **Seite 210**

**! Kunstvolles Gießen**
Prachtstücke der ehemaligen Königlichen Eisengießerei in Gleiwitz. ► **Seite 217**

**! Einmal Burgherr sein**
Im kleinen Urlaubsort Łagów bietet das »Zamek Joannitów«, eine zum Hotel umgewandelte Johanniterburg aus dem 14. Jh., Ritterromantik pur. ► **Seite 475**

**! Mini-Schlesien**
Adelssitze, Schlösser, Kirchen und Klöster Niederschlesiens auf einem Fleck – im Miniaturenpark von Kowary beim Riesengebirgsstädtchen Karpacz. ► **Seite 245**

**! Gerstensaft vom Feinsten**
Biergenießer kommen kaum am Biermuseum in Tychy bei Kattowitz vorbei – und erst recht nicht am dazugehörigen Pub.
► **Seite 252**

**Prost!**
*Polen bietet eine Reihe leckerer Biere. Hier das Okocim, eines der bekanntesten.*

**! Kunsthandwerk und Folklore ...**
... sieht und erlebt man Ende Juni während der großen Volkskunstmesse in Kazimierz Dolny. ► **Seite 257**

**! Hinab ins Paradies ...**
... und hinein in die bizarre Tropfsteinwelt der südlich von Kielce gelegenen »Paradieshöhle«. ► **Seite 263**

**! Nobellokal Wierzynek**
Bereits anno 1364 kam in dem Krakauer Restaurant nur das Allerbeste auf den Tisch. ► **Seite 280**

**! Hinauf zum Turmwächter ...**
... der Krakauer Marienkirche – zur Belohnung gibt's einen phantastischen Blick über Polens »heimliche Hauptstadt«. ► **Seite 281**

**! Wunsch-Glocke**
Wer sie berührt, hat einen Wunsch frei – doch bevor die »Zygmunt«, die größte Glocke Polens, ihre »Zauberkräfte« entfaltet, muss man die steilen Stufen des Sigismund-Turms der Wawel-Kathedrale hinter sich bringen. ► **Seite 285**

**»The Schindler's List Tour«**
... führt durch den Krakauer Stadtteil Kazimierz zu den Drehorten von Steven Spielbergs Holocaust-Film »Schindlers Liste«. ► Seite 289

**Goldrausch in Goldberg**
Und zwar beim alljährlichen Wettbewerb im Goldwaschen in dem alten »Goldgräberstädtchen« Złotoryja einige Kilometer südlich von Liegnitz. ► Seite 303

**Raver-Parade**
Polens Techno-Freaks treffen sich Anfang September in Łódź zur großen Parade auf der Prachtstraße Piotrkowska. ► Seite 307

**Rikschafahrt**
Sightseeing-Tour per Rikscha durchs Zentrum von Łódź. ► Seite 311

**Abenteuer Biebrza**
Eine manchmal anstrengende, doch wunderschöne Kajak-Tour führt auf der Biebrza zu den Seen bei Augustów. ► Seite 313

**Schwimmendes Hotel**
Auf Kreuzfahrt über die Großen Masurischen Seen. ► Seite 324

**Urlaub im Märchenschloss**
99 Türmchen besitzt das Schloss von Moszna, das auch für Urlauber ein paar Zimmer bereithält. ► Seite 343

**Auf dem großen Strom**
Eine Floßfahrt auf dem Dunajec durch die tiefen Schluchten des Pieniny-Gebirges ist ein unvergessliches Urlaubserlebnis. ► Seite 351

**Auf Pirsch**
Spannende »Entdeckungssafari« zu wild lebenden Wisenten im Urwald Puszcza Białowieska. ► Seite 368

**»Kirchen-Fahrt«**
Eine 70 km lange Strecke führt von Sanok durch das Tal des San zu den schönsten Ikonen-Kirchen der Region. ► Seite 374

**Rückzug ins Kloster**
Wer Ruhe und Erholung genießen möchte, findet inmitten des Wigierski-Nationalparks in den Einsiedeleien eines Barockklosters, das auf einer Landzunge im Wigry-See erbaut wurde, den idealen Urlaubsort. ► Seite 381

**Warschau musikalisch**
Ein Sommersonntag in Warschau steckt voller Musik ... ► Seite 424

**Armes Theater**
Beim Breslauer Neuen Rathaus findet sich ein »Leckerbissen« für Theaterfans: eine umfangreiche Ausstellung zu Leben und Werk Jerzy Grotowskis, des Begründers des »Armen Theaters«. ► Seite 446

**Festival der Bergfolklore**
Fast alle Gebirgsvölker der Welt treffen sich beim sommerlichen Folklore-Spektakel in Zakopane, u. a. Hochland-Indios, Nepalesen, Schotten und natürlich Goralen aus der Tatra. ► Seite 459

**Jazz an der Grenze**
Zwei außergewöhnliche Festivals locken im Frühjahr und im Herbst Jazzfreunde aus ganz Europa nach Zamość. ► Seite 467

**Ruhen wie ein König**
*in einem der stilvollen 365 Räume im Schloss von Moszna.*

*Die Marienburg – steinernes Zeugnis deutscher Geschichte in Polen*
► **Seite 317**

# HINTERGRUND



# PRAKTISCHE INFORMATIONEN VON A bis Z

*Zygmunt der Alte führte Polen in das »Goldene Zeitalter«.*
► **Seite 81**

## TOUREN



## REISEZIELE VON A bis Z



### Preiskategorien

***Hotels***
Luxus: ab 480 Zł (ca. 120 €)
Komfortabel: 240 –480 Zł (60 – 120 €)
Günstig: bis 240 Zł (ca. 60 €)
Für eine Übernachtung von zwei Personen im Doppelzimmer

***Restaurants***
Fein & teuer: ab 100 Zł (ca. 25 €)
Erschwinglich: 47 – 100 Zł (12 – 25 €)
Preiswert: bis 47 Zł (ca. 12 €)
Für ein Menü mit Vor-, Haupt- und Nachspeise (ohne Getränke)

*Polen hat eine lange Brau-Tradition. Wie hier in einer Lokalbrauerei in Breslau, bekommt man vielerorts ein »Frisch Gezapftes«.*
▸ **Seite 438**

*Unzählige Mythen und Sagen ranken sich um Rübezahl. Was steckt dahinter?*
▸ **Seite 240**

*»Historisches« Einkaufen vor historischer Kulisse – auf dem Platz vor dem Königsschloss in Warschau lockt ein Flohmarkt Besucher an.*

► **Seite 420**

# Hintergrund

KURZ UND KNAPP, VERSTÄNDLICH GESCHRIEBEN UND SCHNELL NACHZUSCHLAGEN: WISSENSWERTES ÜBER LAND UND LEUTE, NATUR, WIRTSCHAFT, POLITIK UND ALLTAGSLEBEN

# ANGEKOMMEN IM WESTEN

**Der Traum vieler Polen hat sich erfüllt: Mit dem Beitritt zur Europäischen Gemeinschaft am 1. Mai 2004 wurde ein neues Kapitel ihrer Geschichte eröffnet. Das in der Vergangenheit so oft von den Nachbarn gegängelte Land erstrebt einen gleichberechtigten Platz in der Runde der Völker.**

Mit dem Begriff »Europa« verbinden die Polen in erster Linie die Vorstellung von einem hohen Lebensstandard. Sie wollen eine soziale Absicherung, die diesen Namen verdient, eine wettbewerbsfähige Wirtschaft und eine moderne Infrastruktur mit schnellen Straßen und Bahnlinien, kurzum: Anschluss an die in der Europäischen Union gültigen Standards. Um diesem Ziel näher zu kommen, waren die Polen nach dem Fall des Sozialismus bereit, sich eine wirtschaftliche Rosskur verordnen zu lassen und den Gürtel enger zu schnallen. Sie unterwarfen sich den Vorgaben des kapitalistischen Markts, akzeptierten ohne großes Murren die sich herausbildende »Differenzierung der Einkommen«.

**Willkommen!** *Am 1. Mai 2004 feierten die Polen den Beitritt ihres Landes in die EU.*

Es entstand eine neue Oberschicht, die nach westlichem Vorbild agierte und die Spielregeln der Konkurrenz in demokratischen Wahlen erprobte. Zugleich trachtete sie im Rahmen des geeinten Europas nach territorialer »Sicherheit«. Diese verdankt sich ihrer Meinung nach in aller erster Linie dem amerikanischen Schutzschirm, dem die westeuropäischen Staaten seit 1945 unterstellt sind.

## Die Zukunft hat begonnen

Bei der Reise durch das Nachbarland wird man Zeuge einer Vielzahl widersprüchlicher Entwicklungen und Tendenzen. Viele Polen sind aus Exil und Emigration heimgekehrt, bringen mit neuen Ideen notwendigen Schwung ins Land. In den Metropolen dominiert – wenigstens im Umkreis der sanierten City – Aufbruchsstimmung: Die Straßen beleben sich mit Cafés, Bars und Restaurants. Die letzten Baulücken werden mit Avantgarde-Architektur gefüllt, Schlösser und Burgen verwandeln sich in stilvolle Hotels.

**Imposant**
*erhebt sich die Marienburg, die größte Backsteinfestung Europas, am Ufer des Nogat.*

**Folklore**
*In fast allen Regionen Polens pflegen Trachtengruppen traditionelles Brauchtum.*

**Naturschönheiten**
*Die Wanderdünen im Slowinski-Nationalpark bei Leba locken die Besucher an.*

**Schiff ahoi!**
*Segler finden in den Masuren günstigste Bedingungen für ihr Hobby.*

**Klassisch**
*Keine Kosten und Mühen scheute man, um die nach dem Zweiten Weltkrieg stark beschädigten Gebäude wieder zu restaurieren.*

**Modern**
*Seit der Demokratisierung hat sich die Jugend an die neue Freiheit gewöhnt und feiert am Wochenende gern in der Disko.*

Mittlerweile gelten in Polen die gleichen Lebensstile und Moden wie in den Ländern des Westens. Dank Viva- und MTV-Polski werden die gleichen Charts gespielt, Teenies kleiden sich wie ihre Pop-Idole und hantieren am liebsten mit Handy und MP3-Player. Längst sind auf dem polnischen Markt alle großen Westfirmen präsent. Mit dem Slogan »Wir haben den Euro längst eingeführt« werben sie für ihr Engagement im Osten. Doch obwohl der Złoty noch die gültige Landeswährung ist, kalkulieren viele Polen bereits mit dem Euro.

## Naher, ferner Nachbar

Die schöne neue Welt in den Kernzonen der großen Städte kann über die kritische Lage in der Provinz nicht hinwegtäuschen. Weit verbreitet ist die Angst vor dem Verlust von Haus und Hof, denn nur, wer über ausreichend Land verfügt, kann sich teure Maschinen leisten und darf auf Subventionen seitens der EU hoffen.

**»Was hältst du davon?«** *Freiluftgalerie in der Krakauer Floriansgasse*

Derweil entdecken deutsche Urlauber in großer Zahl das östliche Nachbarland. Die einen sind auf der Suche nach ihrer Heimat oder der ihrer Vorfahren, die anderen begeben sich auf Entdeckungsreise in ein nahes, aber bisher wenig bekanntes Ferienziel. Sie fahren in die Waldkarpaten oder besuchen das »Reich von Rübezahl« und die »polnische Sahara«.

In Polen ist viel zu entdecken: An die über 500 km lange Ostseeküste mit ihrem weißen Sandstrand schließen sich ausgedehnte Seenplatten und weite Waldgebiete an. Im Süden verlaufen die Gebirgsketten der Sudeten und Karpaten. Hier wie dort fühlen sich Aktivurlauber wohl: Wassersportler können segeln und surfen, tauchen und Kajak fahren, in den Bergen tummeln sich je nach Saison Wanderer und Wintersportler.

Die Weichsel, »Königin der polnischen Flüsse«, durchströmt das Land von Süden nach Norden und eint Gebiete, die lange unter österreichischen Kaisern, preußischen Königen und russischen Zaren aufgeteilt waren. Sie verbindet Warschau und Krakau, die neue und die alte Hauptstadt. Während Warschaus historischer Kern nach seiner Zerstörung im Zweiten Weltkrieg wiederaufgebaut wurde, kam Krakau unzerstört davon. Mit dem Rynek bietet es Europas größten mittelalterlichen Marktplatz, auf dem Wawel thront das altpolnische Königsschloss. Nicht weit davon erinnert das Viertel Kazimierz mit seinen Synagogen an die untergegangene Welt der Juden.

# Fakten

**Die Wanderdünen an der Ostseeküste im Slowinski-Nationalpark, die Masurische Seenplatte, der Urwald von Bialowieza und die Tatra, das kleinste Hochgebirge der Welt – Polen bietet erlebnisreiche und unterschiedlichste Naturschönheiten.**

# Natur

**Geografische Gliederung**

Polen wird – ähnlich wie Deutschland – im Norden vom Meer, der Ostsee, und im Süden von Gebirgen, den Sudeten und Karpaten, begrenzt. Die Landschaften Polens sind als annähernd parallel verlaufende Streifen angeordnet. Hinter der Ostseeküste verläuft ein Gürtel von Seenplatten, deren Gewässer zwischen Moränenhügeln liegen. Die Mitte des Landes wird von ebenen Niederungen eingenommen. Den Süden bilden Gebirgsketten mit je besonderem Charakter.

## Landschaften

**Ostseeküste**

Die für die über 500 km lange polnische Ostseeküste typische Landschaft ist ausgedehnter breiter Strand mit fast weißem Sand. Der Strand fällt sehr flach ab und bildet einen breiten Flachwasserbereich. Hinter dem Strand erstreckt sich ein mit Kiefernwald bewachsener **Dünengürtel**.

Die Küste wird durch die Meeresströmung geformt, die sich beständig am Ufer entlang nach Osten bewegt. Diese Strömung hat alle Unebenheiten der Küstenlinie ausgeglichen. Schmale, sandige Nehrungen trennen kleine Buchten vom offenen Meer und geben ihnen den Charakter von **Strandseen** oder **Haffs**; Beispiele dafür sind der Leba-See (Jezioro Łebsko), der Garder See (Jezioro Gardno) oder der Jamunder See (Jezioro Jamno) an der pommerschen Küste. Weiter östlich ist an der Danziger Bucht das Frische Haff (Zalew Wiślany) nahezu vollständig von der Ostsee getrennt, während die Halbinsel Hela (Hel) weit in die Danziger Bucht hineingewachsen ist, ohne ein geschlossenes Haff zu bilden.

**Seenplatten**

Drei Seenplatten sind in Polen zu unterscheiden. Die beiden westlichen sind die **Pommersche Seenplatte** (Pojezierze Pomorskie) im Norden parallel zur Ostseeküste und die **Großpolnische Seenplatte** (Pojezierze Wielkopolskie), die südlich anschließt. Beide Seenplatten haben ein mildes ozeanisches Klima, es dominieren Buchenwälder oder Buchenmischwälder. Im Osten liegt die **Masurische Seenplatte** (Pojezierze Mazurskie) mit eher kontinentalem Klima; hier wachsen Fichtenmischwälder. Botanisch und zoologisch ist dieses Gebiet wegen einiger aus der sibirischen Taiga stammenden Tier- und Pflanzenarten interessant. Ein attraktives Urlaubsgebiet sind die Großen Masurischen Seen (Wielkie Jeziora Mazurskie), die durch Kanäle verbunden sind.

**Das Tiefland**

Südlich der Seenplatten schließt sich der breite Gürtel des polnischen Tieflands an. Das dicht besiedelte Gebiet wird in drei Regionen ein-

← *Wunderschönes Naturschauspiel im Riesengebirge: der Kochelfall bei Szklarska Poręba.*

*In der weiten masurischen Seenlandschaft versucht ein »Petrijünger« sein Glück.*

geteilt: das **Großpolnische Tiefland** (Nizina Wielkopolska) im Westen, südlich davon die **Mittelschlesische Ackerbauebene** (Nizina Śląska) und im Osten das **Masowische Tiefland** (Nizina Mazowiecka). Auch klimatisch sind diese drei Gebiete unterschiedlich: Das Großpolnische Tiefland ist trocken, die Mittelschlesische Ebene recht warm, das Masowische Tiefland hat ein eher kontinentales Klima.

**Mittelgebirge**

Die polnischen Mittelgebirge, die im wesentlichen Plateaucharakter aufweisen, erstrecken sich – klammert man das Sudetenvorland aus – im Südosten des Landes. Nördlich und westlich des Weichseloberlaufs ist dies das **Kleinpolnische Hochland** (Wyżyna Malopolska) mit dem Krakau-Tschenstochauer Jura und dem Heilig-Kreuz-Hochland. Im Osten Polens, zwischen Weichsel und Bug, dehnt sich das das **Lubliner Hochland** (Wyżyna Lubelska) aus, das südlich in die Hügelkette der **Roztocze** übergeht.

**Krakau-Tschenstochauer Jura**

Der Krakau-Tschenstochauer Jura (Wyżyna Krakowsko-Częstochowska) erstreckt sich mit ca. 90 km Länge von Tschenstochau südöstlich bis vor die Tore Krakaus. Die ausgedehnte Platte aus Jurakalk erreicht in der Góra Zamkowa 504 m Höhe ü. d. M.; die Erosion hat diese Platte zerklüftet und eine außergewöhnlich **malerische Karstlandschaft** entstehen lassen mit scharf eingeschnittenen Tälern, Dolinen und Trichtern, Felsnadeln und Höhlen.

**Hochland von Kielce und Sandomierz**

Das Hochland von Kielce und Sandomierz (Wyżyna Kielecko-Sandomierska) kulminiert in den **Heilig-Kreuz-Bergen** (Góry Swiętokrzyskie). Ihr höchster Gipfel ist mit 612 m ü. d. M. der Lysica. Das Klima ist der Höhenlage entsprechend relativ rau, die Vegetationsperiode

*Phantastische Felsformationen im Góry-Stołowe-Nationalpark in den Sudeten*

ist zwei Wochen kürzer als im nördlich gelegenen Warschau. Im Heilig-Kreuz-Nationalpark (Świętokrzyski Park Narodowy) ist noch weit gehend ursprünglicher Wald (Fichten- bzw. Tannenmischwälder erhalten geblieben; an tiefer gelegenen Südhängen wiederum gibt es Wärmeinseln mit besonderer Flora und Fauna.

**Lubliner Hügelland**

Das Lubliner Hügelland (Wyżyna Lubelska; 160 – 240 m ü. d. M.) ist Teil eines Hochlands, das sich von der Weichsel bis an den Oberlauf des Dnjepr erstreckt. Die wellige und aufgrund der dicken Lößschicht sehr fruchtbare Region ist v. a. durch die Landwirtschaft geprägt. Wald gibt es, da zur Ackerlandgewinnung abgeholzt, nur wenig. Im Südosten geht das Hügelland in den Höhenzug der Roztocze über, der geologisch und landschaftlich allerdings anders geartet ist und bis 390 m Höhe erreicht. Auch er ist durch seine Naturschönheiten bekannt (**Roztoczaski-Nationalpark**).

**Gebirge**

Die Südwest- und die Südgrenze Polens verläuft über die Sudeten und östlich daran anschließend die Karpaten. Getrennt werden die beiden Gebirgszüge von der Mährischen Pforte (Brama Morawska) am Oberlauf der Oder.

**Sudeten**

Die relativ dicht besiedelten Sudeten (Sudety) bilden die Wasserscheide zwischen den Einzugsgebieten von Oder und Elbe. Ihre Höhenzüge haben meist die Gestalt von langen Kämmen mit sanften Abhängen und sind mit Fichtenwäldern bewachsen. Nur das Riesengebirge (Karkonosze) ragt mit der **Schneekoppe** (Śnieżka; 1602 m ü. d. M.) über die Baumgrenze; oberhalb 1200 m trifft man auf Knieholzbewuchs (Latschen) und alpine Flora.

**Karpaten** Das große Gebirgssystem der Karpaten (Karpaty) entstand vor ca. 70 Mio. Jahren im selben Faltungsprozess wie die Alpen. Der polnische Anteil an den Westkarpaten gliedert sich in die Schlesischen Beskiden (Beskid Śląski, Quellgebiet der Weichsel), die Hohen Beskiden (Beskid Wysoki, mit der Hohen Tatra und dem höchsten Gipfel Polens, dem Rysy), die Niederen Beskiden (Beskid Niski) und die Bieszczady oder Ostbeskiden (Beskid Wschodnie).

**Beskiden** Die Beskiden ziehen sich über etwa 300 km durch den ganzen Süden des Landes von der Mährischen Pforte bis zur Ostgrenze. Der größte Teil liegt unter 1300 m ü. d. M. und damit unter der Baumgrenze (zweithöchster Gipfel ist der Turbacz, 1310 m; der **Babia Góra** ist mit seinen 1725 m Höhe ein »Ausreißer«). Der östlichste Teil, die Ostbeskiden (Bieszczady), ist nur schwach besiedelt und für seine weit gehend ursprünglich gebliebene Landschaft bekannt.

**Tatra** Die Tatra (Tatry) gliedert sich in die Hohe Tatra (Tatry Wysokie) und die Westliche Tatra (Tatry Zachodnie). Die Hohe Tatra erreicht auf polnischem Gebiet mit dem Gipfel des **Rysy** 2499 m Höhe, südlich davon (auf slowakischem Gebiet) mit der Gerlsdorfer Spitze (Gerlachovský štit) 2655 m. Das gesamte Massiv hat Hochgebirgs-

*Naturerlebnis und Riesenspaß: Floßfahrt auf dem Dunajec durchs Pieniny-Gebirge*

charakter mit von Gletschern geformten Tälern und kleinen Karseen. Die Waldgrenze liegt bei 1500 m, die obere Grenze des Krummholzes bei 1800 m.

◄ Podhale-Becken

Nördlich der Tatra vorgelagert ist das dicht besiedelte Podhale-Becken mit dem international bekannten Wintersportort **Zakopane**. Die Bewohner, die Goralen, besitzen noch eine reiche Folklore. Im Osten wird das Podhale-Becken durch den schmalen Gebirgsrücken der **Pieniny** begrenzt, der vom Fluss Dunajec in einem pittoresken, tief eingeschnittenen Tal durchbrochen wird.

## Pflanzen und Tiere

Polen hat ebenso wie Deutschland eine typisch mitteleuropäische Flora und Fauna. Daneben aber kann das Land mit vielen Pflanzen und Tieren aufwarten, die im sonstigen Europa sehr selten geworden oder schon verschwunden sind.

**Flora**

◄ Küstenregion

Auf den Dünen an der Ostsee wachsen Stranddistel, Dünenstiefmütterchen und Strandplatterbse sowie Waldkiefern und Wacholder. Paradoxerweise kann man in den Senken zwischen den Dünen Flächen mit feuchten oder sogar sumpfigen Erlenwäldern antreffen.

Sandkiefernwälder mit Heidelbeeren und Heidekraut prägen überhaupt das Landschaftsbild im Norden und in Großpolen, wachsen aber auch sonst in den sandigen Flussschwemmgebieten.

◄ Seenplatten

In den Seenplatten im Westen mit ihrem milden ozeanischen Klima dominieren **Buchenwälder** oder Buchenmischwälder. Die im Osten gelegene Masurische Seenplatte hat ein eher kontinentales Klima; hier wachsen dichte **Fichtenmischwälder**. Außerdem trifft man hier aus Sibirien und der Taiga stammende Pflanzenarten an.

◄ Südpolen

Im südlichen Polen sind vielfach **Eichenmischwälder** verbreitet. Das Lubliner Hochland ist für Hobbybotaniker besonders interessant, denn hierher sind auch Pflanzenarten vorgedrungen, die in den Steppen am Schwarzen Meer beheimatet sind.

◄ Krakau-Tschenstochauer Jura

Ein charakteristisches Merkmal des Krakau-Tschenstochauer Juras ist die große Zahl an unterschiedlichsten Biotopen – trockene und feuchte, sonnige und tief im Schatten der Felsen liegende, solche mit Kalk- oder Lößboden –, die Lebensraum für eine reiche Flora und Fauna bieten.

◄ Bergregionen

In den Bergregionen der Sudeten und Karpaten folgen über den Buchen- und Eichenmischwäldern bis etwa 1200 m Höhe **Nadelmischwälder** und bis 1400 m Fichtenwälder. Die Krummholzstufe mit Latschen- und Zirbelkiefern und typischen alpinen Krautpflanzen wie Eisenhut und Enzian reicht bis etwa 1800 m Höhe; in den Matten blühen Edelweiß, Silberwurz und Alpenrosen.

**Fauna**

Ein augenfälliges Beispiel für die Besonderheiten der polnischen Tierwelt ist der **Storch**, dessen Bestand heute auf etwa 25 000 Paare geschätzt wird; es gibt Gebiete, in denen man in einem Dorf bis zu

*Die erste »Storchenwohnung« wurde bereits wieder in Besitz genommen ...*

30 Storchennester zählen kann. An Frühlingsabenden singen nicht die Nachtigallen, sondern die **Sprosser**, auch »Polnische Nachtigall« genannt, und zwar noch schöner und mit größerem Repertoire als Erstere.

Einen **Wolf** oder einen **Luchs** zu Gesicht zu bekommen ist natürlich recht unwahrscheinlich; dennoch töten sie in den Karpaten angeblich jedes Jahr so viel Rotwild wie die Jäger. In der Tatra und in den Ostbeskiden (Bieszczady) leben noch **Bären** in freier Wildbahn; in den Sümpfen der Biebrza kann man gelegentlich Elche sehen. Und am Wigry-See bei Suwałki zählt man Dutzende von Biberburgen.

Das **Wisent** wurde vor dem Aussterben gerettet, indem man es in Gefangenschaft vermehrte und dann auswilderte. Heute leben etwa 500 bis 600 Tiere in verschiedenen »Urwald«-Reservaten, z. B. in der Puszcza Białowieska und im Wolin-Nationalpark.

**Umwelt- und Naturschutz**

Aufgrund massiven Drucks ökologisch orientierter Bürgerinitiativen wurde 1983 das Amt für Umweltschutz und Wasserwirtschaft eingerichtet; auch wurde der Bau des ersten Atomkraftwerks bei Danzig gestoppt. Nach der politischen Wende 1990 und der Öffnung Polens zum Weltmarkt gingen zahlreiche Industriebetriebe bankrott. Die Folge war ein spürbarer Rückgang der Umweltbelastungen, die in den letzten Jahren durch den Bau von Klärwerken, die Einrichtung moderner Abfallsysteme und die Umstellung von Kohle- auf Gasheizung weiter abgebaut wurden.

Naturschutzgebiete ►

In 23 National- und 70 Landschaftsparks sowie in mehr als 1000 kleineren Schutzgebieten und Reservaten – insgesamt etwa 20 % der Landesfläche – wird die Natur unter besonderen Schutz gestellt.

Polens spektakulärste, zu Nationalparks erklärte Landschaften sind die ans Meer grenzenden Riesendünen (Słowiński Park Narodowy) und der Urwald von Białowieża (Białowieski Park Narodowy), das Riesengebirge (Karkonoski Park Narodowy), die Hohe Tatra (Tatrzański Park Narodowy) sowie die Waldkarpaten (Bieszczadzki Park Narodowy) im Dreiländereck Polen-Slowakei-Ukraine.

# Bevölkerung · Politik · Wirtschaft

## Bevölkerung

**Bevölkerungsstruktur**

Waren 1939 von den 35 Millionen Einwohnern des Landes nur 69 % ethnische Polen, so sind es heute 90 %. Unter den 38,6 Millionen Bewohnern mit polnischer Staatsangehörigkeit sind 300 000 bis 500 000 ethnische Deutsche, 300 000 Ukrainer, 200 000 Weißrussen, ferner Litauer, Slowaken, Tschechen, Armenier und Tataren.
Die forcierte Industrialisierung nach dem Zweiten Weltkrieg führte zu einer massiven **Abwanderung in die Städte**, deren Einwohnerzahl sich seither mehr als verdoppelt hat; rund 65 % der Bevölkerung lebt heute in Städten. Am dichtesten besiedelt sind die Regionen Warschau, Łódź und das Industrierevier rund um Kattowitz.

**Religionen**

Über 90 % der Bevölkerung gehören der römisch-katholischen Kirche an. Sie umfasst 27 Diözesen mit über 8900 Gemeinden. Von den anderen Religionen haben die meisten Mitglieder: die Polnische Autokephale Orthodoxe Kirche (570 000), die Griechisch-Katholische Kirche (111 000) die Evangelisch-Augsburgische Kirche (100 000), die Zeugen Jehovas (97 000) und die Polnisch-Katholische Kirche (52 000). Die Zahl der noch in Polen lebenden Juden wird mit rund 12 000 angegeben. Hauptsächlich in der Wojewodschaft Białystok, in Warschau, Danzig und Stettin leben ca. 4000 Muslime, Nachfahren der Tataren, die im 14. Jh. nach Polen kamen.

## Staat und Verwaltung

**Verfassungsorgane**

1997 trat Polens **neue Verfassung** in Kraft. In ihr wird Polen als demokratischer, laizistischer Rechtsstaat definiert, der den Prinzipien der Gewaltenteilung und der sozialen Gerechtigkeit verpflichtet ist. Die Wirtschaftsordnung beruht auf den Grundsätzen der Marktwirtschaft. Staatsoberhaupt ist der auf fünf Jahre direkt gewählte **Präsident**. Er ist nicht nur Polens oberster Repräsentant, sondern zugleich Oberbefehlshaber der Streitkräfte. Der Präsident schlägt den **Ministerpräsidenten**, den Repräsentanten der parlamentarischen Mehrheit vor, der durch den Sejm (s.u.) bestätigt werden muss. Der Ministerpräsident allein entscheidet über die Auswahl der Minister.

# DIE KATHOLISCHE KIRCHE IN POLEN

**Die polnische katholische Kirche ist Nationalkirche, Maria ist die »Königin Polens«, ihr Kloster in Tschenstochau ist Polens Nationalheiligtum. Über 90 % der Polen sind katholisch, davon bezeichnen sich rund 80 % als praktizierend.**

Der Reisende, der um den 15. August den »Jasna Góra«, den »Hellen Berg«, in Tschenstochau besucht, wird den Formen der Frömmigkeit, die er dort erlebt, mit Erstaunen oder gar Unverständnis begegnen, auch wenn er selbst praktizierender Katholik ist. An Mariä Himmelfahrt, dem Patrozinium des Klosters, strömen Gläubige aller Alters- und Bevölkerungsgruppen aus allen Teilen Polens nach Tschenstochau, um zu beten und zu feiern. Jugendliche mit Gitarre und Schlafsack, ausgerüstet wie für eine Openair-Veranstaltung, ziehen singend in die Stadt ein. Das Atrium vor der Kapelle der Schwarzen Madonna kann die Menge der Gläubigen kaum fassen, die kniend im Gebet verharren. Die Messen am Feiertag selbst müssen wegen des riesigen Andrangs außerhalb der Klostermauern stattfinden. Ein Blick in die Geschichte soll die Rolle der katholischen Kirche in Polen, die Verquickung von Glaube und Nation verständlich machen.

## Wunder von Jasna Góra

Im 16. Jh. war Polen trotz protestantischer Strömungen im Adel wie im Bürgertum katholisch geblieben. König Zygmunt August II. holte 1565 die Jesuiten ins Land, die den reformatorischen Bestrebungen gründlich entgegenwirkten. Während der Schwedenkriege, die in der ersten Hälfte des 17. Jahrhunderts Polen verwüsteten, wurde das Kloster Jasna Góra trotz gegnerischer Übermacht von den Polen erfolgreich verteidigt. Seit diesem **»Wunder« der Schwarzen Madonna** ist der Jasna Góra Symbol für die Freiheit Polens. Die zahllosen Barockkirchen, die nach dem Friedensschluss in Polen entstanden, geben dem Dank für die göttliche Hilfe sichtbaren Ausdruck.

*So wie hier während einer Fronleichnamsprozession in Breslau, bekunden vor allem an hohen kirchlichen Feiertagen viele Polen ihre Religiosität.*

## Ort nationaler Identität

Staatskirche und Volksfrömmigkeit waren in Polen eins, daher musste auch August der Starke von Sachsen zum katholischen Glauben konvertieren, um 1697 vom Adel zum polnischen König gewählt werden zu können.

Als Ende des 18. Jahrhunderts nach der 3. Teilung der polnische Staat aufgehört hatte zu existieren, wurde die katholische Kirche für die Bevölkerung zum Ort der nationalen Identität. In den preußisch-protestantischen und den russischen Gebieten wurde im 19. Jh. der **Katholizismus als polnisches Element** unterdrückt, was zur Folge hatte, dass sich der Widerstand gerade um die katholische Kirche formierte. Diese Funktion der nationalen Sammlung gegen die verhassten Besatzer erfüllte die Kirche auch während der Schreckensherrschaft der Nationalsozialisten.

## Freiräume im Kommunismus

Nach dem Zweiten Weltkrieg wollten die Kommunisten Polen in einen atheistischen Staat verwandeln. Die Kirche war starken Repressalien ausgesetzt. Zahlreiche Geistliche, darunter der polnische Kardinalprimas **Stefan Wyszyński**, wurden interniert. Nach dem Tod des stalinistischen 1. Parteisekretärs Bierut 1956 nutzte der wieder freigelassene Primas Wyszyński das »Tauwetter« unter Bieruts Nachfolger Gomulka, um der Kirche gewisse Freiräume zu verschaffen.

Rückhalt in der Bevölkerung und politisches Geschick Wyszyńskis sicherten der Kirche in Polen in den folgenden Jahrzehnten trotz aller Rückschläge Privilegien, die sie in keinem anderen kommunistischen Land hatte. Vor allem durfte die Kirche erzieherisch tätig sein: In den Pfarrgemeinden wurde Religionsunterricht erteilt, und in Lublin konnte die einzige katholische Universität des Ostblocks bestehen bleiben. Neben diesen kirchlichen Einrichtungen gewannen die kommunistischen Jugendorganisationen in Polen nie den Einfluss, wie ihn z. B. die FDJ in der DDR hatte, obwohl auch in Polen zumindest in den 1950er- und 1960er-Jahren die Mitgliedschaft obligatorisch war, um Chancen in Schule und Ausbildung zu haben.

*Durch die Wahl des Krakauer Erzbischofs Karol Wojtyła zum Papst Johannes Paul II. erhielt die polnische Gewerkschaftsbewegung großen Auftrieb.*

## Kirche und Opposition

Die polnischen Intellektuellen allerdings standen der katholischen Kirche bis zum Jahre 1968 meist kritisch gegenüber. Erst als die Kirche für die auch in Polen immer lauter werdenden Demokratisierungsforderungen Partei ergriff, wandelte sich dieses Verhältnis in den folgenden Jahren zu einer engen Zusammenarbeit von Oppositionellen und Kirche. Die Kirche wurde erneut zum Gegenpol des Regimes.

**Die politische Macht der Kirche** zeigte sich vor allem Ende der 1970er-Jahre im Konflikt zwischen dem kommunistischen System und der Gewerkschaftsbewegung Solidarność. Die Position von Kirche und Opposition wurde durch die Wahl des Krakauer Erzbischofs **Karol Wojtyła** zum Papst 1978 erheblich gestärkt; die Bedeutung dieser Wahl für den Verlauf der Ereignisse in Polen ist nicht hoch genug einzuschätzen.

*Mit der Wahl von Johannes Paul II. im Jahr 1978 wurde die politische Opposition in Polen gestärkt.*

Viele führende Persönlichkeiten der Gewerkschaftsbewegung kamen aus dem katholischen Milieu, allen voran der Friedensnobelpreisträger des Jahres 1983, **Lech Wałęsa**, der Sprecher der Arbeiter auf der Danziger Werft und von 1990 bis 1995 Staatspräsident, sowie sein damaliger Berater Tadeusz Mazowiecki, ein Publizist, der 1989 der erste nichtkommunistische Ministerpräsident Polens wurde. Der Kardinalprimas Stefan Wyszyński und sein Nachfolger Józef Glemp stellten sich hinter die Oppositionsbewegung und betätigten sich als Vermittler.

Nach der Verhängung des Kriegsrechts waren Kleriker aktiv im Untergrund tätig, wie etwa der junge Priester Popiełuszko, der im Auftrag des polnischen Geheimdienstes ermordet wurde. Sein Tod machte ihn zum Märtyrer der Oppositionsbewegung, sein Bild hängt in vielen polnischen Kirchen.

*Ein mit Kruzifixen und Rosenkränzen behängtes Kreuz in den Masuren – Ausdruck der tiefen Volksfrömmigkeit in Polen.*

## Kritik an der Kirche

Während der Zeit der Verfolgungen und der materiellen Schwierigkeiten Anfang der 1980er-Jahre richteten viele Polen ihre Hoffnung auf die Kraft des Gebets. Die Bilder aus der Danziger Brigittenkirche, der »Solidarność-Kirche«, wo sich jeden Sonntag Tausende von Menschen zum Gebet versammelten, gingen um die Welt. Kirchliche Feste wie die Wallfahrt nach Tschenstochau gerieten zu politischen Manifestationen. Zur Papstmesse in Krakau 1987 erschienen 1,5 Mio. Menschen, Häuser und Straßen waren bereits etliche Tage vorher mit Papst-Porträts, Fahnen und Blumen geschmückt. Allerdings wird die Autorität des Papstes in moralischen Dingen in Frage gestellt – so entspricht die Zahl der unehelichen Kinder und der Abtreibungen in Polen durchaus westeuropäischen Niveau.

In den letzten Jahren ist die Kritik an der Kirche lauter geworden. Nicht nur Ex-Kommunisten, sondern auch ehemalige Mitstreiter der Solidarität wie Jacek Kuroń und Adam Michnik werfen ihr bevormundende Praktiken vor. Viele Polen lehnen den staatlich verordneten Religionsunterricht in der Schule ab; auch in der Frage der Abtreibung möchten sie ihre Entscheidung lieber allein, ohne den »Beistand« der Kirche treffen.

## Wirtschaftsmacht Kirche

Kritisiert wird auch die wirtschaftliche Macht der Kirche, die mit der Rückgabe von einstigem Grund und Boden zu einem der größten Latifundienbesitzer des Landes aufgerückt ist. Großzügige Gelder fließen dem erzkonservativen Sender Radio Maryja, der **»katholischen Stimme Polens«** zu. Ihr Leiter Pater Rydzyk stand bereits wegen hoher Steuerhinterziehung vor Gericht, daneben wurde ihm organisierter Autoschmuggel vorgeworfen. Doch mit derlei »Fehltritten« steht er keineswegs allein. Viele Geistliche haben von der Zollfreiheit, die dieser Berufsstand in Polen genießt, reichlich Gebrauch gemacht. Enthüllt wurde dies von der Tageszeitung »Gazeta Wyborcza«: Manch ein in Westeuropa gestohlener Wagen querte dank geistlicher Intervention problemlos die polnische Grenze.

# *Zahlen und Fakten* Polen

## Lage

- Östliches Mitteleuropa
- zwischen 54° 50' und 49° 00' nördlicher Breite bzw. 14° 09' und 24° 08' östlicher Länge

## Fläche und Staatsgebiet

- Fläche: 312 683 km²
- Nord-Süd-Ausdehnung: 649 km, Ost-West-Ausdehnung: 689 km
- Höchste Erhebung: Rysy (Tatra; 2499 m ü. d. M.)
- Hauptstadt: Warszawa (Warschau; 1,6 Mio. Einw.)
- Anrainerstaaten: Deutschland, Tschechien, Slowakische Republik, Ukraine, Weißrussland, Litauen, Russland.

## Bevölkerung

- 38,6 Mio.
- Bevölkerungsdichte: 123 Einw./km² (Deutschland: 231 Einw./km²)

## Religion

- Über 90 % der Bevölkerung gehören der römisch-katholischen Kirche an.

## Staat

- Republik Polen (Rzeszpospolita Polska)
- Regierungsform: Parlamentarische Demokratie
- Staatsoberhaupt: Staatspräsident Aleksander Kwasniewski (seit 1995)
- Regierungschef: Marek Belka (seit 2004)
- Parlament: Sejm und Senat
- Verwaltungsstruktur: 16 Wojewodschaften
- Staatswappen: Das polnische Staatswappen zeigt einen weißen Adler mit goldener Krone, goldenem Schnabel und ebensolchen Krallen auf rotem Grund. Mit einem silbernen Adler ist das Wappen seit 1241 bekannt; zur Zeit der Volksrepublik hatte man ihm die goldene Krone genommen (Abb. S. 25).
  Staatsflagge: Die Nationalflagge ist weiß-rot.
- Nationalfeiertag: 3. Mai

## Wirtschaft

- Bruttoinlandsprodukt: 884,2 Mrd. Złoty (195,2 Mrd. €) (Deutschland: 2118 Mrd. €)
- Pro-Kopf-Einkommen: 5113 € (Deutschland: 25 800 €)
- Arbeitslosenquote: 19,1 %
- Wirtschaftsstruktur: Dienstleistungen 55 %, Industrie 24 %, Bauwirtschaft 7 %, Landwirtschaft 3 %

*Staatsflagge*

## *Polen Wojewodschaften*

**Legislative**

Die Legislative besteht aus einem Zweikammersystem: dem **Sejm** mit 460 und dem **Senat** mit 100 Abgeordneten. Die Abgeordneten des Sejm und des Senats werden in geheimen Wahlen auf vier Jahre gewählt, wahlberechtigt sind alle Bürger über 18 Jahre.
Gewählt wird der Sejm nach unmittelbarem, proportionalen Wahlrecht, der Senat als Vertretung der Regionen nach relativem Wahlrecht (zwei bis drei Mandate aus 40 Wahlkreisen, vier Mandate aus Warschau).

**Verwaltungsgliederung**

Der Regierung untersteht eine dreistufige Verwaltungsgliederung: die Wojewodschaften, Kreise bzw. kreisfreie Städte und Gemeinden. Mit der Verwaltungsreform von 1999 kam Polen der EU-Forderung nach, die Zahl der Wojewodschaften drastisch zu kürzen. Erklärtes Ziel der Reform war die Dezentralisierung der Regierungsmacht, im anvisierten »Europa der Regionen« galt es, die Wojewodschaften – in etwa vergleichbar den deutschen Bundesländern – aufzuwerten. Statt 49 gibt es seither **16 Wojewodschaften** mit eigenem Haushalt und Parlament: Dolnośląskie (Niederschlesien); Kujawsko-Pomorskie (Kujawien-Pommern; Łódzkie (Lodscher Land); Lubuskie (Lebus); Lubelskie (Lublin); Małopolskie (Kleinpolen); Mazowieckie (Masowien); Opolskie (Oppeln); Podkarpackie (Vorkarpaten); Podlaskie (Podlachien); Pomorskie (Pommern); Śląskie (Schlesien); Swiętokrzyskie (Region Heiligkreuzberge); Warmińsko-Mazurskie (Ermland-Masuren); Wielkopolskie (Großpolen); Zachodniopomorskie (Westpommern).

**Parteien**

Die **PZPR**, die Polnische Vereinigte Arbeiterpartei, wurde im Januar 1990 nach 42-jähriger Vorherrschaft aufgelöst. Ihre Nachfolge trat die **Allianz der Demokratischen Linken** (SLD) an, die sich für eine soziale Marktwirtschaft sowie den Eintritt Polens in die NATO und EU stark machte. Bei der Präsidentschaftswahl 2000 wurde ihr Kandidat **Aleksander Kwaśniewski** zum zweiten Mal für fünf Jahre als Staatsoberhaupt bestätigt, bei den Parlamentswahlen 2001 erhielt sie die absolute Mehrheit (41 %). Traditionell koaliert die SLD mit der Bauernpartei **PSL**, die sich für einen höheren Lebensstandard der Bauern im Rahmen der EU einsetzt.

Die Gewerkschaft **»Solidarität«** (Solidarność), die am Sturz des Kommunismus maßgeblich beteiligt und anschließend stärkste politische Kraft im neuen Polen war, mutierte innerhalb weniger Jahre von einer Arbeiterbewegung zu einer unternehmerfreundlichen, nationalistisch-katholischen Partei. Viele »altgediente« Kämpfer übernahmen Funktionen in Vorständen staatlicher und teilprivatisierter Unternehmen, nutzten den Staat als Selbstbedienungsladen und leiteten beträchtliche Mittel aus dem öffentlichen Haushalt in eigene Töpfe. Als die **Wahlaktion Solidarität** (AWS) im Jahr 2001 als Dachverband von 40 politischen Gruppierungen zu den Wahlen antrat, sank ihr Stimmenanteil dramatisch, im neuen polnischen Parlament ist sie nicht mehr vertreten.

Zusammen mit der »Solidarität« verlor auch ihr einstiger »Kopf«, die **Freiheitsunion** (UW), das Vertrauen der Wähler: Die von bekannten Bürgerrechtlern wie Michnik, Mazowiecki und Geremek geprägte Partei errang nur noch 3,1 %.

Starken Zuwachs verbuchte dagegen die **»Selbstverteidigungs-Partei«** des Bauernführers Andrzej Lepper, die auf 10,2 % der Stimmen kam und der regierungsfreundlichen PSL das Wasser abzugraben droht. Sie fordert u. a. Renten für die in Arbeitslosigkeit entlassenen Landarbeiter sowie Preis- und Abnahmegarantien für landwirtschaftliche Produkte.

Die erst 2001 gegründete **Liga der Polnischen Familien** erzielte auf Anhieb 7,8 %: Ihr Programm ist nationalistisch, antisemitisch und

*Die Zeit der großen politischen Erfolge der »Solidarität« ist schon lange vorbei.*

katholisch-fundamentalistisch. Eine ähnliche politische Ausrichtung kennzeichnet die Law-and-order-Partei **PiS**, »Recht und Gerechtigkeit«, des ehemaligen Justizministers Lech Kaczyński (9,5 %). Noch stärkeren Zulauf (12,6 %) verbuchte die Bürgerplattform **PO** des ehemaligen Außenministers Andrzej Olechowski, die sich als »laizistische Rechte« definiert.

**Gewerkschaften**

Die Gewerkschaft **Solidarność**, mit deren Hilfe der polnische Sozialismus gestürzt wurde, hat in nur einem Jahrzehnt über 90 % ihrer Mitglieder verloren. Nicht viel besser steht es um den einst parteiabhängigen Gewerkschaftsverband **OPZZ**, in dem über 100 Branchenorganisationen vereint sind.

## Wirtschaft

**Stabilisierungsprogramm**

Nach der politischen Wende 1990 wurde der Plan durch den Markt, die sozialistische durch die kapitalistische Wirtschaftsordnung ersetzt. Dem Land wurde ein »Stabilisierungs- und Anpassungsprogramm« verordnet, dessen Umsetzung von den westlichen Industriestaaten honoriert wurde: 1991 erließen sie Polen einen großen Teil seiner Auslandsschulden.

**Privatisierung**

Zunächst wurde die Privatisierung in Angriff genommen: Der Staat, der bis zu diesem Zeitpunkt alle Betriebe kontrolliert hatte, begann diese zu veräußern. Die Modernisierung erfolgte mit dem Ziel, die Waren konkurrenzfähiger, d.h. kostengünstiger zu produzieren. Hunderttausende Arbeitskräfte wurden entlassen, was die Arbeitslo-

*Polens Hauptstadt Warschau entwickelte sich im letzten Jahrzehnt zu einem modernen Dienstleistungszentrum.*

senzahl innerhalb kurzer Zeit rasant ansteigen ließ. Zugleich wurden die Löhne auf niedrigstem Niveau eingefroren und die Preise frei gegeben, was eine mehrjährige Hyperinflation zur Folge hatte. Außerdem wurde der Złoty abgewertet, um ausländische Direktinvestitionen und polnische Exporte zu verbilligen.

**Außenhandel** Seit 1991 haben die Länder der Europäischen Gemeinschaft, allen voran Deutschland, die Nachfolgestaaten der ehemaligen Sowjetunion als wichtigste Handelspartner abgelöst. Mit dem EU-Beitritt Polens wurde diese Tendenz festgeschrieben. Auch die USA brachte sich stärker ins Spiel: 2003 unterzeichneten sie mit Polen ein Abkommen, das nicht nur engere Handelsbeziehungen, sondern auch US-Direktinvestitionen im Wert von 12 Milliarden Euro bis 2013 vorsieht.

**Ausblick** Das **Wirtschaftswachstum** belief sich 2004 auf etwa 5 %; die Inflationsrate auf etwa 3,5 %. Allerdings beträgt die Arbeitslosenrate noch immer knapp 20 %.

Die erhofften wirtschaftlichen Vorteile durch den Beitritt des Landes zur EU konnten sich noch nicht einstellen: Mit einer **siebenjährigen Übergangsfrist** hält sich die »alte« EU die Billiglohnkonkurrenz der neuen Beitrittsländer vom Leib. Weder dürfen sich Polen in der EU frei eine Arbeit suchen noch dürfen billig erzeugte polnische Waren und Dienstleistungen umstandslos auf den westeuropäischen Markt gelangen. Die Verhältnisse, darauf spekulieren die Regierungen der Alt-EU-Staaten, werden sich freilich in der Übergangszeit derart an-

gleichen (Lohndumping im Westen, Lohnanstieg im Osten), dass eine vollständige Öffnung des Markts 2011 für westliche Unternehmer keine Nachteile mehr birgt.
Auch ist die EU nicht bereit, die in Polen vorherrschenden Kleinhöfe mit großzügigen Subventionen zu alimentieren. So erhalten Polens Bauern anfangs nur 25 % jener Direktbeihilfen, die etwa Spanien oder Portugal nach ihrem Beitritt gezahlt wurden. Subventioniert werden nur »zukunftsfähige« Höfe, d. h. Großbetriebe, die sich den Einsatz moderner Technologie leisten können. Die massenhaft in die Arbeitslosigkeit entlassenen Bauern sollen durch alternative Einkommensquellen (z. B. Agro-Tourismus) vor der Armut bewahrt werden – eine Maßnahme, die nur wenigen helfen wird.

## Bergbau und Energiewirtschaft

**Bergbau**
◄ Bodenschätze

Polen verfügt über beträchtliche Mengen an Bodenschätzen. Der wichtigste Rohstoff, die **Steinkohle**, wird hauptsächlich im Oberschlesischen Kohlebecken abgebaut, dem mit einer Fläche von 4500 km² größten Förderungsgebiet in Polen und einem der größten in Europa. Seine Kohlevorräte, die in einer Tiefe von bis zu 1000 m liegen, werden auf 80 Mrd. t geschätzt, die Jahresproduktion des Landes liegt bei rund 150 Mio. t, das sind knapp 5 % der Weltförderung.
Die **Braunkohle** wird unmittelbar verstromt; etwa 33 % wird im Bezirk Turoszów an der Lausitzer Neiße gefördert, zwei weitere große Fördergebiete liegen in der Umgebung von Konin und Bełchatów. Der Bedarf an **Erdgas** kann zu 70 % aus polnischen Vorkommen (Zentralpolen, Mündungsbereich der Oder, Danziger Bucht) gedeckt werden. Das im Karpatenvorland und im Becken von Sandomierz geförderte **Erdöl** macht nur 2 % des Bedarfs aus.

◄ Erze

In der Förderung und Verarbeitung von Kupfer, Schwefel, Silber und Zink nimmt Polen eine führende Stellung unter den europäischen Produzenten ein. Angesichts mangelnder Rentabilität ist die Produktion allerdings nicht mehr im bisherigen Umfang aufrechtzuerhalten.

◄ Steinsalz

Riesige Steinsalzlager werden in einigen Dutzend Bergwerken im Karpatenvorland und in Großpolen ausgebeutet.
Abgebaut werden auch große Mengen von Gesteinen wie Kalk, Granit, Sandstein und Gips.

**Energieerzeugung**

Die Energiewirtschaft Polens stützt sich fast ausschließlich auf die Stromerzeugung aus Braun- und Steinkohle. Aufgrund ihrer Energieabhängigkeit wurde die Schwerindustrie vorzugsweise in den Kohleabbaugebieten Oberschlesiens angesiedelt.

## Industrie

**Industrie**
◄ Maschinenbau

Gegenwärtig bedarf die Industrie großer Anstrengungen zur Modernisierung der Produktionsanlagen. Bedeutendste Sektoren der verarbeitenden Industrie sind **Maschinenbau** und **Elektrotechnik** mit etwa einem Drittel aller Industriebeschäftigten (ca. 1,4 Mio.). Renommiert sind der Werkzeug- und der Bergbaumaschinenbau.

Der **Schiffsbau**, v. a. in Szczecin, entwickelte sich nach dem Zweiten Weltkrieg zu einem starken Exportsektor; der internationale Nachfragerückgang bei Hochseeschiffen macht sich allerdings empfindlich bemerkbar; so musste die Danziger Werft zur Jahrtausendwende schließen.

Der **Landmaschinenbau** entspricht nicht dem Stand, den Polen als Agrarland erfordert; die inländische Nachfrage blieb durch die geringen Betriebsgrößen niedrig. Demgegenüber hat die Textilmaschinenbranche eine lange und erfolgreiche Tradition.

Gewinne erzielt auch die **Automobilindustrie**: General Motors und Opel lassen Wagen für den osteuropäischen Markt in Gliwice, FIAT in Bielsko-Biała bauen.

Weitere Industriezweige ►

Die **chemische Industrie** liefert den im Agrarland Polen in großen Mengen benötigten Kunstdünger; die Petrochemie für die Versorgung mit Treib- und Schmierstoffen sowie Kunststoffen ist in Płock und in Gdańsk zentriert.

*Pferdefuhrwerke gehören in der polnischen Landwirtschaft auch heute noch zum gewohnten Bild.*

Die **Holz- und Möbelindustrie** zählen zu den schrumpfenden Industriezweigen, trotzdem werden Schnittholz und Möbel aus den modernen Großbetrieben v. a. im östlichen Polen exportiert. Die **Glasindustrie** ist bei den großen Sandvorkommen in Mittelpolen, Schlesien und bei Sandomierz angesiedelt. Eine bedeutende Tradition hat in Polen die **Textilindustrie**, v. a. im Raum Łódź, Bielsko-Biała, Częstochowa und Białystok.

## Landwirtschaft

**Viele kleine Höfe**

Rund ein Viertel aller Erwerbstätigen ist in der Landwirtschaft beschäftigt, doch deren Anteil am Bruttosozialprodukt beträgt nur rund 3 %. Bewirtschaftet wird knapp die Hälfte der Landesfläche, wobei **Acker- und Grünland** sowie **Obstkulturen** dominieren. Ursache der geringen Produktivität sind die vielen kleinen Höfe – nur 20 % verfügen über mehr als 10 ha Nutzland. Damit einher geht ihre schlechte Ausstattung: Für die Anschaffung von Insektiziden und Pestiziden sowie teurer Maschinen haben die Kleinbauern kein Geld. So gibt es aufgrund der **geringen Mechanisierung** in der Landwirtschaft auch heute noch sehr viele Pferde (etwa 1 Mio.) in Polen.
Der wichtigste viehwirtschaftliche Zweig ist die Schweinezucht, ein namhafter Anteil wird in Konserven exportiert. Bedeutend sind auch die Rinder- und v. a. die Geflügelhaltung; ein großer Teil der deutschen Weihnachtsgänse kommt aus Polen.

◄ Fischerei

Die Fischereihäfen an der Ostsee sind auch Standort der Fisch verarbeitenden Industrie, u. a. Gdynia, Szczecin, Swinoujście, Gdańsk, Kołobrzeg, Hel und Łeba. Die Fangmenge ist seit 1975 rückläufig, dementsprechend auch die Zahl der Fischereibetriebe.

◄ Forstwirtschaft

Obwohl der Anteil der Waldflächen an der Gesamtfläche Polens mit ca. 27 % im mitteleuropäischen Rahmen liegt (Deutschland: ca. 28 %), spielt die Forstwirtschaft eine untergeordnete Rolle; der Anteil am Volkseinkommen beträgt etwa 2 %, derjenige an den Arbeitsplätzen knapp 1 %.

## Tourismus

Im Zuge der Privatisierung wurden staatliche Hotels und Erholungsheime modernisiert und restauriert, außerdem entstanden zahlreiche neue Unterkünfte. Mittlerweile sind alle großen Hotelketten in Polen vertreten und bieten den gleichen Standard wie in Sidney oder Shanghai. Eine preiswerte Unterkunft findet man in Pensionen, Privatzimmern und auf Campingplätzen, außerdem in attraktiv gelegenen Wanderherbergen.
Auch in den Kurorten, v. a. im Süden des Landes, finden sich günstige Urlaubsangebote, wobei außer traditionellen Kuren immer häufiger »Wellness« und »Fitness« die Angebotspalette bestimmen.

# Geschichte

**Wie kaum ein anderes Land hatte Polen unter seinen Nachbarn zu leiden. Gleich mehrmals wurde das Land unter Deutschen und Russen »aufgeteilt«, für 123 Jahre verschwand es sogar komplett von der politischen Landkarte. Trotz alledem bewahrten die Bewohner ihre nationale Identität und den Drang nach Freiheit und Demokratie, die sie nun endlich erlangt haben.**

# Vorgeschichte · Frühes Mittelalter

| | |
|---|---|
| **18 000 v. Chr.** | Erste Besiedlung des Krakauer Wawel-Hügels |
| **1300 v. Chr.** | Kelten lassen sich zwischen Weichsel und Bug nieder. |
| **1. Jh. v. Chr.** | Handelskontakte mit dem Römischen Reich. |
| **5. Jh. – 9. Jh.** | Slawen rücken ins Gebiet des heutigen Polen vor. |

## Stein- und Bronzezeit

**18 000 v. Chr. bis 100 v. Chr.**

Das Gebiet des heutigen Polen ist schon in der Zeit um 18 000 v. Chr. besiedelt, worauf archäologische Funde am Wawelhügel in Krakau hinweisen. Ab etwa 4000 v. Chr. stoßen von Süden Träger der **Bandkeramik-Kultur** zu Oder und Weichsel vor. In der Folge entsteht in den Heilig-Kreuz-Bergen eines der größten Feuersteinbergwerke Europas mit 700 Schächten auf einer Fläche von 400 Hektar. Die Verarbeitung von Bronze (ab ca. 2000 v. Chr.) ermöglicht die Herstellung besserer Werkzeuge und Waffen.
Ab 1300 v. Chr. lassen sich **Kelten**, später auch **Skythen** zwischen Weichsel und Bug nieder und gründen erste befestigte Niederlassungen. Töpferscheibe und Eisenverarbeitung lösen einen neuen Zivilisationsschub aus. Aus der sog. »Lausitzer Kultur« stammt die **Inselfestung Biskupin**, deren Wellenbrecher und Wälle ein symmetrisch angelegtes Straßennetz umschließen. Die 1933 wiederentdeckte Siedlung gilt als europaweit wichtigste Fundstätte der Eisenzeit.

## Am Rand des Römischen Reichs

**100 v. Chr. bis 5. Jh. n. Chr.**

Germanische Stämme drängen die Kelten zurück, gleichzeitig stoßen die skandinavischen **Goten** und **Gepiden** nach Weichselpommern vor. Das Volk der **Veneder** (Wenden), nach Meinung einiger Historiker Vorfahren der Westslawen, behauptet sich an der Mährischen Pforte im heutigen Dreiländereck Polen – Tschechien – Slowakei.
Münzfunde belegen Handelskontakte mit dem Römischen Reich im 1. Jh. v. Chr. Meist aber werden die von der italienischen Halbinsel importierten Waren mit Eisen und Erz bezahlt. Auch Bernstein ist ein lukratives Tauschgut, das auf der sog. Bernsteinstraße von der Ostsee über Böhmen ans Mittelmeer gebracht wird.
Aus jener Zeit stammt auch die erste Erwähnung eines Orts im heutigen Polen: Der römische Autor **Ptolomäus** spricht von Calisia, womit wahrscheinlich Kalisz gemeint ist.

← *König Sigismund III. erhebt 1596 Warschau zur neuen Hauptstadt Polens.*

## Völkerwanderung

5. Jh. – 9. Jh. Unter dem Druck der Völkerwanderung zerfällt das Römische Reich und es entwickeln sich neue Herrschaftsverbände. Aus dem Osten kommen die **Slawen** ins Gebiet des heutigen Polen, die sich aufgrund der Bedrohung durch die südlich angrenzenden **Awaren** in Stammesverbänden organisieren.
Verstärkte Handelsbeziehungen mit den Ostseeanrainern führen zur Gründung von Häfen; in Wolin auf der gleichnamigen Insel entsteht einer der größten Häfen des damaligen Europa.

# Herrschaft der Piasten (963 – 1385)

| | |
|---|---|
| **10. Jh.** | Mieszko I. begründet den polnischen Staat. |
| **968** | Gründung des ersten Bistums Polens in Poznań. |
| **1138** | Nach dem Tod von König Bolesław III. zerfällt das polnische Reich in viele kleine Fürstentümer. |
| **14. Jh.** | König Władysław I. eint das zersplitterte Polen. |

## Staatsgründung

9. – 11. Jh. 844 erwähnt der anonyme »Bayrische Geograph« slawische Stämme östlich der Elbe. Diese unterhalten weitläufige Handelskontakte, die bis Byzanz im Osten und den Britischen Inseln im Westen reichen.
Die **Wislanen** (Weichselbewohner) geraten zunehmend in den Einflussbereich des Großmährischen Reiches, das unter dem Banner der christlichen Mission seine Expansion vorantreibt.
Die **Polanen** an der mittleren Warthe schützen sich durch einen straff organisierten Stammesverband. Als Begründer des polnischen Staats gilt **Mieszko I.** (reg. 963 – 992); 966 lässt er sich und sein Volk taufen und stellt sich damit unter den Schutz des Papstes, der damals einzig gültigen internationalen Rechtsinstanz.
Damit entzieht Mieszko nicht nur seinen Nachbarn die Rechtfertigung für einen »gerechten Krieg«, sondern kann nun selber mit päpstlicher Unterstützung missionierend tätig werden. Er erobert heidnisches Territorium und wird Herrscher über das Gebiet zwischen Oder und Warthe. 968 gründet er in Poznań (Posen) ein erstes Bistum.
Mieszkos Sohn **Bolesław I.** versucht, sein Herrschaftsgebiet auszuweiten. Er besetzt Böhmen, Mähren und die Lausitz und startet Feldzüge gen Kiew. Diese enden zwar erfolglos, doch gelingt es Bolesław, mehrere Burgen im heutigen Südosten des Landes zu erobern.

## Zerfall des polnischen Staates

11. Jh. – 13. Jh.

Unter Bolesławs Nachfolgern zerfällt das Reich: Nach dem Vordringen böhmischer Truppen im Südwesten des Landes wird 1038 die Hauptstadt von Gnesen nach Krakau verlegt. Zur Zersplitterung des Territoriums trägt das nach dem Tod Bolesławs III. (1138) eingeführte **Senioratsprinzip** bei, demzufolge jeder seiner vier Söhne ein Teilfürstentum erhält. In den folgenden Jahren splittert sich allein Schlesien in 18 kleinere Fürstentümer auf, deren Herrscher zwecks Landerschließung deutsche Siedler anwerben und Städte nach deutschem Recht gründen. V.a. unter **Heinrich I.** und dessen Frau, der aus dem bayrischen Andechs stammenden Hedwig, wird die »deutsche Ostsiedlung« vorangetrieben. Der Mongolenfeldzug 1241, bei dem viele Städte zerstört werden, hemmt diese Entwicklung nur vorübergehend.

Unterdessen wächst an Polens Nordostflanke ein starker Konkurrent heran: 1225 hat Fürst **Konrad I. von Masowien**, einer der polnischen Teilfürsten im Gebiet rund um Warschau, den Deutschen Orden für die Unterwerfung der Pruzzen angeworben. Mit Feuer und Schwert werden die Heiden befriedet, ihr Land 1289 dem Deutschen Orden unterstellt. Die Ritter gründen einen eigenen, straff organisierten Staat, der schon bald in einen lang andauernden Konflikt mit seinen Nachbarn gerät (►Baedeker Special S. 44).

### i Von der »Feldlandschaft« zum Staat

- »Polen« bedeutet so viel wie »Feldlandschaft«. Dieser Name verweist auf den Stamm der Polanen, die im frühen Mittelalter das Gebiet an der Warta (Warthe) bewohnten. Ab dem 11. Jh. wird der Staat zwischen Oder und Weichsel Polonia, Polen, genannt. Das nördlich gelegene Stammland hieß ab dem 14. Jh. Wielkopolska (Großpolen), der angrenzende Südteil ab dem 15. Jh. Małopolska (Kleinpolen).

## Staatliche Stabilisierung

14. Jh.

Die Herrschaft von König **Władysław I.** (reg. 1306 – 1333) beendet die Zeit der territorialen Zersplitterung: Groß- und Kleinpolen, d.h. das Kernland um Posen (Polonia maior) und die später dazu gewonnenen Gebiete um Krakau (Polonia minor) werden vereint.

Unter seinem Sohn **Kazimierz III.**, »dem Großen«, (reg. 1333 – 1370) werden Teile der heutigen Ukraine eingenommen. Dank der Bemühung um gute Beziehungen zum Deutschen Orden und zu Böhmen bleiben Polens Grenzen im Norden, Westen und Süden stabil. 1364 gründet Kazimierz III. in Krakau die erste Universität des Landes und fördert den Zuzug von Juden, was den erhofften Aufschwung von Handwerk und Handel mit sich bringt.

Mit dem Tod von Kazimierz III. erlischt die Piasten-Dynastie; Ludwik I. von Ungarn übernimmt die Herrschaft in Polen (reg. 1370 – 1382). Da auch er ohne männlichen Nachkommen bleibt, »erkauft« er die Thronfolge für seine Tochter Jadwiga (reg. 1382 bis 1399), indem er dem Adel einige Sonderrechte gewährt. Dieser wiederum setzt durch, dass Jadwiga den litauischen, zum Christentum konvertierten Großfürsten heiratet. Durch das Bündnis beider Reiche sollte die weitere Ostexpansion des Deutschen Ordensstaats gebremst werden. Der neue König von Polen und Litauen nennt sich **Władysław II. Jagiełło** und begründet die Dynastie der Jagiellonen, die über den flächenmäßig größten europäischen Staat herrscht.

# Herrschaft der Jagiellonen (1385 – 1573)

| | |
|---|---|
| **1410** | In der Schlacht bei Grunwald werden die Deutschen Ordensritter vernichtend geschlagen. |
| **1466** | Endgültige Kapitulation des Deutschen Ordens nach einem 13-jährigen Bürgerkrieg. |
| **1569** | »Lubliner Union«: Polen und Litauen unterstehen einem König und einem Reichstag. |

## Polens »goldene Zeit«

1385 – 1572 Bei Grunwald (Grünfeld) kommt es 1410 zur ersten großen Konfrontation zwischen Polen-Litauen und dem Deutschen Ordensstaat: In der größten Schlacht des Mittelalters, die auch als **»Schlacht bei Tannenberg«** bekannt ist und an der 40 000 bis 60 000 Soldaten teilnehmen, werden die Ordensritter vernichtend geschlagen. Allerdings können sie einen vorteilhaften Friedensschluss durchsetzen, müssen lediglich Żmudź (Schamaiten) an Litauen und das Umland von Dobrzyn (Dorbiner Land) an Polen abtreten.

Erst die eigenen Untertanen bringen dem Orden die entscheidende Niederlage bei: Städte und Kleinadel, der hohen Kriegssteuern überdrüssig, organisieren sich im Preußischen Bund, der mit Unterstützung des polnischen Königs von 1453 bis 1466 einen Bürgerkrieg gegen die Ordensritter führt. Nach deren Kapitulation erhält Polen Pommerellen, einen Teil Preußens mit der Marienburg (Malbork) und Elbing (Elbląg) sowie das Ermland und das Kulmer Land. Westpreußen erhält die Bezeichnung »Königliches Preußen«, Danzig wird eine »freie Stadt«. Die Ritter müssen sich in einen Rumpfstaat rings um Königsberg zurückziehen.

Die Herrschaft der letzten beiden Könige der Jagiellonen-Dynastie, **Zygmunt I. der Alte** und **Zygmunt II. August** gilt als Polens »goldene Zeit«. Es entstehen großartige Bauwerke im Stil der Gotik und Renaissance; die Krakauer Universität avanciert zu einem bedeutenden Bildungszentrum.

*1878 schuf Jan Matejko sein berühmtes Gemälde der »Schlacht von Grunwald«.*

Unter den letzten Jagiellonen allerdings werden schon die Weichen für Polens künftigen Zerfall gelegt. 1505 hat der Adel dem König die Verfassung »Nihil Novi« abgetrotzt, der zufolge »nichts Neues« ohne seine Einwilligung beschlossen werden darf: die Adelsmacht wird auf Kosten der Krone gestärkt.
Die letzte wichtige Amtshandlung Zygmunts II. ist die **»Lubliner Union«** 1569: Polen und Litauen haben fortan nicht nur den gleichen König, sondern auch einen gemeinsamen Reichstag.

# Gewählte Könige (1573 – 1795)

| | |
|---|---|
| **1683** | Jan III. Sobieski, der »Retter des christlichen Abendlandes«, besiegt bei Wien die türkischen Truppen. |
| **1772** | Erste polnische Teilung: Etwa 30 % des polnischen Territoriums werden zwischen Russland, Preußen und Österreich aufgeteilt. |
| **1793** | Zweite polnische Teilung: Preußen und Russland stellen weitere polnische Gebiete unter ihre Herrschaft. |
| **1795** | Dritte polnische Teilung: Nach der Niederschlagung eines von General Tadeusz Kościuszko angeführten Aufstands wird Polen vollends von der Landkarte getilgt. |

## Kriege und Krisen

Mit dem Tod Zygmunts II. erlischt die Jagiellonen-Dynastie. Nach einem Dekret aus dem Jahr 1538 wird Polens neuer König nunmehr vom Adel gewählt. Erster gewählter König wird der Franzose **Hein-** **1573 – 1673**

# DER DEUTSCHE ORDEN

**Eigentlich sollte der Deutsche Orden der Krankenpflege dienen, doch schon nach kurzer Zeit wandelte er sich zu einem Ritterorden, der die Heiden, zur Not auch mit dem Schwert, bekehren sollte.**

Gegründet wurde der »Ordo domus Sanctae Mariae Teutonicorum« während der Kreuzzüge 1190 im Heiligen Land. Sein Wirkungsfeld, die Heidenmission, wurde schon zu Beginn des 13. Jhs. nach Europa verlegt. 1226 bat der polnische Herzog Konrad von Masowien den Hochmeister des Deutschen Ordens, Hermann von Salza, um Hilfe gegen die Pruzzen (im Gebiet des späteren Ostpreußen), die sich der Missionierung erfolgreich widersetzten. Der Orden handelte dabei günstige Bedingungen für sich aus; Kaiser Friedrich II. übereignete ihm in der Goldbulle von Rimini 1226 das Land der zukünftigen Eroberungen, das, da heidnisch, als herrenlos galt. Vier Jahre später übertrug Konrad von Masowien dem Orden das Kulmer Land. Erst dann trafen die ersten Ritter an der Weichsel ein und gründeten die Burg Thorn (Toruń).

Der Orden erledigte seine Aufgabe gründlich und baute seine Macht zielstrebig aus, indem er Burgen, Dörfer und Städte gründete und deutsche Siedler ins eroberte Land zog. 1309 verlegte der Hochmeister seinen Sitz von Venedig in die **Marienburg**, den prächtigsten Stützpunkt des Ordensstaates.

### Vernichtende Niederlage

Polen hatte sich mit dem Deutschen Orden einen mächtigen Nachbarn herangezogen, und bald geriet es mit ihm in endlose Auseinandersetzungen

*Müde und ausgelaugt kehrt ein Deutschordensritter aus einer Schlacht zurück. (Gemälde von Karl Friedrich Lessing, 1835)*

um Gebietsansprüche. Der Streit erreichte seinen Höhepunkt 1410 in der **Schlacht von Grunwald** (Tannenberg), in der ein polnisch-litauisches Heer dem Orden eine vernichtende Niederlage beibrachte. Die Folgen waren für den Orden eher gering, doch sank von da an sein Stern. Zu Beginn des 16. Jhs. nahm der letzte preußische Hochmeister Albrecht von Brandenburg den lutherischen Glauben an; er wandelte sein Gebiet in ein weltliches Herzogtum um und leistete 1525 dem polnischen König Sigismund I. den Lehnseid.

## Brutale Eroberer

Die Bedeutung des Deutschen Ordens für die polnische Geschichte liegt weniger im Bereich der historischen Fakten als in der Hartnäckigkeit, mit der sich Mythen und Stereotype über Jahrhunderte und über allen politischen und gesellschaftlichen Wandel hinweg halten. Die Kreuzritter gelten im Bewusstsein der Polen bis heute als Verkörperung des militanten deutschen »Drangs nach Osten«. Dieses Bild der (deutschen) Ordensritter als brutaler Eroberer befestigte der polnischen Nobelpreisträger **Henryk Sienkiewicz** im 19. Jh. mit seiner Romantrilogie »Krzyżacy« (»Kreuzritter«), die zum festen Bestand der Lektüre für alle Polen gehörte.

Abgesehen davon, dass die Schlacht bei Tannenberg in der Tat eine der gewaltigsten Schlachten des Mittelalters war, erfüllte der Sieg über den Deutschen Orden, der mit dem Sieg über »die Deutschen« schlechthin identifiziert wird, Generationen von Polen mit Stolz und Genugtuung. Im Ersten Weltkrieg hat General Ludendorff die große Umfassungsschlacht, in der 1914 die Russen in Ostpreußen besiegt wurden, nach dem Ort Tannenberg benannt – die »deutsche Schmach« 500 Jahre zuvor sollte durch den Triumph getilgt werden.

**rich von Valois**, der wenige Monate nach seiner Krönung auf die Nachricht vom Tod seines Bruders Karl IX. heimlich in seine Heimat zurückkehrt, wo er als Heinrich III. den Thron Frankreichs besteigt.
Unter seinem Nachfolger, dem Ungarn **Stefan Batory** (reg. 1576 bis 1586) wird die Reformation zurückgedrängt: In vielen Städten werden Jesuiten ermutigt, Akademien zu gründen, die das Programm der Gegenreformation ausarbeiten und verkünden.
Polens nächster König wird der glühende Katholik **Zygmunt III.** aus dem schwedischen Haus Wasa (reg. 1587 – 1632), der 1596 Warschau zur neuen polnischen Hauptstadt wählt. Da die Wasa-Dynastie außer der polnischen auch die nordische Krone anstrebt, die zugleich von deren protestantischen Vettern beansprucht wird, wird Polen mehrfach in dynastische Kriege verwickelt: 1600 – 1629 und nochmals 1655 – 1660 schwappt die **»schwedische Sintflut«**, wie die Invasion nordischer Truppen in der polnischen Geschichtsschreibung heißt, übers Land. Sie kostet vier Millionen Polen, die Hälfte der damaligen Bevölkerung, das Leben.
Folgenreich ist auch das 1652 unter der Regentschaft des Wasa-Königs **Jan II. Kazimierz** verabschiedete »Liberum Veto«, das es jedem Adeligen des Sejm erlaubt, Gesetzesvorhaben durch sein Veto zu Fall zu bringen. Der Landtag verurteilt sich damit zu permanenter Beschlussunfähigkeit.

*Auf der Wahlwiese bei Warschau wählt der versammelte polnische Adel am 7. September Stanisław August Poniatowksi zum König (Holzstich von A. Menzel, 1840).*

## Weiterer Zerfall

**Jan III. Sobieski** (reg. 1674 – 1696) erringt für Polen einen letzten militärischen Sieg: 1683 sprengt er den Belagerungsring um Wien und besiegt die türkischen Truppen, wofür er als »Retter des christlichen Abendlands« gefeiert wird. 1673 – 1795

In der Regierungszeit der Könige aus der Dynastie der sächsischen Wettiner beschleunigt sich der Zerfall Polens. **August II.**, »der Starke« (reg. 1697 – 1733), der aus taktischen Gründen zum Katholizismus übertritt, lässt sich in die schwedisch-russischen Auseinandersetzungen hineinziehen: Warschau und Krakau werden vorübergehend von schwedischen Truppen besetzt. Dagegen leitet sein Sohn August III. (reg. 1734 – 1763) eine kurze Phase des Friedens und der wirtschaftlichen Erholung ein, die vor allem dem Adel Wohlstand bringt. Aus jener Zeit stammt die Redensart: »Unter dem Sachsenkönig iss, trink und lös' den Gürtel.«

Unter Polens letztem König **Stanisław II. August Poniatowksi** (reg. 1764 – 1795) verankert Russland seinen Einfluss im Land: So setzt es ein **Toleranzedikt** durch, das die Gleichstellung der »Dissidenten«, d.h. der Protestanten und Orthodoxen, mit den Katholiken garantiert. Gegen die Durchsetzung des Edikts kämpft eine Adelsfraktion – die Konföderation von Bar –, die sich als Verteidigerin des katholischen Glaubens und damit der Freiheit begreift. Es kommt zu Auseinandersetzungen zwischen den Anhängern des Status quo und den Verfechtern von Reformen. Schließlich greifen auch die Nachbarn Polens in den Konflikt ein: Die Zarin lässt ihre Truppen aufmarschieren, worauf Preußen und Habsburg gleichfalls Teile des Landes besetzen.

### ? WUSSTEN SIE SCHON ...?

- ... dass mit der 1773 gegründeten »Kommission für Nationale Erziehung« in Polen das erste »Bildungsministerium« der Welt gegründet wurde?

Schließlich werden 1772 etwa 30 % des polnischen Territoriums zwischen Russland, Preußen und Österreich aufgeteilt. Nun gewinnen die Wortführer umfassender Reformen an Boden: Im Mai 1791 wird die **erste geschriebene Verfassung Europas** verabschiedet. Sie stellt einen Kompromiss zwischen der konservativ-monarchistischen und der republikanischen Ordnung dar und beinhaltet u. a. die Abschaffung der Königswahl und des »Liberum Veto«. Daraufhin schließt sich ein Teil des Adels in der »Konföderation von Targowice« zusammen und zwingt mit Hilfe auswärtiger Mächte die Reformpartei zur Rücknahme der Verfassung.

Russland und Preußen lassen sich diese Intervention teuer bezahlen und sichern sich – mit der zweiten Teilung Polens 1793 – weitere Territorien.

Nach der Niederschlagung eines im Jahr 1795 von **General Tadeusz Kościuszko** angeführten Aufstands wird Polen vollends von der Landkarte getilgt (►Baedeker Special S. 52).

# Geteiltes Land (1795 – 1918)

| | |
|---|---|
| **ab 1795** | Über 120 Jahre lang, bis zum Ende des Ersten Weltkriegs, haben die Polen keinen eigenen Staat. |
| **1830** | Beginn von Aufständen gegen die Besatzungsmächte, die bis 1863 andauern. |

## Nation ohne eigenen Staat

**ab 1795** Bis zum Ende des Ersten Weltkriegs, genau 123 Jahre lang, haben die Polen **keinen eigenen Staat**, sondern leben in den drei Königreichen Preußen, Österreich und Russland (► Baedeker Special S. 52). Sprache, Religion und Kultur sind das einigende Band; in Literatur, Kunst und Musik wird die Erinnerung an ein »freies Polen« wach gehalten.

Die Hoffnung auf Befreiung von der Fremdherrschaft knüpft sich zunächst an **Napoleon**, der in Preußen einmarschiert und gen Russland zieht. Im »befreiten« Gebiet rund um die Hauptstadt richtet er das Herzogtum Warschau ein. 1808 hebt er die Leibeigenschaft auf, durch die Einführung des Zivilgesetzbuches »Code Napoléon« werden alle Bürger rechtlich gleich gestellt. Drei Jahre später erzwingt Napoleon den Rückzug der Österreicher aus Galizien, das an das Herzogtum Warschau angeschlossen wird.

Doch Napoleons Niederlage in Russland setzt die alten Teilungsmächte wieder ins Recht. Auf dem **Wiener Kongress** 1815 erhält Russland das Herzogtum Warschau, das fortan »Königreich Polen« (im Volksmund: Kongresspolen) heißt; Preußen bekommt das »Großherzogtum Posen«, Österreich erhält Galizien.

## Zeit der Aufstände

**1830 – 1863** Im November 1830 beginnt in Warschau unter Führung des Kleinadels ein erster Aufstand, der sich über das gesamte Königreich Polen ausbreitet. Erst im September des darauf folgenden Jahres wird er niedergeschlagen. Die **»Große Emigration«** nach Frankreich setzt ein; die Aufständischen werden von fortschrittlichen Kreisen Europas als »Sturmvögel« der Revolution gefeiert.

Nachdem der Ausnahmezustand im Königreich Polen 1861 aufgehoben ist, dauert es nicht lang, bis die Polen erneut auf die Barrikaden gehen. Doch auch der Januaraufstand von 1863 schlägt fehl. Um den Adel zu schwächen, verordnet ausgerechnet der Zar die Bauernbefreiung: Die landlosen Bauern werden Arbeiter für die neu entstehende, für den russischen Markt produzierende Industrie. Statt auf Rebellion setzen die Polen fortan auf eine begrenzte Zusammenarbeit mit den Teilungsmächten und erhoffen sich im Gegenzug Autonomie und wirtschaftlichen Fortschritt.

# Das wiedererstandene Polen (1918 – 1939)

| | |
|---|---|
| **1918** | Nach Ende des Ersten Weltkriegs wird Polen wieder ein souveräner Staat. |
| **1926** | Staatsstreich von General Piłsudski |
| **1934** | Deutschland und Polen schließen einen Nichtangriffspakt, der im April 1939 von Deutschland aufgekündigt wird. |

## Nach dem Ersten Weltkrieg

Nach dem Zusammenbruch der deutschen, österreichisch-ungarischen und russischen Monarchien wird Polen von den Siegermächten als unabhängiger Staat wiedererschaffen. Es umfasst in etwa jene Gebiete, die es vor der ersten Teilung 1772 besessen hat. Danzig, zu 95 % von Deutschen bewohnt, wird eine »Freie Stadt« unter dem Schutz des Völkerbunds; in Gebieten mit deutscher und polnischer Bevölkerung wie der Provinz Posen, Oberschlesien und Masuren sollen Plebiszite über die staatliche Zugehörigkeit entscheiden.

*General Piłsudski kurz nach dem Staatsstreich 1926 mit einigen Mitgliedern der neuen Regierung.*

Während es in Posen aufgrund militärischer polnischer Intervention gar nicht erst zu einer Volksabstimmung kommt, spricht sich in den übrigen Regionen die Mehrheit für einen Verbleib bei Deutschland aus (in Oberschlesien fast 60 %, in Masuren über 90 %). Polen, mit dem Ergebnis unzufrieden, entfacht in Oberschlesien eine Reihe von Aufständen, die schließlich zu seiner Teilung führen: Nur der westliche Teil kommt zu Deutschland, der östliche, rohstoffreichere wird Polen zugesprochen.

Doch auch die im **Versailler Vertrag** als Grenze festgelegte **»Curzon-Linie«** wird nicht akzeptiert. Polen führt Krieg gegen die Sowjetunion und annektiert die litauische Hauptstadt Wilna, in der Ukraine stoßen polnische Truppen bis Kiew vor. Die Grenze wird um etwa 200 km nach Osten verschoben, 1923 segnen die Siegermächte den neuen Grenzverlauf ab.

## Vielvölkerstaat Polen

Das Polen der Zwischenkriegszeit ist ein Vielvölkerstaat mit starken ethnischen Minderheiten: 19 Mio. Polen stehen 4 Mio. Ukrainer, 2 Mio. Juden, je 1 Mio. Deutsche und Weißrussen sowie Russen, Litauer und Tschechen gegenüber. Die polnische Regierung hat sich gegenüber den Siegermächten verpflichtet, seinen Minderheiten alle staatsbürgerlichen Rechte zuzuerkennen, tut sich aber mit der Umsetzung schwer. Im Mai 1926 werden die demokratischen Intentionen endgültig zu Grabe getragen: **General Piłsudski** verübt einen Staatsstreich und propagiert die »sanacja«, ein Programm zur politischen, moralischen und wirtschaftlichen »Gesundung«. Vor allem in den Jahren der »moralischen Diktatur« ab 1930 werden die Minderheitenrechte zunehmend ausgehöhlt.

### i Zeugnis der Zerstörung

- Im Historischen Museum am Warschauer Altstadtmarkt wird die Zerstörung der Hauptstadt in drei Etappen dokumentiert: beim Einmarsch deutscher Truppen im September 1939, während des Aufstandes im Ghetto und nach dem Warschauer Aufstand. Nach vorheriger Vereinbarung wird auch ein Film über die Hauptstadt gezeigt (Rynek Starego Miasto 28/42, Tel. 022 / 635 16 25).

Außenpolitisch zeichnet sich indes eine Annäherung an Deutschland ab: 1934 unterzeichnen beide Länder einen **Nichtangriffspakt**. Doch als Hitler mit seinem Ansinnen, Danzig »heim ins Reich« zu holen, am Widerstand Polens scheitert, kündigt Deutschland im April 1939 das Nichtangriffsabkommen und schließt im August einen Vertrag mit der Sowjetunion, in dessen geheimem Zusatzprotokoll die Aufteilung Polens beschlossen wird.

# Polen im Zweiten Weltkrieg (1939 – 1945)

| | |
|---|---|
| **1. 9. 1939** | Mit dem Angriff Deutschlands auf Polen beginnt der Zweite Weltkrieg. |
| **1943** | Aufstand der im Warschauer Ghetto eingeschlossenen Juden |

## Erneuter Verlust der Staatlichkeit

Der Angriff Deutschlands auf Polen am 1. September 1939 eröffnet den Zweiten Weltkrieg. Am 17. September marschiert die Rote Armee im Osten Polens ein; Warschau kapituliert am 28. September. Die deutsch-sowjetische Besetzung und ab Juni 1941 die ausschließlich deutsche Okkupation bringen ungeheuere Verluste. Etwa sechs

Millionen Einwohner kommen um, die jüdische Bevölkerung wird in den Konzentrations- und Vernichtungslagern fast völlig ausgelöscht. Die Regierung flieht ins Exil nach London. In Polen bildet sich die **»Heimatarmee«** (Armia Krajowa), die bald über 400 000 Soldaten verfügt und Guerilla-Taktiken anwendet. »Konkurrenz« erhält sie ab 1943 durch die von Moskau gelenkte **»Volksarmee«** (Armia Ludowa). Aus ihr geht das Nationale Befreiungskomitee hervor, das 1944 in Lublin eine kommunistische Gegenregierung zur Exilregierung Polens in London bildet. Widerstand leisten 1943 auch die im **Warschauer Ghetto** eingeschlossenen Juden, die lieber kämpfend sterben wollen »als sich wie Lämmer auf die Schlachtbank führen zu lassen«. Ein Jahr später folgt in Warschau ein zweiter, diesmal nicht-jüdischer Aufstand, der von den Deutschen mit der völligen Zerstörung der Stadt bestraft wird.

*Mahnmal zur Erinnerung an den Aufstand im Warschauer Ghetto 1943*

# Das sozialistische Polen (1945 – 1989)

| | |
|---|---|
| **1947** | Bolesław Bierut, Chef der Polnischen Arbeiterpartei, wird Staatspräsident. |
| **1956** | Arbeiteraufstand in Poznań |
| **1970** | Die Wirtschaftskrise des Landes führt zu Streiks der Danziger Werftarbeiter. |
| **1980** | Die Gewerkschaft »Solidarność« wird offiziell anerkannt. |
| **1989** | Mit Tadeusz Mazowiecki wird erstmals ein Nichtkommunist Regierungschef. |

## Am sowjetischen Gängelband

Mit der sich abzeichnenden Niederlage Deutschlands Anfang 1945 entwerfen die Siegermächte England, USA und Sowjetunion in Jalta die Nachkriegsordnung: Polens neue Ostgrenze wird die so genannte **Curzon-Linie** längs des San und Bug, die Westgrenze verläuft längs der Oder und der Lausitzer Neiße. So wird die Grenze Polens um ca. **1945 – 1953**

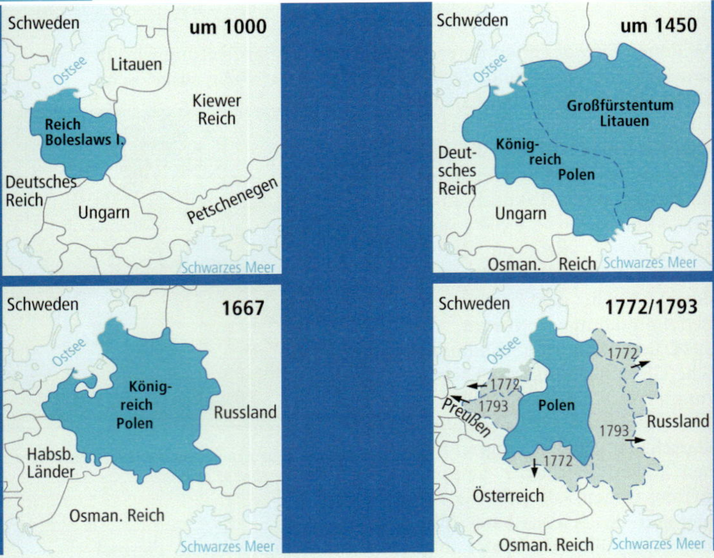


# DIE TEILUNGEN POLENS

**Die Aufteilung der polnischen Adelsrepublik unter die »Drei Schwarzen Adler« – Preußen, Russland und Österreich – im ausgehenden 18. Jh. ist als Tiefpunkt ihrer Geschichte ins Bewusstsein der Polen eingegangen, der nur noch durch die Bedrohungen des Zweiten Weltkriegs überboten werden konnte.**

Was es den drei Mächten ermöglichte, der polnischen Adelsrepublik mit einem schwachen König den Garaus zu machen, ist umstritten. Fest steht, dass Polen in die Abhängigkeit anderer Staaten, vornehmlich von Russland, geraten war und durch innere und äußere Schwäche zum Opfer einer Umverteilung der Macht wurde. Gerade die Reformpläne unter dem letzten polnischen König **Stanisław August Poniatowski**, in denen es um eine Revision der unbrauchbar gewordenen Staatsverfassung und um eine Stabilisierung der Staatsmacht ging, riefen die absolutistischen Nachbarn auf den Plan, die Interesse an einem schwachen Polen hatten.

## Erste Teilung

Die erste Teilung 1772 kostete Polen ca. ein Drittel seines Gebiets. Preußen bekam das Ermland, das »königliche« Preußen (Westpreußen) ohne Danzig und Thorn und Großpolen. Der polnische Reichstag musste unter Druck 1773 der Teilung zustimmen. Aber der Ruf nach Reformen wurde im Adel laut; die »jakobinisch« gesinnten Geistlichen Hugo Kołłontaj und Stanisław Staszic machten sich zu Wortführern. So wurde 1788 ein Reichstag einberufen, der vier Jahre lang tagte und die Reformpläne verwirklichen sollte. Unter dem Eindruck der Französischen Revolution wurde ein **Verfassungsentwurf am 3. Mai**

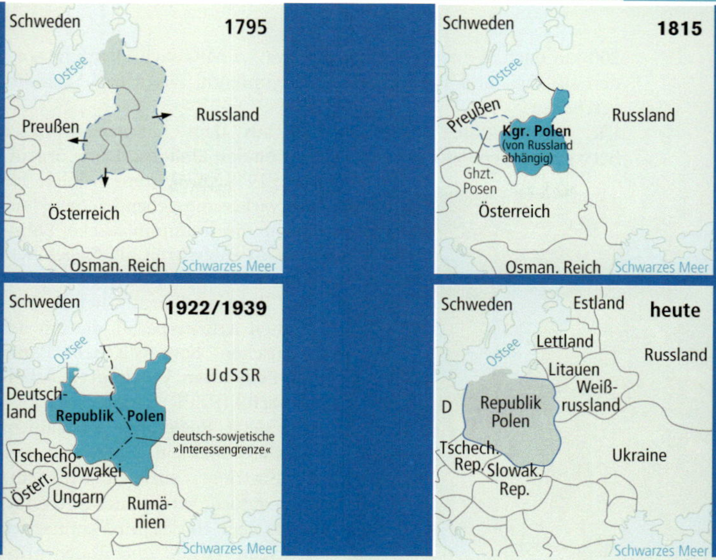


**1791** einer Minderheit des Reichstags vorgelegt, die ihn mit Zustimmung des Königs billigte. Teilung der Gewalten, Erbkönigtum, Mehrheitsentscheidung im Parlament – dies waren die wichtigsten Neuerungen. Kein Wunder, dass Katharina die Große von der »französischen Pest« sprach und im Verbund mit konservativen Vertretern der polnischen Aristokratie mit Waffengewalt eingriff.

## Zweite Teilung

Im Januar 1793 wurden sich Russland und Preußen über eine zweite Teilung einig. Nun besaß Preußen ganz Großpolen, Danzig und Thorn.
Ein Jahr später brach ein Aufstand aus, in Krakau ausgerufen von **General Kościuszko**, einem polnischen Adligen, der im amerikanischen Unabhängigkeitskrieg Adjutant von George Washington war. Es gelang ihm, die Bauern unter seine Fahne zu rufen. Aber gegen die russische Übermacht hatten sie keine Chance. Das Finale war ein Blutbad im Warschauer Vorort Praga.

## Dritte Teilung

Die dritte, vollständige Teilung im Jahr 1795 löschte Polen als Staat aus. 123 Jahre lang war das Land in drei Teile zerrissen; zwei niedergeschlagene Aufstände schwächten vor allem die Führungsschicht, den Adel, dessen Vertreter nach Sibirien verbannt, enteignet oder in die Emigration getrieben wurden. Aber der Wunsch nach einem freien, unabhängigen Staat blieb erhalten.
Der Ausgang des Ersten Weltkriegs ermöglichte die Verwirklichung dieses Traums: Polen wurde von den Siegermächten als unabhängiger Staat wieder ins Leben gerufen.
Doch zwanzig Jahre später fiel Polen erneut einer deutsch-russischen Teilung zum Opfer: dem Hitler-Stalin-Pakt vom August 1939.

200 km nach Westen verschoben: Etwa 7,5 Millionen Deutsche werden aus Ost- und Westpreußen, Ostpommern, Posen und Schlesien vertrieben.

Die Siegermächte akzeptieren die aus dem Lubliner Komitee hervorgegangene **»Regierung der Nationalen Einheit«**. Diese organisiert 1947 die ersten Wahlen für den verfassungsgebenden Sejm, aus denen die kommunistische Polnische Arbeiterpartei als Sieger hervorgeht. Erster gewählter Präsident wird Bolesław Bierut, Chef der Polnischen Arbeiterpartei, die mit der Polnischen Sozialistischen Partei zur **Polnischen Vereinigten Arbeiterpartei** (PZPR) fusioniert.

*Ein Flüchtlingstreck schleppt sich im Winter 1944/1945 durch Schlesien.*

Die neue Regierung verstaatlicht sämtliche Banken, Industrien und Großbetriebe, zugleich wird eine Agrarreform verabschiedet: Grundbesitz über 100 ha wird konfisziert, deutscher Grund und Boden prinzipiell enteignet und an Kleinbauern verteilt. Die Wirtschaft wird zentralisiert, Fünfjahrespläne legen die Zielvorgaben fest: Förderung der Schwer-, Chemie- und Rüstungsindustrie.

Auf Druck der Sowjetunion wird der Generalsekretär der PZPR, der Nationalkommunist Gomułka, zugunsten des moskautreuen **Bierut** ausgeschaltet, zahlreiche Oppositionelle und Abweichler werden verhaftet. Polen wird als **»Volksrepublik«** definiert; in der neuen Verfassung wird die Monopolstellung der PZPR in Staat und Gesellschaft festgeschrieben.

Auch außenpolitisch wird Polen in den »Ostblock« eingebunden: 1950 wird in der polnischen Hauptstadt der **»Warschauer Pakt«**, das militärische Gegenstück zu der kurz zuvor gegründeten NATO, ins Leben gerufen. Die Mehrheit der Polen begrüßt das Bündnis, sie erhofft sich dadurch wirksamen Schutz bei der Sicherung der von Deutschland infrage gestellten Westgrenze ihres Landes.

## »Tauwetter«

**1953 – 1970** Nach dem Tod **Stalins** 1953 setzt politisches Tauwetter ein. Politische Häftlinge werden freigelassen, die Zensur wird gelockert. Der Posener Arbeiteraufstand von 1956, der 74 Menschen das Leben kostet, beschleunigt die Entstalinisierung. Gomułka wird rehabilitiert und leitet als Erster Parteisekretär eine Phase der Liberalisierung ein (»Polnischer Oktober«).

Doch die wirtschaftlichen Schwierigkeiten – geringe Kaufkraft, Versorgungsmangel – werden nicht behoben. Der wachsenden Unzufriedenheit, wie sie sich in den Demonstrationen Warschauer Studenten 1968 manifestiert, begegnet Gomułka mit einem Ablenkungsmanöver: Er nutzt den virulenten polnischen Antisemitismus und entfacht während des israelischen Sechstagekriegs eine Kampagne gegen die »Zionisten«, die das Land zu verlassen haben. Von den 25 000 noch im Lande lebenden Juden emigrieren 10 000.
Im Dezember 1970 führt die wirtschaftliche Dauerkrise zu Streiks der Danziger Werftarbeiter, die sich über die gesamte Küste ausdehnen. Im Norden Polens wird der Ausnahmezustand verhängt, bei Demonstrationen werden 49 Arbeiter erschossen. Da nützt es Gomułka nicht viel, dass er kurz zuvor einen großen außenpolitischen Erfolg erzielt hat: Im »Vertrag über die Grundlagen der Normalisierung der gegenseitigen Beziehungen zwischen Polen und der Bundesrepublik Deutschland« erkannte **Willy Brandt** die Oder-Neiße-Linie als Polens Westgrenze an – sein historischer Kniefall vor dem Ghettodenkmal in Warschau wurde weltweit als Bitte um Verzeihung für die von Deutschen begangenen Verbrechen im Zweiten Weltkrieg interpretiert.

## Gierek-Ära

**Edward Gierek**, der mächtige Parteichef aus Oberschlesien, löst Gomułka ab. 1973 handelt er mit der Bundesrepublik einen Milliardenkredit aus, der zur Finanzierung eines ehrgeizigen Industrialisierungs- und Bauprogramms verwendet wird. Doch schon bald schlittert Polen vom »Wirtschaftswunder auf Pump« in die »Schuldenfalle«: Aufgrund weltweiter Rezession kann Polen seine Exportartikel im Westen nicht mehr absetzen, der allgemeine Zinsanstieg erhöht die Schuldenlast. **1970 – 1980**

*Eines der ersten Solidarność-Plakate mit einem Autogramm von Lech Wałęsa.*

Die Folge sind Preisanstiege, die – wie schon in den Jahren 1956 und 1970 – zu Streiks führen. Die **»freie Gewerkschaft Solidarität«** wird ins Leben gerufen. Durch die Wahl des Krakauer Erzbischofs **Karol Wojtyła** zum Papst 1978 erfährt die Opposition einen enormen Aufschwung: **Johannes Paul II.** predigt passiven Widerstand gegen das »Reich des Bösen«; seine erste, von Millionen Polen begleitete Heimatreise 1979 gerät zur politischen Manifestation gegen das sozialistische System.

### Jahrzehnt der Solidarität

1980 – 1990 Die 1980 verfügten Preiserhöhungen lösen abermals massive Streiks aus. Doch diesmal sind die Arbeiter besser organisiert und fordern mehr als nur billigere Nahrungsmittel: Sie verlangen die Zulassung unabhängiger Gewerkschaften, Meinungs- und Pressefreiheit. Überraschend geht die Regierung auf die Forderungen ein. Das **»Danziger Abkommen«** vom 31. August 1980 besiegelt die Zulassung der »Solidarität«; innerhalb weniger Wochen wächst die Mitgliederzahl der von **Lech Wałsa** (►Berühmte Persönlichkeiten) angeführten Gewerkschaft auf 13 Mio. an.

Schließlich tritt Edward Gierek zurück. Doch auch sein Nachfolger, **General Jaruzelski**, bekommt die chaotische Lage im Land nicht in den Griff. Einer angedrohten sowjetischen Intervention kommt er am 13. Dezember 1981 mit der Ausrufung des Kriegsrechts zuvor, das bis Juli 1983 in Kraft bleibt. Mitglieder der »Solidarität« werden interniert, Versammlungen unter Strafe gestellt und Preiserhöhungen verhängt. In der Folge erlebt Polen seine »bleiernen Jahre«.

Michail Gorbatschows Amtsantritt in der Sowjetunion 1985 beschleunigt die Demontage der osteuropäischen Volksrepubliken. Elemente der Marktwirtschaft und Demokratie werden »von oben« eingeführt, auch die polnische Regierung gerät unter Reformdruck. Erneute Streiks führen 1988 zur Legalisierung der Gewerkschaft »Solidarität«. Bereits im darauf folgenden Jahr wird mit **Tadeusz Mazowiecki** erstmals ein Nichtkommunist Regierungschef, die marktwirtschaftliche Demokratie hält Einzug in Polen.

# Einbindung ins westliche Bündnis (1990 – 2004)

| | |
|---|---|
| **1990** | Lech Wałęsa wird zum Staatspräsidenten gewählt. |
| **1999** | Polen tritt der NATO bei. |
| **2004** | Polen wird Mitglied der Europäischen Union. |

### Transformation

Die Polnische Vereinigte Arbeiterpartei PZPR hört auf zu existieren, wenig später lösen sich auch der »Rat für Gegenseitige Wirtschaftshilfe« und der »Warschauer Pakt« auf. Lech Wałęsa wird 1990 zum Staatspräsidenten gewählt, Polens Wirtschafts- und Außenpolitik orientiert sich fortan gen Westen.

Daran ändert sich auch nichts, als die dem Land verordnete wirtschaftliche »Schocktherapie« viele Polen an den Rand des Ruins treibt, die Arbeitslosigkeit von 0 auf 20 % klettert und die »geläuter-

*So wie hier in Görlitz-Zgorzelec feiert im Mai 2004 das ganze Land den Beitritt zur EU.*

ten« Postkommunisten im Bündnis mit der Bauernpartei aus den Wahlen zum Parlament als Sieger hervorgehen.

Ab etwa 1995 verbessert sich die wirtschaftliche Lage; die politischen Verhältnisse gelten als stabil, die Modernisierung des Landes schreitet voran. Seit 1999 ist Polen Mitglied der **NATO**, im Mai 2004 tritt das Land der **Europäischen Union** bei.

Die Mitgliedschaft in der EU ist freilich von Ausnahmeregelungen flankiert: In den ersten sieben Jahren nach dem Beitritt dürfen Polen ihren Arbeitsplatz in der EU nicht frei wählen – es wird befürchtet, dass sie als Saisonarbeiter bzw. leistungsstarke Fachkräfte das (vorerst) höhere Lohnniveau in Westeuropa destabilisieren. Im Gegenzug dürfen EU-Bürger in Polen erst ab 2009 Immobilien bzw. ab 2016 Agrar- und Waldland frei erwerben.

# Kunst und Kultur

**Die zentrale Lage Polens in Europa macht sich auch in Kunst und Kultur bemerkbar. Viele unterschiedliche Einflüsse aller Stile und Richtungen haben Einzug in das polnische Kulturleben gefunden.**

# Kunst- und Architekturgeschichte

Polen kann auf ein kulturelles Erbe aus mehr als tausend Jahren zurückblicken. Aufgrund seiner geografischen Lage in der Mitte Europas hat es Einflüsse aus West und Ost, Nord und Süd aufgenommen. Ob hanseatische Backsteingotik oder italienische Renaissance, habsburgischer Barock oder Orientalik – viele Stilrichtungen sind im Land vereint.

## Frühgeschichte

**Älteste architektonische Zeugnisse**

Aus früher Zeit haben sich auf polnischem Gebiet nur wenige Spuren erhalten. Eine herausragende Ausnahme bildet jedoch die hallstattzeitliche Siedlung **Biskupin** nordöstlich von Posen, die von 550 bis 400 v. Chr. auf einer Flussinsel entstanden war: An rechtwinklig sich schneidenden Straßen reihen sich gedrungene Blockhäuser, die von einer Festungsmauer eingefasst sind.
Nach dem Zerfall des Römischen Reiches konkurrierten auf dem Territorium des heutigen Polen die westslawischen Stämme der Polanen und Wislanen, der Masowier und Slesanen um die Vormacht. Sie errichteten an strategisch wichtigen Stellen hölzerne Burgen, von denen sich einige wenige Fragmente erhalten haben. Ein gutes Beispiel ist die Festung **Pobiedziska** bei Posen, wo Mieszko I. residiert haben soll.

## Romanik

**Zeit der Kathedralen**

Mit dem Übertritt des Polanenfürsten **Mieszko I.** zum Christentum im Jahr 966 begann das rasche Vordringen westeuropäischer Kunstformen nach Polen. Geistliche und weltliche Herrscher stifteten in Posen und Gnesen die ersten Kathedralen, ließen steinerne Wehrbauten mit rotundenförmigen Kapellen erbauen und gründeten Klöster
Ein bildhauerisches Meisterwerk der Romanik ist die um 1170 geschaffene **Bronzetür der Kathedrale von Gnesen**, auf der in mehreren Szenen das Leben des hl. Adalbert »erzählt« wird.
Gleichfalls bemerkenswert ist das aus der zweiten Hälfte des 12. Jhs. stammende Portal der Kirche **St. Maria Magdalena** in Breslau, das sich ursprünglich in der Benediktinerkirche befand. Es ist reich mit Ornamenten und Figuren verziert, die an archaische Götter und Gestalten erinnern: ein Beleg für die lange Übergangszeit vom Heidentum zum Christentum.

← *Die Galerie Zachęta in Warschau ist Anziehungspunkt für Liebhaber zeitgenössischer Kunst.*

## Gotik

**Backsteinarchitektur**

Mit dem Aufkommen des neuen Baumaterials Ziegelstein wurde ab etwa 1200 der Wechsel zur Gotik eingeleitet. Im Norden des Landes entstanden mächtige **Hallenkirchen** aus Backstein u. a. in Szczecin, Stargard, Kamień Pomorski, Kołobrzeg, Słupsk und Toruń.
In Schlesien und Kleinpolen, wo es viele Steinbrüche gibt, mochte man auf die Verwendung von Gneis und Granit nicht verzichten. Aus Natur- und Ziegelstein wurden in Breslau, Krakau, Głogów, Jelenia Góra und Kłodzko himmelstürmende, mehrschiffige **Strebepfeilerkirchen** errichtet.

Stadtarchitektur ►

Mitte des 13. Jahrhunderts setzte sich auch das urbane Grundmuster durch, das bis heute das Bild vieler Orte, darunter Breslau, Krakau und Danzig, prägt: im Zentrum ein großer Marktplatz (Rynek), eingerahmt von schachbrettartig sich kreuzenden Straßen, die wiederum von einer kreisförmigen Festungsmauer umfasst sind.
Großen Aufschwung nahm die Bautätigkeit nach der Neugründung des polnischen Staates in der ersten Hälfte des 14. Jahrhunderts. Von **Kazimierz III.** hieß es, er habe ein »hölzernes Polen« vorgefunden und ein »steinernes« hinterlassen. In seine Regentschaft (1333 bis 1370) fällt u. a. der Bau von ca. 80 Burgen, von denen viele als romantische Ruinen erhalten sind.
Die damalige Hauptstadt Krakau erhielt die Marien- und Katharinenkirche sowie das **Collegium Maius**, Polens erste Universität.
Im heutigen Nordosten Polens, dem ehemaligen Deutschordensland, ließen die Ritter auf den Ruinen zerstörter Pruzzensiedlungen Kirchen und Klöster errichten, gründeten fast 100 Städte und knapp 1000 Dörfer. Ihre monumentalen Backsteinkastelle erscheinen wie der steingewordene Wille zur Macht. Die 1398 fertig gestellte **Marienburg**, der Hauptsitz des Hochmeisters an der Nogat und seit 1997 Unesco-Weltkulturerbe, ist nicht nur aufgrund ihrer Dimensionen, sondern auch wegen ihrer architektonischen Raffinesse ein beeindruckendes Baudenkmal.

*Die Festung Ogrodzieniec wachte über die Grenzen Kleinpolens.*

**Bildhauerei**

Die mittelalterlichen Bildhauer waren meist mit der Ausgestaltung von Kirchen beschäftigt. Einer der herausragendsten Künstler der Epoche war der Nürnberger **Veit Stoß**, der viele Jahre in Krakau verbrachte und dort 1477 bis 1489 sein bestes Werk schuf: Die aus-

drucksstarken, lebensgroßen Figuren am Hauptaltar der Marienkirche vermitteln ein beinahe originalgetreues Abbild der mittelalterlichen Gesellschaft.
Große Anmut und eine bewegte Gebärdensprache kennzeichnen auch die »schönen Madonnen«, die hauptsächlich in schlesischen Werkstätten geschaffen wurden.

## Renaissance

**Architektur**

Mit König **Zygmunt I.** (1467 – 1548), der vom italienischen Gelehrten Filippo Buonaccorsi erzogen wurde und die Mailänder Herzogin **Bona Sforza** heiratete, wurde die Renaissance »von oben« verordnet. 1502 wurde das königliche **Schloss auf dem Wawel** zeitgemäß aufpoliert: Es erhielt einen eleganten dreigeschossigen Arkadenhof; die angrenzende Kathedrale bekam eine Kapelle mit goldener Kuppel.
Der Hochadel wollte dem König nicht nachstehen und ließ sich gleichfalls Schlösser im neuen Stil errichten. Freilich wurden die italienischen Architekten – Santi Gucci, Fiorentino, Padovano u. a. – angehalten, der klassisch-strengen Renaissance »mehr Saft« zu geben – denn immerhin ging es beim Bau eines Schlosses auch darum, den Reichtum seines Besitzers zur Schau zu stellen. So erhielt die Fassade oft eine prachtvolle Attika, die mit geschwungenen Wellenlinien oder verzierten Zacken orientalische Einflüsse aufnahm.

### ? WUSSTEN SIE SCHON ...?

- dass sich bereits zwölf Orte Polens auf der Unesco-Liste des Weltkultur- und Naturerbes finden? Krakau ist seit 1978 dabei, als diese Auszeichnung zum ersten Mal vergeben wurde. Inzwischen gehören auch das Vernichtungslager Auschwitz-Birkenau, das Salzbergwerk Wieliczka und der Urwald Białowieża dazu, ebenso die Altstädte Warschau, Toruń und Zamość, die Deutschordensburg von Malbork, das Marienheiligtum Kalwaria Zebrzydowska, die Zisterzienserabtei in Krzeszów sowie die Friedenskirchen in Świdnica und Jawor.

◄ Bildhauerei

Die Bildhauer arbeiteten »für die Ewigkeit«, schufen Grabmäler für hohe kirchliche und weltliche Würdenträger, die sich durch großen Realismus auszeichnen. Der Adel schmückte seine Schlösser mit kunstvollen, **»arrasy«** genannten Wandteppichen – meist mit Darstellungen biblischer Szenen –, die er in der flämischen Stadt Arras in Auftrag gab.

## Barock

Mit der **Gegenreformation** Ende des 16. Jhs. wurde auch in Polen der Barock eingeläutet. Die beispiellose religiöse Offensive setzte dabei auf sinnliche Reize: Verspielte, bewegte Formen, der Einsatz von Blattgold und illusionistische Malerei sollten den Betrachter von der Überlegenheit des Katholizismus überzeugen. Polens erste Kirche in diesem Stil ist **St. Peter und Paul** in Krakau, eine verkleinerte Kopie der Kirche Il-Gesù in Rom.

*Neugierigen Zuschauerblicken zum Trotz lassen sich Kunststudenten von der Wawel-Kathedrale inspirieren.*

Wasa-Stil ►

Im polnischen Kernland, rund um das 1596 zur Hauptstadt erhobene Warschau, setzte sich der Wasa-Stil durch, benannt nach dem ersten König aus der gleichnamigen schwedischen Dynastie. Der asketische Katholik machte sich für eine ernstere, würdevollere Variante des Barock stark, die z. B. im Königsschloss von Warschau und in der Bischofsresidenz von Kielce verwirklicht wurde. In Schlesien, das nicht zu Polen gehörte, zog man die üppig-schwelgerischen Formen vor: Die Klöster von Krzeszów und Henryków, Lubiąż und Legnickie Pole zählen zum Besten, was europäische Meister des Barock hervorgebracht haben.

## Klassizismus

Der letzte polnische König **Stanisław August Poniatowski** (reg. 1764 bis 1795), Günstling und Geliebter von Zarin Katharina II., brachte aus Russland den Klassizismus mit. In Warschau ließ er rings um den Sächsischen Garten elegante Paläste errichten; im Łazienki-Park entstanden antikisierende Tempel und Theater.

Nach dem endgültigen Zerfall des polnischen Staates 1795 setzte sich in den einzelnen Teilgebieten der Baustil der jeweils herrschenden Besatzungsmacht durch. Den bildenden Künstlern blieb es vorbehalten, die Erinnerung an ein unabhängiges Polen wach zu halten. Maler wie Jan Matejko (1838 – 1893; ► Berühmte Persönlichkeiten) hielten in riesigen, detailliert ausstaffierten Historienbildern jene Momente fest, da Polen groß und stark war – von der »Schlacht von

Grunwald« (Abb. S. 43) bis zur »Lubliner Union«. Auch andere Künstler stellten sich in den Dienst der Nation: **Wojciech Kossak** und **Jan Styka** schufen 1894 das 114 m lange Rundgemälde der »Schlacht von Racławice«, das einen polnischen Etappensieg in einem insgesamt verlorenen Krieg zum glorreichen Triumph über den Feind aufwertet.

## Modernismus

**»Junges Polen«**

Gegen derlei nationalen Aufbaupathos liefen an der Wende zum 20. Jh. die Künstler des »Jungen Polen« Sturm. Sie wollten sich nicht politisch instrumentalisieren lassen, sondern das zum Ausdruck bringen, was sie sahen und empfanden. Darunter befanden sich Symbolisten und Neoromantiker, Vertreter des Jugendstils und des Impressionismus. Einer der wichtigsten Künstler der Zeit war der Krakauer **Stanisław Wyspiaski** (1869 – 1907). Der Maler und Grafiker, Dichter, Dramatiker und Bühnenbildner schuf die berühmten farbgewaltigen Glasfenster in der Franziskanerkirche und die Polychromien in der Marienkirche. Vitalität und Dekadenz des Fin-de-Siècle finden sich auch bei **Józef Mehoffer** (1869 – 1946) und bei **Wojciech Weiss** (1875 – 1950). Der größte Individualist unter den Expressionisten ist **Witold Wojtkiewicz** (1878 – 1909), dessen Bilder von bizarren Greisen, Puppen und Masken bevölkert sind. Mit einer leuchtenden Farbpalette zeigt **Jacek Malczewski** (1854 – 1929) Bilder eines ländlichen Polen, in dem schwülstige erotische Phantasmagorien angesiedelt sind.

! *Baedeker* TIPP

**Besuch bei Matejko**

Wer sich dafür interessiert, wie der berühmteste Historienmaler Polens lebte und arbeitete, kann den Meister in seinem Krakauer Wohnhaus in der ul. Floriaska 41 besuchen. Dort werden neben biographischen Zeugnissen auch zahlreiche Entwürfe Matejkos gezeigt. Eines seiner großformatigen Werke, die »Preußische Huldigung« (1882), ist in der »Galerie polnischer Malerei« in den Tuchhallen ausgestellt (Dom Jana Matejki; Öffnungszeiten: Di. – So. 10.00 – 15.00, Fr. bis 17.30 Uhr).

◄ Formisten

In der Zwischenkriegszeit orientieren sich die Künstler an der Avantgarde sowjetischer Prägung. Starken Einfluss auf das Kulturleben des Landes haben die Formisten (formiści), die sich auf die Form konzentrieren, wobei das Objekt und sein Inhalt zweitrangig werden. Zu den wichtigsten Vertretern gehört **Stanisław Ignacy Witkiewicz**, genannt »Witkacy« (1885 – 1939), dessen Werk erst seit den 1980er-Jahren gebührend gewürdigt wird.

## Nachkriegszeit

**Neuanfang und Kontinuität**

1945 lagen Polens Städte in Schutt und Asche, es herrschten Mangel und Not. In dieser Situation stellte sich die Frage, ob man einen totalen Neuanfang wagen oder das Alte wieder aufbauen sollte. Nach kontroversen Debatten setzte sich schließlich die Überzeugung durch, dass nur die originalgetreue Rekonstruktion wichtiger Städte den Polen ein Gefühl der Kontinuität geben konnte – dies schien umso wichtiger, als mit der Installierung eines neuen wirtschaftlich-politischen Systems ein radikaler Bruch mit der Vergangenheit vollzogen wurde.

Der Wiederaufbau historischer Städte (Warschau, Danzig, Lublin, Posen, Breslau) stand nicht in Widerspruch zu der ab 1949 gültigen Doktrin des **Sozialistischen Realismus**, dessen Leitspruch lautete: »Sozialistischer Inhalt, nationale Form«. Bilder hatten Titel wie »Gib den Ziegel her« oder »Die Steinarbeiter«; als Leitbild dienten »Helden der Arbeit«, die nie Fehler machten und sich im Sozialismus glücklich aufgehoben fühlten. Doch im Zuge des politischen »Tauwetters« Mitte der 1950er-Jahre wurde die Kunst von derlei Vorgaben befreit und konnte an die internationale Avantgarde anknüpfen. **Andrzej Wróblewski** erschütterte mit eigenwilligen, pathosfreien Bildern von Erschießungen; **Bronisław Linke** verband in seiner Gesellschaftskritik brutalen Realismus mit alptraumartigem Surrealismus.

Die Suche nach neuen Ausdrucksmitteln führte zur Überschreitung von Gattungsgrenzen z. B. in Objekten, Installationen und Happenings, wie sie **Władysław Hasior** und **Tadeusz Kantor** einführten.

! *Baedeker* TIPP

**Revolutionäre Künstler**

»A.R.« (artyci rewolucyjni) nannte sich in den 1930er-Jahren eine Gruppe »Junger Wilder«, die in der Industriestadt Łódź eine höchst aufregende »Internationale Sammlung Moderner Kunst« zusammengetragen und dem Muzeum Sztuki (s. S. 311) überreicht hat. Darunter sind nicht nur Werke von Klee, Picasso und Chagall, sondern v. a. bei uns weit gehend unbekannte Namen wie Katarzyna Kobro oder Henryk Stażewski, deren Arbeiten den »West-Künstlern« keinesfalls nachstehen.

# Literatur

## Polnischsprachige Literatur

**Mittelalter**

Die Anfänge der Geschichtsschreibung in polnischer Sprache reichen bis ins 12. Jh. zurück. Sie beginnt mit der Chronik des **Gallus Anonymus**, verfasst am Hof Königs Boleslaw Krzywousty.

Der älteste poetische Text, das berühmte Ritterlied »Muttergottes«, stammt aus dem 13. Jh. Die ersten literarischen Zeugnisse in polnischer Sprache entstehen Mitte des 14. / Anfang des 15. Jhs. mit den »Heilig-Kreuzer Predigten« und den »Gnesener Predigten«.

**Goldenes Zeitalter**

Das »goldene Zeitalter« der Literatur bringt die Renaissance im aufstrebenden polnischen Adelsstaat unter den letzten Jagiellonen; vermittelt wird es durch internationale Beziehungen in Wissenschaft

*Kunstauktion auf dem Alten Markt in Warschau*

und Adel. Der erste Renaissancedichter war **Mikolaj Rej** – Lyriker, Prosadichter, Übersetzer und Wortführer der Reformation. Der größte Dichter der Epoche war **Jan Kochanowski**, der vor allem Lyrik, aber auch einige Dramen schrieb.

**Barock**

In der Lyrik des Barock dominiert die Form mit pompösem Duktus über den Inhalt. Dabei ließen sich die Versvirtuosen **Morsztyn**, **Zimorowicz** und **Sarbiewski** von italienischen und französischen Vorbildern inspirieren.
Die Prosaliteratur steht unter dem Eindruck kriegerischer und religiöser Auseinandersetzungen. Viele Adlige schreiben politische Werke, in denen sie ihre Ablehnung des westeuropäischen Absolutismus bekunden.

**Aufklärung, Klassizismus**

Ihre Blüte hat die Aufklärung – trotz des Untergangs des polnischen Staats Ende des 18. Jhs. – unter **Stanislaw II. August**, der besonders das Theater und die Publizistik förderte. Führender literarischer Repräsentant der Epoche ist **Ignacy Krasicki**, der mit »Die Fälle des M. Doświadczyński« den modernen polnischen Roman begründet.

**Romantik**

Das in den Werken von **Adam Mickiewicz** (► Berühmte Persönlichkeiten) dargestellte Ideal des rebellischen Helden macht nach der Niederschlagung des Novemberaufstandes 1831 die Romantik zur literarischen Hauptströmung. Naturgefühl, Individualismus, Faszination durch die Vergangenheit und die nationale Einheit spielen eine wichtige Rolle. Als Mickiewicz' Meisterwerk gilt das Nationalepos »Herr Tadeusz«.

**Realistischer Roman**

Die antiromantische, positivistische Gegenbewegung und der Kritische Realismus kennzeichnen die Literatur nach der Niederschlagung des Aufstands von 1863. Bedeutendster Schriftsteller war **Bolesław Prus**, sein 1890 erschienener Roman »Die Puppe« Hauptwerk des Kritischen Realismus.
Berühmt wurde **Henryk Sienkiewicz** mit historischen Romanen wie dem weltbekannten »Quo vadis?«, für den er 1905 als erster Pole den Nobelpreis für Literatur erhält.

**Modernismus**

Zu den herausragendsten Schriftstellern der Jahrhundertwende zählt **Stefan Żeromski**, der in seinem Werk moralische und gesellschaftliche Problematik mit dem Kampf um die Unabhängigkeit verbindet, so z. B. in »Vorfrühling« (1924). Gesellschaftlich-historische Themen greift **Władysław Reymont** auf, der für sein Epos »Die Bauern« 1924 den Literaturnobelpreis erhält.

**Zwischen den Kriegen**

Die Unabhängigkeit Polens 1918 markiert einen neuen Abschnitt der Literatur. Bei den Futuristen und der Krakauer Avantgarde stehen nun ästhetische Fragen im Vordergrund – die Anschauungen polarisieren sich an Phänomenen wie Sowjetunion, Wirtschaftskrise und Nationalismus. Die Lyrik der Gruppe der **»Skamandriten«** ist geprägt von der Begeisterung über die wiedererlangte Freiheit.
Bedeutend ist das Werk des Dramatikers **Stanisław Ignacy Witkiewicz**, der mit seinem »Theater der reinen Form« apokalyptische und groteske Visionen vom Verfall der Zivilisation schafft.

*Czesław Miłosz erhielt 1980 den Nobelpreis für Literatur.*

Der Krieg und die deutsche Besatzung unterbrechen die literarische Produktion; viele Literaten kommen ums Leben oder emigrieren. In den ersten **Nachkriegsjahren** befasst sich die Literatur mit den Kriegserfahrungen, dem Schicksal der Juden und den Konzentrationslagern. Die 1949 auf dem Stettiner Schriftstellerkongress verabschiedete Doktrin des **Sozialistischen Realismus** sorgt für eindimensionales Denken und Schreiben; doch ab Mitte der 1950er-Jahre ermöglicht das politische »Tauwetter« eine bislang nicht gekannte Offenheit und stilistische Vielfalt.
Einen besonderen Platz in der polnischen Gegenwartsliteratur nimmt die in die Form des Science-Fiction-Romans gekleidete philosophische Prosa von **Stanisław Lem** (geb. 1921) ein (► Berühmte

Persönlichkeiten). Einen großen Einfluss auf die philosophisch-existenzielle Ausrichtung der polnischen Literatur hat **Czesław Miłosz** (1911 – 2004), der 1980 den Nobelpreis erhält.
Mit dem Zusammenbruch des kommunistischen Systems 1989 geht ein neues Werte- und Normenraster einher. Mittlerweile haben die meisten der traditionellen Verlagshäuser ihr Überleben gesichert und weitere kleine Verlage sind entstanden.

## Deutschsprachige Literatur

**Schlesien**

Unter den einstigen östlichen Territorien des früheren Deutschen Reiches nimmt Schlesien, insbesondere Niederschlesien, als historisch gewachsene Kulturlandschaft eine Vorrangstellung ein.
Eine Blütezeit der Literatur in Schlesien ist das Barock. Mit seinem »Buch von der Deutschen Poeterey« leitet **Martin Opitz** (1597 bis 1639), der sich für eine eigenständige nationale Dichtung einsetzt, den Erneuerungsprozess der Dichtkunst ein.
Berühmt wird **Andreas Gryphius**, der in seiner gefühlsstarken Lyrik sowie in den heroischen und Märtyrerdramen politische und weltanschauliche Fragen der Zeit behandelt.
Aus Oberschlesien stammt **Joseph Freiherr von Eichendorff** (1788 bis 1857), der bedeutendste volkstümliche Lyriker der deutschen Romantik. Zahlreiche seiner Naturgedichte sind in den Volksliedschatz eingegangen. Auch Eichendorffs 1826 erstmals veröffentlichte Novelle »Aus dem Leben eines Taugenichts« erfreut sich unverminderter Popularität.
Weltgeltung erlangt im 19. Jahrhundert nur ein Name: **Gerhart Hauptmann** (1862 – 1946; ►Berühmte Persönlichkeiten), Hauptvertreter des Naturalismus und Autor des Epoche machenden revolutionären Dramas »Die Weber«. Im 20. Jh. ist es **Horst Bienek**, der in Romanen das Schicksal seiner oberschlesischen Heimat mit großer Meisterschaft beschreibt.

**Ost-, Westpreußen, Pommern**

Aus Ostpreußen stammt einer der bedeutendsten deutschen Philosophen und Dichter: **Johann Gottfried Herder**, der Theoretiker des Sturm und Drangs, Wegbereiter der deutschen Klassik, Sammler und Herausgeber von Volksliedern vieler Völker.
Danzig ist die Geburtsstadt von Günter Grass (geb. 1927), Literaturnobelpreisträger 1999 und der Autor u. a. der »Danziger Trilogie«, die die Romane »Die Blechtrommel«, »Katz und Maus« und »Hundejahre« umfasst. Grass veröffentlicht neben Romanen auch Erzählungen, Theaterstücke und Gedichte.
Die herrliche Masurenlandschaft ist die Heimat des zeitgenössischen Romanciers, Hörspielautors und Dramatikers **Siegfried Lenz** (geb. 1926). Die Schriftstellerin **Christa Wolf** (geb. 1929) stammt aus Hinterpommern. In dem Roman »Kindheitsmuster« schildert sie ihre Kindheit in Nazideutschland und vergleicht ihr Leben in jener Zeit mit ihrem späteren in der DDR.

# Volkskunst und Folklore

## Brauchtum und Kunsthandwerk

**Lebendiges Brauchtum** »Echte« Volkskunst und traditionelles Brauchtum haben sich in den ländlichen Regionen abseits der großen Städte bis heute erhalten, v. a. im gebirgigen Süden, in Kaschubien und rund um Łomża. Dort wird noch Volkskunst im eigentlichen Sinne von Laien geschaffen, die ohne spezielle handwerkliche oder künstlerische Ausbildung nach überlieferten Formen Gebrauchsgegenstände, Zierrat und Kleidung herstellen. Die qualitätvollen Erzeugnisse werden von der auf Kunsthandwerk spezialisierten Firma **Cepelia** verkauft und erfreuen sich bei Polen und Touristen gleichermaßen großer Beliebtheit. Cepelia hat in allen Städten Filialen, deren Auswahl von den Besonderheiten der regionalen Volkskunst geprägt ist.

**Leder und Textilien** In der Tatra fertigt man Taschen, Gürtel und die **»kierpce«**, die Schuhe der Goralen aus Podhale, die mit eingestanzten Ornamenten geschmückt und mit Messingschnallen verziert sind. In Podhale gibt es Tischwäsche und Blusen mit handgearbeiteter Lochstickerei. Eine Besonderheit Nordostpolens, in der Region um Augustów und Suwałki, sind hübsch gemusterte gewebte **Wandteppiche**.

**Keramik** In Zentralpolen wird die so genannte Rohkeramik hergestellt, die unglasiert bleibt und nur eine ockerfarbige oder weiße Tonbemalung erhält und häufig mit Ritzornamenten verziert wird. Bemalte und glasierte Keramik kommt aus der Gegend von Lublin. Charakteristisch für die kaschubische Keramik ist die hellblaue Glasur mit Tulpen und Rankenmustern.

**Architektur** In vielen Dörfern kann man noch Bauernhäuser und kleine Kirchen in der traditionellen Holzbauweise entdecken. Die schönste und am besten erhaltene Holzarchitektur findet man in der Region Podhale am Fuße der Tatra. Die Häuser haben steile, mit Schindeln gedeckte Walmdächer mit überhängenden Dachtraufen, die Holzbalken sind mit ornamentalen Schnitzereien kunstvoll geschmückt. Ebenso wurden in Südpolen auch Möbel und hölzerne Gebrauchsgegenstände wie Teller, Käse- und Butterformen mit Ritzornamenten verziert.

**Adventsbräuche** Der 4. Dezember, der **Tag der hl. Barbara**, wird im oberschlesischen Kohlerevier mit Umzügen der Bergleute gefeiert, als deren Schutzpatronin die Heilige gilt.
In Krakau werden in den beiden letzten Wochen vor Weihnachten rund um den Marktplatz die berühmten Krakauer **»szopki«**, Krippen aus Pappmaschee und Glanzpapier, ausgestellt. Ihre Gestaltung ist durch Krakauer Architekturdenkmäler inspiriert, besonders beliebte Motive sind Marienkirche und Wawel.

*Farbenprächtige Trachtenschau beim Fronleichnamszug in Krakau*

Der **Heilige Abend** ist in Polen Fastentag, daher kommt zum festlichen Abendessen kein Fleisch auf den Tisch. Das Mahl besteht traditionell aus zwölf Gerichten, u. a. mit einer Pilz- oder Rote-Bete-Suppe, einem Fischgericht, Mohnklößen und Trockenobstkompott.

## Folklore

**Trachten**

In den meisten Regionen des Landes wird die Erinnerung an Tracht und Volkstanz von Folkloregruppen bewahrt. Die **Tracht aus der Region Łowickie**, westlich von Warschau, gehört neben der von Krakau und Podhale zu den bekanntesten und wird mit der polnischen Volkstracht schlechthin gleichgesetzt. Charakteristisch sind die farbigen Streifen der Stoffe für Kleider, Schürzen und Röcke. Die Frauen tragen schön bestickte Mieder; die Hosen der Männer sind ebenfalls mit farbigen Streifen geschmückt.

**Volksmusik**

Ob mit Geige oder Fiedel, Dudelsack oder Alphorn wie in den Vorkarpaten – überall in Polen spielen Folklorekapellen die Musik ihrer Region. Die bekanntesten polnischen Melodie- und Tanztypen sind die lebhafte **Mazurka** aus dem Gebiet um den Oberek, der **Kujawiak** aus Mittelpolen sowie der **Krakowiak** aus der Region Krakau. Bei den Goralentänzen aus Podhale ist die Solodarbietung des Mannes mit spektakulären Sprüngen wichtig. Ruhiger und getragener sind die Volksmusikrhythmen des Ermlands und der Masuren.

# Berühmte Persönlichkeiten

**Der berühmteste Landsmann der Polen ist noch immer Karol Wojtyła, der im April 2005 verstorbene Papst Johannes Paul II. Aber auch in Kunst, Wissenschaft und Politik haben polnische Frauen und Männer entscheidende Entwicklungen vorangetrieben.**

## Angelus Silesius (1624 – 1677)

**»Schlesischer Engel«**

Der Dichter, der sich den schönen Namen Angelus Silesius – »Schlesischer Engel« – gab, hieß eigentlich Johannes Scheffler und ging als großer Mystiker in die Literaturgeschichte ein. Der im Dezember 1624 in Breslau als Sohn eines protestantischen Gutsbesitzers geborene Scheffler studierte Medizin in Straßburg, Leiden und Padua, wo er die Schriften zeitgenössischer Mystiker kennen lernte. Scheffler wurde Leibarzt des Herzogs Silvius Nimrod in Oels (Oleśnica), trat 1653 zum Katholizismus über und wurde 1661 Priester. Er schrieb Kirchenlieder und verfasste als fanatischer Anwalt der Gegenreformation zahlreiche Pamphlete gegen den Protestantismus.
Berühmt wurde er mit seinem Buch »Der Cherubinische Wandersmann« (1675): eine Sammlung brillant formulierter Aphorismen bzw. »Erkenntnissplitter«, die, wie Silesius in der Vorrede niederschrieb, helfen sollen, die Kluft zwischen Mensch und Gott zu überwinden. Angelus Silesius starb am 9. Juli 1677 in Breslau.

## Frédéric Chopin (1810 – 1849)

**Komponist, Pianist**

Frédéric Chopin wurde als Sohn eines französischen Sprachlehrers und einer polnischen Adeligen am 1. März 1810 in Żelazowa Wola bei Warschau geboren. Im Alter von acht Jahren gab er sein erstes Konzert als Pianist und wurde als Musikgenie gefeiert.
Als 1830 in Warschau der Aufstand gegen die russische Besatzungsmacht ausbrach, befand sich Chopin gerade auf einer Konzertreise durch Europa. Er beschloss, nicht mehr nach Polen zurückzukehren, sondern ließ sich in Paris nieder. Dort lernte er die Schriftstellerin George Sand (d. i. Aurore Dupin, Baronin Dudevant, 1804 – 1876) kennen, die ihm Zugang zu den aristokratischen Salons verschaffte. Im Winter 1838 begleitete sie ihn nach Mallorca, wo er Heilung von seiner Tuberkulose suchte. Nach einer Konzertreise nach England und Schottland 1848 starb Chopin am 17. Oktober 1849 in Paris. Seine Musik – ausschließlich Klavierwerke oder Werke, in denen das Klavier dominiert – wurzelt in der polnischen Folklore, was besonders in den Polonaisen und Mazurken zum Ausdruck kommt. Seit 1927 finden in Warschau die renommierten Chopin-Klavierwettbewerbe statt; in Duszniki-Zdrój, wo er als junger Mann Konzerte gab, veranstaltet man alljährlich im August ein Chopin-Festival.

## Daniel Gabriel Fahrenheit (1686 – 1736)

**Physiker**

Daniel Gabriel Fahrenheit, geboren am 24. Mai 1686 in Danzig, entwickelte 1714 eine Temperaturskala, bei der der Abstand zwischen dem Gefrierpunkt (= 32 °F) und dem Siedepunkt des Wassers

← *Nikolaus Kopernikus thront auf seinem Ehrenplatz vor der Akademie der Wissenschaften in Warschau.*

(=212 °F) in 180 Einheiten unterteilt wird. Diese Fahrenheit-Skala wird heute noch in Großbritannien und in den USA benutzt. Durch die Verwendung von Quecksilber gelang es Fahrenheit als Erstem, völlig übereinstimmende und zuverlässig arbeitende Thermometer zu bauen. Er starb am 16. September 1736 in Den Haag.

## Gerhart Hauptmann (1862 – 1946)

**Schriftsteller**

Gerhart Hauptmann wurde am 15. November 1862 in Salzbrunn (Szczawno Zdrój) als Sohn eines Hotelbesitzers geboren. In seinem vielgestaltigen literarischen Werk schildert er kraftvolle, oft proletarische Gestalten, die stets an ihrer Umwelt scheitern.

Die Uraufführung seines Sozialdramas »Vor Sonnenaufgang« (1889) war ein durchschlagender Erfolg, und mit der dramatischen Aufarbeitung des großen Weberaufstandes in Schlesien im Jahr 1844 mit seinem Stück »Die Weber« (1892) verhalf er dem Naturalismus in Deutschland zum Durchbruch. 1912 erhielt er den Nobelpreis für Literatur.

Hauptmann lebte zeitweilig in Berlin, hielt sich jedoch meist in Agnetendorf (Jagniątków) auf, wo er am 6. Juni 1946 starb. Beigesetzt wurde er auf der Ostsee-Insel Hiddensee, wo er oft seine Ferien verbracht hatte. Seine schlesische Residenz, das »Haus Wiesenstein«, wurde zur Jahrtausendwende in ein literarisches Museum und eine deutsch-polnische Begegnungsstätte umgewandelt.

## Swięta Jadwiga (um 1174 – 1243)

**Heilige Hedwig Schutzpatronin von Schlesien**

Hedwig (poln. Jadwiga), geboren im bayerischen Andechs als Tochter des Markgrafen Berthold VI. von Istrien und Herzogs von Meran und Dalmatien, heiratete Herzog Heinrich I. (den Bärtigen) von Schlesien. Sie veranlasste ihn, 1202 das erste Frauenkloster des Landes, das Zisterzienserinnenstift Trebnitz (Trzebnica), 25 km nördlich von Breslau, zu gründen. Zahlreiche weitere Kirchen- und Klostergründungen in Schlesien gehen auf Hedwig, eine Tante der heiligen Elisabeth, zurück. Nach dem Tod des Herzogs 1238 zog sie sich in das Kloster Trebnitz zurück, wo sie am 14. Oktober 1243 starb. 1267 heilig gesprochen, wird sie in Polen, besonders aber in Schlesien, wo am 16. Oktober das Patronatsfest gefeiert wird, bis heute hoch verehrt.

## Johannes Paul II. (1920 – 2005)

Papst Johannes Paul II., am 18. Mai 1920 im galizischen Wadowice als Karol Wojtyła geboren, studierte in Krakau Polonistik, brach nach dem deutschen Einmarsch 1939 das Studium ab und trat 1942 in ein im Untergrund tätiges geistliches Seminar ein, das er 1946 abschloss. Karol Wojtyła war zunächst Professor der Philosophie an der katholischen Universität Lublin und veröffentlichte mehrere Bü-

*Staatspräsident Lech Wałęsa empfängt Papst Johannes Paul II., der im Juni 1991 erstmals seit der politischen Wende sein Heimatland besucht.*

cher mit Lyrik, Dramen und Meditationen. 1958 wurde er Bischof, 1963 Erzbischof von Krakau und 1967 Kardinal. Am 16. Oktober 1978 wurde er in Rom zum Papst gewählt und nahm den Namen Johannes Paul II. an. Nach dem Niederländer Hadrian VI. (1522/1523) war er seit fast 500 Jahren der erste Nichtitaliener auf dem Heiligen Stuhl. Er starb am 2. April 2005.

## Nikolaus Kopernikus (1473 – 1543)

**Astronom**

Nikolaus Kopernikus, eigentlich Koppernigk (poln. Mikołaj Kopernik), wurde am 19. Februar 1473 in Thorn (Toruń) geboren, studierte in Krakau, Bologna, Padua und Ferrara Mathematik, Astronomie und Medizin. 1504 begann er als Sekretär und Leibarzt seines Onkels Lukas Watzenrode, Fürstbischof in Heilsberg (Lidzbark Warmiński), mit astronomischen Beobachtungen. Zwischen 1509 und 1514 legte Kopernikus im »Commentariolus« Erkenntnisse vor, denen bereits ein heliozentrisches Weltbild zu Grunde liegt.

In seinem Hauptwerk »De revolutionibus orbium coelestium« (»Über die Bewegungen der Himmelskörper«) formulierte er die damals ketzerische These, dass sich die Erde um die Sonne drehe, folglich der Mensch nicht das Zentrum des Universums sei. Das Werk wurde erst kurz vor Kopernikus' Tod (24. Mai 1543) veröffentlicht. Nachdem es zuerst nicht zur Kenntnis genommen wurde, kam es 1616 auf den kirchlichen Index. Erst in der Aufklärungszeit wurde Kopernikus rehabilitiert und gilt seitdem als einer der größten Naturwissenschaftler.

## Janusz Korczak (1878 – 1942)

**Kinderarzt und Sozialpädagoge**

Janusz Korczak, als Henryk Goldszmit am 22. Juli 1878 in Warschau geboren, leitete dort ab 1911 ein jüdisches Waisenhaus, ab 1919 ein Kinderheim für mittellose Arbeiterkinder und während der deutschen Besetzung ein Kinderheim im Ghetto. Obwohl er hätte fliehen können, begleitete er 1941 die ihm anvertrauten Kinder in das Vernichtungslager Treblinka und wurde mit ihnen vermutlich im August 1942 ermordet. Korczak verfasste theoretische Schriften und Bücher über und für Kinder, u. a. »Die Verantwortung des Pädagogen«, »Tagebuch im Ghetto« (dt. 1974), »König Hänschen der Erste« und »Wie man ein Kind lieben soll«. 1972 wurde Janusz Korczak postum der Friedenspreis des Deutschen Buchhandels verliehen.

## Tadeusz Kościuszko (1746 – 1817)

**General und Freiheitskämpfer**

Es gibt kaum eine Stadt, in der nicht eine Straße oder ein Platz nach großen Nationalhelden Polens benannt worden wäre. Geehrt wird nicht nur sein militärisches Engagement »für die Sache Polens«, sondern auch sein Eintreten für die sozial und wirtschaftlich Schwachen.

*Kościuszkos Gefangennahme nach dem gescheiterten Aufstand 1794*

Der am 4. Januar 1746 in Mereczowszczyzna auf dem Gebiet der heutigen Ukraine geborene Kościuszko absolvierte die Warschauer Kadettenschule und studierte Militärtechnik in Paris.

1776 wanderte er nach Nordamerika aus, wo er als General und Adjutant George Washingtons am Unabhängigkeitskrieg teilnahm. 1784 nach Polen zurückgekehrt, rief er nach der zweiten Polnischen Teilung zur nationalen Erhebung auf. Nach anfänglichen Erfolgen erlagen die Polen schließlich 1794 der russisch-preußischen Übermacht. Kościuszko wurde von den Russen gefangen genommen und erst 1796 wieder freigelassen.

Von 1798 bis zu seinem Tod am 15. Oktober 1817 lebte General Kościuszko in Frankreich, zuletzt im schweizerischen Solothurn. Sein Leichnam wurde in den Krakauer Wawel überführt und in der »Krypta der Nationalhelden« beigesetzt.

## Stanisław Lem (geb. 1921)

Philosoph und Science-Fiction-Autor

Stanisław Lem kam 1921 als Sohn eines Arztes im galizischen Lemberg (heute Lviv/Ukraine) zur Welt. Nach dem Zweiten Weltkrieg studierte er Medizin in Krakau und arbeitete danach als wissenschaftlicher Assistent für angewandte Psychologie. 1951 erschien sein erster Science-Fiction-Roman »Astronauten«, dem unzählige weitere Werke folgten; zu den bekanntesten gehören »Sterntagebuch« (1957) »Eden« (1959) und der mehrfach verfilmte Roman »Solaris« (1961).

Mit der Weltauflage seiner Bücher von mehr als zehn Millionen in über dreißig Sprachen ist Stanisław Lem der erfolgreichste und meistübersetzte polnische Autor der Gegenwart und gilt als einer der bekanntesten Science-Fiction-Autoren der Welt. Stanisław Lem lebt in Krakau, wo er bis heute einen Lehrstuhl am Institut für polnische Literatur hat.

## Rosa Luxemburg (1871 – 1919)

Politikerin

Rosa Luxemburg wurde als Tochter eines wohlhabenden Kaufmanns am 5. März 1871 im russisch besetzten Zamość geboren. In Warschau ging sie aufs Gymnasium, wo sie schon als 16-Jährige Kontakt zu sozialrevolutionären Kreisen aufnahm. 1891 zog sie nach Zürich und studierte Wirtschaftswissenschaften, Geschichte, Philosophie und Jura. 1894 war sie Mitbegründerin der »Sozialdemokratie des Königreichs Polen und Litauen« und arbeitete als Dozentin an der Parteischule der SPD. Da sie sich bei Kriegsausbruch 1914 strikt gegen die »Burgfriedenpolitik« ihrer Partei stellte, fiel sie bei der SPD in Ungnade.
Von 1915 bis November 1918 in »Sicherheitsverwahrung« verbracht, verfasste sie In dieser Zeit die Schrift »Die russische Revolution«, die den berühmt gewordenen Satz enthält: »Freiheit ist immer nur die Freiheit des anders Denkenden.« Am 15. Januar 1919 wurde Rosa Luxemburg von Freikorps-Offizieren misshandelt und ermordet. Nachdem man ihre Leiche im Berliner Landwehrkanal aufgefunden hatte, wurde sie am 13. Juni 1919 – neben ihrem gleichfalls ermordeten Mitstreiter Karl Liebknecht – in Berlin-Friedrichsfelde beigesetzt.

## Jan Matejko (1838 – 1893)

Historienmaler

Jan Matejko, geboren am 28. Juli 1838, blieb sein ganzes Leben mit seiner Geburtsstadt Krakau verbunden. Er wurde 1873 Direktor der dortigen Kunstschule, wo er viele hervorragende polnische Künstler unterrichtete. Seine technisch sorgfältigen und großartig charakterisierenden monumentalen Gemälde haben meist Begebenheiten aus der polnischen Geschichte zum Thema, wobei er den Details besondere Aufmerksamkeit schenkte; so reiste er zur Vorbereitung des Gemäldes »Die Schlacht von Grunwald« (Abb. S. 43) an den Originalschauplatz ins damalige Preußen. Andere wichtige Werke, mit denen er die Polen als Helden feiert, sind »Die Verfassung vom 3. Mai« und die »Huldigung Albrechts von Brandenburg«.

## Adam Mickiewicz (1798 – 1855)

**Dichter der Romantik**

Adam Mickiewicz gilt als der bedeutendste Dichter Polens. Geboren am 24. Dezember 1798 in Zaosie im heutigen Weißrussland, arbeitete Mickiewicz ab 1819 im litauischen Kaunas als Lehrer und schrieb dort 1820 seine berühmte patriotische »Ode an die Jugend«. 1823 wurde er wegen seiner politischen Aktivitäten von den zaristischen Behörden aus Litauen verbannt. In Moskau entstand 1828 sein historisches Epos »Konrad Wallenrod«, das den Kampf der Litauer gegen den Deutschen Orden schildert. Als 1829 seine Verbannung aufgehoben wurde, emigrierte Mickiewicz in den Westen Europas und ließ sich schließlich 1832 in Paris nieder.

*Polens Nationaldichter*

1834 erschien das Nationalepos »Pan Tadeusz« (»Herr Thaddäus oder der letzte Einfall in Litauen«), ein meisterhaftes humoristisches Genrebild des polnischen Kleinadels aus der Zeit vor den Napoleonischen Kriegen mit stark patriotischen Zügen und großartigen Naturschilderungen. Mit diesem Werk wurde er zu einer Symbolfigur des polnischen Nationalbewusstseins.

1840 bis 1844 lehrte Mickiewicz als Professor für slawische Literatur am Collège de France in Paris. Er starb während des Krimkriegs am 26. November 1855 im heutigen Istanbul, wo er eine polnische Legion für den Kampf gegen Russland aufstellen wollte. Seine Gebeine wurden 1890 nach Krakau überführt und auf dem Wawel beigesetzt.

## Józef Klement Piłsudski (1867 – 1935)

**Marschall und Staatsmann**

Józef Klement Piłsudski, eine Schlüsselfigur im Kampf um die Wiedererrichtung des polnischen Staates, wurde am 5. November 1867 in Zulowo bei Vilnius geboren. 1887 wurde er wegen Teilnahme an einer Verschwörung gegen das Zarenregime nach Sibirien verbannt; später gehörte er zu den Begründern der Polnischen Sozialistischen Partei. Nach Ende des Ersten Weltkriegs wurde Piłsudski zum

»Staatschef« der wiedererrichteten Republik Polen proklamiert. Durch den Angriff auf die noch nicht konsolidierte Sowjetmacht konnte er im Frieden von Riga 1921 die Grenzen Polens weit nach Osten verlegen. 1926 löste er nach einem Staatsstreich das demokratische Regierungssystem durch ein ganz auf seine Person fixiertes autoritäres Militärregime ab.
Im April 1935 wurde die in seinem Geist erstellte »April-Verfassung« fertig gestellt. Sein Tod am 12. Mai 1935 wurde von vielen Polen als eine nationale Tragödie empfunden.

## Roman Polański (geb. 1933)

**Regisseur**

Roman Polański wurde am 18. August 1933 in Paris geboren, doch seine Eltern zogen mit ihm schon drei Jahre später nach Krakau. Als die Deutschen nach Polen einrückten, wurden sie ins Ghetto verschleppt. Die Mutter wurde in Auschwitz ermordet, der Vater überlebte das KZ Mauthausen. Vor seiner Deportation war es dem Vater gelungen, den Sohn bei einer Familie außerhalb des Ghettos unterzubringen.
Polański besuchte nach dem Krieg die Kunstakademie von Krakau, ab 1954 die Filmhochschule von Łódź. Dort entstanden auch seine ersten Kurzfilme. Als das »Messer im Wasser« (1961) den Kritikerpreis beim Festival von Venedig erhielt, der Erfolg in Polen jedoch auf sich warten ließ, beschloss er, dorthin zu gehen, wo sich sein Talent, wie er meinte, besser entwickeln könnte. In den Studios von London und Hollywood entstanden die Filme, die seinen internationalen Ruhm begründeten: »Ekel« (1965), »Tanz der Vampire« (1966), »Rosemaries Baby« (1968) und die Shakespeare-Adaption »Macbeth« (1971).

*2004 wurde dem Kult-Regisseur die Ehrendoktorwürde der Sapienza-Universität in Rom verliehen.*

## Wanda Rutkiewicz (1943 – 1992)

**Bergsteigerin**

Wanda Rutkiewicz wurde 1943 in Plungiany im heutigen Litauen geboren. Sie gilt als eine der wichtigsten Frauen im Alpinsport des 20. Jahrhunderts. Schon als 18-Jährige begann sie in der polnischen Tatra zu klettern, insgesamt achtmal führten Expeditionen sie auf Achttausender.
1975 gelang Rutkiewicz mit einer Expedition die Erstbesteigung des 7952 m hohen Gasherbrum III in Pakistan. 1978 bestieg sie als erste

*Wanda Rutkiewicz bezwang als erste Polin den Mount Everest.*

Polin den höchsten Berg der Welt, den 8848 m hohen Mount Everest. 1985 folgte die Besteigung des Nanga Parbat (8125 m). Zusammen mit der Bergsteigerin Lilliane Barrard gelang Wanda Rutkiewicz als erste Frau die Besteigung des 8616 m hohen K 2, des zweithöchsten Bergs der Welt. Nach einigen weiteren Kletter-Expeditionen brach sie im Mai 1992 zu einer Besteigung des dritthöchsten Gipfels der Erde, des 8586 m hohen Katschenzönga auf. Es sollte die letzte Bergbesteigung der polnischen Alpinistin werden. Als sie in 8200 m Höhe ihr Biwak für den Gipfelaufstieg am folgenden Tag vorbereitete, wurde Wanda Rutkiewicz das letzte Mal gesehen.

## Henryk Sienkiewicz (1846 – 1916)

**Schriftsteller**

Einer der bekanntesten und meistgelesenen polnischen Schriftsteller ist der am 5. Mai 1846 in Wola Okrzejska bei Siedlce geborene Henryk Sienkiewicz. In seinen frühen Erzählungen schildert er das Leben der unteren Volksschichten und das Schicksal polnischer Auswanderer in Nordamerika. Später beschäftigte ihn hauptsächlich die polnische Geschichte, so in der Trilogie »Mit Feuer und Schwert«, »Sintflut« und »Pan Wolodyjowski, der kleine Ritter«, in der er ein anschauliches Bild Polens im 16. Jh. zeichnet. Sein Roman »Quo vadis?«, der in Rom zur Zeit Neros und der Christenverfolgung spielt, brachte Sienkiewicz internationalen Ruhm ein. 1905 erhielt er als erster polnischer Schriftsteller den Nobelpreis. Sienkiewicz starb am 15. November 1916 in Vevey am Genfer See, beigesetzt wurde er im Dom St. Johannes in Warschau.

## Marie Skłodowska-Curie (1867 – 1934)

**Physikerin und Chemikerin**

Marie Skłodowska wurde am 7. November 1867 in Warschau geboren. Nach dem Besuch der Mittelschule arbeitete sie zunächst als Hauslehrerin und Laborantin. 1891 folgte sie ihrer Schwester nach Paris und studierte dort Mathematik und Physik. 1895 heiratete sie Pierre Curie (1859 – 1906), Professor an der Schule für industrielle Physik und Chemie. 1897, im Geburtsjahr ihrer Tochter Irène, begann sie mit der Untersuchung der »Becquerel-Strahlen« und entdeckte dabei die Radioaktivität des Thoriums sowie 1898 zusammen mit ihrem Mann die Elemente Polonium und Radium.

Für ihre Entdeckungen erhielten die Curies 1903 den Nobelpreis für Physik. Nach dem Tod ihres Mannes übernahm Marie seine Professur an der Sorbonne. 1910 stellte sie Radium rein her und analysierte seine Verbindungen, wofür ihr 1911 der Nobelpreis für Chemie verliehen wurde. Als Folge ihrer Arbeit mit radioaktivem Material erkrankte Marie Curie an Blutkrebs und starb am 4. Juli 1934.

## Andrzej Szczypiorski (1924 – 2000)

**Schriftsteller**

Andrzej Szczypiorski wurde am 3. Februar 1928 in Warschau geboren. 1943, mit knapp 15 Jahren, gab er in einem der angesehensten literarischen Salons der polnischen Hauptstadt mit zwei Erzählungen sein literarisches Debüt. 1944 nahm Szczypiorski am Warschauer Aufstand teil und wurde daraufhin ins KZ Sachsenhausen deportiert. Diese Erfahrungen boten dem späteren Schriftsteller Stoff genug, um sein ganzes weiteres Leben lang das Verhältnis zwischen Polen und Deutschen, Juden und Nichtjuden zu reflektieren.

*Andrzej Szczypiorski zählte in Deutschland zu den meistgelesenen polnischen Schriftstellern.*

Nach seiner Befreiung 1945 trat Szczypiorski bald mit ersten literarischen und publizistischen Arbeiten in die Öffentlichkeit und arbeitete bis 1955 als Journalist. Nach dem Beginn des politischen »Tauwetters« 1956 schlug sich der bis dahin eher unpolitische Szczypiorski auf die Seite der Volksrepublik. Er betätigte sich vorübergehend als Kulturattaché in Kopenhagen und schrieb unter Pseudonym Kriminalromane. Erst die antisemitische Hetzkampagne der polnischen Kommunisten unter dem Parteichef Gomułka im Jahr 1968 führte zu einem Bewusstseinswandel vom regimetreuen zum oppositionellen Schriftsteller. In dieser Zeit entstand sein wohl bedeutendstes Buch »Eine Messe für die Stadt Arras« (1971). Der Roman handelt von den antijüdischen Ausschreitungen im Mittelalter und lässt sich dabei als Parabel auf die Geschehnisse in Polen 1968 lesen.

Als einer der ersten Solidarność-Aktivisten wurde Szczypiorski nach Verhängung des Kriegsrechtes in Polen 1981 für fünf Monate inhaftiert. Nach der politischen Wende in Polen 1989 war er für die Unia Demokratyczna bis 1991 im polnischen Senat. Szczypiorski starb am 16. Mai 2000.

*Zusammen mit seinem Sohn steht der frühere Staatspräsident Lech Wałęsa am 10. März 2004 vor dem Danziger Flughafen, der an diesem Tag nach ihm benannt wurd*

## Lech Wałęsa (geb. 1943)

**Gewerkschaftsführer und Politiker**

Lech Wałęsa, am 29. September 1943 in Popowo bei Bydgoszcz geboren, wuchs in sehr bescheidenen Verhältnissen auf. Ab 1967 arbeitete er als Elektromonteur in einer Danziger Werft. Schon früh engagierte er sich für die Interessen der Arbeiter; als überzeugter Katholik kam er dabei in Konflikt mit der Kommunistischen Partei und den von ihr beherrschten staatlichen Organen.

Die erste große Streikbewegung 1970 zeigte, dass die offiziellen Gewerkschaften weniger das Wohl der Arbeiterschaft als vielmehr die Interessen der Partei und des Staates vertraten. Wałęsa betrieb daher die Gründung der unabhängigen Gewerkschaft »Solidarność«. Nach der zweiten großen Streikbewegung von 1980, an deren Spitze Lech Wałęsa stand, wurde er zum Vorsitzenden der Solidarność gewählt. Im Jahr 1981 wurde die Gewerkschaft Solidarność verboten und Wałęsa von Dezember 1981 bis November 1982 inhaftiert.

Sein politisches Engagement fand internationale Anerkennung; 1983 erhielt er den Friedensnobelpreis. Im Mai 1989 streikten die Danziger Werftarbeiter unter Führung Wałęsas für die Erhaltung ihrer angeblich unrentablen Betriebe und forderten die Wiederzulassung ihrer Gewerkschaft. Bei dem sich in Polen abzeichnenden Umbruch leitete Wałęsa 1989 die Opposition bei den Gesprächen am »Runden Tisch«. Nach der »Wende« wurde Lech Wałęsa im Dezember 1990 in direkter Wahl zum Präsidenten der Republik bestimmt. Heute freilich gibt es kaum noch einen Polen, der gut auf ihn zu sprechen ist (► S. 32). Bei seiner Präsidentschaftskandidatur im Jahr 2000 erhielt er nur knapp 1 % der Stimmen.

## Zygmunt I. Stary (1467 – 1548)

**König von Polen**

Zygmunt I. Stary (Sigismund »der Alte« oder »der Große«) aus dem Haus der Jagiellonen, am 1. Januar 1467 in Krakau geboren, 1499 bis 1508 Herzog von Glogau, wurde 1506 König von Polen und Großfürst von Litauen. Er führte längere Kriege gegen das Moskauer Reich, an das er 1514 Smolensk abtreten musste. Im Kongress von Preßburg und Wien konnte er 1515 den Streit mit den Habsburgern um die Vorherrschaft in Ostmitteleuropa beenden und durch den Vertrag von Krakau 1525 den Streit um Preußen, indem er den geistlichen Deutschen Ordensstaat in ein lehenspflichtiges weltliches Herzogtum Preußen umwandelte. Durch den Einfluss seiner zweiten Frau, der Mailänder Gräfin Bona Sforza (1494 bis 1557), konnte sich in Polen eine bedeutende Renaissancekultur entwickeln. Mit der Regierungszeit Zygmunts I. begann das »Goldene Zeitalter« der polnischen »Adelsrepublik«. Zygmunt I. Stary starb am 1. April 1548 in Krakau.

# Praktische Informationen

WANN REIST MAN AM BESTEN NACH POLEN? WO FINDET MAN DIE SCHÖNSTEN NATURPARKS? WAS SIND DIE KULINARISCHEN SPEZIALITÄTEN? – WICHTIGES UND WISSENSWERTES FÜR EINEN GELUNGENEN POLEN-URLAUB.

# Anreise · Reiseplanung

## Mit dem Auto

**Grenzübergänge**

Von Deutschland gibt es für den Personenverkehr insgesamt 16 Grenzübergänge nach Polen. Die wichtigsten Übergänge sind:
Pommellen – Kołbaskowo (Berlin – Stettin)
Frankfurt/Oder – Świecko (Berlin – Warschau)
Forst – Olszyna (Berlin – Cottbus – Breslau)
Görlitz – Zgorzelec (Dresden – Breslau)
Reisende aus dem süddeutschen Raum, aus der Schweiz und Österreich fahren in der Regel über Prag nach Jelenia Góra und Breslau, über Bratislava kommt man nach Bielsko-Biała.
An allen Übergängen befinden sich Dienststellen des **Polnischen Motorverbandes (PZM)**, wo man Geld wechseln und Informationen einholen kann. Dort sollte man sich auch nach den aktuellen Gebühren für Autobahnen und Schnellstraßen erkundigen.
Die Übergänge sind in der Regel rund um die Uhr geöffnet. Zu längeren Warteschlangen kann es an Wochenenden, Feiertagen und zu Ferienbeginn kommen.

## Mit dem Bus

**Busverbindungen**

Regelmäßige Busverbindungen zwischen Städten in Deutschland und Polen bietet die Deutsche Touring-GmbH (Europabus) in Kooperation mit anderen Veranstaltern. Die wichtigsten Linien führen nach Warschau sowie über Breslau nach Krakau. Auskunft erteilt die Deutsche Touring GmbH in Frankfurt/M.

Ab Berlin ▸ Von Berlin aus gibt es mehrmals wöchentlich Linienverbindungen nach Karpacz im Riesengebirge und nach Giżycko in Masuren. Auskunft erteilt die Bayern Express & P. Kühn GmbH.

## Mit der Bahn

**Gute Verbindungen**

Bequem ist die Anreise mit Zug: Von allen größeren Städten gibt es täglich gute Verbindungen, die meisten laufen über Berlin. So fährt dreimal täglich ein **EuroCity** (Berlin-Warszawa-Express) von Berlin-Zoo über Frankfurt/Oder nach Poznań und Warszawa.
Von Hamburg startet eine erstklassige Direktverbindung in Polens Süden: Einmal täglich geht es im **InterCity** über Berlin Zoo, Cottbus und Wrocław nach Kraków.
Dazu fährt ein **InterRegio** viermal täglich von Dresden über Görlitz nach Wrocław. Berliner erreichen die polnische Ostsee mit dem Regionalexpress in nur wenigen Stunden. Im Juli und August können sie am Wochenende frühmorgens nach Świnoujście aufbrechen und nach einem ausgiebigen Bad in der Ostsee spätnachmittags zurückkehren.

*Gemächlicher Grenzübertritt per pedes bei Bad Muskau*

Eine attraktive Option sind die Nachtzugreisen: Man steigt abends in den Zug, erreicht am frühen Morgen ausgeschlafen den Ankunftsort und hat so einen Urlaubstag gewonnen; bei der Fahrt im Schlafwagen erledigt der Schaffner die Passkontrolle für den Gast, der ungestört schlafen kann. Die wichtigsten Nachtzüge verkehren auf den Linien Köln – Hannover – Warschau; Berlin Lichtenberg – Warschau; Berlin Lichtenberg – Danzig; Berlin Lichtenberg – Krakau.

**Nachtzug**

Günstig wird die Bahnfahrt, wenn man die Sonderregelungen der Deutschen Bahn in Verbindung mit der BahnCard und den speziellen Familienangeboten nutzt. Ein Teil der Vergünstigungen gilt auch in unserem Nachbarland. Nähere Informationen erhalten Sie beim ReiseService der Bahn unter dem Stichwort **»Plan&Spar Europa«**. Somit lässt sich auch bei der Fahrt durch Polen Geld sparen.

**Preiswert reisen**

Darüber hinaus lohnt sich für Jugendliche unter 26 Jahren das klassische InterRail-Ticket. Je nach Gusto und Geldbeutel können sie für die Dauer von 12 bis 30 Tagen kreuz und quer und beliebig oft durch Polen und die südlich angrenzenden Länder Tschechien, Slowakei, Ungarn und Kroatien fahren; für die Anreise durch Deutschland bis zur Grenze und zurück erhalten man 50 % Rabatt.

## Mit dem Flugzeug

Verbindungen nach Polen bietet die polnische Fluggesellschaft LOT von Berlin, Düsseldorf, Frankfurt, Hamburg und München sowie von Zürich und Wien nach Warschau. Außerdem gibt es mehrmals wöchentlich Flüge nach Danzig, Posen, Breslau, Kattowitz und Krakau. Da LOT nicht gerade den Ruf einer preiswerten Gesellschaft hat, lohnt es sich, auch bei der Konkurrenz nach Verbindungen und Flugpreisen nachzufragen, z. B. bei Lufthansa. Neuerdings sind auch Billigflieger im Einsatz, z. B. EasyJet, Germanwings und Wizzair.

## Mit dem Fahrrad durch Polen

Vor Beginn der Polenreise erwirbt man am Bahnschalter des Abfahrtortes eine **internationale Fahrradkarte**, mit der man in allen dafür zugelassenen Zügen die Grenze passieren und bis zum polnischen Zielbahnhof weiterreisen kann.
Für Fahrten innerhalb Polens kauft man Fahrradtickets, deren Preis sich nach der Entfernungszone bemisst. Die Mitnahme des Rades ist in der Regel nur in den Zügen mit Gepäckwagen möglich (im Fahrplan mit Gepäck- oder auch Fahrradsymbol gekennzeichnet).

## Reisedokumente

**Personalpapiere** Besucher aus EU-Ländern benötigen für einen Aufenthalt in Polen einen gültigen Personalausweis. Kinder unter 16 Jahren brauchen, sofern sie nicht im Reisepass der Eltern eingetragen sind, einen eigenen Ausweis mit Lichtbild und Nationalitätenvermerk.

**Fahrzeugpapiere** Zwingend erforderlich sind der nationale Führerschein, der Fahrzeugschein und die Internationale Grüne Versicherungskarte (auch für Caravans und Anhänger). Da die Mindestdeckungssummen in Polen meist unter deutschen Standards liegen, sollte der Versicherungsschutz vor Antritt der Reise mit der eigenen Versicherung geklärt werden.
Ist man mit einem geliehenen Auto unterwegs, muss die amtlich beglaubigte **Vollmacht des Fahrzeughalters** vorgelegt werden – ansonsten geht man in Polen davon aus, dass der Wagen gestohlen sei.

**Haustiere** Hunde und Katzen dürfen nach Polen nur mitgeführt werden, wenn ein vom Tierarzt ausgestellter »Heimtierausweis« vorliegt. Er ersetzt den bisherigen Impfpass. Der Impfschutz muss mindestens 30 Tage alt sein und maximal 12 Monate vor dem Grenzübertritt erneuert worden sein. Außerdem ist zwecks korrekter Identifizierung eine eintätowierte Kennzeichnungsnummer nötig.

## Ein- und Ausreisebestimmungen

**Einreise nach Polen** Nach Polen dürfen Sportgeräte und Dinge des persönlichen Bedarfs wie Fahrrad, Surfbrett, Tennisschläger oder Zelt, Fotoapparat oder Notebook zollfrei eingeführt werden. Abgabenfrei sind auch Geschenke mit einem Gegenwert von bis zu 70 €; Gegenstände, die diesen Wert übersteigen, werden pauschal mit 3,5 % des Warenwertes verzollt und unterliegen der Mehrwertsteuer von 22 %.

Kunstwerke und Antiquitäten, die vor dem 9. Mai 1945 hergestellt wurden, dürfen nur exportiert werden, wenn eine spezielle Genehmigung des polnischen Kultusministeriums vorliegt.

◀ Ausfuhr von Antiquitäten

Die Ein- und Ausfuhr von Devisen in Höhe von mehr als 5000 € ist deklarationspflichtig.

◀ Devisen

Bei der Wiedereinreise nach Deutschland und Österreich dürfen Reisemitbringsel im Wert von bis zu 175 € zollfrei eingeführt werden, ferner 500 g Kaffee, 100 g Tee und 50 g Parfum. Abgabenfrei sind zudem für Personen ab 17 Jahre 200 Zigaretten (oder 100 Zigarillos, 50 Zigarren oder 250 g Tabak), 1 l Spirituosen und 2 l Wein.

Wiedereinreise nach Deutschland und Österreich

Zollfrei bei der Wiedereinreise in die Schweiz sind für Personen ab 17 Jahre neben den oben genannten Freimengen Reisemitbringsel im Wert von bis zu 100 sfr. (für Personen unter 17 Jahre bis 50 sfr.).

Wiedereinreise in die Schweiz

## INFORMATIONEN ANREISE

### BAHN

▶ **ReiseService**
Tel. 118 61
www.bahn.de
Aktuelle Auskünfte über Spartarife erhält man auch in den Reisezentren der Deutschen Bahn und in Reisebüros mit DB-Lizenz.

### BUS

▶ **Deutsche Touring GmbH**
Am Römerhof 17
D-60486 Frankfurt/M.
Tel. 069 / 790 32 88
www.deutsche-touring.com

▶ **Bayern Express & P. Kühn GmbH**
Mannheimer Str. 33 / 34
D-10713 Berlin
Tel. 030 / 86 09 60
www.berlinlinienbus.de

### FAHRRAD

▶ **Radfahrer-Hotline der Deutschen Bahn**
Tel. 018 05 / 151 415
Mo. – Fr. von 8.00 – 18.00, Sa. von 8.00 – 12.00 Uhr besetzt.
Auskünfte zu Reiseverbindungen, Fahrradmitnahme und Fahrrad-Touren

### FLUGZEUG

▶ **EasyJet**
www.easyjet.com

▶ **Eurowings**
Reservierung: Tel. 018 05 / 838 42 67
www.eurowings.de

▶ **Germanwings**
www.germanwings.de

▶ **LOT**
Service-Tel. 018 03 / 00 03 36
www.lot.com

▶ **Lufthansa**
Reservierung: Tel. 018 05 / 838 42 67
www.lufthansa.de

▶ **Wizzair**
www.wizzair.com

# Auskunft

## WICHTIGE ADRESSEN

### TOURIST-INFORMATION

► **Polnisches Fremdenverkehrsamt**
Kurfürstendamm 71
D-10709 Berlin
Tel. 030 / 210 09 20
www.polen-info.de

► **Polnisches Fremdenverkehrsamt**
Lerchenfelderstr. 2
Palais Auersberg
A-1080 Wien
Tel. 01 / 524 71 91
www.poleninfo.at

Von den Polnischen Fremdenverkehrsämtern erhält man Broschüren zum gewünschten Urlaubsgebiet, außerdem aktualisierte Adressenlisten für Hotels, Pensionen und Campingplätze sowie Hinweise auf Freizeitangebote und Kulturveranstaltungen.

► **Polnische Tourismusorganisation (POT)**
ul. Chałubińskiego 4 / 6
PL-00-928 Warszawa
Tel. 022 / 630 17 36
www.pot.gov.pl
Die touristischen Informationszentren in großen Städten und in wichtigen Feriengebieten sind mit »it« gekennzeichnet.

### DIPLOMATISCHE VERTRETUNGEN

► **Polnische Botschaft Berlin**
Lassenstr. 19 – 21
D-14193 Berlin
Tel. 030 / 22 31 30
www.botschaft-polen.de

► **Polnische Botschaft Wien**
Hietzinger Hauptstr. 42 C
A-1130 Wien
Tel. 01 / 87 01 51 28
www.botschaftrp.at

► **Polnische Botschaft Bern**
Elfenstr. 20 A
CH-3006 Bern
Tel. 031 / 358 02 02
www.pol-amb.ch

► **Deutsche Botschaft Warschau**
ul. Dąbrowiecka 30
PL-03-932 Warszawa
Tel. 022 / 584 17 00
www.ambasadaniemiec.pl

► **Deutsche Generalkonsulate**
al. Zwycięstwa 23
PL-80-219 Gdańsk
Tel. 058 / 340 65 40

ul. Stolarska 7
PL-31-043 Kraków
Tel. 012 / 424 30 00

ul. Podwale 76
PL-50-449 Wrocław
Tel. 071 / 377 27 00

► **Österreichische Botschaft Warschau**
ul. Gagarina 34
PL-00-748 Warszawa
Tel. 022 / 841 00 81
Fax 841 00 85

► **Schweizer Botschaft Warschau**
al. Ujazdowskie 27
PL-00-540 Warszawa
Tel. 022 / 628 04 81
Fax 621 05 48

### INTERNET-TIPPS

► **www.botschaft-polen.de**
Online-Service der polnischen Botschaft mit aktuellen Nachrichten aus Politik und Kultur sowie interessanten Ausführungen zu Land und Leuten.

► **www.hotelsinpoland.com**
Nach Orten sortiert findet sich hier eine große Auswahl an Unterkünften in Hotels, Pensionen und Schlössern. Neue Hotels werden gesondert aufgeführt.

► **www.info-polen.com**
Ausgewählte touristische Adressen, Anzeigen und Stellenmarkt, Wissenswertes zu Geschichte und Kultur.

► **www.insidepoland.com**
Aktuelle Nachrichten aus Polen und Informationen über das Land.

► **www.poland.pl/tourism/parks.html**
Interessantes und Wissenswertes zu allen polnischen Nationalparks (in englischer Sprache).

### i Ausweis weg – was tun?

- Beim Verlust von Ausweis oder Reisepass stellen die Konulate provisorische Ersatzpapiere aus. Vorgelegt werden müssen die Verlustanzeige, bestätigt durch die örtliche Polizeibehörde, sowie zwei Passbilder. Was Fahrzeugpapiere betrifft, genügt die von der Polizei attestierte Verlustanzeige. Grundsätzlich sollte jeder Reisende Fotokopien der Personalpapiere mitführen. Beim Verlust von Ausweisdokumenten wird dadurch eine Identifizierung durch die Konsulate vereinfacht.

► **www.polen-info.de**
**www.poleninfo.at**
Auf der übersichtlich angeordneten Website des Polnischen Fremdenverkehrsamts (Berlin bzw. Wien) findet man grundlegende Informationen zum Nachbarland, nützliche Adressen für die Planung der Reise und viele Tipps für sportlich interessierte Urlauber.

► **www.wawel.krakow.pl/**
Alle wichtigen Infos über die verschiedenen Wawel-Museen.

## Mit Behinderung unterwegs

Öffentliche Verkehrsmittel Polens taugen nicht für Behinderte, und auch die wenigsten Hotels sind bisher behindertengerecht eingerichtet. Informationen über behindertengerechte Reisen in Polen gibt es beim Warschauer Verein **Integracja**.

## BEHINDERTENORGANISATIONEN

- **Bundesarbeitsgemeinschaft der Clubs Behinderter und ihrer Freunde**
  Eupener Str. 5
  D-55131 Mainz
  Tel. 061 31 / 22 55 14
  www.bagcbf.de

- **BSK-Reisedienst**
  Postfach 20
  D-74236 Krautheim
  Tel. 062 94 / 681 10

- **Verband aller Körperbehinderten Österreichs**
  Schottenfeldgasse 29
  A-1070 Wien
  Tel. 01 / 914 55 62

- **Integracja**
  ul. Dzielna 1
  PL-00-162 Warszawa
  Tel. 022 / 635 13 30
  www.integracja.org

! *Baedeker* TIPP

**Kurlaub**

Der Bundesverband Selbsthilfe Körperbehinderter (BSK) bietet individuelle Kuraufenthalte in Ustronie Morskie an der polnischen Ostseeküste an. Ausgewählt wurde das Kurhaus und Rehabilitationszentrum Leśna Polana, das 200 Meter vom Meer entfernt in einem Park liegt. Es verfügt über rollstuhlgerechte Zimmer und Sanitärräume, alle mit Telefon, Balkon, Radio und TV. Werktags sind drei Kuranwendungen inklusive, deutschsprachiges Personal ist vor Ort (Infos unter www.bsk-ev.de).

# Elektrizität

Das polnische Stromnetz führt 220 Volt Wechselspannung mit 50 Hertz. In der Regel sind Europa-Norm-Gerätestecker verwendbar, für Schuko-Stecker ist ein Adapter notwendig.

# Essen und Trinken

Die traditionelle polnische Küche ist recht bodenständig und handfest und spiegelt die vielfältigen Einflüsse wider, denen Polen im Lauf der Zeit ausgesetzt war. Generell wird viel Fleisch gegessen, Rind, Schwein und Geflügel ebenso wie Schinken und Wurst.

Regionale Unterschiede gibt es kaum; **schlesische Spezialitäten** sind z. B. in Bier eingelegtes Eisbein (golonka) und Grützwurst (kaszanka), in Großpolen sind Hefedampfnudeln (pyzy poznańskiei) beliebt. An Freitagen und anderen Fastentagen verzichtet ein Großteil der überwiegend katholischen Bevölkerung auf Fleisch. Im Herbst stehen häufig Wild- und Pilzgerichte auf der Speisekarte.

Mahlzeiten

Das Frühstück ist reichhaltig – mit Brot, Wurst, Rührei, Tee oder Kaffee – und entspricht mitteleuropäischen Gewohnheiten. Zum zweiten Frühstück zwischen 10.00 und 11.00 Uhr gibt es ein Wurst- oder Käsebrot oder auch Hefekuchen und Tee. Das Mittagessen, zwischen 13.00 und 14.00 Uhr, besteht meist aus drei Gängen: Suppe, Fleisch- oder Fischgericht und Dessert. Zu Abend gegessen wird in der Regel zwischen 19.00 und 20.00 Uhr.

## Speisen

Suppen und Eintöpfe

Die Auswahl an Suppen und Eintöpfen ist überaus reich. Das polnische **»Nationalgericht«** ist »bigos«, ein Eintopf auf Sauerkrautbasis mit Würstchen, Speck, Pilzen und Fleisch, auch Wild. Gleich nach dem bigos kommt der »żurek«, eine saure Suppe, die aus einem speziell fermentierten Mehl hergestellt wird und oft ziemlich scharf und dickflüssig ist – und sehr gut schmeckt. Beliebt sind auch »flaczki« oder »flaki«, Kutteln mit Gemüse, und »barszcz«, eine Rote-Bete-Suppe, und – im Sommer – »chłodnik«, eine kalte Rote-Bete-Suppe, auch »chłodnik litewski« genannt, da sie aus Litauen eingeführt wurde. Eine Spezialität ist »czernina«, eine Suppe aus dem Blut junger Gänse, Enten oder Ferkel mit Fleisch, gedörrten Pflaumen, Birnen und Nudeln. »Grochówka« ist eine mit Majoran gewürzte Erbsensuppe mit Fleisch und geräuchertem Speck; »kapuśniak«, eine Sauerkrautsuppe, sollte man ebenso probieren wie »krupnik«, eine dicke Suppe aus Graupen, Kartoffeln und Gemüse.

*Statt Big Mäc oder Doppel Whopper – wie wär's mal mit einem Bigos-Sandwich?*

Hauptgerichte

Die geläufigsten **Fleischgerichte** sind Schweinekotelett (kotlet schabowy) mit Kohl (kapusta) und Kartoffeln (ziemniaki), Schweinerücken mit Pflaumensoße sowie Fleischklöße (kołduni) aus Rindfleisch mit Buchweizengrütze (kasza gryczana), Rindfleischschnitten mit Grütze (zrazy) und Rouladen (rolada) mit einer Füllung aus getrockneten Pilzen und Zwiebeln. An Wildgerichten wird häufig Wildschwein (dzik) und Reh (sarnina) angeboten.
Weitere klassische Gerichte sind die mit Äpfeln gefüllte und mit Majoran gewürzte gebratene Gans (gęś pieczona) mit Buchweizengrütze oder die in Rotwein gedünstete Gans mit Rotkraut (kapusta czerwona) und Bratkartoffeln, ebenso die mit Äpfeln gefüllte Ente (kaczka), der auf verschiedene Arten zubereitete Karpfen (karp) und die in Gemüse und Champignons gedünstete Schleie (lin).

*Beim Bummel durch Breslaus Altstadt lädt der 700 Jahre alte »Schweidnitzer Keller« im Ge des Rathauses zu einer Besichtigungspause ein.*

Als Hauptgericht werden auch Pfannkuchen (naleśniki), oft mit Frischkäse gefüllt (z serem), serviert. »Bliny« wiederum sind Pfannkuchen aus Buchweizenmehl, Butter und Rahm.

**Süßspeisen** Beliebte Süßspeisen sind »mazurek«, dünne kleine Küchlein mit Datteln, Sultaninen und Nüssen; ferner mit Rosenkonfitüre gefüllte, »paczki« genannte Krapfen und »pierogi leniwe«, Quark-Knödel.

## Getränke

**Kaffee, Tee Erfrischungsgetränke** **»Nationalgetränk«** ist Tee (herbata). Der Kaffee (kawa) ist meist akzeptabel und wird üblicherweise schwarz (und mit Kaffeesatz) serviert; zum Frühstück trinkt man meist Kaffee mit Milch oder Sahne. Ein beliebtes Fruchtsaftgetränk (sok owocowy) ist schwarzer Johannisbeersaft. Zum Essen wird gern Mineralwasser (woda mineralna) getrunken, eine weit verbreitete Marke ist »Kryniczanka« (aus Krynica). Auch Milch (mleko) wird zum Essen getrunken.

**Bier** Bier (piwo) zählt zu den beliebtesten Getränken des Landes. Zwar wird auch ausländisches Bier angeboten, v. a. deutsches, belgisches und tschechisches, doch das polnische Bier ist ausgezeichnet und auch billiger. Bekannte Marken, meist nach dem Herstellungsort benannt, sind Okocim, Żywiec, Tychy und Łężajsk. Brok-Bier wird in Westpommern in den Brauereien von Koszalin, Połczyn-Zdrój und Słupsk hergestellt: Wiking light, Martin Pils und das dunkle, starke O'Kay.

Spirituosen

Sehr gut ist der polnische Wodka, und zwar der pure (Żytnia, Wyborowa, Polonez) ebenso wie der aromatisierte. Von Letzteren ist der **ubrówka** mit dem Halm Büffelgras am bekanntesten.
Wodka gibt es aber auch mit Pfeffer (Pieprzówka), Kirschen (Wiśniówka), Honig (Miodówka), Wacholder (Myśliwka) und einigen anderen Zutaten.
Gern wird auch Pflaumenschnaps (Śliwowica) oder ein Gläschen Winiak, ein Weinbrand, getrunken.

Der Weinbau hat in Polen keine Tradition. Obwohl **Wein** überall problemlos zu bekommen ist, wird er aufgrund des hohen Preises bislang nur sehr wenig getrunken.
Bei der Zusammenstellung eines altpolnischen Gerichtes wird zum Fleisch trockener Weißwein angeboten. Eine Spezialität ist der **Honigwein** (miód pitny), der heiß getrunken wird.

! *Baedeker* TIPP

**Edel speisen in Warschau**

Als Shootingstar der neuen polnischen Küche wird Pawel Oszczyk gefeiert. In seinem Restaurant »Rôtisserie« im Fünf-Sterne-Hotel Le Regina in der Warschauer Altstadt serviert er eine Kombination aus französischer und polnischer Küche. Das kleine Restaurant verfügt über 30 Plätze, im Sommer kann man auch im Hof essen. Eine Platzreservierung ist dringend angeraten (Koscielna 12, 00-218 Warsawa, Tel. 022 / 531 60 00, www.leregina.com).

# Feiertage, Feste und Events

Vor allem im Sommer finden in polnischen Städten viele Musikveranstaltungen, Feste und Festivals statt. Der nachfolgende Überblick macht mit den wichtigsten Kulturereignissen des Landes vertraut, die genauen Termine erfährt man beim Polnischen Fremdenverkehrsamt (►Auskunft).

## GESETZLICHE FEIERTAGE

► **1. Januar**
Neujahr

► **März / April**
Ostern

► **1. Mai**
Tag der Arbeit

► **3. Mai**
Tag der Verfassung

► **Mai / Juni**
Fronleichnam

► **15. August**
Mariä Himmelfahrt

► **1. November**
Allerheiligen

► **11. November**
Tag der Unabhängigkeit

► **25. / 26. Dezember**
Weihnachten

*Open-Air-Revue in Katowice*

## VERANSTALTUNGEN

► **Februar**
**Karneval:** In ganz Polen werden am letzten Karnevalswochenende Maskenbälle veranstaltet.

► **April**
**Karwoche:** Bei den Passionsspielen in Kalwaria Zebrzydowska werden von Palmsonntag bis Karfreitag Szenen aus dem Alten Testament aufgeführt.

**Ostermontag:** An diesem Tag werden die Sünden der Menschen symbolisch »abgewaschen«: Śmigus-Dyngus heißt der Brauch, bei dem man sich gegenseitig mit Wasser bespritzt.

► **Mai**
**Festival Orthodoxer Kirchenmusik:** Schwermütiger Gesang im ostpolnischen Hajnówka.

**Jazz an der Oder:** Berühmtes Jazz-Festival in Breslau.

**Festival Alter Musik:** Konzerte mit Kammermusik unter internationaler Beteiligung im Schloss von Łańcut.

**Internationale Buchmesse:** Viertägigige Bücherschau im Warschauer Kulturpalast.

**Dokumentar- und Kurzfilmfestival:** Das älteste Filmfestival des Landes findet Ende Mai in Krakau statt.

► **Juni**
**Fronleichnam:** Farbenprächtige Prozessionen in Warschau und Krakau; in Łowicz werden die traditionellen Trachten getragen.

**Lajkonik-Umzug:** In Krakau gedenkt man des listenreichen polnischen Holzflößers, der im 13. Jh. die Tataren vertrieb.

### ? WUSSTEN SIE SCHON ...

- ... dass sich zur Sonnwendfeier in der J nisnacht am 21. Juni Polen aller Altersg an Flüssen und Seen zusammenfinden, einem heidnischen Brauch folgend – K mit brennenden Kerzen ins Wasser zu lassen?

**Festival der Jüdischen Kultur:** Im Krakauer Stadtteil Kazimierz erklingt überall Klezmer-Musik, dazu gibt es Kunstausstellungen und Workshops.

**Volkskunstmesse** in Kazimierz Dolny Ende Juni, bei der auch die wichtigsten Folklore-Gruppen des Landes auftreten.

**Tage des Meeres:** In der letzten Juniwoche werden in den Ostseestädten die »Tage des Meeres« gefeiert. Höhepunkt ist die Prozession geschmückter Boote zwischen Puck und Jastarnia.

### ► Juli

**Country-Picknick:** Liebhaber der Country Music sehen sich alle Jahre wieder in Mrągowo.

**Mozart-Festival** mit zahlreichen Aufführungen in der Kammeroper von Warschau.

*Baedeker* TIPP

**…nisches Woodstock**

…ne der deutsch-polnischen Grenze, in Kostr… , findet bereits seit mehreren Jahren ein …make« des legendären Rock-Festivals …t: Die »Haltestelle Woodstock« (»Przysta… Woodstock«) lockt an einem Wochenende …August Hunderttausende Rockmusikfans …Europas größtem »Umsonst- und Draußen…tival« an (nähere Infos unter www. …sp.org.pl/przystanek).

**Schlagerfestival:** Die Waldoper von Sopot ist Austragungsort des in ganz Polen bekannten Festivals.

### ► Juli / August

**Chopin-Konzerte:** Jeden Sonntag finden im Warschauer Łazienki-Park und in Żelazowa Wola, dem Geburtsort des Künstlers, Klavierkonzerte statt. Ein Chopin-Festival erlebt man in der ersten Augustwoche in Duszniki-Zdrój.

**Festivals der Orgelmusik:** Internationale Solisten treten während der Sommerwochen in Kamień Pomorski und Oliwa auf.

*Ritterlicher Wettkampf im »Tjosten«*

**Kunstsommer im Schloss:** Im Hof des Stettiner Schlosses gibt es zahlreiche Freiluftkonzerte und Opernaufführungen.

**Ritterturniere:** Gekämpft wird in den Ordensburgen von Golub-Dobrzyń, Malbork, Gniew und Szczytno. Die Akteure treten in historischen Kostümen an.

**Festival des Straßentheaters:** Die Stars der Straßentheaterkunst erlebt man u. a. in Jelenia Góra, Kołobrzeg und Toruń, in Warschau, Krakau und Danzig.

### ► August

**Woche der Beskidenkultur:** Zu Monatsbeginn häufen sich die Folklore-Events rings um Bielsko-Biała und Żywiec.

**Dominikanermarkt:** Große Verkaufsmesse in der Danziger Altstadt, begleitet von Bootsregatten und nächtlichen Festen. Zugleich findet Anfang August ein dreitägiges Shakespeare-Festival statt.

### Festival Jüdischer Kultur

- Bereits seit 1990 findet das Festival alljährlich im Sommer in Krakaus ehemals jüdischen Viertel Kazimierz statt, wo vor dem Zweiten Weltkrieg rund 70 000 Juden lebten. Während des Festivals gibt es Klezmerkonzerte und Theateraufführungen mit internationalen Künstlern. Es beginnt traditionell mit einem festlichen Konzert in der Tempel-Synagoge und endet mit einem Open-Air-Konzert (Infos: www.jewishfestival.pl).

**Mariä Himmelfahrt:** Nach einer zehntägigen, in Warschau gestarteten Wallfahrt erreichen die Pilger am 15. August die Schwarze Madonna in Częstochowa.

**Festival der Bergfolklore:** Festlicher Höhepunkt der Saison Mitte August in Zakopane.

**Musik im Alten Krakau:** Konzerte in den Kirchen der Königsstadt während der zweiten Monatshälfte.

► **September**

**Wratislavia Cantans:** Klassische Musik, Oratorien und Kantaten werden in historischen Räumen Breslaus, aber auch in Kirchen und Schlössern kleinerer niederschlesischer Städte aufgeführt.

**Warschauer Herbst:** Zehntägiges Festival zeitgenössischer Musik in Warschau.

► **Oktober**

**Jazz-Jamboree:** Renommierte Musiker aus aller Welt treffen sich zum Jazz-Festival in Warschau.

**Barock-Festival:** Musik von Monteverdi steht im Mittelpunkt des Warschauer Festivals.

**Internationale Grafik-Triennale:** Alle drei Jahre, das nächste Mal 2006, finden in Krakau große Grafikausstellungen statt.

► **November**

**Allerheiligen:** Am Abend des 1. November verwandeln viele polnische Bürger die Friedhöfe in ein leuchtendes Kerzenmeer.

► **Dezember**

**Wettbewerb der Weihnachtskrippen** zwei Wochen vor Weihnachten auf dem Marktplatz von Krakau. Die schönsten Krippen werden im Volkskundlichen Museum der Stadt ausgestellt.

## Geld

**Währung** Währungseinheit ist der **Złoty** (1 Złoty = 100 Grosz). Im Umlauf sind Münzen im Nennwert von 1, 2, 5, 10, 20, 50 Grosz und 1, 2, 5 Złoty sowie Banknoten im Wert von 10, 20, 50, 100 und 200 Złoty.

Devisenbestimmungen ► Die Ein- und Ausfuhr von polnischer Währung ist nicht gestattet; auch ist die Ein- und Ausfuhr von Devisen in Höhe von mehr als

## RUND UMS GELD

### WECHSELKURSE

1 Złoty = 0,24 €
1 € = 4,20 Złoty
1 Złoty = 0,37 CHF
1 CHF = 2,72 Złoty
(Stand: April 2005)

### KREDITKARTENVERLUST

► **Sperrnotruf**
Seit Mitte 2005 gibt es eine einheitliche Service-Nummer, unter der man Konten, ec- und Kreditkarten sowie Handys sperren lassen kann.
Innerhalb Deutschlands ist die Nummer kostenlos, aus dem Ausland müssen die Gebühren bis Deutschland übernommen werden:
Tel. 116 116 bzw. 049 116 116
Aktuelle Informationen:
www.sperrnotruf.de

5000 € deklarationspflichtig. Złoty-Beträge, die in Polen nicht verbraucht wurden, müssen vor der Ausreise bei einer amtlichen Wechselkasse zurückgetauscht werden.

**Banken, Geldwechsel**

Bargeld kann man in Banken als auch in Wechselstuben (kantor) umtauschen, zu meist schlechterem Kurs auch in Reisebüros und größeren Hotels. In Banken kann auch mit Kreditkarten Geld gewechselt werden.
In allen größeren und kleineren Städten gibt es Geldautomaten (bankomat), die ec-Karten akzeptieren und mit deutschen oder englischen Bedienungshinweisen versehen sind.

◄ Öffnungszeiten

Banken haben in der Regel Mo. – Fr. 8.00 – 17.00 und Sa. 8.00 bis 14.00 Uhr geöffnet.

**Kreditkarten**

Internationale Kreditkarten werden in vielen Hotels, Restaurants und Geschäften und von den meisten Autovermietern akzeptiert. Die entsprechenden Embleme sind an Türen oder Schaufenstern angebracht.

# Gesundheit

## Ärztliche Hilfe

Die ärztliche und zahnärztliche Versorgung in Polen entspricht europäischem Standard, in allen Städten gibt es gut ausgestattete Krankenhäuser und Ambulazen. Seit Polen Mitglied der Europäischen Union ist, übernimmt die Krankenkasse die Kosten, die im Krankheitsfall für ärztliche Leistungen in Polen anfallen.

## Apotheken

In allen größeren Ortschaften gibt es Apotheken, die mit polnischen und internationalen Arzneimitteln gut ausgestattet sind. Wer bestimmte Arzneimittel regelmäßig einnehmen muss, sollte diese in ausreichenden Mengen mitnehmen.
Apotheken haben in der Regel Mo. – Fr. 8.00 – 19.00 und Sa. 9.00 bis 14.00 Uhr geöffnet. In Tageszeitungen sowie in Aushängen am Eingang geschlossener Apotheken steht, wo man nachts oder an Feiertagen Medikamente erhält (siehe auch ►Notdienste).

# Mit Kindern unterwegs

Feriengebiete

Die interessantesten **Feriengebiete für Familien** sind die Ostseeküste, die masurischen Seen und die Gebirge im Süden. Dort ist auch das Angebot an Ferienhäusern und Campingplätzen am größten, man erlebt Natur pur – und dies bei nach wie vor günstigen Preisen.

Ostsee

An der Ostsee findet man in allen größeren Ferienorten Wasserrutschen, Spielgeräte und Banana-Boats. Der Strand fällt in der Regel flach ab, so dass das Baden für Kinder ungefährlich ist. Auch die Seen in Masuren laden zum Baden ein, doch es gibt dort noch eine

*Teamarbeit beim Sandburgenbau am flachen Ostsee-Strand.*

ganze Reihe weiterer Attraktionen: Man kann Radwanderungen und Ausflugsfahrten mit der Weißen Flotte unternehmen oder zu Kajaktouren auf der Krutynia starten.
Kleine Wanderungen führen zu den Riesendünen im Slowinzischen Nationalpark; und in den Wildparks von Kadzidłowo und Kosewo erlebt man Tarpanpferde und Hirsche.

Südpolen

Aber auch der Süden hat einiges zu bieten. Von Breslau und Krakau erreicht man binnen weniger Stunden die Gebirgsketten der Sudeten und Karpaten. Vom Frühjahr bis zum Herbst wird in der Tatra gewandert, ein Riesenspaß ist die **Floßfahrt durch die Dunajec-Schlucht**. Oder man fährt in den »Wilden Westen« jenseits von Krakau: Grillabende sind nirgendwo so schön wie in den Waldkarpaten (Bieszczady), wo abends die Rehe über den Campingplatz springen und man mit etwas Glück auch einen Bären zu sehen bekommt.

Winterferien

Zur Wintersaison öffnen vielerorts Ski- und Snowboard-Schulen, auf zugefrorenen Seen lernen Kinder das Schlittschuhlaufen.
Zu den Höhepunkten eines Winterurlaubs gehört eine **Fahrt im Pferdeschlitten**: Der Kutscher treibt das Gespann durch die weite verschneite Landschaft, im Dorfgasthaus wärmt man sich am Kamin auf und trinkt Honigmilch.

# Knigge

Polen ist ein mitteleuropäisches Land, in dem sich der deutsche Besucher nicht wirklich fremd fühlt. Hier gelten in der Regel die gleichen Höflichkeits- und Umgangsformen wie in Deutschland auch. Einige kleine Unterschiede gibt es jedoch:

## Verhaltenstipps im Alltag

Gentlemen

In Polen wird häufig wesentlich stärker auf **gute Umgangsformen** geachtet als in Deutschland. So ist es nicht ungewöhnlich, wenn Frauen von Männern mit einem Handkuss begrüßt werden. Auch für die meisten jüngeren polnischen Männer ist es selbstverständlich, dass sie Frauen die Tür aufhalten, ihnen in den Mantel helfen oder den Vortritt lassen. Dies mit Hinweis auf die Emanzipation abzulehnen, kann als unhöflich empfunden werden.

Katholizismus

Polen ist ein katholisches Land, daran hat auch der Sozialismus nichts geändert. Die Polen, auch die jungen, sind gläubig und stolz auf den als Karol Wojtyła in Wadowice bei Krakau geborenen Papst Johannes Paul II. (poln. Jan Paweł II.). Auch nach seinem Tod bleibt er für die meisten Polen einer der wichtigsten Vertreter ihres Landes.

Zu seinen Besuchen in Polen wurden Briefmarken und Telefonkarten mit Papst-Bildern herausgebracht, viele Straßen und auch der Flughafen in Krakau wurden schon zu seinen Lebzeiten nach ihm benannt. Witze oder auch nur kritische Bemerkungen über den Papst oder die katholische Kirche können bei polnischen Gesprächspartnern leicht als Beleidigung aufgefasst werden.

Besuche

Polen sind ein **gastfreundliches Volk**. Bekannte und Freunde werden gern nach Hause eingeladen und ausgiebig bewirtet. Bei Einladungen sollten auf jeden Fall Blumen für die Gastgeberin mitgebracht werden. Beim Betreten von Häusern und Wohnungen werden in der Regel die Straßenschuhe ausgezogen und den Gästen dafür Hausschuhe angeboten. Vermeiden sollte man, bei der Begrüßung des Gastgebers die Hand über die Türschwelle zu reichen, was nach einem polnischen Aberglauben Unglück bringt.

! *Baedeker* TIPP

**Kulturschock Polen?**

Was ist das für ein Land, in dem der Freiheits- und Märtyrerkult so mächtig ist? Warum spielt die Religion für die Bewohner eine so große Rolle? Ist der Handkuss mehr als nur ein Relikt aus vergangenen Zeiten? Und wie steht's mit der Gleichberechtigung von Mann und Frau? Antworten darauf und zu vielen anderen Fragen über unsere Nachbarn geben Izabella Gawin und Dieter Schulze in ihrem Buch »KulturSchock Polen« (Reise Know How, Bielefeld 2005).

Die höfliche **Anrede** in Polen ist »pan« für »Herr« und »pani« für »Frau«. Dem folgt nicht wie in Deutschland der Nachname, sondern in der Regel der Vorname bzw. der Titel des Angesprochenen, z. B. »pan Paweł« oder »pan Dyrektor«. So kann es auch bei einem Gespräch auf Deutsch passieren, dass man von seinem polnischen Gegenüber als »Herr Jürgen« oder »Frau Beate« angesprochen wird. Dies ist kein Ausdruck von besonderer Vertraulichkeit, sondern die übliche polnische Höflichkeitsform.

FKK

FKK ist in Polen nicht sehr verbreitet. Zwar zeigen sich viele Frauen und Männer in knappen Badebekleidungen, doch oben ohne oder ganz nackt wird man niemanden sehen. Als Tourist sollte man dies respektieren und wirklich nur dort unbekleidet schwimmen oder sonnenbaden, wo FKK ausdrücklich erlaubt ist, z. B. bei Międzyzdroje auf der Insel Wolin und in Dębki an der kaschubischen Küste.

# Literaturempfehlungen

Belletristik

**Andrej Jendrusch:** Federmenschen. Wagenbach, Berlin 1996.
Der schöne Untertitel des Buches gibt zugleich seinen Inhalt wieder: »Jiddische Erzählungen und Gedichte über Feuervögel, Luftreisen, Unglücksraben und gestürzte Engel.«

**Andrzej Stasiuk:** Galizische Geschichten. Suhrkamp, Frankfurt/M. 2002.
In Südostpolen, das früher ein Teil Galiziens war, entdeckt der Autor den Stoff für seine Erzählungen. Er fühlt sich angezogen von der Armut, stöbert in dunklen Wohnstuben und Kirchenruinen, zeichnet die Gescheiterten, die nur das Schweigen, Schwitzen und Trinken kennen, aber die Hoffnung nicht verlieren.

**Andrzej Szczypiorski:** Die schöne Frau Seidenman. Diogenes, Zürich 2000.
Warschau 1943: Der poetisch und manchmal sogar humorvoll geschriebene Roman handelt von der Rettung der Polin Irma Seidenman während des Zweiten Weltkriegs.

**Wisława Szymborska:** Die Gedichte. Suhrkamp, Frankfurt/M. 1997.
Dieser Band vereint die schönsten Gedichte der Krakauer Lyrikerin aus 50 Jahren und erschien ein Jahr, nachdem sie mit dem Literaturnobelpreis ausgezeichnet worden war.

Sachbuch

**Manfred Alexander:** Kleine Geschichte Polens. Reclam, Stuttgart 2003.
Manfred Alexander, Professor für osteuropäische Geschichte und Kenner des polnischen Leidenswegs, möchte mit seiner Studie zum Verständnis des Nachbarn beitragen und eine partnerschaftliche Zusammenarbeit befördern.

**Witold Gombrowicz:** Sakrilegien. Aus den Tagebüchern 1957 bis 1966. Die Andere Bibliothek, Eichborn, Frankfurt/M. 2002.
Keiner darf sich vor diesem polnischen Autor sicher fühlen: Er schleudert heftige Attacken gegen die Gralshüter des Patriotismus, die Heuchler aus Kirche und Politik, aber auch die so genannten kleinen Leute, die sich von Opportunismus und Herdentrieb leiten lassen, kommen nicht ungeschoren weg.

**Szulc, Tad:** Papst Johannes Paul II. Die Biographie. DVA, Stuttgart 1996.
Einfühlsam und faktenreich erzählt der Autor das Leben Karol Wojtyłas von seiner Kinheit und Ju-

*Andrzej Szczypiorski freut sich sichtlich, als er 1996 in den Orden »Pour le Mérite« aufgenommen wurde.*

gend bis zu seiner Wahl zum Papst. Szulc betont besonders das Engagement des polnischen Papstes für seine Heimat v. a. in Zeiten von Kriegsrecht und »Solidarność«.

Bildbände

**Brockmann, Roland und Michael Marczok:** HB-Bildatlas Südpolen. HB Verlag, Ostfildern 2002.
Wunderschöne Bilderreise durch den Süden des Landes. Mit erläuternden Texten, Reise-Infos und Reise-Tipps.

**Freyer, Ralf und Ernst-Otto Luthardt:** Reise durch Polen. Verlagshaus Würzburg (Stürtz), Würzburg 2002.
Mit kenntnisreichen Texten und stimmungsvollen Fotos von Ralf Freyer stellt Luthardt die Menschen, Landschaften und Städte unseres östlichen Nachbarn vor.
Von Ralf Freyer und Ernst-Otto Luthardt liegen in gleicher Ausstattung die Bände »Pommern« und »Schlesien« vor.

# Medien

## Rundfunk und Fernsehen

Rundfunk

Rundfunksendungen sind in Polen auf folgenden Frequenzbereichen zu empfangen: UKW: 66 – 73,5 MHz (... das heißt, dass mitteleuropäische UKW-Empfänger mit ihrem Frequenzbereich von 87,5 – 108 MHz keinen Ton von sich geben!); Mittelwelle: 500 – 1500 kHz; Kurzwelle: 6 – 10 MHz; Langwelle: 170 bis 280 kHz.

**Radio Warszawa** überträgt von Ende Juni bis Ende September auf Langwelle (Frequenz 225 KHz, 1200 m) im Rahmen der internationalen Sendung »Der Sommer mit dem Radio« u. a. Nachrichten, Wettervorhersagen und andere interessante Meldungen für Touristen in englischer und auch in deutscher Sprache.
**Radio Stargard** hat während der Sommersaison auf Mittelwelle (1503 kHz) ebenfalls deutschsprachige Sendungen (mehrmals am Tag) im Programm.

### ? WUSSTEN SIE SCHON ...?

- dass seit 2004 ein deutsch-polnisches Team eine Monatszeitung über Polen produziert? Die »Polen-Rundschau« informiert über aktuelle politische und wirtschaftliche Entwicklungen, auch kulturelle Themen werden nicht ausgespart. Man bekommt die Zeitung in allen Empik-Buchläden (Infos unter www.polen-rundschau.pl).

Deutsche Welle

Die Deutsche Welle (D-53310 Bonn) versendet kostenlos ihr aktuelles Programm mit Sendezeiten und Frequenzangaben. Die Informationen können auch im Internet abgerufen werden (www.deutsche-welle.de).

Fernsehen

Das Polnische Fernsehen strahlt zwei Programme für ganz Polen aus. In den größeren Städten gibt es auch lokale Rundfunk- und Fernsehsender. Zudem verfügen die meisten größeren Hotels über Satellitenanlagen, sodass auch deutsche Fernsehprogramme empfangen werden können.

## Zeitungen und Zeitschriften

Deutschsprachige Zeitungen und Zeitschriften erreichen die polnischen Großstädte noch am Veröffentlichungstag. Die größte Auswahl hat man an Bahnhöfen und in den EMPiK-Megastores.

# Naturschutzgebiete

Urwüchsige Wälder, Sümpfe und Moore, Wanderdünen und eine artenreiche Flora und Fauna, das alles bieten die polnischen Nationalparks. Diese nehmen rund ein Prozent der gesamten polnischen Ländesfläche ein (knapp 300 000 ha), verteilt auf 23 Nationalparks, die hier kurz vorgestellt werden.

## NATIONALPARKS

► **Babia-Góra-Nationalpark**
Babiogórski Park Narodowy
PL-34-223 Zawoja 1403
Tel. 033 / 877 51 10, www.bgpn.pl
Gegr. 1954; Fläche: 3400 ha
Bewohnt wird das Biosphären-Reservat von Wölfen, Bären und rund 120 Vogelarten.

► **Białowieża-Nationalpark**
Białowieski Park Narodowy
ul. Park Pałacowy 11
PL-17-230 Białowieża
Tel. 085 / 681 23 06
www.bpn.com.pl
Gegr. 1921; Fläche: 10 500 ha
Dieser letzte Urwald in Europa, zugleich Unesco-Weltkulturerbe, liegt an der Grenze zu Weißrussland und darf nur mit Führern besucht werden. Es gibt hier rund 5000 Pflanzen- und 1500 Tierarten, darunter etwa 250 Wisente.

► **Biebrza-Nationalpark**
Biebrzański Park Narodowy
Osowiec-Twierdza 8
PL-19-110 Goniądz
Tel. 085 / 738 06 20
www.biebrza.org.pl
Gegr. 1993; Fläche: 60 000 ha
Der Park, etwa 200 km nordöstlich von Warschau, umfasst das Überschwemmungsgebiet des Biebrza-Flusses. Er gilt als größtes Moorgebiet Mitteleuropas mit über 270 Vogelarten. Auch Elche, Biber und Dachse leben hier.

► **Bieszczady-Nationalpark**
Bieszczadzki Park Narodowy
PL-38-714 Lutowiska
Ustrzyki Górne 19

## *Polen* Nationalparks

Tel. 013 / 461 06 50
www.oie.bdpn.pl
Gegr. 1973; Fläche: 27 000 ha
In dem urwüchsigen Gebiet der Bieszczady im Südosten Polens befindet sich das größte Raubtierrevier Europas. Hier leben u. a. Bären, Wölfe und Wildkatzen.

▸ **Bory-Tucholskie-Nationalpark**
Park Narodowy Bory Tucholskie
ul. Długa 23
PL-89-606 Charzykowy
Tel. 052 / 398 83 97
www.park.borytucholskie.info
Gegr. 1996; Fläche: 5000 ha
Der Nationalpark in der Tucheler Heide (Bory Tucholskie) mit seinen vielen Seen und Torfmoorgebieten liegt in einem der größen polnischen Waldgebiete. Beliebt sind hier Kajak-Touren auf dem Fluss Brahe (Brda).

**Drawa-Nationalpark**
Drawieński Park Narodowy
ul. Leśników 2
PL-73-220 Drawno
Tel. 095 / 768 20 51, www.dpn.pl
Gegr. 1990; Fläche: 11 000 ha
Der Nationalpark südlich von Stettin, zu dessen Besonderheiten ein Hochmoor gehört, umfasst die urwüchsige Seen- und Waldlandschaft um den Drawa-Fluss mit zahlreichen Fisch- und Brutvogelarten sowie etwa tausend Pflanzenarten.

**Gorce-Nationalpark**
Gorczański Park Narodowy
Poręba Wielka 590
PL-34-735 Niedźwiedź
Tel. 018 / 331 72 07, www.gpn.pl
Gebr. 1981; Fläche: 7000 ha
Im größtenteils bewaldeten Nationalpark in den Beskiden finden sich u. a. Karpatenhirsche und Schreiadler, Bären und Wölfe. Von den rund 900 Pflanzenarten sind 30 besonders geschützt

**Góry-Stołowe-Nationalpark**
Park Narodowy Gór Stołowych
ul. Słoneczna 31
PL-57-350 Kudowa Zdrój
Tel. 074 / 866 14 36
www.pngs.pulsar.net.pl
Gegr. 1993; Fläche: 6000 ha
Das Sandsteingebirge mit seinen Felsenlabyrinthen, Torfmooren und seltenen Pflanzen ist nur zwischen April und Oktober zugänglich.

**Heilig-Kreuz-Nationalpark**
Świętokrzyski Park Narodowy
ul. Suchedniowska 4
PL-26-010 Bodzentyn
Tel. 041 / 311 50 25
www.mos.gov.pl/kzpn/pl/swie_pl.htm
Gegr. 1950; Fläche: 6000 ha
Der geologisch und mit dem mittelalterlichen Benediktinerkloster auf dem 600 m hohen Berg Lysa Góra auch kulturhistorisch interessante Nationalpark befindet sich inmitten der Heilig-Kreuz-Berge.

*Auch Souvenirjäger kommen in den Nationalparks auf ihre Kosten.*

**Kampinos-Nationalpark**
Kampinoski Park Narodowy
ul. Tetmajera 38
PL-05-080 Izabelin
Tel. 022 / 722 60 01
www.kampinoski-pn.gov.pl
Gegr. 1959; Fläche: 38 000 ha
Der Nationalpark nahe Warschau, seit dem Jahr 2000 Welt-Biosphärenreservat, bietet als Besonderheit voreiszeitliche Pflanzen wie z.B. die Schwarzbirke und bis zu 30 m hohe, mit Pinien und Kiefern besetzte Dünen.

**Magura-Nationalpark**
Magurski Park Narodowy
Krempna 59
PL-38-232 Krempna
Tel. 013 / 441 40 99
www.magurskipn.pl
Gegr. 1995; Fläche: 20 000 ha

Der Nationalpark, Lebensraum für Braunbären, Wölfe sowie ca. 140 Vogelarten liegt in den Beskiden am Magura-Watkowska-Gebirgskamm.

### ► Narew-Nationalpark

Narwiański Park Narodowy
Kurowo 10
PL-18-204 Kobylin Borzymy
Tel. 086 / 476 48 11, www.npn.pl
Gegr. 1996
Der Nationalpark westlich von Białystok umfasst die Sumpfgebiete im Bereich des Narew-Flusses, der wegen seiner zahllosen Nebenarme auch als »polnischer Amazonas« bezeichnet wird.

## i Die interessantesten Nationalparks

- Białowieża-Nationalpark: Wisente beobachten im letzten Urwald Europas.
- Góry-Stolowe-Nationalpark: Der Weg zum Gipfel der Großen Heuscheuer führt durch verwinkelte Felslabyrinthe.
- Nationalpark Warthemündung: Ein Paradies für Hobby-Ornithologen.
- Słowinski-Nationalpark: »Wüsten-Feeling« auf über 40 m hohen Wanderdünen.

### ► Nationalpark Warthemündung

Park Narodowy Ujście Warty
Chyrzyno 1, PL-69-113 Górzyca
Tel. 095 / 752 40 26
www.pnujsciewarty.gov.pl
Gegr. 2001; Fläche: 8000 ha
Der Nationalpark am Zusammenfluss von Oder und Warthe ist mit den rund 250 hier lebenden Vogelarten, darunter ca. 25 sehr seltene Arten, ein Paradies für Ornithologen.

### ► Ojców-Nationalpark

Ojcowski Park Narodowy
Ojców 9, PL-32-047 Ojców
Tel. 012 / 389 10 39
www.opn.pan.krakow.pl
Gegr. 1956; Fläche: 1900 ha
Der Nationalpark nordwestlich von Krakau ist von bizarr geformten Jurakalkfelsen und Hunderten von Höhlen geprägt.

### ► Pieniny-Nationalpark

Pieniński Park Narodowy
ul. Jagiellońska 107b
PL-34-450 Krościenko
Tel. 018 / 262 56 01
www.pieninypn.pl
Gegr. 1956; Fläche: 2300 ha
Die größte Attraktion des Parks ist der mit Flößen befahrbare Durchbruch des Flusses Dunajec.

### ► Polesie-Nationalpark

Poleski Park Narodowy
ul. Lubelska 3 a
PL-22-234 Urszulin
Tel. 082 / 571 30 71
www.poleskipn.pl
Gegr. 1990; Fläche: 10 000 ha
Markierte Wanderwege führen durch das Wald- und Sumpfgebiet östlich von Lublin.

### ► Riesengebirgs-Nationalpark

Karkonoski Park Narodowy
ul. Chałubińskiego 23
PL-58-570 Jelenia Góra
Tel. 075 / 755 33 48
www.kpnmab.pl
Gegr. 1959; Fläche: 5500 ha
Der Nationalpark mit einer reichen Fauna und Flora umfasst einen Teil des Riesengebirges, darunter die Schneekoppe sowie der Kochelfall.

### ► Roztocze-Nationalpark

Roztoczański Park Narodowy
ul. Plażowa 2
PL-22-470 Zwierzyniec

*Relaxen auf den Dünen des Słowinski-Nationalparks, der »polnischen Sahara«*

Tel. 084 / 687 22 86
www.roztoczanskipn.pl
Gegr. 1974; Fläche: 8500 ha
In den Buchenwäldern des Nationalparks leben u. a. Schwarzstörche und Tarpan-Ponys.

► **Słowinski-Nationalpark**
Słowinski Park Narodowy
ul. Bohaterów Warszawy 1
PL-76-214 Smołdzino
Tel. 059 / 811 72 04
www.mos.gov.pl/kzpn/pl/slow_pl.htm
Gegr. 1967; Fläche: 18 000 ha
In dem Nationalparkt bei Łeba an der Ostsee findet man die schönsten Wanderdünen Europas; die größte ist über 40 m hoch.

► **Tatra-Nationalpark**
Tatrzański Park Narodowy
ul. Chałubińskiego 42 a
PL-34-500 Zakopane
Tel. 018 / 201 41 92
www.cyf-kr.edu.pl/tpn
Gegr. 1955; Fläche: 21 000 ha
Nur ein Teil des Parks, in dem u. a. Bären und Adler leben, ist auf markierten Wegen zugänglich.

► **Wielkopolski-Nationalpark**
Wielkopolski Park Narodowy
Jeziory, PL-62-050 Mosina
Tel. 061 / 813 22 06
www.wielkopolskipn.pl
Gegr. 1957; Fläche: 7600 ha
In dem Wald- und Seengebiet bei Posen leben rund 200 Vogelarten.

► **Wigry-Nationalpark**
Wigierski Park Narodowy
Krzywe 82, PL-16-400 Suwałki
Tel. 087 / 566 63 22
www.wigry.win.pl
Gegr. 1989; Fläche: 15 000 ha
Im Zentrum des Nationalparks im Nordosten Polens liegt der stille, gleichnamige See, der mit 73 m zu den tiefsten des Landes zählt.

► **Wolin-Nationalpark**
Woliński Park Narodowy
ul. Niepodległości 3
PL-72-500 Międzyzdroje
Tel. 091 / 328 07 37
www.wolinpn.pl
Gegr. 1960; Fläche: 11 000 ha
Der 1996 erweiterte Nationalpark nimmt jetzt rund ein Fünftel der Insel Wolin ein.

# Notdienste

## NOTRUFNUMMERN

### ALLGEMEINE NOTRUFE

- **Ambulanz**
  Tel. 999
- **Bergrettungsdienst**
  Tel. 985
- **Feuerwehr**
  Tel. 998
- **Polizei**
  Tel. 997
- **Touristen-Hotline**
  Juni – Sept.
  tgl. 8.00 – 20.00 Uhr;
  deutschsprachig:
  Tel. 0800 / 200 300 (kostenlos)
  Vom Handy aus:
  Tel. 0048 608 599 999
  (gebührenpflichtig)

### NOTRUFDIENSTE IN DEUTSCHLAND

- **ACE-Notrufzentrale**
  Tel. 00 49 / 18 02 / 34 35 36
- **ADAC-Notrufzentrale**
  Tel. 00 49 / 89 / 22 22 22
- **DRK-Flugdienst Bonn**
  Tel. 00 49 / 2 28 / 23 00 23

### NOTRUFDIENST IN ÖSTERREICH

- **ÖAMTC-Notrufzentrale**
  Tel. 00 43 / 1 / 9 82 82 82

### NOTRUFDIENST IN DER SCHWEIZ

- **Schweizerische Rettungsflugwacht**
  Tel. 00 41 / 1 / 14 14

# Post · Telekommunikation

## Post

Neben Briefmarken (znaczek pocztowy), die man meist auch in Hotels oder an Zeitungskiosken erhält, verkaufen Postämter (poczta) auch **Telefonkarten** mit 25, 50 bzw. 100 Einheiten. Vor der ersten Benutzung muss eine perforierte Ecke abgebrochen werden.
In den Hauptpostämtern ist der Telefon- und Faxservice rund um die Uhr zugänglich.

Öffnungszeiten ▶ Die Schalter der Postämter sind in der Regel Mo. – Sa. 8.00 – 20.00, in kleineren Orten oft nur bis 15.00 Uhr geöffnet.

Posttarife ▶ Derzeit beträgt das **Porto** für Postkarten und Standardbriefe bis 20 g innerhalb Europas (auch Nicht-EU-Länder) 2,10 Zł.

## TELEFONIEREN

### VORWAHLEN UND AUSKUNFT

► **Vorwahlnummern**
Deutschland: 0049
Österreich: 0043
Schweiz: 0041
Polen: 0048

► **Telefon-Auskunft**
Tel. 912 (Fernverbindungen)
Tel. 913 (Ortsnetz)

# Preise · Vergünstigungen

## WAS KOSTET WIE VIEL?

**3-Gang-Menü**
ab 12 €

**Einfache Mahlzeit**
ab 4 €

**Eine Tasse Kaffee**
1,25 €

**1 Liter Benzin (bleifrei)**
ca. 1 €

**Einfaches Doppelzimmer**
bis 60 €

**Ein Glas Cola/Limo**
0,80 €

*Natülich gibt es in den Urlaubsgebieten auch deutsches Bier, doch das polnische schmeckt ausgezeichnet und ist günstiger.*

### Touristenkarte

Mehrere Städte, darunter Breslau, Danzig, Krakau, Posen und Warschau sowie einige Kurorte an der Ostseeküste, bieten eine »touristische Rabattkarte« an, die als Fahrkarte für öffentliche Verkehrsmittel dient und zugleich den kostenlosen oder ermäßigten Eintritt in viele Museen ermöglicht. Verkauft wird die Karte in den örtlichen Touristenbüros, oft auch in Zeitungskiosken.

# Reisezeit

## Die besten Reisemonate

Die meisten Urlauber kommen im Mai, Juni und September nach Polen, es ist hier dann angenehm warm und vorherrschend trocken. Der »goldene« Herbst lädt mit vielen milden und klaren Tagen, aber schon kühlen Nächten zu Bergtouren in den Bieszczaden, in der Hohen Tatra und im Riesengebirge ein. Besonders wetterbeständig ist der **»Altweibersommer«** – von Mitte September bis Mitte Oktober –, der in den Niederungen aber schon viel Nebel bringt.

Im **Hochsommer** ist es zum Wandern zu heiß, und auch das Baden will angesichts so manch überfüllter Strände nur wenig gefallen. Gar nicht schlecht ist es dann in Städten wie Breslau und Krakau: Die großen Hotels gewähren kräftig Rabatt, denn auch die Geschäftsleute, die sonst die Hotels füllen, machen in dieser Jahreszeit Urlaub.

Die **Wintersaison** beschränkt sich auf gut drei Monate – sie beginnt Anfang Dezember und dauert bis etwa Mitte März. Die besten Schnee- und Wetterverhältnisse finden Wintersportler im Februar und März.

! *Baedeker* TIPP

**»Wetterreise«**

Für Reisen im Frühjahr bietet sich die Wärmephase des »Mittfrühlings« um den 22. April herum an. Bei Städtereisen im Herbst, z. B. nach Warschau, sollte man die zunehmende Nebelneigung in den Niederungen beachten.

## Klima

Entsprechend der geografischen Lage hat Polen ein Übergangsklima, das zwischen dem ozeanischen Klima West- und Mitteleuropas und dem Kontinentalklima Osteuropas vermittelt. Typisch sind ausgeprägte Jahreszeiten mit relativ großen tages- und jahreszeitlichen Temperaturgegensätzen. Atlantische Tiefdruckgebiete sorgen die meiste Zeit des Jahres für wechselhaftes Wetter.

**Jahreszeiten** Das Frühjahr tut sich lange schwer. Obwohl die Sonne schon kräftig scheint, bleiben strenge Nachtfröste bis Mitte Mai ein Thema. Erst danach wird es deutlich wärmer. Die Sommer sind mäßig warm mit kühlen Witterungsabschnitten, aber auch einzelnen Hitzewellen.

Obwohl die Temperaturen mit fortschreitender Jahreszeit rasch zurückgehen, hat auch der Herbst seine warmen Tage. Während des »Altweibersommers« liegt dann besonders das Bergland im strahlenden Sonnenschein.

Durch die globale Klimaerwärmung ist auch der polnische Winter nicht mehr das, was er einmal war. Durchschnittlich nur noch zweimal in zehn Jahren ist mit einem harten Winter zu rechnen.

## Polen *Klimastationen*

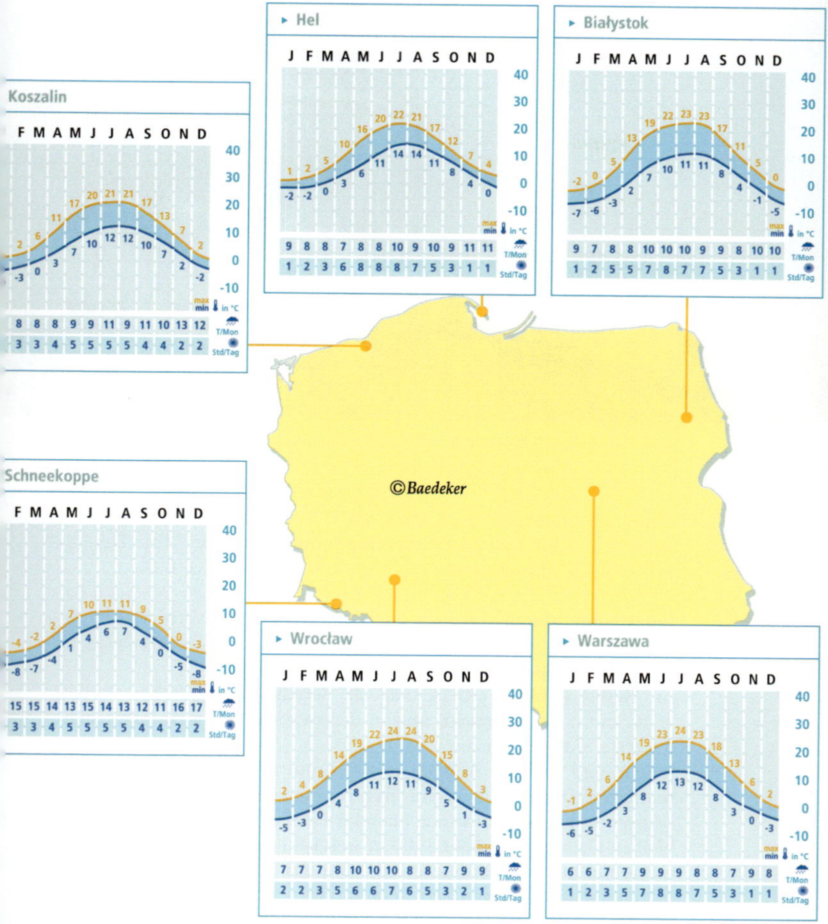


**Niederschläge**

Die relativ geringen Jahresniederschläge fallen hauptsächlich im Sommer, dann meistens in Form heftiger Schauer oder Gewitter. Mit durchschnittlich 500 Liter/m² an 93 Tagen gilt das Städtedreieck Bromberg, Warschau und Posen als trockenste Region Polens, gefolgt von der Ostseeküste mit gut 600 Liter/m². Die höchsten Mengen werden in der Hohen Tatra mit bis zu 1800 Liter/m² gemessen. Schnee fällt in den Bergen von Oktober bis April, im Flachland von

*An sonnigen Herbsttagen zieht es Wanderer hinauf auf den Gipfel der Schneekoppe.*

Mitte November bis Ende April. Im Wintersportzentrum Zakopane kann sich in normalen Wintern eine Schneedecke von Mitte Dezember bis Ende März halten.

Temperaturen

**Tagestemperaturen** von über 20° C werden erst ab Mitte Mai häufiger, zwischen Juni und August liegen sie bei durchschnittlich 23° C; die **Wassertemperaturen** liegen dann im Mittel bei 20° C.
Im Herbst kühlt es sich schnell ab. Bereits Mitte Oktober werden 15° C kaum noch erreicht, und in der zweiten Novemberhälfte steht die erste Frostperiode an.
Januar und Februar bringen viel Eis und Schnee bei leichtem bis mäßigem Dauerfrost. Wenn das russische Kältehoch schwächelt, bringen milde Atlantikwinde auch im Hochwinter Tauwetter. Davon bleiben Gebirgslagen über 1000 m weit gehend verschont. Fließt arktische Kaltluft aus Nordosten ein, kann das Thermometer auf -25° C, im ehemaligen Ostpreußen auch unter -30° C sinken. Durch das Wärmepolster der Ostsee bleiben die Winter an der Küste milder.

## Shopping

In den letzten Jahren ist die Palette der Geschäfte vor allem in den größeren Städten bunter und reicher geworden. Das Angebot an Waren hat sich dabei immer mehr dem der westeuropäischen Länder angenähert.

**Öffnungszeiten**

Es gibt in Polen keine gesetzlich festgelegten Ladenöffnungszeiten. Lebensmittelläden sind in der Regel werktags von 6.00 bis 19.00 Uhr, Souvenirläden, Kaufhäuser und Supermärkte von 9.00 bis 19.00, teilweise auch bis 21.00 oder 22.00 Uhr geöffnet. Samstags kann man meist von 9.00 bis 14.00 Uhr einkaufen, in den großen Städten häufig auch sonntags.

> **! *Baedeker* TIPP**
>
> **Souvenirs aus der Stadt des guten Tons**
>
> Die kleine Stadt Bunzlau (Bolesławiec) in Niederschlesien ist vor allem für ihre keramischen Erzeugnisse berühmt, die in kleineren und großen Werkstätten produziert und in der Stadt verkauft werden. Seit 1964 findet alljährlich im August ein Keramik- und Bildhauer-Pleinair statt. Zahlreiche Werke der »Freiluft-Künstler« sind im örtlichen Keramikmuseum zu sehen. Am letzten Wochenende im August zieht das Bunzlauer Keramikfest Tausende Besucher an.

Ein beliebtes Souvenir ist **Bernstein**, der in Danziger Ateliers geschliffen und zu Ketten aufgereiht oder zu Ohrringen und Broschen verarbeitet wird. In den Sudeten kauft man **Bunzlauer Keramik** mit dem typischen blauen Pfauenmuster, **Kristallglas** und schlesisches Leinen sind typische Mitbringsel aus dem Riesengebirge. In den Karpaten sind handgestrickte Pullover aus Schafswolle und Lederwaren begehrt. Ausdrucksstark sind die naiven, von Hand **geschnitzten Figuren**, die man in den verschiedensten Landesteilen entdeckt.

**Cepelia und Desa**

Aus sozialistischer Zeit überlebten die Geschäfte der Ketten Cepelia und Desa. Cepelia ist auf Erzeugnisse der Volkskunst spezialisiert: Holzschnitzereien und Keramik, Leder- und Webarbeiten. In den Desa-Läden werden Kunstgegenstände verkauft.

**Märkte**

Jede größere Stadt hat einen Markt. Egal ob überdacht oder open air – es macht Spaß, bei Bauersfrauen einzukaufen, die frische Erzeugnisse aus ihrem Garten und dem Wald anbieten: neben Obst und Gemüse, Beeren und Pilzen auch selbst gemachten Käse oder säuerlich Eingelegtes. Die Märkte beginnen etwa um 6.00 Uhr und werden bereits zur Mittagszeit wieder abgebaut.

# Sprache

**Sprachgeschichte**

Polnisch gehört zur Familie der slawischen Sprachen, im engeren Sinne mit Tschechisch, Slowakisch und Sorbisch zum Westslawischen. Durch die Christianisierung des Landes unter Mieszko I. Mitte des 10. Jahrhunderts geriet Polen in den Einflussbereich des lateinisch-westeuropäischen Kulturkreises, was in der Verwendung der lateinischen Schrift und einem umfangreichen westeuropäischen Wortschatz zum Ausdruck kommt.

*Die Universitäten des Landes bieten in Ferienkursen eine Einführung in die »Mysterien« der polnischen Sprache.*

**Amtssprachen** Gesprochen wird Polnisch von knapp 38 Mio. Menschen im Inland, dazu kommen ca. 10 Mio. im Ausland. Neben der Schriftsprache, dem Hochpolnischen, das in den Medien, in der Schule und in Behörden benutzt wird, existieren regionale Mundarten, die allerdings bei der jungen Generation kaum noch verbreitet sind.

In Gebieten mit einem großen Anteil deutschstämmiger Bevölkerung wurde Deutsch als zweite Amtssprache eingeführt.

**Verständigung** Ausländer haben mit der polnischen Sprache ihre Probleme: Die ungewohnten Zisch- und Nasallaute, die diakritischen Zeichen und aneinandergereihten Konsonanten, z. B. in »Szczecin«, treiben selbst die lernwilligsten Urlauber zur Verzweiflung.

Andererseits wuchs in den letzten Jahren das Interesse der Polen an westlichen Sprachen. Junge Polen lernen v. a. Englisch, seltener Deutsch. In den Hotels gibt es an der Rezeption meist keine Verständigungsschwierigkeiten; Speisekarten sind nur in den von Touristen besuchten Lokalen fremdsprachig erläutert.

Aussprache ▶ Die z. T. mit diakritischen Zeichen (Häkchen, Akzenten, Punkten) versehen Buchstaben bzw. Buchstabenkombinationen, die die polnischen Laute wiedergeben werden wie folgt ausgesprochen:

ę – ähnlich dem in im französischen fin,
ą – ähnlich dem on im französischen mon,
ł – ähnlich dem wh im englischen where,
ś – ein weiches s (sch),

ć – ein weiches c (tsch),
ń – ähnlich dem gn im französischen Champagner,
ó – entspricht dem kurzen u wie in Hund,
ź, ż, rz – ähnlich dem j im französischen jour,
sz – entspricht sch,
cz – entspricht tsch
Alle Vokale werden einzeln ausgesprochen: Buchstabenfolgen wie ie und eu werden nicht zu einem Laut zusammengezogen. Gleiches gilt für Konsonantenkombinationen: So wird z. B. ck nicht zu k verkürzt. Die Betonung der Wörter liegt in der Regel auf der vorletzten Silbe.

## SPRACHFÜHRER POLNISCH

### Das Wichtigste

| | |
|---|---|
| ja / nein | tak / nie |
| bitte | proszę! |
| danke (sehr) | dziękuję (bardzo) |
| Entschuldigen Sie | przepraszam pana / panią / państwa |
| Können sie mir bitte helfen? | Czy może mi pan/pani pomóc? |
| Sprechen Sie Deutsch? | Czy mówi pan / pani po niemiecku? |
| Ich verstehe Sie nicht. | Nie rozumiem pana/pani. |
| Wie bitte? | Słucham? |
| Wie heißt ... auf Polnisch? | Jak się nazywa po polsku ...? |
| Ich möchte nach Deutschland (Österreich, in die Schweiz) telefonieren. | Chcę dzwonić do Niemiec (Austrii, Szwajcarji). |

### Häufig vorkommende Begriffe

| | |
|---|---|
| aleja | Allee |
| brama miejska | Stadttor |
| cmentarz | Friedhof |
| dom | Haus |
| dom zdrojowy | Kurhaus |
| droga | Weg |
| góra / góry | Berg / Gebirge |
| jezioro | See |
| kaplica | Kapelle |
| klasztor | Kloster |
| kościół | Kirche |
| miasto | Stadt |
| most | Brücke |
| mur miejski / barbakan | Stadtmauer / Stadtbefestigung |
| pałac | Palast |

| | |
|---|---|
| park narodowy | Nationalpark |
| plaża | Strand |
| pomnik | Denkmal |
| port | Hafen |
| półwysep | Halbinsel |
| punkt widokowy | Aussichtspunkt |
| ratusz | Rathaus |
| sklep | Geschäft |
| szpital | Krankenhaus |
| twierdza | Festung |
| ulica | Straße |
| wyspa | Insel |
| zamek | Kastell, Schloss |

**Arzt**

| | |
|---|---|
| Können Sie mir einen guten Arzt empfehlen? | Czy może mi pan/pani polecić dobrego lekarza? |
| Ich habe hier Schmerzen. | Tu mnie boli. |

**Bank**

| | |
|---|---|
| Wo ist hier bitte eine Bank? | Gdzie tu jest bank? |
| ... eine Wechselstube? | ... kantor? |
| Ich möchte ... Euro (Schweizer Franken) in Złoty wechseln. | Chciałbym/Chciałabym ... wymienić (franków szwajcarskich) na złotówki. |

**Begrüßung**

| | |
|---|---|
| Guten Morgen / Guten Tag | Dzień dobry |
| Guten Abend | Dobry wieczór |
| Gute Nacht | Dobranoc |
| Wie geht es Ihnen? | Jak się panu/pani powodzi? |
| Auf Wiedersehen | Do widzenia!/Do zobaczenia |
| Bis morgen! | Do jutra! |
| Tschüss! | Serwus! |

**Post**

| | |
|---|---|
| Briefmarke | znaczek pocztowy |
| Porto | opłata za przesyłkę |
| Postamt | urząd pocztowy / poczta |
| Was kostet ein Brief ... | Ile kosztuje list ... |

| | |
|---|---|
| ... eine Postkarte ... | ... pocztówka ... |
| ... nach Deutschland? | ... do Niemiec? |

## Übernachten

| | |
|---|---|
| Können Sie mir bitte ... empfehlen? | Może mi pan/pani polecić ... |
| ... ein gutes Hotel ... | ... dobry hotel? |
| ... eine Pension ... | ... pensjonat? |
| Haben Sie noch Zimmer frei? | Czy ma pan/pani jeszcze wolne pokoje? |
| Einzelzimmer | pokój jednoosobowy |
| Doppelzimmer | pokój dwuosobowy |
| Ich möchte gerne ... | Chcę ... |
| ... ein Zimmer mit Bad / Dusche | ... pokój z łazienką / prysznicem |
| ... mit Frühstück | ... ze śniadaniem |
| ... mit Halbpension | ... ze śniadaniem i kolacją |
| ... mit Vollpension | ... z pełnym utrzymaniem |
| Was kostet es? | Ile to kozstuje? |

## Unterwegs

**Auskunft**

| | |
|---|---|
| rechts / links | na prawo / na lewo |
| nah / weit | blisko / daleko |
| geradeaus | prosto |
| Bitte, wo ist ...? | Przepraszam, gdzie jest ...? |
| Wann ist ... geöffnet? | Kiedy (jest) ... otwarte? |
| Wie viel Uhr ist es? | Która godzina? |
| Wie weit ist das? | Jak to jest daleko? |

**Bahn und Bus**

| | |
|---|---|
| Bahnhof | dworzec |
| Bus | autobus |
| Fahrkarte | bilet |
| Fahrpreis | cena (biletu) |
| Flughafen | lotnisko |
| Gepäck | bagaż |
| Gepäckaufbewahrung | przechowalnia bagaży |
| Gleis | tor |
| Haltestelle | przystanek |

**Tankstelle**

| | |
|---|---|
| Wo ist bitte die nächste Tankstelle? | Przepraszam, gdzie jest najbliższa stacja benzynowa? |

| | |
|---|---|
| Voll tanken, bitte. | Proszę do pełna. |
| Ich möchte ... Liter | Chciałbym/chciałabym ... litrów |
| ... Normalbenzin. | ... benzyny niskooktanowej. |
| ... Super / Diesel. | ... wysokooktanowej / ropy. |

**Unfall / Panne**

| | |
|---|---|
| Hilfe! | Ratunku! |
| Rufen Sie bitte schnell ... | Proszę wezwać szybko ... |
| ... einen Krankenwagen. | ... karetkę pogptpwia. |
| ... die Polizei. | ... policję. |
| ... die Feuerwehr. | ... straż pożarną. |
| Ich habe eine Panne. | Mam awarię samochodu. |
| Wo ist hier in der Nähe eine Werkstatt? | Gdzie jest tu w pobliżu warsztat samochodowy? |

## Verkehrsschilder

| | |
|---|---|
| kierunek w prawo (w lewo) | Rechts (links) fahren |
| mgła | Nebel |
| niebezpieczeństwo | Gefahr |
| niebezpieczny zakręt | Gefährliche Kurve |
| objazd | Umleitung |
| ostronie | Vorsicht |
| piesi | Fußgänger |
| powoli | Langsam! |
| prozejazd wzbroniony | Durchfahrt verboten |
| ulica jednokierunkowa | Einbahnstraße |
| uwaga | Achtung |
| zakaz parkowania | Parkverbot |
| zakaz wyprzedzania | Überholverbot |

## Essen und Trinken

| | |
|---|---|
| Wo gibt es hier ... | Gdzie jest tu w pobliżu ... |
| ... ein gutes Restaurant? | ... dobra restauracja? |
| ... ein nicht zu teures Restaurant? | ... niezbyt droga restauracja? |
| Gibt es hier eine gemütliche Kneipe? | Czy jest tu jakaś miła knajpa? |
| Czy ten stoł jest wolny? | Ist dieser Tisch frei? |
| menú | Speisekarte |
| Auf Ihr Wohl! | Pana / pani zdrowie! |
| Die Rechnung, bitte! | Proszę o rachunek! |

| | |
|---|---|
| **Śniadanie** | **Frühstück** |
| chleb biały / ciemny | Weißbrot / Schwarzbrot |
| bułka / rogalik | Brötchen / Hörnchen |

| | |
|---|---|
| szynka / kiełbasa | Schinken / Wurst |
| jajko (na miękko) | (weiches) Ei |
| jajecznica (na szynce) | Rühreier (mit Schinken) |
| masło / dżem / miód | Butter / Konfitüre / Honig |
| ser biały / ser żółty | Frischkäse / Schweizer Käse |
| kawa czarna | Schwarzer Kaffee |
| kawa z mlekiem | Kaffee mit Milch |
| kawa z bitą śmietaną | Kaffee mit Sahne |
| herbata czarna | Schwarzer Tee |
| kakao / czekolada | Kakao / Schokolade |
| cukier / cytryna | Zucker / Zitrone |
| pieprz / sól | Pfeffer / Salz |
| musztarda / ketczup | Senf / Ketchup |

| | |
|---|---|
| **Obiad** | **Mittagessen** |
| przystawki | Vorspeisen |
| śledź w śmietanie | Hering in Sahne |
| karp w galarecie | Karpfen in Gelee |
| łosoś (wędzony) | Lachs (geräuchert) |
| pasztet | Pastete |

| | |
|---|---|
| **Zupy** | **Suppen** |
| rosół (z makaronem) | Brühe (mit Nudeln) |
| bulion | Fleischbrühe, Bouillon |
| barszcz czerwony | Rote-Bete-Suppe |
| chłodnik | Kalte Gemüsesuppe |
| żurek | Saure Mehlsuppe (mit Schinken) |

| | |
|---|---|
| **Dania główne** | **Hauptgerichte** |
| kurczak / kaczka | Hähnchen / Ente |
| indyk / gęś | Truthahn / Gans |
| wieprzowina | Schweinefleisch |
| sznycel (po wiedeńsku) | Schnitzel (Wiener Schnitzel) |
| kotlet schabowy | Kotelett |
| stek wieprzowa | Steak |
| wołowina | Rindfleisch |
| zraz zawijany | Rouladen |
| gulasz wołowy | Gulasch |
| cielęcina | Kalbfleisch |
| ryby | Fisch |
| dorsz / karp | Schellfisch / Karpfen |
| makrela / pstrąg | Makrele / Forelle |
| sandacz / szczupak | Zander / Hecht |
| baranina | Lammfleisch |
| dziczyzna | Wild |

| | |
|---|---|
| sarnina / królik | Reh / Kaninchen |
| zając / kuropatwa | Hase / Rebhuhn |

**Zubereitungsarten**

| | |
|---|---|
| (mięso) duszone | geschmort (Fleisch) |
| gotowane / pieczone | gekocht / gebraten |
| siekane / wędzone | gehackt / geräuchert |

| **Dodatiki** | **Beilagen** |
|---|---|
| ziemniaki / kartofle | Kartoffeln |
| ryż / makaron | Reis / Nudeln |
| knedle / kluski / frytki | Knödel / Klößchen / Pommes frites |

| **Jarzyny** | **Gemüse** |
|---|---|
| brukselka / kalafior | Rosenkohl / Blumenkohl |
| buraczki / marchewka | Rote Bete / Möhren |
| cebula / czosnek | Zwiebel / Knoblauch |
| fasola / groch | Bohnen / Erbsen |
| kapusta biała (kiszona) | Weißkraut / Sauerkraut |
| grzyby / kurki | Pilze / Pfifferlinge |
| szpinak / seler | Spinat / Sellerie |

| **Surówki** | **Salat** |
|---|---|
| sałatka z ogórków / papryki | Gurken- / Paprikasalat |
| sałatka z pomidorów / cykorii | Tomaten- / Chicoreesalat |
| sałatka z marchewki i kapusty | Möhren-und-Kohl-Salat |
| zielona sałata ze śmietaną | Kopfsalat mit Sahne |
| mizeria | Gurkensalat mit Sahne |
| ogórek kiszony / rzodkiewki | Essiggurke / Radieschen |
| ocet / oliwa | Essig / Öl |

| **Desery** | **Nachtisch** |
|---|---|
| makowiec | Mohnkuchen |
| tort / lody | Torte / Eis |
| ciastka | Kekse |

| **Napoje** | **Getränke** |
|---|---|
| wino białe / wino czerwone | Weißwein / Rotwein |
| wytrawne / półwytrawne / słodkie | trocken / halbtrocken / süß |
| piwo jasne / piwo ciemne | helles Bier / dunkles Bier |
| piwo z beczki | Bier vom Fass |
| wódka / żubrówka | Wodka / Wodka mit Büffelgras |

| | |
|---|---|
| koniak | Cognac |
| likier / szampan | Likör / Sekt |
| woda mineralna | Mineralwasser |
| sok owocowy / oranżada | Fruchtsaft / Orangenlimonade |
| mleko słodkie | Milch |

| | |
|---|---|
| **Owoce** | **Obst** |
| winogrona / borówki | Trauben / Heidelbeeren |
| brzoskiwinie / czereśnie | Pfirsiche / Kirschen |
| gruszki / jabłka | Birnen / Äpfel |
| morele / pomarańcze | Aprikosen / Orangen |
| śliwki / truskawki | Pflaumen / Erdbeeren |

**Zahlen**

| | |
|---|---|
| 0 zero | 11 jedenaście |
| 1 jeden / jedna / jedno | 12 dwanaście |
| 2 dwa, dwie | 20 dwadzieścia |
| 3 trzy | 50 pięćdziesiąt |
| 4 cztery | 100 sto |
| 5 pięć | 500 pięćset |
| 6 sześć | 1000 tysiąc |
| 7 siedem | 1/2 jedna druga |
| 8 osiem | 1/3 jedna trzecia |
| 9 dziewięć | 1/4 jedna czwarta |
| 10 dziesięć | 3/4 trzy czwarte |

# Übernachten

## Hotels

Vorbei sind die Zeiten, als die Hotelszene in Polen vor allem von **Orbis** bestimmt war. Die staatliche Hotelkette warb mit riesigen anonymen Kästen, die zwar komfortabel ausgestattet, doch ästhetisch ein Ärgernis waren. Seit 1990 hat sich das Bild gewandelt. Eine große Zahl moderner Hotels entstand in Städten wie Warschau, Krakau, Breslau und Danzig, und auch in den Häusern der Provinz braucht man sich nicht mehr mit Etagendusche zu begnügen. Neue Unterkünfte sind oft in historischen Bürgerhäusern, Palästen oder Schlössern untergebracht, die sich durch eine besonders schöne Lage und ein romantisches Ambiente auszeichnen.

*»Ferien auf dem Bauernhof« – da kann unmöglich Langeweile aufkommen ...*

Wie international üblich, werden auch in Polen die Hotels nach Sternen klassifiziert (maximal fünf Sterne). In den großen Städten sind die Preise denen in Westeuropa vergleichbar, in kleineren Städten und auf dem Land sind sie meist etwas niedriger.

## Pensionen

In den Bergen findet man rustikale Herbergen, in Masuren Wassersportzentren mit einfachen Bungalows. In touristischen Orten verweisen Tafeln mit der Aufschrift **»noclegi oder pokoje wolne«** auf Privatzimmer, die man direkt bei den Eigentümern anmietet, sofern sie nicht über Reisebüros oder die örtliche Touristeninformation vermittelt werden.

## Ferienwohnungen

Sommerhäuschen – für drei bis acht Personen und mit Herd und Kühlschrank ausgestattet – werden v. a. in Westpommern, an der Ostsee oder in der Masurischen Seenplatte vermietet; Mindestmietdauer ist eine Woche (von Samstag zu Samstag). Die Preise beinhalten neben Gas, Strom und wöchentlichem Wäschewechsel auch die Endreinigung.
In der Vorsaison (etwa ab Mitte Mai bis Mitte Juni) sowie während der Nachsaison (Ende August bis Ende September) gibt es häufig Preisnachlass.

## Camping

Zelten ist in Polen nur auf Campingplätzen erlaubt. Diese liegen in der näheren Umgebung größerer Städte und in touristisch attraktiven Gebieten, so an der Ostseeküste, an den Masurischen Seen und in den Vorgebirgs- und Gebirgsregionen. Sie sind in der Regel von Anfang Juni bis Ende September geöffnet.
Ein Verzeichnis mit den wichtigsten Plätzen des Landes erhält man vom Polnischen Fremdenverkehrsamt (►Auskunft).

## Ferien auf dem Bauernhof

Seit Anfang der 1990er-Jahre gibt es auch in Polen eine preiswerte Alternative zum Urlaub im Hotel. Man wohnt auf dem Bauernhof in meist einfachen Zimmern und genießt die oft deftige Hausmannskost. Insgesamt gibt es über 4000 Bauernhöfe, die »Ferien auf dem Lande« anbieten. Auf Anfrage beim Polnischen Fremdenverkehrsamt (►Auskunft) erhält man eine Broschüre mit einer Auswahl von Angeboten aus den verschiedensten Regionen des Landes.

## Jugendherbergen

Wer sparen will, übernachtet in Jugendherbergen (Schronisko Młodzieżowe). Der Polnische Jugendherbergsverband PTSM gewährt Reisenden mit einem IYHF-Ausweis Preisermäßigungen zwischen 10 und 25 %.
Auch werden in den Sommerferien zahlreiche Schulen als Herbergen genutzt. Diese Massenschlafsäle sind freilich nicht jedermanns Geschmack. Komfortabler sind da schon die Studentenheime in Städten wie Breslau und Krakau, die sich während der Sommerferien gleichfalls in preiswerte Unterkünfte verwandeln. Aktuelle Angebote erhält man bei der örtlichen Touristeninformation.

## UNTERKÜNFTE & CAMPINGPLÄTZE

### AGROTOURISMUS

► **Internet**
www.agrioturystyka.pl
European Centre
for Eco Agro Tourism:
www.poland.eceat.org

### AUSKUNFT CAMPING

► **Polnischer Verband für Camping und Caravaning (PFC)**
ul. Grochowska 331
PL-03-838 Warszawa
Tel. / Fax 022 / 810 60 50

### CAMPINGPLÄTZE

► **Białystok**
Camping Nr. 212
ul. Jana Pawła II 77
PL-15-703 Białystok
Tel. 085 / 651 16 41
Fax 651 17 01
Geöffnet: Juni – September

**Częstochowa**
Camping Oleńka Nr. 76
ul. Oleńki 22/30
PL-42-200 Częstochowa
Tel. 034 / 365 57 99
ganzjährig geöffnet.

**Elbląg**
Camping Nr. 61
ul. Panieńska 14
PL-82-300 Elbląg
Tel. 055 / 232 43 07
Geöffnet: Mai – September

! *Baedeker* TIPP

**Komfortable Low-Budget-Hotels**

Im Jahr 2005 schlossen sich zahlreiche preisgünstige Hotels zur Gruppe »Start Hotel« zusammen, die alle einen bestimmten Standard bieten: bewachter Parkplatz, die Rezeption ist rund um die Uhr besetzt, Frühstücksbüfett, alle Zimmer verfügen über Bad, TV, Telefon und Internetanschluss. Die Preise für ein Einzelzimmer liegen zwischen 20 und 45 €. »Start Hotels« gibt es bereits in Warschau, Katowice, Krakau und Lublin (Infos unter www.starthotel.pl).

**Gdańsk**
Camping Nr. 10
al. Gen. Hallera 234
PL-80-502 Brzeźno
Tel. 058 / 343 55 31
Geöffnet: Mai – September

**Kołobrzeg**
Camping Nr. 78
ul. IV Dywizji Wojska Polskiego 1
PL-78-100 Kołobrzeg
Tel. / Fax 094 / 352 45 69
Geöffnet: Mai – September

**Kraków**
Camping Krak
ul. Radzikowskiego 99
PL-31-342 Kraków
Tel. 012 / 637 21 22
www.krak.com.pl
ganzjährig geöffnet.

**Łeba**
Camping Morskie Nr. 21
ul. Turystyczna 3
PL-84-360 Łeba
Tel. 059 / 866 13 80
Geöffnet Mai – September

**Malbork**
Camping Malbork Nr. 197
ul. Portowa 3
PL-82-200 Malbork
Tel. 055 / 272 24 13
Fax 272 30 12
Geöffnet: Juni – August

**Mierzeja Helska**
Camping Nowa Maszoperia Nr. 75
ul. Mickiewicza
PL-84-140 Jastarnia
Tel. 058 / 675 23 48
Geöffnet: 15. Mai – 15. September

**Mikołajki**
Camping Christian
Jora Mala 36
PL-11–730
Tel. 087 / 421 31 23
www.camping-masuren.de
Geöffnet: Mai – September

**Warszawa**
Camping Nr. 123
ul. Bitwy Warszawskiej 15 - 17
PL-02-366 Warszawa-Szcześliwice
Tel. / Fax 022 / 823 37 48
Geöffnet: Juni – September

**Wrocław**
Camping AWF Nr. 117
al. Paderewskiego 35
PL-51-620 Wrocław
Tel. 071 / 348 46 51, Fax 348 39 28
Geöffnet: Mai – Oktober

»Dschungelurlaub« auf einem Campingplatz an der Ostseeküste

## JUGENDHERBERGEN

- **Polnischer Jugendherbergs-verband (PTSM)**
  ul. Chocimska 28
  PL-00-791 Warszawa
  Tel. 022 / 849 81 28
  www.ptsm.pl

- **Gdańsk**
  ul. Wałowa 21
  PL-80-858 Gdańsk
  Tel. / Fax 058 / 301 23 13

- **Kraków**
  ul. Oleandry 4
  PL-30-060 Kraków
  Tel. 012 / 633 88 22
  Fax 633 89 20
  www.smkrakow.pl.

- **Łódź**
  ul. Legionów 27
  PL-90-926 Łódź
  Tel. 042 / 633 03 65
  Fax 630 23 77

- **Poznań**
  ul. Drzymały 3
  PL-61-000 Poznań
  Tel. 061 / 848 58 36

- **Szczecin**
  ul. Monte Cassino 19-A
  PL-70-467 Szczecin
  Tel. 091 / 422 47 61
  Fax 423 56 96

- **Warszawa**
  ul. Karolkowa 53-A
  PL-01-197 Warszawa
  Tel. 022 / 632 88 29
  Fax 632 97 46
  www.ptsm.com.pl.

- **Wrocław**
  Jugendherberge Tumski
  ul. Wyspa Słodowa 10
  PL-50-107 Wrocław
  Tel. 071 / 322 60 99
  Fax 322 61 13
  www.hotel-tumski.com.pl.

# Urlaub aktiv

## Sport

**Angeln** Die fischreichsten Flüsse und Seen liegen in **Masuren** und **Pommern** sowie in Südostpolen. Hat man die geforderte Gebühr beim örtlichen Angelverband bezahlt, dürfen sich auch Urlauber am Fangvergnügen beteiligen. Die aktuell festgelegten Tages- und Jahressätze erfährt man beim Polnischen Fremdenverkehrsamt (► Auskunft) oder beim Angelverband in Warschau.

**Baden** Die Wasserqualität an den Stränden der polnischen **Ostsee** hat sich in den vergangenen Jahren verbessert, offizielle Badestellen werden von Rettungsschwimmern bewacht. Dank neuer Klärwerke kann man inzwischen auch in der **Danziger Bucht** wieder baden. Gute Wasserqualität bieten die meisten Seen in **Masuren** und der **Kaschubischen Schweiz**.

**Golf** wurde erst nach der politischen Wende Anfang der 1990er-Jahre beliebt. Der erste Golfplatz, eine 18-Loch-Anlage, wurde auf der Insel Wolin eröffnet. Danach entstanden weitere Plätze in der Nähe großer Städte und in Feriengebieten, z. B. in Rajszewo bei Warschau, am Ortsrand von Krakau, in Radziszewo südlich von Szczecin, in Dziwnów an der Ostseeküste und am Naterskie-See bei Olsztyn.

! *Baedeker* TIPP

### Eissegeln

Im Winter laden die zugefrorenen Seen Masurens zum Eissegeln ein. Zu den kältesten Seen zählt der Mamry-See, der oft mehrere Monate von einer dicken Eisschicht bedeckt ist und deshalb zu einem wichtigen Austragungsort internationaler Wettkämpfe aufgerückt ist.

**Jagd** Über 6000 Menschen fahren jedes Jahr nach Polen und machen Jagd u. a. auf Rothirsche, Wildschweine und Füchse. Eine Liste der Spezialveranstalter kann beim Polnischen Fremdenverkehrsamt angefordert werden.

**Kajak- und Kanufahren** Die zahlreichen, oft miteinander verbundenen Seen, Flüsse und Kanäle des Landes stellen schöne Wasserwege für Kanuten, Ruderer und Paddler dar.

Die interessantesten Kajakstrecken im Norden sind die **Krutynia-Route**, die durch 17 Seen und mehrere Naturreservate führt, die **Czarna-Hacza-Route** quer durch den Wigry-Nationalpark und der mit 14 Schleusen ausgestattete Augostówer Kanal. Attraktivste Strecke im Süden ist die Floßfahrt auf dem Dunajec.

**Klettern** Kletterer bevorzugen die Hohe Tatra und das Riesengebirge sowie den Adlerhorstweg nordwestlich von Krakau.

**Radfahren**

Wer die Hauptstraßen meidet und auf wenig befahrene Seitenstraßen ausweicht, kann in Polen schöne Touren unternehmen. Im flachen Norden des Landes braucht man keine Schweiß treibende Anstiege zu fürchten. Wer kein eigenes Rad dabei hat, kann es vor Ort ausleihen – es gibt inzwischen viele Hotels, die mit einer großen Zahl von Rädern ausgestattet sind.
In den letzten Jahren begann man endlich auch mit der Markierung von **Radstrecken**, u. a. rund um das Stettiner Haff, durch den Wolliner und Slowinzischen Nationalpark und die Pommersche Seenplatte. Ein ideales Tourengebiet sind auch die Bieszczaden in Polens Südosten, wo es schmale asphaltierte Straßen, aber kaum Verkehr gibt. Entsprechende Infos und Broschüren bekommt man in den Touristenbüros vor Ort.

**Reiten**

Die Pferdezucht und der Reitsport haben in Polen eine große Tradition, neuerdings ist auch **»Urlaub im Sattel«** stärker gefragt. Einige Gestüte haben ihren Sitz in ehemaligen Gutshöfen und restaurierten Schlössern, z. B. in Kadyny am Frischen Haff. Beim Polnischen Fremdenverkehrsamt bekommt man eine Broschüre mit den wichtigsten Pferdesportzentren des Landes; Spezialveranstalter für Pferdereisen sind »Das Urlaubspferd« und »Pferd und Reiter«.

*Mit dem Paddelboot auf Entdeckungsfahrt durch die Seenlandschaft Masurens*

**Segeln** Die besten **Segelreviere** Polens sind die Ostseeküste und die Seen im Norden des Landes, vor allem in Masuren. Die masurischen Charterfirmen konzentrieren sich auf das Ferienstädtchen Giżycko; Bootsverleihfirmen und Werkstätten gibt es aber auch in den Wassersportzentren von Mikołajki und Augustów.

## ? WUSSTEN SIE SCHON ...?

- ... dass sich die Großen Masurischen Seen bestens fürs Snowkiten eignen? Sind die Seen zugefroren, kann man sich auf einem Snowboard in rasender Geschwindigkeit von einem Lenkdrachen ziehen lassen und dabei tolle Luftsprünge absolvieren (Infos über Kurse unter www.kite.pl).

Die **Skisaison** dauert von Anfang Dezember bis Ende März. Ungekrönte »Winterhauptstadt« Polens ist Zakopane am Fuße der Tatra, gefolgt von Szczyrk in den Schlesischen Beskiden. In den Sudeten findet man die besten Bedingungen im Riesengebirge bei Karpacz und Szklarska Poręba. Bekannt ist die 4,8 km lange »Lollobigida«-Abfahrtspiste vom Szrenica, der legendären Schneekoppe.

**Wandern** Wandern gehört in Polen zu den beliebtesten Freizeitaktivitäten. Die Wanderwege wurden landesweit schon in sozialistischer Zeit nach einem einheitlichen System vorbildlich markiert, so dass man auch größere Wanderungen problemlos auf eigene Faust unternehmen kann.

In großen EMPiK-Läden und in den Buchgeschäften vor Ort bekommt man Wanderkarten, in denen sämtliche Touren eingetragen sind. In zahlreichen Gaststätten und Herbergen entlang der Wanderrouten bietet sich die Möglichkeit, eine Rast einzulegen oder zu übernachten.

Die meisten markierten Wege findet man in Südpolen, insbesondere in den Nationalparks der Gebirgsregionen. In den Sudeten liegt ein Abschnitt des **Fernwanderwegs** Eisenach – Budapest. Beliebte Kammrouten verlaufen längs der tschechischen Grenze quer durchs Riesengebirge und die Hohe Tatra, weiter östlich gelangt man auf dem **»Roten Grenzpfad«** der Karpaten ins Biosphärenreservat »Bieszczady«.

## ! *Baedeker* TIPP

### Paradies für Kite-Surfer

Das 15 km nördlich von Gdynia gelegene Fischerdörfchen Rewa entwickelte sich wegen der dort herrschenden guten Windverhältnisse zu einer Hochburg für Kite-Surfer. Die wenigen preiswerten Unterkünfte hier sind sehr begehrt, weshalb man ein Zimmer in einer der drei Pensionen des Ortes recht frühzeitig buchen sollte (Pension »Rewianka«, www.rewianka.republika.net; Pension »Rewal«, www.rewa-pensjonat-rewal.net; Pension »Blekitna Laguna«, Tel. 058 / 679 18 20).

**Windsurfen** Das Gebiet um Chałupy auf der Halbinsel Hel ist das Lieblingsrevier der Windsurfer. Wer kein eigenes Board dabeihat, kann sich vor Ort eines ausleihen.

*Kurze Pause auf der Radwanderung entlang des Ostseestrandes*

## Sprach-Ferien

Die **Sprachinstitute der Universitäten** von Warschau, Breslau und Krakau bieten in den Sommerferien zwei- bis sechswöchige Polnischkurse für Ausländer an. Angekündigt werden die Kurse auch in den Auslandsabteilungen deutscher Universitäten und beim Deutschen Akademischen Austauschdienst.
Daneben gibt es **private Sprachschulen**, in denen das ganze Jahr über Kurse stattfinden. Im Seebad Sopot z. B. trifft man sich in der strandnahen Sopocka Szkoła Języka Polskiego, buchen kann man den Kurs auch beim deutschen Veranstalter Studiosus.

## SPORT-INFOS & SPRACHKURSE

### ANGELN

- **Polski Zwizek Wdkarski (PZW)**
  ul. Twarda 42
  PL-00831 Warszawa
  Tel. 022 / 620 89 66
  Fax 620 50 89
  www.zgpzw.pl

### KANU FAHREN

- **Polnischer Kanutenverband**
  ul. Ciolka
  PL-01-445 Warszawa
  Tel. 022 / 837 40 59
  Fax 837 14 70

## REITEN

► **»Das Urlaubspferd«**
Tel. 061 51 / 89 56 38
www.urlaubspferd.de

► **»Pferd und Reiter«**
Tel. 040 / 607 66 90
www.pferdreiter.de

! *Baedeker* TIPP

**Unterwegs im Kanu**

Eine der schönsten Wasserstrecken für Kanuten führt auf dem ehemaligen Grenzfluss San von Sanok nach Przemyśl. Einige Etappen der rund 100 km langen Strecke haben Wildwasser-Qualitäten. Nähere Auskünfte erhält man vom Polnischen Kanutenverband

## SKI FAHREN

► **Karpacz**
www.kopa.com.pl

► **Szklarska Poręba**
www.sudetylift.com.pl

## SPRACHKURSE

► **Deutscher Akademischer Austauschdienst (DAAD)**
Kennedyallee 50
D-53175 Bonn
Tel. 02 28 / 88 20
www.daad.de

► **Sopocka Szkoła Jzyka Polskiego**
Al. Niepodległości 763
PL-81-838 Sopot
Tel. 058 / 550 32 84
www.ssp.edu.pl

► **Studiosus Reisen München GmbH**
Riesstraße 25
D-80992 München
Tel. 089 / 50 06 00
www.studiosus.de

► **Universität Warschau**
Krakowskie
Przedmieście 26 / 28
PL-00-927 Warszawa
Tel. 022 / 552 03 55
www.uw.edu.pl

► **Universität Breslau**
pl. Uniwersytecki 1
PL-50-137 Wrocław
Tel. 071 / 343 68 47
www.uni.wroc.pl

► **Universität Krakau**
ul. Golebia 24
PL-31-007 Kraków
Tel. 012 / 422 10 33
www.uj.edu.pl

# Verkehr

## Straßenverkehr

**Straßenverhältnisse**

Polen verzeichnet ein sehr hohes Verkehrsaufkommen; seit 1990 hat sich die Zahl der Autobesitzer mehr als verzehnfacht. Der Zustand der Hauptverbindungsstraßen hat sich in den letzten Jahren verbessert, doch lässt der Belag auf vielen Nebenstraßen weiterhin zu wünschen übrig. Achten sollte man deshalb auf Schlaglöcher und ausgefranste Bankette, holprige Übergänge bei Eisen- und Straßenbahnen sowie auf unbeleuchtete Fahrräder, Pferdefuhrwerke und landwirtschaftliche Fahrzeuge.

Autobahnen

Das **Autobahnnetz** in Polen befindet sich noch im Aufbau, Priorität dabei besitzten die beiden West-Ost-Verbindungen: So soll bis Ende des Jahres 2005 der Verkehr von den Grenzübergängen bei Görlitz und Forst über eine vierspurige Autobahn bis nach Oberschlesien und weiter nach Krakau rollen. Die Autobahn von Frankfurt/Oder über Warschau zur weißrussischen Grenze soll bis zum Jahr 2010 fertig gestellt sein.

Verkehrsregeln

Als **Tempolimits** gelten in geschlossenen Ortschaften 60 km/h, außerhalb 90 km/h, auf Landstraßen mit zwei Fahrspuren 100 km/h, auf Autobahnen 130 km/h; Lkw und Pkw mit Anhänger dürfen auf Landstraßen mit einer Fahrbahn nicht schneller als 70 km/h, auf breiteren Straßen nicht schneller als 80 km/h fahren.
**Gurtpflicht** besteht auf allen Sitzen, Kinder bis zu 12 Jahren dürfen nur auf dem Rücksitz transportiert werden.
Autofahrer müssen vom 1. Oktober bis 1. März tagsüber mit Abblendlicht fahren, Motorradfahrer ganzjährig. Parken ist bei Dunkelheit nur mit Standlicht gestattet. Das Halten ist innerhalb von 100 m vor und nach einem Bahnübergang untersagt. Im Bereich von Kreuzungen ist das Überholen verboten, Straßenbahnen haben grundsätzlich Vorfahrt.
Mitgeführt werden müssen Warndreieck und Verbandskasten; das Nationalitätenkennzeichen muss am Wagen angebracht sein.
Das Telefonieren beim Fahren ist verboten, ausgenommen mit Freisprechanlagen. Die **Promillegrenze** beträgt 0,2; Bußgelder müssen an Ort und Stelle bezahlt werden.

> **? WUSSTEN SIE SCHON ...?**
>
> - dass Sie die Nichtbeachtung der polnischen Straßenverkehrsordnung teuer zu stehen kommen kann? Sie wird nicht nur mit hohen Bußgeldern geahndet, sondern auch mit maximal zehn Strafpunkten, die den Behörden im Herkunftsland des »Verkehrssünders« gemeldet werden.

Tankstellen

Tankstellen sind fast ebenso zahlreich wie in den westlichen Nachbarländern, die Versorgung mit bleifreiem Benzin und Dieselkraftstoff ist flächendeckend sichergestellt.
Im Sommer sind die Tankstellen in der Regel von 6.00 – 22.00, an Sonn- und Feiertagen von 7.00 – 17.00 Uhr geöffnet. An wichtigen Fernverkehrsstraßen und in größeren Städten sind die meisten Tankstellen rund um die Uhr geöffnet.

Sicherheit

Die Autodiebstähle in Polen gehen seit Jahren deutlich zurück. Dennoch sollte man – besonders bei höherwertigen Fahrzeugen – auf Nummer Sicher gehen und bewachte Parkplätze oder Parkhäuser be-

*»Wann fährt denn gleich nochmal der Bus nach Krakau?«*

nutzen. Rund um die Uhr bewachte Parkplätze befinden sich bei den meisten Hotels sowie in den Zentren der größeren Städte und in den Ferienzentren.

## Mietwagen

Die internationalen Verleihfirmen sind an den Flughäfen und in den Großstädten vertreten. Die Mietpreise entsprechen westlichem Niveau oder liegen etwas darüber.

## Pannenhilfe

Der Pannenhilfsdienst des Polnischen Motorverbandes **(PZM)** ist jederzeit landesweit zu erreichen. Bei Unfällen ist grundsätzlich die örtliche Polizei zu verständigen. Um mögliche Schadenersatzansprüche durchsetzen zu können, sollte man im Besitz einer Kasko-, Rechtsschutz- oder Schutzbriefversicherung sein.

## Taxis

Da es keine verbindlichen Taxi-Preise gibt, weichen diese zum Teil stark voneinander ab. Man sollte unbedingt darauf achten, dass die Tarife aushängen (in der Regel in der hinteren Tür auf der Beifahrer-

seite). Nachts und an Feiertagen wird ein Zuschlag von 50 % erhoben. Bei längeren Fahrten empfiehlt es sich, den Preis vor Fahrtbeginn auszuhandeln. Man ist als Fahrgast nicht verpflichtet, in das erste Fahrzeug der Reihe einzusteigen.
Unbedingt zu empfehlen sind so genannte **Radio-Taxen**, die auf dem Dach eine deutlich sichtbare Rufnummer tragen und zu einer Kooperative gehören. Auch wenn es ungewöhnlich klingt: Wer telefonisch ein Taxi dieser Kooperative bestellt, fährt etwas günstiger. Bei einem längeren Polen-Aufenthalt sollte man den Fahrer nach einer Kundenkarte fragen, mit der ein kleiner Rabatt gewährt wird.

## Busverkehr

Innerhalb Polens gibt es ein weit verzweigtes Netz von Busverbindungen. Busse des staatlichen Unternehmens **PKS** (Państwowa Komunikacja Samochodowa) verkehren auf allen wichtigen Haupt- und Nebenstrecken des Landes. Karten kauft man auf dem jeweiligen Busbahnhof (Dworzec PKS) oder beim Busfahrer. Das Busfahren ist in Polen noch immer sehr preiswert: Für eine 100 km lange Strecke zahlt man weniger als 5 €. Kinder bis zum 4. Lebensjahr ohne eigenen Sitzplatz reisen gratis, Kinder von vier bis zehn Jahren erhalten 50 % Rabatt.

## Bahnverkehr

Die Polnischen Staatsbahnen (PKP, Polskie Koleje Pąnstwowe) verfügen über ein gut ausgebautes Streckennetz, doch wurden in den vergangenen Jahren zahlreiche Linien in abgelegenen Regionen stillgelegt.
Intercity- und Eurocity- sowie Express- (ekspresowy) und Schnellzüge (pośpieszny) verbinden die Großstädte. IC- und EC- sind immer, Express- und Schnellzüge häufig platzkarten- und reservierungspflichtig. Personenzüge (osobowy) halten an jeder Station.

Eine gute Option für alle, die viel unterwegs sein wollen, ist der preisgünstige **Polrailpass** für 8, 15, 21 Tage oder einen Monat. Er ist gültig für beliebig viele Fahrten in allen Personen-, Schnell- und Expresszügen. Man bestellt ihn rund zwei Wochen vor der Abreise bei Polorbis; er wird namentlich ausgestellt und ist nur in Verbindung mit dem Reisepass gültig; die Kosten für Platzreservierung sind im Preis enthalten, nicht aber die Zuschläge für die Benutzung von Schlaf- oder Liegewagen.

### ? WUSSTEN SIE SCHON ...?

- ... dass es in Polen noch Schmalspurbahnen mit Dampflokomotiven gibt? Heute sind sie freilich nur noch während der Sommerferien in Betrieb und dienen als Touristenattraktion, z. B. in Masuren, wo eine nostalgische Lok von Ełk über Turowo nach Sypitki tuckert. Auskunft über die Bahnen erhält man bei den örtlichen Touristenbüros.

## Schiffsverkehr

**Ausflugsschiffe** Ausflugsschiffe nach Polen verkehren in den Sommermonaten von den deutschen Ostseebädern Heringsdorf, Bansin, Ahlbeck und Sassnitz nach Świnoujście (Swinemünde). Großer Beliebtheit erfreuen sich die Fahrten mit der Weißen Flotte im Stettiner Haff und auf der Ostsee, im Frischen Haff und in der Danziger Bucht, auf dem Oberländischen Kanal und den Großen Masurischen Seen.

## BAHN, MIETWAGEN & PANNENHILFE

### BAHN

► **PKP-Generalvertretung**
Panoramastr. 1
D-10178 Berlin
Tel. 030 / 242 34 53

**! *Baedeker* TIPP**

**Flusskreuzfahrt mit der »Frédéric Chopin«**

Auf der 83 Meter langen, luxuriösen »Frédéric Chopin« gibt es Platz für 80 Passagiere; mit maximal 18 Stundenkilometern gleitet man über die Wasserstraße: Man hat die Wahl zwischen mehreren Routen, besonders schön ist die Fahrt auf der Oder nach Breslau (Buchung: Reederei Peter Deilmann, D-23730 Neustadt/Holstein, Tel. 04561 / 39 60, www.deilmann-kreuzfahrten.de).

► **Polorbis**
Hohenzollernring 99
D-50672 Köln
Tel. 02 21 / 95 15 34 30

### MIETWAGEN

► **AVIS**
Tel. 0180 217 702
www.avis.de

► **Europcar**
Tel. 0180 580 00
www.europcar.com

► **Hertz**
Tel. 0180 533 35 35
www.hertz.de

► **Sixt**
Tel. 0180 523 22 22
www.e-sixt.com

### PANNENHILFE

► **ADAC**
Infoservice:
Tel. 0180 523 22 21
www.adac.de

► **ADAC Warschau**
Tel. 022 / 622 20 60

► **AvD**
Zentrale:
Tel. 069 / 660 60
www.avd.de

► **Polizei**
Tel. 997

► **Polnischer Motorverband (PZM)**
Tel. 981

► **Unfallrettungsdienst**
Tel. 999

### TAXI-RUF

► **Tel. 919**

*Entspannen und sich wohlfühlen – im Pool des Kurhauses von Ladek Zdrój.*

# Wellness · Kur

Die meisten Kurorte Polen sind in den Sudeten und Beskiden angesiedelt. Sie verfügen über ein heilsames Mikroklima, Mineralquellen und Moore und sind oft wunderschön gelegen. Gegenwärtig werden viele therapeutische Einrichtungen erneuert, auch in den Ausbau der touristischen Infrastruktur wird investiert.
Informationen über die wichtigsten Kurorte wie Krynica in den Sandezer Beskiden, Szczawnica, Kudowa Zdrój, Polanica Zdrój, Lądek Zdrój im Glatzer Land oder Cieplice im Riesengebirge erhält man vom Polnischen Fremdenverkehrsamt (►Auskunft).

# Zeit

Im Winter gilt die Mitteleuropäische Zeit (MEZ), von Ende März bis Ende Oktober die Sommerzeit (MEZ + 1 Std.).

# Touren

POLENS STÄDTE UND LANDSCHAFTEN SIND VIELFÄLTIG: VON DER OSTSEEKÜSTE IM NORDEN BIS ZUM GEBIRGE IM SÜDEN, VON DER NEISSE IM WESTEN BIS ZUM BUG IM OSTEN WOLLEN SIE ERKUNDET SEIN.

# TOUREN DURCH POLEN

**Die folgenden fünf Routen erschließen Polens schönste Landschaften. Sie führen nach Masuren, dem »Land der dreitausend Seen« und in den wenig bekannten »wilden Osten«. Eine Rundfahrt zwischen Warthe und Weichsel macht mit dem vertraut, was vielen Polen hoch und heilig ist: Das historische Kernland wartet nicht nur mit Burgen und Kirchen, sondern auch mit lebendigen Universitätsstädten auf. Polens Gebirge, die Sudeten und Karpaten, lernt man auf den beiden letzten Touren kennen. Auch wenn sie als Rundfahrten konzipiert sind, lassen sich die Routen miteinander kombinieren. Da die Entfernungen bei allen Touren beträchtlich sind und am Weg viel Interessantes zu einem Zwischenstopp einlädt, empfiehlt es sich, für jede Tour mehrere Tage einzuplanen.**

**TOUR 1** **Von Danzig zu den Masurischen Seen**
Die Tour führt durch ehemaliges Ordensland in die »Wildnis« Masurens. Unterwegs passiert man Backsteinburgen, die »Wolfsschanze« und die Großen Seen. ► **Seite 141**

**TOUR 2** **Von Warschau in den Osten**
Von Polens Hauptstadt fährt man in tiefste Provinz: Leckerbissen unterwegs sind alte Weichselstädtchen sowie Zamość, die »Perle der Renaissance«. ► **Seite 144**

**TOUR 3** **Quer durch Großpolen**
Posen und Thorn sind durch eine Route verbunden, die weit in die Geschichte zurückführt. ► **Seite 146**

**TOUR 4** **Kleine Schlesien-Rundfahrt**
Gleich hinter der deutsch-polnischen Grenze liegt das Riesengebirge mit der legendären Schneekoppe. Barocke Klöster und Kirchen erzählen von der Habsburger Zeit, die Metropole Breslau von einer multikulturellen Vergangenheit. ► **Seite 147**

**TOUR 5** **Von der Königsstadt in die Karpaten**
Schroffe Gipfel, sattgrüne Hügel und einsame, parallel zu Flüssen verlaufende Landstraßen: Nicht nur landschaftlich hat die Tour eine Menge zu bieten, auch die Kultur kommt nicht zu kurz. Unterwegs entdeckt man Burgen, Holzkirchen und Salzbergwerke, Höhepunkt ist der Besuch der alten Königsstadt Krakau. ► **Seite 150**

**Zamość**
*Durchs Lemberger Tor geht's in die Altstadt des »Padua des Nordens«.*

**Jagniątków**
*Über 50 Jahre seines Lebens verbrachte der Literaturnobelpreisträger Gerhart Hauptmann dort in seiner »Residenz«.*

# Unterwegs in Polen

**Polen bietet etwas für jeden Geschmack: Wassersportler fahren an die Ostseeküste und nach Masuren, Wanderer und Skifahrer in die Sudeten und Karpaten. Kulturinteressierte peilen Krakau und Warschau, die alte und die neue Hauptstadt, an, besuchen ehemals deutsche Städte wie Breslau, Danzig und Posen. Natürlich kommen im katholischen Land auch Pilger auf ihre Kosten. Es gibt Hunderte von Marienheiligtümern, von denen das Kloster von Częstochowa das größte und berühmteste ist.**

**Mit Auto, Bus oder Bahn?**

Seit dem EU-Beitritt Polens bereitet die Einreise keinerlei Probleme, für den Grenzübertritt genügt der Personalausweis. Am bequemsten reist man mit dem eigenen Auto, Mietwagen sind vor Ort sehr teuer. Auch mit dem Bus kommt man fast in jede Ecke des Landes, doch sollte man großen Komfort nicht erwarten. Wer vor allem Städte besuchen will, ist mit der Bahn gut bedient, der Preis für Zugfahrten ist in unserem Nachbarland nach wie vor niedrig.

Gegenwärtig wird viel Geld in den Ausbau der Straßen investiert. Die großen Achsen des Landes sind die von West nach Ost verlaufende A 2 von Frankfurt/Oder über Posen und Warschau nach Brest

*Stadtbesichtigung in Danzig: Ein Rundgang, der sich lohnt.*

und die A 4 von Görlitz über Breslau, Katowice, Krakau, Rzeszów nach Przemyśl sowie die Nord-Süd-Verbindung A 1 von Danzig über Łódź und Katowice nach Bielsko-Biała. Streckenweise sind sie bereits als mautpflichtige Autobahn zugänglich.
Abseits der großen Überlandstrecken kommt man nur langsam voran: Auf schmalen Landstraßen sorgen Traktoren und Pferdefuhrwerke für gedrosseltes Tempo, brüchiges Kopfsteinpflaster zwingt zur Konzentration.
Keinerlei Probleme bereitet die Versorgung mit Sprit: Das Tankstellennetz ist fast so dicht wie in Deutschland, bleifreies Benzin – zu erkennen an einem durchgestrichenen Pb – überall erhältlich.

**Buchen – fast überflüssig**

Wenn man nicht gerade in den Sommer- oder Winterferien, d. h. im Juli und August sowie über Weihnachten unterwegs ist, braucht man eine Unterkunft nicht lange im Voraus zu buchen. Sowohl in den Städten als auch auf dem Land entstanden nach der Wende viele Hotels und Pensionen, so dass an Betten kein Mangel herrscht. Ein Anruf kurz vor der Reise genügt, oft reicht es aus, vor Ort persönlich bei der Rezeption anzufragen. Und mit ein wenig Verhandlungsgeschick lässt sich vielerorts der Unterkunftspreis etwas mindern; auch lohnt es sich, nach Wochenend- oder sonstigen Rabatten zu fragen.

# Tour 1 Von Danzig zu den Masurischen Seen

**Start und Ziel:** Gdańsk **Länge der Tour:** ca. 500 km

**Diese Tour führt von Danzig, der »Königin der Ostsee«, über das Ermland ins Herz der Masuren. Unterwegs passiert man mehrere imposante Burgen, die die Deutschen Ordensritter als Zeichen ihrer Macht im 14. Jahrhundert errichten ließen; eine davon ist Malbork, ein Unesco-Weltkulturerbe. Im »Land der dreitausend Seen« sind kulturelle Highlights rar, dafür ist die Landschaft umso spektakulärer. Weite Strecken legt man auf schattigen Alleen zurück und Storchennester auf dem Dachfirst vieler Höfe signalisieren, dass die Natur hier noch intakt ist.**

**Von Danzig ins Ermland**

Von ❶ ✶✶ **Danzig** fährt man die Landstraße 77 südostwärts Richtung Elbląg. Nach ungefähr 40 km zweigt rechts die Straße nach ❷ ✶✶ **Malbork** (Marienburg) ab, das von der Ordensburg beherrscht wird. Für die Besichtigung der Anlage sollte man sich ausreichend Zeit nehmen. Und wer das im Sommer stattfindende Ritterspektakel miterleben will, kann sich in den ehemaligen Wirtschaftsgebäuden stilvoll zur Nachtruhe legen.

Von Malbork aus geht's weiter auf der Straße 22 direkt nach **Elbląg** (Elbing). Zwar wurde der historische Stadtkern im Zweiten Weltkrieg fast vollständig zerstört, doch wurde zur Jahrtausendwende auf dem mittelalterlichen Straßengrundriss eine neue »Altstadt« aufgebaut: Giebel- und Fachwerkhäuser in historisierendem Stil beschwören den Geist vergangener Zeiten.

Von Elbląg könnte man einen Abstecher ans Frische Haff unternehmen und dabei die alte Kopernikus-Stadt Frombork besuchen.

## NICHT VERSÄUMEN

- Malbork: ein Besuch von Europas größter Backsteinburg
- Olsztyn: das Ermland aus der Vogelperspektive
- Lidzbark Warmiński: Kunst aus der Ordenszeit in imposantem Wasserschloss
- Masurische Seen: Mit dem Boot auf der Krutynia

Die Hauptroute führt indes auf der Straße A 7 über Ostróda nach ❸ ✶ **Olsztyn**, dem Eingangstor zu den Großen Masurischen Seen. Unterwegs lohnt ein Stopp im Wallfahrtsort Gietrzwałd, wo man sich in der »ermländischen Dorfschenke«, der Karczma Warmińska, mit deftigen Regionalspezialitäten stärken kann. Wenn man Glück hat, spielt dazu eine Folklore-Kapelle Livemusik.

**Olsztyn** (Allenstein), eine Gründung des Deutschen Ordens, besitzt eine hübsche Altstadt mit einer gotischen Kirche und einer großen, museal genutzten Burg. In einem der Straßencafés am Ring lässt es sich gut verweilen.

**Marienburg**
*Das mächige Zentrum des Deutschen Ordens*

Dass dieses Land einmal fest in der Hand der Deutschen Ordensritter war, wird auch im 26 km nördlich Olsztyn gelegenen Dobre Miasto (Guttstadt) deutlich, wo sie im Jahr 1386 Ermlands größte Kirche einweihten.

Noch imposanter ist ihre 20 km weiter gelegene Burg ❹ ✶ **Lidzbark Warmiński** (Heilsberg). Das mächtige, von Wasser eingefasste Kastell beherbergt ein Museum, das Kunst aus der Ordenszeit zeigt. Gleichfalls einen Zwischenstopp wert ist das über malerische Nebenstraßen erreichbare **Reszel** (Rössel), das sich mit seinem intakten mittelalterlichen Stadtbild gute Chancen ausrechnet, von der Unesco demnächst zum Weltkulturerbe erhoben zu werden.

! *Baedeker* TIPP

**Über den Wolken ...**

Eine Tour der besonderen Art: Ermland, Masuren oder das Hirschberger Tal aus der Vogelperspektive. Wer an einem Rundflug mit einer Propellermaschine interessiert ist, vielleicht auch Lust hat auf Segelflüge und Ballonfahrten, Fallschirmspringen und Paragliding wendet sich an den Aeroklub Jelenia Góra (ul. Łomnicka, PL-58-500 Jelenia Góra, Lotnisko, Tel. 075 / 752 60 20 oder an den Aeroklub Warmińsko-Mazurski (ul. Sielska 34, PL-10-802 Olsztyn, Lotnisko Dajtki, Tel. 089 / 527 54 00).

**Die Großen Masurischen Seen**

Folgt man der Nebenstraße weiter westwärts, kommt man nach Święta Lipka (Heiligelinde), das nach all der »schweren« Backsteingotik des Ermlands eine willkommene optische Abwechslung bietet: Hell und verspielt ist die Wallfahrtskirche, ein Barockjuwel, das jeden Sonntag von Pilgern belagert wird.

Die nächste Station liegt neun Kilometer östlich der ehemaligen Deutschordensstadt ❺ **Kętrzyn** (Rastenburg): das Dorf Gierłoż, bekannter als »Wolfsschanze« (Wilczy Szaniec). Im Zweiten Weltkrieg befand sich hier das Führerhauptquartier, Schauplatz des Attentats auf Hitler am 20. Juli 1944. Ein zweistündiger Rundweg führt an den gesprengten Betonbunkern vorbei.

Auf direktem Weg geht es nun nach ❻ **Giżycko** (Lötzen), der »Hauptstadt« des nördlichen Masuren. Zwar ist die Stadt selbst wenig attraktiv, doch dank ihrer Lage zwischen zwei masurischen »Meeren« kann sie sich über mangelnden Besucherzustrom nicht beklagen.

Am Ufer des Niegocin- und des Jagodne-Sees entlang führt die Straße nach ❼ ✶ **Mikołajki** (Nikolaiken), der »Hauptstadt« des südlichen Masuren. Mit historisierenden Fachwerkbauten an der Uferpromenade und einem Yachthafen ist es gelungen, dem Städtchen einen attraktiven Anstrich zu verpassen. Gern bleibt man hier länger, unternimmt Bootstouren mit der »Weißen Flotte« und startet zu Ausflügen in den südlich angrenzenden Masurischen Landschaftspark.

Die letzte Station der Masuren-Rundfahrt ist der quirlige Ferienort ❽ **Mrągowo** (Sensburg). Völlig überlaufen ist der Ort alljährlich Ende Juli, wenn sich dort beim »Country-Picknick« die Country & Western-Fans aus aller Welt treffen. Über Sorkwity (Sorquitten) und Olsztyn kehrt man nun nach Danzig zurück.

# Tour 2 Von Warschau in den Osten

**Start und Ziel:** Warszawa **Länge:** ca. 700 km

**Zwar ist der Osten wenig bekannt, doch liegen hier einige »Perlen« Polens: die alten Weichselstädte Kazimierz Dolny und Sandomierz, das ehemals jüdische Lublin mit einem stimmungsvollen historischen Kern und das Unesco-Weltkulturerbe Zamość. Die Fahrt führt durch eine stille, bäuerliche Landschaft, rings um Lublin breiten sich schier endlos Obstplantagen aus.**

**Ins Grenzland**

Erste Station nach ① ** **Warschau** ist Puławy, das man am schnellsten über die Straße 17 erreicht, die im Osten Warschaus, rechts der Weichsel, bei Stara Miłosna nach Lublin abzweigt. Sehenswert ist der schön gelegene Landschaftsgarten der Magnatenfamilie Czartoryski; ihr Schloss ist zzt. allerdings nicht öffentlich zugänglich. Bedeutend attraktiver ist das 15 km südlich gelegene Städtchen ② ** **Kazimierz Dolny**, das malerisch am Weichseldurchbruch liegt. Die Stadt, die stets viele Künstler anzog, erlebte ihre Blüte im 16. und 17. Jahrhundert, wovon prachtvolle Renaissancehäuser künden. Von Kazimierz fährt man ein Stück Richtung Norden zurück und biegt nach 5 km ab in die Landstraße, die über den Kurort Nałęczów nach ③ * **Lublin** führt. Lublins Altstadt wurde auf mehreren Hügeln angelegt, an der höchsten Stelle thront eine Burg mit einem kunsthistorischen Kleinod: Die Dreifaltigkeitskapelle ist ein Meisterwerk byzantinisch-orthodoxer Kunst. Wenn man Lublin auf der Straße 17 in Richtung Zamość verlässt, passiert man die Gedenkstätte Majdanek: Eine Ausstellung dokumentiert die Ermordung von 400 000 Menschen, meist Juden, in deutscher Besatzungszeit.

### ✓ NICHT VERSÄUMEN

- Kazimierz Dolny: Malerisches »Künstlerstädtchen« der Renaissance
- Sandomierz: Bummel durchs Mittelalter ...
- Heiligkreuzberge: Hinab in die phantastische Welt der »Paradieshöhle«

Durch bäuerlich geprägtes Land erreicht man ④ ** **Zamość**, eine Renaissance-Stadt vom Reißbrett, provinziell verschlafen, doch wunderbar restauriert. 1579 wurde sie vom Magnaten Jan Zamoyski gegründet und vom italienischen Stararchitekten Bernardo Morandi als Idealstadt konzipiert. Heute ist sie Unesco-Weltkulturerbe und lohnt einen längeren Zwischenstopp.

**In die Heiligkreuzberge**

Man verlässt Zamość auf der Straße 74 westwärts. Ein Halt lohnt nach 30 km in Zwierzyniec, wo ein modernes Naturkundemuseum über Flora und Fauna im Roztocze-Nationalpark informiert. Noch schöner ist es, sie »live« zu erleben: Eine ca. zweistündige Rundwanderung auf markierten Wegen führt vom Museum zu mehreren kleinen Seen, an denen Wildpferde grasen.

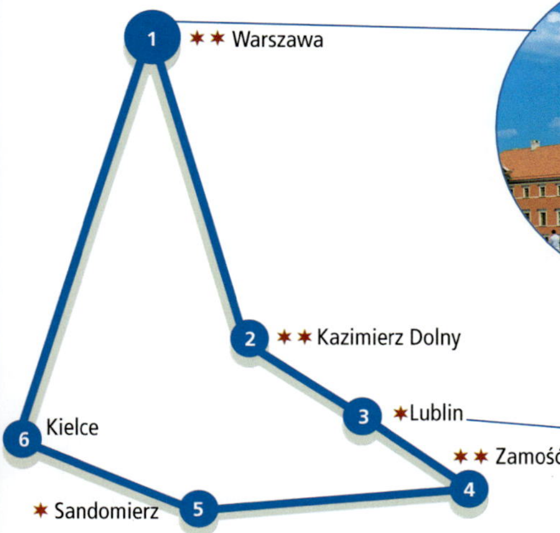

**Königsschloss**
*Hauptsehenswürdigkeit Warschaus*

**Lublin**
*Das mittelalterliche Krakauer Tor wird heute als Museum genutzt.*

Über Biłgoraj, den Geburtsort des Literaturnobelpreisträgers Isaak Bashevis Singer (nicht einmal eine Plakette erinnert daran!), stößt man zur Straße 77 vor, die parallel zum San nordwestwärts führt. Dort, wo der Fluss in die Weichsel mündet, liegt auf einem hohen Berg ❺✶ **Sandomierz**, umgeben von Feldern und Wiesen. Die alte Handelsstadt gilt als einer der schönsten Orte Polens, der Marktplatz und die Gassen, Burg und Kirchen bewahren den Glanz längst verflossener Zeiten.
Auf der Straße 77 geht es weiter westwärts, in Opatów – mit einer sehenswerten Zisterzienserkirche – wechselt man links auf die Straße 74. Bevor man die alte Bischofsstadt ❻**Kielce** erreicht, lohnen Abstecher zur nordöstlich von Chęciny gelegenen Tropfsteinhöhle Jaskinia Raj, der »Paradieshöhle«, und in den Nationalpark Heiligkreuzberge (Góry Świętokrzyskie). Der nur 600 m hohe, aber rau-herbe Gebirgszug verdankt seinen Namen der gleichnamigen Wallfahrtskirche (Św. Krzyż), deren wertvollste Reliquie angeblich vom Kreuz Christi stammende Holzspäne sind. Von Kielce geht es auf der A 7 durch eine etwas monotone Landschaft nach Warschau zurück.

# Tour 3 Quer durch Großpolen

**Start und Ziel:** Poznań **Länge:** ca. 300 km

**Bei einer Fahrt durch die Region Großpolen, der »Wiege Polens«, stößt man auf viele Spuren der Geschichte, passiert Burgen und tausendjährige Kirchen. Historisch-kulturelle Glanzlichter sind die Handelsstadt Posen und das mittelalterliche Toruń.**

**Durch Polens Stammland**

Die Tour durch Großpolen beginnt in ① ✶✶ **Posen**, das viele historische Sehenswürdigkeiten besitzt und sich zugleich als lebendige, junge Stadt erweist. Auf dem Marktplatz mit prächtigem Renaissance-Rathaus reihen sich Straßencafés, in denen man gern länger verweilt. Auf der Dominsel steht die älteste Kirche Polens, deren Grundmauern aus dem Jahr 968 stammen. In der Krypta sind Polens erste Herrscher beigesetzt, ihre symbolischen Standbilder sind in der »Goldenen Kapelle« aufgestellt. Verlässt man Posen auf der Straße 5 Richtung Gniezno bzw. Bydgoszcz, kann man im 20 km entfernten Pobiedziska die Ruinen einer ihrer Burgen in Augenschein nehmen – ein Boot setzt auf die im See gelegene Burginsel hinüber. Mehr für das Auge bietet das wenige Kilometer weiter östlich gelegene Freilichtmuseum Wielkopolski Park Etnograficzny, in dem ein typisches großpolnisches Dorf mit Holzhäusern und Mühlen rekonstruiert wurde.

## ✔ NICHT VERSÄUMEN

- Biskupin: Abstecher in die Eisenzeit
- Toruń: Altstadtspaziergang durchs jung gebliebene mittelalterliche Universitätsstädtchen
- Gniezno: Besichtigung der kunstreichen Kathedrale

**Biskupin**
*Über 2500 Jahre alte eisenzeitliche Festung*

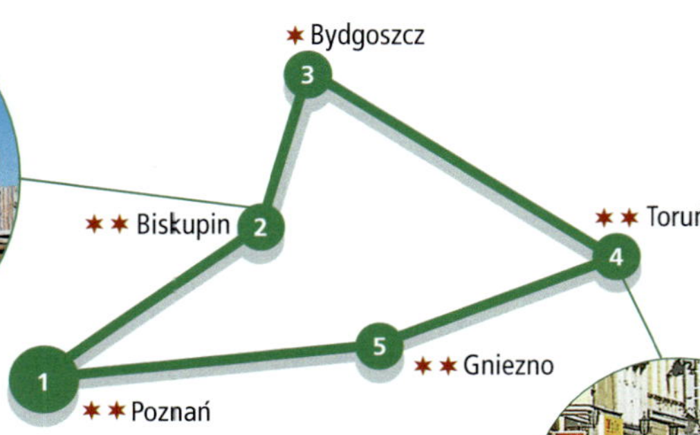

**Toruń**
*Bummel durch die Altstadt*

Von der Eisenzeit zurück ins Mittelalter

Noch weiter in die Geschichte zurück führt ❷ ✶✶ **Biskupin**: Europas älteste erhaltene »Hallstatt-Siedlung« aus der Eisenzeit erreicht man über die bei Rogowo, 23 km nördlich von Gniezno, von der Straße 5 rechts abzweigende Nebenstrecke. Die Bewohner, die weder Slawen noch Germanen waren, errichteten hier vor 2500 Jahren eine hölzerne Inselfestung.

Über Wenecja (Venedig), das seinen großspurigen Namen der Lage zwischen mehreren Seen verdankt, gelangt man bei Żnin auf die Straße 5 zurück und kommt kurz darauf nach ❸ ✶ **Bydgoszcz** (Bromberg) und längs der Weichsel ins benachbarte ❹ ✶✶ **Toruń** (Thorn), dessen intakte mittelalterliche Altstadt zum Unesco-Weltkulturerbe erklärt wurde. Dank ihrer renommierten Universität ist sie von studentischem Leben geprägt.

Bevor man über Strzelno, das eine wuchtige romanische Kirche besitzt, nach Posen zurückkehrt, lohnt ein Halt in ❺ ✶✶ **Gniezno** (Gnesen), dem geistlichen Zentrum des Landes. Dessen an Kunstschätzen reiche Kathedrale ist Sitz des Primas, des Oberhaupts der polnischen katholischen Kirche. Hier soll der später zu Polens erstem König gekrönte Bolesław I. im Jahr 1000 den deutschen Kaiser Otto III. empfangen haben – die feierliche Gründung eines Erzbistums ging einher mit der politischen Emanzipation vom »großen deutschen Bruder«.

**? WUSSTEN SIE SCHON ...?**

- ... dass das bronzene Kathedralenportal von Gniezno (Gnesen) zu den größten Meisterwerken der europäischen Romanik gehört? Ausdrucksstarke Szenen schildern das dramatische Leben des heiligen Adalbert: von seiner Missionsreise bis zur Hinrichtung durch die heidnischen Pruzzen.

# Tour 4 Kleine Schlesien-Rundfahrt

**Start und Ziel:** Görlitz / Zgorzelec **Länge:** ca. 450 km

**Oderniederung und Riesengebirge, Bauerndörfer und Residenzstädte, Klöster und Kirchen, dazu die Kulturmetropole Breslau: Wer Schlesien durchfährt, nimmt vielfältige Eindrücke auf. Und immer wieder stößt man in der Region auf Spuren deutscher Geschichte.**

Ins Riesengebirge

Die deutsch-polnische Doppelstadt ❶ ✶ **Görlitz / Zgorzelec** ist ein guter Auftakt zur Erkundung Schlesiens: Westlich der Lausitzer Neiße ist sie bereits mustergültig restauriert, östlich des Flusses hofft man auf großzügige EU-Subventionen.

Auf der Straße 30 kommt man über Lubań und Gryfów Śląski nach ❷ ✶ **Jelenia Góra** (Hirschberg), dem Eingangstor ins Riesengebirge. Mit seinen pastellfarbenen Bürgerhäusern auf dem Marktplatz und den umliegenden Gassen bietet sich das mittelalterliche Städtchen für einen Zwischenstopp an.

**Nicht wackeln**
*Lebendes Standbild in Bres*

**Schneekoppe**
*Berühmtes und beliebtes Wanderziel ab Karpacz*

**Görlitz**
*Der Brunnen auf dem Obermarkt ist schon besetzt.*

Über Sobieszów (Hermsdorf) mit einer imposanten Burgruine erreicht man den lang gestreckten Ferienort **Szklarska Poręba** (Schreiberhau), der sich für Touren in den Nationalpark Riesengebirge anbietet. Ein Hauptmann-Museum erinnert an den Aufenthalt der deutschen Schriftsteller-Brüder; noch interessanter ist freilich »Haus Wiesenstein« im benachbarten Weiler ③ **Jagniątków** (Agnetendorf), in dem Gerhart Hauptmann über 40 Jahre gelebt hat. Wechselnde Ausstellungen machen mit dem Werk des Literaturnobelpreisträgers bekannt, öfters finden deutsch-polnische Lesungen statt.

! *Baedeker* TIPP

**Leuchtende Gänge**

In Kowary, nahe Karpacz, führt ein 1,2 km langer Weg tief in ein aufgelassenes Eisen- und Uranbergwerk. Nach Anmeldung informieren deutschsprachige Führungen beim – völlig ungefährlichen – Gang durch die Stollen vom Leben und der Arbeit der einstigen Bergleute (Tel. / Fax. 075 / 761 63 18, E-Mail: sztolnie@pnet.pl).

Auf malerischen Waldstraßen erreicht man ④ ✶✶ **Karpacz** (Krummhübel), den zweiten großen Ferienort der Region. Mit Seilbahn bzw. zu Fuß geht es von hier auf die legendäre Schneekoppe hinauf. Markierte Wanderwege erschließen die gesamte Region und laden zu ausgedehnten Wanderungen ein.

**Durchs Waldenburger Bergland**

Über Kowary (Schmiedeberg), das über einen »Miniaturenpark niederschlesischer Denkmäler« verfügt, kommt man nach Kamienna Góra (Landeshut) und erreicht auf einer landschaftlich reizvollen Nebenstraße das Kloster **Krzeszów** (Grüssau), ein Barockjuwel und Unesco-Weltkulturerbe.
Noch ein Stück weiter Richtung tschechische Grenze kommt man ins alte Leinenstädtchen Chełmsko Śląskie (Schömberg), wo man in den hölzernen »Apostelhäusern« (domy tkaczy Apostołów) handgewebte Stoffe kaufen kann.
Über Mieroszów erreicht man die »abgewickelte« Bergbaustadt **Wałbrzych** (Waldenburg), die auf bessere Zeiten hofft. Weiter geht's nach ⑤ ✶ **Książ** (Fürstenstein), dem schönsten Schloss Schlesiens, das sich aus einer bewaldeten Talsenke erhebt. Die Innenräume sind als Museum feudaler Wohnkultur zugänglich. Auch das benachbarte Hengstgestüt lohnt einen Besuch.
Auf der Straße 35 kommt man ins 13 Kilometer östlich gelegene ⑥ ✶✶ **Świdnica** (Schweidnitz), das einen hübschen Marktplatz besitzt. Die Stanislaus-Wenzel-Kirche ist mit ihrem 104 m hohen Turm Schlesiens gewaltigstes Gotteshaus; nicht weniger beeindruckend ist die evangelische Friedenskirche von 1656, die von der Unesco zum Weltkulturerbe erklärt wurde. Auch die Umgebung der Stadt lohnt eine Erkundung: 10 Kilometer südöstlich, erreichbar über Grodziszcze, liegt der Weiler Krzyżowa (Kreisau) in anmutiger Landschaft. Seine Attraktion ist der ehemalige Moltke-Gutshof, der aufwändig restauriert und in ein deutsch-polnisches Begegnungszentrum verwandelt wurde. Eine Ausstellung informiert über den Hitler-Widerstand des »Kreisauer Kreises«, der 1944 von den Nationalsozialisten zerschlagen wurde.

## ✔ NICHT VERSÄUMEN

- Jagniątków: Ein Besuch beim Literaturnobelpreisträger Gerhart Hauptmann
- Karpacz: Hinauf zur berühmten Schneekoppe
- Książ: Schlesiens schönstes Schloss
- Wrocław: Nach der Stadtbesichtigung in den »Schweidnitzer Keller«

Folgt man der Straße 35 ab Świdnica nordostwärts, kommt man zügig nach ⑦ ✶✶ **Wrocław** (Breslau), der Hauptstadt Niederschlesiens: Ihre meisterhaft restaurierte Altstadt mit einem phantastischen Marktplatz, der Dominsel mit einer Kathedrale, vielen Museen und Galerien lohnt einen mehrtägigen Aufenthalt.
Auf der A 4 geht es Richtung Westen über ⑧ ✶ **Legnica** (Liegnitz) und nach einem Abstecher in die »Töpferstadt« Bolesławiec (Bunzlau) zurück nach Görlitz.

# Tour 5 Von der Königsstadt in die Karpaten

**Start und Ziel:** Kraków **Länge:** ca. 460 km

**Ein Höhepunkt folgt dem nächsten – von Krakau, Polens schönster Stadt, geht es in die Hohe Tatra, die mit ihren schroffen Gneis- und Granitzacken als »kleinstes Hochgebirge der Welt« gilt. Anschließend folgt man dem Lauf des Dunajec ostwärts und passiert den Pieniny-Nationalpark und die Sandezer Beskiden. Über Tarnów, in dem die multikulturelle Vergangenheit noch lebendig ist, geht es nach Krakau zurück.**

**Durch die Podhale in die Hohe Tatra**

Man verlässt 1 ✶✶ **Krakau** in Richtung **Nowy Targ** und durchfährt schon bald Podhale, das »Land unter den Bergen«, mit sattgrünen, sanft gewellten Hügeln; am Horizont zeichnet sich die Hohe Tatra ab. Bester Ausgangspunkt zur Erkundung des Gebirges ist 2 ✶ **Zakopane**, Polens »Winterhauptstadt« und einer der beliebtesten Sport- und Erholungsorte des Landes.

Von hier aus bietet sich ein Ausflug in das nordwestlich gelegene Dorf Chochołów an, in dem die typische Holzarchitektur der Goralen zu sehen ist. Obligatorisch ist auch die Seilbahnfahrt auf den knapp 2000 m hohen Kasprowy Wierch, von dem man die grandiosen Gebirgsstaffeln gut überblicken kann.

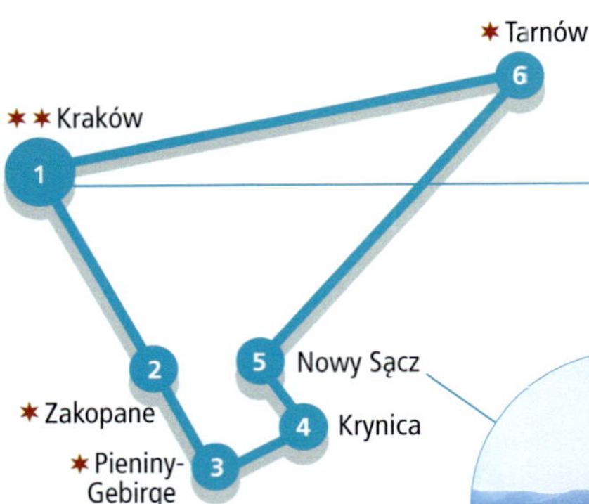

**Sigismundkapelle**
*Goldglänzendes Schmuckstück der Kathedrale in Krakau*

**Im Proprad-Tal ...**
*... bei Nowy Sącz*

**Durch die Sandezer Beskiden**

Über Poronin, in dem sich einst Lenin von einem Lungenleiden erholte, geht es nach Nowy Targ zurück. Hier wechselt man auf die ostwärts abzweigende Straße 969, die geradewegs in die ❸ ✶ **Pieniny** führt. Das Gebirge ist zwar nur 35 km lang, doch wirkt es mit seinen grauen, schroffen Gipfeln sehr dramatisch. Durchflossen wird es vom Dunajec, den man im Rahmen einer Floßfahrt kennen lernen kann. Bei Dębno, das mit einer wunderschönen Holzkirche aufwartet, wird der Fluss zu einem großen See staut: Im Sommer ist er ein beliebtes Revier für Surfer und Segler. Hinter Dębno hält man sich Richtung Frydman und fährt oberhalb des südlichen Seeufers entlang. Am Ende des Sees, oberhalb einer gewaltigen Staumauer, thront die Burg Niedzica, die einst die Grenze nach Ungarn markierte. Im Nachbardorf Sromowce Wyżne kann man das Auto abstellen und ins Floß umsteigen, per Shuttle-Bus wird man anschließend zurückgebracht.

✔ NICHT VERSÄUMEN

- Krakau: Tuchhallen, Rynek, Wawel, Marienkirche – die alte »Königsstadt« besitzt eine Fülle kulturhistorischer Highlights
- Zakopane: Von Polens »Winterhauptstadt« mit der Seilbahn hinauf auf den Kasprowy Wierch

Über Krośnica und Krościenko geht es in den Kurort Szczawnica und auf der Straße 969 ins mittelalterliche Städtchen Stary Sącz. Hier wechselt man auf die Landstraße 87, die längs des Poprad südwärts führt. Knapp 50 km folgt sie dem Lauf des malerischen Flusses, an Wiesen, Wäldern und Pferdekoppeln vorbei und immer dicht an der Grenze zur Slowakei. Dabei kommt man durch die Kurorte Piwniczna und Żegiestów Zdrój; ab Muszyna folgt man der nicht minder malerischen Muszynka bis ❹ **Krynica**. Polens berühmtestes Kurbad, in einer Senke zwischen hohen bewaldeten Bergen gelegen, hat sich mit seinen Holzvillen den Charme vergangener Zeiten bewahrt. Von hier kommt man über die Straße 75 nach ❺ **Nowy Sącz**, dessen riesiger Marktplatz daran erinnert, dass dies einmal eine wichtige Handelsstadt war.

Ab Nowy Sącz folgt man auf der 975 wieder dem Lauf des Dunajec, der am Jezioro Rożnowskie erneut gestaut wird. Bevor man sich in Wojnicz auf der A 4 in Richtung Westen wendet, lohnt ein Abstecher nach ❻ ✶ **Tarnów**: Die Altstadt wurde vorbildlich restauriert und erinnert mit ihren lauschigen Winkeln an die Zeit, da sie ein jüdisches Stetl war. Nach einem Besuch im »Zigeunermuseum« geht es über die Salzbergwerkstädte Bochnia und Wieliczka nach Krakau zurück.

# Reiseziele von A bis Z

BERGREGIONEN, WÄLDER UND NATIONALPARKS, IM NORDEN DIE LANGE OSTSEEKÜSTE, SEENLANDSCHAFTEN WIE MASUREN, KRAKAUS ALTSTADT: POLEN WIRD IHNEN GEFALLEN!

# Augustów

U 3

**Wojewodschaft:** Podlaskie
**Einwohnerzahl:** 31 000
**Höhe:** 130 m ü. d. M.

**Der von drei Seen eingefasste Ferienort, benannt nach König Zygmunt August II., dessen Mutter Bona Sforza das Städtchen im Jahr 1546 gründete, liegt im äußersten Nordosten Polens. Heute ist Augustów vor allem bei Kajakfahrern beliebt, die von hier zu langen Paddeltouren starten.**

## Sehenswertes in Augustów

**Augustówer Kanal**

Wesentlichen Aufschwung nahm Augustów im 19. Jh., als General **Ignacy Prdzyski** (1792 – 1850) in den Jahren 1824 – 1839 den nach dem Ort benannten Kanal baute (Kanał Augustowski). Auf dem rund 100 km langen Wasserweg – davon 80 km innerhalb Polens –, der die Biebrza mit dem Niemen verbindet, wird heute noch der wichtigste Rohstoff der Region, das Holz der umliegenden Wälder, transportiert. Den Wasserstand regeln 18 historische, bis heute funktionierende Schleusen.

Museum ►

Eine der Schleusen befindet sich in Augustów, gleich daneben das Museum des Augustower Kanals (Muzeum Kanału Augustowskiego, Öffnungszeiten: Di. – So. 9.00 – 16.00 Uhr).

## AUGUSTÓW ERLEBEN

### AUSKUNFT

*Tourist-Information*
ul. 3 Maja 60
PL-16-300 Augustów
Tel. / Fax 087 / 643 12 10
www.um.augustow.pl

### ESSEN

**► Preiswert**

*Albatros*
ul. Mostowa 3
Tel. 087 / 643 21 23
Das »Albatros« bietet traditionelle, gutbürgerliche polnische Küche zu annehmbaren Preisen.

*Hetman*
ul. Sportowa 1
Tel. 087 / 644 53 45
Im gleichnamigen, 1939 vom polnischen Stararchitekten Maciej Nowicki entworfenen Hotel befindet sich eines der besten Restaurants der Stadt.

### ÜBERNACHTEN

**► Komfortabel**

*Warszawa*
ul. Zdrojowa 1
PL-16-300 Augustów
Tel. 087 / 643 28 05
www.hotelaugustow.home.pl
64 Z.
Das Hotel liegt außerhalb des Zentrums am Necko-See. Viele der hübsch eingerichteten Zimmer besitzen einen Balkon.

Auf geht's zur »Spritztour« auf dem Augustówer Kanal.

## Umgebung von Augustów

**Puszcza Augustowska**

Östlich von Augustów erstreckt sich mit einer Fläche von über 100 000 ha eines der größten und ursprünglichsten Waldgebiete Polens, die Puszcza Augustowska. Sie reicht von Augustów bis zum See Wigry und wird von mehreren Wasserläufen, u. a. dem Fluss Czarna Hańcza und dem Augustówer Kanal, durchschnitten. In der urwüchsigen Waldlandschaft, die man am besten mit dem Kajak erkundet, leben noch Elche, Biber und Luchse sowie Auerhähne, Birkhähne und Schwarzstörche. Zu dem Waldgebiet zählen einige ausgewiesene Naturreservate, darunter das große Wald- und Moor-Reservat **Kuriaskie Bagno**.

! *Baedeker* TIPP

**Paddeln von See zu See**

Von Augustów aus lassen sich tagelange Kajaktouren auf den umliegenden, durch einen historischen Kanal miteinander verbundenen Seen unternehmen. Boote erhält man im Wassersportzentrum PTTK (ul. Nadrzenczna 70-A).

# Biała Podlaska

V 6

**Wojewodschaft:** Lubelskie
**Höhe:** 137 – 158 m ü. d. M.
**Einwohnerzahl:** 50 000

**Biała Podlaska liegt in einem weiten Flusstal rund 150 km östlich von Warschau und nur 40 km von der weißrussischen Stadt Brest entfernt. Die Bewohner leben vom kleinen Grenzverkehr, viele arbeiten auch in der örtlichen Textil- und Holzindustrie.**

## BIAŁA PODLASKA ERLEBEN

### AUSKUNFT

*Tourist-Information*
ul. Warszawska 11
PL-21-500 Biała Podlaska
Tel. 083 / 342 24 81
www.bialapodlaska.pl

### ESSEN

**► Preiswert**

*Stylowa*
ul. Brzeska 16
Tel. 083 / 343 41 51
Im »Stylowa« wird gute, deftige polnische Küche serviert.

### ÜBERNACHTEN

**► Günstig**

*Capitol*
ul. Reymonta 3
PL-21-500 Biala Podlaska
Tel. 083 / 344 23 58
Fax 343 49 95
www.hotelcapitol.com.pl
14 Z.
Zu dem kleinen Hotel im Stadtzentrum mit freundlichen Zimmern gehört auch ein recht gutes Restaurant und ein bis 4.00 Uhr geöffneter Nachclub.

**Geschichte** Biała Podlaska erhielt im 15. Jahrhundert das Stadtrecht und war ab 1569 Eigentum der Familie **Radziwiłł**. Im Jahr 1628 wurde die Akademia Bielska, eine Abteilung der Krakauer Akademie (Akademia Krakowska), gegründet, wodurch sich die Stadt zu einem Bildungszentrum der Region entwickelte. Im 18. Jahrhundert war sie durch die Produktion von Porzellan und Textilien bekannt.

## Sehenswertes in Biała Podlaska

**Schloss der Radziwiłł** Das Schloss wurde ab 1622 nach Entwürfen von **P. Negroni** im Stil der Spätrenaissance erbaut und während des Dreißigjährigen Kriegs teilweise zerstört. Erhalten blieben die Befestigungsbastionen aus der Mitte des 17. Jahrhunderts, der Eingangsturm, die gegen Ende des 17. Jahrhunderts errichteten barocken Seitengebäude, ein Turmpavillon, dessen Kuppel mit Sgraffito-Dekorationen geschmückt ist, und eine Kapelle.

Museum von Südpodlachien ► Das Schloss beherbergt heute eine Bibliothek, eine Musikschule, das Kulturzentrum und das Museum von Südpodlachien mit Ausstellungsstücken zur Stadtgeschichte und zum regionalen Kunsthandwerk sowie einer umfangreichen Ikonensammlung und einer großen Gemäldegalerie (Muzeum Południowego Podlasia, ul. Warszawska 12, Mo. geschl.).

**St.-Anna-Kirche** Die St.-Anna-Kirche (Kościół św. Anny) stammt ebenfalls aus der Renaissance, errichtet 1572, und wurde bereits 1596 – 1603 umgebaut. Die reiche Ausschmückung der **Radziwiłł-Kapelle** mit Stuck sowie Fresken zur Familiengeschichte entstand in der ersten Hälfte des 17. Jahrhunderts.

Die barocke **St.-Antonius-Kirche** (Kościół św. Antoniego) mit dem Kloster der reformierten Franziskaner (Klasztor poreformacki) entstand um das Jahr 1670 und diente im Zweiten Weltkrieg deutschen Truppen als Gerätelager.
Das Deckenfresko zeigt u. a. das Wappen der Familie Radziwiłł, die die Kirche gestiftet hat.

! *Baedeker* TIPP

**Polish Prestige**

Pferdefreunde zieht's zum Gut Wygoda, 2 km südlich von Janów Podlaski, wo alljährlich eine der weltweit renommiertesten Pferdeauktionen stattfindet. Bis zu 100 000 € lassen dort Betuchte für einen rassigen Vollblut- oder Angloaraber springen, die seit 1877 in dem Gestüt gezüchtet werden. Unterkunft bietet das angeschlossene Gästehaus (Janów Podlaski Stud & Wygoda, Tel. 083 / 341 30 09, www.janow.arabians.pl und www.wygoda.sim.pl).

## Umgebung von Biała Podlaska

Im malerisch an der Czyówka gelegenen Urlaubsort **Janów Podlaski**, rund 20 km nördlich von Biała Podlaska, ist die barocke Stiftskirche sehenswert. Die ursprünglich barocke Dominikanerkirche wurde im klassizistischen Stil umgebaut. Vom Bischofsschloss, das Mitte des 17. Jhs. von den Schweden zerstört wurde, ist ein Seitengebäude erhalten geblieben.

# ★ Białystok

V 4

**Wojewodschaft:** Podlaskie
**Einwohnerzahl:** 292 000
**Höhe:** 120 – 160 m ü. d. M.

**In einer schwach besiedelten, landwirtschaftlich geprägten Ebene im Nordosten Polens liegt Białystok, die Hauptstadt der Wojewodschaft Podlasien, mit einer schönen barocken Altstadt.**

**Geschichte**

Erstmals erwähnt wird »Bielszczany Stok« im Jahr 1426. Im 18. Jh. kam der Ort in den Besitz des Aristokratengeschlechts der Branicki; unter dem Hetman, dem Oberbefehlshaber der Armee, **Jan Klemens Branicki** (1689 – 1771) wurde Białystok zur Stadt ausgebaut und erhielt im Jahre 1749 von **August III.** das Stadtrecht. Durch die Dritte Polnische Teilung kam es zu Preußen, ab 1807 gehörte es zu Russland. Ab Mitte des 19. Jhs. entwickelte sich Białystok zu dem neben Łódź wichtigsten Zentrum der Textilindustrie in Polen. In den Jahren 1939 – 1941 gehörte die Stadt zur Weißrussischen Sowjetrepublik. Während der Besatzung durch deutsche Truppen 1941 – 1944 verlor Białystok rund die Hälfte seiner Bevölkerung, die meisten davon waren Juden.
Aufgrund der Grenzlage haben hier schon immer unterschiedliche ethnische und religiöse Gruppen zusammengelebt, der Anteil der weißrussisch-orthodoxen Bevölkerung liegt heute bei ca. 20 Prozent.

# BIAŁYSTOK ERLEBEN

## AUSKUNFT

*Tourist-Information*
ul. Sienkiewicza 3
PL-15-432 Białystok
Tel. 085 / 653 79 50 und 743 51 13
www.city.bialystok.pl

## ESSEN

### ► Erschwinglich

② *Ananda*
ul. Warszawska 30
Tel. 085 / 741 33 36
Das vegetarische Restaurant bietet eine große Auswahl an sehr guten Salaten. Auch für Nicht-Vegetarier zu empfehlen.

### ► Preiswert

① *7 pokus*
ul. Słonimska 2
Tel. 085 / 740 49 49
Das in Zentrumsnähe gelegene Restaurant serviert polnische Küche.

## ÜBERNACHTEN

### ► Luxus

① *Gołębiewski*
ul. Pałacowa 7
PL-15-064 Białystok
Tel. 085 / 678 25 00
www.golebiewski.pl
210 Z.
Die Hotelanlage bietet mit dem »Aquapark Tropikana« ein herrliches Badeparadies mit künstlichen Wellen und Wasserrutschen.

### ► Günstig

② *Turkus*
al. Jana Pawla II 54
PL-15-703 Białystok
Tel. 085 / 662 81 00
www.jard.pl
79 Z.
Alle Zimmer des »Turkus« sind mit TV und Telefon ausgestattet. Es gibt auch ein kleines Internetcafé.

## Sehenswertes in Białystok

**Marktplatz** Das Zentrum der im 18. Jahrhundert ausgebauten Stadt bildet der dreieckige Marktplatz (Rynek Kościuszki) mit dem 1745 – 1761 errichteten Rathaus.

Regionalmuseum ► Das Regionalmuseum, das hier untergebracht ist, veranschaulicht mit seinen volkskundlich-kunsthandwerklichen Exponaten die ethnische Vielfalt des Gebietes um Białystok. Besonders bedeutend sind die Fresken aus der zerstörten Kirche von Supraśl, das 16 km nordöstlich von Białystok liegt (Muzeum Okręgowe, Rynek Kościuszki 1, Öffnungszeiten: Di. – So. 10.00 – 17.00 Uhr).

Zeughaus ► An der Nordostseite des Marktplatzes (Rynek 4) steht das barocke Zeughaus, das **»Cekhaus«**, aus der zweiten Hälfte des 18. Jahrhunderts. Das im Zweiten Weltkrieg abgebrannte Gebäude wurde 1955 rekonstruiert.

**Pfarrkirche** Etwas weiter westlich erhebt sich die Kościół farny. Die 1617 – 1624 erbaute Kirche enthält barocke Ausstattungsstücke sowie das 1775 errichtete Grabmal von **Jan Klemens Branicki**.

## *Białystok* Orientierung

**Essen**
① 7pokus
② Ananda

**Übernachten**
① Gołębiewski
② Turkus

★ **Branicki-Palast**

Der barocke Pałac Branicki ist eine der größten Schlossanlagen in Polen und gilt als das **»Versailles von Podlasien«**. Die vorherige Schutzburg aus dem 16. Jh. wurde 1691 – 1697 durch **Tylman van Gameren** in einen Palast umgewandelt; 1728 – 1758 folgte der letzte und das heutige Bild bestimmende Umbau durch **Johann Heinrich Klemm** und **Johannes Sigmund Deybel**.
Im Giebeldreieck des Hauptgebäudes prangt das Wappen des Auftraggebers Jan Klemens Branicki.
Im Süden und Südwesten des Stadtschlosses, das im Zweiten Weltkrieg zerstört und 1946 bis 1949 wieder aufgebaut wurde und in dem heute eine Medizinische Akademie untergebracht ist, schließt sich eine weitläufige Gartenanlage im französischen und englischen Stil an.

### ? WUSSTEN SIE SCHON ...?

- ... dass in Białystok der Augenarzt Ludwik Zamenhof (1859 – 1917) geboren wurde, berühmt geworden als Erfinder der Kunstsprache Esperanto? Heute gibt es auf der Welt mehr als zwei Millionen Menschen, die sich mit ihrer Hilfe miteinander verständigen.

*Ein herrlicher Landschaftspark umgibt das »Versailles von Podlasien«.*

**Nikolauskirche** Die 1846 in klassizistischem Stil erbaute orthodoxe Nikolauskirche (Cerkiew św. Mikołaja) in der ul. Lipowa verfügt über eine Ikonostase mit Ikonen von 1844 sowie über reiche, der Kathedrale in Kiew nachempfundene Wandgemälde aus dem Jahr 1910.

**Heilig-Geist-Kirche** Noch prächtiger ist die 3 km nordwestlich der Stadt gelegene Heilig-Geist-Kirche (Cerkiew św. Ducha), Polens **größtes orthodoxes Gotteshaus**, das zur Jahrtausendwende fertig gestellt wurde.
Meisterhaft sind hier traditionelle und moderne Architekturelemente vereint. Schon von weitem sieht man die goldene zwiebelförmige Hauptkuppel, umringt von einem Dutzend kleinerer Kuppeln. Die Kirche ist am Sonntagvormittag zur Messe geöffnet; werktags kann man in der benachbarten »kancelaria« nach dem Schlüssel fragen.

## Umgebung von Białystok

**Bohoniki, Kruszyniany** In der näheren Umgebung von Białystok siedelten sich im 17. Jh. unter dem Schutz des polnischen Königs **Jan III. Sobieski** Tartaren an, die heute noch eine ethnische Minderheit im Grenzgebiet zu Weißrussland darstellen. Insbesondere zwei Dörfer, das 49 km nordöstlich von Białystok gelegene Bohoniki und das 56 km östlich gelegene Kruszyniany, vermitteln noch ein eindrucksvolles Bild von der Siedlungsform und Kultur dieses Volksstammes. Beide Dörfer besitzen noch viele charakteristische Holzhäuser, eine gut erhaltene Moschee aus der Zeit um 1800 und einen muslimischen Friedhof.

Tykocin

Das etwa 30 km westlich von Białystok am Narew gelegene Tykocin ist ein beschaulicher kleiner Ort mit einer großen Vergangenheit als Handelsplatz und Armeestützpunkt. Eine wichtige Rolle spielte die im 16. Jh. hier angesiedelte jüdische Gemeinde. In der barocken Synagoge aus dem Jahr 1642 ist heute das **Jüdische Museum** untergebracht (Öffnungszeiten: Di. – So. 10.00 – 17.00 Uhr).
Die Dreifaltigkeitskirche (Kościół św. Trójcy) mit barocker Zweiturmfassade entstand 1741 bis 1749 nach einem Entwurf von **C. P. Coustou**. Chor und Hauptschiff schmücken Rokokofresken von 1794 sowie ein 1749/1750 geschaffenes Bild von **Simon Czechowicz**. Neben der Kirche befindet sich das barocke Pfarrhaus von 1755 und ein weiteres barockes Gebäude, in dem 1634 eines der ersten Hospitäler für Kriegsverwundete eingerichtet wurde.

# Bielsko-Biała · Bielitz-Biala

N 11

**Wojewodschaft:** Śląskie
**Einwohnerzahl:** 185 000
**Höhe:** 340 m ü. d. M.

**Bielsko-Biała, rund 50 km südlich von Katowice, ist ein guter Ausgangspunkt für Touren in die Beskiden. Vom südwestlichen Stadtteil Olszówka Górna führt eine Seilbahn auf den Gipfel der 1026 m hohen Szyndzielnia, von dem aus sich sehr schöne Wanderwege und Skipisten ausdehnen.**

Geschichte

Bielsko bzw. Bielitz wird erstmals 1263 urkundlich erwähnt und war im Mittelalter östlichste deutsche Siedlung in Schlesien; während der Polonisierung im 15./16. Jh. blieb Bielitz Zentrum einer deutschen Sprachinsel.
Bielitz und Biala waren zwei durch die Biała getrennte eigenständige Orte: Bielitz gehörte zum schlesischen Fürstentum Teschen (Cieszyn), von 1795 bis 1920 – als einzige protestantische Stadt im österreichischen Machtbereich – zur Habsburger Monarchie; Biała gehörte zu Kleinpolen. Erst 1950 wurden die beiden Orte zu einer Stadt vereinigt, die sich zur – nach Łódź – zweitgrößten Textilstadt Polens entwickelte. Ihre qualitativ hochwertigen Wollstoffe genießen einen guten Ruf. Außerdem werden in hier Autos der Marke Fiat gebaut: einst der kleine Fiat Polski, heute der Cinquecento.

## Sehenswertes in Bielsko-Biała

Schlösser

Das Schloss der Fürsten **Sułkowski** (ul. Zamkowa) wurde in der ersten Hälfte des 14. Jhs. durch die Fürsten von Teschen (Cieszyn) erbaut. Im 17. Jh. erhielt es die heutige Gestalt einer trapezförmigen Anlage mit quadratischem Innenhof. Von Mitte des 18. Jhs. bis 1945 gehörte es den Fürsten Sułkowski; heute ist darin das **Bezirks-**

# POLEN UND RUSSEN

**Auf ihre Nachbarn im Osten sind die meisten Polen nicht gut zu sprechen. Wenn im Land etwas gestohlen wurde, so hat man rasch eine Erklärung parat: Ja natürlich, Russen sind es gewesen, das seien doch alles halbe Verbrecher, kaum einer, der nicht korrupt und der Mafia zuzurechnen sei.**

Wenn man die jüngsten Umfragen des polnischen Meinungsforschungsinstituts CBOS anschaut, so stellt sich die Frage: Wer hat ein noch schlechteres Image? Die Zigeuner? Gar die Juden? Gefährlich scheinen die slawischen Brüder allemal. Bogdan, ein Geschichtsstudent, klärt auf: Polen sei in seiner Geschichte immer wieder von Russland angegriffen und in seiner Existenz bedroht worden. Da müsse man doch verstehen, dass sich Polen dem Westen zuwende und insbesondere das Bündnis mit den USA pflege, denn die Amerikaner seien doch die einzigen, die den Russen ihre Grenzen aufweisen, auf ihre Freundschaft sei Verlass ...

Polen gehört zum Westen, Russland zum Osten – davon ist man im Land überzeugt. Für den deutschen Historiker Klaus Zernack, der eine umfassende Studie zu »Polen und Russland« verfasst hat, sind dagegen **beide gleichermaßen »Europäer«**. Zumindest die Anfänge ihrer Geschichte verraten überraschende Analogien. Beide Nationen entstanden fast zeitgleich: Während die Piasten im 10. und 11. Jh. das Land zwischen Warthe und San zum polnischen Staat zusammenschweißten, wobei sie ihrem östlichen Nachbarn große Gebiete entrissen, konsolidierten die Rurikiden das Land zwischen Kiew und Nowgorod.

Die Piasten verschafften sich internationale Anerkennung mit dem Übertritt zum römischen Christentum, die Rurikiden wählten die byzantinische Variante des Christentums.

Eine einschneidende Wende brachte das Jahr 1240: Das blühende »Kiewer Reich« wurde von den Mongolen zerschlagen und ihrem Reich einverleibt. Allerdings scheiterte ihr Versuch, den Staat dauerhaft unter Kon-

*Die zweijährige Belagerung Moskaus durch den polnischen König Zygmunt III. zu Beginn des 17. Jhs. lieferte die Vorlage für die 1836 uraufgeführte russische Nationaloper »Ein Leben für den Zaren« von Michail Glinka.*

trolle zu bringen. Polen erlebte eine lange Phase des Aufschwungs, wohingegen die slawischen Brüder im Osten erst 1480 das »asiatische Joch« abschütteln konnten.

Polen konnte weit nach Osten expandieren und schob seine Grenzen – über Teile der heutigen Ukraine – bis fast ans Schwarze Meer vor. 1609 zog gar Polens **König Zygmunt III.** mit seinem Heer bis nach Moskau und belagerte den Kreml zwei Jahre lang, allerdings vergeblich. Noch heute erinnert Michail Glinkas Oper »Ein Leben für den Zaren« an dieses Ereignis.

## »Verrat von Jalta«

Das Blatt wendete sich, als Russland mit dem »Sammeln der Länder« selber eine Großmacht wurde. Mit Preußen und Österreich teilte es die im Innern geschwächte **»Adelsrepublik«** in drei Schritten auf, bis Polen 1795 von der politischen Landkarte verschwand. Alle Aufstandsversuche im russischen Teilungsgebiet wurden niedergeschlagen, erst in Folge des Ersten Weltkriegs konnte Polen nach 123 Jahren Fremdherrschaft als souveräner Staat neu entstehen. Kaum wiedergeboren, gab es sich mit den von den Siegermächten verfügten Grenzen nicht zufrieden, sondern expandierte abermals gen Osten, besetzte die gleichfalls neu konstituierten Staaten Litauen und Ukraine, was man ihnen dort bis heute verübelt.

Doch nicht einmal 20 Jahre später wurde Polen ein zweites Mal von der Landkarte getilgt: Im Hitler-Stalin-Pakt wurde es zu Beginn des Zweiten Weltkriegs zwischen Deutschland und der Sowjetunion aufgeteilt. Ungefähr 300 000 im russischen Besatzungsgebiet lebende »Vertreter des Polentums« wurden in Arbeitslager deportiert. Über 4000 polnische Offiziere wurden in Katyń erschossen. Und es kam schließlich das, was viele Polen als »Verrat von Jalta« umschreiben: Bei der Neuordnung Europas am Ende des Krieges, hätten die westlichen Siegermächte ihr Land an die Sowjetunion ausgeliefert, was Polen 45 Jahre politische Gängelung und Mangelwirtschaft eingebracht habe. Erst mit der Auflösung des sozialistischen Blocks 1990 sei Polen zurückgekehrt nach Europa.

## BIELSKO-BIAŁA ERLEBEN

### AUSKUNFT

*Tourist-Information*
Plac Ratuszowy 4
PL-43-300 Bielsko-Biała
Tel. 033 / 819 00 50
www.it.bielsko.pl

### ESSEN

#### ► Preiswert

*Orient*
ul. Wita Stwosza 10
Tel. 033 / 812 62 59
Wie der Name schon vermuten lässt, kommen hier die Anhänger der asiatischen Küche auf ihre Kosten.

*Starkowa*
pl. Smolki 5
Tel. 033 / 812 24 24
Das im Stadtzentrum gelegene »Starkowa« bietet neben polnischen auch italienische Gerichte an.

### ÜBERNACHTEN

#### ► Komfortabel

*Parkhotel Vienna*
Bystrzańska 48
PL-43-309 Bielsko-Biała
Tel. 033 / 496 62 00
www.vienna.pl
110 Z., App. und Suiten
Beste Wahl ist das moderne, aber außerhalb der Stadt gelegene Haus der Gruppe Vienna International. Die geräumigen Zimmer sind mit Sat-TV, Klimaanlage und Kühlschrank ausgestattet.

*Prezydent*
ul. 3 Maja 12
PL-43-300 Bielsko-Biała
Tel. 033 / 822 72 11
www.hotelprezydent.pl
36 Z., 5 Suiten
Das 1893 im Sezessionsstil erbaute Hotel liegt im Stadtzentrum und verfügt über ein ausgezeichnetes Restaurant.

#### ► Günstig

*Magura*
ul. Zywiecka 93
PL-43-300 Bielsko-Biała
Tel. 033 / 819 91 99
www.orbis.pl
134 Z.
Die Zimmer des »Magura« sind funktionell eingerichtet, einige davon mit Internetanschluss. Das Hotel liegt etwa zwei Kilometer vom Stadtzentrum entfernt und bietet einen bewachten Parkplatz.

**museum** untergebracht, in dem Kunst und Kunsthandwerk der Region ausgestellt werden (Muzeum Okręgowe, ul. Wzgóre 16, Öffnungszeiten: Di. – So. 10.00 – 16.00 Uhr).
Im Südosten der Stadt befindet sich ein im 19. Jh. von den Habsburgern erbautes Schloss an der Stelle eines Vorgängerbaus aus dem 16. Jahrhundert.

**Kirchen** Die gotische Nikolauskirche (Kościół św. Mikołaja) im Südteil von Alt-Bielitz (Stare Bielsko) wurde 1443 bis 1447 erbaut. Sie besitzt ein schönes gotisches Triptychon von etwa 1500 und im Chor ein Renaissancefresko aus dem 16. Jahrhundert. Die Dreifaltigkeitskirche

(Kościól sw. Trójcy, ul. Sobieskiego) von 1608 ist seit der Gegenreformation katholisch. Im Ostteil der Stadt (pl. Kościelny) steht die 1760 bis 1769 errichtete barocke Stadtpfarrkirche der Göttlichen Vorsehung (Kościół Opatrzności Bożej).

## Umgebung von Bielsko-Biała

**Szczyrk**

Szczyrk, in den Westbeskiden (Beskid Śląski) im Tal des Flüsschens Żylica 17 km südlich Bielsko-Biała gelegen, ist nach Zakopane der größte **Wintersportort** Polens. An Winterwochenenden hat das frühere Goralendorf, das 1973 zur Stadt erhoben wurde, bis zu 30 000 Skifahrer zu verkraften. Die typische **Goralenkirche** von Szczyrk, ein Holzbau mit Wehrturm und charakteristischem Zeltdach, wurde in den Jahren 1797 bis 1800 errichtet und 1937 umgebaut; die Innenausstattung stammt aus dem 17. bis 19. Jahrhundert.

*Mit solch einer Begleitung können sich die beiden Skifahrer sicher fühlen ...*

Der **Skrzyczne** ist mit 1257 m ü. d. M. der höchste Gipfel des polnischen Teils der Westbeskiden und von Szczyrk aus in rund zweieinhalb Stunden zu ersteigen. Ein Sessellift führt in zwei Abschnitten von 524 m auf 1234 m Höhe. Unterhalb des Gipfels bietet ein Wanderheim der PTTK Übernachtungsmöglichkeiten.
Die Skiabfahrten vom Skrzyczne sind – wie überall in der Umgebung von Szczyrk – farbig markiert: grün = sehr leicht, blau = leicht, rot = mittelschwer, schwarz = sehr schwierig.

◄ Gebirgswanderung

Vom Skrzycne führt ein grün markierter Weg in ca. 4 bis 5 Std. über den Bergkamm nach Süden zum 1220 m hohen **Barania Góra**, an dem die Weichsel entspringt. Eine Berghütte findet sich südwestlich des Gipfels auf 900 m Höhe (Przysłop); von hier aus geht's entlang der Czarna Wiselka (Schwarze kleine Weichsel), dann entlang der Weichsel nach ►Wisła.

**Bystra Inska**

In diesem Dorf zwischen Bielsko-Biała und Szczyrk lebte der bedeutende polnische Maler **Julian Fałat** (1853 – 1929); Leben und Werk dokumentiert ein im Haus Nr. 38 untergebrachtes Museum. Fałat war ein ausgezeichneter Landschaftsmaler, lebte u. a. in München, Rom und Berlin und war nach Jan Matejko Direktor der Künstlerschule in Krakau.

# ★★ Bieszczady · Bieszczaden

T/U 12

**Wojewodschaft:** Podkarpackie

**Mit ihren hübsch herausgeputzten Städtchen und Dörfern, weiten, einsamen, sanft hügeligen Landstrichen und der ursprüngliche Natur im Bieszczady-Nationalpark versprechen die »Waldkarpaten« erholsame Urlaubstage.**

**Waldkarpaten** Die Bieszczaden, auch »Waldkarpaten« genannt, sind der am weitesten nach Südosten vorgeschobene Teil der polnischen Beskiden und bilden ein Dreieck zwischen den Staatsgrenzen zur Ukraine und zur Slowakischen Republik; in der Nähe des Gipfels **Wielka Rawka** (1307 m ü. d. M.) treffen die Grenzen zusammen.

Der höchste Gipfel im polnischen Teil der Bieszczady ist die 1346 m hohe **Tarnica**; der Durchbruch des Baches Wołosaty trennt sie von der Alpe **Połonina Caryńska** (1297 m ü. d. M.).

Durchbrüche von Flüssen, die quer zu den Bergketten verlaufen, sind typisch für die Bieszczady, deren steile Berghänge mit einem urwüchsigen Buchen- und Nadelwald bedeckt sind.

> ! *Baedeker* TIPP
>
> **Wandern in den Waldkarpaten**
>
> Markierte Wege auf versteppten Hochebenen, bewirtschaftete Hütten in der Entfernung von Tagesetappen und viel Einsamkeit: Wer ein Stück Wildnis in Europa sucht, findet es in den Waldkarpaten. Unverzichtbarer Wegbegleiter ist die vor Ort erhältliche Karte »Mapa turystyczna Bieszczady«.

**Geschichte** Im 14. Jahrhundert wanderten über die Kämme der Karpaten die **Walachen**, ein Hirten- und Nomadenvolk, in diese Region ein; sie

## ▶ BIESZCZADY ERLEBEN

### AUSKUNFT

*Bieszczadskie Centrum Informacji Turystycznej*
Rynek s/n
PL-38-600 Lesko
Tel. 013 / 469 66 95
www.bieszczady.info.pl u.
www.bieszczadyonline.pl

*Bieszczadzki Park Narodowy*
Nationalpark-Verwaltung
Ustrzyki Górne 19
PL-38-713 Lutowiska
Tel. 013 / 461 03 50
www.oie.bdpn.pl

*Bieszczadzkie Schroniska i Hotele PTTK*
ul. Mickiewicza 29
PL-38-500 Sanok
Tel. 013 / 463 11 29
www.bsih-pttk.webpark.pl
Die PTTK organisiert Wandertouren und Ausflüge in die Bieszczaden und sorgt für Übernachtungen und Verpflegung.

*Gipfelblick über die Beskiden von der knapp 1300 m hohen Alpe Połonina Caryńska*

bildeten drei Volksgruppen der ruthenischen Goralen: die Hucuły, die Łemkowie (Lemken) und die Bojkowie (Bojken). Letztere lebten in den Bieszczady, die Łemkowie etwas weiter westlich.
Im nördlichen Teil der Bieszczady befinden sich salzhaltige Quellen – daher der Name **»Góry Słone«** (Salzige Berge) –; hier wird seit dem Mittelalter Salz gewonnen.
In den Jahren von 1945 bis 1947 kam es zu kriegerischen Auseinandersetzungen zwischen ukrainischen Nationalisten, die für eine freie Ukraine kämpften, und der polnischen Armee. Um den ukrainischen Partisanen Stützpunkte zu entziehen, wurden 1947 die Lemken und die Bojken in einer Nacht-und-Nebel-Aktion, der berüchtigten **»Operation Weichsel«**, umgesiedelt.
Die Bieszczady waren jetzt entvölkert und verödeten; erst in den 1960er-Jahren begann man wieder mit der Bewirtschaftung. Die Ostbeskiden sind jedoch weiterhin dünner besiedelt als die anderen Teile der Beskiden; hier gibt es noch Wölfe, Bären, Luchse und Wildkatzen sowie große Rudel Hirsche.

**★★ Nationalpark und Unesco-Biosphärenreservat**

Über der Baumgrenze (1100 m ü. d. M.) liegen herrliche Almwiesen. Als 1973 der über 5700 ha große **Bieszczadzki Park Narodowy** angelegt wurde, stellte man als Erstes diese Almen unter Schutz. Ein Strauchgürtel, wie er in den Alpen oder in der Tatra zu finden ist, fehlt; die Buchen, die bis zu den Almen hinaufreichen, sind jedoch eher Sträucher als Bäume.

**Bieszczady-Ringstraße**

Um die Waldkarpaten kennen zu lernen, bietet sich eine Fahrt entlang der Bieszczady-Ringstraße an. Sie beginnt und endet in ►Sanok, dessen Historisches Museum die größte Ikonensammlung Polens beherbergt; außerdem gibt es dort ein attraktives Freilichtmuseum. Von Sanok geht's über Lesko nach **Ustrzyki Dolne**, wo ein Naturkundemuseum über Flora und Fauna des Nationalparks informiert (Muzeum Przyrodnicze, ul. Bełska 7; Öffnungszeiten: Di. – Sa. 9.00 bis 17.00 Uhr).

Über **Czarna Górna** und **Smolnik**, zwei Dörfer mit hübschen Holzkirchen, erreicht man **Ustrzyki Górne**, das »obere« Ustrzyki am südlichsten Punkt der Ringstraße. Der Weiler ist ein idealer Startpunkt für Wandertouren. Hinter Ustrzyki Górne führt die Straße nordwestwärts über zwei aussichtsreiche Pässe nach **Wetlina** im Durchbruchstal des gleichnamigen Flusses, und man kehrt über **Komacza** und **Rzeped**, wo sich orthodoxe Holzkirchen mit Zwiebelkuppeln erhalten haben, nach Sanok zurück.

! *Baedeker* TIPP

**Unter Wölfen**

Der Bieszczady-Nationalpark besitzt die größte »Wolfsdichte« der Welt. Interessierten bietet die internationale Organisation »ecovolunteer« die Möglichkeit, Biologen auf den Spuren der Wölfe zu begleiten. Voraussetzung: Man muss Englisch können und mindestens 18 Jahre alt und körperlich fit sein (Infos: www.ecovolunteer.org).

# Busko-Zdrój

Q 10

**Wojewodschaft:** Świętokrzyskie **Höhe:** 280 m ü. d. M.
**Einwohnerzahl:** 18 400

**Rund 45 km südlich von Kielce liegt im Kleinpolnischen Hochland am Rand des Nida-Tals der beliebte Kurort Busko-Zdrój, der zu ausgiebigen, erholsamen Spaziergängen durch das nahe gelegene Naturreservat Skorocice einlädt.**

**Geschichte** Busko, 1190 erstmals erwähnt, erhielt 1281 das Stadtrecht. Aus den salzhaltigen Quellen der Region wurde Salz gewonnen, auf den Wiesen im Nida-Tal betrieb man Pferdezucht. Bereits 1776 entdeckte man die **heilkräftigen Sole- und Schwefelquellen**, doch erst Anfang des 19. Jhs. etablierte sich hier der Kurbetrieb. Mit dem Heilwasser werden vorwiegend Erkrankungen des Bewegungsapparats, Rheuma und Hautkrankheiten behandelt.

## Sehenswertes in Busko-Zdrój

**Kurpark** Der Park mit vielen einheimischen und exotischen Bäumen wurde 1836 angelegt. Den Mittelpunkt des Kurparks bildet ist das **Sanatorium Marconi**, ein klassizistisches Gebäude mit Säulenfront, das 1836 bis 1838 nach einem Entwurf von **Enrico Marconi** erbaut wurde. Heute befindet sich hier eine Trinkhalle für Trinkkuren sowie ein Konzertsaal.

## BUSKO-ZDRÓJ ERLEBEN

### AUSKUNFT

*Tourist-Information*
os. Świerczewskiego 1
PL-28-100 Busko-Zdrój
Tel. 041 / 378 22 65
www.busko-zdroj.pl

### ESSEN

**► Erschwinglich**

*Victoria*
Park Zdrojowy
Tel. 041 / 378 33 84
Mitten im wunderschönen Kurpark genießt man auf der Terrasse des Restaurants »Victoria« lecker zubereitete polnische und internationale Spezialitäten.

### ÜBERNACHTEN

**► Günstig**

*Gromada*
ul. Warynskiego 10
PL-28-100 Busko-Zdrój
Tel. 041 / 378 30 01
www.hotels.gromada.pl; 51 Z.
Das »Gromada« bietet seinen Gästen auch Wellness-Aufenthalte an.

*Pod Świerkiem*
ul. Waryńskiego 38
PL-28-100 Busko-Zdrój
Tel. 041 / 378 28 54
www.hotele.net/podswierkiem; 11 Z.
Das nette, kleine Hotel liegt nicht weit vom Kurpark entfernt.

## Umgebung von Busko-Zdrój

**Wiślica**

Das kleine Städtchen an der Nida, 14 km südlich von Busko-Zdrój, war früher eine der mächtigsten Städte Polens. Die ungewöhnliche, pseudo-zweischiffige gotische **Kirche Mariä Geburt** (Kóściół Narodzenia Najświętszej Marii Panny) ließ König Kazimierz III. im 14. Jh. erbauen. Im Chor befinden sich russisch-byzantinische Fresken vom Ende des 14. Jahrhunderts, im Hauptaltar eine romanische Sandstein-Skulptur der Muttergottes aus dem 13. Jahrhundert. Ein 1464 geschaffenes Relief über dem Südportal zeigt König Kazimierz vor der Muttergottes kniend.
In der Krypta wurden Fundamente zweier romanischer Vorgängerbauten entdeckt; von einer blieb der Fußboden z. T. erhalten, eine schöne romanische Arbeit mit Figuren und Rankenwerk.
Neben der Kirche steht das spätgotische Vikariat, das sog. **Długosz-Haus**, das der Chorherr Jan Długosz um 1460 errichten ließ.

**Skalbmierz**

Die kleine Stadt 26 km westlich von Wiślica im Tal des Flüsschens Nidzica besitzt eine Johannes dem Täufer geweihte romanisch-gotische Kirche aus der ersten Hälfte des 15. Jhs., deren viereckige Türme von einem Vorgängerbau stammen. Sehenswert ist ihre reiche barocke Ausstattung sowie das große Gemälde »Die Anbetung der Heiligen Drei Könige«, ein Werk des flämischen Malers **Jacob Jordaens** (1593 – 1678), des neben Rubens und van Dyck bedeutendsten Meisters der Amsterdamer Malerschule.

★ **Pińczów** Das 16 km westlich von Busko-Zdrój gelegene Pińczów war einst ein wichtiges künstlerisches und intellektuelles Zentrum. 1568 wurde im dortigen calvinistischen Gymnasium die erste polnische Grammatik verfasst. Später etablierte sich hier ein Paulinerkloster mit prachtvoller Barockkirche, das zum Hort der Gegenreformation wurde.
Die Synagoge erinnert daran, dass hier bis 1939 viele Juden lebten – heute beherbergt sie ein **Museum zur jüdischen Geschichte und Kultur** (Muzeum Judaistyczne; Mo. geschl.).
Sehenswert ist auch die manieristische, vermutlich von **Santi Gucci** entworfene St.-Anna-Kapelle (Kaplica św. Anny), von der aus sich ein weiter Blick über das Nida-Tal bietet.

★ **Szydłów** Szydłów, 37 km nordöstlich von Busko-Zdrój, ist der einzige Ort in Mittelpolen, dessen mittelalterliche Stadtmauern – mit Krakauer Tor (Brama Krakowska) – noch erhalten sind. Beachtenswert ist die zweischiffige **Ladislauskirche** (Kościół św. Władysława) aus dem 14. Jahrhundert, das Schloss von Kazimierz III., in dessen Schatzkammer heute ein **Regionalmuseum** untergebracht ist, und die **ehemalige Synagoge** vom Anfang des 16. Jahrhunderts.

# ★ Bydgoszcz · Bromberg

K / L 4

**Wojewodschaft:** Kujawsko-Pomorskie
**Einwohnerzahl:** 385 000
**Höhe:** 30 – 50 m ü. d. M.

**Umgeben von den schönen Wäldern der Puszcza Bydgoska, der Bromberger Heide, liegt die alte Handels- und Industriestadt Bydgoszcz an der Mündung der Brda in die Weichsel im Urstromtal des Notec.**

**Geschichte** Die im 12. Jh. gegründete Stadt befand sich im 14. und 15. Jh. im Besitz des Deutschen Ordens. Ihrer günstigen Lage im Schnittpunkt wichtiger Verkehrslinien verdankt sie die Entwicklung zu einer blühenden Handelsstadt mit großen Getreidespeichern und Salzlagerhallen. Nachdem durch die Schwedenkriege Mitte des 17. Jhs. ein großer Teil der Stadt zerstört worden war, wuchs Bydgoszcz erst nach dem Bau des Bromberger Kanals im 18. Jh. wieder zu wirtschaftlicher Bedeutung heran.
Die seit 1772 preußische Stadt war von 1807 bis 1815 Departementshauptstadt des Großherzogtums Warschau und von 1815 bis 1919 Bezirkshauptstadt der preußischen Provinz Posen. Ein gesellschaftlich-kultureller Treffpunkt polnisch-nationaler Bestrebungen war das 1844/1845 eingerichtete **Polnische Casino**. Während des Zweiten Weltkriegs erlebte die Stadt Massenhinrichtungen, denen rund 50 000 Menschen zum Opfer fielen.

*Nach einem Bummel durch Bydgoszcz erfrischt man sich in den »Trink-Lauben« auf dem spätmittelalterlichen Marktplatz.*

## BYDGOSZCZ ERLEBEN

### AUSKUNFT

*Tourist-Information*
Stary Rynek 15
PL-85-109 Bydgoszcz
Tel. 052 / 348 23 73
www.it.byd.pl

### ESSEN

**► Fein & Teuer**

*Chopin*
ul. 3 Maja 6
Tel. 052 / 325 25 00
Im »Chopin« findet man neben polnischen auch deutsche und französische Gerichte auf der Speisekarte.

**► Erschwinglich**

*Green Way Bar*
ul. Pomorska 2
Tel. 052 / 322 83 86
Hier gibt es fast alles, was das Vegetarierherz begehrt.

### ÜBERNACHTEN

**► Luxus**

*Pod Orłem*
ul. Gdańska 14
PL-85-006 Bydgoszcz
Tel. 052 / 583 05 30
www.orbis.pl
75 Z.
Das Jugendstilhotel »Zum Adler« liegt im Zentrum der Stadt und bietet mehr als ausreichenden Komfort, ist aber leider etwas überteuert. Das hoteleigene Restaurant serviert neben polnischer Küche auch vegetarische Gerichte.

## Sehenswertes in Bydgoszcz

**Altstadt** Im 14. Jh. wurde die Altstadt von Bydgoszcz planmäßig angelegt. Das Zentrum bildet der Stary Rynek (Alter Markt), um den schachbrettartig die Straßen sowie sechs weitere Plätze angeordnet sind. Am Marktplatz haben sich einige historische Gebäude erhalten; zu den schönsten zählt das Haus Nr. 24, heute eine Bibliothek. Hier und da stößt man noch auf Reste der mittelalterlichen Stadtmauer.

**✶ Pfarrkirche** Das älteste Gotteshaus der Stadt ist die Kościół farny in der Nordwestecke der Altstadt (ul. Farna). An der Stelle einer 1409 zerstörten Vorgängerkirche wurde zwischen 1460 und 1500 eine Hallenkirche mit spätgotischem Stufenportal an der Westfassade errichtet; die Vorhalle und vier Kapellen kamen später hinzu. Das spätgotische Madonnenbild im Hochaltar, **»Madonna mit der Rose«**, setzt einen schönen Akzent in der überwiegend barocken Kirchenausstattung.

**Zisterzienserkloster** Von dem 1480 gegründeten Zisterzienserkloster ist die um die Mitte des 16. Jhs. erbaute Kościół Bernardinów św. Jerzego erhalten geblieben. Westturm, Vorhalle und Fassadengestaltung sind das Ergebnis einer puristischen Restaurierung in den Jahren 1864 bis 1866. Die Reste der Klausurgebäude stammen aus dem 17. Jahrhundert.

**! *Baedeker* TIPP**

**»Apiphytotherapie«**

Im Schlosspark von Witosław am Witosławskie-See, ca. 40 km westlich von Bydgoszcz, gibt es ein ganz ungewöhnliches Therapie-Zentrum. Dort werden aus Honig, Bienenwachs und Bienengift Produkte für die sog. Apiphytotherapie (Apiherba) gewonnen. Die aufbauende Wirkung der Präparaten zeigt sich insbesondere nach chirurgischen Eingriffen und schweren Krankheiten (Infos unter www.apiherba.pl).

Am pl. Zjednoczenia, auf dem der Altstadt gegenüberliegenden Brda-Ufer, steht die Kirche des **Klarissinnenklosters** (Kościół Klarysek), ein bemerkenswerter Kirchenbau aus dem Übergang von der Spätgotik zur Renaissance. Auf seinem schlanken Uhrturm spielen täglich um 12.00 und 18.00 Uhr Blechbläser. Im benachbarten, um 1620 erbauten Kloster ist das **Bezirksmuseum** mit Werken des einheimischen Künstlers **Leon Wyczółkowski** untergebracht (Muzeum Okręgowe, ul. Gdańska 4, Öffnungszeiten: Di. – Fr. 10.00 – 18.00, Sa. u. So. 12.00 – 16.00 Uhr).

**✶ Bromberger Venedig** Das Stadtviertel Wenecja Bydgoska liegt malerisch am Ufer der Brda längs der ul. Młyńska. Am Flussufer, vor allem an der ul. Grodzka, stehen noch die wuchtigen, im 18. und 19. Jh. entstandenen Speicher der Handelsstadt.

Museum ► Die mehrgeschossigen Fachwerkhäuser werden heute als Museum genutzt. Ausgestellt werden regionales Kunsthandwerk und Exponate zur Geschichte der Stadt (Biały Spichlerz, ul. Grodzka; Öffnungszeiten: Di. – Fr. 10.00 – 18.00, Sa. u. So. 12.00 – 16.00 Uhr).

*Statt mit dem Bus geht's auch per Boot durch das »Bromberger Venedig«.*

## Umgebung von Bydgoszcz

**Inowrocław (Hohensalza)**
◄ Kirche der Hl. Jungfrau

Die etwa 40 km südöstlich von Bydgoszcz im südlichen Kujawien gelegene Stadt (75 000 Einw.) ist aufgrund ihrer großen Steinsalzvorkommen und Solequellen ein bekannter **Kurort**. Sehenswert ist die der Heiligen Jungfrau Maria geweihte romanische Kirche Ņajświętszej Marii Panny aus dem 12. / 13. Jh. mit ihrer originellen Bauplastik aus der Entstehungszeit. Die Wände im Innern schmücken phantastische Tierdarstellungen, Masken und griechische Kreuze.

# Chełm

V 8

**Wojewodschaft:** Lubelskie
**Einwohnerzahl:** 70 000
**Höhe:** 190 m ü. d. M.

**Die im wörtlichen Sinne größte Attraktion Chełms erstreckt sich kilometerweit tief unter dem nahe der ukrainischen Grenze gelegenen alten Städtchen.**

**Geschichte**

Das Gebiet rund um die Stadt gehörte nacheinander zum Kiewer Fürstentum, zum Königreich Polen und zu Ruthenien. 1240 wurde Chełm Hauptstadt des Fürstentums Wladimir-Halitsch und Sitz eines Bistums der Ostkirche. Ab 1387 gehörte Chełm wieder zu Polen. Dank ihres Kreidebergwerks entwickelte sich die Stadt im Lauf der

## CHEŁM ERLEBEN

### AUSKUNFT

*Tourist-Information*
ul. Lubelska 63
PL-22-100 Chełm
Tel. 082 / 565 36 67
www.um.chelm.pl

### ESSEN

► **Preiswert**

*Cosmos*
ul. Wojsławicka 2
Tel. 082 / 562 02 28
Das »Cosmos« serviert leckere regionale Küche.

### ÜBERNACHTEN

► **Günstig**

*Karmena*
ul. Armii Krajowej 50
PL-22-100 Chełm
Tel. 082 / 565 64 01
www.hotelkamena.pl
100 Z., 4 App.
Das ganz in der Nähe der Altstadt gelegene »Karmena« bietet modern eingerichtete Zimmer mit Bad, Telefon und Sat-TV sowie einen bewachten, kostenpflichtigen Parkplatz und ein gutes Restaurant.

Jahrhunderte zu einer wohlhabenden Kaufmannssiedlung, in der sich vor allem Juden niederließen. 1942 / 1943 wurden sie im nahen Konzentrationslager Sobibór ermordet.

## Sehenswertes in Chełm

Blickfang der Stadt ist die **Kirche auf dem Berg** (Kościół na Górce), die 1756 vermutlich vom damaligen italienischen **Paolo Fontana** (1696 – 1765) für den Unitarierorden entworfen wurde.

Von Fonana stammt auch die bedeutend attraktivere **Piaristenkirche** (Kościół Farny), die heutige Pfarrkirche. Sie besitzt ein elliptisches, von Kapellen eingerahmtes Langhaus und eine phantastische illusionistische Ausmalung aus der Mitte des 18. Jahrhunderts.

Das ehemalige Kloster nebenan beherbergt das **Regionalmuseum**, in dem von Ausgrabungsfunden über Kunsthandwerk bis zur Stadtgeschichte alles Wissens- und Sehenswerte zu Chełm zusammengetragen ist (Muzeum Chełmskie; Öffnungszeiten: Di. – Fr. 10.00 – 16.00, Sa. u. So. 11.00 – 15.00 Uhr). Wertvolle Ikonen und Bilderwände aus dem 18. Jh. sind in der **orthodoxen Nikolaikirche** (Kościół św. Mikołaja) zu sehen.

! *Baedeker* TIPP

### Mit Fackeln in die Unterwelt

Unter der Stadt erstreckt sich ein bereits im Mittelalter entstandenes Kreidebergwerk. Es ist durch über 40 km lange, labyrinthische Gänge erschlossen, die tief in den Berg hineinführen. Damit der 2 km lange Spaziergang durch die weiße Unterwelt noch schauerlicher wirkt, wird er im Schein von Fackeln unternommen (Chełmskie Podziemia Kredowe, ul. Lubelska 55 A, Tel. 082 / 565 25 30; Führungen: tgl. 11.00, 13.00 und 16.00 Uhr, Dauer: ca. 1 Std. bei 9 °C).

*Der Bergwerksgeist »Bieluch« wartet auf Besucher seines unterirdischen Reichs.*

## Umgebung von Chełm

**Stołpie**

In Stołpie, rund 10 km westlich von Chełm, steht das älteste Baudenkmal Polens östlich der Weichsel: ein aus Feldsteinen errichteter Wehrturm aus dem 10. Jahrhundert.

**Włodawa**

Das altertümliche Włodawa, 47 km nördlich von Chełm am Bug gelegen, besitzt schöne Holzhäuser, die sich um die Pfarrkirche **St. Ludwig** (Kóscióť św. Ludwika) gruppieren. St. Ludwig wurde ebenfalls von Paolo Fontana gestaltet und erscheint fast als Replik der Piaristenkirche von Chełm.
Ihr gegenüber erhebt sich die klassizistische orthodoxe Kirche. Nahebei steht die **alte Synagoge**, in der eine interessante **naturkundliche Ausstellung** mit dem Seengebiet des Polesie-Nationalparks vor den Toren der Stadt bekannt macht (Muzeum Przyroda, ul. Gagarina 7, unregelmäßig geöffnet).

**Sobibór**

Etwa 10 km südöstlich von Włodawa liegt das Dorf Sobibór. In den Jahren 1942/1943 wurden hier in einem Vernichtungslager 250 000 Menschen, insbesondere jüdische Bürger von Chełm, ermordet. Auf dem Gelände des Konzentrationslagers, das von der SS zerstört wurde, erinnert ein Denkmal an die Geschehnisse.

# ★ Chełmno · Kulm

L 4

**Wojewodschaft:** Kujawsko-Pomorskie
**Einwohnerzahl:** 23 000
**Höhe:** 75 m ü. d. M.

**Das 40 km nördlich von Toruń auf dem Kulmer Höhenzug am rechten Ufer der Weichsel gelegene Chełmno zählt mit seinem reizvollen, weit gehend intakten historischen Stadtbild zu den schönsten mittelalterlichen Städten des Landes.**

**Geschichte** Die Geschichte von Chełmno ist eng mit dem Deutschen Orden verbunden, dem die Siedlung mit seinem Umland im Jahr 1226 von **Konrad von Masowien** übereignet wurde. Chełmno entwickelte sich zum politischen Zentrum des Ordenslandes und erhielt 1233 vom Hochmeister **Hermann von Salza** mit der sog. **Kulmer Handfeste** das Stadtrecht. Im 14. Jh. erlebte die Stadt, die zwischen 1300 und 1437 auch Mitglied der Hanse war, eine Blütezeit. Nach einer kurzen Zugehörigkeit zu Polen, 1475 bis 1505, unterstand sie bis zur Ersten Polnischen Teilung 1772 der Herrschaft des Bischofs, danach gehörte sie bis 1920 zu Preußen.

## CHEŁMNO ERLEBEN

### AUSKUNFT

*Tourist-Information*
Rynek 28
PL-86-200 Chełmno
Tel. / Fax 056 / 686 21 04
www.chelmno.pl

### ESSEN

► **Erschwinglich**

*Centralny*
ul. Dworcowa 23
Tel. 056 / 686 02 12
In dem Hotelrestaurant wird polnische und internationale Küche serviert.

► **Preiswert**

*City Pizza*
Rynek 20
Tel. 056 / 686 03 33
Wer sich beim Stadtrundgang eine Stärkung gönnen will, ist hier richtig.

### ÜBERNACHTEN

► **Günstig**

*Centralny*
ul. Dworcowa 23
PL-86-200 Chełmno
Tel. 056 / 686 02 12
www.hotelcentralny.pl; 38 Zi.
Das Hotel mit gut ausgestatteten Zimmern liegt etwas außerhalb der Altstadt.

*Karczma Chełmińska*
ul. 22 Stycznia 1b
PL-86-200 Chełmno
Tel. 056 / 679 06 05
www.karczmachelminska.pl; 12 Z.
Das »Karczma Chełmińska« ist in einem alten Gebäude an der mittelalterlichen Stadtmauer untergebracht und bietet moderne Zimmer und ein Restaurant mit regionaler Küche.

*Eine aufwändig gestaltete Attika schmückt das Rathaus von Chełmno.*

## Sehenswertes in Chełmno

★ **Altstadt, Marktplatz**

Die weithin sichtbar auf einer Anhöhe gelegene Altstadt von Chełmno wird von einer fast vollständig erhaltenen Stadtmauer mit 17 Türmen umfasst (13. – 15. Jh.).

Mittelpunkt des rechtwinklig angelegten Straßennetzes Chełmnos ist der rechteckige Marktplatz. Hier und in den benachbarten Straßen stehen schöne Bürgerhäuser mit klassizistischen Fassaden aus dem 19. und 20. Jahrhundert.

★ ◄ Rathaus

Mitten auf dem Marktplatz steht das prächtige Rathaus, ein ursprünglich gotisches Gebäude, das 1567 bis 1572 im Stil der Spätrenaissance umgebaut wurde. An der Westseite ist ein eisernes Modell des 4,35 m langen Kulmer Stabes, auch **Kulmer Rute** genannt, eingemauert, ein Längenmaß, das im gesamten Ordensstaat galt. Den oberen Abschluss des Gebäudes bildet eine aufwändig gestaltete Attika, die von dem hohen, 1596 errichteten Turm überragt wird.

Im Rathaus ist ein kleines **Stadtmuseum** untergebracht (Muzeum Ziemi Chełmińskiej; Öffnungszeiten: Di. – Fr. 10.00 – 16.00, Sa. und So. 10.00 – 13.00 Uhr).

**Pfarrkirche St. Marien**

Die meisten der Kirchen innerhalb der Stadtmauer sind gotisch, so auch die 1280 bis 1320 erbaute Kościół farny südlich des Marktplatzes (Ecke ul. Toruńska / ul. Szkolna). Die dreischiffige, monumentale Halle besitzt eine reiche Ausstattung, darunter ein romanischer Taufstein und auf Anfang des 15. Jhs. datierte **Wandmalereien**.

Zwei ehemalige Klosterkirchen liegen in der westlichen Altstadt: die um 1300 für den **Franziskanerkonvent** erbaute Kościół św. Jakuba, eine schlichte Hallenkirche, sowie die an der Stadtmauer gelegene Kościół św. Jana Chrzciciela i Jana Ewangelisty (Hll. Johannes der Täufer und Johannes der Evangelist), das Gotteshaus des früheren **Zisterzienserinnenklosters**. Der einschiffige Kirchenbau aus der ersten Hälfte des 14. Jhs. lohnt vor allem wegen der reichen, überwiegend barocken Ausstattung eine Besichtigung.

An der südlichen Stadtmauer (ul. Wałowa) liegt gegen Ende des 13. Jhs. erbaute Kościół św. Ducha (**Heilig-Geist-Kirche**) mit einem 1311 hinzugefügten Turm.

Die Kościół św. św. Pietra i Pawła (**St. Peter und Paul**), die Kirche des ehemaligen Dominikanerklosters in der ul. Dominikańska wurde Mitte des 13. Jahrhunderts errichtet, im 14. Jahrhundert in eine Hallenkirche und im 17. Jahrhundert zu einer Basilika umgebaut. Die Ausstattung stammt aus dem Rokoko.

### ? WUSSTEN SIE SCHON ...?

- dass das mittelalterliche Chełmno wenigstens für einen Tag im Jahr Polens »Hauptstadt der Verliebten« ist? Am 14. Februar, dem Valentinstag, kommen aus allen Teilen des Landes frisch und ehemals Verliebte, um ein großes Fest mit Messe, Umzug und Tanz zu feiern. Und warum gerade hier in Chełmno? Weil sich in der hiesigen Pfarrkirche seit 1630 in einer Silberdose die Reliquien des heiligen Valentin befinden.

# Chojnice · Konitz

K 3

**Wojewodschaft:** Kujawsko-Pomorskie
**Einwohnerzahl:** 36 000
**Höhe:** 130 m ü. d. M.

**Nur wenige Kilometer nördlich von Chojnice entwickelte sich in den letzten Jahren rund um den Charzykowskie-See und den angrenzenden Nationalpark Tucheler Heide ein beliebtes Urlaubs- und Naherholungsgebiet.**

**Geschichte** Chojnice entstand aus einer Festung an der Kreuzung wichtiger Handelswege und erhielt 1360 das Stadtrecht. Von 1466 bis 1772 war es in polnischem, dann in preußischem Besitz; seit 1920 gehört es wieder zu Polen. Während des Zweiten Weltkriegs wurden im nahen »Tal des Todes« (Dolina Śmierci) 2000 Menschen ermordet.

## Sehenswertes in Chojnice

**Altstadt** Die Straßenzüge der heutigen Stadt lassen noch immer die mittelalterliche Stadtstruktur erkennen; erhalten haben sich Teile der gotischen Wehrmauern und der Basteien.

## CHOJNICE ERLEBEN

### AUSKUNFT

*Tourist-Information*
pl. Jagiełłoński 2 a
PL-89-600 Chojnice
Tel. 052 / 397 13 87
www.chojnice.pl

### ESSEN

**► Preiswert**

*Laguna Kawiarnia*
Wodny-Park
Hier gibt es täglich von 9.00 bis 22.00 Uhr Kaffee, Kuchen und Snacks.

### ÜBERNACHTEN

**► Komfortabel**

*Bellevue*
ul. Długa 23 a
PL-89-606 Charzykowy
Tel. 052 / 398 81 52
www.hotel.charzykowy.pl
15 Z., 2 App.
Ca. 6 km nordwestlich von Chojnice liegt das kleine Hotel direkt an dem v. a. bei Seglern beliebten Charzykowskie-See; es bietet neben modernen Zimmern u. a. einen Fitnessraum und ein Restaurant.

Sehenswert ist das Schlochauer Tor (Brama Człuchowska), in dem das **Regionalmuseum** mit archäologischen, historischen und volkskundlichen Exponaten untergebracht ist (ul. 31 Stycznia 10; Mo. geschl.). Dominiert wird die Altstadt vom Backsteinbau der gotischen Pfarrkirche aus dem 14. Jh., die eine barocke Ausstattung besitzt. Das spätbarocke **Jesuitenkolleg** stammt aus dem 18. Jh.

◄ Schlochauer Tor

◄ Pfarrkirche

## Umgebung von Chojnice

**Człuchów (Schlochau)**

Etwa 14 km westlich von Chojnice, auf einer waldreichen, hügeligen Landenge zwischen Seen, liegt Człuchów (14 000 Einw.). Die mächtige Deutschordensburg, die heute kulturelle Einrichtungen beherbergt, wurde 1325 erbaut und in der Folgezeit mehrfach verändert; erhalten blieb von der ursprünglichen Festung ein Teil der Vorburg und ein Turm, von dem man eine schöne Aussicht auf die umliegenden Seen genießt.

**Tuchola (Tuchel)**

Am Südwestrand des Waldgebiets **Bory Tucholskie**, 24 km südöstlich von Chojnice, liegt die Handels- und Fremdenverkehrsstadt Tuchola (12 000 Einw.). Der erstmals 1287 erwähnte Ort gehörte der vermögenden Familie **Święcy**, die im 13./14. Jh. hier eine Burg errichtete. Den polnischen Herrschern feindlich gesonnen, verkaufte sie das Land 1309 an den Deutschen Orden. Sehr schön ist ein Rundgang durch die mittelalterliche Stadtanlage mit Resten der Stadtmauer und prächtigen Gebäuden aus dem 19. Jahrhundert.

**Park Narodowy Bory Tucholskie**

Östlich von Tuchola breitet sich mit einer Fläche von 1170 km² eines der größten Waldgebiete Polens aus: die **Bory Tucholskie**. Auf nacheiszeitlichem Sandboden wachsen Kiefern- und Fichtenwälder sowie

! Baedeker TIPP

**Paddeln in der Tucheler Heide**

Der wenige Kilometer nördlich von Chojnice gelegene Jezioro Charzykowskie ist nicht nur zum Baden und Segeln geeignet, sondern auch als Startpunkt einer attraktiven, bislang wenig bekannten Kanu-Tour, die streckenweise durch den »Nationalpark Tucheler Heide« verläuft. In dem malerischen Ferienort Charzykowy kann man preiswert Boote ausleihen (Stanica Wodna PTTK, ul. Wzgórze 1, Tel. 052 / 398 81 05).

Mischwälder aus Eichen, Hainbuchen und Espen. Das Waldgebiet ist von etwa 900 Seen durchsetzt, die durch kleinere und größere Flüsse, u. a. die Brda (Brahe) und die Wda (Küddow), untereinander und mit der Weichsel verbunden sind.

Teile der Tucheler Heide werden durch den 1996 gegründeten, knapp 5000 ha umfassenden gleichnamigen **Nationalpark** besonders geschützt. In dem Naturreservat mit zahlreichen Seen, Sümpfen und Torfmooren, das man auf markierten Wander- und Radwanderwegen erkunden kann, leben u. a. Elche und Biber. Über die spezielle Flora und Fauna des Nationalparks informiert ein kleines Museum in Tuchola.

# ★ Cieszyn · Teschen

M 11

**Wojewodschaft:** Śląskie
**Einwohnerzahl:** 38 000
**Höhe:** 280 – 300 m ü. d. M.

**Am Fuß der Westbeskiden, rund 30 km westlich von Bielsko-Biała, liegt die polnisch-tschechische Doppelstadt Cieszyn-Český Těšín an der Olza, einem Nebenfluss der Oder. Der ältere polnische Teil erstreckt sich am rechten Flussufer.**

## CIESZYN ERLEBEN

### AUSKUNFT

*Tourist-Information*
Rynek 1
PL-43-400 Cieszyn
Tel. / Fax 033 / 852 30 50
www.cieszyn.pl

### ESSEN

► **Erschwinglich**

*Targowa*
pl. Stary Targ 1
Tel. 033 / 852 18 54
Das »Targowa« setzt mit seinen etwas abgewandelten regionalen Gerichten ganz eigene Akzente.

### ÜBERNACHTEN

► **Komfortabel**

*Orbis Halny*
ul. Motelowa 21
PL-43-400 Cieszyn
Tel. 033 / 852 04 51
www.orbis.pl
78 Z.
Das Hotel im Norden der Stadt bietet gut ausgestattete, gemütliche Zimmer.

Geschichte

Teschen ist bereits 1155 als südlichster Teil des Bistums Breslau dokumentiert und erhielt 1374 das Stadtrecht. 1653 starben die Teschener Piasten aus, das Fürstentum Cieszyn war schon seit 1625 in den Händen der Habsburger und blieb es bis 1918. Im Jahr 1920 wurde Teschen zwischen Polen und der Tschechoslowakei aufgeteilt.
In Cieszyn sind Werke der elektrotechnischen und der Lebensmittelindustrie angesiedelt, außerdem gibt es hier einen »Ableger« der Schlesischen Universität von Katowice.

## Sehenswertes in Cieszyn

✶ Schlossberg

Es lohnt sich, auf den Schlossberg hinaufzusteigen, von dem sich ein weiter Blick auf die Stadt bietet. Auf dem Gipfel befindet sich die Rundkapelle **St. Nikolaus** (Rotunda św. Mikołaja) aus dem 11. Jh., das einzige fast vollständig erhaltene romanische Bauwerk in Schlesien, mit einem Durchmesser von 6,4 m und 1,5 m dicken Wänden.
Etwas jüngeren Datums ist der angrenzende **Wehrturm**: Er stammt aus dem 14. Jahrhundert.
Sehenswert ist auch das ehemalige Jagdschloss am Fuß des Berges, das sich der habsburgische Erzherzog **Karl von Sachsen-Teschen** 1837 errichten ließ.

*Den Gipfel des Schlossbergs krönt die tausendjährige Kapelle St. Nikolaus.*

Das Teschener Theater wurde im Jahr 1910 von den beiden Wiener Architekten **Ferdinand Fellner** und **Hermann Helmer**, Spezialisten für Theaterbauten und Konzertsäle, im Jugendstil erbaut.
Gegenüber dem Theater steht die 1719 errichtete **Alte Münze**, die im Jahr 1790 zu einem Palais umgebaut wurde.

Rynek

Der repräsentative Marktplatz, 115 m × 60 m groß, entstand im Jahr 1496, als **Kasimir II.**, Fürst von Teschen, den Bürgern der Stadt das Gelände zur Verfügung stellte. Die Häuser, die den Platz heute umgeben, stellen einen Querschnitt bürgerlicher Architektur des 18. und 19. Jahrhunderts dar. Der Floriansbrunnen auf dem Platz stammt aus dem Jahr 1770.

Pfarrkirche

Die Maria-Magdalena-Kirche (Kościół św. Marii Magdaleny) vom Ende des 13. Jhs. wurde nach einem Stadtbrand 1789 im Barockstil wiederaufgebaut und u. a. mit einem mächtigen, 1794 von **Andreas Schweigel** geschaffenen Altar ausgestattet.

**Palais Larisch** In dem schönen barock-klassizistischen Palais (1796) der Familie Larisch, der nach den Habsburgern reichsten Familie im Teschener Land, ist ein kleines Regionalmuseum untergebracht (ul. Regera 6; Mo. geschl.).

**Gnadenkirche** Die einzige noch heute benutzte evangelische Kirche ist die spätbarocke Gnadenkirche im Südosten der Stadt, eine der sechs Kirchen, die der Habsburger Kaiser **Josef I.** in der Altranstädter Konvention 1707 den schlesischen Protestanten »gnädig« zubilligte.

# ★★ Częstochowa · Tschenstochau

N 9

**Wojewodschaft:** Śląskie
**Einwohnerzahl:** 256 000
**Höhe:** 235 – 305 m ü. d. M.

**Wie eine Festung thront das Paulinerkloster auf dem Jasna Góra, dem »Hellen Berg«, über der Stadt. Jährlich besuchen rund vier Millionen Menschen die bedeutendste religiöse Kultstätte Polens mit der weltberühmten »Schwarzen Madonna«.**

**Geschichte** Tschenstochau wird 1220 erstmals urkundlich erwähnt. Im Jahre 1356 verlieh König Kazimierz III. dem Ort das Stadtrecht. Schon damals gab es Eisenhütten. 1382 gründete der Piastenfürst **Władysław von Oppeln** das Paulinerkloster, 1384 stiftete er das als wundertätig verehrte Bild der **Schwarzen Madonna**, bis heute das berühmteste Pilgerziel in Polen.
Am 3. August 1914 wurde die Stadt von deutschen Truppen eingenommen, ebenso am 3. September 1939. Heute ist Częstochowa ein wichtiger Industriestandort mit Textil- und Maschinenbaufabriken sowie mit einer der größten Eisenhütten des Landes.

### ? WUSSTEN SIE SCHON ...?

- ... dass die Schwarze Madonna 1717 offiziell in den Rang einer »Königin Polens« erhoben wurde? Zur feierlichen Krönung des wundertätigen Bildes versammelten sich damals über 200 000 Gläubige.

## ★★ Klosteranlage auf dem Jasna Góra

**Geschichte** Die meisten Gebäude der Klosteranlage stammen aus dem 17. Jahrhundert. Sie wurden von mächtigen Bastionen eingefasst, dank derer das Kloster als einer der wenigen Orte Polens 1655 der sechswöchigen Belagerung durch schwedische Truppen standhielt: Damit war der Mythos von der Unbesiegbarkeit der Schwarzen Madonna geboren. Nach einem Brand 1690 erhielt die Kirche eine einheitlich barocke Ausstattung. Im 18. Jh. wurden die Befestigungen erneuert und eine Bibliothek eingerichtet.

*Zur Kommunion geht's gemeinsam auf den »Hellen Berg«.*

In das Kloster gelangt man durch vier Tore. Vor dem prächtigen Lubomirski-Tor (Brama Lubomirski) befindet sich ein steinernes Mosaik mit dem Wappen des Paulinerordens, daneben steht das überlebensgroße Denkmal zu Ehren von **Stefan Wyszyński** (1901 – 1981), des einstigen Primas von Polen. Dann folgen das Tor der siegreichen Muttergottes (Brama Matki Boskiej Zwycięskiej), das Tor der schmerzensreichen Muttergottes (Brama Matki Boskiej Bolesnej) und schließlich das Wall- oder Jagiellonentor (Brama Wałowa bzw. Jagiellonów) aus dem 17. Jahrhundert. Neben dem Walltor befindet sich der 1921 bis 1929 erbaute Mariensaal, der für Ausstellungen genutzt wird.

**Tore**

Der Zugang zur Himmelfahrtskirche führt durch eine Vorhalle unter dem Turm, direkt neben der Kapelle des hl. Antoni Padarewski aus dem 18. Jh. Der Turm ist mit 106 m Höhe der höchste Kirchturm in Polen. Nach 519 Stufen Aufstieg bietet sich ein weiter Blick auf die Stadt und die Berge des Krakau-Tschenstochauer Jura.
Stuck und Fresken des 29 m hohen Hauptschiffs sowie des 1693 – 1695 gestalteten Chors stammen von dem schwedischen Maler **Karl Dankwart**. Der herrliche Hauptaltar von 1728 zeigt die Himmelfahrt Mariä. Die Orgel, eine der größten Polens, stammt aus den 1950er-Jahren.

* **Basilika**

* ◄ Aussicht

## CZĘSTOCHOWA ERLEBEN

### AUSKUNFT

*Tourist-Information*
al. NMP 65
42-217 Częstochowa
Tel. 034 / 368 22 50
www.czestochowa.pl

### ESSEN

**► Erschwinglich**

① *Viking*
ul. Nowowiejskiego 10
Tel. / Fax 034 / 324 57 68
Eines der besten Restaurants der Stadt mit polnischen Spezialitäten und sehr gutem Service.

**► Preiswert**

② *Vecchia Milano*
al. NMP 57
Tel. 034 / 365 49 29
Stets gut besuchtes Café; im Sommer wird Kaffee und Eis auf der Straßenterrasse serviert.

### ÜBERNACHTEN

**► Komfortabel**

① *Mercure Patria Częstochowa*
ul. Ks. Popiełuszki 2
PL-42-200 Częstochowa
Tel. 034 / 324 70 01
www.orbis.pl
102 Z.
Architektonisch ist das Gebäude nicht gerade ein Meisterwerk, doch die Zimmer sind bestens in Schuss.

**► Günstig**

③ *Dom Pielgrzyma (Pilgerhaus)*
ul. Wyszynskiego 1/31
PL-42-200 Częstochowa
Tel. 034 / 324 70 11
181 Z.
Die einfache, preiswerte Herberge liegt direkt hinter dem Kloster (Zugang nur bis 22.00 Uhr).

② *Ibis*
ul. Jaskrowska 22
PL-42-200 Częstochowa
Tel. 034 / 377 45 00
www.ibishotel.com
126 Z.
Nettes Hotel in Zentrumsnähe mit gut ausgestatteten, klimatisierten Zimmern, Restaurant und Bar sowie einem bewachten Parkplatz.

**✶✶ Kapelle der Muttergottes** Die Kapelle der Muttergottes von Tschenstochau (Kaplica Matki Boskiej Częstochowskiej) gilt als heiliger Ort, denn im 1650 geschaffenen Hauptaltar befindet sich die **Schwarze Madonna**, das in Polen am meisten verehrte Bild der Muttergottes mit dem Jesuskind. Seine Entstehung ist bislang nicht geklärt; vermutlich ist es eine byzantinische Ikone aus dem 6. oder 7. Jh. Meist ist das Bild mit einem Tuch und Silberschmuck bedeckt. Links der Schwarzen Madonna sind die königlichen Insignien zu sehen, eine Gabe polnischer Frauen von 1926, rechts eine goldene Rose, die Papst **Johannes Paul II.** bei seinem ersten Polenbesuch 1979 stiftete.

**Rittersaal** Der Rittersaal entstand 1647 im Stil des Frühbarock. Früher diente er zur Repräsentation, heute finden hier Ausstellungen statt. In dem Saal hängt ein Zyklus historischer Gemälde aus dem 17. Jh. zur Ge-

## *Częstochowa* Orientierung

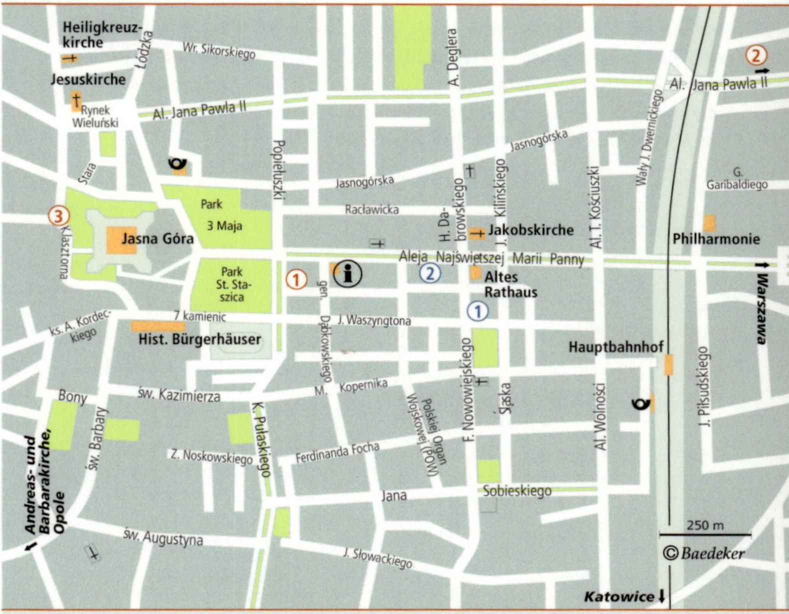


**Essen**
① Viking
② Vecchia Milano

**Übernachten**
① Mercure Patria Częstochowa
② Ibis
③ Dom Pielgrzyma (Pilgerhaus)

schichte des Klosters. Eine der dort angebrachten drei Tafeln ist dem Andenken des Schriftstellers und Nobelpreisträgers **Henryk Sienkiewicz** (► Berühmte Persönlichkeiten) gewidmet, der in einem seiner Bücher die Verteidigung des Jasna Góra im Jahr 1655 beschrieb.

**Refektorium, Bibliothek**

Zu den Klostersälen, die nicht besichtigt werden können, gehören das Refektorium (Speisesaal) aus dem 17. Jh. und die prächtig ausgestattete Klosterbibliothek, in der 8000 alte Drucke und Handschriften aufbewahrt werden.

**Denkmal und Kreuzweg**

An der südöstlichen Bastion erinnert ein Denkmal an den Prior **Augustyn Kordecki**, der 1655 die Verteidigung des Klosters gegen die Schweden leitete. Von den Wällen aus sind die monumentalen Stationen des Kreuzwegs zu sehen, die 1903 bis 1914 jenseits des Festungsgrabens errichtet wurden.

**Schatzkammer**

In der Schatzkammer werden besonders wertvolle Gegenstände aufbewahrt, die dem Kloster u. a. von den polnischen Königen gestiftet

# JASNA GÒRA

★★ **Das Paulinenkloster auf dem Jasna Gòra, dem »Hellen Berg«, gilt als das religiöse Zentrum des Landes. Im 15. Jahrhundert entstanden auf dem Berg die ersten Gebäude, die meisten jedoch im 17. Jahrhundert. Berühmt wurde die Klosteranlage durch die »Schwarze Madonna«, ein Marienbild, das Wunder bewirken soll.**

ul. O. A. Kordeckiego 2
Tel. 034 / 377 77 77
www.sanktuarium.jasnagora.pl
Öffnungszeiten:
tgl. 6.00 – 21.00 Uhr

**1 Wall-Tor**
Besucher der Anlage müssen vier Tore passieren: das Lubomirski-Tor, das Tor der siegreichen Muttergottes, das Tor der schmerzensreichen Muttergottes und das Wall- bzw. Jagiellonen-Tor.

**2 Schwarze Madonna**
Entstehung und Herkunft des »wundertätigen« Bildes in der Kapelle der Muttergottes sind nicht genau geklärt, was aber dem Besucherandrang keinen Abbruch tut.

**3 Basilika**
Die Basilika, 46 m lang, 21 m breit und 29 m hoch, bildet das Herz des Klosters. Hier befinden sich u. a. die Dönhoff-Kapelle, die Jabłonowski-Kapelle, die Sakristei und die Schatzkammer.

**4 Turm der Basilika**
Nach 519 Stufen bietet sich von der Turmspitze ein herrlicher Panoramablick auf die Umgebung.

**5 Refektorium und Bibliothek**
Das Refektorium (Speisesaal) und die Bibliothek mit über 8000 Drucken und Handschriften können leider nicht besichtigt werden.

**6 Rittersaal**
Der Rittersaal wird heute als Ausstellungsraum genutzt. Eine Bildergalerie aus dem 17. Jh. zeigt die Geschichte des Klosters.

**7 Druckerei und 600-Jahr-Museum**
In der alten Druckerei ist das 600-Jahr-Museum mit Exponaten zur Klostergeschichte untergebracht.

**8 Waffenkammer**
Bis 1813 waren diese Räume Waffen- und Munitionsdepot, dann wurden sie in ein Museum umgestaltet. Gezeigt werden u. a. Waffen, mit denen König Johannes III. Sobieski 1683 die Türken vor Wien besiegte.

*Auf dem Hellen Berg herrscht immer ein großes Gedränge.*

wurden: Schmuckstücke, liturgische Geräte, Rosenkränze, Messgewänder – das älteste stammt aus dem 15. Jahrhundert –, byzantinische Ikonen und Meißner Porzellan.

**Waffenkammer** Im 1660 bis 1680 errichteten Zeughaus (Arsenał) sind Waffen ausgestellt, mit denen König **Jan III. Sobieski** 1683 die Türken vor Wien geschlagen hat. Zu sehen sind auch polnische Orden und Kriegsabzeichen sowie zwei Gemälde mit Schlachtenszenen von **Jan Matejko**.

In der ehemaligen Druckerei neben dem Zeughaus ist das **600-Jahr-Museum** (Muzeum 600-lecia) untergebracht, 1982 zum 600-jährigen Bestehen von Kirche und Kloster auf dem Jasna Góra eröffnet. Es zeigt Bilder zur Geschichte des Klosters und zum Marienkult auf Hellen Berg, Musikalien und Musikinstrumente sowie zahlreiche Dokumente, darunter die Urkunde des Friedensnobelpreises für **Lech Wałęsa**.

! *Baedeker* TIPP

**Wallfahrtskalender**

Wer erleben will, wie die Schwarze Madonna von Zehntausenden Pilgern »belagert« wird, kommt am besten zu Mariä Himmelfahrt am 15. August hierher. Kaum weniger farbenprächtige, aber kleinere Prozessionen finden am 3. Mai., 26. August, 8. September und 8. Dezember statt.

## Sehenswertes in Częstochowa

**Andreas-und-Barbara-Kirche** Vom Jasna Góra führt die ul. św. Barbary zur barocken Kościół św. Andrzeja i Barbary, die 1637 bis 1642 errichtet wurde. Hinter der Kirche steht die Barbarakapelle, erbaut über einer Quelle, deren Wasser heilende Wirkung zugeschrieben wird.

**Aleja Najświętszej Marii Panny** Die ca. 2 km lange Allee der Allerheiligsten Jungfrau Maria verbindet die Stadt mit dem Jasna Góra, ihre Verlängerung zum Platz vor dem Kloster ist die aleja H. Sienkiewicza, an der das Grab des Unbekannten Soldaten liegt. In den Parks beiderseits der Straße befinden sich ein 1909 errichtetes Observatorium und eine Sonnenuhr aus der Zeit des Ersten Weltkriegs, ferner Denkmäler für den Komponisten **Stanisław Moniuszko** (1819 – 1872) und den Geistlichen **Stanisław Staszic** (1755 – 1826).

**Tschenstochauer Museum** Am pl. Biegańskiego ist im klassizistischen Rathaus von 1828 das Tschenstochauer Museum untergebracht mit interessanten Exponaten zur Geschichte und Naturkunde der Region (Muzeum Częstochowskiej; Öffnungszeiten: Di. – So. 11.00 – 17.00 Uhr).

Galerie für moderne Kunst ► In der Nähe befindet sich die Galerie für moderne Kunst (Galeria Sztuki Współczesnej), eine Abteilung des Regionalmuseums (Galeria Sztuki Współczesnej, al. Najświętszej Marii Panny 47; Öffnungszeiten wie Tschenstochauer Museum).

*Angeblich wurde die Schwarze Madonna von Lukas dem Evangelisten auf ein Brett aus Zypressenholz gemalt, das vom Tisch der Heiligen Familie aus Nazareth stammt.*

*Eine Königin braucht a*
*königliche Insignien: da*
*der »Königin Polens«*

*Knapp 4 Mio. Pilger und Besucher jährlich erhalten eine »Audienz« bei der »Königin von Polen«.*

*ıch*
*; Wappen*

*Die mächtige Burg Ogrodzieniec schützte einst die Grenzen Kleinpolens.*

## Umgebung von Częstochowa

**Burg Ogrodzieniec**

Die Stadt Ogrodzieniec liegt rund 40 km südöstlich von Tschenstochau. Etwa zwei Kilometer weiter östlich stehen auf dem **Schlossberg** (Góra Zamkowa), mit 504 m die höchste Erhebung des Krakau-Tschenstochauer Jura, die imposanten Ruinen der Burg Ogrodzieniec, von denen aus sich ein herrlicher Blick auf die umgebende Landschaft bietet.

Burg Ogrodzieniec gehörte zu einer Kette von Burgen und Wehrklöstern zwischen Krakau und Tschenstochau, so genannten **Adlerhorsten**, die im 14. Jahrhundert zur Verteidigung Kleinpolens errichtet wurden. Heute sind sie durch einen rot markierten Wanderweg miteinander verbunden.

# ★ Elbląg · Elbing

N 2

**Wojewodschaft:** Warmińsko-Mazurskie
**Einwohnerzahl:** 130 000
**Höhe:** 20 – 30 m ü. d. M.

**Die ehemalige Hansestadt liegt östlich der Weichsel am gleichnamigen Fluss, der den Druzno-See mit dem Frischen Haff verbindet. Mit Ausflugsbooten erreicht man von Elbląg aus rasch die Strände des Badeorts Krynica Morska auf der Frischen Nehrung.**

# ELBLĄG ERLEBEN

## AUSKUNFT

*Tourist-Information*
ul. Czerwonego Krzyża 2
82-300 Elbląg
Tel. / Fax 055 / 232 42 34
www.it.elblag.com.pl

## ESSEN

### ► Erschwinglich

*Słowiańska*
ul. 1 Maja 3
Tel. 055 / 232 42 78
Das traditionsreiche »slowinzische« Lokal östlich der Altstadt bietet in rustikalem Jägerambiente deftige altpolnische Küche, die man am besten mit dem Elbinger Bier genießt.

*Reiterferien im einstigen Jagdpalais von Kaiser Wilhelm II.*

*Stara Gorzelnia*
Kadyny Country Club
PL-82-340 Tolkmicko
Tel. 055 / 231 61 20
Etwa 20 Kilometer nordöstlich von Elblag in Tolkmicko ist dieses Restaurant auf dem Gelände eines Country Clubs untergebracht, der einmal als Jagdpalais von Kaiser Wilhelm II. diente. Serviert wird polnische, deutsche und englische Küche. Für Übernachtungsgäste hält der Country Club auch einige Zimmer bereit.

## ÜBERNACHTEN

### ► Komfortabel

*Elzam*
pl. Słowiański 2
PL-82-300 Elbląg
Tel. 055 / 234 81 11
Fax 232 40 83
112 Z.
Das bei Busreisegruppen beliebte Hotel bietet bequeme Zimmer mit Bad, TV und Telefon. Zum Haus gehört auch ein Reisebüro, das Ausflüge nach Kaliningrad (Königsberg) organisiert.

*Żuławy*
ul. Królewiecka 126
PL-82-300 Elbląg
Tel. 055 / 234 57 11
www.hotel-zulawy.com.pl
27 Z.
Das Hotel bietet moderne, gut ausgestattete Zimmer und hält für seine Gäste einen Fitnessraum, ein Solarium, ein Billardzimmer und einen bewachten Parkplatz bereit. Das hoteleigene Restaurant serviert polnische Spezialitäten.

**Geschichte** An dem alten Handelsplatz errichtete 1237 der Deutsche Orden eine Burg. Die Siedlung nördlich der Burg erhielt 1246 das Stadtrecht. Von 1466 bis 1772 gehörte Elbing zu Polen, dann zu Preußen. Durch die Verschlammung des Weichseldeltas im 17. Jh. verlor die Stadt ihre Bedeutung als Seehafen. Erst Mitte des 19. Jhs. entwickelte sich Elbing u. a. durch den Bau des **Oberländischen Kanals** (Kanał Elbląski) zu einem der wichtigsten Industriezentren der Region. Nach Zerstörungen im Zweiten Weltkrieg wurde die Altstadt Ende der 1990er-Jahre in historisierendem Stil wiederaufgebaut.

## Sehenswertes in Elbląg

**Altstadt**

Die mittelalterliche Altstadt wurde während des Zweiten Weltkriegs fast vollständig zerstört. Von der Stadtbefestigung blieb einzig das **Markttor** (Brama Targowa) aus dem 14./15. Jh. erhalten. In den 1990er-Jahren wurde die Altstadt in phantasievoll-mittelalterlichem Stil wieder hergestellt. Attraktiv sind vor allem die bunten Giebelhäuser längs der mittelalterlichen Straßenachsen.

**Regionalmuseum**

Das Regionalmuseum befindet sich im ehemaligen Gymnasium, an dem im 17. Jh. der berühmte Humanist **Johann Amos Comenius** gelehrt hatte (Muzeum Regionalne, Bulwar Zygmunta Augusta 11; Öffnungszeiten: Di. – So. 10.00 – 16.00 Uhr).

! *Baedeker* TIPP

**Kanal-Tour**

Zu einer reizvollen Schiffstour lädt der 1860 gebaute Oberländische Kanal zwischen Elbląg und Ostróda ein. Auf einer Strecke von 67 km passieren die Schiffe zwei Schleusen und fünf Rampen. Mit Wasserkraft werden die Schiffe über Land gezogen, um den Höhenunterschied von 100 m zu überwinden (Mai bis Sept. tgl. 8.00 Uhr an der Anlegestelle am Bulwar Zygmunta Augusta; Tickets gibt's im Büro der Weißen Flotte: Zegluga Ostródzko-Elbląska, ul. Panieńska 14, Tel. 055 / 232 43 07).

**Marienkirche**

Die 1246 erbaute Marienkirche des Dominikanerordens (Kościół Podominikański) brannte 1945 aus und wurde z. T. wieder aufgebaut. Heute dient sie als **»Galerie EL«** und zeigt Werke zeitgenössischer Kunst (Öffnungszeiten: Mo. – Sa. 10.00 – 18.00, So bis 17.00 Uhr).

**✶ Nikolaikirche**

Die bedeutendste Kirche der Stadt und eine der größten im ehemaligen Herrschaftsgebiet des Deutschen Ordens ist die im 13. Jh. errichtete gotische Hallenkirche Kościół św. Mikołaja. Von der Ausstattung sind das 1387 von Meister Bernhauser geschaffene kelchförmige bronzene Taufbecken sowie verschiedene Renaissance- und Barockaltäre besonders interessant.

# ★ Frombork · Frauenburg

O 2

**Wojewodschaft:** Warmińsko-Mazurskie
**Einwohnerzahl:** 2700
**Höhe:** 0 – 20 m ü. d. M.

**In dem beschaulichen Ort am Frischen Haff, etwa 30 Kilometer nordöstlich von Elbing, lebte und arbeitete im ausgehenden Mittelalter der berühmte Astronom Nikolaus Kopernikus. Die schönen Strände des Seebads Krynica Morska auf der Frischen Nehrung sind schnell mit dem Schiff zu erreichen.**

Geschichte

Auf dem Gebiet der Stadt siedelte der altpreußische Stamm der Ermen, der in der ersten Hälfte des 13. Jhs. vom Deutschen Orden unterworfen wurde. 1278 wurde der Sitz des ermländischen Bistums von Braniewo (Braunsberg) nach Frauenburg verlegt, das 1310 zur Stadt erhoben wurde. Die schwedischen Kriegszüge im 17. Jh. und die Verschiebung der Handelsstraßen führten zum wirtschaftlichen Niedergang Frauenburgs. Von den schweren Zerstörungen im Zweiten Weltkrieg blieb nur der Kathedralenhügel verschont.

## FROMBORK ERLEBEN

### AUSKUNFT

*Tourist-Information*
Joanna Szymankiewicz
ul. Portowa 4
PL-14-530 Frombork
Tel. 055 / 243 70 52
www.frombork.pl

### ESSEN

► **Preiswert**

*Akcent*
ul. Rybacka 4
Tel. 055 / 243 72 75
Die traditionelle polnische Küche des »Akcent« wird im Sommer auf der Gartenterrasse serviert.

### ÜBERNACHTEN

► **Günstig**

*Kopernik*
ul. Kościelna 2
PL-14-530 Frombork
Tel. 055 / 243 72 85
www.frombork.iq.pl/reklama/hotel/index.htm
64 Betten
Das »Kopernik« verfügt über moderne Zimmer, zwei Restaurants, die polnische Küche servieren, sowie über einen bewachten Parkplatz.

*Rheticus*
ul. Kopernika 10
PL-14-530 Frombork
Tel. / Fax 055 / 243 78 00
www.frombork.iq.pl/reklama/rheticus/
9 App.
Die Appartements des Hotels, das in einem denkmalgeschützten Gebäude mit dem Namen »Haus des heiligen Josef« untergebracht ist, sind u. a. mit komplett eingerichteten Küchen ausgestattet. Den Gästen steht auch ein Wellnessbereich mit Solarium zur Verfügung.

*Von der mächtigen Backsteinkathedrale bietet sich ein weiter Blick aufs Frische Haff.*

## Sehenswertes in Frombork

Überragt wird die Stadt vom befestigten Kathedralenhügel mit der monumentalen Bischofskirche, einem der bedeutendsten Kirchenbauten im Herrschaftsgebiet des Deutschen Ordens. Der 1329 begonnene gotische Backsteinbau steht an der Stelle einer 1288 erwähnten Vorgängerkirche. Von der qualitätvollen Ausstattung aus verschiedenen Epochen sind der **gotische Flügelaltar** im nördlichen Seitenschiffmit einer »Mondsichelmadonna« sowie die vielen schönen Epitaphe, u. a. für Kopernikus, sehenswert. ✶ **Kathedrale**

Ein Mauerring mit mehreren Türmen wurde im 14. Jahrhundert zum Schutz des Gotteshauses angelegt. Von den Türmen steht noch der **Kopernikus-Turm** (Wieża Kopernika), vermutlich der Arbeitsplatz des berühmten Astronomen. **Schutzmauer**

Der Bischofspalast aus dem 16. Jh. wurde nach der Zerstörung 1945 wieder aufgebaut und beherbergt heute ein Planetarium und das **Kopernikus-Museum** mit Exponaten zur Geschichte der Stadt und der Kathedrale, zu Nikolaus Kopernikus (►Berühmte Persönlichkeiten) und zur Geschichte der polnischen Astronomie (Muzeum Kopernika, Pałac Biskupi; Öffnungszeiten: Di. – So. 9.00 – 16.00 Uhr). **Bischofspalast**

**Domherrenhäuser** Innerhalb der Befestigungsanlage stehen auch die Wohnhäuser der Domherren aus dem 16. und 18. Jahrhundert, die heute als Ausflugsheime der Polnischen Post genutzt werden.

## Umgebung von Frombork

**Braniewo (Braunsberg)** Die am Ufer des Flusses Pasłeka 10 km östlich von Frauenburg gelegene Stadt wurde im 13. Jh. gegründet und war im Mittelalter Handelszentrum und Bischofssitz, bevor dieser nach Frauenburg verlegt wurde. Gut erhalten ist die barock ausgestattete Pfarrkirche zur Hl. Dreifaltigkeit vom Ende des 15. Jahrhunderts. Die Katharinenkirche (Kościół św. Katarzyny) aus dem 14. Jh., eine der größten Hallenkirchen des Ermlands, ist nach der Zerstörung im Zweiten Weltkrieg restauriert worden.

# ★★ Gdańsk · Danzig

M 2

**Wojewodschaft:** Pomorskie
**Höhe:** 0 – 142 m ü. d. M.
**Einwohnerzahl:** 457 000

**Danzig, die »Wiege der Solidarität«, der freien Gewerkschaft »Solidarność«, die den Sturz des sozialistischen Regimes herbeigeführt hat, liegt an der Mündung der Toten Weichsel und ist einer der wichtigsten Ostseehäfen des Landes. Zusammen mit den Städten Sopot und Gdynia bildet Danzig die so genannte »Dreistadt«, die sich 45 km längs der Westseite der Danziger Bucht erstreckt. Aufgrund ihrer an Baudenkmälern reichen Innenstadt, die nach dem Zweiten Weltkrieg mit großer Sorgfalt rekonstruiert wurden, trägt Danzig auch den Beinamen »Perle der Ostsee«.**

**Geschichte** Eine slawische Fischersiedlung an der Stelle des heutigen Langen Markts wird erstmals im Jahr 997 als **»urbs Gyddanzc«** urkundlich erwähnt. Die befestigte Siedlung entwickelte sich dank ihrer Lage an der Bernsteinstraße schnell zu einem Handelszentrum, das von slawischen Fürsten, den Herzögen von Pommerellen, regiert wurde. In der Nähe gründeten im 12. Jh. deutscher Kaufleute, die Handelsverbindungen nach ganz Europa aufbauten, eine weitere Siedlung, die 1260 das Stadtrecht erhielt und 1308 an den Deutschen Orden fiel. Ab dem 15. Jahrhundert versuchte

### i Geschichte literarisch

- Der Beschuss der Westerplatte und der Polnischen Post am 1. September 1939 marktierte den Beginn des Zweiten Weltkriegs. In seinem Roman »Die Blechtrommel« hat der Literaturnobelpreisträger und gebürtige Danziger Günter Grass die Ereignisse detailliert beschrieben und dabei die widersprüchlichen deutsch-polnischen Beziehungen meisterhaft eingefangen.

*Altstadtpanorama entlang des Mottlaus-Ufers*

die Handelsstadt, die sich 1440 dem **Preußischen Bund** angeschlossen hatte, sich der Herrschaft des Deutschen Ordens zu entziehen und unterstellte sich 1454 dem polnischen König, nicht ohne sich eigenes Territorium und weit gehende Autonomie zu sichern.

Vom 16. bis zum 18. Jh. erlebte die Stadt eine wirtschaftliche und kulturelle Blütezeit; sie war Mitglied der **Hanse** und besaß eine eigene Handels- und Kriegsflotte. In den Polnischen Teilungen blieb die Stadt zunächst bei Polen, 1793 ging sie an Preußen über. Im Jahre 1807 erhielt Danzig von **Napoleon** den Status einer Freien Stadt, den es 1814 gegen die Zugehörigkeit zu Preußen wieder eintauschen musste. Nach dem Ausbau des Hafens blühte die Hauptstadt der Provinz Westpreußen wirtschaftlich erneut auf.

Der Versailler Vertrag erklärte Danzig nach dem Ersten Weltkrieg zur Freien Stadt unter dem Protektorat des Völkerbunds. Die Ausgliederung Danzigs aus dem Deutschen Reich sowie der ebenfalls durch den Versailler Vertrag geschaffene Polnische Korridor dienten als Vorwand für den deutschen Angriff auf Danzig am Morgen des 1. September 1939, der den Zweiten Weltkrieg einleitete. Am Ende des Krieges war die Altstadt Danzigs zu 90 % zerstört.

In weniger als zwei Jahrzehnten gelang den polnischen Neu-Danzigern der Wiederaufbau von Hafen und Industrie sowie die originalgetreue Rekonstruktion der historischen Stadt – eine Pioniertat in die Geschichte der Denkmalpflege.

## Gdańsk Orientierung

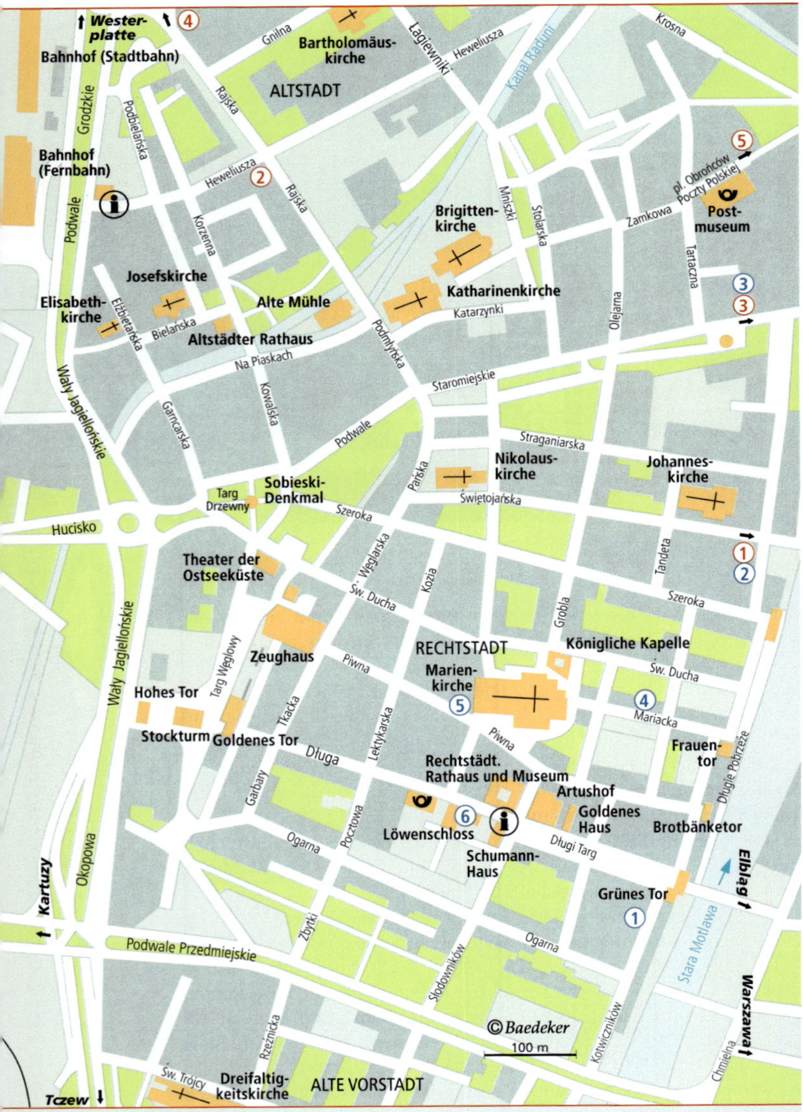


**Essen**
1 Tawerna
2 Hanza
3 Kubicki
4 Café Kamienica
5 Czerwone Drzwi
6 Pod Jaszurem

**Übernachten**
1 Hanza
2 Hevelius
3 Królewski
4 Szydłowski
5 Orle

## GDAŃSK ERLEBEN

### AUSKUNFT

*PTTK*
ul. Długa 45
PL-80-827 Gdańsk
Tel. 058 / 301 91 51
www.pttk-gdansk.pl

### STADTBESICHTIGUNG

Ein zwei- bis dreistündiger Spaziergang entlang des Königswegs berührt die wichtigsten Sehenswürdigkeiten in der Rechtstadt. Um die Hafenstadt wirklich kennen zu lernen, sollte man sie sich auch vom Wasser aus ansehen. Ausflugsdampfer starten zu Hafenrundfahrten, zur Weichselmündung und zur Westerplatte von der Anlegestelle bei der Grünen Brücke. Mit Bussen erreicht man schnell und günstig die einzelnen Stadtviertel Danzigs. Die Tickets, deren Preis sich nach der Fahrtdauer richtet, kauft man beim Fahrer. Die zentrale Busstation liegt beim Bahnhof. Für Ausflüge nach Sopot oder Gdynia empfiehlt sich die Stadtbahn SKM. Tickets gibt's an den Schaltern der einzelnen Stationen oder in Zeitungskiosken.

### SHOPPING

Vor allem an der Promenade am Mottlau-Ufer, in der Frauengasse und auf dem Langen Markt finden Danzigbesucher eine große Auswahl an Kunsthandwerk, Bernsteinschmuck und anderen Mitbringseln.

### ESSEN

#### ► Fein & teuer

① *Tawerna*
ul. Powroźnicza 19 / 20
Tel. 058 / 301 41 14
www.tawerna.pl
Wer maritimes Ambiente schnuppern möchte, ist in der »Tawerna« bestens aufgehoben, die einer Kapitänskajüte nachempfunden ist. Dazu passt die Küche mit Schwerpunkt Fisch.

② *Hanza*
ul. Tokarska 6
Tel. 058 / 305 34 27
Das an der Mottlau-Promenade gelegene Restaurant bietet Fischspezialitäten à la Nouvelle Cuisine. Im Sommer kann man draußen auf der Café-Terrasse sitzen.

#### ► Erschwinglich

③ *Kubicki*
ul. Wartka 5
Tel. 058 / 301 00 50
Günter Grass' Lieblingslokal an der Mottlau gibt sich plüschig, doch die deftige polnisch-kaschubische Hausmannskost überzeugt.

*Treffpunkt Café Kamienica*

#### ► Preiswert

④ *Café Kamienica*
ul. Mariacka 37
Gemütliches Café in der Frauengasse, besonders an warmen Tagen sehr beliebt.

⑤ *Czerwone Drzwi*
ul. Piwna 52
Tel. 058 / 301 57 64

Barockes Bürgerhaus mit heimeliger Atmosphäre; es gibt leckere polnische Suppen und dazu Jazz und Chansons.

⑥ ***Pod Jaszczurem***
ul. Długa 47 / 49
Tel. 058 / 301 91 13
Das »Salamander« an der belebten Langgasse schont das Urlaubsbudget: Für wenig Geld gibt es polnische Klassiker, Pizza und Steaks.

*Das noble Nouvelle-Cuisine-Restaurant des »Hanza«*

## ÜBERNACHTEN

### ► Luxus

① ***Hanza***
ul. Tokarska 6
PL-80-888 Gdańsk
Tel. 058 / 305 34 27
www.hanza-hotel.com.pl
53 Z., 7 Suiten
Von den meisten Zimmern aus hat man einen herrlichen Blick auf die Mottlau und die vorbeifahrenden Schiffe. Mit Terrassencafé, gutem Restaurant und Kasino.

② ***Hevelius***
ul. Heweliusza 22
PL-80-890 Gdańsk
Tel. 058 / 321 00 00
www.orbis.pl
281 Z., 6 Suiten
Von außen ist das traditionsreiche Hotel nicht gerade eine Schönheit, doch innen präsentiert es sich komfortabel. Von den obersten Stockwerken genießt man den besten Blick über die Stadt.

### ► Komfortabel

③ ***Królewski***
ul. Ołowianka 1
PL-80-749 Gdańsk
Tel. 058 / 326 11 11
www.hotelkrolewski.pl
30 Z.
Restaurierter Backsteinspeicher auf der Bleihof-Insel. Von den meisten Hotelzimmern blickt man über die Mottlau direkt auf die Altstadt.

④ ***Szydłowski***
al. Grunwaldzka 114
PL-80-244 Gdańsk-Wrzeszcz
Tel. 058 / 345 70 40
www.hotel-szydlowski.com.pl
35 Z.
Das Hotel – im Stadtteil Wrzeszcz, nahe des Bahnhofs – bietet seinen Gästen einen großen Wellnessbereich.

### ► Günstig

⑤ ***Orle***
ul. Lazurowa 8
PL-80-680 Gdańsk-Sobieszewo
Tel. 058 / 308 07 65
www.orle.com.pl
150 Z.
Die von einem Kiefernwäldchen umgebene Hotelanlage liegt ungefähr 15 Kilometer vom Stadtzentrum entfernt auf der Bohnsackerinsel. Den Gästen stehen ein Billardcafé, ein Nachtclub mit Disko, ein Fahrradverleih sowie ein Spiel- und Sportplatz zur Verfügung. Zum Sandstrand sind es nur 100 m.

Im Dezember 1970 wurde der durch die Erhöhung der Lebensmittelpreise ausgelöste Streik der Werftarbeiter blutig niedergeschlagen. Zehn Jahre später, im Juli 1980, führte die sich verschlechternde Versorgung erneut zu Arbeitsniederlegungen. An der Spitze des Streikkomitees stand der Elektromonteur und Werftarbeiter **Lech Wałęsa**, der die Führung der ab Oktober 1980 zugelassenen unabhängigen Gewerkschaft **»Solidarność«** übernahm.

Nach jahrelanger Repression während der Regierung des ehemaligen **Generals Wojciech Jaruzelski**, der im Dezember 1981 das Kriegsrecht verhängte und die Solidarność verbot, zwangen erneute Streiks im Jahr 1988 die Regierung zu Verhandlungen an den »Runden Tisch«. Sie bildeten den Auftakt für die grundlegenden Umwälzungen, die zur Umwandlung des kommunistischen Staates in die Republik Polen führten; ihr erster frei gewählter Präsident wurde im Dezember 1990 Lech Wałęsa.

### i Haus zum Mohren

- Es war einmal ein junger Steinmetz, der alles daransetzte, in die Danziger Zunft aufgenommen zu werden. Doch seine Arbeit genügte den Meistern nicht, sie sei »jämmerlich wie die eines Negers«. Zwanzig Jahre später hatte es der geschmähte Steinmetz zu Ruhm und Ehren gebracht. Sein schönstes Werk nannte er zum Hohn seiner Widersacher »Haus zum Mohren«. Es liegt auf der Bleihofinsel und beherbergt heute ein kleines, nobles Hotel, das Rokokoportal schmückt das Antlitz eines Afrikaners (Hotel Podewils, ul. Szafarnia 2, PL-80-749 Gdańsk, Tel. 058 / 300 95 60, www.podewils-hotel.pl).

## Główne Miasto · Rechtstadt

Die prächtigsten Gebäude der Stadt stehen entlang dem so genannten **Droga Królewska**, dem Königsweg, der vom repräsentativen Hohen Tor über die Langgasse und den Langen Markt zum Grünen Tor an der Mottlau verläuft. **★★ Königsweg**

Das Hohe Tor (Brama Wyżynna) war einer der Haupteingänge in die Stadt und Teil der Befestigungsanlage Danzigs. Das von 1574 erbaute Tor erhielt 1588 durch den flämischen Bildhauer **Wilhelm van den Blocke** eine repräsentative Sandsteinfassade. Die obere Hälfte der Fassade schmücken drei Wappen: in der Mitte das von zwei Figuren gehaltene polnische Wappen, rechts davon das Stadtwappen von Danzig mit einer Krone, die 1457 von **Kazimierz IV.** hinzugefügt wurde, und links davon das preußische Wappen. An der Rückseite des Tors wurde 1883 das Wappen der Hohenzollern angebracht. **★ Hohes Tor**

Das mittelalterliche Vortor mit Stockturm und **»Peinkammer«** wurde einst als Gefängnis genutzt und diente zugleich der Sicherung des dahinterliegenden Langgasser Tores, an dessen Stelle heute das Goldene Tor steht. Die Grundmauern des Stockturms stammen aus dem 14. Jh., die beiden oberen Geschosse wurden zu Beginn des 16. Jhs. aufgesetzt und mit Renaissanceformen dekoriert. **Stockturm**

**Goldenes Tor** Die Złota Brama bildet den imposanten Eingang zur Langgasse. Der zweigeschossige Spätrenaissancebau in Form eines Triumphbogens wurde 1612 bis 1614 von **Abraham van den Blocke** und **Jan Strakowski** errichtet. An das Goldene Tor grenzt der spätgotische St.-Georgs-Hof (Dwór Bractwa św. Jerzego), ein zweigeschossiges Backsteingebäude, in dem sich die St.-Georgs-Bruderschaft zu Versammlungen und Festen traf.

** **Langgasse** Vom Wohlstand des Patrizier zeugen die prächtigen Häuser in der Langgasse (ul. Długa). Die meisten Gebäude waren als Wohnhäuser mit Kontoren im Erdgeschoss konzipiert und weisen eine schmale, aber sehr hohe Giebelfassade auf. Besonders schöne Beispiele sind das manieristische Löwenschloss (Lwi Zamek) von 1569 (Nr. 35) und das Schumann-Haus von 1560 (Nr. 45). Im spätgotischen, 1776 errichteten Uphagen-Haus kann man auch hinter die Fassade blicken. Ein **Museum bürgerlicher Wohnkultur** veranschaulicht anhand historischen Interieurs, wie reiche Danziger Bürger einst lebten (Dom Uphagena, ul. Długa 12; Öffnungszeiten: Di. – Sa. 10.00 – 16.00, So. 11.00 – 16.00 Uhr).

Museum ►

** **Rechtstädtisches Rathaus** Das Rechtstädtische Rathaus (Ratusz Głównego Miasta) an der Nordostecke des Langen Markts, ein ursprünglich gotisches Gebäude von 1370, wurde nach einem Brand 1556 im Stil der Renaissance umgebaut und erhielt 1766 ein spätbarockes Hauptportal. Den 82 m hohen Turm (um 1400) krönt seit dem Umbau eine Statue des polnischen Königs **Zygmunt August**.

Die Räume erhielten um 1600 eine kostbare Ausstattung, die heute als Bestandteil des im Rathaus untergebrachten **Historischen Museums** der Stadt Danzig besichtigt werden kann. Ein bedeutendes Beispiel für einen einheitlich manieristisch gestalteten Repräsentationsraum ist der prächtige Große Ratssaal – nach der Farbe seiner Wandbespannung auch Roter Saal genannt –, an dem namhafte niederländische Künstler mitwirkten: Den bis zur Decke reichenden

## *Highlights* Gdańsk

**Langer Markt**
Mit dem Rechtstädischen Rathaus, Artushof, Neptunbrunnen und Grünem Tor eines der schönsten städtebaulichen Ensembles in Polen.
► Seite 201

**Krantor**
Danzigs wuchtiges Wahrzeichen dient heute als Meeresmuseum.
► Seite 204

**Goldwasser**
Zumindest einmal muss man das kostbare Wässerchen probiert haben, am besten dort, wo es erfunden wurde.
► Seite 206

**Kathedrale von Oliwa**
Die Sommerkonzerte auf der berühmten Orgel machen den Besuch der Kathedrale zu einem Musikerlebnis.
► Seite 210

*Der Lange Markt mit dem Neptunbrunnen und den prächtigen Fassaden der alten Patrizierhäuser ist das Herzstück der Rechtstadt.*

Kamin mit dem Stadtwappen fertigte 1593 **Willem van der Meer** aus Gent, an den Wänden hängen Bilder von **Jan Vredeman de Vries**, und die Decke schmücken Gemälde von **Isaak van den Blocke** aus den Jahren 1608 / 1609 (Muzeum Historii Miasta, ul. Długa 47, Öffnungszeiten: Di. – Sa. 10.00 – 16.00, So. 11.00 – 16.00 Uhr).

**★★ Langer Markt**

Das Herzstück der Rechtstadt ist der zwischen Rathaus und Grünem Tor gelegene, von schönen Patrizierhäusern umrahmte Lange Markt (Długi Targ).

◄ Artushof

Neben dem Rathaus steht der 1478 bis 1481 erbaute Artushof (Dwór Artusa), dessen Portal die Porträts der Könige **Zygmunt III. Wasa** und dessen Sohn **Władysław IV.** schmücken. Die dreischiffige, gewölbte Halle diente den Danziger Patriziern vom 15. bis zum 17. Jh. als repräsentativer Rahmen für Feste und Versammlungen (Długi Targ; Öffnungszeiten: Di. – Sa. 10.00 – 16.00, So. 11.00 – 16.00 Uhr).

◄ Neptunbrunnen

Der Meeresgott Neptun auf dem 1613 vor dem Artushof errichteten Fontanna Neptuna symbolisiert Danzigs Selbstverständnis als mächtige Seehandelsstadt.

◄ Sächsische Häuser

An den Artushof schließen sich vier besonders prächtige Giebelhäuser an, die so genannten Sächsischen Häuser, in denen die polnischen Könige bei ihren Aufenthalten in Danzig Quartier nahmen.

**Grünes Tor** Am Grünen Tor (Zielona Brama), einem repräsentativen Renaissancebau, der den Langen Markt zur Mottlau hin abschließt, endet der Königsweg. Über die **Grüne Brücke** gelangt man über die Mottlau zur Speicherinsel des alten Hafens, auf der einst Danzigs Kaufleute ihre Waren lagerten.

✶ **Lange Brücke** Als Lange Brücke (Długie Pobrzeże) bezeichnet man das linke Ufer der Mottlau mit den ehemaligen Befestigungsanlagen der Hansestadt. Man passiert mehrere Torhäuser, die einst zur Befestigung dienten. Vorbei am **Brotbänkertor** an der Einmündung der gleichnamigen Gasse (ul. Chlebnicka) gelangt man zum **Frauentor**, in dessen Schatten sich in drei miteinander verbundenen Patrizierhäusern das Archäologische Museum befindet (s. u.).

! *Baedeker* TIPP

**Bernstein fischen**

Bernstein wird in Danziger Manufakturen zu Schmuckstücken und kleinen Skulpturen geschliffen; als Intarsie im Lampenschirm verströmt es ein geheimnisvolles Licht. Dutzende von Galerien und Läden verkaufen das kostbare »Gold der Ostsee«, ein großes Angebot findet man z. B. beim Danziger Bowke (Długie Pobrzeże 11). Und in Jantar, ein paar Kilometer östlich von Danzig, finden jeden Sommer die Meisterschaften im Bernsteinfischen statt: Mit an langen Stangen befestigten Netzen wird dabei der Meeresboden abgesucht.

Das wohl bekannteste Wahrzeichen Danzigs ist das **Krantor** (Żuraw): zwei wuchtige, backsteinerne Rundtürme, die durch einen gewaltigen Kran miteinander verbunden sind. Der 1444 errichtete Bau diente zum Entladen der Schiffe, zum Aufrichten von Masten und auch zur Verteidigung der Stadt. Heute ist im Krantor eine Abteilung des **Zentralen Meeresmuseums** untergebracht.

Mit seinen Exponaten und Dokumenten erzählt das Meeresmuseum die Geschichte der Seefahrt vom 10. bis 20. Jh. Die Sammlungen sind auf das Krantor sowie auf drei ehemalige Speicher auf der gegenüberliegenden Insel verteilt – ein kleines Schiff pendelt ständig zwischen dem Krantor und den Speichern. Außerdem kann man die an der Insel vertäute **»Sołdek«** besichtigen, das erste Hochseeschiff, das nach dem Zweiten Weltkrieg in Polen gebaut wurde (Centralne Muzeum Morskie, ul. Szeroka 67/68 u. Wyspa Ołowianka; Öffnungszeiten: Di. – So. 10.00 – 16.00 Uhr).

✶ **Frauengasse** Die Frauengasse (ul. Mariacka) verläuft vom Frauentor (Brama Mariacka) parallel zum Długi Targ. Ebenso wie am Langen Markt fühlt man sich hier in die Vergangenheit Danzigs als wohlhabende Handelsstadt zurückversetzt. Auch die für den Ostseeraum charakteristischen **Beischläge** – terrassenartige Häuservorbauten mit Freitreppen, die sich weit in die Straße hineinschieben –, wurden originalgetreu wieder hergestellt.

*Auch in der Frauengasse lohnt es sich, Bernstein zu »fischen«.* →

S&A

# KRANTOR

★★ **Das mittelalterliche Krantor ist *das* Wahrzeichen Danzigs und wohl das meistfotografierte Gebäude der Stadt. Ursprünglich ganz aus Holz gebaut, wurde das Krantor nach einem Brand im Jahr 1444 neu errichtet. Im Zweiten Weltkrieg fiel es wieder den Flammen zum Opfer, wurde aber nach dem Krieg äußerst sorgfältig restauriert. Heute beherbergt es Ausstellungsräume des Zentralen Meeresmuseums.**

Centralne Muzeum Morskie
ul. Ołowianka 9 - 13
www.cmm.pl
Öffnungszeiten:
Sommer Di. – So. 10.00 – 18.00,
Winter bis 16.00 Uhr

### 1 Kran

Neben dem Be- und Entladen von Schiffen wurde der Kran auch zum Aufstellen von Schiffsmasten genutzt.

### 2 Oberes Rad

Die beiden Räder des Krantors bestehen aus zwei Teilen, verbunden durch eine Spindel. Daran war ein Hanfseil angebracht, an dem die Lasten nach oben befördert wurden. Häftlinge mussten in die Räder steigen und sie mit ihren Füßen in Bewegung setzen, ähnlich wie bei einem Laufrad für Hamster. Mit Hilfe des oberen Rades – Durchmesser: 5 m – war es möglich, bis zu 2 t schwere Lasten in 25 m Höhe zu befördern.

### 3 Unteres Rad

Dieses Rad – ebenfalls mit einem Durchmesser von 5 m – wurde benutzt, um Lasten von bis zu 4 t Gewicht in eine Höhe von 11 m zu heben.

### 4 Türme

Das Krantor wurde nicht nur zu merkantilen Zwecken genutzt, die Anlage wurde auch zur Verteidung des Hafens errichtet. U. a. dienten dabei die Fenster der beiden Türme, die den Kran flankieren, als Schießscharten.

*Früher überwachten Soldaten vom Krantor aus den Hafen, heute ist es friedliches Wahrzeichen von Danzig.*

**Archäologisches Museum**

Das Archäologische Museum beim Frauentor informiert über die Frühgeschichte der Region, die einst von den baltischen Stämmen der **Pruzzen** und **Galinder** bewohnt waren. Sehenswert ist auch die Bernsteinausstellung (Muzeum Archeologiczne, ul. Mariacka 25/ 26; Öffnungszeiten: Di. – So. 10.00 – 16.00 Uhr).

**✶✶ Marienkirche**

Die monumentale Marienkirche (Kościół Mariacki) im Zentrum der Rechtstadt ist einer der größten gotischen Sakralbauten Europas. Von 1343 bis 1502 entstand eine dreischiffige Hallenkirche mit Kapellen zwischen nach innen verlagerten Strebepfeilern. Mit 105 m Länge und 66 m Querschiffbreite fasst die Kirche 25 000 Menschen; der Turm ist 78 m hoch.

Von der reichen Innenausstattung wurde ein beträchtlicher Teil während des Zweiten Weltkriegs zerstört. Viele Kunstwerke und kostbare Ausstattungsstücke der Kirche konnten jedoch gerettet werden; die meisten befinden sich heute u. a. in Museen in Warschau, Thorn und Danzig.

Von den zahlreichen Epitaphen verdient vor allem das 1620 von **Abraham van den Blocke** geschaffene Grabmal von Simon und Judith Bahr im nördlichen Querhaus Beachtung. Ein Meisterwerk der Uhrmacherkunst ist die 14 m hohe astronomische Uhr von **Hans Düringer** aus Thorn von 1464/1470. Aus dem Jahr 1517 stammt die monumentale Kreuzigungsgruppe im Triumphbogen; den fünfteiligen spätgotischen Hochaltar hat von 1511 bis 1517 ein Meister Michael aus Augsburg geschaffen.

! *Baedeker* TIPP

### Goldwasser im »Lachs«

Am traditionsreichen »Lachs« kommt keiner vorbei: In diesem Haus wurde 1598 das »Goldwasser« erfunden, ein Anislikör, auf dessen Grund Flitter von 22-karätigem Gold schwimmen. Das in opulentem Barock gestylte Restaurant bietet fast ausschließlich Fisch – und dies vom Teuersten und Feinsten. Und keinesfalls sollte am Ende des Mahls das Goldwässerchen fehlen! (Pod Łososiem, ul. Szeroka 54, Tel. 058 / 301 76 52)

**Königliche Kapelle**

Nordöstlich der Marienkirche, an der ul. św. Ducha, steht die einzige Barockkirche der Stadt. Das 1678 bis 1681 vom königlichen Baumeister **Tylman van Gameren** erbaute Gotteshaus wurde von König **Jan III. Sobieski** und dem polnischen Primas **Andrzej Olszowski** der katholischen Minderheit – damals war die Bevölkerung Danzigs mehrheitlich protestantisch – gestiftet.

**✶ Nikolaikirche**

Die im frühen 13. Jahrhundert errichtete Kościół św. Mikołaja in der ul. Swiętojańska, äußerlich eine schlichte Backsteinkirche, blieb im Zweiten Weltkrieg unzerstört und behielt ihre reiche, über die Jahrhunderte zu einem eindrucksvollen Ensemble gewachsene Ausstattung mit zahlreichen Gemälden, Epitaphen, Barock- und Rokokoaltären.

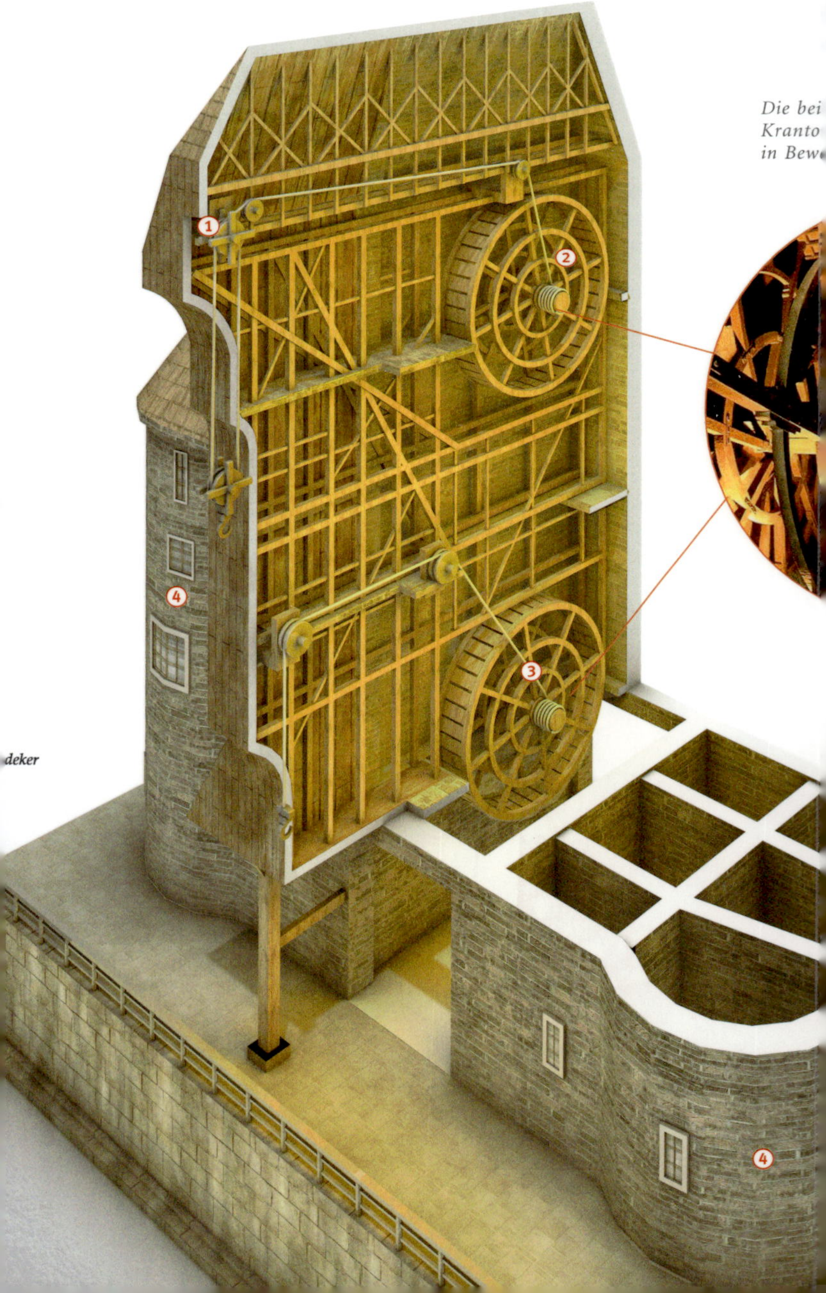


*Die bei*
*Kranto*
*in Bew*

*deker*

*len riesigen »Laufräder« des s wurden meist von Häftlingen gung gesetzt.*

*Das Aufstellen von Segelmasten mit Hilfe des Krantors war eine gefährlich Angelegenheit (Holzstich um 1890).*

*Bereits Anfang des 19. Jhs. lockte das heutige Wahrzeichen Danzigs zu Bootsausflügen auf der Mottlau (Lithografie um 1840).*

*Im Zentrum der Rechtstadt erhebt sich die monumentale gotische Marienkirche.*

Das Zeughaus (Wielka Zbrojownia) zwischen Kohlenmarkt (Targ Węglowy) und der ul. Piwna mit einer reich geschmückten Fassade wurde 1602 bis 1609 nach Plänen von **Anton van Opbergen** im manieristischen Stil erbaut. Im überwölbten Erdgeschoss des Gebäudes befindet sich heute eine **Einkaufspassage**, die Obergeschosse werden von der Kunsthochschule genutzt.

★ **Zeughaus**

## Stare Przedmieście · Alte Vorstadt

**Dreifaltigkeitskirche**

Die als Klosterkirche des Franziskanerkonvents erbaute Dreifaltigkeitskirche (Kościół św. Trójcy) wurde 1422 begonnen und 1514 vollendet. Sie besitzt außergewöhnlich kunstvolle Giebel und viele kostbare Kunstwerke, u. a. ein gotisches Gestühl vom Anfang des 16. Jhs. und eine gotische Kanzel von 1541. Die Ausstattung der 1484 an die Kirche angebaute Annakapelle ist barock.

★ ★ ◄ Nationalmuseum

Im ehemaligen Kloster nebenan befindet sich heute das Nationalmuseum. Zu sehen sind u. a. mittelalterliche Skulpturen aus Pommern, Kunsthandwerk aus dem 16. bis 19. Jh., flämische und holländische Malerei des 15. bis 17. Jhs. sowie Danziger Goldschmiedekunst und Malerei des 16. bis 19. Jhs. Das beeindruckendste Ausstellungsstück ist der berühmte, ursprünglich in der Marienkirche aufgestellte Flügelaltar von **Hans Memling** mit der Darstellung des Jüngsten Gerichts (1471/1473) (Muzeum Narodowe, ul. Toruńska 1; Öffnungszeiten: Di. – Fr. 9.00 – 16.00, Sa. u. So. 10.00 – 16.00 Uhr).

## Stare Miasto · Altstadt

**Altstädter Rathaus** Das Ratusz Staromiejski entstand 1587 bis 1595 nach Plänen des flämischen Architekten **Anton van Opbergen**. Das schlichte Gebäude decken zwei Krüppelwalmdächer über einer Attika und zwei Ecktürmchen. Heute ist hier das Baltische Kulturzentrum untergebracht.

**Alte Mühle** Auf einer Insel im Raduni-Kanal ließ der Deutsche Orden um 1350 eine Getreidemühle mit 18 Mühlrädern erbauen. Die **Wielki Młyn** zählte im Mittelalter zu den größten Industriebetrieben in Nordeuropa und war beinahe 600 Jahre lang, bis zum Brand im Jahr 1945, in Betrieb; allerdings wurden die Mühlräder 1880 durch Turbinen ersetzt. Auf der anderen Seite der ul. Rajska steht die Kleine Mühle, die **Mały Młyn**, aus dem 14. Jh., ursprünglich ein Getreidelager.

**Katharinenkirche** Die Kościół św. Katarzyny östlich der Alten Mühle ist eine der ältesten Pfarrkirchen Danzigs. Um 1380 begonnen, 1432 geweiht, war sie erst zu Beginn des 16. Jhs. mit der Vollendung des Glockenturms fertig gestellt. Von der großenteils zerstörten Ausstattung blieben u. a. ein Flügelaltar vom Anfang des 16. Jhs. erhalten sowie der Hochaltar mit einer Kreuzigung vor dem Hintergrund des Danziger Panoramas, geschaffen 1609 von **Anton Möller**. Im nördlichen Seitenschiff hängt das 3 x 11 m große Gemälde »Einzug Christi in Jerusalem« von **Bartholomäus Miltwitz** aus dem Jahr 1654.

Dank dem Engagement einer Stiftung und der Spendenfreudigkeit zahlreicher Personen aus dem In- und Ausland besitzt die Katharinenkirche auch wieder ihr berühmtes **Glockenspiel**, dessen 37 Glocken im Zweiten Weltkrieg teilweise eingeschmolzen, z. T. nach Lübeck gebracht wurden. Zu jeder vollen Stunde erklingt Beethovens berühmte Melodie »Freude schöner Götterfunken«.

Uhrenmuseum ► Offiziell ist das Glockenspiel Teil des kircheneigenen Uhrenmuseums mit zahlreichen originellen Zeitmessern (Öffnungszeiten: Mai – Sept. Mi. – So. 10.00 – 16.00 Uhr).

**Brigittenkirche** Direkt hinter der Katharinenkirche liegt die Kościół św. Brygidy aus dem 14. Jahrhundert. Seit den Arbeiterunruhen ist sie als **Solidarność-Kirche** bekannt, da sich hier in den Zeiten des Kriegsrechts jeden Sonntag Tausende von Menschen zum Gottesdienst einfanden.

**Polnische Post** Nahe dem Zusammenfluss von Raduni-Kanal und Mottlau errichtete der Deutsche Orden 1340 eine Burg, die Danziger Bürger 1454 in Schutt und Asche legten. Just hier entstand gemäß dem 1920 unterzeichneten Abkommen zwischen Polen und der Freistadt Danzig die Polnische Post. Als am 1. September 1939 die deutsche Armee mit der Beschießung der Westerplatte den Zweiten Weltkrieg einleitete, wurde auch das Gebäude der Polnischen Post von Danziger Deutschen angegriffen. 39 gefangen genommene Polen wurden am 5. Oktober im Vorort Zaspa erschossen.

Heute ist in dem wiederaufgebauten Gebäude u. a. das kleine Museum für Post- und Fernmeldewesen untergebracht, das den Beginn des Zweiten Weltkriegs dokumentiert (Muzeum Poczty i Telekomunikacji, ul. Obrońców Poczty Polskiej 1/2; Öffnungszeiten: Mo. – Fr. 10.00 – 16.00, Sa. u. So. 10.30 – 14.00 Uhr).

◄ Postmuseum

Das Denkmal der gefallenen Werftarbeiter steht am pl. Solidarności unweit der einstigen Danziger Werft, in der in den 1970er- und 1980er-Jahren mehrfach Massenstreiks stattfanden. Die drei monumentalen, aus Stahlplatten errichteten Kreuze erinnern an die 28 Arbeiter, die bei der Niederschlagung des Streiks im Dezember 1970 getötet wurden.

**Denkmal der gefallenen Werftarbeiter**

## Hafen

Der Hafen von Danzig lag jahrhundertelang an der Mottlau und wurde erst im 19. Jahrhundert an die Tote Weichsel (Martwa Wisła) verlegt. Um die Hafenanlagen entstand ein **Nowy Port** (Neuer Hafen) genannter Stadtteil.

**Geschichte**

*Auf der Rundfahrt durch den Hafen Danzigs wird auch das Mahnmal auf der Westerplatte angesteuert.*

**Festung Weichselmünde** Bevor sich durch angeschwemmten Sand die Halbinsel Westerplatte bildete, lag die Twierdza Wisłoujście an der Mündung der Toten Weichsel und schützte Danzig vor einem Angriff von der See her. Der 1482 erbaute gotische Rundturm in der Mitte der Anlage diente früher auch als Leuchtturm. Ein Ringwall aus dem Jahre 1562 mit Kasematten im Kellergeschoss umgibt den Turm; 1624 bis 1626 kam ein Fort mit vier Bastionen dazu. Der Graben dieses Forts wird heute als Yachthafen genutzt.

**Westerplatte** Auf der Westerplatte befand sich in der Zwischenkriegszeit das polnische Armeedepot. Hier begann am 1. September 1939 um 4.45 Uhr der Zweite Weltkrieg, als der deutsche Panzerkreuzer »Schleswig-Holstein« das Feuer auf die Westerplatte eröffnete. Die 182 Soldaten der polnischen Garnison hielten sieben Tage lang der Übermacht stand. Ihnen zum Gedenken wurde 1966 hier ein 25 m hohes **Mahnmal** errichtet.

## Oliwa · Oliva

**Geschichte** Der nordwestlich des Zentrums gelegene Stadtteil Oliwa verfügt über eine berühmte Klosteranlage. Ihr Ursprung reicht ins Jahr 1186 zurück, als der Pomerellenfürst Zisterzienser anwarb, um das sumpfige Land urbar zu machen. Das zugehörige Gotteshaus ist seit 1925 Bischofskirche der Danziger Diözese.

**★★ Kathedrale** Die Zisterzienser errichteten zu Beginn des 13. Jhs. ein kleines Oratorium, dem sie bald ein Quer- und ein Langhaus anfügten. Nach einem Brand um 1350 wurden Kirche und Kloster erneuert. Die Westfassade, die von zwei gotischen Türmen flankiert wird, ist das Ergebnis einer barocken Umgestaltung im Jahre 1688.

Das schöne Sterngewölbe wurde 1577 eingezogen. Das wertvollste Stück der Ausstattung ist die 1763 bis 1788 von **Johann Wulf** geschaffene Orgel. Den herrlichen Orgelprospekt fertigte eine Gruppe von etwa 20 Holzschnitzern in der klösterlichen Werkstatt.

> **! *Baedeker* TIPP**
>
> **Musica Sacra**
>
> Die Orgel der Kathedrale von Oliwa bringt es auf 7876 Pfeifen und ist damit eine der größten in Europa. Wer sich von ihrem phantastischen Klang überzeugen will, kommt zu den abendlichen Konzerten im Rahmen des Festivals »Musica Sacra«, das alljährlich im Juli/August stattfindet. Kostproben werden im Sommer auch tagsüber offeriert (Infos und genaue Termine erhält man von der Touristeninformation).

Im Süden grenzen an die Kathedrale die um einen Kreuzgang angeordneten Gebäude des 1831 aufgehobenen **Zisterzienserklosters**. Sie beherbergen heute die Sammlungen des Diözesanmuseums mit Sakralkunst aus Danziger Kirchen. Im so genannten **Friedenssaal** fanden 1660 die Verhandlungen zwischen den Delegationen Polens und Schwedens statt. An den Frie-

Diözesanmuseum ►

densschluss erinnert gleichfalls eine marmorne Tafel im nördlichen Kreuzgang (Muzeum Diecezjalne, ul. Opacka 15; Öffnungszeiten: Di. bis So. 10.00 – 16.00 Uhr).

Im 1723 errichteten **Abtsspeicher** befindet sich das **Volkskundemuseum**, zugleich eine Abteilung des Nationalmuseums. Es zeigt Volkskunst aus Kaschubien und dem Weichseldelta, darunter Trachten, Schmuck und Alltagsgegenstände (Muzeum Etnograficzne, ul. Cystersów 15 A; Öffnungszeiten: Di. bis So. 10.00 – 16.00 Uhr).

*Zwei schlanke gotische Türme flankieren die Fassade der Kathedrale von Oliwa.*

Nördlich und südlich des Abtspalastes erstreckt sich der nach dem polnischen Nationaldichter **Adam Mickiewicz** benannte **Park**. Der südliche, ältere Teil aus der zweiten Hälfte des 18. Jhs. ist ein französischer Garten mit geometrischer Aufteilung, Alleen, gestutzten Hecken, Rundbeeten und Teichen. Der nördliche Teil, in dem sich auch der Palmengarten befindet, entstand um 1800 im Stil eines englischen Landschaftsgartens.

Der etwas westlich des Klosters in einem Tal zwischen bewaldeten Hügeln gelegene **Zoologische Garten** von Oliwa gilt als der schönste Polens. Über 1200 Tiere können in ihren weitläufigen Gehegen beobachtet werden (Ogród zoologiczny, ul. Karwieńska; Öffnungszeiten: Mo. – Fr. 9.00 – 17.00, Sa. u. So. 9.00 – 18.00 Uhr).

## Umgebung von Danzig

**Sztutowo (Stutthof)**

Eine Fahrt zum 35 km östlich von Danzig gelegenen Sztutowo führt durch die Küstenorte Mikoszewo, Jantar und Stegna. Sztutowo wird hauptsächlich wegen des früheren **Konzentrationslagers Stutthof** besucht. Im September 1939 wurde es als Gefangenenlager eingerichtet, diente von Oktober 1941 bis Januar 1942 als »Arbeitserziehungslager« und anschließend bis April 1945 als Konzentrationslager. Über 65 000 Menschen fanden hier den Tod (Muzeum Martyrologii; Öffnungszeiten: tgl. 9.00 – 17.00 Uhr).

# Gdynia · Gdingen

M 1

**Wojewodschaft:** Pomorskie
**Einwohnerzahl:** 260 000
**Höhe:** 0 – 52 m ü. d. M.

**Mehrere Häfen, eine große Werft, Reedereien, eine Flotte für Hochseefischerei, eine Meereshochschule, ein Meeresbiologisches und ein Marinemedizin-Institut – in der Stadt Gdynia, die zusammen mit Danzig und Sopot zur so genannten Dreistadt verschmolzen ist, erinnert kaum mehr etwas an das einstige Fischerdörfchen an der Ostsee.**

**Geschichte** Mitte des 13. Jhs. gegründet, war Gdynia bis zum Beginn des 20. Jhs. ein unbedeutendes Fischerdorf, das ab 1316 den Zisterziensermönchen von Oliwa (► Gdańsk) gehörte. Dies änderte sich nach dem Ersten Weltkrieg, als Polen durch den Versailler Vertrag den schmalen Korridor nördlich von Danzig zugesprochen bekam und Gdynia

## GDYNIA ERLEBEN

### AUSKUNFT

*Tourist-Information*
pl. Konstytucji 1
PL-81-345 Gdynia
Tel. / Fax 058 / 628 54 66
www.gdynia.pl

### ESSEN

#### ► Erschwinglich

*Ameryka*
10 Lutego 21
Tel. 058 / 621 91 90
Hier gibt es, ganz amerikanisch, riesige und gute T-Bone Steaks, aber auch noch allerlei andere Gerichte.

*Róża Wiatrów*
al. Zjednoczenia 2
Tel. 058 / 620 06 48
In der »Windrose« fühlt man sich wie an Bord eines Schiffes. Kein Wunder, liegt das Restaurant doch direkt am Kai gegenüber dem Museumsschiff »Dar Pomorza«. Auf der Speisekarte stehen polnische und internationale Gerichte.

### ÜBERNACHTEN

#### ► Komfortabel

*Gdynia*
Armii Krajowej 22
PL-81-372 Gdynia
Tel. 058 / 666 30 40
www.orbis.pl; 297 Z.
Das ganz in der Nähe des Hafens gelegene Hotel verfügt über geräumige, mit Sat-TV, Telefon, Internetzugang und Minibar ausgestattete Zimmer, Restaurants, Bars und Disko, Swimmingpool und Sauna.

*Nadmorski*
ul. Ejsmonda 2
PL-81-409 Gdynia
Tel. 058 / 699 33 33
www.nadmorski.pl
Die Zimmer des an der Danziger Bucht gelegenen »Nadmorski« bieten allen Komfort. Das Hotel verfügt zudem über Restaurants und Bars, einen großen Wellness- und Fitnessbereich und über eine bewachte Tiefgarage.

*Auf der Suche nach einem Souvenir gegenüber dem Museumsschiff »Dar Pomorza«.*

den Zugang zur Ostsee bildete. Der ab 1922 betriebene Hafenausbau ließ die kleine Ortschaft innerhalb weniger Jahre zu einer modernen Industriestadt wachsen.
Die 1945 zerstörten Hafenanlagen wurden in den 1950er- und 1960er-Jahren wieder aufgebaut und erweitert, sodass Gydnia heute eine der modernsten Werften und Hafenanlagen Polens besitzt. Seit Polens NATO-Beitritt 1999 befindet sich hier der größte baltische Marinestützpunkt des Militärbündnisses.

## Sehenswertes in Gdynia

**Südmole**

An der Südmole, wo sich die Meereshochschule und das Institut für Seefischerei befinden, liegen die Hauptsehenswürdigkeiten von Gdynia. An der Nordseite der Mole, am Pommerschen Kai, sind zwei Museumsschiffe vertäut: das ehemalige Segelschulschiff **»Dar Pomorza«**, das »Geschenk Pommerns«, 1901 in Hamburg gebaut (Öffnungszeiten: Di. – So. 0.00 – 16.00 Uhr), sowie die **»Błyskawica«**, ein Zerstörer aus dem Zweiten Weltkrieg (Öffnungszeiten: Di. bis So. 10.00 – 12.30 und 14.00 – 16.00 Uhr).

◄ Museumsschiffe

Das Ozeanografische Museum an der Südseite der Mole beherbergt Polens größtes Aquarium und eine beachtliche Muschelsammlung (Akwarium, al. Zjednoczenia; Öffnungszeiten: Di. – So. 10.00 bis 12.30 und 14.00 – 16.30 Uhr).

◄ Ozeanografisches Museum

Josef-Conrad-Denkmal ► Am Ende der Mole steht das 1976 enthüllte Denkmal des in Polen geborenen englischen Seemanns und Schriftstellers **Joseph Conrad** (eigentl. Józef Teodor Konrad Korzeniowski; 1857 – 1924).

**Steinberg** Ein Spaziergang auf den 552 m hohen Steinberg (Kamienna Góra) eröffnet ein weites Panorama auf Stadt und Hafen. In der Zwischenkriegszeit war der bewaldete Berg eine bevorzugte Wohngegend wohlhabender Polen, heute befindet sich hier das **Meteorologische Institut**. Ein Denkmal auf dem Gipfel erinnert an Henryk Sienkiewicz, Polens ersten Literaturnobelpreisträger.

Museum der Kriegsmarine ► Am Fuß des Steinbergs informiert das Museum der Kriegsmarine über die Geschichte der polnischen Marine und über die Küstenregion des Landes (Muzeum Marynarki Wojennej, ul. Sędzickiego 3; Öffnungszeiten: Di. – So. 10.00 – 17.00 Uhr).

# Giżycko · Lötzen

S 2

**Wojewodschaft:** Warmińsko-Mazurskie
**Einwohnerzahl:** 32 000
**Höhe:** 120 m ü. d. M.

**Die auf einer Landenge zwischen Niegocin- und Kisajno-See attraktiv gelegene Kleinstadt ist Masurens »Sommerhauptstadt«. Sie ist zwar nicht gerade eine Schönheit, doch bietet sie mit ihren zahlreichen Unterkünften und Wassersportzentren ein gute touristische Infrastruktur. Die Seen und Kanäle rund um die Stadt erkundet man mit der Weißen Flotte.**

## GIŻYCKO ERLEBEN

### AUSKUNFT

*Tourist-Information*
ul. Warszawska 7
PL-11-500 Giżycko
Tel. 087 / 428 52 65
www.gizycko.turystyka.pl

### ESSEN

**► Erschwinglich**

*Wodnik*
ul. 3 Maja 2
Tel. 087 / 428 38 72
In dem Hotelrestaurant genießt man polnische Spezialitäten.

### ÜBERNACHTEN

**► Komfortabel**

*Europa*
al. Wojska Polskiego 37
PL-11-500 Giżycko
Tel. 087 / 429 30 01
E-Mail: hoteleuropa@poczta.onet.pl
62 Z.
Das »Europa« liegt direkt am See und bietet Zimmer mit Balkon. Im Restaurant wird gute polnische Hausmannskost serviert. Angeschlossen ist ein Verleih von Mountainbikes, Tret-, Ruder- und Paddelbooten.

*Die Ausflugsschiffe der Weißen Flotte liegen im Hafen von Giżycko startklar vor Anker.*

**Geschichte**

Durch die Lage auf der Landenge hatte Giżycko immer große strategische Bedeutung. Die Burg der Pruzzen wurde im 14. Jh. vom Deutschen Orden eingenommen und zerstört. In den Urkunden erscheint die Stadt 1340 als Lezcen, 1572 erhielt sie das Stadtrecht. In den Jahren 1844 bis 1855 entstand die Festung Boyen, benannt nach dem preußischen Kriegsminister General **Hermann von Boyen**. Im Ersten Weltkrieg kam dieser Befestigung eine wichtige Rolle bei der Verteidigung gegen die russische Armee zu. Nach 1925 wurden die Anlagen Giżyckos Teil der so genannten Befestigungsregion Lötzen. Im Zweiten Weltkrieg wurde das Städtchen völlig zerstört.

## Sehenswertes in Giżycko

**Burg des Deutschen Ordens**

Von der ehemaligen Deutschordensburg, die im 14. Jh. erbaut und im 16. und 17. Jh. umgestaltet wurde, steht nur noch ein Flügel. Direkt daneben befindet sich die historische **Schwenkbrücke** über den Kanal zwischen dem Kisajno-See und dem Niegocin-See.

**Festung Boyen**

Die 1844 bis 1855 entstandene Festung bildet ein sternförmiges Polygon von Wällen, Bastionen, Gräben und Kasematten, das besichtigt werden kann (Twierdza Boyen; Öffnungszeiten: April – Sept. tgl. 9.00 – 18.00 Uhr).

Nahebei erhebt sich der **»Hügel des heiligen Bruno«** (Wzgórze św. Brunona), wo laut Legende der Bischof und Missionar Bruno von Querfurt von den Pruzzen ermordet worden sein soll.

# Gliwice · Gleiwitz

M 10

**Wojewodschaft:** Śląskie
**Einwohnerzahl:** 210 000
**Höhe:** 220 m ü. d. M.

**Die Stadt im westlichen Oberschlesien ist ein bedeutender Industriestandort und zugleich Sitz mehrerer Hochschulen. Mit ihrem Binnenhafen, dem wichtigsten des Landes, ist die Stadt über die Oder mit der Ostsee verbunden.**

Geschichte

Gleiwitz erhielt 1276 durch Fürst **Władysław von Oppeln** das Stadtrecht und gehörte später zu verschiedenen Herzogtümern; 1596 wurde die Stadt reichsunmittelbar. Ab 1742 unter preußischer Herrschaft, nahm sie durch den Bau einer Eisenhütte großen wirtschaftlichen Aufschwung; 1796 wurde hier der erste Kokshochofen auf dem Kontinent in Betrieb genommen. Die Werke für Technische Anlagen, bekannt als **Eisenkunstgießerei**, führen ihre Tradition von Anfang des 19. Jhs. fort.
In der Zwischenkriegszeit war Gleiwitz, dessen Bewohner 1921 zu 78 % für den Verbleib bei Deutschland gestimmt hatten, Zentrum des deutschen Oberschlesien. Am 31. August 1939 inszenierte Hitler den Anschlag auf den Sender Gleiwitz; eine Gruppe der »SS« in polnischen Uniformen drang in die deutsche Rundfunkstation ein, was als Vorwand für den Einmarsch in Polen diente.

## i Gleiwitz literarisch

- Seinem Geburtsort hat der deutsche Schriftsteller Horst Bienek (1930 – 1990) gleich vier Romane gewidmet: Die »Gleiwitzer Tetralogie« (»Die erste Polka«, »Septemberlicht«, »Zeit ohne Glocken«, »Erde und Feuer«) ist eine Chronik deutscher Geschichte, erzählt aus dem Blickwinkel eines aus seiner Heimat Verbannten. Wer keine dicken Wälzer mag, greift zu den knapp 100-seitigen Kindheitserinnerungen »Birken und Hochöfen«. Die Straße, in der Bienek lebte, ist nach ihm benannt und befindet sich nordöstlich des Hauptbahnhofs; eine Plakette erinnert an den »schlesischen Autor«.

## Sehenswertes in Gliwice

Altstadt

Die mittelalterliche Stadtanlage – mit ovalem Grundriss, sich rechtwinklig schneidenden Straßen und dem Ring mit Rathaus im Zentrum – ist weit gehend erhalten geblieben, da Gleiwitz im Zweiten Weltkrieg unzerstört in die Hand der Sowjets fiel.

Ring ►

Der mittelalterliche Ring (Rynek) – in Schlesien traditionell die Bezeichnung für den **Marktplatz** – wurde zur Jahrtausendwende aufwändig restauriert: Die Laubenhäuser leuchten in hellen Farben, das in der Mitte platzierte Rathaus von 1534 öffnet als **Städtische Galerie** (Öffnungszeiten: Di. – Fr. 9.00 – 15.00 Uhr).
Im Sommer umlagern Kinder den Neptunbrunnen, der zur Einweihung des Gleiwitzer Kanals errichtet wurde. Rings um den Platz

## GLIWICE ERLEBEN

### AUSKUNFT

*Tourist-Information*
ul. Zwycięstwa
PL-44-100 Gliwice
Tel. 032 / 239 13 19
Fax 231 27 25
www.gliwice.pl

### ESSEN

► **Erschwinglich**

*Spichlerz*
ul. Wiejska 16 b
Tel. 032 / 305 24 82
Das »Spichlerz« bietet gute polnische Küche in interessantem Ambiente.

► **Preiswert**

*Duży Pokój*
ul. Kłodnicka 2
Tel. 032 / 335 40 89
Schöne, helle und geräumige Bar und Restaurant. Hin und wieder gibt's hier Livemusik.

### ÜBERNACHTEN

► **Komfortabel**

*Diament Plaza*
ul. Zwycięstwa 42
PL-44-100 Gliwice
Tel. 032 / 231 18 21
www.hoteldiament.pl; 27 Z.
Das ehemalige Hotel Polski – inzwischen renoviert – befindet sich in einem Gründerzeitpalais an der leider etwas lauten Hauptverkehrsstraße.

*Qubus*
ul. Dworcowa 27
PL-44-100 Gliwice
Tel. 032 / 300 11 00
www.qubushotel.com
89 Z. u. Suiten
Das moderne Hotel nahe dem Ring verfügt über klimatisierte Zimmer. Der Zugang zum Internet ist kostenlos; außerdem gibt es einen bewachten Parkplatz.

haben sich Cafés und Restaurants etabliert – nirgendwo in der Stadt herrscht mehr Leben als hier.

◄ Piastenschloss

Im Schatten des Rings steht das Piastenschlösschen. Im Mittelalter war es Teil der Befestigungsanlagen, 1558 wurde es in ein Herrenhaus verwandelt. Heute beherbergt es das **Stadtmuseum** mit einer großen Abteilung für Kunsthandwerk. Interessant ist v. a. eine Auswahl von Werken der alten Gleiwitzer Kunstgießerei. Eine Dependance des Museums befindet sich in der im Stil der Neorenaissance erbauten **Villa Caro** (Muzeum Miejski, ul. Pod Murami 2 und Villa Caro, ul. Dolnych Walów 8 A; Öffnungszeiten: Di.u. Mi. 10.00 bis 15.00, Do. 12.00 – 18.00, Fr. – So. 10.00 – 15.00 Uhr).

Die gotische **Allerheiligenkirche** (Kościół Wszystkich Świętych) im

**!** *Baedeker* TIPP

**Kunstvolles Gießen**

Kunstfreunde haben vielleicht Lust, sich die Gleiwitzer Werke für Technische Anlagen genauer anzusehen. Zu bestaunen sind in der Produktionshalle der ehemaligen Königlichen Eisengießerei Prachtstücke aus dem 19. Jh. (Zakłady Techniczne, ul. Robotnicza 2; Mi. – Fr. 9.00 – 15.00 Uhr).

*Prächtige Jugendstilfassaden säumen die Siegesstraße.*

Westen der Altstadt ist ein gewaltiger Backsteinbau aus dem 15. Jahrhundert. Ihr Schmuckstück ist der Hochaltar, ein Werk der Spätrenaissance.

Fast ebenso groß ist die Kirche **St. Peter und Paul** (Kościół św. Piotra i Pawła) südlich der Altstadt. Sie wurde Ende des 19. Jahrhunderts im neugotischen Stil errichtet; seit 1992 dient sie als Kathedralkirche der neu gegründeten Gleiwitzer Diözese.

Von der Altstadt führt die 2 km lange, schnurgerade **Siegesstraße**, die ul. Zwycięstwa, in Richtung Bahnhof. Sie ist von Jugendstilhäusern gesäumt, die allmählich restauriert werden und ihre einstige Pracht wieder zum Vorschein kommen lassen.

Blickfang von dem Neuen Rathaus ist der **Brunnen der Tanzenden Faune**: Drei gehörnte, realistisch gestaltetet Fabelwesen umkreisen eine Wasserfontäne. Der von **Theodor Kalide** (1801 – 1863) geschaffene Brunnen gilt als Wahrzeichen der Stadt, zugleich ist er ein gutes Beispiel für die Phantasie und Perfektion der in der **Gleiwitzer Kunstgießerei** beschäftigten Bildhauer.

**Stadtpark** Westlich der ul. Zwycięstwa erstreckt sich der nach Chopin benannte Stadtpark mit einem neu gestalteten Palmenhaus. Auf über 7000 m² wachsen hier Exoten aus aller Welt, eingestreut sind mehrere Fischteiche.

### i Radiogeschichte

- Anfang 2005 wurde im Radiosender Gleiwitz das Museum für Radiogeschichte eröffnet. Der 100 Meter hohe Turm aus Lärchenholz am Stadtrand gilt als größte Holzkonstruktion Europas. Bekannt wurde der Sender Gleiwitz, weil ein fingierter Überfall der »SS« auf den Sender den Nationalsozialisten 1939 den Vorwand für den Krieg gegen Polen lieferte (ul. Tarnogórska 129, Öffnungszeiten: Di., Mi., Fr., Sa. 9.00 – 15.00, Do. bis 17.00 Uhr).

## Umgebung von Gliwice

Das Städtchen, 23 km nordwestlich von Gleiwitz, war 1797 bis 1808 im Besitz von Adolph Freiherr von Eichendorff, dem Vater von **Joseph von Eichendorff**, der die mittelalterliche Burg der Stadt in seinen Werken mehrfach erwähnt. Die

Burg wurde 1430 von den Hussiten zerstört und 1648 bis 1666 zu einem **Renaissance-Schloss** umgebaut. Nach der Zerstörung 1945 – erhalten blieben eine Mauer und der Nordwestturm – wurde es wiederaufgebaut; im Torhaus ist heute ein Museum, ein Café und eine Bibliothek untergebracht.
Die im 15. Jh. errichtete Pfarrkirche St. Katharina beim Schloss ist in ihrer jetzigen Gestalt hauptsächlich spätbarock (1713 – 1715). Mit dem Bau des 1836 fertig gestellten Rathauses wurde bereits 1767 begonnen; die **Nepomuksäule** auf dem Ring ist eine Nachbildung der originalen von 1725.

# ★ Gniezno · Gnesen

K 5

**Wojewodschaft:** Wielkopolskie **Höhe:** 100 m ü. d. M.
**Einwohnerzahl:** 72 000

**Das über tausendjährige Städtchen liegt, eingerahmt von mehreren Seen, rund 50 km nordöstlich von Posen. Gnesen war die erste Hauptstadt des Landes und gilt, da sich hier der Sitz der Erzbischöfe befindet, als das geistliche Zentrum Polens.**

## GNIEZNO ERLEBEN

### AUSKUNFT

*Tourist-Information*
ul. Jana Pawła II 9/10
PL-62-200 Gniezno
Tel. 061 / 424 07 41
www.powiat-gniezno.pl

### ESSEN

**► Erschwinglich**

① *Królewska*
ul. Chrobrego 18
Tel. 061 / 426 14 17
In angenehmer, freundlicher Atmosphäre genießt man im »Królewska« polnische und internationale Küche.

### ÜBERNACHTEN

**► Günstig**

① *AWO*
ul. Warszawska 32
PL-62-200 Gniezno
Tel. / Fax 061 / 426 11 97
www.hotel-awo.pl
60 Betten
Alle Zimmer des zentral gelegenen Hotels sind mit Bad, Telefon, Sat-TV und Internetanschluss ausgestattet. Im Haus sind auch ein Restaurant und ein Pub untergebracht.

② *Mieszko*
ul. Strumykowa 2
PL-62-200 Gniezno
Tel. 061 / 426 46 66
www.hotelmieszko.gniezno.pl
50 Betten
Das »Mieszko«, in der Nähe des Jelonek-Sees gelegen, bietet modern eingerichtete, gut ausgestattete Zimmer sowie einen bewachten Parkplatz. Zum Hotel gehört auch ein Restaurant und ein Bistro.

## *Gniezno* Orientierung

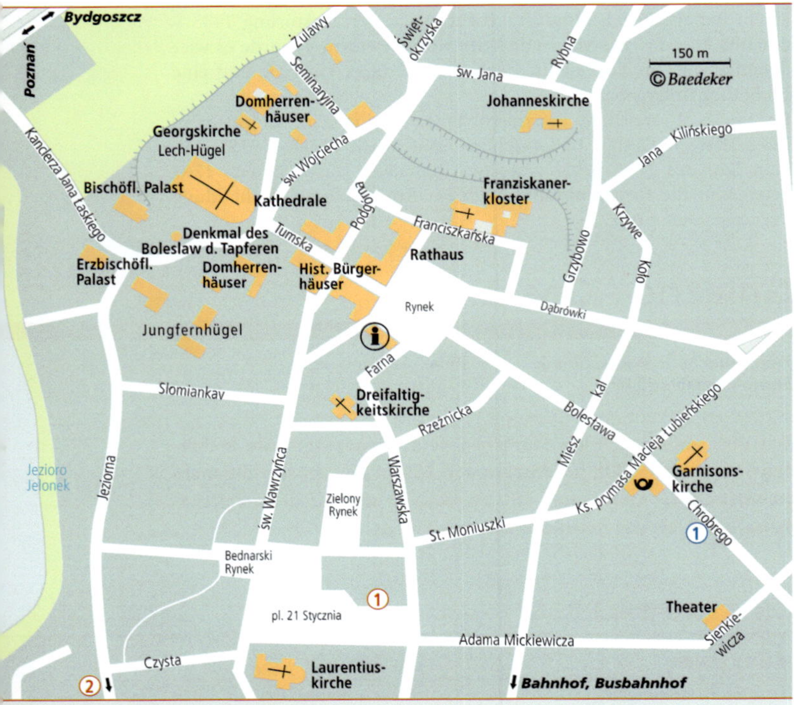


**Essen**
① Królewska

**Übernachten**
① AWO
② Mieszko

**Geschichte** Gnesen gilt als »Wiege des polnischen Staates«: Lech, der legendäre Führer des Stammes der Polanen, soll hier das Nest eines weißen Adlers gefunden und beschlossen haben, just an diesem Ort eine Burg zu errichten.

Belegt ist eine Festung auf dem Góra Lecha aus dem 8. Jh., in der Polanenfürst **Mieszko I.** von 963 bis 992 residierte. Sein Sohn **Bolesław I.** empfing hier im Jahr 997 den aus Prag vertriebenen **Bischof Adalbert**, bevor dieser zu einer Missionsreise ins heidnische Pruzzenland aufbrach, von der er nicht zurückkehrte. Seine Ermordung machte den Missionar zum Märtyrer, wenig später sprach in der Papst heilig. Da Bolesław wusste, dass der Besitz von Reliquien eine wichtige Voraussetzung für die Gründung eines Erzbistums war, erwarb er von den Pruzzen die sterblichen Überreste Adalberts und ließ sie nach Gnesen überführen.

*Ein Kranz von 17 Kapellen umschließt die Kathedrale der ersten Hauptstadt Polens.*

Auf Betreiben von **Papst Silvester II.** errichtete man in Gnesen das erste polnische Erzbistum unter Adalberts Bruder Radim. Durch die Krönung von Bolesław Chrobry zum König von Polen 1025 wurde die Unabhängigkeit vom Deutschen Reich besiegelt. Im Mittelalter wurde Gnesen zweimal zerstört: 1038 durch böhmische Truppen und 1331 durch den Deutschen Orden. Im Zweiten Weltkrieg erlitt die Stadt große Verluste.

## Sehenswertes in Gniezno

**★★ Kathedrale**

Ende des 9. oder Anfang des 10. Jhs. entstand in der mittelalterlichen Vorstadt auf dem Lech-Hügel das erste christliche Heiligtum; Reste davon fand man in den Kellergewölben der heutigen Kathedrale. Nach der Zerstörung eines 970 errichteten Nachfolgebaus im Jahr 1331 durch den Deutschen Orden entstand Mitte des 14. Jhs. eine dreischiffige gotische Kirche mit Chorumgang und Kapellenkranz. 1790 wurde der inzwischen barockisierte Komplex in ein klassizistisches Bauwerk umgewandelt und in den Jahren 1806 / 1807 französischen Armeelager umfunktioniert; während des Zweiten Weltkriegs diente die Kirche als Konzertsaal.
Nach der teilweisen Zerstörung 1945 wurde die aus dem 14. Jahrhundert stammende Ausstattung rekonstruiert. Heute erscheint die Kathedrale mit ihrem Kranz von 17 Kapellen vornehmlich in gotischem Gewand.

In der südlichen Vorhalle der Kathedrale findet man die Bronzetür von 1170. Dieses in Polen einmalige Beispiel romanischer Schmiedekunst stellt in 18 Reliefs Szenen aus dem Leben des **hl. Adalbert** dar – von der Vertreibung aus Prag über seine Enthauptung bis zur Heiligsprechung.

*Die romanische Bronze-Relieftür zeigt das Leben des hl. Adalbert.*

Im Schatten der Kathedrale stehen die **Domherrenhäuser**, deren größtes das **Erzbischöfliche Museum** beherbergt. Hier werden Schätze aus fast 1000 Jahren ausgestellt, darunter Skulpturen, Gemälde und kunstvoll bestickte Messgewän-der (Muzeum Archidiecezjalne, ul. Kolegiaty 2; Öffnungszeiten: Di. bis So. 10.00 – 16.00 Uhr).

Ein Spaziergang am Ufer des Jelonek-Sees entlang führt – vorbei an den monumentalen Denkmälern Mieszkos I. und Bolesławs I. – zum **Museum der Ursprünge des Polnischen Staates** mit Dokumenten und Exponaten zur Archäologie und Geschichte der Region Großpolen (Muzeum Początków Państwa Polskiego, ul. Kostrzewskiego 1; Öffnungszeiten: Di. – So. 10.00 bis 17.00 Uhr).

## Umgebung von Gniezno

**Strzelno (Strelno)**

Das rund 40 km nordöstlich von Gnesen gelegene Strzelno und das benachbarte Kruszwica werden vor allem wegen ihrer Kirchen aus dem 12. Jh. besucht, die zu den bedeutendsten Stätten romanischer Kunst in Polen gehören.

Prokopkirche ►

Die um 1160 errichtete Kościół św. Prokopa ist eines der wenigen vollständig erhaltenen frühromanischen Baudenkmäler des Landes.

Kirche zur Hl. Dreifaltigkeit ►

Neben der Prokopkirche erhebt sich die um 1180 als romanische Säulenbasilika errichtete Kościół św. Trójcy. Das Erscheinungsbild der Westfassade ist das Ergebnis einer Barockisierung um 1750. Ihre herausragende Bedeutung erhält die Kirche durch ihren ungewöhnlich reichen plastischen Schmuck aus romanischer Zeit.

★ **Kruszwica (Kruschwitz)**

Wenige Kilometer nordöstlich von Strzelno liegt Kruszwica an der Nordspitze des Gopło-Sees. Ein Abstecher dorthin lohnt sich vor allem wegen der ehemaligen Benediktinerkirche **St. Marien**, die auf einer Anhöhe oberhalb des Sees steht. Die dreischiffigen Basilika wurde zwischen 1120 und 1140 auf kreuzförmigem Grundriss erbaut, der Westturm stammt aus dem 16. Jahrhundert.

*Die 2500 Jahre alte Siedlung Biskupin entführt den Besucher in die Eisenzeit.*

Von der gotischen Burg des letzten Piastenkönigs **Kazimierz III. Wielki** steht noch der achteckige »Mäuseturm« aus dem 14. Jh., von dem man einen schönen Blick auf den Goplo-See hat. ◄ »Mäuseturm«

**★★ Biskupin**

Auf halber Strecke zwischen Gniezno und ►Bydgoszcz liegt Biskupin in einer seenreichen, hügeligen Moränenlandschaft. Berühmt wurde der kleine Ort, als man 1933 in einem nahen Sumpfgebiet eine gut erhaltene **Wehrsiedlung der Hallstattkultur** aus der Eisenzeit (550 bis 400 v. Chr.) entdeckte. Die 2500 Jahre alte Siedlung wurde originalgetreu rekonstruiert, samt Wellenbrecher aus Eichenpfählen, einer Ringstraße und insgesamt 108 Häusern mit ovalem Grundriss. Die Straßen sind mit Kiefern- und Eichenbalken ausgelegt. Die im **archäologischen Museum** ausgestellten Gebrauchsgegenstände vermitteln anschaulich die Lebensweise der einstigen Bewohner (Öffnungszeiten: April – Sept. tgl. 8.00 bis 19.00, Okt. tgl. bis 18.00 Uhr).

> ! *Baedeker* TIPP
>
> **Mit der Bimmelbahn in die Eisenzeit**
>
> Von Mai bis September kann man die museale Siedlung mit der Schmalspurbahn erreichen; sie verkehrt auf der Strecke Żnin – Gąsowa und passiert Biskupin und Wenecja.

**Wenecja**

Wer sich für Eisenbahnen interessiert, legt in Wenecja, 5 km nördlich von Biskupin, einen Zwischenstopp ein. Im **Museum der Schmalspurbahn** stehen herausgeputzte historische Dampfloks und altertümliche Wagons (Muzeum Kolej Wąskotorowej; Öffnungszeiten: tgl. 9.00 – 16.00 Uhr).

# Grudziądz · Graudenz

M 4

**Wojewodschaft:** Kujawsko-Pomorskie
**Einwohnerzahl:** 104 000
**Höhe:** 76 – 86 m ü. d. M.

**Am rechten Ufer der Weichsel, etwa 100 km südlich ihrer Mündung in die Ostsee, liegt die alte Stadt Graudenz, die vor allem wegen ihrer schönen Lage und der attraktiven Altstadt gern besucht wird.**

**Geschichte** Die seit dem 10. Jh. bestehende Siedlung ging 1231 in die Herrschaft des Deutschen Ordens über. Seit 1291 Stadt, entwickelte sich Graudenz im 14. Jh. zu einem Zentrum des Getreidehandels. Das 15. Jh. war bestimmt von den Auseinandersetzungen mit dem Deutschen Orden, von dem sich die Stadt befreien wollte. Im Jahre 1440 trat sie der **Preußischen Allianz** bei und kam 1466 durch den Zweiten Frieden von Thorn zu Polen; von der Ersten Polnischen Teilung 1772 bis 1920 war sie preußisch.

## Sehenswertes in Grudziądz

**Marktplatz** Den Mittelpunkt der am Ufer der Weichsel gelegenen Altstadt bildet der Marktplatz (Rynek). Die ihn umgebenden Häuser wurden nach dem Zweiten Krieg unter Wahrung der mittelalterlichen Struktur wiederaufgebaut.

**Pfarrkirche St. Nikolaus** Nordöstlich des Marktplatzes, in der ul. Kościelna, steht die Kościół sw. Mikołaja, eine im ausgehenden 14. Jh. erbaute Hallenkirche. Die im 18. Jh. barockisierte und im 19. Jh. erneut umgestaltete Kirche

## GRUDZIĄDZ ERLEBEN

### AUSKUNFT

*Tourist-Information*
ul. C. Skłodowsloej 19
PL-86-300 Grudziądz
Tel. 056 / 461 23 18
www.grudziadz.pl u. www.it.gdz.pl

### ESSEN

► **Preiswert**

*Karczma – Czari Mlyn*
ul. Chelminska 208
Tel. 056 / 456 43 16
Rustikales Restaurant mit leckerer regionaler Küche. Man kann hier auch in schlicht ausgestatteten Zimmern übernachten.

### ÜBERNACHTEN

► **Komfortabel**

*Kowalowski*
ul. Chopina 1/3
PL 86-300 Grudziądz
Tel. / Fax 056 / 461 34 80
www.hotel.grudziadz.net
Die Zimmer des »Kowalowski« sind modern eingerichtet; das zum Hotel gehörige Restaurant bietet polnische und internationale Küche.

*Die wuchtigen Kornspeicher von Graudenz dienten als Teil der Stadtbefestigung auch zur Verteidigung.*

wurde durch einen Brand im Zweiten Weltkrieg schwer beschädigt. Fragmente gotischer Wandmalereien vom Ende des 14. Jhs. und ein schönes spätromanisches Taufbecken sind die verbliebenen Reste des mittelalterlichen Kirchenraums.

**Jesuitenkloster**

Das Klasztor Jezuitów, ein 1647 bis 1684 erbautes und 1722 bis 1725 um einen Flügel erweitertes Gebäude, liegt in der ul. Ratuszowa. Die Klosterkirche, Kościół św. Franciszka Ksawerego, die zwischen 1650 und 1720 entstand, zeigt sich außen wie innen einheitlich barock.

**Speicher, Wassertor**

◄ Wassertor

Am Hochufer der Weichsel, an der ul. Spichrzowa, stehen die Speicher, die auch zur Verteidigung dienten, da sie an das Befestigungssystem der Stadt angeschlossen waren. Die meisten der Speicher stammen aus dem 17. und 18. Jh. und wurden nach Kriegsschäden Anfang der 1950er-Jahre wieder aufgebaut. Von der **mittelalterlichen Stadtbefestigung** steht noch das Wassertor (Brama Wodna) aus der ersten Hälfte des 14. Jhs., das im 18. Jh. umgestaltet wurde.

**Benediktinerinnenkloster**

Das hinter dem Wassertor liegende barocke Gebäudeensemble des ehemaligen Benediktinerinnenklosters, das nach dem Zweiten Weltkrieg wieder aufgebaut wurde, besteht aus der **Heilig-Geist-Kirche** (Kościół św. Ducha), dem **Konventsgebäude** und dem **Äbtissinnenpalast**. Die um 1730 entstandenen Konventsgebäude beherbergen ein **Regionalmuseum** und eine **Galerie** mit zeitgenössischer Malerei aus Pommern. Die kleine Heilig-Geist-Kirche geht auf eine Hospitalkapelle aus dem 14. Jahrhundert zurück, die 1750 bis 1752 barockisiert und 1810 bis 1836 erneut umgestaltet wurde. Der von 1750 bis 1752 erbaute Äbtissinnenpalast besitzt eine schöne Barockfassade (Regionalmuseum und Galerie, ul. Wodna 3/5; Öffnungszeiten: Di. – Fr. 10.00 – 15.00, Sa. u. So. 10.00 – 14.00 Uhr).

# ★ Jarosław

U 10

**Wojewodschaft:** Podkarpackie
**Höhe:** 180 – 200 m ü. d. M.
**Einwohnerzahl:** 42 000

**Wunderschön am linken Ufer des San im Vorland der Karpaten gelegen, bildet die verkehrsberuhigte, restaurierte historische Innenstadt das Herz der mittelalterlichen Stadt.**

## JAROSŁAW

### AUSKUNFT

*Tourist-Information*
pl. św. Michała 1
PL-37-500 Jarosław
Tel. 016 / 624 18 30
www.jaroslaw.pl

### ESSEN

► **Preiswert**

*Azjatycka*
Rynek 1
Tel. 016 / 621 71 71
Sehr beliebtes chinesisches Lokal direkt am Marktplatz.

### ÜBERNACHTEN

► **Günstig**

*Turkus*
ul. Sikorskiego 5
PL-37-500 Jarosław
Tel. 016 / 621 26 40
www.mosir.jaroslaw.pl
33 Z.
Das zentral gelegene Hotel bietet modern eingerichtete Zimmer und ein gutes Restaurant.

Ihren Namen verdankt der Ort dem Kiewer **Herzog Jarosław**, der sie Anfang des 11. Jhs. gründete. 1340 fiel Jarosław an Polen, als **Kazimierz III.** seinem Königreich ganz Ruthenien einverleibte. Die Stadt erlebte ihre Blüte im 15. und 16. Jahrhundert als wichtiger Standort auf der West-Ost-Handelsroute, woran noch heute die schöne Bebauung der Altstadt erinnert.

## Sehenswertes in Jarosław

Den Mittelpunkt der **Altstadt** bildet der Marktplatz, umgeben von stattlichen Patrizierhäusern, von denen das 1570 im Renaissancestil erbaute Haus der wohlhabenden Familie **Orsetti** herausragt.
Hier erhält man auch die Tickets für den 30-minütigen **»unterirdischen Touristenweg«**, der in das Labyrinth der ehemaligen Lagerräume unter dem Marktplatz hinabführt (Muzeum Miasta & Podziemna Trasa Turystyczna, Rynek; Öffnungszeiten: Di. – So. 10.00 bis 14.00 Uhr).

*Unter dem Orsetti-Palais aus der Renaissance geht's hinab in die labyrinthische Unterwelt von Jarosław.*

Das Gebäude, 1615 gestiftet und als Wehrkloster an der Stelle einer früheren Siedlung entstanden, wurde im Stil der Renaissance errichtet. Die Anlage ist von hohen Mauern mit Wehrtürmen und Bastionen umgeben. **Benediktinerkloster**

Die Kirche der Schmerzensmutter »auf dem Felde«, Kościół Najświętszej Marii Panny »Na Polu«, zu der ein Dominikanerkloster gehört, hat eine prächtige spätbarocke Fassade und Türme mit durchbrochenen Helmen. Im Hochaltar befindet sich eine gotische Pietà. **Kirche der Schmerzensmutter**

## Umgebung von Jarosław

Der ansonsten wenig attraktive Ort, 37 km nordwestlich von Jarosław, verdankt seine Bekanntheit dem Bernhardinerkloster aus dem 17. Jh. mit seiner prächtigen Orgel. Das Instrument, 1693 in Krakau von Jan Glowiński gebaut, verfügt über 5900 Pfeifen und 74 Register. Die Orgel ist von einem riesigen, reich verzierten Prospekt eingefasst, den die Mönche des Klosters entwarfen und 1680 bis 1729 anfertigten. **✶ Leżajsk**

Knapp 25 km südlich von Jarosław liegt das Städtchen Pruchnik, eine im 19. Jahrhundert entstandene einzigartige Stadtanlage aus **Holzhäusern mit Vorlauben**. **✶ Pruchnik**

**Przeworsk** Rund 15 km westlich von Jarosław befindet sich in dem Industrieort Przeworsk ein Brandgräberfeld und Fürstengräber mit römischen Luxusgegenständen, die eine Siedlung in der Zeit von 100 v. Chr. bis 400 n. Chr. belegen. Das hohe Niveau dieser Kultur veranlasste die Archäologen, den Begriff der **Przeworsk-Kultur** einzuführen.

Lubomirski-Palais ► Im Lubomirski-Palais ist ein Kutschenmuseum untergebracht, das zu dem Museum in ►Łańcut gehört (Mo. geschl.).

Sehenswert sind auch das Rathaus mit einem kleinen Regionalmuseum, die gotische Pfarrkirche aus dem 15. Jh. und das Bernhardinerkloster, ebenfalls aus dem15. Jahrhundert.

Dem **Freilichtmuseum »Pastewnik«** mit einer Reihe alter Holzhäuser ist ein originelles Gasthaus angeschlossen.

# ★ Jelenia Góra · Hirschberg

F 9

**Wojewodschaft:** Dolnośląskie **Höhe:** 320 m ü. d. M.
**Einwohnerzahl:** 93 000

**Jelenia Góra, das »Tor zur Bergwelt«, liegt knapp 20 km vom Kamm des Riesengebirges entfernt im weiten Tal des Bóbr. Mit ihrer schönen Altstadt, die im Zweiten Weltkrieg unzerstört blieb, ist sie ein idealer Ausgangsort für Wanderungen und Ausflüge in die Heimat Rübezahls.**

**Geschichte** Im Jahr 1108 durch König Bolesław Krzywousty (Schiefmund) gegründet, wird die Stadt im 14. Jahrhundert als »Hyrzberc« erwähnt. Die wirtschaftliche Entwicklung, die auf Bergbau und Weberei beruhte und durch Privilegien wie Braurecht, Münzrecht und Zollfreiheit im Handel mit Böhmen gekennzeichnet war, wurde durch den Dreißigjährigen Krieg unterbrochen. Später entstand hier eine bedeutende Textilindustrie. Gegen Ende des 19. Jhs. bewirkte der Beginn des Tourismus und der Aufbau neuer Industriezweige eine bis heute andauernde wirtschaftliche Weiterentwicklung.

## Sehenswertes in Jelenia Góra

**★ Marktplatz** Der Rynek bildet den Mittelpunkt der planmäßig angelegten Altstadt. Das Rathaus auf dem Platz wurde 1747 bis 1749 errichtet; die Gebäude daneben ersetzten nach 1945 die »Siebenhäuser« genannten Markthallen.

Das überaus malerische Bild, das die barocken und klassizistischen Fassaden und **Laubengänge** rings um den Marktplatz bieten, verdankt sich der Restaurierung um die Jahrtausendwende.

**St. Erasmus und Pankratius** Nordöstlich des Rynek, am pl. Kościelny, steht die aus Bruchsteinen errichtete Kościół św. Erazma i Pankracego, das wertvollste sakrale

*Farbenfroh präsentiert sich der Rynek von Jelenia Góra.*

Bauwerk in Hirschberg. Die spätgotische Halle entstand Anfang des 14. Jahrhunderts, der lange Chor und die Netzgewölbe im 16. Jahrhundert; der Turm besitzt eine barocke Haube von 1736.
Wichtigstes Stück der Ausstattung ist der prunkvolle Hochaltar vom Anfang des 18. Jahrhunderts, ein Werk des aus Norwegen stammenden **T. Weisfeld**; das Altarbild schuf der Glogauer Maler **Johann Kretschmer**. Das 1566 errichtete Pfarrhaus neben der Kirche ist der einzige Renaissancebau in Hirschberg.

**St.-Annen-Kapelle**

◄ Schildauer Torturm

Die Kaplica św. Anny in der ul. M. Konopnickiej stammt aus dem 16. Jh. und wurde nach einem Stadtbrand 1634 barock erneuert.
An sie schließt sich der 38 m hohe Schildauer Torturm (Brama Wojanowska) an, der seine Barockhaube zur selben Zeit erhielt. Außer dem Burgtor im Westen der Altstadt ist er der einzige Rest der gotischen Stadtbefestigung.

**Orthodoxe Kirche**

Die ul. 1 Maja führt zu der seit 1948 orthodoxen Peter-und-Pauls-Kirche, die als barocke Marienkirche um 1740 entstanden ist; die Ikonostase wurde um 1950 installiert.

**✶ Heiligkreuzkirche**

Die heute katholische Kościół św. Krzyża war ursprünglich eine der sechs protestantischen so genannten **Gnadenkirchen**, die 1707 in Schlesien nach der Altranstädter Konvention gebaut wurden – die

# JELENIA GÓRA ERLEBEN

## AUSKUNFT

*Tourist-Information*
ul. Grodzka 16
PL-58-500 Jelenia Góra
Tel. / Fax 075 / 767 69 35
www.jeleniagora.pl

*Komfortable Herberge: Villa »Fenix«*

## ESSEN

### ▸ Erschwinglich

① *Karczma Grodzka*
ul. Grodzka 5
Tel. 075 / 764 63 59
Man kann zwischen einer rustikalen Schenke (karczma) und einem feineren Saal mit Seidentapeten und Leinentischtüchern wählen – in beiden Räumen gibt es die gleiche leckere Küche.

### ▸ Preiswert

② *Bosmana*
ul. Pocztowa 6
Tel. 075 / 753 25 39
Frau Elżbieta, unterstützt von zwei Söhnen, bietet in stilvollem Ambiente v. a. Fisch, aber auch traditionelle polnische Küche.

## ÜBERNACHTEN

### ▸ Komfortabel

① *Fenix*
ul. 1 Maja 88
PL-58-500 Jelenia Góra
Tel. 075 / 641 66 00
www.hotelefenix.pl; 36 Z.
Das Mittelklassehotel liegt gegenüber vom Bahnhof in einer restaurierten Villa aus dem 19. Jh., ca. 10 Gehminuten von der Altstadt entfernt.

④ *Jelonek*
ul. 1 Maja 5
PL-58-500 Jelenia Góra
Tel. 075 / 764 65 41
www.hotel-jelonek.com.pl
10 Z. u. Suiten
Das renovierte Bürgerpalais nahe dem Ring bietet behaglich und individuell eingerichtete Zimmer. Den schönsten Blick auf Jelenia Góras Flaniermeile bietet das »Sonnenuhr-Apartment« (Nr. 10) mit ovalförmiger Badewanne.

② *Mercure*
ul. Sudecka 63
PL-58-500 Jelenia Góra
Tel. 075 / 764 64 81
www.orbis.pl
188 Z.
Das v. a. bei Busreisegruppen beliebte Orbis-Hotel liegt 2 km außerhalb der Stadt an der Straße nach Karpacz.

### ▸ Günstig

③ *Pod Rożami*
pl. Piastowski 26
PL-58-500 Jelenia Góra
Tel. 075 / 755 14 53
www.podrozami.pl; 22 Z.
Die Zimmer des im Stadtviertel Cieplice gelegenen Hotels sind mit verspielten Stilmöbeln ausgestattet. Angeschlossen ist ein nostalgisches Restaurant und ein Café.

## Jelenia Góra *Orientierung*

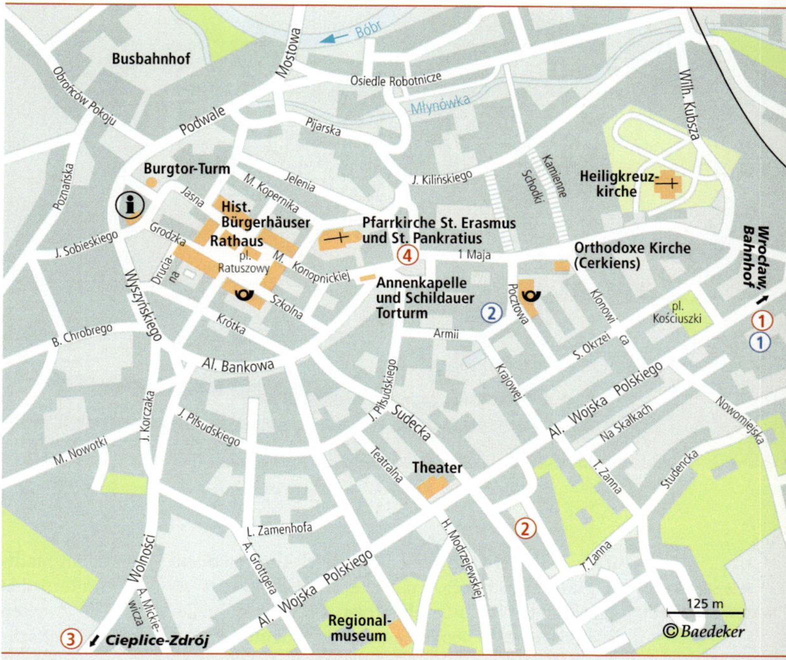


**Essen**
① Karczma Grodzka
② Bosmana

**Übernachten**
① Fenix
② Mercure Jelenia Góra
③ Pod Rożami
④ Jelonek

»Gnade«, eine Kirche bauen zu dürfen, ließ sich der habsburgische Kaiser Joseph I. von den Protestanten durch ein stattliches, nie zurückgezahltes Darlehen versilbern.
Die Heiligkreuzkirche entstand nach dem Vorbild der St.-Katharinen-Kirche in Stockholm auf dem Grundriss eines griechischen Kreuzes, den Mittelteil überdeckt eine flache Kuppel mit vier Türmchen. Die Deckengemälde sind ein Werk des Glogauer Malers **Franz Hoffmann**. Mit ihren zweistöckigen Emporen verfügt die Kirche über 4020 Sitzplätze.

**Regionalmuseum**

Das Regionalmuseum besitzt Polens wertvollste **Glassammlung**. In den Vitrinen stehen Tausende von Kunstwerken aus dem zerbrechlichen Material: transparent, milchig oder vielfarbig schillernd, mit eingebrannten Bilderbögen oder mit raffinierten Schliffen (Muzeum Karkonoskie, ul. J. Matejki 28; Öffnungszeiten: Di. – Fr. 9.00 – 15.30, Sa. u. So. bis 16.30 Uhr).

*Therapie im Kurpark von Bad Warmbrunn: entspannen und relaxen*

✶ **Cieplice Zdrój (Bad Warmbrunn)**

In dem Kurort mit seinen Schwefel-Thermalquellen, heute ein Stadtteil von Hirschberg, existierte schon 1281 das vom Johanniterorden gegründetes Bad **»Calidus fons«** (»Warme Quelle«); bis zum Zweiten Weltkrieg war Cieplice eines der bedeutendsten Heilbäder Deutschlands. Im 18. und 19. Jahrhundert traf sich auch in Warmbrunn die Hautevolee, Adel, Geldadel und Künstler und Geistesgrößen wie Johann Wolfgang von Goethe, der von hier aus auf die Schneekoppe wanderte.

Schaffgotsch-Palast ▶ Das prachtvolle barock-klassizistische, hufeisenförmige Bauwerk am pl. Piastowski entstand 1784 bis 1789. In dem Palast ist heute eine Abteilung der Technischen Hochschule Breslau untergebracht; die bedeutende gräfliche Bibliothek verwahrt die Nationalbibliothek Warschau.

Kurpark ▶ Im 1748 angelegten Kurpark, der sich an den Schaffgotsch-Palast anschließt, befindet sich ein **Kurhaus** von 1868, die klassizistische, 1797 errichtete so genannte **Galerie** und das 1833 gebaute **Kurtheater**.

Park Norweski ▶ Hinter dem Kurpark wurde 1906 der Park Norweski angelegt; in dem nach norwegischem Vorbild erbauten Blockhaus ist ein **naturkundliches Museum** mit 300 verschiedenen Gattungen ausgestopfter Vögel sowie einer großen Schmetterlingssammlung untergebracht (Muzeum Przyrodnicze, ul. Woloński 268; Öffnungszeiten: Di. – Fr. 9.00 – 18.00, Sa. u. So. bis 17.00 Uhr).

Kirche Johannes der Täufer ▶ Die barocke Kościół św. Jana Chrzciciela entstand 1712 bis 1714 nach einem Entwurf des Hirschbergers Kaspar Jentsch. Der Rokoko-Hauptaltar von 1794 enthält das 1687 von dem schlesischen Maler

**Michael Willmann** geschaffene Bild »Mariä Himmelfahrt«. Das an die Kirche anschließende ehemalige Kloster wurde 1671 bis 1694 barock umgestaltet.

**Sobieszów (Hermsdorf)**

Sobieszów, am Fuß der Burg Chojnik (Kynast) gelegen, ist heute ein Stadtteil von Jelenia Góra. Auf einer Erhebung steht die ursprünglich im Renaissancestil erbaute, reich ausgestattete Pfarrkirche St. Martin (Kościół św. Marcina), die zusammen mit dem freistehenden gotischer Glockenturm 1778 barockisiert wurde. Unterhalb von Burg Kynast informiert ein Naturkundemuseum über Geologie, Flora und Fauna der Region (Muzeum Przyrodnicze, ul. Chałubińskiego 23; Öffnungszeiten: Di. – So. 10.00 – 16.00 Uhr).

✶ ◄ Zamek Chojnik

Vom Naturkundemuseum führen rot bzw. schwarz markierte Wanderwege in gut einer Stunde zur Burg Kynast, dem **Wahrzeichen der Region**. Sie thront auf einem 150 m hohen, dicht bewaldeten Granitfelsen. 1364 wurde sie von Graf Schaffgotsch errichtet, 1675 brannte sie aus und ist seitdem eine verfallende, romantische Ruine.

## Umgebung von Jelenia Góra

**Mysłakowice (Zillertal-Erdmannsdorf)**

Das Dorf Mysłakowice, 8 km südöstlich von Jelenia Góra, bestand ursprünglich aus den beiden Orten Erdmannsdorf und Zillertal. 1837 ließ der preußische König **Friedrich Wilhelm III.** 400 wegen ihres Glaubens vertriebene Tiroler Protestanten hier siedeln, die ihr Dorf Zillertal nannten. Ihre behäbigen Häuser mit holzgeschnitzten Balkonen stehen bis heute an den Straßen nahe der Bahnstation. In einem

*Literarische Fresken in Gerhart Hauptmanns »Haus Wiesenstein«*

von ihnen wurde ein **Museum** eingerichtet, in dem man in die Geschichte und Kultur der Tiroler Exilanten eingeführt wird (Dom Tirolski, ul. Główna s/n; Öffnungszeiten: Di. – So. 10.00 – 16.00 Uhr).
Der klassizistische Palast des Grafen Neidhardt von Gneisenau in Erdmannsdorf wurde 1832 von Friedrich Wilhelm III. als Sommerresidenz erworben, der es von **Karl Friedrich Schinkel** 1842 bis 1844 im neugotischen Stil umbauen ließ.

**Jagnitków (Agnetendorf)** Fast fünfzig Jahres seines Lebens verbrachte der Schriftsteller und Literaturnobelpreisträger **Gerhart Hauptmann** in Agnetendorf, etwa 15 km südwestlich von Jelenia Góra. Seine Residenz, das »Haus Wiesenstein«, wurde zur Jahrtausendwende saniert und als Museum und deutsch-polnische Begegnungsstätte eingerichtet. In der freskenbemalten **»Paradieshalle«** werden Szenen aus Hauptmanns Werk aufgegriffen; eine Multimedia-Show, Dokumentarfilme und Wechselausstellungen machen mit Leben und Werk Hauptmanns vertraut (Dom Gerharta Hauptmanna, ul. Michałowicka 32; Öffnungszeiten: Di. – So. 9.00 – 17.00 Uhr).

**Trzcisko (Rohrlach)** In diesem kleinen Dorf am Bóbr östlich von Jelenia Góra, das im 19. Jh. den Namen Rohrlach trug, stand ein neugotisches Palais, in dem für längere Zeit **Karl Baedeker** (1801 – 1859), der Gründer des ersten deutschen Reiseführer-Verlags, lebte. Das Palais existiert leider nicht mehr, nur der umliegende Park ist erhalten geblieben.

# Kalisz

L 7

**Wojewodschaft:** Wielkopolskie **Höhe:** 102 – 143 m ü. d. M.
**Einwohnerzahl:** 109 000

**Das am südöstlichen Rand von Großpolen am Fluss Prosna gelegene Kalisz kann sich rühmen, die älteste Stadt Polens zu sein. In der Antike lag der Ort an der sog. Bernsteinstraße, die das Römische Reich mit dem Baltikum verband.**

**Geschichte** Das erste schriftliche Zeugnis über Kalisz stammt von dem griechischen Geografen und Astronomen **Claudius Ptolemäus** (um 100 – um 180). In seiner »Explicatio geografica« erwähnt er einen Ort namens »Calisia«, der mit Kalisz identifiziert wird. Zudem verweisen archäologische Untersuchungen der Region auf eine Besiedelung des Gebiets der heutigen Stadt bereits im 8. vorchristlichen Jahrhundert.
Im Jahr 1257 erhielt Kalisz vom großpolnischen Fürsten **Bolesław Pobożny**, dem Frommen, das Stadtrecht. Bis zum 16. Jh. brachte die Tuch- und Leinenweberei einen gewissen Wohlstand, der durch Kriege Mitte des 17. Jhs. und Anfang des 18. Jhs. sowie durch Epidemien zunichte gemacht wurde. In den beiden Weltkriegen erlitt die

## KALISZ ERLEBEN

### AUSKUNFT

*Tourist-Information*
ul. Garbarska 2
PL-62-800 Kalisz
Tel. 062 / 764 21 84
Fax 757 70 22
www.stary.kalisz.pl

### ESSEN

**► Preiswert**

*KTW*
Park Ludowy 2
Tel. 062 / 764 29 46
Das rustikale Restaurant am Rande des Ludowy-Parks serviert schmackhafte polnische Küche zu reellen Preisen.

### ÜBERNACHTEN

**► Komfortabel**

*Calisia*
ul. Nowy Swiat 1/3
PL-62-800 Kalisz
Tel. 062 / 767 91 00
www.hotel-calisia.pl
80 Betten
Das modern ausgestattete Hotel in Stadtzentrum verfügt über ein gutes Restaurant mit polnischer und internationaler Küche.

*Europa*
al. Wolnosci 5
PL-62-800 Kalisz
Tel. 062 / 767 20 32
www.hotel-europa.pl
50 Z.
Das älteste Hotel Polens eröffnete bereits im Jahr 1799. Es liegt im Zentrum von Kalisz und verfügt über schön eingerichtete und gut ausgestattete, z. T. klimatisierte Zimmer, das »Römische Zimmer« sogar über Wasserbetten.

Stadt schwere Schäden; im Zweiten Weltkrieg verlor die Stadt 40 % ihrer Bevölkerung, das jüdische Ghetto wurde dem Erdboden gleichgemacht. Von der historischen Bausubstanz ist nicht viel übrig geblieben. Der Rynek mit dem Rathaus und den Bürgerhäusern entstand in seiner heutigen Form nach dem Ersten Weltkrieg.

## Sehenswertes in Kalisz

**Franziskanerkloster**

Die frühgotische Franziskanerkirche in der ul. Sukiennicza aus dem 13. Jh. wurde in den Jahren 1599 bis 1640 von **Albin Fontana** umgebaut. Die Ausstattung stammt aus Spätrenaissance, Spätbarock und Rokoko. Das ursprünglich barocke Klostergebäude entstand 1640 bis 1680 und wurde im 19. und 20. Jh. umgestaltet.

**Nikolauskathedrale**

Die gotische Katedra św. Mikołaja in der ul. Kanonicka wurde 1253 von Fürst **Bolesław Pobożny** gestiftet. Der Chor aus der zweiten Hälfte des 13. Jhs. besitzt ein Gewölbe aus dem 16. Jahrhundert. Das Langhaus stammt aus der Mitte des 14. Jhs., der neugotische Turm von 1874. Die Kirche wurde 1612 ebenfalls von Albin Fontana umgestaltet, wobei sie ihre Stuckierung erhielt.

**Kloster der lateranischen Kanoniker**

Neben der Nikolauskathedrale steht das ehemalige Kloster der lateranischen Kanoniker (Klasztor Kanoników laterańskich), ein gotisches Gebäude von 1448, das im 19. Jahrhundert umgebaut wurde.

**Museum des Kaliszer Landes**

Das Museum des Kaliszer Landes wurde 1914 gegründet und stellt Funde aus der Kaliszer Frühgeschichte aus. Es besitzt auch eine Sammlung von Gemälden, Plastiken und Grafiken sowie volkskundliche Exponate (Muzeum Ziemi Kaliskiej, ul. Kościuszki / ul. Kopernika; Öffnungszeiten: Di. – So. 10.00 – 16.00 Uhr).

**Jesuitenkloster und -kirche**

In der 1595 errichteten frühbarocken ehemaligen Kościół Jesuitów am pl. św. Józefa erinnert eine prächtige Grabplatte von 1611 an ihren Gründer, den Primas S. Karnkowski.
In der früheren Klosterschule und -druckerei ist jetzt das Stadtarchiv untergebracht, im alten Kolleg, erbaut 1584, die Verwaltung. Die klassizistischen Fassaden wurden 1824 / 1825 errichtet.

**Stiftskirche Mariä Himmelfahrt**

Am pl. św. Józefa steht die Kolegiata Wniebowzięcia mit einem gotischen Chor von 1353 und einem spätbarocken Turm aus dem Jahr 1790. Das wertvollste Ausstattungsstück ist ein um 1500 entstandener gotischer Schrankaltar.

Dorotka-Bastei ►

An der Rückseite der Stiftskirche erkennt man noch Reste der Baszta Dorotka, der einstigen Stadtmauer aus dem 14. Jahrhundert.

*Einer der größten Landschaftsgärten des Landes umgibt Schloss Goluchów.*

## Umgebung von Kalisz

★ **Schloss Gołuchów**

Das hübsche Schlösschen von Gołuchów, 22 km nordwestlich von Kalisz, liegt inmitten eines Ende des 19. Jhs. angelegten, über 160 ha großen Landschaftsparks mit etwa 1000 verschiedenen Baum- und Straucharten. Der von vier achteckigen Basteien flankierte Bau wurde 1560 für den Starosten **Mikołaj Leszczyński** errichtet. Seine heutige Gestalt im Stil der französischen Renaissance erhielt er in den Jahren 1872 bis 1885.

Die damalige Schlossherrin, Fürstin **Isabela Czartoryska**, eröffnete hier das wohl erste Museum Polens mit wertvollen Sammlungen aus Antike und Renaissance. Die Gemälde, Skulpturen, Goldschmiedearbeiten, Webwaren, Möbel und griechischen Vasen bilden heute eine Abteilung des Nationalmuseums in ► Poznań (Zamek; Öffnungszeiten: Di. – So. 10.00 bis 16.00 Uhr).

**Konin**

Rund 60 km nördlich von Kalisz an der Warta gelegen, ist Konin Zentrum eines Braunkohlenreviers. Interessant ist das in der 1418 bis 1426 erbauten gotischen Burg eingerichtete **Bezirksmuseum** (Muzeum Okręgowe; Mo. geschl.). Es zeigt neben polnischer Malerei des 19./20. Jahrhunderts archäologische und paläontologische Fundstücke, darunter das Skelett eines Mammuts, das 1984 beim Kohleabbau entdeckt wurde (Muzeum Okręgowe; Mo. geschl.). In der Nachbarschaft der Burg zeigt ein kleines **Freilichtmuseum** alte Holzbauten der Region.

*Kunstvolles Barock: Klosterkirche Ląd*

Etwa 30 km westlich von Konin liegt nahe der Warthe mit dem **Kloster Ląd** einer der **bedeutendsten Klosterbauten Großpolens**, im ausgehenden 12. Jahrhundert von Zisterziensern aus Altenburg gegründet. Vom gotischen Konvent, um 1350 erbaut, sind noch Kapitelsaal und Kreuzgang erhalten. Die Fresken im Oratorium entstanden im letzten Drittel des 14. Jahrhunderts, die spätbarocke Wandmalerei wurde um 1720 von Mönchen geschaffen.

Die der Jungfrau Maria und dem hl. Michael geweihte und von 1651 bis 1743 erbaute **Klosterkirche** ist ein Werk italienischer und polnischer Architekten. Die ausgezeichneten Fresken in der Kuppel schuf 1731/1732 der schlesische Maler **Georg Wilhelm Neunhertz**, das Chorgestühl schnitzte 1680 der Zisterzienser **Bartolomäus Adrian**.

*Die letzten Meter der Riesengebirgs-Tour hinauf auf den Reifträger sind bald geschafft.*

**Liche** Rund 10 km nordöstlich von Konin wurde zum 2000. Geburtstag Jesu Christi **Polens größte Kirche** geweiht: eine fünfschiffige Basilika mit hoch aufschießendem Glockenturm und goldener, byzantinisch inspirierter Kuppel. Sie bietet 7000 Sitz- und 10 000 Stehplätze. Vor dem Haupteingang prangt das größte Denkmal, das je für den polnischen Papst **Johannes Paul II.** errichtet wurde.

## ✶✶ Karkonosze · Riesengebirge

F 9

**Wojewodschaft:** Dolnośląskie

**Hohe Gipfel, tiefe Wälder, klare Gebirgsseen und uralte Mythen – das Riesengebirge, eines der bekanntesten und beliebtesten Urlaubsgebiete Polens, lockt vor allem mit seiner gewaltigen Natur.**

**Grandiose Bergfwelt** Das Riesengebirge ist die höchste und ausgedehnteste Bergkette der Sudeten mit der berühmten Schneekoppe als höchstem Gipfel (1602 m ü. d. M.) und Wahrzeichen. Knapp 30 % der Fläche des Riesengebirges, ca. 185 km², liegt innerhalb der Grenzen Polens, der übrige Teil auf dem Gebiet der Tschechischen Republik. Der 34 km lange Hauptkamm (Główny Grzbiet), auch Schlesischer Kamm (Grzbiet Śląski) genannt, ist die Wasserscheide zwischen Oder und Elbe; auf ihm verläuft die Staatsgrenze.

Während die Nordseite des Riesengebirges steil abfällt, ist die Südseite reich gegliedert. Parallel zum Schlesischen Kamm verläuft auf tschechischem Gebiet der 18 km lange Böhmische Kamm (Český hřbet); dazwischen liegen die **»Siebengründe«**, der malerischste Teil des Riesengebirges, u. a. mit dem Quellgebiet der Elbe. Auch trifft man auf dem Rücken des Riesengebirges häufig auf Hochmoore mit kleinen Seen, besonders auf dem Koppenplan (Równia pod Śnieżką), einer knapp 8 km langen Hochfläche unter dem Schneekoppengipfel.

## KARKONOSZE

### AUSKUNFT

*Karkonoski Park Narodowy*
Nationalpark-Verwaltung
ul. Chałubińskiego 23
PL-58-570 Jelenia Góra
Tel. 075 / 755 33 48
www.kpnmab.pl

Die wertvollsten Teile des Riesengebirges sind seit 1959 durch den 5562 ha großen **Karkonoski Park Narodowy** geschützt. Er umfasst die höheren Teile des Gebirges sowie zwei vom übrigen Nationalpark getrennte Reservate: das Gebiet um den **Berg Chojnik** mit der **Burg Kynast** und den **Kochelfall** bei Schreiberhau. Die interessantesten Gebiete – Schneekoppe, die Talkessel des Großen und Kleinen Teichs (Wielki Staw, Mały Staw), die Große und die Kleine Schneegrube (Śnieżne Kotły) und die Agnetendorfer Schneegrube (Czarny Kocioł) – unterliegen besonders strengen Bestimmungen.
Neben etwa 90 Vogelarten lassen sich Hirsche, Rehe und auch Mufflons beobachten, die vor rund hundert Jahren aus Korsika hierher gebracht wurden. Allerdings darf man sich im Nationalpark nur auf den markierten Wegen bewegen.
Wanderern stehen eine ganze Reihe von Unterkunfts- und Einkehrmöglichkeiten zur Verfügung, die meist noch den alten Namen »Baude« tragen, z. B. Reifträgerbaude, Teichbaude oder Alte und Neue Schlesische Baude.

**✶✶ Schneekoppe**

Seit jeher ist die Schneekoppe (Śnieżka) das bekannteste Ausflugsziel im Riesengebirge. Am Fuß des 1602 m hohen, kahlen Kegels, breitet sich die mit Torfmooren und Knieholz bedeckte Koppenplan-Hochebene aus. Hier steht auch das Berghotel »Schlesierhaus«, das gerne als Ausgangspunkt für Bergwanderungen genutzt wird. Auf dem Gipfel steht außer einem futuristisch aussehenden Gebäudekomplex, der u. a. ein Restaurant und eine Wetterwarte beherbergt, die bereits 1665 bis 1681 errichtete runde **Laurentius-Kapelle**, die bis heute ein Wallfahrtsort gblieben ist; alljährlich am 10. August wird dort eine Messe gelesen.
Bei klarer Luft, was allerdings selten der Fall ist, sind von der Schneekoppe weite Teile Schlesiens und der Tschechischen Republik sowie die Lausitz zu sehen.

*Man sollte es sich nicht mit ihm verscherzen: Rübezahl, der Herr des Riesengebirges*

# BERGGEIST, RIESE UND OPERNHELD

**»Freund Rübezahl ist geartet wie ein Kraftgenie, launisch, ungestüm, sonderbar; bengelhaft, roh, unbescheiden; stolz, eitel, wankelmütig, heute der wärmste Freund, morgen fremd und kalt; zuzeiten gutmütig, edel und empfindsam; aber mit sich selbst in stetem Widerspruch, albern und weise, schalkhaft und bieder, störrisch und beugsam.«**

So unterschiedlich die Chrakterisierung von »Freund Rübezahl« ist, so unterschiedlich sind auch seine Handlungen in den von **J. K. A. Musäus** (1735 – 1787) niedergeschriebenen Sagen des Berggeistes. Auf der einen Seite ärgert er gnadenlos diejenigen, die ihn als »Rübezahl« verspotten, auf der anderen Seite hilft er denjenigen, die ihn um Hilfe anflehen. So hilft er einem verarmten Mann mit einem Darlehen aus und sorgt auch dafür, dass das eingesetzte Geld reiche Früchte trägt. Einen Schneider rettet er vor dem Tod durch den Strang, obwohl er den armen Kerl erst in diese Lage gebracht hat.
Die Gestalt des **»Herrn Johannes«**, wie ihn seine »Freunde« nennen, ist auch verschiedenartig beschrieben. So heißt es von ihm, er sei Geist, Berggnom oder auch einfach »nur« ein Riese. Aber eines kann er auf jeden Fall: jede Gestalt annehmen, die er wünscht. Den erwähnten Schneider bringt er an den Galgen, da er dessen Aussehen annimmt, einen wandernden Juden überfällt, diesen halb tot schlägt und dessen Geld raubt. Die Beute versteckt Rübezahl dann im Reisegepäck des Schneiders und sorgt so für dessen »Überführung«. Der Grund für diesen Verrat: Der Schneider hat sich über Rübezahl lustig gemacht und ihn verspottet.

## Heimat Riesengebirge

Die Heimat von Rübezahl ist das Riesengebirge. »Dieser **Fürst der Gnomen** besitzt zwar auf der Oberfläche der Erde nur ein kleines Gebiet, von wenigen Meilen im Umfang, mit einer Kette von Bergen umschlossen«, so schreibt Musäus. An einem Hang des

*Fiel auf ein listiges Frauenzimmer herein und ward fortan der »Rübenzähler«.*

Brunnberges soll, gegenüber der Schneekoppe, sein Lustgarten liegen, unsichtbar für das menschliche Auge. Seine Scherze mit den Menschen soll er unter anderem auf der Passstraße nach Böhmen, auf dem Jahrmarkt in Rotwasser und im Grafenschloss zu Warmbrunn getrieben haben.

## Der Rübenzähler

Zur Herkunft des Namens »Rübezahl« gibt es keine genauen Angaben. Doch scheint die Geschichte aus der ersten Sage von Musäus am wahrscheinlichsten: Rübezahl verschleppt eine junge Frau, in die er sich verliebt hat, und trotz aller erfüllten Wünsche, will sie fliehen. Sie verspricht, ihn zu heiraten, wenn er alle Rüben auf dem Feld zähle. Als er sich, bis hier nur als Geist erwähnt, daran macht, die Rüben zu zählen, gelingt dem Mädchen die Flucht. So entstand der Namen **»Rübenzähler«** oder kurz: Rübezahl.

## Der Opernheld

Waren die Legenden über Rübezahl am Anfang noch mehr für Erwachsene geschrieben, erlebte der Berggeist im Laufe seines Jahrhunderte währenden Lebens einen Wandel hin zur Märchenfigur. So schrieb auch der bekannte Kinder- und Jugendbuchautor Ottfried Preußler ein Buch über den **»Herrscher des Riesengebirges«**. Auch heute noch erfreuen sich die Geschichten über Rübezahl großer Beliebtheit bei Jung und Alt. Insbesondere in Schlesien ist es unvorstellbar, ohne den Berggeist aufzuwachsen. Rübezahl-Werke von Musäus, Carl Hauptmann, Praetorius, Preußler und vielen anderen stehen in den Regalen der Buchhandlungen und Bibliotheken.

Aber nicht nur in Büchern kann man Rübezahls Geschichten verfolgen. Der Gnom eroberte auch Bühnen auf der ganzen Welt. Singspiele, Balletaufführungen und sogar ganze Opern liegen seinen Sagen zu Grunde. So schrieb der Kapellmeister Gustav Mahler 1884 eine »Rübezahl-Oper«, die aber als verschollen gilt. Auch Carl Maria von Weber versuchte sich an den Geschichten, aber sein Werk blieb unvollendet. Friedrich Freiherr von Flotows Oper wurde 1853 in Frankfurt/Main aufgeführt.

# ★★ Karpacz · Krummhübel

F 9

**Wojewodschaft:** Dolnośląskie
**Höhe:** 480 – 885 m ü. d. M.
**Einwohnerzahl:** 5700

**Sommers wie winters besuchen jährlich rund 180 000 Urlauber den Ferienort am Nordhang des Riesengebirges, der mit seinen Hotels und Pensionen, den urigen Lokalen, mit Schwimmbädern und Tennisplätzen, Skiliften, Rodelbahnen und Wanderwegen seinen Gästen einen erholsamen und erlebnisreichem Aufenthalt bietet.**

**Geschichte**

Erstmals erwähnt wird Krummhübel, die Siedlung auf dem **»Krummen Berg«**, im Jahr 1599. Im Mittelalter baute man hier Silber, Blei und Edelsteine ab; für die Eisenindustrie im nahe gelegenen Kowary (Schmiedeberg) lieferten die Wälder Holzkohle. Im 17. und 18. Jh. war Krummhübel für seine **»Laboranten«** bekannt, die die Kräuter der Gegend sammelten und als Arzneien bis weit nach Polen und Russland hinein verkauften.
Die Entwicklung des Tourismus wurde durch die 1895 eröffnete Bahnlinie von Hirschberg (► Jelenia Góra) nach Krummhübel wesentlich gefördert. Heute ist Karpacz, über dem die markante kahle Pyramide der Schneekoppe emporragt, einer der wichtigen Urlaubs-

*Karpacz* Orientierung

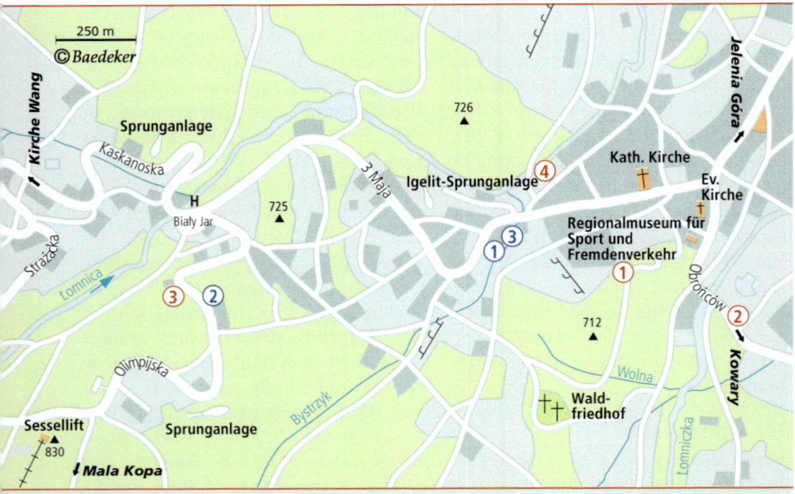


**Essen**
① Tempo
② U Ducha Gór
③ Bankowa

**Übernachten**
① Rezydencja
② Skalny
③ Karpatka
④ Kondradówka

# KARPACZ ERLEBEN

## AUSKUNFT

*Tourist-Information*
ul. 3 Maja 25 A
PL-58-540 Karpacz
Tel. 075 / 761 86 05
Fax 761 97 16
www.karpacz.pl

## ESSEN

### ► Fein & teuer

① *Tempo*
ul. Konstytucji 3 Maja 57
Tel. 075 / 761 85 64
Das Tempo bietet eine gediegene Atmosphäre mit exzellenter Küche und gutem Service. Spezialität des Hauses ist die »Senatorenpfanne«.

### ► Erschwinglich

② *U Ducha Gór*
ul. Olimpijska 6
Tel. 075 / 761 85 63
»Beim Berggeist« kann man sich in alte Rübezahl-Legenden zurückversetzen: Die Holzbaude mit knarrenden Dielen und wuchtigen Tischen bietet deftige Küche und dazu passend kraftvolle Bergmusik.

### ► Preiswert

③ *Bankowa*
ul. Konstytucji 3 Maja 50
Tel. 075 / 761 86 81
In angenehmer Atmosphäre serviert man hier gute polnische Küche.

## ÜBERNACHTEN

### ► Komfortabel

① *Rezydencja*
ul. Parkowa 6
PL-58-540
Tel. 075 / 761 80 20
www.hotelrezydencja.pl; 14 Z.
Die ehemalige Villa Edelweiß, 1898 als »Logierhaus« eröffnet, gilt als nobelste Adresse von Karpacz. Die suiteartigen Zimmer sind mit Stilmöbeln elegant eingerichtet. Das empfehlenswerte Restaurant bietet Nouvelle Cuisine.

② *Skalny*
ul. Obrońców Pokoju 5
PL-58-540
Tel. 075 / 752 70 00
www.orbis.pl
147 Z.
Großes, meist von Reisegruppen angesteuertes Orbis-Hotel am unteren Ortsrand. Mit Hallenbad, Sauna und Fitnessraum, Kasino und Disko.

### ► Günstig

③ *Karpatka*
ul. Olimpijska 6
PL-58-540
Tel. / Fax 075 / 761 85 63
www.karpatka.com.pl; 6 Z.

Die gemütliche Holzvilla bietet große Zimmer mit Bad und einen Kaminraum mit Bibliothek.

④ *Kondradówka*
ul. Nad łomnicą 20 B
PL-58-540
Tel. 075 / 761 81 73
47 Z.
Die unterhalb der Hauptstraße gelegene Pension erfreut sich seit Jahren bei deutschen Busgruppen großer Beliebtheit.

*Bevor die »Sommerfrischler« nach Karpacz kommen, ist Gartenpflege angesagt.*

orte im Süden des Landes. Die weit auseinandergezogene Bebauung von Karpacz, das 1959 zur Stadt erhoben wurde, erscheint zunächst etwas unübersichtlich; die einzelnen Ortsteile reichen über einen Höhenunterschied von 400 m.

## Sehenswertes in Karpacz

✶✶ **Wang-Kirche**

Berühmt ist die **Stabholzkirche** im Ortsteil Karpacz Górny, die in der ersten Hälfte des 13. Jhs. am Wang-See in Südnorwegen erbaut wurde. Im 19. Jh. sollte das altersschwache Kirchlein abgerissen werden, doch der norwegische Maler **Jan Christian Dahl** wollte die Kirche, die gänzlich ohne Nägel errichtet wurde, erhalten und fand im preußischen König **Friedrich Wilhelm IV.** einen begeisterten Mäzen, für den er sie 1840 erwarb.
Die Kirche wurde zerlegt und nach Schlesien gebracht. Der Standort ist der **Gräfin von Reden** auf Schloss Buchwald bei Erdmannsdorf, in der Nähe von Jelenia Góra zu verdanken, die die entlegen wohnenden Protestanten mit einer Kirche versorgt wissen wollte. Auf diese Weise ist in Schlesien eines der bedeutendsten Baudenkmäler der romanischen Holzarchitektur Skandinaviens erhalten geblieben.
Besonders schön sind die reichen Schnitzereien an Kapitellen und Portalen. Das um 1740 entstandene barocke Taufbecken aus Holz stammt aus einer abgerissenen Kirche bei Waldenburg.

Neben der Kirche, die auch heute noch Heimat einer kleinen evangelischen Gemeinde ist, steht, verbunden durch einen überdachten Gang, ein steinerner Glockenturm, der im 19. Jahrhundert errichtet wurde (Öffnungszeiten: tgl. 9.00 bis 13.00 und 14.00 – 17.00, im Sommer bis 18.00 Uhr).

In einer rekonstruierten sudetischen Kate an der ul. Kopernika 2 wurde Mitte der 1970er-Jahre ein **Museum** eingerichtet, das der Geschichte des Fremdenverkehrs und dem Naturschutz im Riesengebirge gewidmet ist (Muzeum Sportu i Turystyki; Öffnungszeiten: Di. bis So. 9.00 – 16.00 Uhr).

! *Baedeker* TIPP

**Mini-Schlesien**

In Kowary, von Karpacz aus über die Straße 366 zu erreichen, sind alle wichtigen kulturhistorischen Bauwerke Niederschlesiens im Miniformat zu bestaunen. Auf dem Gelände der dortigen Teppichweberei sind ganze Stadtteile, Adelssitze, Kirchen und Klöster versammelt (Miniaturenpark der niederschlesischen Denkmäler, ul. Zamkowa 9, PL-58-530 Kowary, Öffnungszeiten: tgl. 9.00 bis 18.00 Uhr).

# ✶ Kartuzy · Karthaus

L 2

**Wojewodschaft:** Pomorskie
**Einwohnerzahl:** 16 000
**Höhe:** 215 – 220 m ü. d. M.

**Eingebettet in eine hügelige Moränenlandschaft und umgeben von Wäldern und malerischen Seen liegt der kleine, ruhige Ferienort, die alte »Hauptstadt« Kaschubiens, vor den Toren Danzigs.**

## KARTUZY ERLEBEN

### AUSKUNFT

*Tourist-Information*
Rynek 2
PL-83-300 Kartuzy
Tel. / Fax 058 / 684 02 01
www.kartuzy.pl

### ESSEN

**► Preiswert**

*Boss*
ul. Bielinskiego 6
Die Snackbar versorgt einen mit allem, was man nach einem Spaziergang durch und um Karthaus braucht.

### ÜBERNACHTEN

**► Günstig**

*Korman*
ul. 3 Maja 36
PL-83-300 Kartuzy
Tel. 058 / 685 34 00
www.korman.pcbird.pl, 18 Zi.
Das »Korman« bietet seinen Gästen gemütlich eingerichtete, gut ausgestattete Zimmer. Swimmingpool und Sauna können gegen eine Extragebühr genutzt werden. Polnische und internationale Küche serviert das hoteleigene rustikale Restaurant »Goldener Herbst«.

# WANG-KIRCHE

★★ **Fast 700 Jahre stand das Holzkirchlein in der südnorwegischen Ortschaft Wang am Wangsee. Als sie Anfang der 1840er-Jahre für die Gemeinde zu klein wurde, entschied man sich, sie abzureißen. Der Maler Jan Christian Dahl bemühte sich um die Erhaltung der Kirche, die schließlich versteigert werden sollte. Er konnte Friedrich Wilhelm IV. als Geldgeber gewinnen und kaufte die Kirche für 427 Mark. Ursprünglich sollte sie auf der Pfaueninsel in Berlin wieder aufgebaut werden, stattdessen wurde sie 1842 nach Karpacz gebracht.**

Kościółek Wang .
ul. Sniezki 8
Öffnungszeiten:
tgl. 9.00 – 17.00,
im Sommer bis 18.00 Uhr

**1 Glockenturm**
Der Glockenturm gehört nicht zur Original-Kirche. Er wurde erst beim Wiederaufbau der Kirche errichtet und besteht aus schlesischem Granit.

**2 Gang zwischen Kirche und Turm**
Um trockenen Fußes den Glockenturm zu erreichen, wurden Kirche und Turm mit einem – ebenfalls aus Holz erbauten – Gang verbunden.

**3 12 Stiele**
Die meisten Stabkirchen besitzen 12 so genannte »Stiele«, die den 12 Aposteln entsprechen.

**4 Drachenköpfe**
Auf den Giebelspitzen von Kirche und Turm sitzen Drachenköpfe, die an die drachenköpfigen Galionsfiguren von Wikingerbooten erinnern.

**5 Gang um das Kirchenschiff**
Innerhalb der Kirche führt ein schmaler Gang um das Kirchenschiff herum, der zur inneren Einkehr genutzt wird und gleichzeitig zur Wärmedämmung dient. In früheren Zeiten legten dort die »Nordmänner« ihre Waffen ab.

**6 Taufbecken**
Das um 1740 geschaffene hölzerne Taufbecken stand ursprünglich in der Kirche in Dietmannsdorf bei Waldenburg. Als diese abgebaut wurde, brachte man es in die Wang-Kirche.

**7 Fenster**
Erst beim Wiederaufbau wurden Fenster eingelassen, vorher wurde die Kirche nur durch das Licht, das durch das Dachtürmlein einfiel, erhellt. Doch schließlich konnte der Pfarrer seine Predigten auswendig, und die Gemeinde musste nur »Halleluja« singen.

*Statt die Berliner Pfaueninsel schmückt das norwegische Holzkirchlein heute Karpacz.*

*Bei der Wang-Kirche liegt das Grab der Gräfin von Reden, die dafür sorgte, dass die Stabkirche nach Karpacz gebracht wurde.*

*Hinter der Kirche liegt ein kleiner deutscher Friedhof.*

*Der Altar der Wang-Kirche*

*Die Verzierungen am Türmchen der Kirche zeugen von großem handwerklichen Geschick.*

*Südlich von Karthaus zeigt in dem Feriendörfchen Wdzydze Kiszewskie ein Freilichtmuseum die vergangene Welt der Kaschuben.*

**Geschichte** Das schon früh von Pommern besiedelte Gebiet stand vom Beginn des 14. Jahrhunderts an unter der Herrschaft der Deutschen Ordens. Im Jahre 1380 gründete der Karthäuserorden hier ein Kloster, das während der Reformation ausgeraubt und niedergebrannt wurde. Die Siedlung, die im Schutze des Klosters entstanden war, nahm erst im 19. Jahrhundert ihren Aufschwung. Das Stadtrecht erhielt Kartuzy 1923, nachdem Polen 1920 diese Gebiete wieder übernommen hatte.

## Sehenswertes in Kartuzy

**★ Karthäuserkloster »Marienparadies«** Im Norden des Ortes liegt das mittelalterliche Karthäuserkloster, das v. a. wegen seiner gotischen Kirche, 1381 bis 1403 erbaut, einen Besuch lohnt. Ungewöhnlich ist ihr barockes Walmdach, das an die Form eines Sarges erinnert. Auch besitzt die Kirche eine außerordentlich qualitätvolle Ausstattung, u. a. einen spätgotischen geschnitzten Altaraufsatz von 1444 und ein mit aufwändiger Schnitzerei gestaltetes Chorgestühl (um 1675). Von den Konventsgebäuden ist nur das 21 m lange Refektorium mit einem gotischen Sterngewölbe erhalten.

**★ Kaschubisches Museum** Das Muzeum Kaszubskie in der ul. Kościerska 1 zeigt kaschubische Volkskunst, v. a. kunstvolle Stickereien und Keramik, und vermittelt mit historischen Arbeits- und Haushaltsgeräten ein Bild vom einstigen Leben der Kaschuben. Interessant sind auch die Sammlungen von Pfeifen und Schnupftabaksdosen sowie Volksmusikinstrumente, die im Rahmen von Konzerten vorgeführt werden (Muzeum Kaszubskie, ul. Kościerska 1; Öffnungszeiten: Di. – Fr. 9.00 – 16.00, Sa. 9.00 – 15.00, So. 10.00 – 14.00 Uhr).

## Umgebung von Kartuzy

**Chmielno (Ludwigsdorf )**

Der 12 km westlich gelegene Ferienort Chmielno ist bekannt für die traditionelle kaschubische Keramik, die hier hergestellt und verkauft wird. Attraktiv macht ihn aber auch seine Lage am Jezioro Kłodno, der durch den Fluss Radunia mit dem Jezioro Raduńskie (Radaunersee), einem guten **Segel- und Kajakrevier**, verbunden ist.

**Wdzydze Kiszewskie**

Etwa 50 km südöstlich von Kartuzy dehnt sich der Jezioro Wdzydze aus, ein abwechslungsreicher Komplex von fünf Seen. Das Feriendörfchen Wdzydze Kiszewskie besitzt seit fast hundert Jahren einen **Kaschubischen Volkskundlichen Park**, ein Freilichtmuseum mit vollständig eingerichteten Gehöften, alten Windmühlen und Scheunen sowie einer umfassenden Sammlung mit kaschubischem Kunsthandwerk (Kaszubski Park Etnograficzny; Öffnungszeiten: Di. – So. 10.00 –16.00 Uhr).

# Katowice · Kattowitz

M / N 10

**Wojewodschaft:** Śląskie
**Einwohnerzahl:** 334 000
**Höhe:** 260 – 350 m ü. d. M.

**Die Hauptstadt Oberschlesiens, inmitten von Polens größtem Industrierevier, überrascht mit prächtigen Jugendstilhäusern und mit futuristischer Architektur, mit sehenswerten Museen und einem historischen Bergwerk und – als Universitätsstadt – mit einer quirlig-bunten Kneipen- und Kulturszene.**

**»Schlesisches Ruhrgebiet«**

Erstmals erwähnt wird die Siedlung Kattowitz Ende des 15. Jhs. Bis Ende des Ersten Schlesischen Kriegs (1740 – 1742) stand der Ort unter habsburgischer Herrschaft und gehörte dann bis 1921 zu Preußen. Bereits 1757 wurde das erste Tagebau-Kohlebergwerk in Betrieb genommen. Mit der Eröffnung der Eisenbahnlinie nach Breslau 1846 setzte die Entwicklung der Region zum **»schlesischen Ruhrgebiet«** ein. Im Streit um Oberschlesien nach dem Ersten Weltkrieg sprach der Völkerbund im Oktober 1921 Polen zwar »nur« ein Viertel des strittigen Gebiets zu, das aber den Kernbereich des Industriegebiets mit sämtlichen Eisenerzgruben ausmachte.
Nach der politischen Wende Anfang der 1990er-Jahre und dem Wegbrechen der traditionellen Absatzmärkte mussten viele Betriebe schließen, mehr als 100 000 Arbeiter wurden »freigesetzt«.

# KATOWICE ERLEBEN

## AUSKUNFT

*Tourist-Information*
ul. Młyńska 2
PL-40-098 Katowice
Tel. 032 / 259 38 08
www.um.katowice.pl

## ESSEN

### ► Erschwinglich

*Labirynt*
ul. Staromiejska 12
Tel. 032 / 352 13 20
In dem labyrinthischen Kellerlokal versinkt man in Samtsofas bei Kerzenlicht und rauchiger Musik und schlürft vor dem Essen eine der »sieben Todsünden«.

## ÜBERNACHTEN

### ► Luxus

*Monopol*
ul. Dworcowa 5
PL-40-012 Katowice
Tel. 032 / 782 82 82
www.monopol.hotel.com.pl; 92 Z.
Das »Monopol« lockt seine Gäste mit einem 1200 $m^2$ großen Wellnessbereich mit Fitnessraum, Swimmingpool und Sauna und mit Restaurants mit polnischer und italienischer Küche.

### ► Komfortabel

*Diament*
ul. Dworcowa 9
PL-40-012 Katowice
Tel. 032 / 253 90 41
www.hoteldiament.pl; 43 Z.
Das Mittelklassehotel befindet sich in einem gründerzeitlichen Palais gegenüber vom Bahnhof. Das Restaurant bietet polnische Küche.

*Silesia*
ul. Piotra Skargi 2
PL-40-951 Katowice
Tel. 032 / 259 62 11
www.orbis.pl; 194 Z.
Das zehnstöckige, 500 m vom Bahnhof entfernte Hotel verfügt über bequeme Zimmer, ein Café im ersten Stock, eine kleine Ladenzeile und einen bewachten Parkplatz.

Doch nach wie vor haben der Abbau von Steinkohle, die Verhüttung von Eisen und Buntmetallen sowie die Maschinen- und Fahrzeugindustrie größte wirtschaftliche Bedeutung für die Region.
Den Systemwechsel überstanden haben die meisten kulturellen und wissenschaftlichen Institutionen: Die Philharmonie und das Radiosinfonieorchester zählen wieder zu den besten des Landes und genießen internationales Renommee und an fünf Hochschulen und Instituten sind insgesamt 50 000 Studenten eingeschrieben.

## Sehenswertes in Katowice

**Schlesisches Museum** ⏲

Nahe des Ryneks ist im ehemaligen »Grand Hotel«, ein Neorenaissancebau von 1902, das Schlesische Museum untergebracht mit wertvollen Sammlungen polnischer Kunst des 19. und 20. Jhs. (Muzeum Śląskie, ul. Korfantego 3; Öffnungszeiten: Di .– Fr. 10.00 – 17.00, Sa. und So. 11.00 – 16.00 Uhr).

*Nein, es ist kein UFO in Kattowitz gelandet – es ist nur die Fest- und Messehalle der Stadt.*

**Denkmal der Schlesischen Aufständischen**

Das neben dem Kreisverkehr (Rondo) im Norden der Innenstadt aufgestellte Denkmal (Pomnik Powstańców Śląskich), ein Werk **Gustaw Zemłas** von 1967, erinnert mit seinen drei geflügelten Gestalten an die drei Schlesischen Aufstände in den Jahren 1919, 1920 und 1921. Auf dem steinernen Pfeiler stehen die Namen der Orte, an denen die Kämpfe stattfanden.

**Wojewodschaftshalle**

Die Wojewódzka Hala Widowisko-Sportowa nördlich des Rondo ist das größte Bauwerk dieser Art in Polen. Die Stahlbetonkonstruktion, im Volksmund **»Spodek«** (Untertasse) genannt, wurde 1962 bis 1971 gebaut und kann auf über 10 000 $m^2$ Fläche 11 000 Zuschauer fassen. In der Mehrzweckhalle finden Sportveranstaltungen, Konzerte, Zirkusvorstellungen, Ausstellungen und Messen statt.

**Stadthistorisches Museum**

Das Museum der Geschichte der Stadt Kattowitz dokumentiert die Entwicklung des Ortes vom kleinen mittelalterlichen Dörfchen bis zur modernen Industriestadt (Muzeum Historii Katowice, ul. Szafranka 9; Öffnungszeiten: Di. 10.00 – 15.00, Mi. 10.00 – 17.30, Do. 11.00 – 15.00, Fr. 11.00 – 17.30, Sa. u. So. 11.00 – 14 Uhr).

**König-Christus-Kathedrale**

Die Katedra pod wezwaniem Chrystusa Króla ist mit 101 m Länge, 50 m Breite und 64 m Höhe eines der **größten sakralen Gebäude Polens**. 1927 bis 1955 errichtet, besitzt die klassizistische Kathedrale,

Erzbischöfliches Museum ►

u. a. mit ihren Metallplastiken, einige bemerkenswerte Ausstattungsstücke. Das angeschlossene Erzbischöfliche Museum ist der sakralen Kunst Schlesiens vom Mittelalter bis zum Barock gewidmet (Muzeum Archidiecezjalne, ul. Jordana 39; Öffnungszeiten: Di. u. Do. 14.00 bis 18.00, So. 14.00 – 17.00 Uhr).

**Nikolaikirche**

Die Kościół św. Mikołaja steht südwestlich der Innenstadt im Park Kościuszki. Die 1510 errichtete Holzkirche mit einem frei stehendem **hölzernem Glockenturm** aus dem 17. Jh. wurde aus der Umgebung von Wodzisław Śląski (Coslau) hierher gebracht; in der Nähe befinden weitere historische Holzbauten aus Schlesien.

## Umgebung von Katowice

**Chorzów (Königshütte)**

Vier Kilometer nordwestlich von Kattowitz, in Chorzów, liegt der über 600 ha große **Wojewodschaftspark für Kultur und Erholung**. In dem beliebten Naherholungsgebiet gibt es u. a. ein Schwimmbad, ein Planetarium, ein Freilichtmuseum, einen Vergnügungspark sowie einen Zoo mit Nachbildungen von Sauriern.

**✶ Bytom (Beuthen)**

In Bytom, 12 km nordwestlich von Kattowitz, befindet sich mit dem **Oberschlesischen Museum** das wichtigste Museum der Region. Zu seinen Sammlungen gehören neben archäologischen Exponaten von der Steinzeit bis zum Mittelalter v. a. Werke der polnischen Malerei des 18. bis 20. Jhs. und der europäischen Malerei des 16. bis 20. Jhs. (Muzeum Górnośląskie, pl. Jana III Sobieskiego 1; Mo. geschl.).

> **! *Baedeker* TIPP**
>
> **Gerstensaft vom Feinsten**
>
> Polen ist für seine schmackhaften Biere berühmt. Eines der beliebtesten, das »Tyskie«, stammt aus der königlichen Brauerei in Tychy bei Kattowitz. Im Biermuseum können Besucher sich mit der 375-jährigen Geschichte der Brauerei bekannt machen. Ein 3-D-Film im Kinosaal und ein frisch gezapftes Bier im angeschlossenen Pub vermitteln authentisch die polnische Braukunst (Anmeldung unter wycieczki.tyskie@kp.pl).

Das Industriestädtchen **Tarnowskie Góry** liegt 25 km nordwestlich von Kattowitz in einem der ältesten Bergbaugebiete Polens. Seinen Marktplatz säumen alte Bürgerhäuser aus dem 16. und 17. Jahrhundert mit Laubengängen und der historischen Weinstube »Sedlaczka«, in der schon König **August der Starke** und **Goethe** das eine oder andere Glas genossen. Im ersten Stock des Gebäudes wurde ein kleines **Regionalmuseum** eingerichtet (Muzeum Ziemi Tarnogórskiej, Rynek 1; Öffnungszeiten: Di. – Fr. 10.00 – 16.00, Sa. und So. bis 15.00 Uhr).

Historisches Bergwerk ►

Interessanter ist die Besichtigung eines Anfang des 20. Jhs. aufgelassenen Blei- und Silberbergwerks; teilweise stehen die Stollen unter Wasser und sind nur mit Booten zu erreichen (Kopalnia Zabytkowa Muzeum, ul. Szczęść Boże 52; Öffnungszeiten: Mo. – Fr. 8.00 bis 14.00, Sa. u. So. 9.00 – 15.00 Uhr).

*Die trutzige Burg Będzin war zu Zeiten von Kazimierz Wielki eine mächtige Verteidigungsbastion.*

Der **»Stollen der Schwarzen Forelle«** im Stadtteil Repty ist ein 600 m langer Abschnitt eines Abbauhohlraums; da er unter Wasser steht, findet die Besichtigung als Kahnfahrt untertage statt. Der Stollen diente dazu, Wasser aus dem Bergwerk abzuleiten (Sztolnia Czarnego Pstrąga; Öffnungszeiten: tgl. 10.00 – 16.00 Uhr).

◄ Sztolnia Czarnego Pstrga

**Będzin (Bendzin)**

In dem 14 km nordöstlich gelegenen Będzin, einer wenig attraktiven Industriestadt, erhebt sich auf dem Berg Góra Zamkowa eine trutzige, im 14. Jh. durch Kazimierz Wielki errichtete Burg. Die Bastion an der alten polnisch-deutschen Grenze besitzt meterdicke Mauern und beherbergt ein **Museum zur Geschichte Bdzins** und des Dąbrowa-Kohlebeckens (Mo. geschl.).

**Racibórz**

Die Altstadt des Industrie- und Hafenstädtchens Racibórz, ca. 75 km südwestlich von Kattowitz, dehnt sich an einer Biegung der Oder aus. Auf dem von Bürgerhäusern aus der Renaissance gesäumten Rynek erinnert eine **barocke Mariensäule** von 1715 an die Pestepidemie, die hier Anfang des Jhs. grassierte. Zu den charakteristischen Bauten der Innenstadt gehört die **Liebfrauenkirche**, deren ältester Teil, der Chor, um 1290 entstand.

Das **Regionalmuseum**, untergebracht in einem Dominikanerinnenkloster und der zugehörigen frühgotischen Heilig-Geist-Kirche, zeigt volkskundliche und archäologische Exponate, u. a. eine ägyptische Mumie, sowie Gemälde und Ikonen (Muzeum Regionalne, ul. Gimnazjalna; Mo. geschl.).

# ★★ Kazimierz Dolny

S 8

**Wojewodschaft:** Lubelskie
**Einwohnerzahl:** 7400
**Höhe:** 120 – 150 m ü. d. M.

**Kazimierz Dolny liegt malerisch auf einer bis zu 100 m hohen Uferterrasse über der Weichsel in einer reizvollen Landschaft. Seine prächtigen Renaissance-Häuser an kopfsteingepflasterten Gassen und mächtige, reich verzierte Speichergebäude am Flussufer brachten dem einstigen Handelsstädtchen die staatliche Anerkennung als »Geschichtsdenkmal«.**

**Geschichte**

Das Gebiet um Kazimierz Dolny wurde bereits vor dem 12. Jh. besiedelt, um 1175 erhielten Norbertaner aus Krakau das Land von **Kazimierz II.**, dem Gerechten, nach dem die Stadt später benannt wurde. Seit Kazimierz dem Großen war sie Königsstadt, in der sich zahlreiche jüdische Familien niederließen. Im 15. und 16. Jh. entwickelten sich der Getreidehandel und die Frachtschifffahrt auf der Weichsel; Patrizierfamilien ließen sich in der Renaissance prächtige Paläste bauen. Doch die Feldzüge der Schweden Mitte des 17. Jhs., Epide-

*Kazimierz Dolny* Orientierung

# KAZIMIERZ DOLNY ERLEBEN

### AUSKUNFT

*Tourist-Information*
Rynek 27
PL-24-120 Kazimierz Dolny
Tel. 081 / 881 00 46
www.kazimierz-newa.com.pl

### ESSEN

**▶ Erschwinglich**

① *Staropolska*
ul. Nadrzeczna 14
Tel. 081 / 881 02 36
In gediegenem Ambiente, abends mit Musik und Kerzenschein, genießt man im Staropolska polnische Spezialitäten.

**▶ Preiswert**

② *Grill w Domu Michalakow*
ul. Nadrzeczna 24
Tel. 081 / 881 05 79
In dem Restaurant, das dem Maler Janusz Michalek gehört, gibt's gegrillten Fisch und leckere Suppen zu annehmbaren Preisen. Bei schönem Wetter kann man es sich auch im Garten des Hauses schmecken lassen.

### ÜBERNACHTEN

**▶ Komfortabel**

② *Łazńia*
ul. Senatorska 21
PL-24-120 Kazimierz Dolny
Tel. 081 / 881 02 98
6 Z.
Die Zimmer des kleinen Hotels in der Nähe des Rynek sind hübsch und gut ausgestattet.

**▶ Günstig**

① *Piastowski*
ul. Słoneczna 3
PL-24-120 Kazimierz Dolny
Tel. / Fax 081 / 881 03 51
59 Z.
Das Ferienhotel knapp 2 km südlich der Stadt bietet funktionale Zimmer, Swimmingpool und Sauna.

mien und Überschwemmungen ließen die Stadt verarmen; in den Jahren 1867 bis 1927 war Kazimierz wieder ein Dorf. Erst 1927 erhielt Kazimierz Dolny infolge des wirtschaftlichen und kulturellen Aufschwungs wieder das Stadtrecht.

## Sehenswertes in Kazimierz Dolny

Die Altstadt, hoch über der Weichsel gelegen, stellt ein einzigartiges Beispiel für die Harmonie von Natur und Architektur dar. Den interessantesten Ausblick hat man von einer Burgruine auf dem Drei-Kreuz-Berg und vom gegenüberliegenden Weichselufer aus. ✶✶ **Altstadt**

Den Marktplatz dominiert das prächtige **Doppelpalais der Patrizierfamilie Przybył**. Die Renaissancebauten von 1615 besitzen Laubengänge, dekorative Attiken und reichen Reliefschmuck. Daneben steht das rekonstruierte »Danziger Haus« mit spätbarocker Fassade vom Ende des 18. Jahrhunderts. Auf der anderen Seite des Platzes präsentiert das **Goldschmiedemuseum** seine Schätze (Muzeum Złotnictwa, Rynek 19; Öffnungszeiten: Di. – So. 10.00 – 16.00 Uhr). ◄ Rynek

*Kazimierz Dolnys Schmuckstück: der von wunderschönen Renaissancehäusern gesäumte Marktplatz*

**Pfarrkirche** Die am Hang unterhalb der Burgruine stehende Pfarrkirche, dem hl. Johannes dem Täufer und dem hl. Bartholomäus geweiht, entstand in den Jahren 1586 bis 1613 nach den Plänen des Lubliner Architekten Jakub Balin aus einem gotischen Vorgängerbau.
Charakteristisch für die **»Lubliner Spätrenaissance«** sind vor allem die manieristischen Stuckarbeiten an den Gewölben. Die prächtige Orgel, 1607 bis 1620 gebaut, gilt als die älteste vollständig erhaltene Orgel in Polen.

**Annenkirche** Die Kościół św. Anny entstand 1670 als Renaissancebau mit reich verziertem Giebel und barocker Ausstattung. Neben der Kirche steht das ehemalige Krankenhaus aus dem 17. Jahrhundert.

**Celej-Haus** Das 1635 erbaute Haus der Familie Celej in der ul. Senatorska hat eine schön gestaltete Fassade mit einer hohen, reich verzierten Attika. Heute beherbergt es das **Stadtmuseum** (Muzeum Kazimierza Dolnego; Öffnungszeiten: Di. – So. 10.00 – 16.00 Uhr).

**Speicher** In der »Danziger Vorstadt«, in Richtung Puławy gelegen, befinden sich die größten Speicheranlagen der Renaissance auf polnischem Boden. Einer der Speicher beherbergt ein interessantes Naturkundemuseum (Muzeum Przyrodnicze, ul. Puławska; Öffnungszeiten: Di. – So. 10.00 – 16.00 Uhr).

*In »Klein-Danzig« am Weichselufer stehen die riesigen Speicheranlagen aus der Renaissance.*

## Umgebung von Kazimierz Dolny

**✶ Janowiec**

Am gegenüberliegenden Weichselufer liegt das alte Städtchen Janowiec mit einer vor 1537 entstandenen Burg der Familie Firlej. Von den Burgruinen aus bietet sich ein schöner Blick auf Kazimierz Dolny. Die Pfarrkirche besitzt mit dem Grabmal für Barbara und Andrzej Firlej von **Santi Gucci** (1586/87) ein herausragendes Kunstwerk der Spätrenaissance.

> ! *Baedeker* TIPP
>
> **Das Beste der Volkskunst**
>
> Ende Juni findet in Kazimierz Dolny eine große Volkskunstmesse statt, bei der auch die besten Folklore-Gruppen des Landes auftreten.

In Puławy, 10 km nördlich von Kazimierz Dolny, steht die 1676 bis 1679 errichtete **Schlossanlage der Magnatenfamilie Czartoryski**. Einige romantische Bauten vom Anfang des 19. Jhs. finden sich Im 30 ha umfassenden Schlosspark. Im »Sybillentempel« und im »Gotischen Haus« waren die ersten öffentlichen Museen Polens eingerichtet. Ihre wertvollen Sammlungen sind heute im Czartoryski-Museum in Krakau zu sehen.

**Radom**

Das Zentrum der Industriestadt Radom, etwa 70 km westlich von Kazimierz Dolny, bildet der Mitte des 14. Jhs. unter König **Kazimierz Wielki**, dem Großen, angelegte Rynek. Den Platz säumen schöne alte

Bürgerhäuser, das Rathaus, erbaut 1848 nach einem Entwurf des Warschauer Architekten **Enrico Marconi** und die Gebäude eines ehemaligen Piaristenklosters und einer Piaristenschule aus dem 18./19. Jahrhundert, die als **Regionalmuseum** genutzt werden (Muzeum im. Jacka Malczewskiego, Rynek 11; Öffnungszeiten: Di. – So. 10.00 bis 15.00 Uhr).

Museum des Radomer Dorfs ►

Interessant ist das an der Straße in Richtung Kielce gelegene **Freilichtmuseum** Wsi Radomskiej, in dem etwa 50 alte Holzbauten – Katen, Wirtschaftsgebäude und Windmühlen – aus der Umgebung Radoms zusammengetragen sind und Volkskunst-Ausstellungen gezeigt werden (Öffnungszeiten: Di. – Fr. 9.00 – 17.00, Sa. u. So. 10.00 bis 18.00 Uhr).

**Orońsko**

In der Ortschaft Orońsko, die knapp 15 km weiter südlich an der E 77 liegt, ist in einem historischen Hofkomplex, ehemals im Besitz des Malers **Józef Brandt**, das **Zentrum der polnischen Plastik** (Centrum Rzeźby Polskiej) untergebracht, das ständig Openair-Ausstellungen zeigt.

**Nałęszów**

Der 20 km östlich von Kazimierz Dolny gelegene Kurort Nałęczów bildet mit Kazimierz Dolny und Puławy ein **»touristisches Dreieck«**. Die von tiefen Lößschluchten durchzogene Landschaft ist ein beliebtes Wandergebiet. Der Ort entwickelte sich um einen Palast der Familie Małachowski, der um 1775 entstand nd in dem heute das **Bolesław-Prus-Museum** untergebracht ist (Mo. geschl.). Dem Schriftsteller **Stefan Żeromski** (1864 – 1925), der patriotische und zugleich sozialkritische Romane verfasste, ist das Muzeum Stefana Żeromskiego in der ul. Żeromskiego 8 gewidmet (Mo. geschl.).

# Kętrzyn · Rastenburg

R 2

**Wojewodschaft:** Warmińsko-Mazurskie
**Einwohnerzahl:** 31 000
**Höhe:** 140 m ü. d. M.

**Kętrzyn liegt, eingebettet in die anmutige Landschaft der Masurischen Seenplatte, am Guber, einem Nebenflüsschen der Łyna. In der Nähe des ruhigen Industriestädtchens können die Ruinen des im Januar 1945 gesprengten sog. »Führerhauptquartiers Wolfsschanze« besichtigt werden.**

**Geschichte**

1329 errichtete der Deutsche Orden auf dem Gebiet einer Handelsniederlassung der Pruzzen eine Burg. Die im Bereich der Burg entstandene Siedlung Kętrzyn erhielt 1345 das Stadtrecht; später entwickelte sie sich zu einem wichtigen regionalen Handels- und Industrieort.

## Sehenswertes in Kętrzyn

Burg

Die wuchtige Burg des Deutschen Ordens, heute eine Rekonstruktion aus der Nachkriegszeit, beherbergt ein Museum und eine Bibliothek. Dokumentiert wird die Geschichte der Stadt von der preußischen Herrschaft bis in die Gegenwart; ferner sind kunsthandwerkliche Gegenstände, insbesondere Porzellan, ausgestellt (Muzeum im. Wojciecha Kętrzyńskiego, pl. Zamkowy 1; Öffnungszeiten: 15. Juni – 15. Sept. Mo. – Fr. 9.00 bis 18.00, Sa. / So. 9.00 – 17.00, 16. Sept. – 14. Juni Mo. 9.00 – 15.00, Di. – Fr. 9.00 – 16.00, Sa. / So. 9.00 bis 15.00 Uhr).

In der gotischen Kościół św. Jerzego, einer von Mauern umgebenen **Wehrkirche**, sind schöne Kristallgewölbe im Chor vom Anfang des 16. Jhs., Grabplatten aus dem 17. Jh. und Fragmente von Deckenmalereien vom Anfang des 19. Jhs. erhalten. Daneben steht eine Anfang des 16. Jhs. gebaute Kapelle.

### KĘTRZYN

#### AUSKUNFT

*Tourist-Information*
pl. Piłsudskiego 1
PL-11-400 Kętrzyn
Tel. 089 / 751 45 65
www.ketrzyn.com.pl

#### ESSEN

► **Preiswert**
*Zajazd Pod Zamkiem*
ul. A. Struga 3 A
Tel. 089 / 752 31 17
In dem Lokal neben der Deutschordensburg gibt es traditionelle polnische Gerichte.

## Umgebung von Kętrzyn

* Wolfsschanze

Inmitten der masurischen Wälder, 8 km östlich von Kętrzyn, liegen bei dem Dörfchen **Gierłoż** die Überreste des sog. Führerhauptquartiers Wolfsschanze, einer der bevorzugten Aufenthaltsorte Hitlers während des Zweiten Weltkriegs.

Im Rahmen der Vorbereitungen für den Überfall auf die Sowjetunion wurde schon im November 1940 dieses Terrain ausgewählt. Insgesamt 80 Gebäude und Bunker, einschließlich Bahnhof, Kraftwerk und eigener Wasserversorgung, verteilten sich auf dem durch einen 50 Meter breiten Minengürtel und Drahthindernisse abgesicherten Gelände. In den innersten Kreis, den so genannten »Führersperrkreis«, gelangten auch hohe Offiziere, Parteileute und ausländische Besucher nur nach strengster Kontrolle.

Die größten Bunker besaßen 6 bis 8 m dicke Decken und 4 bis 6 m hohe Wände. Hitler, der sich am 24. Juni 1941 erstmals in der Wolfsschanze aufhielt, lebte zunächst im Gästebunker, da sein eigener Bunker erst im Oktober 1944 fertig gestellt war.

In die nebenstehende Lagebaracke schmuggelte Oberst **Graf Schenk von Stauffenberg** am 20. Juli 1944 jene Bombe, die Hitler töten sollte, ihn jedoch nur leicht verletzte.

## *Wolfsschanze* Orientierung

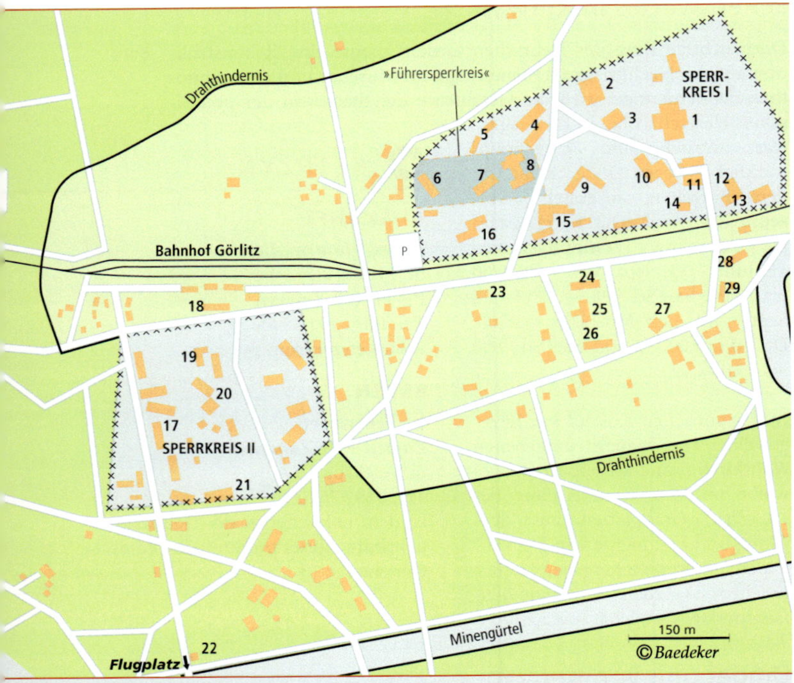


**1** Hitlers Bunker
**2** Bormanns Bunker
**3** Bormanns Haus
**4** Reichssicherheitsdienst, Stenografen und Poststelle
**5** Reichssicherheitsdienst und SS-Begleitkommando
**6** SS-Begleitkommando (heute Hotel und Restaurant)
**7** Lagebaracke (Ort des Attentats vom 20. Juli 1944)
**8** Gästebunker
**9** Persönliche Adjutanten
**10** Adjutantur der Wehrmacht
**11** Chef des OKW (Keitel)
**12** Górings Haus
**13** Górings Bunker
**14** Chef Wehrmacht Führungsstab (Jodl)
**15** Kino, Garagen, Fahrerunterkünfte
**16** Reichspressechef
**17** Gebäude des Wehrmachtführungsstabes
**18** Wache I
**19** Kasino Wehrmacht Führungsstab (früheres Kurhaus)
**20** Kommandant FHQ
**21** Nachrichtenbunker
**22** Wache Süd
**23** Wache II
**24** Verbindungsstab Außenministerium
**25** Organisation Todt
**26** Führerbegleitbataillon
**27** Allgemeiner Luftschutzbunker
**28** Verbindungsstab Luftwaffe
**29** Verbindungsstab Marine
**P** Parkplatz und Kasse

Nachdem das Hauptquartier nach Berlin verlegt worden war, wurden im Januar 1945 die meisten Bunker gesprengt.

Besichtigung ► Die Überreste waren wegen der zahlreichen Minen lange Zeit nicht zugänglich. Heute gibt es drei unterschiedlich lange, markierte Besichtigungswege, die man jedoch nicht verlassen darf (Wilczy Szaniec; Info-Tel. 089 / 752 42 94; Anfahrt von Kętrzyn mit dem Bus Nr. 5; Öffnungszeiten: tgl. 9.00 Uhr bis zur Dämmerung).

**Święta Lipka (Heiligelinde)**

Ein ungewohntes Bild in der masurischen Landschaft bietet die üppige italienisierende Barockarchitektur der **Wallfahrtskirche** Święta Lipka, Ende des 17. Jhs. errichtet wurde. Die durch Säulen, Pilaster und Skulpturen reich gegliederte Fassade wird beherrscht von der 1730 von **Mathäus Poertzel** geschaffenen Darstellung der Muttergottes mit der heiligen Linde in der Mitte.
Die Ausstattung der dreischiffigen Basilika steht großenteils unter dem Thema der Marienverehrung, so der große, dreistöckige barocke Hauptaltar von 1712 und die 1722 bis 1727 geschaffenen Fresken von **Matthias Meyer**. Die gewaltige, 1721 gebaute Orgel mit über 4000 Pfeifen, von der im Sommer täglich Kostproben zu hören sind, ist ein Werk des Königsbergers **Johann Mosengel**.

# Kielce

Q 9

**Wojewodschaft:** Świętokrzyskie **Höhe:** 260 – 406 m ü. d. M.
**Einwohnerzahl:** 211 000

**Die Industriestadt Kielce, zugleich Hauptstadt der Wojewodschaft Świętokrzyskie, liegt knapp 200 km nördlich von Krakau am Fuß der Heilig-Kreuz-Berge, eines der ältesten Gebirge Europas. Urlauber kommen meist zur Erkundung des vor allem geologisch interessanten Heilig-Kreuz-Nationalparks hierher.**

**Geschichte**

Die erste Niederlassung entstand im 11. Jh., um 1360 erhielt Kielce das Stadtrecht. Bis 1789 war die Stadt im Besitz der Krakauer Bischöfe, die hier eine Residenz hatten. Seit dem Mittelalter wird in der Umgebung Kupfer-, Blei- und Eisenerz abgebaut.

## KIELCE ERLEBEN

### AUSKUNFT

*Tourist-Information*
Rynek 1
PL-25-303 Kielce
Tel. 041 / 367 61 42
www.um.kielce.pl

### ESSEN

**► Preiswert**

*Winnica*
ul Winnicka 4
Tel. 041 / 344 45 76
Im »Winnica« gibt's leckere ukrainische Spezialitäten.

### ÜBERNACHTEN

**► Komfortabel**

*Hotel Tara*
ul. Kościuszki 24
PL-25-900 Kielce
Tel. 041 / 344 25 10
www.tara.kielce.com
Die Zimmer des Hotels sind nett eingerichtet und gut ausgestattet. Das hoteleigene Restaurant, auf der gegenüberliegenden Straßenseite untergebracht, bietet neben altpolnischer Küche auch orientalische Spezialitäten.

*Im ehemaligen Renaissance-Palast der Krakauer Bischöfe ist heute moderne Kunst zu sehen.*

## Sehenswertes in Kielce

**Bischofspalast** Der ehemalige Palast der Krakauer Bischöfe, auf einer Anhöhe im südlichen Teil der Stadt gelegen, wurde 1637 bis 1641 erbaut und zeigt den typischen Wasa-Stil am Übergang von der Renaissance zum Barock. Der ehemalige Speisesaal ist mit bemalten Deckenbalken, einem »Fries« von Porträts Krakauer Bischöfe und originalem Mobiliar ausgestattet. Heute beherbergt der Palast ein Nationalmuseum mit Werken polnischer Malerei aus dem 17. Jh. bis zur Moderne (Muzeum Narodowe, pl. Zamkowy 1; Öffnungszeiten: Di. bis Sa. 10.00 – 16.00 Uhr).

Nationalmuseum ▶

**Kathedrale** Neben dem Bischofspalast steht die frühbarocke **Basilika Mariä Himmelfahrt**, errichtet 1632 bis 1635 und 1869 bis 1872 umgestaltet. Bedeutend ist die spätbarocke Ausstattung mit Schnitzarbeiten von A. Frąckiewicz aus Krakau und dem Gemälde »Mariä Himmelfahrt« von S. Czechowicz (1730), ferner das um 1555 vermutlich von Giovanni Padovano geschaffene Grabmal für Elbieta Zebrzydowska.
Die Basilika besitzt einen bemerkenswerten Kirchenschatz, u. a. einen Kelch von ca. 1360 und ein Büstenreliquiar der hl. Maria Magdalena (um 1370).

**Regionalmuseum** Am Rynek informiert das Regionalmuseum mit archäologischen und volkskundlichen Exponaten über die Lokalgeschichte (Rynek 3; Öffnungszeiten: Mo. – Fr. u. So. 10.00 – 15.00 Uhr).

In der ul. Kościuszki 11 versetzen die Sammlungen des Spielzeugmuseums die Besucher in ihre Kindheitstage zurück (Muzeum Zabawkarstwa; Öffnungszeiten: April – Okt. tgl. 10.00 – 17.00, Nov. – März 9.00 – 16.00 Uhr).

**Spielzeugmuseum**

## Umgebung von Kielce

**Oblęgorek**

Für Literaturkenner interessant ist ein Palais in Oblęgorek, ca. 15 km nordwestlich von Kielce, das 1900 dem Schriftsteller **Henryk Sienkiewicz** (1846 – 1916; ► Berühmte Persönlichkeiten) als »Dank der Öffentlichkeit« geschenkt wurde und in das heute ein kleines Sienkiewicz-Museum beherbergt (Muzeum Henryka Sienkiewicza; Öffnungszeiten: Mai – Okt. Di. – Sa. 10.00 – 16.00, Nov. – April Mi. bis Sa. 10.00 – 16.00 Uhr).

**Wąchock**

Mit seiner 1179 gegründeten **Zisterzienserabtei** nahe des Ryneks besitzt Wąchock, ca. 40 km nordöstlich von Kielce, ein **einzigartiges Architekturdenkmal**. Die Anlage besteht aus einer romanischen Kirche vom Beginn des 13. Jhs. und einem Klostergebäude mit zwei Innenhöfen. Der Kapitellsaal im Ostflügel des Klosters gilt mit seinem Gewölbe und den reich ornamentierten Säulen als einer der schönsten romanischen Räume in Polen. In einem der Kreuzgänge ist die Urne mit der Asche des Partisanenführers **Jan Piwnik** (1912 bis 1944) aufgestellt, an den ein Denkmal auf dem Marktplatz erinnert.

! *Baedeker* TIPP

**Hinab ins Paradies**

Nicht von ungefähr wird eine Höhle nordöstlich von Chęciny als »Paradieshöhle« bezeichnet: Herrlich-bizarre Tropfsteine hängen von der Decke und spiegeln sich im Wasser der Kalktuffbecken. Besichtigt werden kann ein 240 m langer Gang – die Temperatur dort unten beträgt aber nur 8° C – des Höhlensystems (Jaskinia Raj; Öffnungszeiten: März – Nov. Di. – So. 10.00 bis 17.00 Uhr).

Die **Heilig-Kreuz-Berge** (Góry Świętokrzyski), ein niedriger, von Tannenwäldern bedeckter, geologisch sehr alter Höhenzug liegt nur wenige Kilometer östlich von Kielce. Das beliebte Wander- und Naherholungsgebiet durchziehen mehrere markierte Wege sowie zwei Naturlehrpfade.

◄ Heilig-Kreuz-Nationalpark

Zum Schutz der reichen Flora, darunter sehr seltene Gebirgspflanzen, wurde 1950 der Heilig-Kreuz-Nationalpark (Świętokrzyski Park Narodowy) gegründet, der den bis zu 612 m hohen Bergzug der Łysogóry mit den Klöstern Święty Krzyż und Święta Katarzyna umfasst. Einen Abstecher lohnt auch das **Bergbaumuseum** in Nowa Słupia am Fuß des Święty Krzyż (Museum Staroytnego Górnictwa Świętokrzyskiego; Öffnungszeiten: Di. – So. 9.00 – 16.00 Uhr).

**Archäologisches Reservat**

Das Archäologische Reservat, 9 km nordöstlich der Industriestadt Ostrowiec Świętokrzyski gelegen, ist eine der **wichtigsten archäologischen Fundstätten** in Europa. Die Feuersteinlager dort wurden in

*Kurioser Zeitmesser: eine Taschensonnenuhr*

der Zeit von ca. 3500 bis 1200 v. Chr. von verschiedenen Kulturen ausgebeutet. In 4 bis 12 m Tiefe wurden die Gesteinsbrocken gewonnen; dabei wurden von senkrechten Schächten aus waagerechte Gänge gegraben, insgesamt etwa 2000 bis 3000. Besichtigt werden kann ein 110 m langer Abschnitt (Führungen: Mai – Okt.). In einem Pavillon werden die Abbautechnik erläutert und Gegenstände aus Feuerstein gezeigt.

In der 14 km südwestlich von Kielce gelegenen **»Marmorstadt«** wurde vom 14. bis zum 18. Jh. Kupfer-, Blei- und Silbererz gewonnen sowie Marmor gebrochen. Über **Chciny** erheben sich die Ruinen einer 1296 bis 1311 erbauten Piastenburg. Die um 1600 gebaute spätgotische St.-Josephs-Kirche besitzt eine der **wertvollsten Orgeln Polens** aus dem Jahr 1675. Sehenswert sind auch ein Klarissinnenkloster aus dem 17. Jh. sowie eine Synagoge von 1638.

**Jędrzejów** Einen Abstecher wert ist das rund 30 km südwestlich von Kielce gelegene Städtchen Jędrzejów. Direkt am Marktplatz zeigt ein überaus interessantes Museum die von der Familie Przypkowski begründete **Sammlung von Sonnenuhren**, mittlerweile die drittgrößte der Welt; ausgestellt sind über 300 z. T. recht skurrile Sonnenuhren aus Asien und Europa. Ergänzt wird die Sammlung durch Autografen und Erstdrucke von Schriften berühmter Astronomen (Muzeum Żegarów Słonecznych, Rynek 7 / 8; Öffnungszeiten: Sommer Di. – So. 9.00 bis 16.00, Winter Di. – So. bis 15.00 Uhr).

Das **erste Zisterzienserkloster Polens**, ca. 2 km westlich der Stadt, wurde 1140 gegründet. Die Klosterkirche, eine spätromanische Pfeilerbasilika mit Kreuzrippengewölben wurde Mitte des 18. Jahrhunderts barockisiert; die Ausstattung ist ebenfalls barock.

# ★★ Kłodzko · Glatz

H 10

**Wojewodschaft:** Dolńośląskie **Höhe:** 300 – 370 m ü. d. M.
**Einwohnerzahl:** 30 200

**Ihre schöne Lage inmitten des Glatzer Kessels, ihre wertvollen Baudenkmäler und ihre reizvolle Umgebung mit hübschen Kurorten und erholsamen Wanderrevieren im Heuscheuer- und Reichensteiner Gebirge machen die 1000-jährige Stadt zum viel besuchten Ziel von Urlaubern aus dem In- und Ausland.**

## KŁODZKO ERLEBEN

### AUSKUNFT

*Tourist-Information*
ul. Okrzej 1
PL-57-300 Kłodzko
Tel. 074 / 865 89 70
www.hrabstwo.pl

### ESSEN

**► Preiswert**

① *Pizzeria Daria*
pl. Chrobrego 6
Tel. 074 / 867 00 18
Leckere Pizzas und Pastagerichte – auch zum Mitnehmen.

### ÜBERNACHTEN

**► Günstig**

① *Astoria*
pl. Jednosci 1
PL-57-300 Kłodzko
Tel. 074 / 867 30 35
E-Mail: astoriahotel@wp.pl
10 Z.
Ds nette, kleine Hotel mit gut ausgestatteten Zimmern liegt direkt vis-a-vis vom Busbahnhof.

**Geschichte**

Der böhmische **Fürst Slavnik** († 981), Vater des hl. Adalbert, gilt als Gründer der Stadt, die durch ihre Lage seit jeher eine bedeutende strategische Funktion hatte und über Jahrhunderte hinweg eine mächtige Festung besaß. Das Stadtrecht erhielt Glatz 1337. Im Jahr 1534 wurde das Glatzer Land an die Habsburger verkauft, nach dem Ersten Schlesischen Krieg (1770 – 1742) wurde es preußisch und gehört seit 1945 zu Polen.

## Sehenswertes in Kłodzko

**Franziskanerkloster**

Vom Bahnhof gelangt man über die Neißebrücke zum Franziskanerkloster, dessen Anfänge im 13. Jh. liegen. Die heutigen barocken Klostergebäude entstanden 1678 bis 1735; die Ausstattung der Klosterkirche stammt aus dem 19. Jahrhundert. Der Speisesaal des Klosters ist mit 1744 geschaffenen Fresken geschmückt.

**★★ Altstadt**

In die auf einer Insel gelegene Altstadt führt die steinerne gotische »Brücktorbrücke« über den Mühlgraben, 1281 bis 1390 nach dem Vorbild der berühmten Prager Karlsbrücke erbaut und daher oft auch **»Kleine Karlsbrücke«** genannt.
Den Mittelpunkt der Altstadt bildet der Rynek mit dem neogotischen Rathaus, dem Löwenbrunnen von 1700 und der Pestsäule von 1682. In den engen Altstadtgassen stehen Bürgerhäuser aus dem 17. und 18. Jh. mit barocken und klassizistischen Fassaden.

**★★ Basilika**

Die Pfarrkirche Mariä Himmelfahrt, eine 1344 errichtete und um das Jahr 1430 vom Prager Baumeister Peter Parler umgestaltete gotische Basilika, wurde im 17. Jahrhundert von italienischen Künstlern

## *Kłodzko* Orientierung

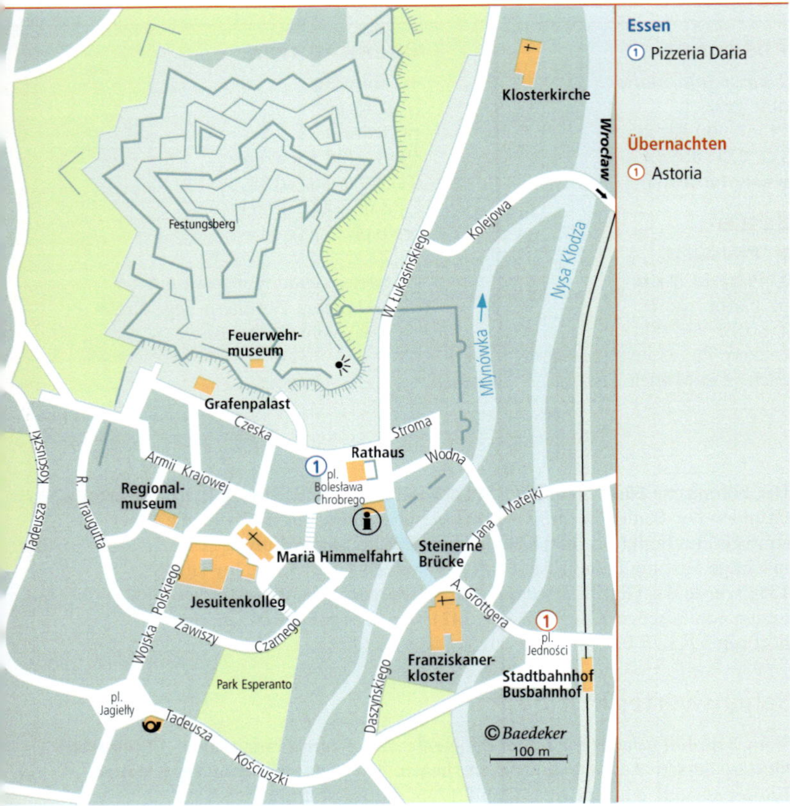


aufwändig barockisiert. Im prächtigen Hochaltar, 1727 bis 1729 von dem Innsbrucker Künstler Christoph Tausch geschaffen, steht die gotische **»Glatzer Gnadenmadonna«** aus Zedernholz von 1350.

**Unterirdische Gänge**

Eine kurze Strecke der mittelalterlichen Gänge unter der Altstadt, die zu Verteidigungs- und Lagerzwecken angelegt wurden, ist als »**Route des Tausendjährigen Jubiläums des Polnischen Staats«** zu besichtigen; sie führt von der Pfarrkirche bis zur Festung (Eingang: ul. Zawiszy Czarnego 3; Öffnungszeiten: April – Okt. tgl. 9.00 – 17.00, Nov. – März tgl. 10.00 – 15.00 Uhr).

**Regional-museum**

Im ehemaligen Jesuitenkonvikt zeigt das Regionalmuseum neben heimischer Kunst und Exponaten zur Glatzer Geschichte auch eine umfangreiche Sammlung mit Uhren aus vier Jahrhunderten – von

*Die über der Stadt thronende, von mächtigen Bastionen umschlossene Festung ließ der Preußenkönig Friedrich der Große anlegen.*

altertümlichen Prachtexemplaren bis zu Kuckucksuhren (Muzeum Ziemi Kłodzkiej, ul. Łukasiewicza 4; Öffnungszeiten: Di. – Fr. 10.00 bis 15.30, Sa. / So. 11.00 – 16.00 Uhr).

Die das Stadtbild beherrschende Festung wurde ab 1742 unter **Friedrich II.** erbaut; ein Vorgängerbau ist um das Jahr 1000 und aus dem 13. Jh. bezeugt, der nach dem Dreißigjährigen Krieg erweitert wurde. Zur Zeit der preußischen Herrschaft hatte die Festung 3000 Mann Besatzung. Ein Besichtigungsweg durch Bastionen und unterirdische Anlagen führt vom Rynek aus hinauf zur Festung.

✶ **Festung**

## Umgebung von Kłodzko

Mit seinen zerklüfteten Felsformationen und tiefen Schluchten, den seltenen Pflanzen und Torfmooren ist das Heuscheuer-Gebirge am Nordwestrand des Glatzer Kessels ein abwechslungsreiches und teilweise recht schwieriges Wanderrevier, das 1993 zum Góry-Stołowe-Nationalpark erklärt wurde. Wind und Wasser formten hier im Laufe von Jahrmillionen **märchenhaft-pittoreske Felsfiguren** aus dem Sandstein; im Bereich der Błędne Skały entstand ein Felslabyrinth mit verwinkelten Gängen. Höchster Berg ist die Große Heuscheuer (Szczeliniec Wielki) mit 919 m.

✶ **Nationalpark Heuscheuer-Gebirge**

**Lądek-Zdrój (Bad Landeck)**

Der nach Cieplice älteste Kurort Schlesiens, 24 km südöstlich von Glatz, besitzt einen historischen Stadtkern mit einem schönen, von Laubenhäusern aus Renaissance und Barock gesäumten Marktplatz; neben dem Rathaus aus dem 18. Jh. steht eine um 1740 geschaffene Dreifaltigkeitssäule von **Michael Klahr d. Ä.**, der lange in der Gegend wirkte. Außerhalb des Stadtkerns liegen die stattlichen **klassizistischen Kuranlagen**, die schon Friedrich II., Goethe und Zar Alexander I. als Gäste gesehen haben.

★ **Bystrzyca Kłodzka (Habelschwerdt)**

Habelschwerdt liegt außerordentlich malerisch an der Mündung der Weistritz (Bystrzyca) in die Glatzer Neiße, 16 km südlich von Glatz. Leider ist die Bausubstanz der mittelalterlichen Altstadt mit der großenteils noch existierenden Stadtmauer und den engen Gassen in sehr schlechtem Zustand. Am Mały Rynek stehen die einzigartige **Staupsäule** von 1556, der einstige Pranger, und eine ehemals evangelische Kirche aus dem 19. Jh. mit einem interessanten **Streichholzmuseum** (Öffnungszeiten: Di. – So. 9.00 – 16.30 Uhr).

**Międzygórze (Wölfelsgrund)**

Der 15 km südöstlich von Bystrzyca Kłodzka gelegene Erholungsort empfängt den Besucher mit dem berühmten **Wölfelsfall** (Wodospad Wilczki), dessen 27 m hohe Kaskade in eine enge, mehrere Hundert Meter lange Felsschlucht fällt. Das Dorf ist Ausgangspunkt für schöne, meist auf markieren Wegen verlaufende Wandertouren, z. B. auf den 1425 m hohen Glatzer Schneeberg (Śnieżnik) oder zur 1742 geweihten Wallfahrtskapelle Maria Schnee auf dem 847 m hohen Spitzigen Berg (Igliczna).

**Wambierzyce**, ca. 10 km nordwestlich von Kłodzko, ist seit dem 13. Jh. einer der **meistbesuchten Wallfahrtsorte in Schlesien** und besitzt eine reich ausgestattete, Anfang des 18. Jhs. errichtete monumentale barocke Kirche, zu deren über 50 m breiter, prächtiger Front – an das Lebensalter Jesu erinnernd – 33 Stufen führen. Als Kreuzwegstationen liegen knapp 100 Kapellen und Grotten im Ort verstreut. Unterhalb der Kirche steht eine große **mechanische »Krippe«** mit biblischen Szenen (Öffnungszeiten: Di. bis So. 10.00 – 16.00 Uhr).

! *Baedeker* TIPP

### In die Höhle des Bären

In der »Bärenhöhle« (Jaskinia Niedźwiedzia) bei dem Weiler Kletno (Klessengrund), 40 km südöstlich von Kłodzko, wurden 1966 nicht nur Knochen eiszeitlicher Höhlenbären entdeckt, sondern auch eine phantastische Welt aus Kalk: Im 45 m hohen »Palastsaal« hängen Tropfsteine von der Decke, die Wände sind mit steinernen Draperien behängt. Ein 400 m langer Höhlenabschnitt kann im Rahmen einer Führung (ca. 45 min.; tgl. außer Mo. u. Do. 10.00 – 16.40 Uhr) besichtigt werden; der Eingang liegt südlich von Kletno am Wanderweg zum Glatzer Schneeberg.

★ **Duszniki-Zdrój (Bad Reinerz)**

Der Kurort Dusniki-Zdrój, 22 km westlich Glatz gelegen, verfügt über einen alten Stadtkern, in dem v. a. die barocke Kirche St. Peter und Paul vom Anfang des 18. Jhs. mit der berühmten, 1720 bis 1722

*Entlang Kolbergs Promenade findet sicher jeder einen Platz am Strand.*

von dem Glatzer Künstler Michael Kössler in Walfischform geschaffenen Kanzel und das 1844 in barocken Formen erbaute Rathaus sehenswert sind

◄ Papiermuseum

Am Ortseingang wurde in einer Papiermühle aus dem Jahr 1605, einem der wertvollsten alten Industriebauten Polens, ein Papiermuseum eingerichtet, in dem auch die Papierherstellung nach alten Verfahren demonstriert wird (ul. Kłodzko; Öffnungszeiten: Mai – Sept. Di. – So. 9.00 – 17.00, Okt. – April bis 15.00 Uhr).

Im Kurtheater gab 1826 der sechzehnjährige **Chopin** sein erstes öffentliches Konzert; alljährlich findet hier Anfang August ein Chopin-Festival statt.

# Kołobrzeg · Kolberg

F 2

**Wojewodschaft:** Zachodnio-Pomorskie
**Einwohnerzahl:** 50 000
**Höhe:** 0 – 10 m ü. d. M.

**Kołobrzeg ist mit seinem breiten Sandstrand, seiner quirligen Uferpromenade und den modernen Kureinrichtungen ein viel besuchter Badeort an der Ostseeküste.**

**Geschichte**

Die im 12. Jh. an der Stelle des heutigen Kołobrzeg gegründete deutsche Siedlung bekam 1255 das Stadtrecht und trat im 14. Jh. der Hanse bei. Während des Siebenjährigen Kriegs wurde Kolberg dreimal von den Russen belagert und 1761 eingenommen. Nach der

# »KOLBERG«

**Anfang 1943 wuchsen die Zweifel am »Endsieg«. Hunderttausende deutscher Soldaten waren nach der verlorenen Schlacht von Stalingrad in Gefangenschaft geraten, und immer häufiger wurden deutsche Städte das Ziel alliierter Luftangriffe. Es galt, das deutsche Volk zum Durchhalten zu bewegen und alle Kräfte zu mobilisieren, um den Krieg doch noch gewinnen zu können.**

Propagandaminister Joseph Goebbels lancierte am 1. Juni 1943 das teuerste und aufwändigste Werk der deutschen Filmgeschichte: »Kolberg« sollte zeigen, dass »eine in Heimat und Front gemeinsame Politik« stärker ist als der mächtigste Gegner. Mit den Dreharbeiten wurde **Veit Harlan** beauftragt, der den Ruf genoss, **»des Teufels Regisseur«** zu sein. Er lieferte, was Goebbels forderte und wonach sich das deutsche Publikum sehnte. Mit Streifen wie »Der Herrscher« hatte er sich schon 1937 für die deutsche Volksgemeinschaft stark gemacht und 1940 im antisemitischen »Jud Süß« der nationalsozialistischen Vernichtungspolitik zugearbeitet.

Nun durfte er zeigen, dass sich das Durchhalten im Krieg lohnt, auch wenn der Feind auftrumpft und die Situation aussichtslos scheint.

## »Motivation« fürs Volk

Der Film basiert auf einer Episode aus den Napoleonischen Kriegen: Ein preußischer General will die Stadt Kolberg den Franzosen übergeben, da ihm angesichts der feindlichen Übermacht jeder Widerstand sinnlos erscheint. Doch Bürgeradjutant Nettelbeck rügt den Kleinmut seines Vorgesetzten und möchte, dass bis zum letzten Mann weiter gekämpft wird. Unterstützt wird er vom Bürgermädchen Maria, das sich bis zur preußischen Königin durchschlägt und diese um eine Intervention bittet. Schließlich haben die Bürger Erfolg, der »feige General« wird durch den unerschrockenen Gneisenau ersetzt. Mit vereinter Kraft gelingt es, die Franzosen zurückzuschlagen, die Kolberger feiern einen kaum noch für möglich gehaltenen Sieg.

*Zehntausende Wehrmachtssoldaten mussten als Statisten für den Durchhalteschinken »Kolberg« herhalten (Szenenfoto zur Uraufführung in Berlin am 30. Januar 1945).*

Immer wieder legte Harlan den Akteuren Zitate von Hitler und Goebbels in den Mund: »Volk, steh auf, und Sturm brich los!« Dieser Ausruf des Propagandaministers aus dessen berüchtigter »Sportpalastrede« 1943 – ein Vers aus den antinapoleonischen Freiheitsliedern von Theodor Körner! – sollte sich ins Bewusstsein der Zuschauer einkerben. Der Film sollte die Deutschen zum Kampf »bis zum letzten Blutstropfen« anspornen und zugleich die Hoffnung auf ein gutes Ende wach halten.

## »Für zwei Mio. RM Grauen«

Harlan brauchte 18 Monate, um den 8 Mio. teuren Film zu drehen. Über **18 000 Wehrmachtssoldaten** wurden von der Front abgezogen, um **als Statisten** mitzuspielen – mehr als die Gesamtzahl der an der historischen Schlacht beteiligten Soldaten. Die beliebtesten Schauspieler jener Zeit übernahmen die Hauptrollen: Heinrich George spielte Nettelbeck, Horst Caspar General von Gneisenau und Kristina Söderbaum, Harlans Ehefrau, die Maria. Goebbels griff mehrfach in die Handlung ein. In einem Interview gestand der Regisseur, er habe zuletzt noch »für zwei Mio. RM Grauen« herausschneiden müssen, weil Goebbels befürchtete, eine zu realistische Kriegsdarstellung könnte die Zuschauer verschrecken und die Botschaft des Films unterlaufen.

Große Wirkung zeigte der Durchhalteschinken nicht: Als er am 30. Januar 1945 in Berlin und in der Atlantikfestung La Rochelle aufgeführt wurde, hatten sich in Pommern bereits Flüchtlingstrecks in Marsch gesetzt. Goebbels übermittelte dem Festungskommandanten: »Möge der Film Ihnen und Ihren Soldaten als ein Dokument der unerschütterlichen Standhaftigkeit ... erscheinen, das ..., eins geworden mit der kämpfenden Front, gewillt ist, es den großen Vorbildern ... gleichzutun.«

Um dem geschaffenen Mythos gerecht zu werden, wurde Kolberg zur Festung erklärt: Trotz feindlicher Übermacht kam eine Kapitulation nicht in Frage. Als am 18. März 1945 die Rote Armee einmarschierte, lag Kolberg in Schutt und Asche – Tausende von Menschen waren in den letzten Kriegswochen gestorben.

## KOŁOBRZEG ERLEBEN

### AUSKUNFT

*Tourist-Information*
ul. Dworcowa 1
PL-78-100 Kołobrzeg
Tel. / Fax 094 / 352 79 39
www.kolobrzeg.pl

### ÜBERNACHTEN

► **Komfortabel**

*New Skanpol*
ul. Dworcowa 10
PL-78-100 Kołobrzeg
Tel. 094 / 352 82 11
www.newskanpol.pl
160 Z. und 4 App.
Von außen präsentiert es sich als graue Eminenz, von innen licht und freundlich – in den Farben des Meeres gehalten. Mit Wellness-Bereich und einem auf skandinavische Gerichte spezialisierten Restaurant.

*Solny*
ul. Aleksandra Fredry 4
PL-78-100 Kołobrzeg
Tel. 094 / 354 57 00
www.orbis.pl; 145 Z.
Das »Solny« bietet seinen Gästen neben Tennisplatz und Radverleih eine Sauna und einen Pool.

Schlacht bei Jena und Auerstedt, die mit der Niederlage Preußens endete, belagerten Napoleons Truppen die Stadt, die ihnen sechs Monate lang standhielt. Diese Geschichte diente als Vorlage für den nationalsozialistischen **Propagandafilm »Kolberg«** (Baedeker Special S. 270). 1945 wurde Kolberg fast völlig zerstört. Einziger Rest der ehemals mächtigen Stadtbefestigung ist der Pulverturm in der schmalen Altstadtgasse ul. Dubois.

## Sehenswertes in Kołobrzeg

**Marienkirche** Das herausragende Baudenkmal im Stadtzentrum ist die Kolegiata N. P. Marii, eine monumentale Backsteinkirche mit wehrhafter Westfassade. Die 1321 bis 1331 erbaute dreischiffige Kollegiatskirche wurde in der zweiten Hälfte des 14. Jhs. um zwei niedrigere Seitenschiffe erweitert; ein mächtiges Satteldach fasst die fünf Schiffe zu einer »Staffelhalle« zusammen. Der nach dem Zweiten Weltkrieg wiederhergestellte Sakralbau besitzt noch wertvolle Stücke seiner ursprünglichen Ausstattung, so das bronzene Taufbecken (1355) von Johann Alart, gotische Altäre und Reste der Wandmalerei.

**Rathaus** Das Rathaus, ein neugotischer Dreiflügelbau nordöstlich der Marienkirche, entstand 1829 bis 1832 nach Plänen von **Karl Friedrich Schinkel** an der Stelle eines gotischen Vorgängerbaus.

**Polnisches Waffenmuseum** Das gotische Schlieffen-Haus aus dem 15. Jh. beherbergt ein Waffenmuseum, das die Entwicklung der polnischen Waffentechnik und Uniformen bis in die Gegenwart dokumentiert; einen thematischen

Schwerpunkt bilden die Schlachten um Kolberg (Muzeum Oręża Polskiego, Dom Schlieffenów, ul. Gierczak 15; Öffnungszeiten: Mi. bis Sa. 9.00 – 15.00 Uhr).

**Stadtmuseum**

In der Nähe der Marienkirche zeigt das Museum der Stadt Kolberg, untergebracht in einem im Empirestil erbauten Palais, Exponate aus der Vor- und Frühgeschichte der Region um Kolberg sowie eine Sammlung mit Maßen und Gewichten aus aller Welt (Muzeum Miasta Kołobrzegu, ul. Armii Krajowej; Öffnungszeiten wie Waffenmuseum).

## Umgebung von Kołobrzeg

**Kamie Pomorski (Cammin)**

Der eher ruhige Urlaubs- und Kurort am Camminer Haff, ca. 60 km westlich von Kołobrzeg, ist allein schon seiner gotischen Kathedrale wegen einen Abstecher wert. Nordöstlich des Ryneks, der mit spätgotischem Rathaus und umliegenden Bürgerhäusern originalgetreu rekonstruiert wurde, liegt auf einer kleinen Anhöhe die **St.-Johannes-Kathedrale** (Katedra św. Jana), die von den Zerstörungen des Zweiten Weltkriegs verschont blieb. Von der überwiegend barocken Ausstattung fällt die 1669 gebaute, reich verzierte Orgel auf, deren Klang beim alljährlich im Sommer stattfindenden Orgelmusik-Festival zu genießen ist.

*Johannes-Kathedrale zu Cammin*

Die mittelpommersche Industriestadt **Koszalin (Köslin)**, 44 km östlich von Kołobrzeg, konnte nach Stadtbränden im Spätmittelalter und Weltkriegszerstörungen einige wenige historische Bauwerke bewahren. Die gotische Marienkirche, seit 1972 **Kathedrale** des Bistums Kołobrzeg, wurde um 1300 als dreischiffige Basilika mit Westturm errichtet; die Seitenschiffe liegen unter quergestellten Satteldächern. Von der mittelalterlichen Ausstattung haben sich ein gotisches Kruzifix, ein Taufbecken aus dem 13. Jh. sowie die Heiligenfiguren des Hochaltars vom Anfang des 16. Jhs. erhalten.
In einer ehemaligen, noch vollständig ausgestatteten **Wassermühle** aus der Mitte des 19. Jhs. ist das Stadtmuseum mit Exponaten zur Geschichte Köslins und Pommerns untergebracht. Das angeschlossene Freilichtmuseum zeigt Bauernhäuser und Fischerkaten aus der Region (Muzeum w Koszaline, ul. Młyńska; Öffnungszeiten: Di. – So. 10.00 – 16.00 Uhr).

# ★★ Kraków · Krakau

O / P 10

**Wojewodschaft:** Małopolskie **Höhe:** 220 m ü. d. M.
**Einwohnerzahl:** 733 000

**Dominiert vom Wawel-Hügel mit Königsschloss und Kathedrale, dem Wahrzeichen Krakaus, bietet die tausendjährige Stadt an der Weichsel mit ihren unzähligen Renaissance- und Barockbauten eine grandiose historische Kulisse und zeigt sich mit ihren Museen, Theatern und Galerien als moderne, vibrierende Kulturstadt mit stets prall gefülltem Veranstaltungskalender.**

**Geschichte** Erstmals erwähnt wird Krakau 965/966 von Ibrahim Ibn Jakub, einem Kaufmann aus dem spanischen Cordoba. Nach der Gründung eines Bistums um das Jahr 1000 entstand auf dem Wawelhügel eine erste Kathedrale. Mitte des 11. Jhs., unter Fürst **Kazimierz Odniwiciel**. dem Erneuerer, avancierte Krakau zum politischen Zentrum des Landes; das Stadtrecht erhielt es 1257.

Die Krönung von **Władysław Łokietek** – der die zersplitterten Teilfürstentümer des Landes zum polnischen Staat vereinte – im Jahr 1320 auf dem Wawel, machte Krakau zur offiziellen Hauptstadt des Landes. Besonders großartig entwickelte sich die neue Hauptstadt unter der Regentschaft von König **Kazimierz Wielki**, dem Großen (1333 – 1370): Mit fast ganz Europa bestanden Handelsbeziehungen; 1364 wurde hier die erste Hochschule Polens, die Akademia Krakowska, gegründet.

Das »goldene Zeitalter« der Stadt waren die Jahre 1506 bis 1572, die Zeit der letzten Jagiellonen-Könige **Zygmunt I. Stary** (► Berühmte Persönlichkeiten) und dessen Sohn **Zygmunt August**. Zygmunt I. baute das Königsschloss auf dem Wawel zu einer modernen Residenz um; neben der Kathedrale errichtete er für seine Familie eine Grabkapelle.

## ***Highlights** Kraków*

**Rynek Główny**
Der Hauptmarkt Krakaus
► Seite 279

**Tuchhallen**
Markthallen im Stil der Spätrenaissance
► Seite 279

**Veit-Stoß-Altar**
Berühmter Altar in der Marienkirche
► Seite 281

**St.-Anna-Kirche**
Eines der schönsten Bauwerke der Stadt
► Seite 281

**Nationalmuseum**
Polnische Malerei und Bildhauerei
► Seite 282

**Wawel-Hügel**
Das Highlight: Kathedrale und Schloss
► Seite 284

*Über 50 Geschäfte konzentieren sich um und in den Arkaden der Tuchhallen.*

1596 verlegte König **Zygmunt III.** die Hauptstadt Polens nach Warschau, das den litauischen Reichsteilen näher lag; Krakau blieb aber **Krönungsstadt** und Grablege der polnischen Könige.

Durch die dritte Teilung Polens 1795 fiel Krakau an Österreich. Der Wawel wurde zu einer Kaserne umgebaut, die meisten der alten Wehrbasteien abgerissen. Bis 1918 blieb die Stadt – mit einer Unterbrechung in den Jahren 1809 bis 1846 – unter der Herrschaft der Habsburger. Besonders in den letzten 50 Jahren der Zugehörigkeit zu Österreich entwickelte sich Krakau zu einem Zentrum von Wissenschaft und Kultur.

Im September 1939 wurde Krakau Verwaltungssitz des nationalsozialistischen »Generalgouvernements«; auf dem Wawel residierte der Generalgouverneur Hans Frank. Die Eliminierung der polnischen Intelligenz traf Krakau besonders; im November 1939 wurden 183 Wissenschaftler deportiert. Kurz vor Kriegsende wollten die Nationalsozialisten die Stadt sprengen, doch die Rote Armee kam ihnen zuvor, sodass Krakau aus dem Zweiten Weltkrieg fast unbeschädigt hervorging. 1978 wurde Krakau von der Unesco als erste Stadt Europas zum **Weltkulturerbe** erklärt, im Jahr 2000 war sie europäische Kulturhauptstadt.

# KRAKÓW ERLEBEN

## AUSKUNFT

*MCIT*
Rynek Główny 1 – 3
PL-31-042 Kraków
Tel. 012 / 421 77 06
Fax 421 30 36
www.mcit.pl und www.krakow.pl

*Klezmer-Abend im »Ariel«*

## STADTBESICHTIGUNG

Fast alle Sehenswürdigkeiten der »heimlichen Hauptstadt« Polens konzentrieren sich auf die Altstadt und können somit auf einem Rundgang zu Fuß erkundet werden. Dem Thema entsprechende Führungen durch Kazimierz, wo der Film »Schindlers Liste« gedreht wurde, siehe S. 289.

## SHOPPING

Viele nette Läden findet man in den Tuchhallen (Sukiennice) sowie in der Floriansgasse und der ul. Grodzka.

## ESSEN

### ► Fein & teuer

① *La Fontaine*
ul. Sławkowska 1
Tel. 012 / 431 09 30
www.lafontaine.com.pl
In einem labyrinthischen Kellergewölbe aus dem 13. Jh. servieren Pierre Gaillard und Marta Kowalska feine französische Küche.

### ► Erschwinglich

⑦ *Ariel*
ul. Szeroka 18
Tel. 012 / 421 79 20
Bekanntes Restaurant im jüdischen Viertel Kazimierz. Hier wird fast jeden Abend Livemusik gespielt.

③ *Da Pietro*
Rynek Główny 17
Tel. 012 / 422 32 79
Beliebtes Lokal in mittelalterlichem Kellergewölbe mit vorzüglichen Pizzen und Pasta-Gerichten.

④ *Pod Aniołami*
ul. Grodzka 35
Tel. 012 / 421 39 99
»Unter den Engeln« heißt das rustikale Kellerlokal, das deftige Küche aus der Podhale-Region anbietet. Köstlich: gegrillter Schafskäse (bacowski).

### ► Preiswert

② *Camelot*
Św. Tomasza 17
Nahe am Rynek und trotzdem fernab vom Trubel: damit lockt das aus einer Ethno-Galerie hervorgegangene Café mit schöner Sommerterrasse.

⑤ *Demmer*
ul. Kanonicza 21
Für Freunde des Tees ein Muss: Im mittelalterlichen Kellergewölbe eines bischöflichen Palasts kann man zwischen unzähligen Sorten wählen.

⑥ *Manggha*
ul. Starowiślna 10
Auf dem Weg ins jüdische Viertel

Kazimierz entdeckt man in einem Hinterhof dieses stille, romantische Jugendstil-Café.

## ÜBERNACHTEN

### ► Luxus

② *Amadeus*
ul. Mikołajska 20
PL-31-027 Kraków
Tel. 012 / 429 60 70
www.hotel-amadeus.pl
20 Z. und 2 App.
Das kleine Viersternehotel, untergebracht in einem Haus aus dem 17. Jahrhundert, wurde außen und innen prachtvoll aufpoliert und bietet stilvolle Zimmer mit Sat-TV, Klimaanlage und Minibar, auch zwei große Suiten mit Salon und Jacuzzi-Bad. Der gemütliche Frühstücksraum befindet sich im Kellergewölbe.

① *Wentzl*
Rynek Główny 19
PL-31-027 Kraków
Tel. 012 / 430 26 64
www.wentzl.pl
12 Z.
Die wohl beste Lage der Stadt bietet dieses kleine Hotel in einem Adelspalais am Rynek: Von den meisten der elegant eingerichteten Zimmer blickt man auf die Marienkirche, die Tuchhallen und das bunte Treiben auf dem Platz.

### ► Komfortabel

④ *Holiday Inn*
ul. Wielopole 4
PL-31-027 Kraków
Tel. 012 / 619 00 00
Fax 619 00 05
164 Z.
Das Hotel befindet sich wenige Gehminuten von der Altstadt an der Straße zum jüdischen Viertel Kazimierz. Die Zimmer sind mit Sat-TV, Minibar, Internetzugang und Kaffeekocher ausgestattet. Hervorragend ist das opulente Frühstücksbüfett.

⑤ *Senacki*
ul. Grodzka 51
PL-31-027 Kraków
Tel. 012 / 422 76 86
www.senacki.krakow.pl; 20 Z.
Das restaurierte Bürgerhaus zwischen Rynek und Wawel hat einen fast privaten Charakter und verfügt über behagliche Zimmer. Im Kellergewölbe aus dem 13. Jahrhundert befindet sich ein Café.

*Ruhiger Kaffeehaus-Nachmittag im Hof des »Manggha«*

③ *Warszawski*
ul. Pawia 6
PL-31-027 Kraków
Tel. 012 / 424 21 00
www.hotelwarszawski.pl; 25 Z.
Hinter angegrauter Fassade verbirgt sich ein blitzblankes Komforthotel mit gut ausgestatteten, geräumigen Zimmern. Sehr schön sind die schwarzen Marmorbäder mit Spiegeldecke, in denen man stundenlang in der Wanne liegen möchte.

## ★ Altstadt · Stare Miasto

**Planty** Der mit zahlreichen, vorwiegend aus dem späten 19. Jh. stammenden Denkmälern ausgestattete Park, ein etwa 3 km langer und 20 ha großer **Grüngürtel rund um die Altstadt**, ist ein beliebter Spazierweg. Er wurde Mitte des 19. Jhs. an der Stelle der abgerissenen Wehrmauern und aufgefüllten Gräben angelegt.

### *Kraków* Orientierung

**Essen**
① La Fontaine
② Camelot
③ Da Pietro
④ Pod Aniolami
⑤ Demmer
⑥ Manggha
⑦ Ariel

**Übernachten**
① Wentzl
② Amadeus
③ Warszawski
④ Holiday Inn
⑤ Senacki

**Grunwald-Denkmal**

Enthüllt wurde das Denkmal auf dem Jan-Matejko-Platz am nördlichen Rand der Altstadt 1910 zum 500. Jahrestag des Sieges der polnisch-litauischen Truppen über den Deutschen Orden in der **Schlacht von Grunwald**. Dargestellt sind König Władysław Jagiełło und der litauische Großfürst Witold, zu dessen Füßen liegt der tote Großmeister des Deutschen Ordens, Ulrich von Jungingen. Dem Denkmal gegenüber liegt das Grab des Unbekannten Soldaten.

◄ Königsweg

Am Jan-Matejko-Platz am nördlichen Rand der Altstadt begann vor Jahrhunderten der Droga Królewska, der Königsweg. Von hier aus begaben sich die Gefolgsleute des Königs zur Krönung oder zu einer Beisetzung.

**Stadtmauern**

Die Befestigungsanlagen entstanden ab dem Ende des 13. Jhs.; im 18. Jh. waren es sieben Tore und 47 Basteien. Anfang des 19. Jhs. wurde ein Großteil der zerfallenden Mauern abgerissen, erhalten blieb nur ihr nördlicher Teil mit drei Basteien, dem runden gotischen Wehrturm **Barbakane** aus dem ausgehenden 15. Jh. und dem **Florians-Tor** (Brama Floriańska).

**Słowacki-Theater**

Das Teatr im. Juliusza Słowackiego am pl. Św. Ducha, unweit des Florianstors, wurde 1891 bis 1893 nach dem Vorbild der Pariser Oper gebaut. Ein prächtig bemalter Vorhang, ein Werk des polnischen Malers **Henryk Siemiradzki** (1843 – 1902) aus dem Jahr 1894, schmückt den monumentalen Theatersaal.

**ulica Floriańska**

Die Floriansgasse – im Mittelalter die bedeutendste Handelsstraße Krakaus – säumen Bürgerhäuser mit schmuckvollen Fassaden und prächtigen Portalen. Im Haus Nr. 45 ist das berühmteste Kaffeehaus Polens untergebracht, das Café »Jana Michalika«, Anfang des 20. Jhs. ein Treffpunkt von Journalisten, Literaten und Künstlern.

**** Rynek Główny**

Der Hauptmarkt Krakaus, einer der größten mittelalterlichen Plätze Europas, bildet das Herz der Stadt. Im Jahr 1257 mit einer 4 ha umfassenden Grundfläche angelegt, hat er bis heute seine authentische architektonische Anlage behalten. Viele Jahrhunderte lang war der Rynek Zentrum des öffentlichen Lebens und des Handels sowie Ort der Gerichtsbarkeit.

**** Tuchhallen**

Die Sukiennice, 1257 gebaut, stehen in der Mitte des Rynek. Nach dem Brand von 1555 wurden die Markthallen mit Attiken im Stil der Spätrenaissance ausgestattet und in den Jahren 1875 bis 1879 mit neugotischen Arkaden versehen. Heute befinden sich im Parterre kleine Läden mit Andenken und Kunsthandwerk sowie Cafés. Im ersten Stock ist eine Abteilung des Polnischen Nationalmuseums untergebracht: die **Galerie Polnischer Malerei und Plastik des 18. und 19 Jhs.**, u. a. mit Werken von Jan Matejko, Józef Chełmoński und Henryk Siemiradzki (Öffnungszeiten: Di. – So. 10.00 – 15.30, Do. bis 18.00 Uhr).

* ◄ Nationalmuseum

**Rathausturm**

Der Turm nahe bei den Tuchhallen ist ein Überrest des mittelalterlichen Rathauses, eines gotischen Gebäudes, das Anfang des 19. Jhs. abgerissen wurde. Der barocke Turmhelm stammt vom Ende des 17. Jahrhunderts. Heute ist in dem Turm ein Teil der **Sammlungen des Historischen Museums** untergebracht (Öffnungszeiten: Mi. – Fr. 10.00 – 17.00, Sa. u. So. 9.00 – 16.00 Uhr).

**✶ Historisches Museum der Stadt Krakau**

Das Muzeum Historyczne Miasta Krakowa im Palais Krzysztofory präsentiert kostbare Exponate aus der Geschichte und Kultur Krakaus, u. a. das erste bekannte Panorama der Stadt aus Hartmann Schedels »Weltchronik«, erschienen 1493 in Nürnberg. Eine weitere Abteilung des Historischen Museums ist in der Alten Synagoge (► S. 289) untergebracht (Rynek Główny 35; Öffnungszeiten: Di., Mi., Fr. – So. 9.00 – 15.30, Do. 11.00 – 18.00 Uhr).

**! *Baedeker* TIPP**

**Mittelalterlich und nobel tafeln**

Bereits anno 1364 lud Mikołaj Wierzynek die Könige zum Gipfeltreffen. In der sozialistischen Zeit Polens dinierten hier Staatsgäste von Bush senior über Gorbatschow bis zu Castro. Noch immer speist man in den altpolnischen Sälen des Wierzynek vorzüglich (Rynek Główny 15, Tel. 012 / 292 10 88, tgl. ab 10.00 Uhr).

Die barock ausgestattet **Adalbertkirche**, Kościół św. Wojciecha, steht nahe beim Mickiewicz-Denkmal. Die Mauern aus Kalksteinblöcken und das Portal zur ul. Grodzka hin sind Reste eines romanischen Gebäudes aus dem 12. Jahrhundert, die höheren Partien der Wände und die ovale Kuppel stammen aus dem 17. Jahrhundert.

**Jan-Matejko-Haus**

Das Geburtshaus des berühmten Historienmalers birgt zahlreiche Erinnerungsstücke, Skizzen und Zeichnungen, ferner alte Trachten, Militaria und Kunsthandwerk aus den Sammlungen des Künstlers (Dom Jana Matejki; ul. Floriańska 41; Öffnungszeiten: Di. bis So. 10.00 – 15.00, Fr. bis 17.30 Uhr).

**Czartoryski-Sammlungen**

Die Czartoryski-Sammlungen in der ul. św. Jana 19, eine Abteilung des Nationalmuseums, zeigen Militaria und Kunsthandwerk, Antiken aus Griechenland und Rom sowie Werke europäischer Malerei, darunter **Leonardo da Vincis** »Dame mit dem Hermelin« und **Rembrandts** »Landschaft mit barmherzigem Samariter« (Öffnungszeiten: Di. – Fr. 9.00 – 15.00, Sa. u. So. 10.00 – 15.30 Uhr).

**Szołajski-Museum**

Im Szołajski-Museum ist polnische Kunst des 14. – 19. Jhs. sowie wertvolle mittelalterliche Sakralkunst zu sehen (Kamienica Szołajskich, pl. Szczepański 9; Öffnungszeiten: Di. – So. 10.00 – 15.00 Uhr)

**Marienkirche**

Chor und Schiff der mächtigen Kościół Mariacki stammen aus dem 14. Jh.; im 15. Jh. wurden Seitenkapellen angebaut und Mitte des 18. Jhs. eine spätbarocke Vorhalle, durch die man die Kirche betritt.

Vom höheren Turm mit spätgotischem Helm wird jede Stunde ein sonderbares Trompetensignal geblasen (► Baedeker Tipp s. unten), der niedrigere Turm fungiert als Glockenturm.

★★ ◄ Veit-Stoß-Altar

Im Chor steht der berühmte Veit-Stoß-Altar, ein Meisterwerk des späten Mittelalters. Der mehrflügelige, 13 x 11 m große Altar aus Lindenholz wurde 1477 bis 1489 von den Bildhauer Veit Stoß (1447 – 1533) geschaffen, der vermutlich aus Horb am Neckar stammte. Die knapp 3 m hohen Skulpturen im mittleren Teil stellen den Tod Mariens dar, die Felder der Seitenflügel Szenen aus dem Leben Marias und Jesu. Im Altaraufsatz ist die Krönung Mariens zu erkennen.

In einem barocken Altar des südlichen Seitenschiffs befindet sich eine weitere Skulptur von Veit Stoß, ein steinernes Kruzifix von 1491. Daneben steht der Renaissance-Altar des hl. Sakraments; das Werk aus Marmor und Alabaster stammt von dem italienischen Architekten **Gian Maria Padovano**. Die Wandgemälde aus den Jahren 1889 bis 1891 wurden von **Jan Matejko** entworfen und von seinen Schülern ausgeführt.

! *Baedeker* TIPP

**Hinauf zum Turmwächter**

Pünktlich zu jeder vollen Stunde erklingt von der Marienkirche der »Hejnal Mariacki«, eine anmutige Trompetenmelodie, die unvermittelt abbricht. Sie erinnert an jenen Turmwächter, der die Krakauer 1241 vor den nahenden Mongolen warnen wollte, doch mitten im Alarmgeben von einem feindlichen Pfeil durchbohrt wurde. Wer die Wächter besucht, wird mit einem phantastischen Blick über Krakau belohnt. Ein Aushang beim Turmeingang informiert über die Zugangszeiten.

★★ St.-Anna-Kirche

Die Kościół akademicki św. Anny, eines der schönsten Baudenkmäler in Krakau, steht in der vom Rynek ausgehenden ul. Św. Anny. Sie entstand in den Jahren 1689 bis 1703 mit Unterstützung des Königs **Jan III. Sobieski** als Universitätskirche.

Der Bau wurde von dem niederländischen Architekten **Tylman van Gameren** entworfen und mit herrlichem Stuck des italienischen Künstlers **Baldassare Fontana** geschmückt. Die Fresken stammen von dem schwedischen Maler **Karl Dankwart**. Der Hauptaltar enthält ein Bild der hl. Anna von **Jerzy Eleuter Siemiginowski**, dem Hofmaler Jan Sobieskis. Im rechten Schiff ist das interessant gestaltete **Grabmal des hl. Jan** zu sehen; den Sarg mit den sterblichen Überresten des Heiligen (1390 – 1472) stützen allegorische Figuren, die die Fakultäten der Lehranstalt symbolisieren.

★ **Collegium Maius**

Dieses älteste noch erhaltene Gebäude der alten Universität in der ul. Jagiellońska, um einen Arkadenhof gruppiert, entstand Ende des 15. Jhs. als Unterrichtsgebäude und Wohnhaus für die Professoren. In den Sälen finden Vorlesungen statt, in der früheren Bibliothek tagt der Senat, die Aula wird für akademische Feiern genutzt.

Universitätsmuseum ►

In dem Gebäude ist auch das Universitätsmuseum untergebracht. Gezeigt werden neben Dokumenten und Exponaten zur Geschichte der Hochschule alte Forschungsapparate und astronomische Instrumente (Muzeum Universytetu Jagiellońskiego, ul. Jagiellońska 15; Öffnungszeiten: Mo. – Fr. 11.00 – 14.30, Sa. bis 13.30 Uhr).

★★ **Nationalmuseum**

Im Hauptgebäude des Nationalmuseums, etwas außerhalb des Planty-Parks gelegen, stellt die **Galerie polnischer Kunst des 20. Jahrhunderts** ihre umfassende Sammlung mit Werken polnischer Malerei und Bildhauerei von 1890 bis zur Gegenwart aus (Muzeum Narodowe, Nowy Gmach, al. 3 Maja 1; Öffnungszeiten: Di. – So. 10.00 bis 15.30, Mi. bis 18.00 Uhr).

★ **Dominikanerkirche**

Die gotische Kościół Dominikanów aus der 2. Hälfte des 14. Jhs. steht südöstlich des Ryneks am pl. Dominikański. Die Ausstattung der Kirche ist neugotisch und wurde nach einem Brand 1850 fertig gestellt. Im Chor befindet sich eine bronzene Grabplatte, die in

*Weiße Frauen, wilde Pferde: im Nationalmuseum zu Krakau*

Nürnberg nach einem Entwurf von **Veit Stoß** gegossen wurde. Sie stellt den Italiener Filippo Buonaccorsi, genannt **Kallimach** (1437 – 1496), dar, einen Dichter, Historiker und Diplomaten, der ab 1470 Berater des polnischen Königs Kazimierz Jagiellończk und Erzieher der Königssöhne war.

**✶ Franziskanerkirche**

Die Kościół Franciszkanów wurde Mitte des 13. Jhs. von Fürst **Bolesław Wstydliwy**, dem Schüchternen, gestiftet. Seine sterblichen Überreste befinden sich heute in der Kapelle der seligen Salomea, der Schwester des Fürsten, im Querschiff. Die Kirche brannte 1850 fast völlig aus und erhielt nach der Restaurierung eine neugotische Innenausstattung.
Ergänzt wurde die Ausstattung durch Jugendstil-Wandmalereien in Chor und Querschiff sowie Glasfenster, Arbeiten des berühmten Malers, Dichters und Dramatikers **Stanisław Wyspiański**.

**Bischofspalast**

Der Pałac Biskupi gegenüber der Franziskanerkirche in ul. Franciszkańska ist die Residenz der Krakauer Bischöfe. Im Innenhof steht ein kleines Denkmal des Papstes Johannes Paul II.

**Archäologisches Museum**

Das Archäologische Museum beleuchtet Frühgeschichte und Mittelalter der Region Kleinpolen sowie des heutigen Stadtgebiets von Krakau, außerdem sind Exponate zur Kultur des Alten Ägypten zu sehen (Muzeum Archeologiczne, ul. Poselska 3; Öffnungszeiten: Mo, Mi., Fr. 9.00 – 14.00, Di., Do. 14.00 – 18.00, So. 10.00 – 14.00 Uhr).

**✶ Pfarrkirche St. Peter und Paul**

Die Kościół św. św. Piotra i Pawła ist die erste Barockkirche in Krakau und wurde 1605 bis 1619 von **Giovanni Trevano** nach dem Vorbild der römischen Kirche Il Gesù erbaut. Der Platz vor der Kirche ist von der Straße durch Steinfiguren der zwölf Apostel, Kopien von Skulpturen aus dem 18. Jh., abgetrennt. Die Stuckdekoration stammt von **Gian Battista Falconi**.

**✶ Andreaskirche**

Die Kościół św. Andrzeja ist mit der Kirche St. Peter und Paul durch eine gemeinsame Einfriedung aus dem 18. Jh. verbunden. Die Andreaskirche, von 1079 bis Ende des 12. Jhs. erbaut, ist die **älteste Kirche Krakaus**, die ohne Unterbrechung benutzt wird, und zugleich eines der am besten erhaltenen romanischen Baudenkmäler in Polen. Die strenge romanische Fassade weist zwei Türme auf, deren Helme von 1639 stammen. Anfang des 14. Jhs. kam die Kirche zum Klarissinnenorden, der sie noch heute unter seiner Obhut hat. Die spätbarocke Ausstattung (17./18. Jh.) stammt von Baldassare Fontana (Stuck) und Karl Dankwart (Fresken).

**Martinskirche**

Die etwas südlich der Andreaskirche an der ul. Grodzka gelegene Kościół św. Marcina wurde im 17. Jahrhundert erbaut und mit einer schlichten frühbarocken Fassade versehen. Seit dem Jahr 1816 gehört die Kirche der ältesten evangelisch-augsburgischen Gemeinde in Polen, die bereits Mitte des 16. Jahrhunderts gegründet wurde. Im Hauptaltar befindet sich ein Bild Christi von **Henryk Siemiradzki**.

## ✶✶ Wawel-Hügel · Wzgórze Wawelskie

Der Wawel, der Burgberg mit Schloss und Kathedrale am südlichen Stadtrand von Krakau, war bis 1596 der Sitz der Herzöge und Könige Polens. Üblicherweise ersteigt man ihn von der ul. Kanonicza aus, entlang einer Ziegelmauer mit grauen Platten, den »Wawelziegeln«, die die Namen von Institutionen und Personen nennen, die die Erneuerung des Wawel nach dem Ersten Weltkrieg unterstützten.

**✶✶ Kathedrale**

Die Kościól Katedralny św. św. Wacława i Stanisława wurde als dritte Kirche an dieser Stelle im 14. Jh. erbaut, gestiftet von König **Władysław Łokietek**. Seit seiner Regierungszeit wurden die polnischen Herrscher, mit wenigen Ausnahmen, auf dem Wawel gekrönt und beigesetzt; man zählt 37 Krönungen von Königen und Prinzen. Hier legten auch die Könige am Grab des hl. Bischofs Stanisław Kriegstrophäen zum Dank nieder. Vom 19. Jh. an wurden in den Gewölben Nationalhelden und Dichter beigesetzt.

*Nationalheld Kościuzko hoch zu Ross heißt Sie auf dem Burgberg willkommen.*

◄ Sigismundkapelle

Die stattliche Kathedrale ist umgeben von Kapellen aus mehreren Epochen; die prächtigste unter ihnen, die Sigismundkapelle (Kaplica Zygmuntowska) aus der Renaissance, ist mit einer goldenen Kuppel gekrönt, ein Werk des Florentiner Architekten **Bartolomeo Berecci**. In einer Nische befindet sich das zweistöckige Grabmal der beiden letzten Könige der Jagiellonen-Dynastie, **Zygmunt I. Stary** (► Berühmte Persönlichkeiten) und dessen Sohn Zygmunt August, 1574/1575 von **Santi Gucci** gestaltet. Der Altar der Kapelle, teilweise aus getriebenem Silber, ist ein Gemeinschaftswerk von Nürnberger Künstlern aus dem 16. Jahrhundert.

◄ Ausstattung

Im Hauptschiff der dreischiffigen Basilika erhebt sich ein großer Barockaltar, das **Mausoleum des hl. Stanisław**, Bischof und Schutzpatron Polens, aus den Jahren 1626 bis 1629. Der im 17. Jh. in Danzig angefertigte silberne Sarg mit der Reliquie des Heiligen († 1079) ist mit Reliefs verziert, die Szenen aus seinem Leben zeigen. Zwischen dem Eingang und dem Mausoleum des hl. Stanisław stehen die Sarkophage der Könige.

Das Muzeum Katedralne Katedry Wawelskiej ist in Wohngebäuden aus dem 15. Jh., die zur Kathedrale gehörten, untergebracht. Gezeigt werden u. a. liturgische Gegenstände und Gewänder, historische Erinnerungsstücke sowie Kroninsignien und Andenken an den früheren Krakauer Kardinal Wojtyła.

! *Baedeker* TIPP

**Wunsch-Glocke**

Wer sie berührt, hat einen Wunsch frei – doch zuerst heißt es, die steilen Stufen der Wawel-Kathedrale hinaufzusteigen. Unter schwerem Eichengebälk hängt die »Zygmunt«, benannt nach ihrem Stifter König Sigismund dem Alten. 1520 von dem Nürnberger Hans Beham gegossen, ist sie mit einem Durchmesser von 2,4 m und einem Gewicht von 11 Tonnen die größte Glocke Polens (Besichtigung: Mo. – Sa. 9.00 bis 16.00, So. 12.15 – 15.00 Uhr).

★★ **Königsschloss**

Das Schloss auf dem Wawel war über Jahrhunderte das Zentrum des politischen und kulturellen Lebens, zunächst als Residenz der Piasten, dann der Jagiellonen, schließlich der Wasa. Zuerst stand hier ein romanisches Bauwerk, seit dem 14. Jh. eine mächtige gotische Burg. Als diese im Jahr 1499 abbrannte, ließ König Zygmunt I. Stary ein repräsentatives Schloss im Stil der Renaissance errichten, das Vorbild für zahlreiche Schlösser in Polen wurde. Im 14. und 15. Jh. wurde das Burggelände von Ringmauern umgeben, von denen noch einige Reste erhalten sind. Hinzu kamen Backsteintürme, darunter der Senatorenturm, der Sandomierzer Turm und der Diebsturm.

◄ Schlosskomplex

Das Schloss hat einen fünfeckigen Innenhof mit Säulenarkaden, die nur an der Südwestseite durch das Gebäude der königlichen Küche unterbrochen wurden. Ende des 16. Jhs. wurde der Nordflügel des Schlosses im Barockstil umgebaut.

★★ **Staatliche Kunstsammlungen**

Seit 1945 ist das Schloss auf dem Wawel wieder öffentlich zugänglich. Die Besichtigung der »Staatlichen Kunstsammlungen« – die aus den privaten und repräsentativen Königlichen Gemächern, dem

# WAWELKATHEDRALE

**★★ In der Kathedrale auf dem Wawelhügel wurden, bis auf wenige Ausnahmen, die polnischen Könige gekrönt und beigesetzt. Im Sigismundturm, von dessen Spitze man einen wunderbaren Blick über Krakau genießt, hängt die »Zygmunt«, die berühmteste Kirchenglocke Polens, die nur an bestimmten Feiertagen geläutet wird.**

Wawel-Hügel
Öffnungszeiten:
April – Sept. tgl. 6.00 – 20.00 Uhr
Okt. – März tgl. 6.00 – 17.00 Uhr

**1 Sigismundturm**
Von hier oben bietet sich wohl die beste Aussicht auf Krakau. Im Turm hängt die Zygmunt-Glocke mit über 2 m Durchmesser und einem Gewicht von beinahe elf Tonnen. Sie wird nur zu hohen Feiertagen oder besonderen Anlässen geläutet.

**2 Sigismundkapelle**
In der Kapelle mit dem vergoldeten Dach fanden die zwei letzten Könige der Jagiellonen, Zygmunt I. Stary und dessen Sohn Zygmunt August, ihre letzte Ruhe. Der Altar aus dem 16. Jahrhundert stammt von Nürnberger Künstlern.

**3 Wasa-Kapelle**
Von außen fast identisch mit der Sigismundkapelle, das Innere jedoch ist barock gestaltet. In der Kapelle stehen die Sarkophage der Herrscher der Wasa-Dynastie.

**4 Hauptaltar**
Hier wurden die königlichen Häupter Polens gekrönt. Am Fuß des Altars befindet sich die bronzene Grabplatte des Kardinals Fryderyk Jagiellończyk.

**5 Uhrturm**
Der Uhrturm der Kathedrale ist mit Heiligenstatuen geschmückt.

**6 Schrein des heiligen Stanisław**
In dem Silbersarg mit den Reliquien des Krakauer Bischofs ist der Leichnam des heiligen Stanisław aufgebahrt. Ihm ist die Kathedrale geweiht.

**7 Heilig-Kreuz-Kapelle**
Die gotischen Gewölbe und die Wände der Kapelle sind mit russischen Malereien aus dem 15. Jahrhundert bedeckt.

## *Wawel-Kathedrale Orientierung*

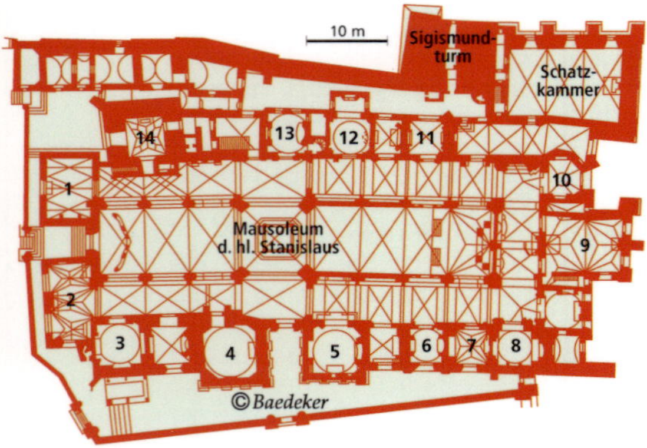


1 Dreifaltigkeitskapelle
2 Heiligkreuzkapelle
3 Potocki-Kapelle
4 Wasa-Kapelle
5 Sigismundkapelle
6 Kapelle des Bischofs Zadzik
7 Kapelle des Königs Jan Olbrac
8 Kapelle des Bischofs Tomicki
9 Marienkapelle
10 Kapelle des Bischofs Gamrat
11 Kapelle des Bischofs Zebrzydo
12 Lipski-Kapelle
13 Kapelle des Bischofs Maciejow
14 Czartoryski-Kapelle

*Der Wawel-Glöckner bringt die Sigismund-Glocke zum Erklingen.*

*Wawel-Schmuckstück: die »goldbehelmte« Sigismundkapelle*

*Stimmungsvoll gibt sich der Innenraum der Kathedrale.*

*Grabmal für Zygmunt I. und Zygmunt August*

©Baedeker

*Im Innenhof von Schloss Wawel*

Kronschatz, der Rüstkammer, den Ausstellungen »Die Kunst des Orients« und »Der verschollene Wawel« und der Drachenhöhle bestehen – führt durch die Säle im Erdgeschoss, die einstmals für die Diener und die höfische Verwaltung vorgesehen waren, über die Gesandtentreppe in den ersten Stock zu den Privaträumen des Königs und zu den prunkvollen Repräsentationsräumen im zweiten Geschoss, die von einer umlaufenden Säulengalerie abgehen. Der **Audienzsaal** besitzt eine einzigartige Kassettendecke mit etwa 30 – von ursprünglich 194 – holzgeschnitzten Charakterköpfen. Der schöne Fries unterhalb der Decke ist ein Werk von **Hans Dürer**, dem Bruder Albrecht Dürers (Öffnungszeiten: Di. – Sa. 9.30 bis 15.00, So. 10.00 bis 15.00 Uhr).

Königliche Gemächer ►

Die privaten Königlichen Gemächer und die Repräsentationsräume im ersten und zweiten Stock zeigen Interieurs wie Textilien, Möbel, Kachelöfen und Porzellan. Auch sind einige originale architektonische Details wie Portale, Kamine, Friese und Stuckdekorationen zu sehen. Besondere Aufmerksamkeit verdienen die **»Arazzi«**. Die nach der französischen Stadt Arras benannten Bildteppiche, die im 15. und 16. Jh. v. a. in Arras und Brüssel gefertigt wurden, zeigen u. a. biblische Szenen und idealisierte Landschaften. Von den ursprünglich etwa 350 Teppichen blieben 137 erhalten.

Kronschatz ►

Der Kronschatz, ausgestellt im Erdgeschoss, zeigt u. a. das Schwert, das seit 1320 bei der Krönungszeremonie benutzt wurde.

Die Rüstkammer, die sich ebenfalls im Erdgeschoss befindet, versammelt neben einer Nachbildung des Banners des Deutschen Ordens, das 1410 in der Schlacht bei Grunwald erobert wurde, Waffen aus verschiedenen Epochen, wertvolle Rüstungen, Schilde und mittelalterliche Henkerbeile. ◄ Rüstkammer

Die Ausstellung »Die Kunst des Orients«, untergebracht im Westflügel des Schlosses, präsentiert eine Sammlung orientalischer Textilien, Keramiken und Waffen. Ein Highlight der Ausstellung sind türkische Fahnen und Zelte, die 1683 in der Schlacht bei Wien von König Jan III. Sobieski erbeutet wurden. ◄ »Die Kunst des Orients«

Die Dauerausstellung »Der verschollene Wawel« mit archäologischen Fundstücken sowie Modellen und Schautafeln wurde in den Kellerräumen der ehemaligen königlichen Küchen eingerichtet. ◄ »Der verschollene Wawel«

Die Drachenhöhle an der Westseite des Wawel-Hügels, in der der Legende nach der Wawel-Drache gehaust haben soll, ist über eine Wendeltreppe am Diebesturm zu erreichen. Etwa 80 m der 270 m langen Kalksteinhöhle mit ihren geheimnisvollen Kammern und schlotartigen Felsspalten können besichtigt werden (Smoczna Jama; Öffnungszeiten: Mai – Okt. tgl. 10.00 – 17.00 Uhr). ◄ Drachenhöhle

## Kazimierz

In den Jahren 1335 bis 1791 war das von **Kazimierz Wielki** gegründete Kazimierz eine eigene Stadt. Der mittelalterliche Marktplatz stand dem Krakauer Hauptmarkt nur wenig nach; von ihm ist nur noch ein Teil erhalten (pl. Wolnica). Ende des 15. Jhs. brachte Jan Olbracht die jüdische Bevölkerung aus Krakau hierher und ließ ein ummauertes Ghetto anlegen. Im 19. Jh. lebten Juden in ganz Kazimierz. Bis 1939 war Kazimierz ein jüdisches Viertel mit eigener Kultur und unverwechselbarem Kolorit. All das wurde während des Zweiten Weltkriegs zerstört, als in den Jahren 1941 bis 1943 die Nationalsozialisten fast die ganze jüdische Bevölkerung ermordeten und die Kunstdenkmäler zerstörten. Nach Kriegsende wurden die wertvollsten Objekte restauriert.

1993 wurde in der ul. Rabina Meiselsa 17 das **Zentrum für jüdische Kultur** eröffnet, das als Treffpunkt für Juden aus aller Welt dient und Interessierte mit dem Judentum bekannt macht (Öffnungszeiten: Mo. – Fr. 10.00 – 18.00, Sa. u. So. bis 14.00 Uhr).

! *Baedeker* TIPP

**»The Schindler's List Tour«**

Im Jahr 1993 drehte der amerikanische Regisseur Steven Spielberg in Kazimierz Szenen zu seinem Holocaust-Film »Schindlers Liste«. Seit dieser Film weltweit in den Kinos zu sehen war, werden einmal wöchentlich Führungen – »Auf den Spuren von Schindler« – angeboten (»Jordan Bookstore«, ul. Szeroka 2).

**Alte Synagoge**

Die im 15./16. Jh. erbaute Synagoge gehört zu den bedeutendsten Denkmälern sakraler jüdischer Architektur in Polen. In der Nachkriegszeit wurde die Synagoge im Stil der Gotik und Renaissance des 16. Jhs. restauriert und darin mit dem **Jüdischen Museum** eine Abteilung des Nationalmuseums eingerichtet, das die Geschichte und Kultur der Krakauer Juden sowie die Judenverfolgung im Zweiten Weltkrieg dokumentiert (ul. Szeroka 24; Öffnungszeiten: Mi. u. Do. 9.00 bis 15.30, Fr. 11.00 – 18.00, Sa. u. So. 9.00 – 15.00 Uhr).

! *Baedeker* TIPP

**Klezmer in Kazimierz**

»Kle Semer« heißt im Hebräischen »Musikinstrument«, im übertragenen Sinne auch »Kapelle«. Fast allabendlich kann man in den Restaurants in der ul. Szeroka, u. a. im berühmten »Café Ariel«, Gruppen hören, die an jüdische Musiktraditionen anknüpfen. Die Konzerte beginnen in der Regel um 20.00 Uhr; es empfiehlt sich, spätestens am Nachmittag einen Platz zu reservieren.

Die **Remuh-Synagoge** in der ul. Szeroka 40, 1553 von dem jüdischen Kaufmann Israel Isserle Auerbach gestiftet, wurde im Zweiten Weltkrieg zerstört und 1963 rekonstruiert. Seitdem dient sie wieder als jüdisches Gotteshaus. Ihren Namen erhielt die Synagoge zu Ehren des Sohnes des Stifters, des Gelehrten, Philosophen und Rabbiners **Mojesz Isserle**, genannt Remuh.

✶ Friedhof Remuh ►

Der Friedhof Remuh wurde bereits 1533 angelegt und 1799 geschlossen. Das Grab des Rabbiners Remuh († 1572) ist Wallfahrtsstätte für orthodoxe Juden aus aller Welt.

**Fronleichnamskirche**

Die Kościół Bożego Ciała, Mitte des 14. Jhs. von König Kazimierz dem Großen erbaut, war die Hauptpfarrkirche in Kazimierz und gehört zu den prächtigsten gotischen Bauwerken des Landes. Der mächtige Turm erhielt im 17. Jh. einen barocken Turmhelm. Die barocke Ausstattung des gotischen Innenraums ist ein wertvolles Zeugnis der Krakauer Schnitzkunst des 17. und 18. Jahrhunderts.

**Etnografisches Museum**

Das Muzeum Etnograficzne im Alten Rathaus ist das älteste Museum dieser Art in Polen und beherbergt Sammlungen zu Lebensweise und Kultur vor allem der Krakauer Bevölkerung sowie eine umfangreiche Sammlung von Volkstrachten (pl. Wolnica 1; Öffnungszeiten: Mo. 10.00 – 18.00, Mi. – Fr. 10.00 – 15.00, Sa. u. So. 10.00 – 14.00 Uhr).

**Pfarrkirche St. Katharina**

Die im 14. Jh. erbaute Kościół św. Katarzyny an der ul. Skałezna präsentiert die gotische Architektur in reinster Form. Die prächtige Vorhalle vom Anfang des 15. Jhs. besitzt reichen Skulpturenschmuck; den frühbarocken Hauptaltar stifteten die Bürger von Kazimierz. Südlich schließt sich an die Kirche ein Kreuzgang an mit gotischen Wandmalereien aus dem 14. bis 16. Jahrhundert.

**Paulinerkirche**

Nur wenige Gehminuten von der Katharinenkirche entfernt erhebt sich auf einem unscheinbaren, »Skałka« genannten Kalkfelsen die Paulinerkirche Kościół i klasztor paulinów na Skałce, die auch den

Namen »Kirche auf dem Felsen« trägt. Der Überlieferung nach wurde im Jahr 1079 an der Stelle, an der die Kirche erbaut wurde, der Krakauer **Bischof Stanisław** von dem machtbesessenen König **Bolesław II.** ermordet. Nach der Heiligsprechung Stanisławs im Jahr 1253 entwickelte sich die »Skałka« zu einer viel besuchten Pilgerstätte.
Die Barockkirche wurde im 18. Jh. an der Stelle des gotischen Vorgängerbaus errichtet. An die Nordseite der Kirche schließt sich ein barockes Klostergebäude an.

## Außerhalb des alten Krakau

**Kopiec Kościuszki**

Der westlich der Altstadt im Stadtteil Zwierzyniec gelegene, 326 m hohe **Kościuszki-Hügel** wurde in den Jahren 1820 bis 1823 zu Ehren des großen polnischen Nationalhelden Tadeusz Kościuszko (► Berühmte Persönlichkeiten) um 34 m aufgeschüttet und darin Urnen eingegraben, die Erde von Schlachtfeldern enthalten, auf denen der General gekämpft hatte.

**★ Zisterzienserabtei**

Die Kirche der Zisterzienserabtei an der ul. Klasztorna im Stadtteil Nowa Huta entstand im 13. Jh. und hat trotz mehrfacher Umbauten ihren frühgotischen Charakter bewahrt. Die schlichte spätbarocke

*Der Toten letzte Ruhestätte, den Lebenden ein Ort der Andacht: Friedhof Remuh*

Fassade stammt aus dem 18. Jahrhundert. Das Hauptschiff und die Seitenschiffe wurden zu Beginn des 20. Jhs. ausgemalt; in Chor und Querschiff sowie im Kreuzgang des Klosters findet man schöne **Renaissancemalereien**, geschaffen von Stanisław Samostrzelnik, einem Ordensbruder und bedeutenden Maler des 16. Jahrhunderts.
Das **älteste Baudenkmal aus Holz** in Krakau, eine im 15 Jh. errichtete und im 18. Jh. umgebaute Kirche, steht auf der gegenüberliegenden Seite der ul. Klasztorna.

**Kirche der Muttergottes, Königin von Polen**

Die Kościół Matki Boskiej Królowej Polski in Nowa Huta wurde von 1967 bis 1977 zur Tausendjahrfeier der Christianisierung Polens errichtet und von Kardinal **Karol Wojtyła** eingeweiht. In das Fundament der Kirche wurde ein Stein aus dem Grab des hl. Petrus in Rom eingemauert, ein Geschenk Papst Pauls VI.
Die architektonische Gestalt der Kirche erinnert die an die Arche Noah; zur modernen Innenausstattung gehören ausdrucksvolle Skulpturen.

## Umgebung von Kraków

**Tyniec, Benediktinerkloster**

Das Benediktinerkloster des 13 km südwestlich von Krakau gelegenen Städtchens Tyniec steht, etwas außerhalb des Ortes, auf einem steilen Kalkfelsen hoch über der Weichsel. Das Kloster wurde im 11. Jh. vom polnischen Königs **Bolesław Śmiały**, dem Tapferen, gestiftet und im 17. Jh. barockisiert.
Die Klosterkirche mit ihren beiden Türmen wurde im 17. Jh. grundlegend umgebaut. Die spätbarocke Innenausstattung stammt aus dem 18. Jahrhundert; beachtenswert sind die Kanzel in der Form eines Schiffes und der Hauptaltar aus schwarzem Marmor. Im Kreuzgang des Klosters sind Fragmente und Skulpturen des ursprünglich romanischen Gebäudes zu sehen (Öffnungszeiten: Mo. – Sa. 10.00 bis 12.00, So. 15.00 – 17.00 Uhr).

**✶ Kalwaria Zebrzydowska**

Das kleine Städtchen, 40 km südwestlich von Krakau, ist nach dem Jasna Góra in Tschenstochau das **größte Marienheiligtum in Polen**. Keimzelle war ein Anfang des 17. Jhs. von **Mikołaj Zebrzydowski** auf dem Berg Żar gegründetes Bernhardiner-(Zisterzienser-)Kloster. Auf der 6 km langen Strecke zwischen dem Berg Żar und dem Berg Lanckorońska Góra wurden 42 Kirchen und Kapellen gebaut, die erste Nachbildung des **Kalvarienbergs** von Jerusalem in Polen.

**Wadowice**

Wadowice, der Geburtsort des Papstes Johannes Paul II. (►Berühmte Persönlichkeiten), liegt ca. 15 südwestlich von Kalwaria Zebrzydowska. In dem Haus ul. Kóscielna 7, in dem am 18. Mai 1920 Karol Wojtyła, von 1978 bis 2005 **Papst Johannes Paul II.**, geboren wurde, erinnert ein Museum mit Erinnerungsstücken und Dokumenten an den Lebensweg des 2005 verstorbenen Kirchenoberhaupts (Muzeum Jana Pawła II.).

*Kronleuchter, Skulpturen, Reliefs: in der »Kapelle der seligen Kinga«*

★ **Wieliczka**

Über 900 000 Besucher strömen jedes Jahr ins 15 km südöstlich von Krakau gelegene Wieliczka, um das berühmte **Salzbergwerk** zu besichtigen, ein herausragendes technisches Denkmal und seit 1978 auf der Liste des Welterbes der Unesco.

Salz wird hier bereits seit 1251 gewonnen. Auf einer 5 km² umfassenden Fläche entstanden über 2000 Kammern, die in 57 bis 342 m Tiefe liegen, die Schächte und Stollen sind insgesamt 350 km lang. Heute allerdings ist der Salzabbau weniger wichtig als der historisch-museale Wert des Bergwerks und das in 211 m Tiefe eingerichtete **Sanatorium**.

◄ Besichtigung

Von den neun Ebenen des Bergwerks kann man die drei oberen im Rahmen einer rund zweieinhalbstündigen Führung besichtigen. Der Rundgang beginnt in 64 m Tiefe auf der ersten Ebene, in die man über Treppen im Daniłowicz-Schacht gelangt, der im 17. Jahrhundert entstand. Die Route führt, vorbei an unterirdischen Sole-Seen, bis in eine Tiefe von 136 m durch 22 Kammern, die oft mit Plastiken aus Salz geschmückt sind. Mit Skulpturen und Reliefs aus den Jahren 1896 bis 1963 ausgestattet ist die 50 m lange **»Kapelle der seligen Kinga«**, die als der schönste Teil des Bergwerks gilt.

◄ Bergbaumuseum

Auf der dritten Ebene informiert ein Museum über die Technik des Salzabbaus und die Geologie von Salzlagerstätten (Kopalnia Soli, ul. Daniłowicza 10; Öffnungszeiten: 16. April – 15. Okt. tgl. 7.30 bis 18.30, 16. Okt. – 15. April tgl. 8.00 – 16.00 Uhr).

**Bochnia** Noch älter als das von Wieliczka ist das 35 km östlich von Krakau gelegene **Salzbergwerk** von Bochnia. Dort wurde schon drei Jahre früher das »weiße Gold« gefördert. Besucher fahren mit dem Aufzug 250 m unter Tage und wandern durch labyrinthartige Gänge und hohe Säle. Eine besondere Attraktion ist ein »Hotel«, in dessen salzhaltigem Mikroklima Astmakranke Linderung finden (Kopalnia Soli Bochnia, ul. Solna 2; Öffnungszeiten: Mo. – Fr. 8.30 – 12.00, 15.30 bis 20.00 Uhr).

**✶ Tarnów** Tarnów, rund 80 km östlich von Krakau zwischen Karpatenvorland und dem Talkessel von Sandomierz gelegen, präsentiert sich mit einem wunderschön restaurierten Altstadtensemble, das mit seinen engen Gässchen das Flair längst vergangener Zeiten besitzt.

In den sich rechtwinklig kreuzenden Straßen stehen Bürgerhäuser aus dem 16. bis 19. Jahrhundert, einige von ihnen besitzen Lauben und hübsches Fassadendekor.

Rathaus ► Altstadtkern ist der Rynek mit dem Rathaus, mit Turm und prächtiger Attika Mitte des 14. Jhs. im gotischen Stil errichtet und im 16. Jahrhundert umgebaut. In dem Gebäude zeigt das das **Regionalmuseum** Exponate zur Stadtgeschichte sowie Gemälde und Kunsthandwerk (Öffnungszeiten: Di. – Fr. 10.00 – 15.00, Sa., So. bis 14.00 Uhr).

! *Baedeker* TIPP

### Museales Nomadenleben

Einmalig in Polen und vielleicht in ganz Europa: In einem restaurierten Gutshaus vor den Toren der Altstadt Tarnóws informiert ein Museum über Zigeuner. Man erfährt, woher sie kamen und warum sie das Nomadenleben lieben, welchen Verfolgungen sie ausgesetzt waren und immer noch sind. Im Hof sind mehrere bunte Wagen ausgestellt, mit denen sie Europa durchfahren – eine stimmungsvolle Kulisse für das große Musik- und Tanzfest, zu dem sich hier Zigeuner, Roma und Sinti einmal im Jahr, meist im Juli, treffen (Muzeum Etnograficzne, ul. Krakowska 10, Öffnungszeiten: Di. u. Do. 10.00 – 17.00, Mi. u. Fr. 9.00 – 15.00, So. 10.00 – 14.00 Uhr).

Der 1956 gegründete **Ojcowski-Nationalpark** liegt nur wenige Kilometer nordwestlich von Krakau im Krakau-Tschenstochauer Jura. Mit 1590 ha der kleinste Nationalpark Polens, umfasst er einen Teil der Täler der Flüsschen Prądnik und Sąspówka. Phantastisch-bizarre Felsformationen, die an Tore, Keulen oder Nadeln erinnen, und rund 220 Höhlen lassen eine Wanderung durch den Nationalpark zu einer Abenteuer-Tour werden.

Über dem Dörfchen **Pieskowa Skala**, das am nordwestlichen Rand des Nationalparks liegt, thront auf einem hohen Felsen eine im 14. Jh. erbaute Burg, von der aus man einen wunderschönen Blick hat auf den wohl berühmtesten Felsen Polens mit dem treffenden Namen **»Herkuleskeule«** (»Maczuga Herkulesa«). Das **Museum** der im 16. Jh. im Renaissancestil umgebauten Burg zeigt Interieurs vom Mittelalter bis ins 19. Jh., ausgestellt sind u. a. Möbel, Skulpturen, Bilder und Gobelins (Öffnungszeiten: Di. bis So. 10.00 – 15.30 Uhr).

# ★★ Łańcut

T 10

**Wojewodschaft:** Podkarpackie **Höhe:** 240 – 250 m ü. d. M.
**Einwohnerzahl:** 18 000

**Die kleine Industriestadt im Südosten des Landes besitzt mit seinem Schloss aus dem 14. Jahrhundert eines der schönsten Bauwerke Polens, das jedes Jahr Tausende von Besuchern anlockt.**

## Sehenswertes in Łańcut

★★ **Schloss**

Das Schloss wurde Mitte des 14. Jhs. von König **Kazimierz II.** gegründet und gehörte nacheinander den Magnaten Pilecki, Stadnini, Lubomirski und Potocki. Seine heutige Gestalt mit vier Ecktürmen und einem fünfzackigen Verteidigungswall erhielt es Mitte des 17. Jahrhunderts. Letzter Bewohner des Schlosses war **Roman Potocki**, der das Schloss 1944 vor der heranrückenden Roten Armee verließ – nicht ohne zuvor einen Großteil der Schätze außer Landes zu schaffen.
Die Räume des Schlosses sind prachtvoll ausgestattet und präsentieren sich als **Museum adeliger Wohnkultur**. Über eine große Barockdiele mit von der örtlichen jüdischen Gemeinde gestiftetem Menorah gelangt man in den Saal Pod Stropem (»Unter der Decke«), dessen Holzbalken bunt bemalt sind. Anschließend besichtigt man den Sommer- und den Wintersalon sowie ein komfortables gelbes Bad mit Kamin. Neben dem Hoftheater aus dem 18. Jh., dem großen Speisesaal, einer Skulpturengalerie, dem Spiegelkabinett und dem

## ŁAŃCUT ERLEBEN

### AUSKUNFT

*Tourist-Information*
pl. Sobieskiego 18
PL-37-100 Łańcut
Tel. 017 / 225 22 02
www.um-lancut.plwww.lancut.com.pl

### ESSEN

► **Preiswert**

*Pałacyk*
ul. Paderewskiego 18
Tel. 017 / 225 20 43
In dem mit Jagdtrophäen dekorierten Hotelrestaurant, untergebracht in einer hübschen Villa aus dem 19. Jh., wird neben altpolnischer auch internationale Küche serviert.

### ÜBERNACHTEN

► **Günstig**

*Zamek*
ul. Zamkowa 1
PL-37-100 Łańcut
Tel. / Fax 017 / 225 26 71
22 Z. und Suiten
Das in einem Seitenflügel des Schlosses untergebrachte Hotel verfügt über einfache Zimmer mit Bad sowie über mehrere mit Stilmöbeln der Epoche eingerichtete Suiten. Vor dem Schloss erstreckt sich ein weitläufiger Park mit jahrhundertealten Bäumen.

## *Schlosspark* Orientierung

klassizistischen Ballsaal gibt es in dem Schloss auch interessante Gemälde-, Glas- und Porzellansammlungen (Zamek, ul. Zamkowa 1; Öffnungszeiten: Di. – So. 9.00 – 16.00 Uhr).

**Schlosspark** Das Schloss ist von einer im 17. Jh. angelegten und später mehrfach veränderten Parkanlage mit exotischen Pflanzen umgeben, die z. T. als Landschaftspark gestaltet wurde.

**Kutschen- und Ikonenmuseum** In den herrschaftlichen Ställen im Süden des Schlossparks befindet sich das Kutschenmuseum mit Dutzenden von Prachtkarossen. In einem Seitenflügel werden kostbare Ikonen ausgestellt (Öffnungszeiten: Di. – So. 9.00 – 16.00 Uhr).

Synagoge

Vor den Toren des Schlosses steht eine Synagoge aus dem 18. Jh., die als eines der wenigen jüdischen Gotteshäuser den Zweiten Weltkrieg überstand. Sie wurde aufwändig restauriert und beherbergt heute ein **Jüdisches Museum**, in dem man mit der Geschichte und Kultur der Juden von Łańcut bekannt gemacht wird (Öffnungszeiten: Di. – So. 9.00 – 16.00 Uhr).

## ! Baedeker TIPP

### Kammermusikfestival

Alljährlich im Mai öffnet sich der pompöse Ballsaal des Schlosses eine Woche lang für Musikliebhaber. Nicht nur renommierte internationale Kammerensembles geben ihr Können zum Besten, sondern auch Cross-Over-Spezialisten wie z.B. das Kronos-Quartet.
Auch übernachten kann man im Schloss: Im angeschlossenen Wirtschaftsgebäude stehen einfache Zimmer zur Verfügung; komfortabler sind die mit Stilmöbeln eingericheteten Suiten (Zamek, ul. Zamkowa 1, Tel. / Fax 017 / 225 26 71).

## Umgebung von Łańcut

Knapp 20 km westlich von Łańcut lohnt ein Bummel durch die Universitätsstadt **Rzeszów**. Sehenswert sind neben dem neogotischen Rathaus an der schmalen Front des Rynek die gotische Pfarrkirche mit eindrucksvollen Renaissance-Grabmälern und das 1624 bis 1629 erbaute Bernhardinerkloster mit reicher barocker Ausstattung.
Das von Tylman van Gameren entworfene barocke Lubomirksi-Sommerpalais im Süden der Stadt wird heute von der Pädagogischen Hochschule genutzt. Im alten Piaristenstift von 1642 befindet sich das Regionalmuseum mit Abteilungen zu Stadtgeschichte, Archäologie und Volkskunde (ul. 3 Maja 19; Öffnungszeiten: Di. – Fr. 10.00 – 15.00, So. 10.00 – 14.00 Uhr).

# Łeba · Leba

K 1

**Wojewodschaft:** Pomorskie
**Einwohnerzahl:** 4500
**Höhe:** 0 – 3 m ü. d. M.

**Das ehemalige Fischerdorf auf einer Landzunge zwischen Ostsee und Lebsko-See hat sich mit seinen herrlich weiten Sandstränden in einen viel besuchten modernen Badeort verwandelt. von hier aus ist es auch nicht weit zur »polnischen Sahara«, dem Slowinzischen Nationalpark mit über 40 m hohen Wanderdünen.**

Geschichte

Das schon im 10. Jh. besiedelte Gebiet an der Mündung des Flusses Łeba befand sich ab 1309 unter der Herrschaft des Deutschen Ordens und gehörte 1466 bis 1722 zu Polen, dann zu Preußen. Immer wieder hatte der Ort mit Überschwemmungen und wandernden Dünen zu kämpfen, bis die Bewohner zwischen 1558 und 1570 ihre Häuser auf das höhere Ostufer des Flusses verlegten. Das Fischerdorf entwickelte sich im 19. Jh. zu einem viel besuchten Seebad.

## ŁEBA ERLEBEN

### AUSKUNFT

*Tourist-Information*
ul. 11-ego Listopada 5-A
PL-84-360 Łeba
Tel. / Fax 059 / 866 25 65
www.leba.pl

### ESSEN

**► Erschwinglich**

*Wodnik*
ul. Nadmorksa 10
Tel. 059 / 866 19 60
Im »Wasserlokal« ist Fisch Trumpf. Köstlich: Aal in Buttersoße.

### ÜBERNACHTEN

**► Komfortabel**

*Neptun*
ul. Sosnowa 1
PL-84-360 Łeba
Tel. 059 / 866 23 31
www.neptun.leba.pl
22 Z.
Das 100-jährige Schlösschen am hohen Strandufer bietet stilvoll eingerichtete Zimmer, ein Café mit Seeblick und einen beheizten Pool.

## Sehenswertes in Łeba

**Ortsbild**

Von dem einstigen Fischerdörfchen außer der kleine barocke **Nikolaikirche** von 1683 nicht viel übrig geblieben. Einige schlichte **Fischerhäuschen** stehen noch in der ul. Abrahana und in der ul. Kościuszki. Inmitten eines Kiefernwalds auf den Sanddünen steht als einziges Relikt des an der Küste gelegenen alten Łeba die Reste einer gotischen Kirche aus dem 14. Jahrhundert.
Rund um den um 1900 ausgebauten **Hafen** – der mit seinen dümpelnden Fischkuttern einen fast südländisch-romantischen Charme versprüht – geht es vor allem im Sommer quirlig-bunt zu. Wer den Touristentrubel des Badeparadieses scheut, findet an den Stränden nur wenige hundert Meter außerhalb Łebas jederzeit ein ruhiges, einsames Plätzchen.

## Umgebung von Łeba

**✶✶ Slowinzischer Nationalpark**

Der 1967 gegründete, über 18 000 ha umfassende Słowiński Park Narodowy erstreckt sich westlich von Łeba entlang der Ostseeküste. In dem Nationalpark liegen der 115 m hohe slawische Kultberg Rowokół sowie zwei Küstenseen mit üppiger Flora und Fauna: der 7140 ha große Jezioro Łebsko und der knapp halb so große Jezioro Gardno. Sümpfe und Torfmoore bieten vielen seltenen Vogelarten einen Lebensraum.
Die Hauptattraktion der »polnischen Sahara« sind die bis zu 40 m hohen **Wanderdünen**, die sich jährlich mehrere Meter weiter in die Kiefernwälder hineinschieben und die Bäume nach und nach unter sich begraben. Dadurch entsteht eine wüstenähnliche Landschaft von einzigartiger Schönheit.

*Wanderdünen – Dünenwandern: im Słowiński Park Narodowy*

Wer sich näher für die Flora und Fauna des Parks interessiert, sollte das Muzeum Przyrodnicze der Parkverwaltung in Smołdzino, zwischen Łeba-See und Garder See, besuchen (Mo. geschl.).

**Kluki**

In dem kleinen Dorf am Westufer des Leba-Sees dokumentiert ein interessantes **Freilichtmuseum**, u. a. mit original eingerichteten Fischerhütten, die traditionelle Lebensweise der Slowinzen, einer ehemals hier beheimateten slawischen Volksgruppe (Mo. geschl.).

# ✶ Legnica · Liegnitz

G 8

**Wojewodschaft:** Dolnośląskie
**Höhe:** 113 – 168 m ü. d. M.
**Einwohnerzahl:** 109 000

**Mit dem verkehrsberuhigten historischen Stadtkern, dem prächtigen Piastenschloss, schönen Kirchenbauten und so manchem »Goldstück« in der Umgebung ist die Industriestadt Liegnitz, auf halber Strecke zwischen Görlitz und Breslau, mehr als nur einen Abstecher wert.**

**Geschichte**

Für 1149 ist in Liegnitz eine Piastenburg bezeugt; 1248 avancierte der Ort zum Sitz eines unabhängigen Fürstentums und erhielt repräsentative Bauten. Mit dem Tod des jungen, kinderlosen Georg Wilhelm erlosch 1675 die Piasten-Dynastie, das Fürstentum fiel an Habsburg und Liegnitz büßte seinen hauptstädtischen Rang ein. Erst als die Stadt nach dem Ersten Schlesischen Krieg 1742 in preußischen Besitz gelangte, erlebte sie wieder einen Aufschwung. 1945 fiel das im Zweiten Weltkrieg unzerstört gebliebene Liegnitz an Polen.

## Sehenswertes in Legnica

✶ **Schloss**

Die unter **Heinrich dem Bärtigen** errichtete mittelalterliche Burg wurde Anfang des 16. Jhs. zu einem stattlichen Renaissanceschloss ausgebaut. Man betritt den Bau durch das prunkvolle Portal von 1533, über dem Wappen und Porträts des Erbauerpaars, **Friedrich II. von Liegnitz** und seine Frau **Sophie von Ansbach-Hohenzollern**, an-

## LEGNICA ERLEBEN

### AUSKUNFT

*Tourist-Information*
ul. NMP 1
PL-59-220 Legnica
Tel. 076 / 722 31 00
Fax 852 25 56
www.lca.pl

### ESSEN

#### ► Erschwinglich

*Adria*
Rynek 9
Tel. 076 / 852 24 61
Das gemütliche, mit historischen Stadtansichten geschmückte Gasthaus am Ring bietet Piroggen, gefüllt mit Kartoffeln und Käse oder mit Pilzen und Sauerkraut. Lecker sind auch die »placki«, mit Fleisch gefüllte Kartoffelpuffer. Wer leichte Kost bevorzugt, bestellt Hühnchen auf Kräuterreis mit Möhrchen. Im Sommer nimmt man auf der Terrasse Platz.

#### ► Preiswert

*Tivoli*
ul. Złotoryjska 21
Tel. 076 / 862 23 04
Das »Tivoli«, einige Gehminuten südwestlich des Ryneks, serviert neben traditioneller polnischer Kost auch einige vegetarische Gerichte.

### ÜBERNACHTEN

#### ► Komfortabel

*Pałacyk*
ul. Kościuszki 37
PL-59-220 Legnica
Tel. / Fax 076 / 862 04 44
www.hotelpalacyk.lca.pl
36 Betten
Das stilvoll eingerichtete Hotel ist in einer ehemaligen, 1906 gebauten Fabrikantenvilla untergebracht und bietet allen Komfort, ein exzellentes Restaurant und einen bewachten Parkplatz.

*Qubus*
ul. Skarbowa 2
PL-59-220 Legnica
Tel. 076 / 866 21 00
www.qubushotel.com
221 Z.
Auf halber Strecke zwischen Bahnhof und Schloss liegt die moderne Hotelanlage mit Marmor-Lobby sowie eleganten Speise- und Aufenthaltsräumen. Einige Zimmer sind behindertenfreundlich eingerichtet, und es gibt einen Whirlpool und eine Sauna.

gebracht sind. Der Südflügel des Schlosses entstand aus dem einstigen Palast Heinrichs, der Uhrturm stammt aus dem 17. Jahrhundert. In einem zweiten Innenhof auf der Westseite erhebt sich der Hedwigsturm (Wieża św. Jadwigi) mit einem unteren romanischen und einem oberen gotischen Teil. Heute sind in dem Schloss Behörden, eine Schule und ein Archiv untergebracht (pl. Zamkowy; Öffnungszeiten: Di. – Sa. 11.00 – 17.00 Uhr).

**Peter-und-Pauls-Kirche**

Die Kirche an der Südseite des Marktplatzes entstand 1328 bis 1340 und wurde Ende des 19. Jhs. im damals modischen neugotischen Stil neu gestaltet. Das **Tympanon** des Nordportals mit der Anbetung der Hl. Drei Könige, flankiert von den Kirchenpatronen, stammt aus der 2. Hälfte des 14. Jahrhunderts. Die reiche Ausstattung stammt aus dem 13. bis 18. Jh., darunter ein spätromanisches Bronzetaufbecken vom Anfang des 13. Jhs. und eine 1588 geschaffene Renaissance-Sandsteinkanzel.

**Altes Rathaus**

Das barocke Rathaus mit reich geschmückter Fassade und eleganter Doppeltreppe, erbaut 1737 bis 1741, wird heute als Theater genutzt.

*Rathaus und Kirche: St. Peter und Paul wachen über die weltlichen Angelegenheiten von Legnica.*

**Heringsbuden (Kramy śledziowe)** Die Heringsbuden auf dem Ring, eine Gruppe von acht Häusern mit verzierten Giebeln und Lauben stammt aus dem 16. Jahrhundert. Die Häuser Nr. 54 und 55 haben eine prächtige Dekoration, die 1934 unter dem Putz entdeckt und freigelegt wurde.

**»Zum Wachtelkorb«** Das Haus »Zum Wachtelkorb« an der Ecke des Markts (Nr. 46), der Name rührt von dem zylindrischen Eckerker her, ist ein Bürgerhaus aus der Renaissance mit herrlichem Sgraffitoschmuck.

**✶ Johanniskirche** Die barocke Johanniskirche (Kościół św. Jana) wurde in den Jahren 1714 bis 1729 auf den Fundamenten eines gotischen Gotteshauses erbaut, wobei einzig die darin eingerichtete **Piastenkapelle** von 1675 vom Abriss verschont blieb und in den Barockbau integriert wurde. In den Nischen der Kapelle stehen die Silbersarkophage der letzten Familienangehörigen der schlesischen Piastendynastie, während vier Alabasterfiguren die Piasten »beim letzten Gespräch« zeigen.

**Abtspalast (Pałac Opatów)** Der Palast der Äbte von Leubus (Lubiąż) gegenüber der Johanniskirche entstand 1728. Heute ist hier ein **Kupfermuseum** untergebracht, in dem der Abbau des Metalls und seine Verhüttung dargestellt werden (Muzeum Miedzi, ul. Partyzantów 1; Öffnungszeiten: Mi. bis So. 11.00 – 17.00 Uhr).

*Die Friedenskirche von Jawor ist Weltkulturerbe der Unesco.*

## Umgebung von Legnica

★ **Legnickie Pole (Wahlstatt)**

Bei Wahlstatt, 9 km südöstlich von Liegnitz, unterlag 1241 die deutschpolnische Armee den Tataren; in der Schlacht fiel auch Fürst **Heinrich der Fromme** (Henryk II. Pobożny). In der gotischen Kirche, die im 13./14. Jh. am Fundort des Leichnams von Heinrich erbaut wurde, ist heute des Museum der Schlacht bei Liegnitz untergebracht (Öffnungszeiten: Mi. – So. 11.00 – 17.00 Uhr).

◄ Benediktinerabtei

Ihr gegenüber steht die Benediktinerabtei, 1723 bis 1729 von dem renommierten Architekten **Kilian Ignaz Dientzenhofer** erbaut und von **Cosmas Damian Asam** ausgemalt. Die der hl. Hedwig geweihte Klosterkirche, vielleicht die schönste Barockkirche Schlesiens, besitzt einen elliptischen Grundriss und ist durch die großen Fenster sehr licht. Ein Bild im Hauptaltar zeigt die Auffindung Heinrichs des Frommen auf dem Schlachtfeld.

★ **Jawor**

In der Kleinstadt, 20 km südlich von Liegnitz, lohnt die **Friedenskirche** zum Heiligen Geist (Kościół Pokoju św. Ducha) einen Besuch. Sie ist eine von drei Kirchen, die den schlesischen Protestanten nach dem Ende des Dreißigjährigen Kriegs im Westfälischen Frieden 1648 zugestanden worden waren. Wie die Friedenskirche von ►Świdnica ist auch sie in schlichtem Fachwerk gehalten, entfaltet aber innen barocke Pracht: Mehrgeschossige, bunt bemalte Galerien, eine ornamentale Decke und ein vergoldeter Altar trugen der Kirche im Jahr 2001 das Unesco-Prädikat »Weltkulturerbe« ein.

**Złotoryja (Goldberg)**

Rund 20 km südwestlich von Liegnitz liegt Złotoryja. Seit dort im Jahr 1200 Gold entdeckt wurde, steht in dem Ort fast alles im Zeichen dieses Edelmetalls. Das Goldmuseum im ehemaligen Henkersturm macht mit den Techniken des Goldabbaus vertraut und zeigt eine Fülle von Goldschmiede- arbeiten (Muzeum Złoty, ul Zaułek 2, Öffnungszeiten: Di. – Sa. 9.00 bis 16.00, So. 10.00 – 15.00 Uhr).

> **!** *Baedeker* TIPP
>
> **Goldrausch in Goldberg**
>
> Zwar wurde die letzte Goldmine in Złotoryja bereits 1925 geschlossen, dennoch findet hier jedes Jahr am zweiten Augustwochenende ein Wettbewerb im Goldwaschen statt. Ausführliche Infos erhält man von der Polnischen Bruderschaft der Goldbergleute (ul. Żeromskiego 15 a, www.pbkz.bbk.pl).

Das herrlich an der Oder gelegene ehemalige Zisterzienserkloster **Lubiąż**, ca. 33 km östlich von Liegnitz, wurde als erste Niederlassung dieses Ordens in Schlesien 1175 gegründet. Der heutige barocke Klosterbau war zur Zeit seiner Entstehung 1672 bis 1679 der größte auf dem Kontinent. Der riesige Komplex besitzt eine Grundfläche von 223 x 118 m, in den die 1307 bis 1340 erbaute und später barockisierte Kirche einbezogen ist. In einigen Klosterräumen, z. B. im Fürstensaal, sind noch Fresken von **F. A. Scheffler** bzw. **Ch. P. Benthum** erhalten.

**Głogów (Glogau)** In dem Industriestädtchen Głogów, rund 65 km nördlich von Liegnitz, das im Zweiten Weltkrieg fast völlig zerstört worden war, entstand erst Mitte der 1990er-Jahre auf dem Grundriss des mittelalterlichen Glogau eine neue »Altstadt« in historisierendem Stil. Einige wenige historische Bauwerke wurden bereits nach 1945 rekonstruiert, z. B. das mittelalterliche und Mitte des 17. Jahrhunderts barockisierte **Schloss** südlich der Oderbrücke. Heute beherbergt es ein **Museum** für Archäologie und Geschichte der Region Glogau (Muzeum Archeologiczne i Historyczne; Öffnungszeiten: Mi. bis So. 10.00 – 17.00 Uhr).

Auch das Rathaus auf dem Rynek wurde samt hoch aufschießendem Turm rekonstruiert; im Erdgeschoss blieben drei Säle mit originalen gotischen Netzgewölben erhalten.

Jesuitenkirche ► Die schöne spätbarocke Jesuitenkirche an der Südostecke des Marktplatzes, um 1700 entstanden, wurde in den Jahren 1958 bis 1961 wieder aufgebaut. Die Stuckierung ist in großen Teilen original erhalten. An die Kirche schließt sich das ebenfalls rekonstruierte Jesuitenkolleg von 1730 an.

# ✶ Łódź

N 7

**Wojewodschaft:** Łódzkie
**Einwohnerzahl:** 778 000
**Höhe:** 233 m ü. d. M.

**Die zweitgrößte Stadt des Landes besticht durch eine einzigartige Mischung aus Palästen und alten Fabriken, die sich längs der fünf Kilometer langen schnurgeraden Piotrowska-Straße aneinander reihen.**

**Geschichte** Das im 14. Jh. gegründete Dorf Łódź erhielt Anfang des 15. Jhs. das Stadtrecht, zählte aber 1820 immer noch nur 800 Einwohner. Im Jahr 1823 entstand um den achteckigen Marktplatz, heute pl. Wolności, eine erste Niederlassung der Tuchindustrie. Nach und nach entstanden riesige Textilfabriken und Arbeitersiedlungen, und das **»polnische Manchester«** verwandelte sich rasch in eine Großstadt mit mehreren zehntausend Menschen.

**Standbein: Kultur und Wissenschaft** Heute sind die Textilfabriken weit gehend stillgelegt, die Stadt ist auf der Suche nach Investoren und neuen Verdienstmöglichkeiten. Bis diese gefunden sind, bleiben Kultur und Wissenschaft das wichtigste wirtschaftliche Standbein: Von den sieben Hochschulen muss man vor allem die staatliche Film- und Fernsehschule hervorheben, die u. a. Kult-Regisseure wie **Roman Polański** und **Andrzej Wajda** hervorgebracht hat. Auch die Philharmonie genießt eine guten Ruf; benannt ist sie nach dem in Łódź geborenen Pianisten und Komponisten **Arthur Rubinstein**.

# ŁÓDŹ ERLEBEN

## AUSKUNFT

*Tourist-Information*
al. Kościuszki 88
PL-90-437 Łódź
Tel. 042 / 633 71 69
Fax 633 99 02
www.lodz.pl

## ESSEN

### ► Erschwinglich

① *Esplanada*
ul. Piotrkowska 100
Tel. 042 / 630 59 89
Das Jugendstil-Restaurant bietet feine internationale sowie phantasievoll abgewandelte polnische Küche.

### ► Preiswert

③ *Anatewka*
ul. 6 Sierpnia 2/4 / Ecke Piotrkowska
Tel. 042 / 630 36 35
Das Lokal erinnert an die Zeit, als in Łódź noch viele Juden lebten. Serviert werden jüdischer Kaviar, Sahnehering und Karpfen in Aspik.

② *Łódź Kaliska*
ul. Piotrkowska 102
In der Bar im Hinterhof der Piotrkowska gibt es abends leckere Kleinigkeiten zu essen und danach viel Rotlicht bei überschäumender Stimmung.

## ÜBERNACHTEN

### ► Komfortabel

① *Centrum*
ul. Kilińskiego 59/63
PL-90-118 Łódź
Tel. 042 / 632 86 40
www.hotelspt.com.pl
170 Z.
Der 14-stöckige Kasten gegenüber vom Hauptbahnhof bietet akzeptable Zimmer und ab dem 10. Stock einen weiten Ausblick über die Stadt.

② *Grand Orbis*
ul. Piotrkowska 72
PL-90-102 Łódź
Tel. 042 / 633 99 20
www.orbis.pl
169 Z.
Das 1888 eröffnete Hotel hat schon bessere Tage gesehen, doch bleibt es aufgrund seiner zentralen Lage und der schönen Architektur eine gute Adresse.

### ► Günstig

③ *Mazowiecki*
ul. 28 Pułku Strzelców Kaniowskich 53/57
PL-90-640 Łódź
Tel. 042 / 637 43 33
E-Mail: mazowiecki@hotelspt.com.pl
105 Z., 3 App.
Etwas abseits vom Stadtzentrum bietet das Mazowiecki modern eingerichtete Zimmer, einen Beauty-Salon, Solarium, Fitnessraum, ein Restaurant und einen bewachten Parkplatz.

*Recht fit für sein Alter: das Grand Orbis*

## *Lódź Orientierung*

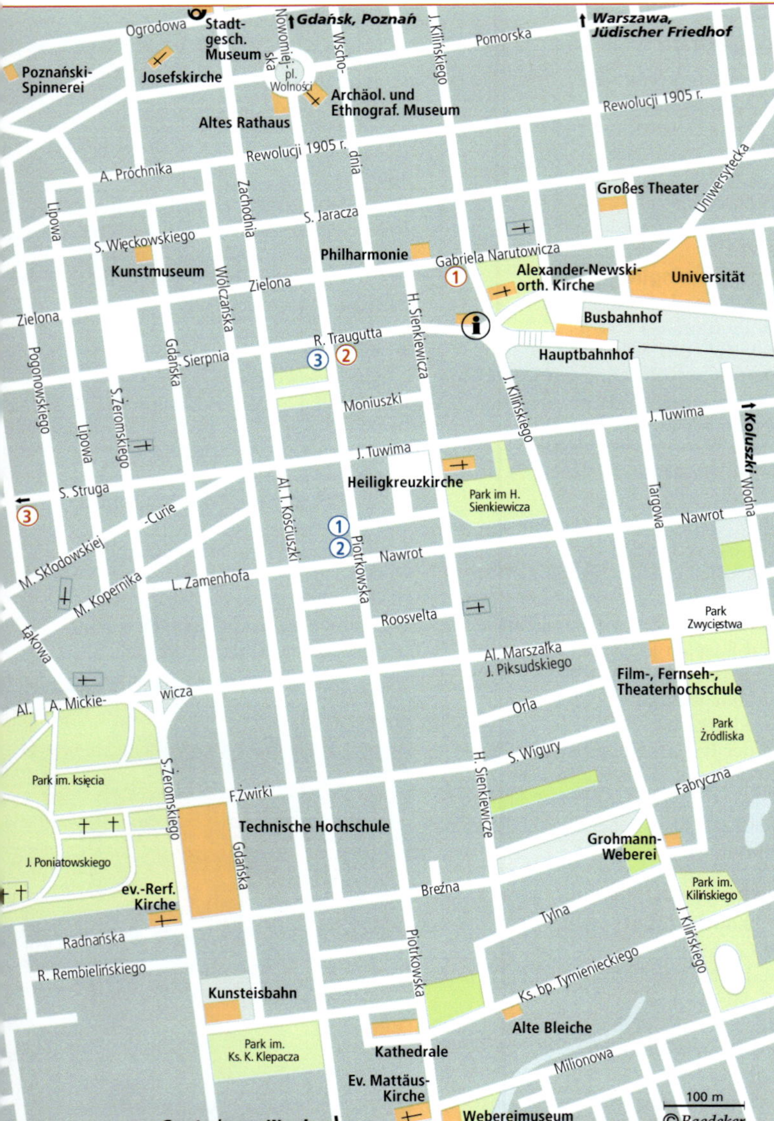


**Essen**
① Esplanada
② Łódź Kaliska
③ Anatewka

**Übernachten**
① Centrum
② Grand Orbis
③ Mazowiecki

## Sehenswertes in Łódź

Die Partnerstadt von Stuttgart hat architektonisch einiges zu bieten. Das monumentalste Bauwerk der Altstadt ist die Fabrikanlage Poznański aus dem 19. Jahrhundert in der ul. Ogrodowa 17, deren historisierendes Äußeres gotische und barocke Züge aufweist.

**✶ Poznański-Spinnerei**

Vom Reichtum, den der Manchester-Liberalismus einigen Unternehmerfamilien brachte, zeugen die Villen, die in den verschiedensten historisierenden Stilen Mitte des 19. Jhs. bis Anfang des 20. Jhs. erbaut wurden. Die schönsten findet man an der 5 km langen ul. Piotrkowska, am pl. Zwycięstwa und in der Moniuszka. In der Kindermann-Villa an der ul. Wólczańska (Nr. 31), einem der interessantesten Jugendstilbauten Polens von 1903, werden regelmäßig Kunstausstellungen veranstaltet.

**✶ Fabrikantenvillen**

Am pl. Wolności zeigt neben dem klassizistischen Rathaus das Muzeum Archeologiczne i Etnograficzne archäologischen Fundestücke und Sammlungen von Münzen Kunsthandwerk und Trachten (Öffnungszeiten: Di. – Fr. 10.00 – 16.00, Sa., So. bis 15.00 Uhr).

**Archäologisches und Ethnografisches Museum**

Westlich des Museums steht die 1765 gebaute **barocke Holzkirche** Kościół św. Józefa, die im 19. Jh. von der Altstadt an den heutigen Standort in der ul. Ogrodowa verlegt wurde.

**Josephskirche**

Das Muzeum Historii Miasta Łodzi (ul. Ogrodowa 15) ist in einem monumentalen Palast der Poznański untergebracht. Die prachtvoll ausgestatteten Innenräume des neubarocken Baus illustrieren die Stadtgeschichte von prähistorischen Zeiten bis zur Gegenwart. Besondere Aufmerksamkeit gilt dabei Łódź als »Filmstadt« (ul. Ogrodowa 15; Öffnungszeiten: Di., Do. bis So. 10.00 – 14.00, Mi. 14.00 bis 18.00 Uhr).

**Museum für Stadtgeschichte**

! *Baedeker* TIPP

**Raver-Parade**

Anfang September treffen sich Polens Techno-Freaks zur großen Parade auf der Prachtstraße Piotrkowska. Freilich ist Łódź auch in der restlichen Zeit des Jahres kein ruhiges Pflaster. Die Party-Szene boomt wie sonst nur in Krakau – viele Warschauer kommen am Wochenende hierher, um in die Pubs und Diskos der Stadt einzutauchen.

Im nördlichen Stadtteil erinnert der größte jüdische Friedhof Polens mit etwa 120 000 Grabmälern aus den Jahren 1893 bis 1939 – darunter das imposante Mausoleum für **Israel Poznaski** und ungewöhnliche Grabplatten im Jugendstil – an das jüdische Ghetto von Łódź. (Öffnungszeiten: So. – Fr. 9.00 bis 15.00 Uhr).

Am nördlichen Stadtrand entstand zwischen 1702 und 1723 das **ältesteste Bauwerk der Stadt**, die Klosteranlage von Łagiewniki. Die

**Klosteranlage in Łagiewniki**

# HOLLYŁÓDŹ

**Łódź ist Polens Filmparadies. Alle wichtigen polnischen Regisseure, Kameraleute und Schauspieler haben in der Film- und Fernsehhochschule ihr Handwerk erlernt, heißen sie nun Roman Polański, Andrzej Wajda oder Krzysztof Kieślowski.**

Auf vielen wichtigen Festivals der Welt haben sie Preise eingeheimst und so zum Ruhm der »Polnischen Filmschule« beigetragen. An mehreren Orten der Stadt wird man daran erinnert: In einem ehemaligen Fabrikantenpalast wurde ein Filmmuseum eingerichtet (pl. Zwycięstwa 1), von einer Hauswand an der ul. Piotrkowska (Nr. 71) blicken Porträts von Star-Regisseuren herab, und vor dem Grand Hotel (Nr. 72) sind Sterne von Filmstars ins Straßenpflaster eingelassen.

## Frühe Erfolge

Die Ursprünge der Filmschule gehen ins Jahr 1945 zurück, als Regisseur Aleksander Ford im Rahmen der in der Sowjetunion gebildeten Kościuszko-Division die »Filmavantgarde des polnischen Heeres« gründete. Da Warschau völlig zerstört war, gingen die Filmleute ins benachbarte Łódź, wo Ende des Jahres der **»Polski Film«** aus der Taufe gehoben wurde. Das bald verstaatlichte Unternehmen kümmerte sich nicht nur um die Produktion und den Vertrieb von Filmen, sondern auch um die Ausbildung des Nachwuchses. Bereits 1948 wurde es zur Hochschule aufgewertet und reich dotiert, denn, wie schon Lenin wusste, ist »unter allen Kunstarten der Film für uns am wichtigsten«.

Bereits **Aleksander Fords** erster Film erregte große Aufmerksamkeit. In der »Grenzstraße« (1949) wird die Judenvernichtung auf polnischem Boden thematisiert, wobei interessanterweise nicht nur die nationalsozialistischen Verbrechen zur Sprache kommen, sondern auch die antisemitischen Tendenzen im Polen der Zwischenkriegszeit.

*Ach du Schreck, Herr Krolock! Sie sind doch nicht etwa ... hungrig? – Roman Polański als Alfred in »Tanz der Vampire«, bei dem er selbst Regie führte.*

Auch ein zweiter Film ließ aufhorchen: **Wanda Jakubowksa** führt in ihrem Film »Letzte Etappe« ins Frauenlager von Auschwitz, in dem sie selber interniert war. In bedrückenden Bildern zeigt sie erniedrigte und geschundene Menschen, die auf ihre totale Entrechtung unterschiedlich reagieren: resigniert, opportunistisch, aber auch widerständig. Das Werk gilt als Klassiker der »Holocaust-Filme« – kein anderes hat später eine derartige Intensität erreicht.

## Aufarbeitung der Geschichte

Nach einer kurzen stalinistischen Phase (1950 – 1956) forderte der Hochschulabsolvent **Andrzej Wajda** selbstbewusst: »weniger ideologische Verklärung« und »mehr Wahrheit«.
In seinem Film »Der Kanal« aus dem Jahr 1956, der in Cannes preisgekrönt wurde, hat er diese Losung in die Tat umgesetzt. Schauplatz der Handlung ist das von deutschen Truppen besetzte Warschau während des Aufstands 1944: Ein versprengter Trupp geschlagener Polen versucht, durch die Kanalisationstunnel ans rettende Ufer zu gelangen, was aber nur wenigen gelingt. Was im Film zur Sprache kommt, ist nicht nur die Frage nach der Legitimität von Gewalt, sondern auch die Bedeutung eines bedingungslosen, typisch polnischen Widerstands, der weder nach den Erfolgsaussichten noch nach dem zu zahlenden Preis fragt.

## Emigration und Rückkehr

Auch **Polańskis** Debütfilm »Das Messer im Wasser« (1962) berührt noch heute: Gezeigt wird der Generationenkonflikt zwischen den damals zwanzigjährigen (die im Krieg Kinder waren) und deren Eltern. Während die Kinder unbewusst an der Last des Krieges tragen, sucht die ältere Generation die Erinnerung auszulöschen, indem sie sich, materiell abgesichert, mit Konsum betäubt. Da Polańskis Kritik an der »kleinen Stabilisierung«, der polnischen Version des Wirtschaftswunders, der Politführung missfiel, beschloss er zu emigrieren. Erst 2002 kam er nach Polen zurück, um den Film »Der Pianist« zu drehen, eine Verfilmung der Autobiografie des polnischen Pianisten Wladyslaw Szpilman (1911 – 2000).

## Ende der Blütezeit

Die Blütezeit des »Kinos der denkenden Bilder« war Ende der 1960er-Jahre vorbei. Zunehmender politischer Druck engte den Spielraum der Regisseure derart ein, dass diese auf »unverfängliche« Historienfilme auswichen oder, wie der Jude Aleksander Ford, emigrierten.

Einzig Andrzej Wajda produzierte noch Filme, die Diskussionsstoff lieferten. Dazu gehörte u. a. das »Gelobte Land« aus dem Jahr 1974, eine bitterböse Studie über die kapitalistischen Gründerjahre von Łódź. Außer Wajda haben zwei weitere Regisseure das polnische Kino der 1980er- und frühen 1990er-Jahre geprägt: **Krzysztof Zanussi** beeindruckte mit einem eher introvertierten Stil, **Krzysztof Kieślowksi** verstörte mit seiner Verfilmung der »Zehn Gebote«. Zu jedem Gebot dreht er einen eigenen Film. Vor allem sein »Kurzer Film über das Töten« verdeutlicht die Endzeitstimmung im sozialistischen Land. Auch den Übergang zum »neuen Polen« hat er kritisch kommentiert. In seiner »Trilogie – die Farbe Weiß« zeigt er unerbittlich, wer in dieser Gesellschaft unten und wer oben steht, welche fragwürdigen Charaktereigenschaften man sich aneignen muss, um zu den »neuen Reichen« zu gehören.

## Festhalten an Bewährtem

Nach Kieślowksis Tod (1996) ist Polens Kino verarmt. Da sich die Wertschätzung eines Films im Kapitalismus primär nach dem kommerziellen Erfolg bemisst, werden vor allem Filme produziert, die Millionen Zuschauer in die Kinos locken. Selbst Altmeister wie Hoffman, Wajda und Kawalerowicz sind sich nicht zu schade, literarische Klassiker als Historienschinken zu inszenieren: Auf »Feuer und Schwert« folgten »Pan Tadeusz« und »Quo Vadis«. In Łódź freilich hält man am Autorenkino fest. Alljährlich findet das **Festival Camerimage** statt, zu dem Outsider aus aller Welt eingeladen werden. Als Preise werden hier Frösche in gold, silber und bronze verliehen, was auf eine alte Legende aus der Stadt Toruń zurückgeht. Die Stadt wurde von einer Froschplage heimgesucht und nur ein Schauspieler war in der Lage die Stadt zu retten.

Ausstattung der barocken Antoniuskirche stammt aus dem 17. bis 19. Jahrhundert. Das Franziskanerkloster daneben ist ebenfalls im Barockstil errichtet.

✶ **Muzeum Sztuki**

In der ul. Więckowskiego 36 beherbergt das Muzeum Sztuki im alten Palais des Fabrikanten Poznański eine der besten Sammlungen moderner Kunst in Polen, u. a. mit Werken von Pablo Picasso, Marc Chagall und Max Ernst (Öffnungszeiten: Di. 10.00 – 17.00, Mi. u. Fr. 11.00 – 17.00, Do. 12.00 – 19.00, Sa. u. So. 10.00 – 16.00 Uhr).

✶ **Webereimuseum**

In der ehemaligen **»Weißen Fabrik«** ist das Centralne Muzeum Włókiennictwa untergebracht. Das Gebäude wurde 1835 für den Fabrikanten Ludwig Geyer errichtet. Ausgestellt werden Geräte, Maschinen und Materialien rund ums Textilwesens von der Steinzeit bis in die Gegenwart (ul. Piotrkowska 282; Öffnungszeiten: Di., Sa. 10.00 bis 16.00, Mi., Fr. 9.00 – 17.00, Do. 10.00 – 17.00, So. bis 15.00 Uhr).

! *Baedeker* TIPP

**Rikschafahrt auf der Piotrkowska**

Die 5 km lange, weitgehend verkehrsberuhigte Piotrkowska-Promenade hat schon manch einen Passanten müde gemacht. Kein Wunder, dass ein paar clevere junge Leute auf die Idee kamen, Fahrten mit der Rikscha anzubieten und so die langen Wege zu verkürzen. Die Wagen stehen an jeder Ecke, auf einen Wink hin kommen sie heran!

## Umgebung von Łódź

Die 1141 bis 1161 erbaute romanische Kóscioł N. P. Marii i św. Aleksego (Stiftskirche der hl. Jungfrau Maria und des hl. Alexius) in **Tum**, rund 40 km nördlich von Łódź, ist die **größte romanische Kirche Polens**. Die äußerlich fast völlig schmucklose dreischiffige Pfeilerbasilika besitzt ein bemerkenswertes Relief des Christus Pantokrator und im Westchor um 1160 entstandene Fresken.

**Piotrków Trybunalski**

Piotrków Trybunalski, ein traditionsreicher Industrieort, liegt ca. 40 km südlich von Łódź. Als die Stadt 1578 Sitz des Krontribunals wurde, erhielt sie ihren heutigen Namen. Das **gotische Königsschloss** wurde im 16. Jh. für König **Zygmunt Stary** gebaut. Während der Schwedenkriege wurde es zerstört, dann im Stil der Gotik und Renaissance wiederaufgebaut. Das Schloss beherbergt das **Bezirksmuseum** mit archäologischen, historischen und volkskundlichen Sammlungen (Muzeum Okręgowe, pl. Zamkowy 4, Mo. geschl.).

◄ Königsschloss

Einen Blick wert sind auch die aus dem 14./15. Jh. stammende gotische Pfarrkirche mit Barockkapellen, eine Jesuitenkirche aus dem 18. Jh. sowie ein Bernhardinerkloster aus dem 17. Jahrhundert.

◄ Sakralbauten

✶ **Sulejów, Podklasztorze**

16 km südöstlich von Piotrków Trybunalski steht in Podklasztorze bei Sulejów eine Zisterzienserabtei, die 1177 von Kazimierz Sprawiedliwy gestiftet wurde. Die romanische Pfeilerbasilika entstand um 1230 und besitzt eine reiche Barock- und Rokokoausstattung.

*Flach, weitläufig und in Polen: nahe liegend, die Landschaft um Łódź und Tum »Großpolnisches Tiefland« zu nennen.*

# Łomża

T 4

**Wojewodschaft:** Podlaskie **Höhe:** 130 m ü. d. M.
**Einwohnerzahl:** 39 000

**Łomża liegt im nördlichen Ostpolen am Narew. Westlich des Städtchens breitet sich die weite Puszcza Kurpiowska aus, östlich von Łomża liegt der Biebrza-Nationalpark, einzigartige Naturparadiese für Wanderer und Kajakfahrer.**

**Geschichte** Łomża wurde 1418 gegründet und entwickelte sich im 16. Jh. zu einem Handelszentrum. Ab 1807 war Łomża Departementshauptstadt im Fürstentum Warschau. Nach den Zerstörungen Im Zweiten Weltkrieg wurden die wichtigen Baudenkmäler der Stadt rekonstruiert.

## Sehenswertes in Łomża

*** Kathedrale** Die gotische Kathedrale in der ul. 22. Lipca, das **Wahrzeichen** der Stadt, wurde 1520 erbaut und 1691 von **G. S. Belotti** mit einem frühbarocken Giebel versehen. Die schönen Stern- und Zellengewölbe entstanden um 1550, ebenso ein Marienaltar und einige Grabmäler. Wiederhergestellt wurde auch das nahe der Kathedrale gelegene Rathaus, erbaut in den 1820er-Jahren, das 1770 bis 1789 errichtete Kapuzinerkloster und das Bernhardinerkloster von 1862.

## Umgebung von Łomża

**Nowogród**

Größter Anziehungspunkt von Nowogród, 16 km nordwestlich von Łomża, ist das **Kurpie-Museum**, ein 1927 gegründetes Freilichtmuseum. Die Ausstellung umfasst vollständig eingerichtete Bauernhäuser, Windmühlen und Werkstätten sowie die außergewöhnliche Volkskunst aus der Region (Muzeum Kurpiowskie, ul. Zamkowa 25; Öffnungszeiten: Di. – Fr. 9.00 – 16.00, Sa. u. So. 10.00 – 17.00 Uhr).

**Puszcza Kurpiowska**

Die Puszcza Kurpiowska, ein Rest der einst weitläufigen Wälder, ist mit seinen Flüsschen und Sümpfen sowohl für Naturliebhaber als auch für Kajaktouristen ein ideales Revier.

Die **Biebrza**, ein 158 km langer Strom, entspringt beim Dorf Nowy Dwór, fließt nordöstlich von Łomża in den Narew und bildet mit ihren Nebenarmen und Altwassern ausgedehnte, unzugängliche Sümpfe. Bis auf geringfügige Begradigungen ist die Biebrza der einzige unverändert gebliebene Fluss in Polen.

Wegen der naturkundlichen Bedeutung und der Ursprünglichkeit der Landschaft wurde das Gebiet an der Biebrza 1993 zum **Nationalpark** erklärt. Der Naturpark besitzt durch die verschiedenen Biotope – Torfmoore, Sümpfe und feuchte Waldgebiete – eine sehr vielfältige Fauna. In unzugänglichen Walddickichten leben u. a. Elche, Biber und Wölfe.

◄ Flora und Fauna

! *Baedeker* TIPP

### Abenteuer Biebrza

Eine Herausforderung ist eine Kajak-Tour auf der Biebrza, die über die Netta und den Augustowski-Kanal mit den Seen bei Augustów und der Czarna Hańcza verbunden ist. Wegen der Unzugänglichkeit weiter Uferstrecken und der Unwegsamkeit der Umgebung erfordert der Fluss ausdauernde Kajakfahrer, die Unbequemlichkeiten nicht scheuen. Doch er ist ein wahres Dorado für Naturfotografen.

# ★ Lublin

U 8

**Wojewodschaft:** Lubelskie
**Einwohnerzahl:** 354 000
**Höhe:** 165 – 240 m ü. d. M.

**Polens größte Stadt östlich der Weichsel überrascht mit einer Altstadt, die mit ihren verwinkelten Gassen und den efeuüberwucherten Fassaden den Charme längst vergangener Zeiten versprüht.**

# LUBLIN ERLEBEN

## AUSKUNFT

*Tourist-Information*
ul. Jezuicka 1/3
PL-20-950 Lublin
Tel. 081 / 532 44 12
www.um.lublin.pl

## ESSEN

### ► Erschwinglich

*Hades*
ul. Peowiaków 12
Tel. 081 / 532 87 61
Der Name ist Programm: Das »Hades« ist in mehrere Räumen in einem Gewölbekeller untergebracht. Hin und wieder finden dort auch Konzerte statt.

### ► Preiswert

*Chata*
ul. Nadbystrzycka 16
Tel. 081 / 442 50 10
Das rustikale Restaurant mit guter polnischer Küche liegt etwas außerhalb des Zentrums.

*Pod Złotym Osłem*
ul. Grodzka 5a
Tel. 081 / 532 90 40
Das Altstadtlokal auf dem Weg zur Burg ist bei allen Generationen beliebt. Im Sommer sitzt man im Innenhof und verspeist große Portionen pikant gewürzten Fleisches, Eintopf oder Salat.

## ÜBERNACHTEN

### ► Luxus

*Europa*
ul. Krakowskie Przedmieście 29
PL-20-002 Lublin
Tel. 081 / 535 03 03
www.hoteleuropa.pl
76 Z.
Das Traditionshotel nahe der Altstadt wartet mit komfortablen Zimmern auf. Vom Restaurant Belweder genießt man den Ausblick auf die Stadt.

### ► Komfortabel

*Mercure*
ul. Al. Racławickie 12
PL-20-037 Lublin
Tel. 081 / 533 20 61
www.orbis.pl
105 Z., 5 App.
Das »Mercure« liegt im Stadtzentrum und bietet nett eingerichtete Zimmer. Der Service ist freundlich und zuvorkommend. Bewachter Parkplatz.

### ► Günstig

*Campanile*
ul. Lubomelska 14 – 16
PL-20-067 Lublin
Tel. 081 / 531 84 00
E-Mail: lublin@campanile.com.pl
81 Z.
Das 2004 im Stadtzentrum eröffnete »Campanile« verfügt über moderne Zimmer und ein gutes Restaurant.

**Geschichte** Die mittelalterliche Handelssiedlung, die die Zerstörungen durch Pruzzen, Mongolen, Litauer und Jatwinger im 12. Jh. überwunden hatte, erhielt 1317 von König **Władysław Łokietek** das Stadtrecht; die Burg entstand unter Kazimierz dem Großen. Bereits 1471 konnte sich die Stadt den Bau einer Wasserleitung leisten. In der Renaissance erlebte sie eine kulturelle Blüte; bedeutende Dichter und Bildhauer waren hier tätig.

In die Geschichte ging die **Lubliner Union** 1569 ein, die Personalunion von polnischem und litauischem Herrscher. 1795 wurde Lublin österreichisch, ab 1809 gehörte es zum Napoleonischen Fürstentum Warschau und stand ab 1815 das unter russischer Kuratel.
Während des Zweiten Weltkriegs wurde die gesamte jüdische Bevölkerung Lublins ermordet, v. a. im KZ Majdanek, das in dem gleichnamigen Vorort errichtet wurde (►S. 316).
Heute ist Lublin eine geschäftige Großstadt und Hauptstadt der gleichnamigen Wojewodschaft.

## Sehenswertes in Lublin

**✶ Altstadt**

Den Altstadtkern bilden mittelalterliche Straßenzüge mit Resten der Stadtmauer, dem **Krakauer Tor** (Brama Krakowska) aus dem 16./17. Jh., in dem das Museum zur Stadtgeschichte untergebracht ist, und dem **Trinitarier-Turm** (Wieża Trynitarska), der das Diözesanmuseum mit Sammlungen sakraler Kunst beherbergt (Muzeum Historii Miasta, pl. Łokietka 1; Öffnungszeiten: Mi. – Sa. 9.00 – 16.00, So. bis 17.00 Uhr; Muzeum Archidiecezjalne, ul. Królewska 10; Öffnungszeiten: Di. – So. 10.00 – 17.00 Uhr).

◄ Rynek

Am Marktplatz und in den benachbarten Straßen stehen prächtige Bürgerhäuser aus dem 16. bis 18. Jh. Hier haben sich einige Kunstgalerien, stilvolle Cafés und Weinstuben angesiedelt.
Mitten auf dem Marktplatz steht das im 16. Jh. errichtete, mehrfach umgebaute **Alte Rathaus**, das heute das Museum des Königlichen Krontribunals beherbergt, in dem ebenfalls Exponate zur Stadtgeschichte zu sehen sind (Muzeum Trybunału Koronnego; Öffnungszeiten: Mi. – Sa. 9.00 – 16.00, So. bis 17.00 Uhr).

**✶ Kathedrale**

Die Kathedrale Johannes der Täufer und Johannes der Evangelist ist eine der ersten Barockkirchen in Polen. Der einschiffige Bau entstand 1586 bis 1604 und besitzt eine spätbarocke illusionistische Ausmalung, u. a. mit der Darstellung der Apokalypse. Beeindruckend ist die **»Flüstersakristei«** mit ihrer Geräusche verstärkenden Akustik.

**✶ Dominikanerkirche St. Stanislaus**

Die Bazylika Dominikanów wurde im 14. Jh. von König Kazimierz dem Großen gestiftet, um 1575 erhielt der gotische Bau seine dreischiffige Anlage, die Kapellen kamen im 17. Jh. dazu. Besonders interessant ist die Kapelle der Familie Firlej von 1615 mit einer Kuppel von Jan Wolf und einem mehrstöckigen Grabmal. In der Maria-Magdalena-Kapelle zeigt das 1740 geschaffene Bild »Der Brand von Lublin« das damalige Stadtbild.

**✶ Burg**

Auf dem Burghügel östlich der Altstadt entstand 1823 an der Stelle einer Festung aus dem 9. Jh. ein Gefängnis in neogotischem Stil, das auch während des Zweiten Weltkriegs von den Nationalsozialisten genutzt wurde. Von der alten Burg ist nur ein Rundturm aus dem 13. Jh. erhalten geblieben.

Burgmuseum ► Das Museum, das die meisten Räume des Gebäudes einnimmt, besitzt eine reich bestückte volkskundliche Abteilung, eine Gemäldegalerie mit Bildern von Matejko und eine sehenswerte Ikonensammlung (Muzeum Lublina, ul. Zamkowa 9; Öffnungszeiten: Mi. bis Sa. 9.00 – 16.00, So. bis 17.00 Uhr).

Dreifaltigkeitskapelle ► Der kunsthistorisch wertvollste Bau auf dem Burggelände ist die 1395 von Władysław Jagiełło gestiftete Dreifaltigkeitskapelle, deren Gewölbe auf nur einem Pfeiler ruht und vollständig mit russisch-byzantinischen Wandmalereien des ukrainischen Meisters Andrzej von 1418 bedeckt ist.

**Innenstadt** Im 19. Jh. wurde das Stadtzentrum weiter nach Westen verlegt. Neben Ämtern, Büros, Warenhäusern, Geschäften, Hotels und Cafés stehen hier interessante **Jugendstilhäuser**, darunter das Radziwiłł-Palais. Einen Besuch lohnt die **Bernhardinerkirche**, ursprünglich eine spätgotische Hallenkirche, die Anfang des 17. Jhs. im Stil des Manierismus umgebaut und 1827 mit einer neoklassizistischen Fassade versehen wurde. Ausgestattet ist sie mit einem barocken Hauptaltar und einem meisterhaften Chorgestühl.

★ **Majdanek** 1941 / 1942 entstand im südöstlichen Vorort Majdanek ein deutsches Vernichtungslager. Das 270 ha große Gelände war mit Stacheldraht

*Wider das Vergessen: Das Mahnmal von Majdanek erinnert an 400 000 Ermordete.*

umzäunt und schwer bewacht; etwa 40 000 Menschen hielten sich in dem Lager gleichzeitig auf. Die Nationalsozialisten ermordeten hier insgesamt etwa 400 000 Menschen. Seit Ende des Zweiten Weltkrieges ist in einer der erhalten gebliebenen Lagerbaracken das **Museum der Leidensgeschichte** eingerichtet (Muzeum Martyrologii, ul. Droga Męczenników Majdanka 67; Öffnungszeiten: Di. – So. 8.00 – 17.00, im Winter bis 15.00 Uhr).

**Museum des Lubliner Dorfes**

Das Freilichtmuseum Muzeum Wsi Lubelskiej, nordöstlich von Lublin an der Ausfallstraße nach Warschau gelegen, zeigt Speicher, vollständig eingerichtete Bauernhöfe und Windmühlen aus dem 18. und 19. Jh. Hin und wieder finden dort auch folkloristische Veranstaltungen statt (al. Warszawska 96; Öffnungszeiten: Di. – Sa. 10.00 bis 17.00, So. bis 18.00 Uhr).

! *Baedeker* TIPP

**»Straße der Holzarchitektur«**

Vorbei an fast 200 historischen Gebäuden, die allesamt aus Holz erbaut worden sind, darunter orthodoxe Kirchen, Siedlerhäuser und Bauernhöfe, führt diese Route durchs Lubliner Land bis nach Krakau. Je nach Region zeigen sich dabei die unterschiedlichsten Architekturstile. Eine Liste der Gebäude sowie eine Karte mit dem Streckenverlauf gibt es unter www.infolinia.pl.

## Umgebung von Lublin

Die 1742 errichtete und von einem hübschen Park umgebene einstige Residenz der Adelsfamilie Zamoyski in **Kozłówka**, 27 km nördlich von Lublin, besticht mit ihrer prachtvollen Fassade, ihrer historischen Inneneinrichtung und mit einer umfangreichen Gemäldegalerie (Öffnungszeiten: Di. – So. 10.00 – 16.00 Uhr).

# ✶ Malbork · Marienburg

N 2

**Wojewodschaft:** Warmińsko-Mazurskie
**Einwohnerzahl:** 42 000
**Höhe:** 20 – 30 m ü. d. M.

**Hunderttausende Touristen zieht es jedes Jahr in das moderne Industriestädtchen Malbork mitten im Weichselschwemmland, etwa 55 km südöstlich von Danzig: Sie besuchen die berühmte gotische Marienburg, die mächtige Residenz des Deutschen Ordens und größte Backsteinfestung Europas.**

**Geschichte**

Um die Burg, die ab dem 13. Jh. am Ufer der Nogat errichtet wurde, entstand eine Siedlung, die 1276 das Stadtrecht erhielt. 1457 ging Marienburg an den polnischen König, in der Ersten Polnischen Teilung 1772 an Preußen. Im Zweiten Weltkrieg wurden Stadt und Burg fast völlig zerstört.

## Sehenswertes in Malbork

**★★ Deutschordensburg**

Der im Jahr 1226 von dem polnischen Herzog **Konrad von Masowien** zur Unterwerfung und Christianisierung der heidnischen Pruzzen zu Hilfe gerufene Deutsche Orden begann in der zweiten Hälfte des 13. Jhs. an der strategisch wichtigen Stelle am Ufer der Nogat mit dem Bau einer bewehrten Anlage. Ab 1309 war die Burg Sitz des Hochmeisters. Im 15. Jh. gingen Burg und Stadt an die polnische Krone über.

Den Mittelpunkt der imposanten Festung, die nach langjährigen Restaurierungsarbeiten 1997 in die Liste des **Weltkulturerbes der Unesco** aufgenommen wurde, bilden das **Hochschloss** und das **Mittelschloss** mit dem südwestlich anschließenden **Hochmeisterpalast**. Im Nordosten des Burgkomplexes sind die Reste der ehemaligen Vorburg zu finden, die Laurentiuskapelle und das Zeughaus sowie Wirtschaftsgebäude. Ein eindrucksvoller Überrest des mächtigen Befestigungssystems mit doppeltem, turmbesetztem Mauerring ist das **Brückentor** am Ufer der Nogat.

**Hochschloss**

Das Hochschloss ist das älteste Gebäude des Burgkomplexes. Mit dem Bau des Nordflügels wurde 1274 begonnen; um 1300 war die Vierflügelanlage fertig gestellt. Beim Umbau im 14. Jh. erhielt der quadratische Hof Wandelgänge, die Schlosskapelle wurde zur Schlosskirche St. Marien ausgebaut. Im Parterre des Hochschlosses sind heute u. a. noch die Gefängniszellen zu besichtigen.

**Mittelschloss**

Das aus drei Flügeln bestehende Zamek średni entstand zwischen 1310 und 1330 nordwestlich des Hochschlosses und nahm die

## MALBORK ERLEBEN

### AUSKUNFT

*Tourist-Information*
ul. Piastowska 15
PL-82-200 Malbork
Tel. 055 / 273 49 90
www.malbork.pl

### ESSEN

**► Erschwinglich**

*Zamkowa*
ul. Starościńska 14
Tel. 055 / 232 27 38
Wie nicht anders zu erwarten, wird in der »Burgküche« altpolnische Küche serviert: Wild, Geflügel und köstliche Suppen.

### ÜBERNACHTEN

**► Günstig**

*Zamek*
ul. Starościńska 14
PL-82-200 Malbork
Tel. 055 / 272 84 00
Fax 272 33 67
42 Z.
In den Wirtschaftsgebäuden der Deutschordensburg wurden einfache Hotelzimmer eingerichtet, im dazugehörigen Restaurant gibt es altpolnische Küche.

## *Deutschordensburg* *Orientierung*

Wohnräume des Großkomturs, eine Badestube, das Hospital und Gästezimmer auf. Im Westflügel liegt der große **Rittersaal** mit Sterngewölbe.

**Hochmeisterpalast**

An den Westflügel des Mittelschlosses schließt sich, durch eine kleine Kapelle getrennt, der Ende des 14. Jhs. erbaute Hochmeisterpalast an. Das äußerlich ebenso wehrhafte wie repräsentative Gebäude, vermutlich von Nikolaus von Fellenstein entworfen, gilt als ein Meisterwerk profaner gotischer Backsteinarchitektur. Besonders beeindrucken die beiden Refektorien, Sommer- und Winterremter, mit ihren großen, ursprünglich bunt verglasten Fenstern und den feinen, auf grazilen Säulen ruhenden Sterngewölben.

**Burgmuseum**

Das nach dem Wiederaufbau in der Burg eingerichtete Muzeum Zamkowe zeigt neben Dokumenten und Exponaten zur Geschichte des Schlosses auch mittelalterliche Plastik, Keramik, Kunsthandwerk, polnische und ausländische Porträtmalerei und Schlachtengemälde, Schmuck und Waffen sowie eine der größten Bernsteinkollektionen in Europa.

## Umgebung von Malbork

**Kwidzyn (Marienwerder)**

Rund 25 km weiter südlich liegt das Industriestädtchen Kwidzyn im Tal der unteren Weichsel auf dem Gebiet des historischen Dolne Powiśle. Sehenswert ist der im 14. Jh. über dem rechten Liwa-Ufer entstandene **Burgkomplex für das Domkapitel**, eine quadratische, von Ecktürmen gefasste Vierflügelanlage. Erhalten sind der Nord-

# HOCHMEISTERPALAST

★★ **Als im Jahr 1398 – genau 20 Jahre nach Grundsteinlegung – der Bau des Hochmeisterpalastes abgeschlossen wurde, bedeutete dies auch das Ende der über 120 Jahre dauernden Bauarbeiten an der Marienburg. Damit war der Burgkomplex der drittgrößte in Europa – nach dem Prager Hradschin und dem Kreml in Moskau. Mit dieser gewaltigen Anlage demonstrierte der Deutsche Orden seine Macht und setzte sich mit dem Bauwerk zugleich ein Denkmal für die Ewigkeit.**

Muzeum Zamkowe w Malborku
ul. Starociska 1
PL-82-200 Malbork
Tel. 055 / 647 08 00
www.zamek.malbork.pl
Öffnungszeiten:
Mitte Mai – Mitte Sept.
Di. – So. 9.00 – 20.00,
Mitte Sept. – Mitte Mai
Di. – So. 10.00 – 17.00 Uhr

**1 Sommerremter**
In dem Raum, der durch spätgotische Doppelfenster erhellt wird, empfingen die Hochmeister im Sommer ihre Gäste oder feierten Feste. Als »Remter« bezeichnete man die Speisesäle in Burgen und Schlössern.

**2 Stützpfeiler im Sommerremter**
Der gesamte Saal wird nur durch diesen Pfeiler gestützt. Angeblich soll einmal auf diesen Pfeiler mit jener Steinkugel gezielt worden sein, die direkt in die Wand über dem Kamin eingemauert wurde.

**3 Winterremter**
Der Winterremter war – wie der Sommerremter – in erster Linie zu Repräsentationszwecken eingerichtet worden. Zwar war er weniger prachtvoll ausgestattet wie der Sommerremter, doch dafür konnte dieser Raum beheizt werden.

*Seit 1226 besa der Orden das Münzrecht; hi eine Münze a der Zeit um 14*

*Die Burganlage dominiert die Umgebung.*

*Zwei reichlich ornamentierte Türmchen flankieren die Front des Palastes.*

*Mehrere Hunderttausend Besucher erkunden den 800 m langen Burgkomplex pro Jahr.*

*Zu den Ordensinsignien zählte auch diese Schwerterkette.*

1
2
3
© Baedeker

und Westflügel der Burg und der mächtige Dansker (Abtritt) in Form eines freistehenden und durch einen Gang mit der Burg verbundenen Turms.

Burgmuseum ► Das Burgmuseum umfasst naturkundliche Exponate sowie Ausstellungsstücke zur Volkskunst des Weichsellandes und zur Geschichte der Burg, u. a. werden mittelalterliche Folterinstrumente gezeigt (ul. Parkowa 1; Öffnungszeiten: Di. – So. 9.00 – 16.00 Uhr).

Kathedrale ► Die gotische Kathedrale, die Pfarrkirche St. Marien (Kościół Farny N. P. Marii), schließt sich an die Burg an. In den Seitenschiffen der Mitte des 14. Jhs. erbauten dreischiffigen Hallenkirche sind noch Reste der gotischen Bemalung erhalten; die Wandmalereien unter der Fensterzone im Chor stammen aus der Zeit um 1500.

**Tczew (Dirschau)** Das Städtchen am Weichselufer hat zwar einen hübschen alten Marktplatz, doch berühmt ist es für die **Weichselbrücke**, ein einzigartiges technisches Denkmal mit einer Spannweite von fast 1000 m, das 1857 für die von Berlin nach Königsberg führende Preußische Ostbahn gebaut wurde.

# ✶✶ Mazury · Masuren

O–T 2–4

**Wojewodschaft:** Warmińsko-Mazurskie, Podlaskie

**Dank seiner wald- und seenreichen Landschaft ist Masuren zusammen mit der angrenzenden Region Ermland eines der beliebtesten Ferienziele und Erholungsgebiete Polens.**

Masuren liegt im Nordosten Polens und umfasste heute die Verwaltungsgebiete der Wojewodschaften Warmińsko-Mazurskie und Podlaskie. Dieser südliche Teil des Baltischen Höhenrückens, eine hügelige Moränenlandschaft steigt in der Dylewska Góra (Kernsdorfer Höhe) bis zu 312 m und im Wzgórze Szeskie (Seesker Berg) bis zu 309 m an und senkt sich im mittleren Teil zur Masurischen Seenplatte ab.

Ausgedehnte, überwiegend noch sehr ursprüngliche Waldgebiete und viele größere und kleinere Seen – insgesamt über 1800 –, die durch Flüsse und Kanäle miteinander verbunden sind, bestimmen das Landschaftsbild. Zum Schutz von Flora und Fauna sind große Teile der Region als Reservate ausgewiesen.

**»Land der tausend Seen«** Die historische Landschaft **Ermland** im Norden Polens am Zusammenfluss der Pasłęka und der Łyna (Alle) geht heute in der Wojewodschaft Warmińsko-Mazurskie auf. Warmia, das »Land der tausend Seen«, bildet mit ihrer Wald- und Seenlandschaft zusammen mit Masuren ein in Europa einzigartiges Urlaubsgebiet.

Im 13. Jh. wurden die hier ansässigen Pruzzen vom Deutschen Orden unterworfen und christianisiert. Deutsche und polnische Einwanderer aus Masowien besiedelten das Gebiet ab dem 14. Jh. und vermischten sich mit den ansässigen Stämmen. Der Kampf der Polen gegen die Herrschaft des Deutschen Ordens führte im Jahre 1525 zur Umwandlung des Ordensstaates in das säkularisierte Herzogtum Preußen Ab 1618 war das Herzogtum durch Personalunion mit Brandenburg verbunden. 1701 wurde Preußen souveränes Königreich, und im Jahr 1815 wurde die Provinz Ostpreußen eingerichtet, zu der die Region bis 1945 gehörte. Seit Ende des Zweiten Weltkriegs fiel Masuren samt dem Ermland wieder an Polen.

## MAZURY

**AUSKUNFT**

***Tourist-Information***
ul. Królewicka 27
PL-11-700 Mrągowo
Tel. 089 / 741 26 62
www.mragowo.um.gov.pl

## ★ Wielkie Jeziora Mazurskie · Große Masurische Seen

**»Masurische Meere«**

Die Großen Seen, auch »masurische Meere« genannt, bilden das Zentrum der weitläufigen Seenplatte. Spirding- und Mauersee (Jezioro Śniardwy und Jezioro Mamry) haben insgesamt eine Fläche von über 100 km² und sind Polens größte Binnengewässer. Rings um die beiden »Meere« liegen sieben weitere, miteinander verbundene Seen.

*Ein Land und seine Seen: Idylle am Spirdingsee in Masuren*

Hier, im Herzen Masurens, befinden sich auch die Urlauberparadiese, die zum Baden, Segeln und Surfen, zu Ausflügen mit der »Weißen Flotte«, zum Kajakfahren, Tauchen und Angeln einladen. Die **Hauptferienorte** mit der besten touristischen Infrastruktur sind ►Giżycko, ► Mikołajki, Węgorzewo und Mrągowo sowie Ruciane-Nida und Ryn. Auch die ermländischen Orte Ostróda und Iława sind ganz auf Fremdenverkehr eingestellt.

! *Baedeker* TIPP

**Schwimmendes Hotel**

Am »masurischen Meer« liegt die Classic Lady, ein Kreuzfahrtschiff mit 16 Außenkabinen, die jeweils mit eigenem Bad ausgestattet sind. Sie gehört dem deutschen Reiseveranstalter DNV-Tours, der eine originelle Masuren-Reise konzipiert hat: Tagsüber erkundet man die Landschaft per Rad, zum Schlafen kehrt man abends zum Schiff zurück (Infos: DNV-Tours, Heubergstr. 21, D-70806 Kornwestheim, Tel. 07154/131830, www.dnv-tours.de).

Eine 70 000 ha große Fläche etwas südlich von Mikołajki rund um den Jezioro Śniardwy wurde 1977 zum **Mazurski Park Krajobrazowy** erklärt, der besonderen Schutz genießt.

Innerhalb des Naturparks sind **Reservate** ausgewiesen, die man nicht betreten darf, z. B. das Reservat um den See Jezioro Łabędzie Łukajno, 2 km südöstlich von Mikołajki, mit einer der größten Schwankolonien in Europa, oder die Inseln auf dem Mamry-See, auf denen zahlreiche Wasser-, Sumpf- und Waldvögel nisten.

# ★ Mierzeja Helska · Hela

L/M 1

**Wojewodschaft:** Pomorskie **Einwohnerzahl:** 5000

**Etwa 20 km nördlich von Danzig ragt die schmale, 34 km lange Halbinsel Hela in die Danziger Bucht. Dank ihrer herrlich langen Sandstrände und des gesunden Seeklimas ist sie ein viel besuchtes Urlaubs- und Naherholungsgebiet.**

## Sehenswertes auf der Halbinsel Hela

**Beliebte Sommerfrische**

Die von dichten Kiefernwäldern bewachsene, etwa 30 km lange Halbinsel, eine im Lauf von Jahrhunderten durch Versandung aus einzelnen Inselchen zusammengewachsene Nehrung, ist berühmt für ihre hübschen Fischerdörfer und die langen, von Dünen gesäumten Sandstrände, die zu einem Bad in der Ostsee einladen, und sich auch bei Wind- und Kitesurfern großer Beliebtheit erfreuen. Die Bewohner der Halbinsel, Nachkommen der Kaschuben, leben in erster Linie vom Fischfang und vom Fremdenverkehr.

Am Ausgangspunkt der Halbinsel liegt die Hafenstädtchen Władysławowo (Großendorf), es folgen die Badeorte Chałupy, Kuźnica, Jas-

# MIERZEJA HELSKA ERLEBEN

## AUSKUNFT

*Tourist-Information*
ul. Wiejska 78
PL-84-150 Hel
Tel. 058 / 675 10 10
www.hel-miasto.pl

## ANFAHRT

Hel ist vom Festland aus mit Bus und Bahn zu erreichen. Im Sommer ist ist die Fahrt mit dem Auto auf die Halbinsel aus Gründen des Umweltschutzes nur bis Jurata erlaubt. Von Danzig, Zoppot und Gdingen aus fahren häufig Schiffe nach Hel und Jastarnia (Fahrtdauer: 2 bis 2,5 Std.).

## ESSEN

### ► Erschwinglich

*Norda*
ul. Wiejska 123
PL-84-150 Hel
Tel. 058 / 675 07 02
Direkt am Hafen gelegen, genießt man im rustikalen Ambiente des »Norda« Fisch in allen Variationen.

## ÜBERNACHTEN

### ► Komfortabel

*Morskie Oko*
ul. Wojska Polskiego 59
PL-84-141 Jurata
Tel. 058 / 675 21 51
www.morskie-oko.com.pl; 120 Betten
In dem kleinen Urlaubsort verwöhnt das »Morskie Oko« seine Gäste mit gut ausgestatteten Zimmern und einem großen Wellness-Bereich mit Schwimmbad, Solarium und Fitness-Raum. Kinder dürfen in einem Spielzimmer toben, während die Eltern sich die Zeit mit Billard vertreiben.

*Im Hafen von Jastarnia*

tarnia (Heisternest) und Jurata (Forst), das Modebad der Zwischenkriegszeit. **Jastarna** ist das touristische Zentrum der Halbinsel und besitzt direkt an seinem malerischen Hafen ein interessantes **Fischermuseum**, das mit seinen Exponaten vom Leben und der Kultur der kaschubischen Fischer erzählt (ul. Mickiewicza 115, Öffnungszeiten: Di. – So. 9.00 – 18.00 Uhr).

Hel (Hela) ► Sehenswert ist auch die an der Südspitze der Halbinsel gelegene Stadt Hel, die bereits Anfang des 12. Jhs. gegründet wurde. Neben dem Anfang der 1940er-Jahre gebauten, über 40 m hohen **Leuchtturm**, der besichtigt werden kann, besitzt auch Hel ein **Fischermuseum**, das in der ehemaligen gotischen Peterskirche untergebracht ist. Gezeigt werden Ausstellungsstücke zur Geschichte der kaschubischen Fischerei, darunter eine Sammlung mit Schiffsmodellen, und kaschubisches Kunsthandwerk (Bulwar Nadmorski 2; Öffnungszeiten: Di. – So. 10.00 – 16.00, im Juli und August bis 18.00 Uhr).

# ★ Mikołajki · Nikolaiken

S 3

**Wojewodschaft:** Warmińsko-Mazurskie

**Einwohnerzahl:** 3800

**Das von mehreren Seen umgebene Städtchen ist ein attraktives, florierendes Wassersportzentrum. Im Sommer dümpeln Hunderte von Booten und Schiffen im Jachthafen, Kanuten starten zu ausgedehnten Touren und weniger Sportliche fahren mit Ausflugsschiffen hinaus aufs »Masurische Meer«.**

**Geschichte** 1726 erhob der preußische König **Friedrich Wilhelm I.** die kleine Fischersiedlung Mikołajki zur Stadt. Er ließ Kanäle anlegen, damit Holz aus der Johannisburger Heide über den Śniardwy- und Mamry-See in Richtung Norden transportiert werden konnte. Damit sicherte er der Bevölkerung in und um Mikołajki einen bescheidenen Wohlstand. Heute haben Fischerei und Flößerei, die klassischen Erwerbszweige, ausgedient, stattdessen setzt man auf den Tourismus.

## Sehenswertes in Mikołajki

Viel Geld wurde in den letzten Jahren in die Verschönerung des Städtchens investiert: Längs der Uferpromenade reihen sich Fachwerkhäuser mit mächtigem Satteldach; Freitreppen führen zum Hauptplatz, dem pl. Wolności, hinauf, der von Bürgerhäusern gesäumt wird, in denen sich Bernsteinläden, Bars und Cafés eingerichtet haben. In der Mitte des Marktplatzes plätschert ein Brunnen mit der Figur des **»Stinthengst«**, Mikołajskis Wahrzeichen. (Der »Stinthengst« war kein besonderes Pferd, sondern ein gewaltiger Fisch aus dem Legenden- und Sagenschatz der Region.)

**Evangelische Pfarrkirche**

Schmuckstück Mikołajkis ist die restaurierte Pfarrkirche von 1842, heute Treffpunkt der evangelischen Gemeinde. Sie wurde von **Karl Friedrich Schinkel** entworfen und besticht durch einen hohen Kirchturm. Innen wirkt sie licht und hell – auch das weiße, mit Goldfarbe abgesetzte Chorgestühl trägt zu diesem Eindruck bei.

**Masurisches Museum**

Im ehemaligen Gebäude des Marion-Gräfin-Dönhoff-Gymnasiums – benannt nach der ehemaligen, 2002 verstorbenen Herausgeberin der Wochenzeitung »Die Zeit« – wurde ein kleines Masurisches Museum eingerichtet, die aktuellen Öffnungszeiten erfährt man in der evangelischen Kirche. Besucher werden in die Geschichte der Region eingeführt, ein Dokumentarfilm informiert über das deutsche Nikolaiken und das polnische Mikołajki.

## MIKOŁAJKI ERLEBEN

### AUSKUNFT

*Tourist-Information*
pl. Wolności 3
PL-11-730 Mikołajki
Tel. 087 / 421 68 50
www.mikolajki.pl
(nur im Juli und August geöffnet)

### ESSEN

#### ► Erschwinglich

*Król Sielaw*
ul. Kajki 5
Tel. 087 / 421 63 23
Beim »Stinthengst« ist Fisch Trumpf. Dazu passt die maritime Einrichtung mit Netzen, Muscheln und Ankern.

### ÜBERNACHTEN

#### ► Komfortabel

*Amax*
al. Spacerowa 7
PL-11-730 Mikołajki
Tel. 087 / 421 90 00
www.hotel-amax.pl
24 Z.
Das Hotel liegt romantisch am Westufer des Mikołajskie-Sees, fernab vom Trubel des Städtchens. Es besteht aus einem Haupthaus mit stilvoll eingerichteten Zimmern sowie sechs masurischen Häuschen mit Kamin und Küche; eine ideale Unterkunft für Familien.

*Gołębiewski*
ul. Mrągowska 34
PL-11-730 Mikołajki
Tel. 087 / 429 07 00
www.golebiewski.pl
590 Z.
Ein für diese Region unangemessen großes Hotel am Tałty-See mit gepflegter Atmosphäre und komfortablen Zimmern, mit Nightclub, Disko, Erlebnisbad, Reitstall, Bootsverleih.

*Blick vom Hotel Amax auf den Mikołajskie-See*

## Umgebung von Mikołajki

**Jezioro Łuknajno (Lucknainer See)**

5 km östlich von Mikołajki liegt der fast kreisrunde Lucknainer See mit einer in Europa einmaligen Kolonie von Wildschwänen: Zur Brutzeit von April bis Mai finden sich hier ca. 1200 Schwäne ein, die man im Frühherbst, wenn sich das Laub gelichtet hat, von mehreren Hochsitzen am Ufer beobachten kann. Der See wurde von der Unesco zum Biosphärenreservat erklärt.

*** Iznota (Isnothen)**

Fährt man von Mikołajki südwärts, lohnt nach 6 km ein Abstecher nach Iznota, wo am Ufer des lang gestreckten Bełdany-Sees ein »masurisches Eden« (Mazurski Eden) errichtet wurde. Die aus Holz erbaute Festung soll an die heidnischen Galinder erinnern, die vor der Ankunft der Ordensritter in dieser Gegend heimisch waren.

*** Krutyń (Krutinnen)**

Nach weiteren 16 km südwärts gelangt man in das malerische Dorf Krutyń. Dort informiert ein **Naturkundemuseum** über die Pflanzen- und Tierwelt Masurens; markierte Lehrpfade führen in Schutzreservate. (Muzeum Przyrodnicze; Öffnungszeiten: Mo. – Fr. 8.00 – 15.00 Uhr).

*** Piersławek (Kleinort)**

Gut 18 km südwestlich von Mikołajki liegt am Rand eines Waldes die Försterei Piersławek. Das backsteinerne, sorgfältig restaurierte Haus beherbergt ein Museum, das in das Leben und Werk von **Ernst Wiechert** (1887 – 1950) einführt. Der Schriftsteller, der in seinen Romanen die Schönheit Masurens pries, hatte hier seine Jugend verbracht (Öffnungszeiten: Juni bis Sept. Mo. – Sa. 9.00 – 17.00, Okt. bis Mai Mo. – Sa. 9.00 – 14.00 Uhr).

Das zwischen zwei Seen im Westen Masurens gelegene **Mrągowo** ist ein beliebter Urlaubsort. Im **Rathausmuseum** wird Kunsthandwerk ausgestellt, im angrenzenden Fachwerkhaus erfährt man wiederum Interessantes zu Leben und Werk von Ernst Wiechert (Muzeum Warmii i Mazur, ul. Ratuszowa 5; Öffnungszeiten: Di. – So. 9.00 bis 17.00 Uhr). Vom Rathaus blickt man über die Parkanlagen zum Czos-See, am gegenüberliegenden Ufer konzentrieren sich alle wichtigen Unterkünfte der Stadt. Im Juli kommen Polen aus allen Landesteilen und zelebrieren ein mehrtägiges **»Country Picknick«**; in der gesamten Stadt spazieren Cowboys umher, und überall hört man Musik von Johnny Cash.

**! *Baedeker* TIPP**

### Boots-Trip auf der Krutynia

Malerisch windet sich der Fluss durch den Masurischen Landschaftspark, lädt ein zu Fahrten im Stak- und Paddelboot. Stellenweise verdichtet sich der Wald zu einem grünen Tunnel, dann gleitet man wieder vorbei an Pferdekoppeln und blumenübersäten Wiesen. Ein guter Einstieg ist das Dorf Krutyń südlich von Mikołajki, wo man sich im Boot staken lassen kann. Wer selbst zum Paddel greift, fährt in der Regel bis Ukta, wo die Bootsvermieter den Gast gegen geringen Aufpreis abholen.

Einen Abstecher lohnt auch das **Masurische Museum** in dem Dörfchen Sądry, knapp 20 km nordwestlich von Mikołajki. Eine deutschstämmige Familie hat alles Interessante aus der Region zusammengetragen und in einer urigen Kate ausgestellt: altes Bauern- und Handwerksgerät, bemalte Möbel und volkstümliche Bilder. **Sądry (Zondern)**

Nach der Besichtigung stärkt man sich im Café der zugehörigen Pension mit hausgemachtem Kuchen oder mit einem hochprozentigen »Bärenfang« (Muzeum Mazurski, Sądry 3; Öffnungszeiten: tgl. 10.00 bis 18.00 Uhr).

# Nowy Sącz · Neu Sandez

Q 11

**Wojewodschaft:** Małopolskie
**Höhe:** 290 m ü. d. M.
**Einwohnerzahl:** 84 000

**Nowy Sącz, nördlich der Sandezer Beskiden an der Mündung des Flusses Kamienica in den Dunajec gelegen, besitzt eine gut erhaltene mittelalterliche Altstadt rund um einen der größten Marktplätze des Landes. Zugleich ist das Städtchen ein idealer Ausgangspunkt für Ausflüge in die malerische Umgebung mit ihren vielen hübschen Kurorten, zu attraktiven Wanderzielen oder zu den Skipisten im nahen Gebirge.**

**Geschichte**

Im Jahr 1292 wurde der Ort von König Wacław II. Czeski, dem Böhmen, angelegt, das Stadtrecht erhielt er im 14. Jh. von Władysław Łokietek-Ellenlang. Die von Kazimierz Wielki gewährten Privilegien

## NOWY SĄCZ ERLEBEN

### AUSKUNFT

*Tourist-Information*
ul. Piotra Skargi 2
PL-33-300 Nowy Sącz
Tel. 018 / 444 24 22
Fax 443 55 97
www.nowy-sacz.pl

### ESSEN

**► Preiswert**

*4 Pory Roku*
ul. Witosa 10
Tel. 018 / 447 67 68
In dem gemütlichen Lokal wird traditionelle polnische Küche serviert. Im Sommer öffnet die Gartenterrasse.

### ÜBERNACHTEN

**► Komfortabel**

*Hotel Beskid w Nowym Sączu*
ul. Limanowskiego 1
PL-33-300 Nowy Sącz
Tel. 018 / 443 57 70
www.orbis.pl
78 Z., 4 App.
Von außen ist das Hotel keine Schönheit, doch die Zimmer sind modern eingerichtet.

bewirkten einen raschen Aufstieg der Stadt. Ab 1772 befand sich die Stadt in den Grenzen des österreichischen Staats, 1918 fiel sie an Polen zurück. Heute ist Nowy Sącz ein regionales Industrie- und Dienstleistungszentrum.

## Sehenswertes in Nowy Sącz

**Altstadt** Die Altstadt liegt am Zusammenfluss von Kamienica und Dunajec an einem steilen Hang. Den 160 × 120 m großen Rynek säumen Bürgerhäuser, die Elemente aus Gotik und Renaissance erkennen lassen. In der Mitte des Platzes steht das Rathaus, erbaut Ende des 19. Jahrhunderts. Flaniermeile ist die ul. Jagiellońska mit Geschäften, Restaurants und Galerien.

**Margaretenkirche** Die Kościół św. Małgorzaty wurde im 16. Jh. erbaut und im 19. Jh. umgestaltet. Der aus Ziegeln und Stein errichtete Bau besitzt zwei Türme und gotische Portale. Ältestes Ausstattungsstück in eine Figur der Muttergottes aus dem 14. Jahrhundert.

**Stadtmuseum** Im Stadtmuseum nahe der Margaretenkirche sind orthodoxe Ikonen, mittelalterliche Holzschnitzereien und eine Sammlung von Gemälden des berühmten, in Krynica geborenen Volksmalers **Nikifor Krynicki** ausgestellt (ul. Lwowska 3; Öffnungszeiten: Di. – Do. 10.00 bis 15.00, Fr. 10.00 – 17.30, Sa. u. So. 9.00 – 14.00 Uhr).

**Alte Synagoge** Die Alte Synagoge, 1746 im ehemaligen jüdischen Ghetto von Nowy Sącz errichtet und im 19. Jh. umgebaut, beherbergt heute eine kleine Galerie für zeitgenössische Kunst (ul. Berka Joselewicza, Öffnungszeiten: Mi. – So. 10.00 – 14.30 Uhr).

**Freilichtmuseum** Das Freilichmuseum in der Vorstadt Falkowa unweit des Dunajec zeigt Katen, Bauernhöfe und Herrenhäuser, kleine orthodoxe Kirchen und Speicher, die die traditionelle Baukunst der Sandezer Landes, der Gegend von Łącko und des westlichen Łemków-Gebiets repräsentieren (Sądecki Park Etnograficzny; Öffnungszeiten: Di. bis So. 10.00 – 17.00 Uhr).

## Umgebung von Nowy Sącz

**✶ Stary Sącz** Das altertümliche Stary Sącz, 7 km südlich von Nowy Sącz, ist reich an kunsthistorisch interessanten Baudenkmälern. Die berühmte **Klarissinnenkirche** mit ihren von hohen Steinmauern umgebenen Klostergebäuden, entstand im 13. Jh. und wurde im 18. Jh. erweitert. In die Fassade sind die Statuen der Klosterstifterin Kinga und ihres Mannes, Herzog Bolesław V., eingelassen. Der Hauptaltar stammt aus dem 17. Jahrhundert.

Am kopfsteingepflasterten Rynek und in den benachbarten Straßen trifft man auf schön erhaltene Gebäude. Im so genannten »Dom na

*Die Klarissinnenkirche von Stary Sącz*

Dołkach«, dem »Haus auf den Gruben«, wurde neben einer Kunstgalerie ein kleines Regionalmuseum eingerichtet (Rynek 6; Öffnungszeiten: Di. – Sa. 10.00 – 16.00, So. bis 13.00 Uhr).

**Krynica**

Krynica, etwa 35 km südöstlich von Nowy Sącz nahe der Grenze zur Slowakischen Republik gelegen, ist einer der **bekanntesten Kurorte Polens**, der mit über hundert Jahre alten, meist im Schweizer Stil erbauten Holzvillen seinen nostalgischen Charme erhalten konnte.
Krynica bietet zugleich sehr gute Wintersportmöglichkeiten mit zahlreichen Liften, einer Rodel- und einer Kunsteisbahn sowie v. a. mit guten Schneeverhältnissen. Ein beliebtes Skigebiet ist der 741 m hohe **Góra Parkowa**, auf den eine Standseilbahn führt.

◀ Nikifor-Museum

Ausgestellt werden die Werke von **Nikifor Krynicki** (»aus Krynica«; 1895 – 1966), einer der bedeutendsten naiven Maler Polens (Muzeum Nikifora, Bulwary Dietla 19; Öffnungszeiten: Di. – Sa. 10.00 – 13.00 u. 14.00 – 17.00, So. 10.00 – 16.00 Uhr).

# Nysa · Neisse

J 10

**Wojewodschaft:** Opolskie
**Einwohnerzahl:** 60 000
**Höhe:** 190 m ü. d. M.

**»Wahrhaft paradiesisch« nannte der Romantiker Joseph von Eichendorff, der hier seine letzten Lebensjahre verbrachte, die Stadt, die damals auch den Namen »Schlesisches Rom« trug. An seine einstige Schönheit erinnern noch einige rekonstruierte historische Bauwerke.**

**Geschichte** Der aus einer slawischen Siedlung hervorgegangene Ort gehörte seit dem 12. Jahrhundert zum Bistum Breslau. Während der Reformation entwickelte sich Neisse zum Hauptsitz der Breslauer Bischöfe, die die Stadt befestigen und zahlreiche sakrale Gebäude errichten ließen, weshalb die Stadt bald »Schlesisches Rom« genannt wurde. Zwischen 1575 und 1655 war die Stadt Sitz des Breslauer Priesterseminars. Im Jahr 1742 fiel Neisse an Preußen und wurde zu einer wichtigen Festung ausgebaut. Gegen Ende des Zweiten Weltkrieges, im März 1945, wurde die Stadt nach heftigen Kämpfen erobert und dabei größtenteils zerstört.

## Sehenswertes in Nysa

**Rynek** Der Rynek wurde im Zweiten Weltkrieg weit gehend zerstört, nur einige wenige der Gebäude, die den Marktplatz umstanden, wurden rekonstruiert, u. a. die **Stadtwaage** von 1604, die in späteren Zeiten als Kämmerei genutzt wurde.

## NYSA ERLEBEN

### AUSKUNFT

*Tourist-Information*
Rynek 32/2 u
PL-48-300 Nysa
Tel. 077 / 433 59 27
www.nysa.pl/nor

### ESSEN

**► Preiswert**

*Kama*
Rynek 32
077 / 433 62 95
Auf der Speisekarte des »Kama« stehen neben polnischen Gerichten auch einige recht leckere vegetarische Speisen.

### ÜBERNACHTEN

**► Günstig**

*Floryda*
ul. Krawiecka 24
PL-48-303 Nysa
Tel. 077 / 409 11 90
www.floryda.com.pl
11 Z., 1 App.
Kleines Hotel am Stadtrand mit modernen Zimmern, Restaurant und bewachtem Parkplatz.

Die gotische Kościół św. Jakuba, eine der schönsten Kirchen in Polen, überragt den Rynek. Sie entstand 1401 – 1431 als dreischiffige Hallenkirche mit Chorumgang und Seitenkapellen, in denen sich noch Grabmäler Breslauer Bischöfe befinden. Zur Ausstattung gehören u. a. ein gotisches Taufbecken sowie ein aus Holz geschnittener gotischer Flügelaltar, der heutige Hauptaltar. **Jakobuskirche**

Unweit der Kirche steht in der ul. Wrocławska der **Schöne Brunnen** aus dem Jahr 1686 mit einem kunstvoll geschmiedeten Gehäuse. Die Straße wird vom Breslauer Torturm (Brama Wrocławska) abgeschlossen, einem Überbleibsel der mittelalterlichen Stadtbefestigung. Seine heutige Bekrönung erhielt er erst um 1600. **Breslauer Torturm**

Südöstlich der Jakobskirche liegt das ehemalige geistliche Viertel der Stadt. Über die ul. Jarosława gelangt man zunächst zum Bischofspalast. Der Barockbau mit reich gegliederter Fassade wurde Anfang des 17. Jhs. begonnen und 1729 fertig gestellt. In dem Gebäude ist heute das Stadtmuseum untergebracht (ul. Grodzka; Öffnungszeiten Di. bis Fr. 10.00 – 15.00, Sa. 11.00 – 15.00, So. bis 16.00 Uhr). **Bischofspalast**

*Der schöne Rynek mit der alten Stadtwaage (links) im Zentrum von Nysa*

*Barocke Kirche, barocker Engel: Masse und Klasse in Otmuchów bei Nysa*

Bischofshof ▶ Auf der gegenüberliegenden Straßenseite steht der Dwór Biskupów, der mittelalterliche Bischofshof, dessen älteste Teile noch aus dem 14. Jh. stammen.

**Carolinum** An der frühbarocken ehemaligen Jesuitenkirche, der heutigen Mariä-Himmelfahrt-Kirche vorbei, kommt man zum traditionsreichen Jesuitenkolleg Carolinum aus den Jahren 1656 bis 1658. Zu seinen berühmtesten Schülern zählten die polnischen Könige **Michał Korybut Winiowiecki** und **Jan III. Sobieski**.

**St.-Peter-und-Pauls-Kirche** Am Ende der ul. Bracka erhebt sich die 1719 bis 1727 erbaute Kościół św. Piotra i Pawła, die ehemalige Kreuzherrenkirche St. Peter und Paul, eine der schönsten Barockkirchen Schlesiens.

Neptunbrunnen ▶ Folgt man der ul. Bracka in Richtung Rynek, gelangt man zur Fontanna Neptuna, die 1701 nach der römischen Fontana di Trevi errichtet wurde.

## Umgebung von Nysa

**Otmuchów (Ottmachau)**

In Otmuchów, 10 km westlich von Neisse am Fuß des Reichensteiner Gebirges (Góry Złote) gelegen, haben sich einige historische Baudenkmäler erhalten. Das **Schloss** auf dem Burgberg gehörte einmal Wilhelm von Humboldt, heute beherbergt es ein Hotel.
An dem 1575 erbauten Rathaus mit einem schönen barocken Turmhelm ist eine **Sonnenuhr** angebracht, die vom Breslauer Bischof Martin Gerstmann gestiftet wurde. Oberhalb des Marktplatzes erhebt sich die zweitürmige, prächtig ausgemalte barocke **Pfarrkirche** (Kościół Farny), Ende des 17. Jahrhunderts errichtet.

**✶ Paczków (Patschkau)**

Etwa 25 km westlich von Neisse liegt das Städtchen Paczków zwischen dem Reichensteiner Gebirge (Góry Złote) und der Glatzer Neiße im Sudetenvorland. Im 13. Jh. wurde die Stadt auf ovalem Grundriss angelegt und im 14. Jh. mit einer bis heute erhaltenen Stadtmauer umgeben. Drei Tore bieten Einlass in das **»Schlesische Rothenburg«**: Breslauer Tor (Brama Wrocławska), Glatzer Tor (Brama Kłodzka) und Frankensteiner Tor (Brama Ząbkowicka). Den zahlreichen nach innen offenen Mauertürmen verdankt die Stadt ihren Beinamen »Schlesisches Rothenburg«. Sehenswert ist auch die wuchtige, etwas erhöht liegende katholische Pfarrkirche aus der 2. Hälfte des 14. Jhs. 1529 wurde die Kirche mit Wehrgängen und den charakteristischen Dachzinnen ausgestattet.

# ✶ Olsztyn · Allenstein

P/Q 3

**Wojewodschaft:** Warmińsko-Mazurskie
**Einwohnerzahl:** 180 000
**Höhe:** 125 m ü. d. M.

**Die ermländisch-masurische Hauptstadt, zugleich die nach Białystok größte Stadt in Nordostpolen, besitzt eine kleine, reizvolle Altstadt und ist ein idealer Ausgangspunkt für Ausflüge in die bewaldete Hügellandschaft der westlichen Masurischen Seenplatte.**

**Geschichte**

Die 1348 erstmals erwähnte Siedlung entstand im Schutz einer Burg, die wenige Jahre zuvor von den Domherren des Bistums von Ermland errichtet worden war, und besaß ab 1353 das Stadtrecht. Im 16. Jh. gab es im gesamten Ermland einen gewaltigen Zustrom polnischer Siedler, vor allem aus Masuren. Durch die Erste Polnische Teilung 1772 kam Olsztyn zu Preußen.
Zu Beginn des 20. Jhs. entwickelte sich in Olsztyn eine starke polnische Bewegung; es gab polnische Schulen, Geschäfte und Zeitungen. Das Plebiszit 1920 bestätigte aber die Zugehörigkeit zu Deutschland. Seit 1945 ist die Stadt wieder polnisch.

# OLSZTYN ERLEBEN

## AUSKUNFT

*Tourist-Information*
ul. Staromiejska 1
PL-10-117 Olsztyn
Tel. / Fax 089 / 535 35 65
www.it.olsztyn.pl

## ESSEN

### ► Fein & teuer

*Nowoczesna*
ul.Kosciuski 49
Tel. 089 / 533 46 72
In angenehmem Ambiente genießt man hier hervorragende polnische Küche.

### ► Erschwinglich

*Tawerna Pirat*
ul. Bałtycka 95
Tel. 089 / 523 90 85
Schönes, am See gelegenes Hotelrestaurant mit guter polnischer Küche. Spezialität: Fischgerichte.

### ► Preiswert

*Staromiejska*
ul. Stare Miasto 4/6
Das »altstädtische« Café am Markt ist stets bestens besucht. Im Sommer öffnet eine große, überdachte Terrasse.

## ÜBERNACHTEN

### ► Komfortabel

*Park*
ul. Warszawska 119
PL-10-701 Olsztyn
Tel. 089 / 523 66 04
Fax 527 76 84
100 Z.
Das Park-Hotel liegt 3 km vom Stadtzentrum in einem grünen Wohnviertel und bietet geräumige, bequeme Zimmer mit Sat-TV, außerdem Rad- und Bootsverleih.

*Warmiński*
ul. Kołobrzeska 1
PL-10-442 Olsztyn
Tel. 089 / 522 14 00
www.hotel-warminski.com.pl
127 Z., 6 App.
Das »Warmiński« hält für seine Gäste schön eingerichtete Zimmer bereit. Daneben gibt es ein Reisebüro und einen großen Fitnessbereich. Das Restaurant bietet gute regionale Küche.

## Sehenswertes in Olsztyn

**Burg** Von Kriegszerstörungen weit gehend verschont blieb die im 14. Jh. von den ermländischen Domherren errichtete Burg an der Łyna. Das gotische, mehrflügelige Gebäude wurde im 18. Jh. umgebaut. Hier residierte u. a. Nikolaus Kopernikus (► Berühmte Persönlichkeiten), der das Amt eines Verwalters des Kapitels von Ermland innehatte.

Burgmuseum ► Das Burgmuseum umfasst Sammlungen zu Archäologie und Regionalgeschichte, sakrale Kunst und Volkskunst sowie Dokumente zur polnischen Nationalbewegung in Ermland (ul. Zamkowa 2; Öffnungszeiten: Di. – So. 10.00 – 17.00 Uhr).

**Altstadt** Ausgangspunkt für einen Altstadtbummel ist die Wysoka Brama, das einzige erhaltene von ursprünglich drei Stadttoren. Südwestlich des

**Hohen Tors** liegt in einer Biegung der Łyna die Altstadt, die nach Kriegszerstörungen wiederaufgebaut wurde und insbesondere um den Marktplatz mit den durch Laubengänge verbundenen Bürgerhäusern wieder ihr historisches Erscheinungsbild aufweist.

Zwei Querstraßen östlich des Marktplatzes erhebt sich die Kathedrale św. Jakuba mit einem 60 m hohen Westturm. Der in der 2. Hälfte des 14. Jhs. begonnene Bau war um die Mitte des 15. Jhs. vollendet, im 16. Jh. wurden die herrlichen Zellen- und Netzgewölbe eingezogen und der Turm erhöht.

★ Kathedrale St. Jakobus

## Umgebung von Olsztyn

Die Stadt an der Łyna, ungefähr 25 km nördlich von Allenstein, besitzt die **größte Pfarrkirche des Ermlands**, ein 1396 geweihter, dreischiffiger gotischer Backsteinbau mit Staffelgiebel; der Turm wurde Ende des 16. Jhs. angefügt. Der 1748 geschaffene Hochaltar hat den Altar im Dom auf dem Krakauer Wawel zum Vorbild.

Dobre Miasto (Guttstadt)

*Der Ort Lidzbark Warmiński hat nicht unbedingt Weltgeltung, dafür eine prächtige Burganlage.*

**★ Lidzbark Warmiński (Heilsberg)**

Burgmuseum ►

Lidzbark Warmiński liegt, umgeben von einigen kleinen Seen, knapp 50 km nordöstlich von Olsztyn. Mit seiner mächtigen, in der zweiten Hälfte des 14. Jhs. errichteten Burg besitzt der Ort ein eindrucksvolles Beispiel für die Baukunst des Deutschen Ordens. Das Burgmuseum zeigt neben mittelalterlichen Kunstwerken Dokumente und Exponate zur Geschichte von Burg und Stadt (Öffnungszeiten: Di. bis So. 9.00 – 16.00 Uhr).

**Szczytno**

Rund 45 km südöstlich von Olsztyn erstreckt sich auf einer Landenge zwischen zwei Seen das Städtchen Szczytno, der sich vom nahen internationalen Flughafen Szymany touristischen Aufschwung erhofft. Die 1360 errichtete **Ortelsburg** ist im Juli Schauplatz von originalgetreu nachgestellten Ritterturnieren.

Masurisches Museum ►

Hinter der Burg ragt machtvoll der Turm des Rathauses auf, das das interessante Masurische Museum mit einer original erhaltenen Bauernstube beherbergt (Muzeum Mazurskie, ul. Sienkiewicza 1; Öffnungszeiten: Di. – So. 10.00 – 16.00 Uhr).

**Olsztynek (Hohenstein)**

In der Kleinstadt, 28 km südwestlich von Olsztyn, lohnt eine Besichtigung des **Muzeum Budownictwa Ludowego**. Das **Freilichtmuseum** informiert über verschiedene regionale Bautraditionen, u. a. sieht man originale und rekonstruierte Gehöfte, Kirchen und Windmühlen aus Litauen, Ermland, Masuren und dem Weichselland (Öffnungszeiten: Di. – Fr. 9.00 – 17.00, Sa. / .So. bis 18.00 Uhr).

*Ob sich das Burggespenst von Nidzica schließlich doch noch blicken lässt?*

**Grunwald (Grünfeld)**

Das kleine, knapp 20 km südwestlich von Olsztynek gelegene Dorf Grunwald ist bekannt als Schauplatz einer der entscheidenden Schlachten der polnischen Geschichte: Am 15. Juli des Jahres 1410 trafen zwischen Grunwald und dem benachbarten Dorf Stębark (Tannenberg) – nach dem diese mittelalterliche Schlacht ebenfalls manchmal benannt wird – die vereinigten Armeen der Polen, Litauer, Russen, Tataren und Böhmen unter Führung von König **Władysław Jagiełło** auf das Heer des Deutschen Ordens, das vom Hochmeister **Ulrich von Jungingen** angeführt wurde. Die Schlacht endete mit einer schweren Niederlage des Deutschen Ordens, dessen Macht fortan gebrochen war. Zum Gedenken an die Schlacht wurde auf einer Bergkuppe in Grunwald ein Denkmal errichtet. In dessen Nähe zeigt das **Museum der Schlacht von Grunwald** Waffen aus dem 15. Jahrhundert (Öffnungszeiten: tgl. 8.00 – 18.00 Uhr).

! *Baedeker* TIPP

**Bigos und Piroggen**

In Gietrzwałd, knapp 20 km westlich von Olsztyn gibt's Schmalzbrot, Gurken vom Fass und Riesenportionen Bigos und Piroggen: In der »Ermländischen Schenke« isst man »wie ein Bauer am Feiertag«, lauscht masurischen Liedern und schwingt das Tanzbein, sofern man dazu nach dem vielen Essen noch in der Lage ist (Karczma Warmińska, Gietrzwałd 32, Tel. 055 / 512 34 57, nur im Sommer geöffnet).

**Nidzica (Neidenburg)**

Knapp 30 km südlich von Olsztyn, an der Hauptroute nach Warschau, liegt die alte Stadt Nidzica. Sie besitzt eine Burg aus der Zeit des Deutschen Ordens, in dem heute ein Hotel und ein kleines Museum untergebracht ist.

**Ostróda (Osterode)**

Ostróda liegt in der **Eylauer Seenplatt**e (Pojezierze Iławskie), 36 km westlich von Olsztyn. Die Stadt am Jezioro Drwęckie ist ein **lebhafter Ferienort** mit einer gut ausgebauten Infrastruktur. Ein System von Flüssen und Kanälen verbindet den Drewenz-See mit anderen Gewässern – ideale Bedingungen für Kajakfahrer. Eine besondere Attraktion ist die 10-stündige, über 80 km lange **Schiffsfahrt auf dem Oberländischen Kanal** nach ►Elbląg.

# ★ Opole · Oppeln

K 9

**Wojewodschaft:** Opolskie **Höhe:** 160 m ü. d. M.
**Einwohnerzahl:** 120 000

**Mit ihrer attraktiven, gepflegten Altstadt am Mühlengraben wird Opole gern »Schlesisches Venedig« genannt. Jugendliches Flair erhält die beschauliche Hauptstadt der gleichnamigen Wojewodschaft dank der vielen Studenten ihrer Universität.**

## OPOLE ERLEBEN

### AUSKUNFT

*MIT*
ul. Krakowska 15
PL-45-015 Opole
Tel. 077 / 451 19 87
Fax 451 18 61
www.opole.pl und www.um.opole.pl

### ESSEN

► **Preiswert**

*Grabówka*
ul. Mozarta 2
Beliebter Treff an der Pfennigbrücke: Im Sommer sitzt man unter der Pergola mit Blick auf den Fluss und lauscht französischer Musik. Dazu gibt es Crêpes in drei Dutzend Varianten.

### ÜBERNACHTEN

► **Komfortabel**

*Mercure*
ul. Krakowska 57/59
PL-45-018 Opole
Tel. 077 / 451 81 00
www.orbis.pl
120 Z.
Das einstige Orbis-Hotel liegt gegenüber vom Bahnhof an der verkehrsberuhigten Hauptstraße, nur wenige Schritte von der Altstadt entfernt. Es verfügt über elegante Zimmer mit Sat-TV. Das Frühstücksbüfett ist großzügig, der Parkplatz bewacht.

*Piast*
ul. Piastowska 1
PL-45-081 Opole
Tel. 077 / 454 97 10
www.hotelpiast.com.pl
21 Z., 4 App.
Das Hotel, untergebracht in einem denkmalgeschützten Haus, bietet schöne, moderne Zimmer und einen großen Wellnessbereich.

**Geschichte** »Opole« bedeutet im Slawischen die Gemeinschaft einer Bevölkerung auf einem bestimmten Gebiet. Um 845 berichtet der sog. Bayerische Geograf über den **Stamm der Opoloni** im Norden Oberschlesiens. Dank ihrer günstigen Lage auf dem östlichen Oderufer entwickelten sich Handel und Handwerk rasch. 1327 erteilte Herzog **Boleslaus II.** Oppeln das Stadtrecht, gleichzeitig wurde es unter böhmische Lehenshoheit gestellt. 1532 fiel die Stadt an die Habsburger, 1742 an Preußen. Im Zweiten Weltkrieg wurde Oppeln stark zerstört. Seit 1999 ist Opole Hauptstadt der gleichnamigen Wojewodschaft, in der eine zahlenmäßig starke deutsche Minderheit lebt.

## Sehenswertes in Opole

**Oderinsel** Neben drei weiteren Brücken führt die Schlossbrücke über den Mühlgraben auf die Oderinsel Pasieka, die z. T. als **archäologisches Reservat** ausgewiesen ist. U. a. wurde hier eine slawische Wehrsiedlung aus dem 8. bis 12. Jh. freigelegt. An der Stelle einer mittelalterlichen Piastenburg, die bis auf einen Turm aus dem 14. Jh. abgerissen wurde, stehen in den 1930er-Jahren errichtete Verwaltungsgebäude. Das übrige Gelände wurde in einen Park umgestaltet.

*Opole: Treffpunkt Rynek*

Südlich des Rynek erhebt sich das Franziskanerkloster zur hl. Dreifaltigkeit, deren Gebäude im 14. Jh. im gotischen Stil errichtet wurden. Ältester Bauteil ist die St.-Anna-Kapelle, auch Kapelle der Piasten genannt (Kaplica św. Anny, bzw. Kaplica Piastów), von 1309.

**✶ Franziskanerkloster zur hl. Dreifaltigkeit**

Den Markplatz säumen einige, z. T. rekonstruierte Bürgerhäuser. Das **»Piastenhaus«**, Nr. 37, neben der Franziskanerkirche gehörte bis 1532 den Herzögen. Das Rathaus wurde 1822 bis 1824 von einem italienischen Baumeister nach dem Vorbild des Palazzo Vecchio in Florenz errichtet.

**Rynek**

Das Museum des Oppelner Schlesien, in einem Gebäude des Jesuitenkollegs untergebracht, zeigt u. a. polnische Malerei vom 13. Jh. an, Porzellan und Fayencen sowie eine Sammlung von Stichen (Muzeum Śląska Opolskiego; Mały Rynek Nr. 7; Öffnungszeiten: Di. – Fr. 9.00 bis 15.30, Sa. 10.00 – 15.00, So. 12.00 – 17.00 Uhr).

**Regionalmuseum**

Neben dem Museum steht die Kościół Dominikanów. Der Bau wurde 1701 bis 1731 an der Stelle einer Vorgängerkirche aus dem 14. Jh. errichtet, die Freitreppe wurde in den 1930er-Jahren angefügt. In den Kellergewölben der prächtig ausgestatteten Kirche befinden sich alte Grabmäler.

**✶ Kirche St. Adalbert**

**★ Kathedrale zum hl. Kreuz**

Die Kościół katedralny św. Krzyża in der ul. Katedralna entstand im 15. Jh. Die Doppelturmfassade wurde erst 1890 vorgebaut. Nach dem Zweiten Weltkrieg wurde die Kirche in gotischem Stil wiedererrichtet. Unzerstört blieb das spätgotische Portal mit den Wappen der Oppelner Piasten. Der Hauptaltar stammt von 1755, die farbigen Glasfenster vermutlich aus dem 14. Jh. Das Bild mit dem Stammbaum der Piasten von Oppeln wird auf das Jahr 1700 datiert.

**Diözesanmuseum**

Nördlich der Kathedrale steht das Muzeum Diecezjalne mit sakraler Kunst aus Schlesien. Ausgestellt sind Skulpturen, u. a. ein Kruzifix von 1480, das der Riemenschneider-Schule zugeschrieben wird, Gemälde sowie zeitgenössische Arbeiten (ul. Książat Opolskich / ul. Buczka; Öffnungszeiten: Di., Do. 10.00 – 12.00, 14.00 – 17.00 Uhr; 1. So. im Monat 14.00 – 17.00 Uhr).

**★ Freilichtmuseum**

An der Straße in Richtung Breslau stehen im überaus sehenswerten Museum des Oppelner Dorfs mehrere bäuerlichen Holzbauten, eine Holzkirche aus dem frühen 17. Jh. sowie eine funktionierende Wassermühle aus dem 18. Jahrhundert (Muzeum Wsi Opolskiej, ul. Wrocławska 174; Öffnungszeiten: Di. – So. 10.00 – 17.00, im Winter nur Parkbesichtigung möglich: Mo. – Fr. 9.00 – 14.00 Uhr).

*Dreht sich seit über 200 Jahren um die eigene Achse: die Mühle im Oppelner Dorf*

## Umgebung von Opole

★ **Brzeg (Brieg)**

Das 44 km nordwestlich von Oppeln gelegene Brzeg ist vor allem seiner prächtigen Renaissance-Bauten wegen einen Abstecher wert. Das Schloss mit seiner reich geschmückten Fassade und dem mehrgeschossigen Arkadenhof wird nach dem Krakauer Vorbild **»Klein-Wawel«** genannt. Es beherbergt das Piastenmuseum mit schlesischer Kunst und Kunsthandwerk. Neben dem Schloss steht die 1369 erbaute Privatkirche der Herzöge, schräg gegenüber erhebt sich die ehemalige Jesuitenkirche von 1739 (Piastenmuseum; Öffnungszeiten: Di. bis So. 10.00 – 16.00 Uhr). Um und auf dem Marktplatz stehen mehrere Renaissance- und Barockhäuser aus dem 18. Jahrhundert.

! *Baedeker* TIPP

**Übernachten im Märchenschloss**

Der deutsche Industrielle Hubert von Tiele-Winckler schuf sich 1896 in der Nähe von Oppeln ein Märchenschloss mit 99 Türmen und Erkern und exakt 365 Räumen. Es liegt in einem weitläufigen englischen Park und beherbergt heute ein Sanatorium. Einige Zimmer werden auch an Urlauber vermietet, z. B. das »Schwarze Apartment« mit geschnitzten Holzmöbeln (Zamek Moszna, PL-47-370 Zielina, Tel. / Fax 077 / 466 84 00, www.moszna-zamek.pl).

Auf der Hochebene von Głubczyca, ca. 40 km südlich von Oppeln, liegt Głogówek, eine erstmals 1214 erwähnte Kleinstadt, mit einem Renaissanceschloss der Grafen von Oppersdorff, mit barocken Bürgerhäusern am Rynek und die der gotischen Pfarrkirche St. Bartholomäus. Etwas kurios wirkt die Antoniuskapelle (17. Jh.), die mitten im Schiff der gotischen Franziskanerkirche steht.

**Góra Świętej Anny (St.-Anna-Berg)**

Der weithin sichtbare Basaltkegel des Chełm, ca. 40 km südöstlich von Oppeln, mit dem Franziskanerkloster Góra św. Anny ist ein **religiöser und nationaler Wallfahrtsort.** Das Kloster wurde 1656 für eine bereits bestehende Wallfahrt zu einer Figur der hl. Anna Selbdritt aus dem 14. Jh., die in der Klosterkirche zu sehen ist, gegründet.

# ★ Oświęcim · Auschwitz

N 10

**Wojewodschaft:** Śląskie
**Einwohnerzahl:** 43 600
**Höhe:** 240 m ü. d. M.

**Die kleine Industriestadt Oświęcim liegt südlich des Ballungsraums von Katowice am Zusammenfluss von Sola und Weichsel. Jedoch ist Auschwitz, die deutsche Entsprechung des Stadtnamens, in aller Welt das Synonym für eines der größten Verbrechen der Menschheit, den Mord an Millionen von Juden durch das nationalsozialistische Deutschland.**

**Geschichte** Das erstmals im 13. Jh. erwähnte Oświęcim gehörte ursprünglich zu Schlesien und wurde im 16. Jahrhundert an Kleinpolen angeschlossen. Bei der Ersten Polnischen Teilung im Jahre 1772 fiel es an die habsburgische Monarchie und kam nach dem Ersten Weltkrieg wieder zu Polen.

Im Frühjahr 1940 wurde mit dem Bau des Konzentrationslagers begonnen, das am 15. Januar 1945 aufgelöst wurde. Sowjetische Truppen erreichten Auschwitz am 27. Januar 1945.

## ✶✶ Gedenkstätte Państowe Muzeum w Oświęcimiu · Staatliches Museum Auschwitz

Aufgrund eines Himmler-Befehls wurde im Frühjahr 1940 ein 40 km² großes Gebietsdreieck zwischen Sola und Weichsel bei Auschwitz als Standort für ein Konzentrationslager ausgewählt. Das Lager bestand im Wesentlichen aus dem **Stammlager Auschwitz I** direkt an der Sola, dem 3 km entfernten Vernichtungslager **Birkenau** (Brzezin-

### *Auschwitz I Stammlager*

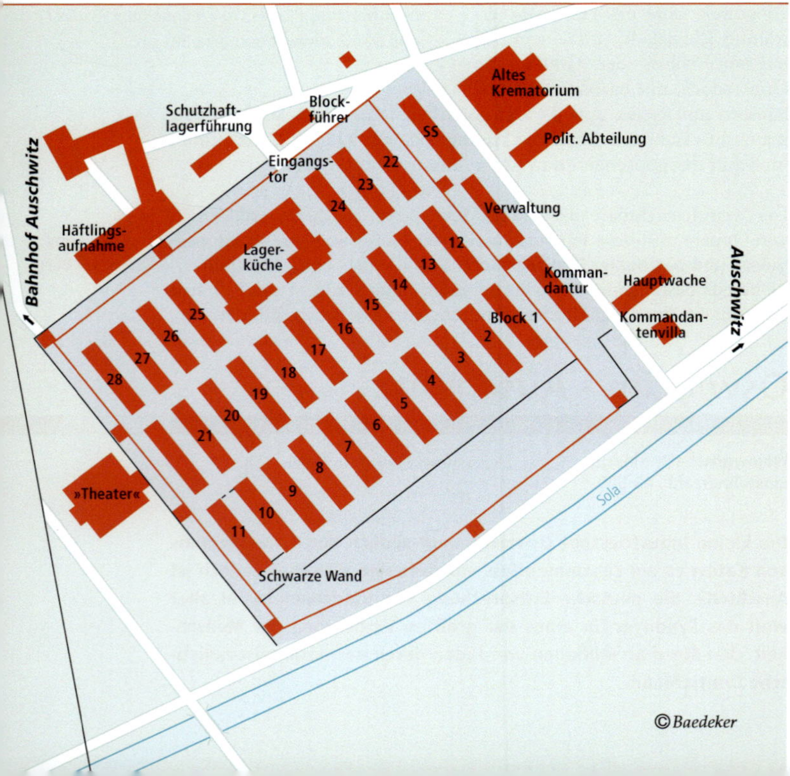

## AUSCHWITZ

### GEDENKSTÄTTE

***Państwowe Muzeum Auschwitz-Birkenau w Oświęcimiu***
ul. Więźniów Oświęcimia 20
PL-32-620 Oświęcim
Tel. 033 / 844 81 02
Anmeldung für eine Führung:
Tel. 033 / 843 21 33
(Mo. – Fr. 7.00 – 15.00 Uhr)
www.auschwitz-museum.oswiecim.pl

*Öffnungszeiten:*
16. Dez. – Febr. tgl. 8.00 – 15.00, März, Nov. – 15. Dez. tgl. bis 16.00, April und Okt. tgl. bis 17.00, Mai und Sept. tgl. bis 18.00, Juni – August tgl. bis 19.00 Uhr

Der Eintritt ist kostenlos; für Besuchergruppen ist die Besichtigung der Gedenkstätte nur im Rahmen einer (kostenpflichtigen) Führung möglich. Am Eingang wird im Kino ein in mehreren Sprachen erläuterter Film gezeigt, den sowjetische Truppen bei der Befreiung des Lagers drehten. Kinder unter 13 Jahren sollten die Gedenkstätte nicht besichtigen.

Vom 15. April bis 31. Okt. pendelt stündlich ein Bus zwischen dem ehemaligen Lager Auschwitz und dem etwa 3 km entfernten einstigen Lager Auschwitz-Birkenau.

ka) bzw. **Auschwitz II** und dem 7 km abseits gelegenen Arbeitslager **Buna-Monowitz**, **Auschwitz III**, das von der Chemie-Firma IG Farben für die Arbeitssklaven errichtet wurde, die sie aus Auschwitz erhielt. Hinzu kamen 38 Nebenlager.

Beim Anrücken der Sowjetarmee wurden die Lager geräumt; die gehfähigen Häftlinge trieb man in einem Todesmarsch nach Westen, die anderen ließ man zurück. Die Krematorien wurden gesprengt, was aber nur z. T. gelang. So zeigt sich das Lager Auschwitz heute überwiegend in dem Zustand, in dem es zwischen 1942 und 1944 war.

Über die Zahl der Opfer gibt es keine genauen Angaben, da die SS die meisten Unterlagen vernichtete. Wahrscheinlich wurden hier 1,6 Millionen Menschen getötet – Juden, Kriegsgefangene, Zigeuner, Homosexuelle, politische Häftlinge. Ungefähr 60 000 Menschen überlebten die Hölle von Auschwitz.

**Auschwitz I**

Das sog. Stammlager Auschwitz I wurde von Mai 1940 an in den Gebäuden einer ehemaligen polnischen Artilleriekaserne eingerichtet. Insgesamt lebten in dem Lager meist 18 000 Häftlinge. In jedem der »Häftlingsblöcke« waren über 600 Gefangene unter katastrophalen hygienischen Verhältnissen zusammengepfercht.

Die Blöcke 19, 20, 21 und 28 waren Krankenblöcke; in Block 20 wurden Häftlinge massenweise mit Phenol-Injektionen getötet. Block 10 war der Ort grauenhafter medizinischer Experimente, Block 11 der berüchtigte »Bunker« oder »Todesblock«, in den Häftlinge u. a. tage- und wochenlang in Stehzellen eingesperrt wurden. In den unteren Zellenräumen dieses Blocks wurden im Herbst 1941 erstmals sowje-

# JUDEN IN POLEN

**Vor dem Zweiten Weltkrieg lebten ca. 3,3 Millionen Juden in Polen, so viele wie in keinem anderen Land Europas. 90 % von ihnen wurden ermordet. Der so genannten »Endlösung« fielen noch ca. 2,5 Millionen Juden anderer Nationalitäten zum Opfer. Im besetzten Polen wurden insgesamt an die 4,5 Millionen Juden umgebracht (dazu etwa 500 000 »Zigeuner«), die aus dem deutschen Herrschaftsbereich in Europa in die Vernichtungslager herantransportiert wurden.**

Historiker gehen heute von einer Gesamtzahl zwischen fünf und sechs Mio. ermordeter Juden aus, die außer in Polen vor allem in den besetzten Gebieten der Sowjetunion und in den baltischen Staaten durch SS-Einsatzgruppen umgebracht wurden.

Als Vorstufe der Vernichtung wurden die Juden entrechtet, in Ghettos gepfercht und als Zwangsarbeiter in Betrieben eingesetzt. Die Lebensbedingungen in den Ghettos waren unbeschreiblich, so dass es schon vor dem Abtransport in die Vernichtungslager Massen von Toten gab. Im November 1941 fing das erste Vernichtungslager – **Chełmno** – mit dem industriellen Massenmord an; 1943 waren in **Auschwitz-Birkenau** (Auschwitz II) vier Gaskammern mit Krematorien fertig gestellt worden, in denen allein 2 – 4 Mio. Menschen, überwiegend Juden aus ganz Europa, aber auch »Zigeuner« und sowjetische Kriegsgefangene, ermordet wurden. Im April 1943 erhoben sich die Juden im **Warschauer Ghetto** zu einem verzweifelten Aufstand, der erst nach vier Wochen niedergeschlagen werden konnte. 300 000 Menschen waren schon vorher in das Vernichtungslager Treblinka geschickt worden, von den überlebenden 60 000 Aufständischen entgingen nur wenige dem Tod.

Von den **sechs Vernichtungslagern** – Auschwitz, Bełżek, Chełmno, Majdanek, Sobibór und Treblinka – ist nur Majdanek, das vor der anrückenden Roten Armee geräumt werden musste, völlig erhalten; die anderen wurden von der SS teilweise gesprengt und dem Erdboden gleichgemacht, um Spuren zu verwischen.

## Die Überlebenden

Die Zahl der polnischen Juden, die den Holocaust überlebten, wird auf etwa 50 000 geschätzt. Als sie aus den Lagern oder Verstecken in ihre Heimatorte zurückkehrten, wurden sie

*Endstation Auschwitz: Unvorstellbar, welch entsetzliches Schicksal die Menschen erleiden mussten, die hier ankamen.*

nicht immer mit Wohlwollen begrüßt. Viele Polen hatten in der Zwischenzeit die leer gewordenen jüdischen Wohnungen okkupiert und weigerten sich, diese an die rechtmäßigen Besitzer zurückzugeben. Bei **Pogromen in Rzeszów** (1945), **Krakau** und **Kielce** (beide 1946) wurden ca. 1000 Juden ermordet. Vielfach wurden die Juden, die in kommunistischen Organisationen überproportional stark vertreten waren, mit den verhassten atheistischen und antinationalen »Roten« identifiziert. Angesichts dieser Situation verließen viele Juden das Land.

## Weiterhin Angriffsziel

Doch auch für diejenigen, die blieben, war es nicht opportun, sich als Juden zu erkennen zu geben. Wo immer etwas im Argen lag, konnte man vom wahren Kern des Problems ablenken, indem man mit dem Finger auf die »Fremden«, die vermeintlichen Verursacher aller Schwierigkeiten, wies. Im Jahr 1968 bediente sich die Regierung Gomułka des »Sündenbock-Syndroms«. Sie suchte ihre schwindende Popularität dadurch zurückzugewinnen, dass sie die Kritik an Israels Sechs-Tage-Krieg mit einer antisemitischen Kampagne gegen die in Polen lebenden Juden verband. Tausende von ihnen verloren daraufhin ihre Arbeit und wanderten aus.
Auch nach der politischen Wende blieb der Antisemitismus virulent: Bei den Präsidentschaftswahlen 1991 glaubte Lech Wałęsa Stimmen gewinnen zu können, indem er seine politischen Gegner als »Juden« oder »Halbjuden« beschimpfte.
Erst in den Folgejahren kam eine öffentliche Debatte über den polnischen »Antisemitismus ohne Juden« in Gang. Einen wichtigen Anstoß gab die Aufsehen erregende Studie des amerikanischen Historikers Gross über das **Pogrom von Jedwabne** im Jahr 1941: Damals hatten polnische Bauern, von den deutschen Besatzern aufgefordert, mit dem »jüdischen Problem« fertig zu werden, ca. 1000 jüdische Mitbürger in eine Scheune getrieben und sie bei leben-digem Leib verbrannt.
Bei der Trauerfeier 60 Jahre danach bat Präsident Kwaśniewski die Juden öffentlich um Vergebung – offizielle Vertreter der katholischen Kirche blieben der Zeremonie fern.

## Jüdisches Leben heute

Heute leben ca. 10 000 bis 15 000 Juden in Polen, die allermeisten von ihnen in den Großstädten. In Warschau spielt das einzige jiddische Theater Europas, seit 1998 gibt es dort auch eine jüdische Schule. Und in Krakau findet jedes Jahr ein einwöchiges **Festival der jüdischen Kultur** statt.

tische Kriegsgefangene mit Blausäuregas getötet, später dann im Leichenraum des alten Krematoriums.
Zwischen Block 10 und 11 steht die »Schwarze Wand«, an der Tausende getötet wurden. Im sog. »Theatergebäude« sortierte man die Habseligkeiten der Opfer.

**Auschwitz II (Birkenau)**

Das Lager Birkenau wurde einzig zu dem Zweck der Tötung von Menschen errichtet. Durch das Haupttor führten Bahngleise zur »Rampe«, an der die Insassen der aus ganz Europa eintreffenden Züge »selektiert«, d. h. in Arbeitsfähige und nicht Arbeitsfähige eingeteilt wurden. Die nicht Arbeitsfähigen wurden sofort vergast, die anderen kamen in das Lager, das in ein »Frauenlager« (B I), ein »Män-

## *Auschwitz II* Birkenau

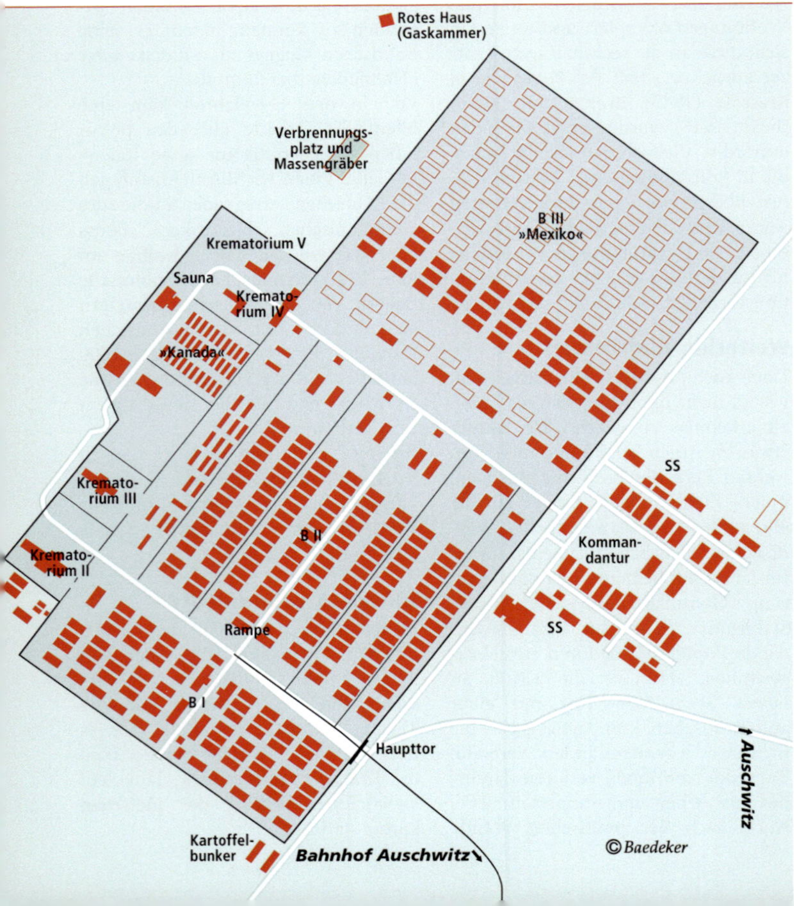

nerlager« (B II), ein »Familienlager« und ein »Zigeunerlager« eingeteilt war. Sie wurden zur Zwangsarbeit herangezogen und später ebenfalls getötet.
Der Bauabschnitt III (»Mexiko«) wurde nur teilweise verwirklicht. Ab dem Frühjahr 1943 wurden in die großen Krematorien II und III täglich bis zu 2000 Menschen getötet und verbrannt. Vor der Errichtung der Krematorien wurden die Leichen verscharrt, später wieder ausgegraben und im Freien verbrannt. Mitte 1943 waren in den 250 Baracken von Birkenau 140 000 Menschen zusammengepfercht; ihr Besitz wurde im sog. »Effektenlager« (»Kanada«) verwertet.

# * Pieniny

P 12

**Wojewodschaft:** Małopolski

**Das nur 35 km lange und 5 km breite Mittelgebirge an der polnisch-slowakischen Grenze gilt als eine der schönsten Gegenden Polens und ist dementsprechend viel besucht.**

Die Pieniny, durchschnitten vom **Dunajec**, einem Nebenfluss der Weichsel, sind ein Teil der Karpaten an der Grenze zur Slowakischen Republik, nordöstlich der Tatra. Im Norden grent das Gebirge an die Beskiden, im Süden an die Höhen der Spišská Magura, die bereits auf slowakischem Staatsgebiet liegen. Zum Schutz dieses Gebirges wurde 1954 der rund 2300 ha umfassende **Pieniny-Nationalpark** angelegt, der sich auf markierten Wanderwegen gut erkunden lässt.
Die Pieniny gliedern sich in drei Abschnitte: Am weitesten nach Westen vorgeschoben sind die **Pieniny Spiskie** zwischen Czorsztyn und dem Fluss Białka. Zwischen Czorsztyn und Szczawnica erstrecken sich die Pieniny im engeren Sinn mit dem 982 m hohen Gipfel der **Trzy Korony** (Drei Kronen) – mit ihren schluchtartigen Tälern der landschaftlich interessanteste Teil des Gebirges. Die Nordhänge fallen zum Flusstal der Krośnica hin sanft ab, nach Süden, zum Dunajec hin, sind es bis zu 300 m hohe Kalkwände. Die Kleinen bzw. **Małe Pieniny**, der dritte Teil, ist – entgegen ihrem Namen – mit dem 1052 m hohen Wysoka der höchste Gebirgsabschnitt.

## ▶ PIENINY

### AUSKUNFT

*Pieniński Park Narodowy*
ul. Jagiellońska 107b
PL-34-450 Krościenko
Tel. 018 / 262 56 01
www.pieninypn.pl

**Fauna und Flora**

Typisch für die Pieniny sind Buchenwälder, durchsetzt mit Tannen und Laubmischwälder. An den steilen Felswänden am Dunajec wächst der Sadebaum, eine Wacholderart, die zwar auch auf dem Balkan vorkommt, in Polen aber nur an dieser Stelle wächst. Es ist eine von neun Pflanzenarten, die nur in den Pieniny auftreten. Besonders schön sind die Almen mit ihren vielen Blumen, u. a. Orchideen. Dort flattern mehrere tausen Arten von Schmetterlingen umher, darunter der seltene Apollofalter. Die Pieniny sind auch Lebensraum für viele Vogelarten, u. a. leben hier Uhus und Schelladler.

## Umgebung der Pieniny

**Szczawnica** Szczawnica erstreckt sich im Tal des Flüsschens Grajcarek bis zur Mündung in den Dunajec. Mit seinen reich verzierten Holzvillen und alten Goralenkaten konnte sich der kleine Kurort seinen anheimelnden Charme bewahren. Besonders sehenswert ist die Alte Trinkhalle und die 1892 gebaute, prächtig ausgemalte neugotische **Pfarrkirche St. Adalbert**, die von 14 Holzkapellen mit Passionsszenen, ein Werk des einheimischen Bildhauers **Ryszard Hamarski** umgeben ist. Von Szczawnica führen markierte Wanderwege ins Pieniny-Gebirge und in die Sandezer Beskiden.

**Nowy Targ (Neumarkt)** Das Industriestädtchen am Zusammenfluss des Biały (Weißen) und des Czarny (Schwarzen) Dunajec, rund 25 km westlich des Gebirges,

*Frühjahr in den Sandezer Beskiden*

hat außer der barocken Katharinenkirche und der ganz aus Holz erbauten Friedhofskirche St. Anna keinen weiteren nenneswerten Baudenkmäler. Doch einen Abstecher lohnt Nowy Targ dennoch, und zwar an einem Donnerstag, wenn sich der Ort in einen riesigen Marktplatz mit Waren aus aller Welt verwandelt.

! *Baedeker* TIPP

**Auf dem großen Strom**

Ein eindrucksvolles Naturerlebnis und zugleich ein Riesenspaß sind Wildwasserfahrten auf dem Dunajec. Mit Holzstangen steuern Goralen in Original-Trachten aus Holzkähnen zusammengebaute Flöße durch tiefe Schluchten, vorbei an hoch aufragenden Kalksteinwänden und schroffen Felsen. Die zwei- bis dreistündigen »Wasserausflüge« von Kąty nach Szczawnica werden von April bis Oktober angeboten (Infos: www.flisacy.com.pl).

**Dębno**, nur wenige Kilometer westlich der Pieniny, besitzt mit der Erzengel-Michael-Kirche, eine aus dem 15. Jh. stammende Holzkirche, eines der wertvollsten Baudenkmäler in Polen. Ein Großteil der gotischen Ausstattung ist erhalten geblieben, und der ganze Innenraum ist mit Malerei von etwa 1500 ausgeschmückt. Ein Triptychon vom Beginn des 16. Jhs. am Hauptaltar steht stilistisch für den Übergang von der Gotik zur Renaissance.

**Pieniny-Schloss**

◄ Burg-Czorsztyn

Ein Wanderziel sind auch die 740 m hoch gelegenen Ruinen des Zamek Pieniński auf dem schwer zugänglichen Hang des Zamkowa Góra nördlich der Trzy Korony. Wesentlich größer und bekannter sind die Ruinen der Burg in westlich gelegenen Czorsztyn, die auf einem hohen Felsen über dem Dunajec steht. Im 14. Jh. entstanden, bewachte sie einst den Grenzübergang zwischen Polen und Ungarn.

**Burg Niedzica**

Nur wenige Kilometer von Czorsztyn entfernt liegt auf der rechten Seite des Dunajec die weithin sichtbare Burg von Niedzica, die lange Zeit auf ungarischem Territorium lag. 1325 wurde sie erstmals als Burg Dunajec erwähnt. Im ersten Stock der Torbastei befindet sich eine Kapelle aus dem 18. Jahrhundert, ein Teil der Räume enthält historische Interieurs (Öffnungszeiten: tgl. 9.00 – 17.00 Uhr).

# ★ Płock

O 5

**Wojewodschaft:** Mazowieckie
**Höhe:** 45 m ü. d. M.
**Einwohnerzahl:** 130 000

**Płock liegt malerisch auf dem Hochufer der mittleren Weichsel und enthüllt hinter einem Gürtel aus Vororten und Industriegebieten eine reizvolle Altstadt, die völlig zu Recht von den Einwohnern »Klein-Wawel« genannt wird.**

## PŁOCK ERLEBEN

### AUSKUNFT

*Tourist-Information*
ul. Tumska 4
PL-09-402 Płock
Tel. / Fax 024 / 262 94 97
www.plock.um.pl

### ESSEN

**► Preiswert**

① *Wrzos*
Nowy Rynek 11
Das Restaurant gehört zum Stadttheater und bietet einfache Küche; im Sommer ist meist die Gartenterrasse geöffnet.

### ÜBERNACHTEN

**► Komfortabel**

① *Petropol*
ul. Al. Jackowicza 49
PL-09-400 Płock
Tel. 024 / 262 44 51
www.orbis.pl.
76 Z., 4 App.
Alle Zimmer des »Petropol« sind mit Sat-TV, Telefon und Internetzugang ausgestattet. In dem Hotel gibt es einen Schönheitssalon, einen kleinen Fitnessraum und zwei Restaurants, die polnische und internationale Küche anbieten.

**► Günstig**

② *Petrochemia*
ul. 3 Maja 33
PL-09-402 Płock
Tel. 024 / 365 60 01
www.hotel.petrochemia.pl
69 Z., 3 App.
Das »Petrochemia« liegt nahe der Altstadt. Viele der Zimmer sind mit einer kleinen Kochgelegenheit ausgestattet.

**Geschichte** Bereits im 9. Jh. existierte auf dem Gebiet Płocks eine kleine Siedlung, im 10. Jh. wurde eine Burg errichtet. Um 1000 kamen Benediktiner hierher; ab 1075 war Płock Sitz des Bistums. In den Jahren 1079 bis 1138 stand es unter der Herrschaft von Władysław Herman und Bolesław Krzywousty, anschließend war es **Hauptstadt des Fürstentums Masowien**. 1237 erhielt Płock Stadtrecht und entwickelte sich zu einer wohlhabenden Handesstadt. Von 1793 bis 1807 war Płock preußisch, fiel dann an das Herzogtum Warschau und 1815 an Kongresspolen.

## Sehenswertes in Płock

**★ Kathedrale** Die auf dem Domhügel gelegene dreischiffige romanische Basilika entstand in den Jahren 1126 bis 1141. In der Renaissance wurde sie umgebaut und erhielt 1784 eine klassizistische Fassade. Anfang des 20. Jhs. wurden die mittelalterlichen Formen wiederhergestellt; somit repräsentiert die Kirche verschiedene Stilrichtungen: Romanik (Baukörper), Gotik (Türme, Gewölbe) und Renaissance (Kuppel). Der Glockenturm von 1492 mit barocker Haube von 1730 gehörte ursprünglich zur Burg.

In der Kaplica Królewska sind in einem klassizistischen Sarkophag aus schwarzem Marmor die Herrscher Władysław Herman und Bolesław Krzywousty beigesetzt, die in Płock residiert haben.

★ ◄ Königskapelle

Aus den ebenfalls auf dem Domhügel gelegenen Resten der Burg wurde in den 1960er-Jahren eine Vierflügelanlage errichtet. Erhalten war nur der westliche Trakt mit dem im 14. Jh. errichteten Adelsturm und dem spätgotischen Uhrturm, der zum Glockenturm der Kathedrale umgewandelt wurde.

Burg

## *Płock* Orientierung

**Essen**
① Wrzos

**Übernachten**
① Petropol
② Petrochemia

*Stadtpanorama von Płock: Hoch oben auf dem Hügel ...*

★ Masowisches Museum ▶

Die Burg beherbergt heute das Muzeum Mazowieckie, das mehrere Abteilungen umfasst, u. a. mit einer außergewöhnlichen **Jugendstil-Sammlung** mit Werken der Malerei, Grafik und Plastik sowie Kunsthandwerk, Glas und Möbeln (ul. Tumska 2; Öffnungszeiten: Di. bis Do. 9.00 – 16.00, Fr. – Sa. 10.00 – 17.00, So. 9.00 – 16.00 Uhr).

★ **Diözesan-Museum**

In der Nähe der Burg lohnt das Muzeum Diecezjalne ebenfalls einen Besuch, die neben einer stattlichen Kollektion sakraler Kunst auch eine numismatische Abteilung zeigt (ul. Tumska 3 a; Öffnungszeiten: Di. – Sa. 10.00 – 15.00, So. 11.00 – 16.00 Uhr).

**Altstadt**

Ensembles barocker und klassizistischer Bürgerhäuser aus dem 18./19. Jh. prägen das Bild der Altstadt. Besonders sehenswert sind das spätgotische **Haus »Zu den Trompeten«**, Dom pod Trąbami, in der ul. Mostowa 1; das im 17. Jh. entstandene Jesuitenkolleg in der ul. St. Małachowskiego mit der St.-Michael-Kirche und am Stary Rynek die 1356 errichtete gotische Pfarrkirche (Kościól Farny) mit einem barocken Hochaltar. Im Nordwesten der Altstadt steht das **Rathaus**, das um 1825 errichtet wurde und zu den schönsten Denkmälern des Klassizismus in Polen zählt.

## Umgebung von Płock

**Włocławek**

50 km nordwestlich von Płock, im Süden begrenzt von dem bewaldeten Landschaftspark Gostynińsko-Włocławski Park Krajobrazowy, liegt die Industriestadt an der aufgestauten mittleren Weichsel.

Schmuckstück Włocławeks ist die 1340 – 1365 erbaute **Backstein-Basilika** mit ihrer wertvollen Ausstattung aus verschiedenen Epochen: Renaissance- und Barockkapellen, ein barockes Chorgestühl, ein spätbarocker Silberaltar von 1744, Jugendstilfenster nach Entwürfen von **Józef Mehoffer** und eine Sonnenuhr, die der lokalen Überlieferung zufolge von **Nikolaus Kopernikus** (► Berühmte Persönlichkeiten) entworfen wurde.

◄ Regionalmuseum

Das Muzeum Ziemi Kujawskiej i Dobrzyńskiej in der ul. Słowackiego 1 a zeigt Exponate und Dokumente zu Geschichte und Kultur der Region (Öffnungszeiten: Di. – So. 10.00 – 16.00 Uhr).

★ **Czerwińsk nad Wisłą**

Rund 48 km südöstlich von Płock liegt – hoch über der Weichsel – das Dorf Czerwińsk nad Wisłą. Die Ortschaft kam um 1100 in den Besitz der Bischöfe von Płock, die etwa 50 Jahre später eine **monumentale Chorherrenabtei** erbauen ließen. Die zugehörige Kirche, als dreischiffige Basilika mit Doppelturmfassade angelegt und in Ziegelbauweise errichtet, zählt zu den bedeutendsten romanischen Kirchen in Masowien.

Obwohl die Kirche im Zweiten Weltkrieg stark zerstört wurde, gelang es beim Wiederaufbau den ursprüngliche Charakter weit gehend zu wahren, dabei kamen im südlichen Teil der Kirche romanische Wandmalereien aus dem 12. Jh. zu Tage.

*... wacht die Kathedrale über den Ort.*

# ★★ Poznań · Posen

H 6

**Wojewodschaft:** Wielkoposkie
**Einwohnerzahl:** 581 000
**Höhe:** 52 – 104 m ü. d. M.

**Das über 750-jährige Posen kennt man heute vor allem als *die* Messestadt Polens. Doch in der modernen, vielseitigen Stadt lohnt vor allem die restaurierte Altstadt mit ihrem Renaissance-Rathaus, den pastellfarbenen Bürgerhäusern, ihren Prachtkirchen und Museen einen Besuch.**

**Geschichte** Die im 12. Jh. am linken am Warthe-Ufer entstandene Handelsniederlassung erhielt 1253 das Stadtrecht. Mit der Entwicklung der Tuchweberei und Gerberei im 14. Jh. begann der wirtschaftliche Aufschwung Posens. Im 16. Jh. war die Stadt eines der wichtigsten Kultur- und Handelszentren des Landes.
1793 wurde Posen in der Zweiten Polnischen Teilung Preußen zugeschlagen, zwischen 1807 und 1815 gehörte es zum Fürstentum Warschau. Nach dem Wiener Kongress wurde es **Hauptstadt des Großfürstentums Posen**, einer Provinz Preußens mit Sonderrechten für die polnischen Bürger.
1871 wurde das Großfürstentum Posen aufgelöst, wobei alle Sonderrechte für die Polen gestrichen wurden. Großpolen wurde als sog. »Posener Provinz« Preußen zugesprochen. 1919 fiel die Stadt wieder an Polen. Bei Ausbruch des Zweiten Weltkriegs wurde Posen zum Zentrum des »Warthegaus«; die polnische Bevölkerung war Ziel des nationalsozialistischen Terrors. Beim Kampf um die Stadt im Januar und Februar 1945 wurde Posen zur Hälfte zerstört.

### i Hommage an die Bamberger

- Hinter dem Rathaus zeigt ein Brunnen die »Bamberka«, eine Bambergerin, mit zwei Wassereimern. Doch dies ist nicht die einzige Erinnerung an das Völkchen der Bamberger, die in der ersten Häfte des 18. Jh. in die durch Krieg und Seuche entvölkerte Stadt kamen und wichtige Aufbauarbeit leisteten. 2003 öffnete südöstlich des Marktplatzes das Bamberger Museum – ein Indiz für die gelungene Verbesserung in den Beziehungen zwischen Deutschen und Polen in der einst so hart umkämpften Stadt (Muzeum Bamberski, ul. Mostowa 7, Di. – So. 10.00 – 15.00 Uhr).

## Sehenswertes in der Altstadt

**★★ Stary Rynek** Der weitläufige Stary Rynek, der Alte Markt, ist das Herz der Altstadt. Die nach dem Zweiten Weltkrieg wieder aufgebauten Bürgerhäuser, die den Platz säumen, stammen zum größten Teil aus dem 15. bis 17. Jahrhundert und besitzen vorwiegend barocke oder klassizistische Fassaden.

Stadtwaage ► Die ehemaligen Stadtwaage, Haus Nr. 2, ein Renaissancebau aus dem 16. Jh. ist heute das Posener Standesamt.

*Hinter der Altstadt erhebt sich die Posens Kathedrale auf der Dominsel.*

Im ursprünglich gotischen, barock umgestalteten Haus Nr. 45 ist das Museum für Musikinstrumente untergebracht, eines der größten in Europa. Es besitzt eine reichhaltige Sammlung von Instrumenten verschiedener Epochen aus Europa, Asien, Afrika, Amerika und Ozeanien (Muzeum Instrumentów Muzycznich; Öffnungszeiten: Di., Do. 10.00 – 16.00, Mi., Fr., Sa. 9.00 – 17.00, So. 11.00 – 16.00 Uhr).

★ ◄ Museum für Musikinstrumente

Ein kleines Regionalmuseum mit Ausstellungsstücken zur großpolnischen Geschichte ist in der klassizistischen Hauptwache (Odwach) untergebracht (Öffnungszeiten: Di. – Sa. 10.00 – 17.00 Uhr).

◄ Regionalmuseum

Daneben, in einem weniger gelungenen Neubau, informiert das Wielkopolskie Muzeum Wojskowe über die militärischen Auseinandersetzungen in der Region seit dem Mittelalter (Öffnungszeiten: Di. bis So. 10.00 – 16.00 Uhr).

◄ Großpolnisches Militärmuseum

Im Działyński-Palais, Haus Nr. 78, um 1775 erbaut und mit einer prächtigen klassizistischen Fassade mit korinthischen Säulen versehen, widmet sich das dort eingerichtete Literaturmuseum dem Leben und Werk des polnischen Literaturnobelpreisträgers **Henryk Sienkiewicz** (► Berühmte Persönlichkeiten; Öffnungszeiten: Di. – So. 10.00 bis 17.00 Uhr).

◄ Literaturmuseum

Das Muzeum Archeologiczne im Górka-Palais, Mitte des 16. Jhs. errichtet und mit Arkaden geschmückt, zeigt einen Teil seiner über 180 000 Exponate, hauptsächlich aus den westlichen Gebieten Polens

◄ Archäologisches Museum

## *Poznań* Orientierung

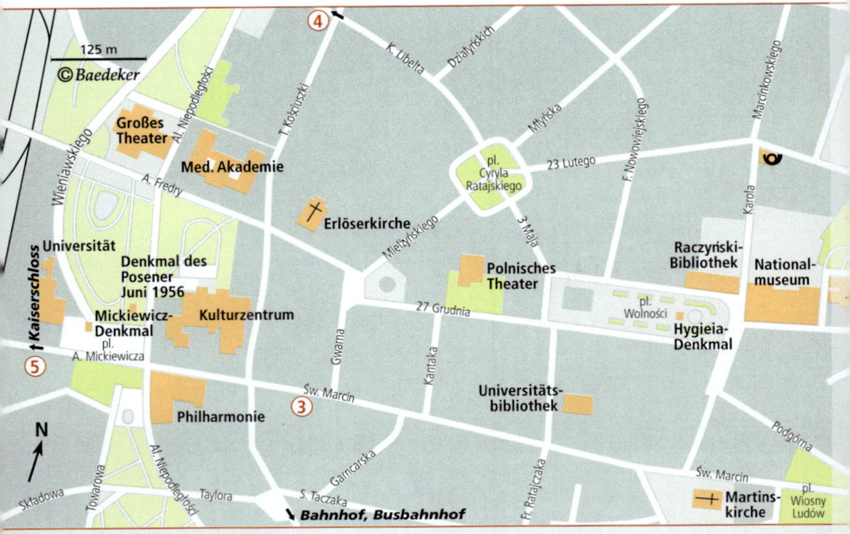


**Essen**
① Stara Ratuszowa
② Kresowa
③ Weranda Zielona
④ Klio

**Übernachten**
① Park
② Bovaria
③ Royal
④ Meridian
⑤ Mercure

vom Ende der Altsteinzeit bis zum Spätmittelalter (ul. Wodna 27; Öffnungszeiten: Di. – Fr 10.00 – 16.00, Sa. 10.00 – 18.00, So. 10.00 – 15.00 Uhr).

★★ **Rathaus**

Beherrscht wird der Stary Rynek vom Rathaus, der **»Perle der polnischen Renaissance«**. Der Vorgängerbau aus dem 14. Jh. wurde zwischen 1550 und 1560 in einen prächtigen Renaissancepalast mit Attiken und einer dreistöckigen, arkadengeschmückten Loggia umgewandelt.

Jeden Mittag um 12.00 Uhr erklingt das Turmlied, dann öffnen sich die Eingänge über der Uhr und die berühmten **Posener Böckchen** springen heraus.

Historisches Museum ►

Schmuckstück des Rathauses ist der **Rokoko-Saal** im ersten Stock, der – zusammen mit weiteren Räumen – das Stadtmuseum beherbergt. Die Exponate des Muzeum Historii Miasta Poznania illustrieren die Stadtgeschichte seit ihren Anfängen. Neben einer Porträtsammlung findet man im sog. Königszimmer kunsthandwerkliche Kostbarkeiten, u. a. die älteste Tischuhr Polens von 1580. Im großen Renaissancesaal mit kunstvoller Kassettendecke – einst Versammlungsort des Stadtrats – stehen prächtige Marmorbüsten römischer

Kaiser des 3. und 4. Jhs. (Muzeum Historii Miasta Poznania, Öffnungszeiten: Mo., Di., Fr. 10.00 bis 16.00, Mi. 12.00 – 18.00, Do., So. 10.00 – 15.00 Uhr).

**✱ Pfarrkirche Maria Magdalena**

Südlich des Stary Rynek steht in der ul. Gołębia die Kościół farny św. Marii Magdaleny, einer der schönsten Barockbauten Polens. Mitte des 17. Jhs. wurde mit dem Bau begonnen, Hauptschiff und Fassade entstanden um 1700. Zwischen 1727 und 1732 baute **Pompeo Ferrari** das Hauptportal und den großen Altar. Ausgestattet ist die Kirche u. a. mit tragenden Säulen aus rotem Stuckmarmor und Fresken von **Karl Dankwart**.

**Ehemaliges Jesuitenkolleg**

An die Pfarrkirche schließt sich etwas weiter östlich das einstige Jesuitenkolleg an, das 1701 bis 1733 errichtet wurde. und in dem heute die Stadtverwaltung untergebracht ist. Die Anbauten stammen aus dem 19. Jahrhundert. Vis-a-vis steht der mehrstöckige Barockbau der einstigen Jesuitenschule, die heute als Ballettschule genutzt wird.

**Dominikanerkirche**

Die ehemalige Dominikanerkirche, nordöstlich des Alten Markts in der ul. Dominikańska, ist eine der ältesten Kirchen der Stadt, Mitte des 13. Jhs. errichtet. Um 1500 fügte man die spätgotische Rosenkranzkapelle hinzu; Anfang des 18. Jhs. erhielt sie ihre barocke Ausstattung. Zwischen der Kapelle und dem Langhaus der Kirche befinden sich zwei Flügel des Dominikanerklosters mit einem gotischen Kreuzgang aus dem 15. Jahrhundert.

**Salesianerkirche**

Die frühere Dominikanerinnenkirche, ul. Wroniecka / ul. Masztalarska, geht auf einen Bau des beginnenden 14. Jhs. zurück. Ihre heutige Gestalt erhielt die Kirche beim Wiederaufbau nach einem Brand im Jahr 1536. Auf dem Vorplatz sind einige Reste der mittelalterlichen Stadtmauern zu erkennen.

# POZNAŃ ERLEBEN

## AUSKUNFT

*Tourist-Information*
Stary Rynek 59
PL-61-772 Poznań
Tel. 061 / 852 61 56
Fax 852 69 64
www.city.poznan.pl

*Gleich gibt's Frühstück im Altstadtcafé Weranda Zielona.*

## ESSEN

### ► Erschwinglich

② *Kresowa*
Stary Rynek 3
Tel. 061 / 853 12 91
»Kresowa« heißt »Grenzland«. Das auf dem Ring platzierte Lokal ist auf Gerichte spezialisiert, die aus Polens einstigen Ostgebieten stammen, z. B. Borschtsch auf litauische Art und Delikatessen aus Wilna.

① *Stara Ratuszowa*
Stary Rynek 55
Tel. 061 / 851 53 18
Das »alte Rathauslokal« am Ring ist mit historischen Fotos geschmückt, dazu passt die feine altpolnische Küche.

### ► Preiswert

④ *Klio*
ul. Wrocławska 16
Tel. 061 / 855 75 52
Attraktives Lokal nahe dem Alten Markt mit italienischen und polnischen Klassikern.

③ *Weranda Zielona*
ul. Świętosławska 10
Nur zwei Minuten vom Altstadtmarkt entfernt: ein gemütliches Café mit Frühstücksgedeck und hausgemachtem Kuchen.

## ÜBERNACHTEN

### ► Luxus

① *Park*
ul. Majakowskiego 77
PL-61-772 Poznań
Tel.061 / 874 11 53
www.hotel-park.com.pl
100 Z.
Das Hotel liegt 4 km vom Zentrum entfernt am Malta-See, einer beliebten Ruder-Rennstrecke. Viele Zimmer bieten Seeblick, vom Restaurant schaut man ins Grüne.

### ► Komfortabel

⑤ *Mercure*
ul. Roosevelta 20
PL-61-772 Poznań

Tel. 061 / 855 80 00
www.orbis.pl; 314 Z.
Das Hotel ist v. a. bei Geschäftsleuten beliebt, da es nur 200 m vom Messegelände entfernt liegt.

④ ***Meridian***
ul. Litewska 22
PL-61-772 Poznań
Tel. 061 / 847 15 64
http://hotelmeridian.w.polsce.com
10 Z.
Das villenartige Mini-Hotel nördlich des Messegeländes liegt im Grünen und hat einen fast privaten Charakter.

► **Günstig**

② ***Brovaria***
Stary Rynek 74
PL-61-772 Poznań
Tel. 061 / 858 68 68
www.brovaria.pl
17 Z.
Das neue Hotel befindet sich direkt am Markt und gehört einer »browaria«, einer Brauerei. Empfehlenswert sind die Zimmer mit Blick auf den Rynek.

③ ***Royal***
ul. Św. Marcin 71
PL-61-772 Poznań
Tel. 061 / 858 23 00
www.hotel-royal.com.pl
27 Z.
Zentral und dennoch ruhig gelegenes Hotel, mit Möbeln aus Schmiedeeisen behaglich eingerichtet.

**Franziskanerkirche**

Die Barockkirche in der ul. Franciszkańska, wenig westlich des Marktplatzes, entstand von 1674 bis 1728. Der mit Stuck und Wandmalerei reich verzierte Kirchenraum besitzt eine sehenswerte barocke Ausstattung und eine große Kollektion altpolnischer Porträts aus dem 17. und 18. Jahrhundert.

★★ **Nationalmuseum**

Das gegenüberliegende Muzeum Narodowe ist eines der bedeutendsten Kunstmuseen Polens. Der monumentale Bau, entstanden von 1900 bis 1903 enthält u. a. Abteilungen für bildende Kunst, Kunsthandwerk, Geschichte der Stadt Posen und Völkerkunde. Die Kunstsammlungen umfassen hervorragende Werke italienischer, spanischer, französischer, flämischer, deutscher und polnischer Künstler vom Mittelalter bis heute. Daneben unterhält das Nationalmuseum Dependancen in mehreren Städten in der Umgebung Posens (al. Marcinkowskiego 9; Öffnungszeiten: Mi. – Sa. 10.00 – 16.00, So. 11.00 – 15.00 Uhr).

**Fürstenschloss**

Das ursprünglich gotische Fürstenschloss wurde 1280 als Teil der Verteidigungsanlage Posens erbaut. Um 1788 erhielt das heutige **Museum für Kunsthandwerk** seine klassizistische Form. Zu sehen sind Exponate aus Europa und dem Fernen Osten vom 12. bis zum 20. Jh., darunter Möbel, Webarbeiten, kunstvolle Brüsseler Gobelins, Goldschmiedekunst, polnisches und Meißner Porzellan, italienisches Majolika, chinesische Vasen und Uhren (Muzeum Rzemiosł Artystycznych, Góra Przemysłowa 1; Di. – Sa. 10.00 – 16.00, So 10.00 bis 15.00 Uhr).

**Völkerkundliches Museum**

Östlich des Stary Rynek zeigt das Muzeum Etnograficzne im 1817 errichteten klassizistischen Bau der ehemaligen Freimaurerloge Folklore Großpolens sowie interessante Ausstellungsstücke afrikanischer, asiatischer und lateinamerikanischer Kulturen (ul. Grobla 15; Öffnungszeiten: Di. – Sa. 10.00 – 16.00, So. bis 15.00 Uhr).

**✶ Fronleichnamskirche**

Die monumentale gotische Kościół Bożego Ciała, südlich des Alten Markts in der ul. Krakowska, wurde in den Jahren 1465 bis 1470 gebaut. Zu Beginn des 18. Jhs. wurde das Nordschiff verlängert und ein Turm errichtet. 1726 entstand an der Nordseite des Chors die Kapelle der Muttergottes nach einem Entwurf von **Pompeo Ferrari**. Schmückstücke der Kirche sind das gotische Portal und der ebenfalls von P. Ferrari geschaffene spätbarocke Hauptaltar.

## Ostrów Tumski · Dominsel

**✶✶ Kathedrale**

Die Most Bolesława Chrobrego führt auf die Dominsel, Posens altem Stadtkern, mit der Kathedrale, die in der 2. Hälfte des 11. Jhs. als romanische Basilika entstand. Mitte des 14. Jahrhunderts erfolgte die gotische Umgestaltung, im 15. Jh. wurden Kapellen um das Langhaus angebaut. In den Jahren 1790 bis 1795 baute B. Solari die Westfassade im klassizistischen Stil um. Nach dem Zweiten Weltkrieg wurde die Kathedrale im gotischen Stil wiedererrichtet.

*Die ersten Posener siedelten einst auf der Dominsel.*

Die Kathedrale besitzt eine kostbare Ausstattung, darunter ein spätgotisches Polyptychon von 1512 im Hauptaltar, ein spätgotisches Chorgestühl und eine reich verzierte Kanzel von 1720.

Die Goldene Kapelle (Złota Kaplica) mit achteckigem Grundriss und Kuppel wurde in den Jahren 1825 bis 1841 im neobyzantinischen Stil als **Mausoleum** für die ersten polnischen Herrscher **Mieszko I.** und **Bolesław Chrobry** errichtet.

**Marienkirche**

Neben der Kathedrale steht die Kościół Najświętszej Panny Marii, eine gotische Kirche von 1438 mit schönem Sterngewölbe und gotischen Holzschnitzereien aus dem 15. Jahrhundert.

Psalterium ►

Das benachbarte Psalterium, ein spätgotisches Wohnhaus, wurde 1518 für die Psalmensänger der Kathedrale erbaut.

**Lubrański-Akademie**

Die ehemalige Akademia Lubrańskiego, **Posens erste Hochschule**, wurde 1518 – 1530 erbaut und um 1700 umgestaltet. Heute ist das

Gebäude Sitz des Archivs und des **Museums der Erzdiözese**, u. a. mit historischen liturgischen Geräten und sakraler Kunst seit der Frühgotik (Muzeum Arcydiecezjalne, ul. Podsadzego 2; Öffnungszeiten: Mo. – Sa. 10.00 – 15.00 Uhr).

## Wzgórze św. Wojciecha · Adalbert-Hügel

**Adalbertkirche**

Auf dem Weg zum Adalbert-Hügel, der sich nördlich der Altstadt erhebt, liegt an der ul. św. Wojciecha die gotische Kościół św. Wojciecha aus dem 15. Jh. In der ersten Hälfte des 17. Jahrhunderts baute man West- und Ostgiebel im Stil der Spätrenaissance um und fügte die Antoniuskapelle an das Südschiff an. 1912 wurde die Kirche mit Jugendstilfresken von **Antoni Procajłowicz** und mit Glasfenstern u. a. von **Stanisław Wyspiański** geschmückt, die leider bei Kriegsende zu Bruch gingen. Neben der Kirche steht ein hölzerner, mit Schindeln gedeckter Glockenturm aus dem 16. Jahrhundert.

**Przyjaźni-Park**

Der 100 ha große Park Przyjaźni auf dem Adalbert-Hügel , entstand auf dem Gelände der sog. Zitadelle, des alten **Forts Winiara**, das die Preußen in den Jahren 1828 bis 1839 erbauten. Gegen Ende des Zweiten Weltkriegs wurde die Zitadelle in Schutt und Asche gelegt. Auf dem Friedhof neben dem Park sind die beim Sturm auf die Zitadelle gefallenen polnischen und sowjetischen Soldaten bestattet.

## Sehenswertes im Stadtzentrum

**Raczyński-Bibliothek**

Auf dem weitläufigen Plac Wolności, dem Siegesplatz, steht die spätklassizistische, nach seinem Stifter E. Raczyński benannte Biblioteka Raczyńskich, erbaut 1822 – 1828. Beeindruckend sind die Fassade im Stil des Pariser Louvre, der monumentale Säulengang mit 24 korinthischen Säulen aus Eisenguss und die Loggia mit hübscher Stuckdekoration.

**Polnisches Theater**

Das eklektizistische Gebäude des Teatr Polski an der ul. 27 Grudnia wurde in den Jahren 1873 – 1875 aus Spenden der polnischen Bevölkerung erbaut. Während der preußischen Germanisierungspolitik führte man hier polnische Theaterstücke auf. An der Fassade ist die Inschrift »Naród sobie« (»Das Volk für sich«) zu erkennen.

**Großes Theater**

Das Teatr Wielki ist in einem neoklassizistischen Gebäude in der ul. Fredry untergebracht, errichtet 1910 von dem deutschen Architekten **Max Littmann**, der u. a. auch die Stuttgarter Staatsoper entwarf, Die Fassade mit sechs mächtigen ionischen Steinsäulen krönt ein dreieckiges Walmdach mit einem Pegasus auf der Spitze.

**Mickiewicz-Platz**

Das monumentale stählerne Denkmal mit zwei Kreuzen und einem stilisierten Adlerkopf am pl. Mickiewicza erinnert an den gewaltsam niedergeschlagenen **Posener Arbeiteraufstand** im Juni 1956, als die

Arbeiter »Brot, Wahrheit und Freiheit« forderten. Enthüllt wurde es 1981 am 25. Jahrestag dieser Ereignisse.

Mickiewicz-Denkmal ► Benannt wurde der Platz nach dem benachbarten Standbild des polnischen Dichters Adam Mickiewicz (► Berühmte Persönlichkeiten) aus dem Jahr 1960. Der Granitsockel des Denkmals zeigt Reliefs mit Themen aus dem Werk des Dichters, der mit einem Buch in der Hand dargestellt wird.

**Kulturpalast** Der neuromanische Pałac Kultury (ul. św. Marcin) entstand 1905 bis 1910 unter der Leitung des deutschen Architekten **Franz Schwechten**, der auch den Berliner Anhalter Bahnhof und die Kaiser-Wilhelm-Gedächtniskirche entwarf. Das ehemalige Schloss des Kaisers Wilhelm II. ist mit Skulpturen aus der germanischen Sagenwelt verziert. Heute beherbergt das Palais mehrere kulturelle Einrichtungen, u. a. das Puppen- und Schauspielertheater **»Marcinek«**.

An der ul. Zwierzyniecka befindet sich der **älteste zoologische Garten Polens**. Der ca. 5 ha große Zoo mit über 250 europäischen und exotischen Tierarten wurde bereits 1874 angelegt.

Schöner und umfassender ist allerdings der **Wielkopolski Park Zoologiczny**. Der 1967 gegründete Tierpark wird auf einem ca. 120 ha großen Gelände im Tal der Cybina kontinuierlich zum größten Zoo Polens ausgebaut. Gestaltet ist der Park in verschiedenen Landschaftsformen: Wald, Wüste, Tundra, Taiga, Steppe und Savanne. Die Teiche der Cybina sind Lebensraum für Wasservögel und -tiere. In den zahlreichen Gehegen leben etwa 3000 Tiere aus 600 verschiedenen Arten (ul. Krańcowa; Öffnungszeiten für beide Zoos: tgl. 9.00 bis Dämmerung).

! *Baedeker* TIPP

**Bienen-Welt**

Polens größte Sammlung von Bienenkörben entdeckt man 11 km östlich der Stadt: Rund 200 phantasievoll geschnitzte und bunt bemalte »Körbe« sind im Museumspark versammelt, darunter zahlreiche historische Stücke aus deutscher Zeit. Ein Kuriosum am Rande des Museums ist die Ausstellung »Posen en miniature« mit einer originalgetreuen Nachbildung der gesamten Altstadt (Skansen Pszczelarstwa, Swarzędz, ul. Poznańska 35, Öffnungszeiten: Di. – Fr. 9.00 – 16.00, Sa. u. So. 10.00 – 15.00 Uhr).

**Wilson-Park** Der 1834 angelegte, rund 7 ha große Wilson-Park an der ul. Głogowska ist seit 1903 der Öffentlichkeit als Botanischer Garten zugänglich. Am Eingang steht **eines der größten Palmenhäuser Europas** mit etwa 17 000 Pflanzen von 700 Arten und Unterarten aus südlichen und tropischen Ländern.

**Botanischer Garten** An der ul. Jarosław Dąbrowskiego liegt einer der schönsten Botanischen Gärten Polens. 1925 als Lehrgarten angelegt, sind heute auf einer ca. 17 ha umfassenden Fläche über 7000 Arten und Unterarten von heimischen und fremden Pflanzen vertreten, die in Polen unter freiem Himmel wachsen können.

## Umgebung von Poznań

Der 1957 gegründete **Großpolnische Nationalpark** vor den Toren Posens umfasst ein 7600 ha großes Wald- und Seengebiet in einer während der letzten Eiszeit geformten Moränenlandschaft. Rund 200 Vogelarten wurden in dem Gebiet gesichtet. Durch den Park führen markierte Wanderwege auf einer Länge von etwa 85 km.

*** Wielkopolski Park Narodowy**

Auf der größten der vier Inseln im See Jezioro Lednickie, gut 30 km östlich von Posen, finden sich Reste der **ältesten Steinburg Polens** aus dem 10. Jahrhundert. Zu sehen sind die Ruinen eines ringförmigen Burgwalls und einer Rotundenkapelle. In dem einstigen Königssitz wurde Bolesław Chrobry, der Tapfere, geboren. 1038 wurde die Burg vom böhmischen Fürsten Brestislaw zerstört und danach nicht wieder aufgebaut.
Am Ostufer des Ledniczka-Sees liegt malerisch ein **Freilichtmuseum** mit historischen Holzbauten Großpolens, darunter eine Windmühle von 1585 (Mo. geschl.).

*** Ostrów Lednicki**

*Das Gestüt Racot züchtet auch Tarpane, eine alte Wildpferdrasse.*

Ca. auf halber Strecke zwischen Poznań und Leszno liegt etwas abseits der E 261 das weit berühmte **Gestüt Racot**, das die Großpolnische Rasse und, als Experiment, **Tarpane** züchtet. Die Verwaltung des Gestüts ist in einem 1775 erbauten klassizistischen Palast untergebracht, den ein französischer Park umgibt. Angeschlossen ist ein kleines Wagenmuseum (Mo. geschl.).

**Leszno (Lissa)**

Rund 80 km südlich von Poznań liegt Leszno auf der Lissaer Höhe (Wysoczyzna Leszczyńska). Das Städtchen besitzt einen schönen, verkehrsberuhigten Marktplatz, der von prächtigen barocken Bürgerhäusern aus dem 17./18. Jh. und klassizistischen Bauten vom Anfang des 19. Jhs. gesäumt wird. In der Mitte des Ryneks erhebt sich das **barocke Rathaus**, das Wahrzeichen der Stadt, 1707 / 1708 nach einem Entwurf von **Pompeo Ferrari** gebaut.

*** Rydzyna (Reisen)**

Knapp 10 km südöstlich von Lissa liegt das zum Teil **denkmalgeschützte Barockstädtchen** Reisen. Bedeutendste Sehenswürdigkeit ist das auf eine mittelalterliche Burg zurückgehende Schloss der Familie Sułkowski, umgeben von einem tiefen Burggraben und einem französischen Park.

Die spätbarocke **Stanislauskirche**, um 1750 nach Entwürfen von Karl Martin Frantz entstanden, besitzt eine barock-klassizistische Ausstattung aus dem Jahr 1786.

**Kórnik (Kurnik)**

In dem Städtchen, ca. 20 km südöstlich von Poznań am Kórnickie-See gelegen, lohnt das von einem wunderschönen Park umgebene Palais Kórnik einen ausgedehnten Besuch. Der neogotische Palast entstand 1845 – 1860 nach einem Entwurf von **Karl Friedrich Schinkel** aus einem Renaissancebau für den Grafen Tytus Działyński. Der **Maurische Saal** im ersten Stock ist der Alhambra in Granada nachempfunden.

Zu sehen sind in dem Palais historische Möbel, Gemälde, Waffen, Kunsthandwerk, Jagdtrophäen sowie natur- und völkerkundliche Sammlungen aus Australien, Polynesien und Madagaskar. Im Nachbargebäude ist eine kleine, aber sehenswerte Kutschensammlung aus der Mitte des 19. Jhs. untergebracht, die noch vom einstigen Schlossbesitzer Jan Działyński stammt (Öffnungszeiten: Di. – Fr. und So. 9.00 – 15.00, Sa. bis 14.00 Uhr).

Palais Rogalin ►

Ca. 13 km westlich von Kórnik glänzt ein weiterer musealer Prachtbau: der halbkreisförmige Pałac Rogalin, zwischen 1768 und 1784 für die adelige Familie Raczyński erbaut. Zunächst entstand der Hauptbau nach Plänen von J. M. Graff, erst später wurden die Galerien angebaut.

Heute ist das barock-klassizistische Schloss eine **Abteilung des Nationalmuseums von Posen** mit französischen, italienischen, deutschen und polnischen Interieurs des 17. bis 19. Jhs., mit Gobelins, Porzellan und Gemälden, darunter Werke von Böcklin, Monet und Matejko (Öffnungszeiten: Mi. – So. 10.00 – 15.00 Uhr).

**Gorzów Wielkopolski (Landsberg an der Warthe)**

Im Nordwesten Großpolens, rund 45 km von der Grenze zu Deutschland entfernt, liegt die Industriestadt Gorzów Wielkopolski. Einen Stadtbummel lohnt die **frühgotische Kathedrale** von 1290 am Alten Markt mit Fragmenten spätgotischer Fresken und Skulpturen aus der Mitte des 15. Jhs. An der Kreuzung ul. Fabryczna / ul. Przemysłowa liegt am Ufer der Warthe ein **ehemaliger Speicher**, in dem heute historische Sammlungen und zeitgenössische Kunstwerke ausgestellt sind (Mo. geschl.).

Bezirksmuseum ►

In erster Linie Exponate zur Stadt- und Regionalgeschichte zeigt das Bezirksmuseum in der ul. Warszawska, untergebracht in einem 1903 errichteten Palais (Öffnungszeiten: Di. – So. 10.00 – 17.00 Uhr).

**Nationalpark Warthe-Mündung**

Von Kostrzyn (Küstrin), 46 km westlich von Gorzów, bis etwa zum nördlich gelegenen Dorf Osinów reicht das Gebiet des **Oderbruchs**, eine sumpfige Niederung, die vor allem durch die politischen Verhältnisse weit gehend unberührt geblieben ist und ein bemerkenswertes ökologisches Reservat darstellt. Im Jahr 2001 wurde die Niederung als Nationalpark Warthe-Mündung (Park Narodowy Ujście Warty) unter Naturschutz gestellt.

# ★ Puszcza Białowieska · Urwald von Białowieża

W 5

**Wojewodschaft:** Podlaskie

**Jahrhundertealte Eichen und Ahornriesen, Weißbuchen und Linden und dazu eine faszinierende Tierwelt – ein Streifzug durch den letzten Urwald Europas im äußersten Osten Polens ist ein eindrucksvolles Naturerlebnis.**

★★ Unesco-Welterbe

Bereits 1921 wurden große Teile des nie durch menschliche Eingriffe umgestalteten Waldes unter Schutz gestellt. Dieses Areal bildete den Anfang des Nationalparks Białowieski Park Narodowy, der offiziell 1947 gegründet und 1979 in die Liste des **Welterbes der Unesco** aufgenommen wurde.

Der Park hat heute eine Fläche von rund 125 000 ha, der sich beiderseits der polnisch-weißrussischen Grenze erstreckt, ca. ein Drittel liegt auf polnischem Gebiet. Zum Nationalpark gehört ein kleiner Zoo, ein Naturkundemuseum, angesiedelt bei der Parkverwaltung in Białowieża, dem Ausgangspunkt für Ausflüge in den Nationalpark.

## PUSZCZA BIAŁOWIESKA

### AUSKUNFT

*Nationalparkverwaltung*
Białowieski Park Narodowy
ul. Park Pałacowy 11
PL-17-230 Białowieża
Tel. 085 / 681 23 06
www.bpn.com.pl

Im Urwald von Białowieża haben sich verschiedenartige Pflanzengemeinschaften herausgebildet. Am stärksten verbreitet ist der Eichen-Hainbuchen-Linden-Wald mit einem Anteil an Ahorn, Fichte, Esche und Ulme, Bäumen, die auf fruchtbaren Böden wachsen. Eine große Fläche nehmen Mischwälder aus Kiefer, Eiche und Fichte ein.

Große Sandbodenflächen sind von Kiefern-Fichten-Wald bewachsen. In abflusslosen Mulden findet man Sumpfwälder mit Schwarzerlen, in sumpfigen Flusstälern Bruchwald aus Erlen und Eschen mit einem Anteil an Fichten und Ulmen.

In der Puszcza Białowieska zählt man über 4000 Pflanzenarten, darunter 26 Baumarten wie Hainbuche, Stieleiche, Schwarzerle, Moorbirke, Kleinblättrige Linde und Esche, außerdem gibt es etwa 1500 Pilz- und 250 Moosarten und über 200 Arten von Flechten.

Fauna

Der Wald ist Lebensraum für über 60 Arten von Säugetieren, rund 230 Vogelarten und etlichen Kriechtier-, Amphibien- und Fischarten. Außer Birk- und Rebhuhn, Eule und Auerhahn leben hier weiße und schwarze Störche, Reiher und Kraniche.

Noch imposanter ist die Liste der Säugetiere: Tarpane – kleine graue Wildpferde –, Luchse und Dachse, Wölfe und Bären haben hier einen geschützten Lebensraum gefunden. »König« des Waldes ist der **Wisent**, ein gehörnter Riesenbüffel. Nach dem Ersten Weltkrieg sah es so aus, als müsse er zu den ausgestorbenen Spezies gerechnet werden. Als 1919 der letzte Wisent der Puszcza Białowieska erlegt wurde, gab es in den europäischen Zoos nur noch zwölf fortpflanzungsfähige Tiere. Der Urwald wurde unter Schutz gestellt und ein Züchtungsprogramm für die Wisente aufgelegt. Schließlich konnten 1952 erstmals wieder gezüchtete Wisente im Wald ausgesetzt werden, und fünf Jahre später wurde das erste Kalb in freier Wildbahn geboren. In der Folge vermehrten sich die Wisente so emsig, dass sie in andere polnische Wälder übersiedelt werden mussten, um eine »Überbelegung« der Puszcza Białowieska zu vermeiden. Der Platz reicht dort nur für etwa 250 Tiere.

! *Baedeker* TIPP

**Auf Pirsch**

Von den weltweit ca. 3000 existierenden Wisenten sind 700 in Polen beheimatet, die meisten davon im Urwald Puszcza Białowieska. Die scheuen Riesen kann man im Schaugehege von Białowieża bewundern, doch noch spannender ist es, sie in freier Wildbahn zu sehen. Bei der Parkverwaltung in Białowieża bucht man den für den Parkbesuch obligatorischen Führer.

# ★ Sandomierz

S 9

**Wojewodschaft:** Podkarpackie **Höhe:** 145 – 205 m ü. d. M.
**Einwohnerzahl:** 28 400

**Auf sieben Hügeln am linken Weichselufer erbaut, hat das Renaissance-Städtchen mit engen, verwinkelten Gassen den Charme vergangener Zeiten bewahrt.**

**Geschichte**

Im 10. Jh. lag Sandomierz an der Handelsstraße von Prag über Krakau nach Kiew, im 11. Jh. gehörte es neben Krakau und Breslau zu den drei wichtigsten Städten Polens. Bei den Tatareneinfällen im 13. Jh. wurde die Stadt zerstört, anschließend jedoch schnell wieder aufgebaut und war lange Zeit Hauptstadt des Fürstentums Sandomierz. Aus dem Zweiten Weltkrieg ging die Stadt unbeschädigt hervor.

## Sehenswertes in Sandomierz

**Opatower Tor**

Man betritt die Altstadt durch das mittelalterliche Opatower Tor (Brama Opatowska) im Norden der ehemaligen Befestigungsanlagen. Es lohnt sich, zu der mit Renaissance-Attika geschmückten Aussichtsterrasse hinaufzusteigen, die einen weiten Blick auf Stadt und Land bietet (Öffnungszeiten: tgl. 10.00 – 17.30 Uhr).

*Falls die Turmuhr versagt, gibt's immer noch die Rathaus-Sonnenuhr.*

✶ **Rathaus**

Über die Opatowska-Straße gelangt man zum Rynek, der ringsum von hübschen Bürgerhäusern gesäumt ist. In seiner Mitte prangt das Rathaus, dessen strenge gotische Formen um 1550 durch geschwungene Renaissance-Elemente aufgelockert worden sind. Eine **Sonnenuhr** gibt noch heute präzis den Verlauf der Zeit an. Das Rathaus beherbergt das **Museum für Stadtgeschichte**, in dem anhand von Miniaturmodellen die glorreiche Vergangenheit von Sandomierz beschworen wird (►S. 371).

**Unterirdischer Gang**

Gegenüber dem Rathaus, in ehemaligen Oleśnicki-Palais, startet eine Tour durch die unterirdische Abteilung des Museums. Im Schein von Fackeln wandert man durch labyrinthisch angelegte Kellergewölbe, in denen einst die Kaufleute von Sandomierz ihre Ware lagerten (Podziemna Trasa Turystyczna, Eingang ul. Oleśnickich, Öffnungszeiten: Mai – Sept. tgl. 10.00 – 17.00, Okt. – April tgl. bis 15.30 Uhr).

✶ **Kathedrale**

Ein Vorgängerbau der ehemaligen Kollegiatskirche im Süden von Sandomierz stand hier bereits 1148, das jetzige dreischiffige Bauwerk entstand 1360 – 1382 aufgrund einer Stiftung von König Kazimierz III. Wielki (dem Großen).
Die kunstvolle Ausstattung der Kathedrale besteht u. a. in byzantinisch-russischen Malereien, einem Rokoko-Seitenaltar und einer An-

## SANDOMIERZ ERLEBEN

### AUSKUNFT

*Tourist-Information*
Rynek 25/26
PL-27-600 Sandomierz
Tel. / Fax 015 / 832 23 05
www.sandomierz.pl

### ESSEN

**► Erschwinglich**

*Oscar*
ul. Mickiewiczka 17 A
Tel. 015 / 832 11 44
im Restaurant des gleichnamigen Hotels genießt man hervorragende polnische und internationale Gerichte.

*Retro*
Rynek 5
Tel. 015 / 832 28 59
Das Restaurant im Stadtzentrum bietet gute traditionelle polnische Küche.

### ÜBERNACHTEN

**► Komfortabel**

*Pod Ciżemką*
Rynek 27
PL-27-600 Sandomierz
Tel. 015 / 832 05 50
www.sandomierz-hotel.com.pl
9 Z.
Direkt am Marktplatz liegt das »antik« eingerichtete Altstadthotel. Neben einem Restaurant gibt es hier noch eine Weinstube.

**► Günstig**

*Winnica*
Mały Rynek 2
PL-27-600 Tel. Sandomierz
Tel. 015 / 832 31 31
17 Z.
Die Pension am »kleinen« Rynek bietet einfache, recht preisgünstige Zimmer. Mit Etagenbad.

fang des 18. Jhs. geschaffenen Holztäfelung mit Märtyrer-Bildern. Die Orgel wurde von dem Danziger **Andrzej Nitrowski** zwischen 1694 und 1697 gebaut.

**Diözesanmuseum** Das Muzeum Diecezjalne ist in einem spätgotischen Gebäude untergebracht, dem so genannten **Długosz-Haus**, in dem der berühmte Historiker des 15 Jhs. lebte. Es besitzt wertvolle sakrale Kunst seit der Romanik (Dom Długosza, ul. J. Długosza 9; Öffnungszeiten: Di. bis Sa. 9.00 – 16.00, So. 14.00 – 16.00 Uhr).

**Burg** Die Festung wurde im 14. Jh. von Kazimierz III. auf dem Hochufer der Weichsel erbaut. Von 1795 bis 1959 diente es als Gefängnis und seit der Renovierung als Ausstellungsort des Bezirksmuseums.

**✶ Jakobskirche** Die Kościół św. Jakuba, das **wertvollste Baudenkmal der Stadt** und einer der ältesten Backsteinbauten in Kleinpolen, wurde im 2. Viertel des 13. Jhs. in spätromanischem Stil errichtet und hat ein stattliches Nordportal. In Vitrinen sind die Gebeine der Mönche ausgestellt, die im 13. Jh. von den Tataren ermordet wurden. Der Glockenturm stammt aus der Zeit der frühen Gotik.

Das Muzeum Okręgowe ist auf mehrere Gebäude verteilt: Im Schloss werden Wechselausstellungen veranstaltet, im Rathaus ist die Abteilung für Stadtgeschichte untergebracht, gleich daneben im Oleśnicki-Haus (Rynek 10) die archäologische und volkskundliche Abteilung. Zu dem Museum gehört auch das Literaturmuseum (ul. Katedralna 5/7) in dem Haus, in dem viele Jahre lang einer der größten polnischen Schriftsteller des 20. Jahrhunderts, **Jarosław Iwaszkiewicz**, lebte (Öffnungszeiten: Di. – So. 9.00 – 16.00 Uhr).

**Bezirksmuseum**

## Umgebung von Sandomierz

Koprzywnica, ca. 17 km südwestlich von Sandomierz, besitzt eine bedeutende spätromanische Zisterzienserkirche, erbaut von 1218 bis 1238. Geradezu Aufsehen erregend prächtig gestaltet ist der sonst bei Zisterzienserbauten bescheidene Dachreiter. In der Kirche befinden sich beachtenswerte Fragmente gotischer Wandmalerei. Die Klosterräume sind teilweise erhalten, darunter der schöne Kapitelsaal.

**✶ Koprzywnica**

! *Baedeker* TIPP

### Schlafen wie die Grafen

Von den rund 800 historischen Palästen, Burgen und Herrenhäusern Polens wurden 85 in feudale und dennoch erschwingliche Gäste-Residenzen umgewandelt. Eine der schönsten ist »Baranów Sandomierski«, auch »Kleiner Wawel« genannt, 28 km südwestlich von Sandomierz. Umgeben von einem riesigen Park, ist hier jeder Gast ein König (Nähere Infos unter www.baranow.motronik.com.pl).

**Opatów**, ca. 30 km nordwestlich von Sandomierz, ist für eines der bedeutendsten Grabmäler der polnischen Renaissance berühmt. In der ursprünglich romanischen **Basilika St. Martin** ist das Grabmal des Kanzlers **Krzysztof Szydłowiecki** († 1533) zu finden, bedeutender Politiker und Förderer des Zisterziensermönchs und Malers Stanisław Samostrzelnik. Das 1534 geschaffene Grabmal besitzt über einem Sockel aus rotem Marmor drei aus Bronze gegossene Teile: in der Mitte die Grabplatte für Szydłowiecki, darunter die »Wehklage von Opatów«, und ganz oben das Epitaph für dessen als Kind verstorbenen Sohn Zygmunt.

In **Ujazd** 16 km südwestlich von Opatów (Zufahrt über Iwaniska) steht die imposante Ruine der Burg Krzytopór, die 1631 – 1644 von Lorenzo Senes für den Magnaten und Wojewoden Krzysztof Ossoliński erbaut wurde. Diese Burg, vor dem Bau von Versailles größte Residenz in Europa, besaß einmal so viele Türme, wie es Jahreszeiten gibt, so viele Säle wie Monate, so viele Zimmer wie Wochen und so viele Fenster wie es Tage im Jahr gibt. In der Decke des Speisesaals war ein riesiges Aquarium eingelassen.

**✶ Ujazd**

Auch seine 365 weißen Hengste bedachte Ossoliński recht großzügig und ließ für sie Ställe aus schwarzem Marmor bauen. Allerdings konnte er sich über seinen prachtvollen Besitz nicht lange freuen, Ossoliński verstarb ein Jahr nach Fertigstellung des Baus.

# ✶ Sanok

T 11

**Wojewodschaft:** Podkarpackie **Höhe:** 360 m ü. d. M.
**Einwohnerzahl:** 41 000

**Das geschäftige Städtchen liegt hübsch auf einer Bergterrasse über dem San und bietet sich als an als Ausgangspunkt für ausgedehnte Touren in die Waldkarpaten.**

**Geschichte** Wie fast alle Städte der Region war auch Sanok zwischen den Nachbarn umkämpft. In der Ruthenischen Chronik wird für das Jahr 1152 eine ungarische Burg am San erwähnt, die später an das Fürstentum Halitsch-Ruthenien (in der heutigen Ukraine) fiel. Mit dem Tod Jerzys II., seines letzten Regenten, kam das Gebiet 1340 an Polen, wurde aber nach dem Tod von König Kazimierz II. vorübergehend ungarisch. Die Teilungen brachten Sanok ans Habsburgische Reich, bevor es nach dem Ersten Weltkrieg wieder polnisch wurde. Im Zweiten Weltkrieg wurde die Stadt stark zerstört, die gesamte jüdische Bevölkerung ermordet.

## Sehenswertes in Sanok

**✶ Schloss** Die wichtigste Sehenswürdigkeit von Sanok ist das Schloss am Hochufer des San. Im Mittelalter erbaut, wurde es auf Anregung der Königin Bona Sforza im Renaissance-Stil umgestaltet.
Heute beherbergt es das Historische Museum mit Polens größter Sammlung von Ikonen, die überwiegend aus den zerstörten orthodoxen Kirchen der Waldkarpaten stammen. Sehenswert ist außerdem

## SANOK ERLEBEN

### AUSKUNFT

*PTTK*
ul. 3 Maja 2
PL-38-500 Sanok
Tel. 013 / 463 25 12
www.sanok.pl

### ESSEN

► **Preiswert**

*Karczma*
Rynek 12
Tel. 013 / 464 67 00
In dem Lokal am Marktplatz lässt man sich die regionale Küche in rustikalem Ambiente schmecken.

### ÜBERNACHTEN

► **Komfortabel**

*Krosno-Nafta*
ul. Lwowska 21
PL-38-400 Krosno
Tel. 013 / 436 62 12
www.hotel.nafta.pl
41 Z., 9 App.
Das »Nafta« im nordwestlich gelegenen Krosno bietet viel Komfort in geschmackvoll eingerichteten Zimmern. Das Hotel verfügt auch über eine Bar, einen Wellnessbereich mit Sauna, Solarium und Fitnessraum sowie über eine Tiefgarage.

*Im Freilichtmuseum Sanoks wird die untergegangene Welt der einstigen Karpatenbewohner wieder lebendig.*

die Galerie des 1929 in Sanok geborenen Malers Zdzisław Beksiński, dessen Gemälde in surrealistischer Manier alptraumhafte Visionen festhalten (Muzeum Historyczne, ul. Zamkowa 2; Öffnungszeiten: Di. – So. 9.00 – 15.00 Uhr).

**★ Freilichtmuseum**

Am rechten Sanufer, im Stadtteil Biała Góra, erstreckt sich auf weitläufigem Terrain eines der größten Freilichtmuseen Polens. Der Park Etnograficzny w Sanoku erweckt die untergegangene bäuerliche Welt der Karpatenbewohner wieder zum Leben: die Welt der ukrainischsprachigen Lemken und Bojken. Es gibt Bauernhütten und Wirtschaftsgebäude, Kirchen, Wasser- und Windmühlen – und eine Gaststätte mit regionalen Spezialitäten (Skansen, ul. Traugutta 3; Öffnungszeiten: Mai – Sept. tgl. 8.00 – 18.00 Uhr).

## Umgebung von Sanok

**Lesko**

Sehenswert in Lesko, 14 km südlich von Sanok, sind die spätgotische Kirche und das um 1500 gebaute Schloss, eine Anlage aus Gotik und Renaissance, die von Befestigungsmauern umgeben ist. In der alten Synagoge wurde ein Regionalmuseum eingerichtet (Mo. geschl.).

**Solina**

Der Erholungsort liegt 33 km südöstlich von Sanok am Stausee Zalew Solińskie, der 2200 ha groß ist. Mit dem südwestlich gelegenen Polańczyk und dem Bergland bildet Solina ein reizvolles Urlaubsgebiet.

**Krosno** Die Stadt Krosno, im äußersten Südosten Polens am Fluss Wisłok gelegen, ca. 60 km nordwestlich von Sanok, ist wirtschaftlicher, kultureller und touristischer Mittelpunkt des Karpatenvorlands. Eine bedeutende Tradition hat sie als Zentrum des ältesten Erdölfördergebiets der Welt.

Marktplatz ► Pfarrkirche ► Der Marktplatz von Krosno mit prächtigen Bürgerhäusern und Laubengängen ist einer der schönsten in Polen. Die Pfarrkirche stammt aus dem Jahr 1512. Nachdem sie 1637 zerstört worden war, wurde sie wieder aufgebaut und wenig später im Stil der Renaissance umgebaut. Sie besitzt drei Glocken aus dem 17. Jahrhundert und einen Barockaltar aus dem Jahr 1658. Franziskanerkirche ► Die Franziskanerkirche von 1380, 1407 umgebaut, beherbergt zahlreiche Grabmäler und eine schön gestaltete Barockkapelle der Familie Oświęcim von 1647. Bezirksmuseum ► Das Bezirksmuseum im ehemaligen Bischofspalais ist v. a. wegen seiner Abteilung zur Geschichte der Beleuchtung mit einer Sammlung von Öllampen interessant (ul. Piłsudskiego 16; Öffnungszeiten: Di. – So. 10.00 bis 16.00 Uhr).

**Bóbrka** In Bóbrka, 8 km südwestlich von Krosno, wurde auf dem Gelände der **ältesten Erdölförderstätte** der Welt – 1854 von Ignacy Łukasiewicz eröffnet – ein hoch interessantes Freilichtmuseum zur Geschichte der Erdölförderung eingerichtet (Öffnungszeiten: Di. – So. 9.00 – 17.00 Uhr).

✶ **Biecz** Biecz, 38 km westlich von Krosno malerisch am Ufer der Ropa gelegen, steht gänzlich unter **Denkmalschutz**. Sie existiert seit 1023 und war ursprünglich von einer Mauer umgeben. Ab dem 13. Jh. gehörte der Ort zum Krakauer Kapitel. Biecz war immer ein wichtiges Handelszentrum; im Mittelalter war es Sitz einer berühmt-berüchtigten Schule für Henker. Zu den zahlreichen alten Bauten gehören das Rathaus aus dem 16. Jahrhundert mit schlankem Turm, die im 14. Jahrhundert gebaute gotische Pfarrkirche mit reich verziertem Chorgestühl sowie die Barockkirche und das Kloster von 1630. In Biecz wurde 1512 der Historiker Marcin Kromer geboren, dem an der ul. Kromera ein kleines Museum gewidmet ist. Ferner gibt es ein Museum mit historischen und volkskundlichen Sammlungen.

! *Baedeker* TIPP

**Kirchen-Fahrt**

Eine vom Fremdenverkehrsbüro in Sanok herausgegebene Broschüre zeigt eine 70 km lange Strecke im San-Tal mit den schönsten Ikonen-Kirchen der Region. Nähere Informationen darüber erhält man auch im Freilichtmuseum.

**Przemyśl** Das Städtchen Przemyśl, 75 km nordöstlich von Sanok, liegt malerisch am Durchbruch des San im hügeligen Karpatenvorland, nur wenige Kilometer von der Grenze zur Ukraine entfernt, und glänzt mit einer hübschen, kopfsteingepflasterten Altstadt.

# Słupsk · Stolp

J 2

**Wojewodschaft:** Pomorskie
**Höhe:** 20 – 30 m ü. d. M.
**Einwohnerzahl:** 103 000

**Von der Stadt am Fluss Słupia ist es nicht weit zu den kleinen Badeorten an der Ostseeküste oder in die malerische Hügellandschaft der kaschubischen Seenplatte.**

**Geschichte**

Bereits im Jahre 1015 ist eine Siedlung, im 12. Jh. eine Kastellanei bezeugt. Im 13. Jh. beherrschten abwechselnd Danziger und großpolnische Fürsten das Gebiet. Das Stadtrecht erhielt Słupsk 1310; nur wenige Jahre zuvor war die Stadt von Brandenburg eingenommen worden. Zeitweilig stand sie auch unter der Herrschaft des Deutschen Ordens. Im 15. Jh. kam sie zum Herzogtum Hinterpommern und im Jahr 1653 zu Brandenburg-Preußen. Im Zweiten Weltkrieg erlitt Słupsk schwere Zerstörungen.

## Sehenswertes in Słupsk

**Schloss der pommerschen Fürsten**

In der Südostecke der Altstadt liegt das ursprünglich mit Wassergraben und Mauern befestigte Zamek Ks. Pomorskich. Der Bau der Anlage wurde 1507 begonnen und zu Ende des Jahrhunderts im Stil der Renaissance verändert. Heute sind hier die Sammlungen des Mittelpommerschen Museums untergebracht, darunter Kunsthandwerk, Tapisserie, Münzen, Waffen und Gemälde. Zur Schlossanlage gehört auch eine **Wassermühle**, in der die volkskundliche Abteilung des

## ▶ SŁUPSK ERLEBEN

### AUSKUNFT

*Tourist-Information*
ul. Sienkiewicza 19
PL-76-200 Słupsk
Tel. 059 / 842 43 26
Fax 842 07 91
www.slupsk.pl

### ESSEN

**▶ Erschwinglich**

*Zamkowa*
ul. Dominikańska 4
Tel. 059 / 842 04 79
Im »Burglokal« neben dem Museum kann man kaschubische Spezialitäten wie Walnusssuppe und gebratene Birne mit Kandisfrüchten kosten.

### ÜBERNACHTEN

**▶ Günstig**

*Atena*
ul. Kilińskiego 7
PL-76-200 Słupsk
Tel. 059 / 842 88 14
www.hotelatena.ta.pl; 18 Z.
Das kleine Hotel liegt nur einige Gehminuten von der Innenstadt entfernt. Die Zimmer sind mit Telefon, Sat-TV und Internetzugang ausgestattet.

*Einst Teil einer mächtigen Verteidigungsanlage, heute museales Prachtstück: die Hexenbastei von Słupsk*

Museums präsentiert wird (Muzeum Pomorza Środkowego, ul. Dominikańska 3; Öffnungszeiten: Mi. – So. 10.00 – 16.00 Uhr, in den Sommerferien tgl.).

**Dominikanerkirche St. Hyazinth**

Die Kościół św. Jacka, bis zur Reformation die Kirche der Dominikaner, ist ein schlichter Bau aus dem 15. Jh. mit einem hohen Westturm. In der Reformation verlor sie ihre Ausstattung. Herausragende Ausstattungsstücke aus späterer Zeit sind die Kanzel und der Hochaltar aus dem ausgehenden 17. Jh. sowie die beiden barocken Grabmäler für Herzogin Anna und Herzog Ernst Bogisław von Croy.

**Marienkirche**

In der ul. Łukaszewicza steht die gotische, im 14. Jh. erbaute Kościół N. P. Marii, deren Westfassade ebenfalls von einem mächtigen Turm dominiert wird. Die dreischiffige Basilika birgt eine schöne Kreuzigungsgruppe vom Anfang des 16. Jhs. und eine frühbarocke Kanzel von 1609.

**Stadtbefestigung**

Von der ehemaligen Stadtbefestigung aus dem 14./15. Jh. sind noch einige Teile erhalten, so die **Hexenbastei** (Baszta Czarownic), das Mühlentor (Brama Młyńska) sowie das Neue Tor (Brama Nowa) am pl. Zwycięstwa, in dem heute eine Galerie für moderne Kunst eingerichtet ist.

## Umgebung von Słupsk

**Ustka (Stolpmünde)**

An der Mündung der Słupia in die Ostsee, 18 km nordwestlich von Słupsk, liegt das Seebad Ustka, ein beliebter Ferien- und Kurort mit schönen Stränden. Die Hafenstadt besitzt noch einen Leuchtturm von 1871 und einige historische Häuser in Schachtholzkonstruktion.

**Bytów (Bütow)**

Das Industrie- und Verwaltungsstädtchen liegt 54 km südöstlich von Słupsk mitten im Herzen der Kaschubischen Seenplatte (Pojezierze Kaszubskie). Bytów besitzt eine mächtige **Deutschordensburg**, die in den Jahren 1398 bis 1406, als die Stadt zum Herrschaftsgebiet des Deutschen Ordens gehörte, von dem Koblenzer Meister Nikolaus Fellensteyn errichtet und im 16. und 17. Jahrhundert umgebaut wurde. Die wehrhafte Anlage mit vier runden Ecktürmen – sie verdanken ihre Form den damals neu entwickelten Feuerwaffen – erhebt sich über einem rechteckigen Grundriss.
Heute beherbergt die Burg das Westkaschubische Museum mit historischen und volkskundlichen Sammlungen, ein Hotel und ein Restaurant (Muzeum Zachodnio-Kaszubskie, ul. Zamkowa 2; Öffnungszeiten: Di. – Fr. 10.00 – 18.00, Sa. u. So. bis 15.00 Uhr).

# Sopot · Zoppot

M 2

**Wojewodschaft:** Pomorskie
**Einwohnerzahl:** 50 000
**Höhe:** 0 – 60 m ü. d. M.

**Sopot ist das traditionsreichste und eleganteste Seebad Polens. Und zum Stadtbummeln und Shoppen nach Danzig ist es nur ein »Katzensprung«.**

## SOPOT ERLEBEN

### AUSKUNFT

*Tourist-Information*
ul. Dworcowa 4
PL-81-704 Sopot
Tel. / Fax 058 / 550 37 83
www.sopot.pl

### ESSEN

► **Erschwinglich**
*Bar Przystań*
ul. Wojska Polskiego 11
Tel. 058 / 555 06 61
In dem Strandlokal genießt man exzellent zubereitete Fischgerichte.

### ÜBERNACHTEN

► **Komfortabel**
*Rezydent*
pl. Konstytucji 3 Maja 3
PL-81-704 Sopot
Tel. 058 / 555 58 00
www.HotelRezydent.com.pl; 65 Z.
Das »Rezydent« bietet u. a. eine Sauna und Aromatherapie.

*Sopot ist seit über 150 Jahren das eleganteste Seebad des Landes.*

**Geschichte** Zusammen mit einigen anderen Dörfern wurde Zoppot im Jahr 1283 von Herzog **Mściwój II.** den Zisterziensern in Oliva übergeben und blieb in deren Eigentum bis 1772. Das Kloster verpachtete den Danziger Bürgern und dem Adel Grundstücke für den Bau von Sommerresidenzen.
Seinen Aufstieg zum Seebad verdankt Zoppot dem aus dem Elsass stammenden Militärarzt der Napoleonischen Armee **Johann Georg Haffner**, der in den Jahren 1819 bis 1823 die ersten Badeanstalten einrichtete. Seither zieht der Badeort mit seinen langen Sandstränden entlang der Danziger Bucht, den Strandpromenaden, den Badeanstalten in den Strandparks und den vielen Freizeitmöglichkeiten alljährlich zahlreiche Urlauber an. Zwischen 1920 und 1945 gehörte Zoppot zur Freien Stadt Danzig; seit 1945 ist es polnisch.

## Sehenswertes in Sopot

**Promenadenmole** Berühmt wegen ihrer Länge von 516 m ist die 1928 fertig gestellte Mole, das markante Zentrum des Kurorts; an ihr legen auch die Ausflugsschiffe an. Die erste Mole wurde im Jahr 1827 gebaut. Von ihr aus überblickt man einen großen Abschnitt der Küste vom Adlerhorst (Kępa Redłowska) im Norden bis zur Danziger Westerplatte.

**Südpark, Nordpark** Der Park Południowy erstreckt sich südlich der Mole am Meer. Vor dem Park liegt eine Badeanlage aus den Jahren 1903 / 1904. Ein Stück weiter steht die neobarocke evangelische Kirche von 1919. Die nahen Südbäder (Łazienki Południowe) wurden 1907 als Frauenbadeanstalt erbaut. Der Park Północny beginnt am gewaltigen Gebäude des Grand Hotel. Am Strand liegen die modernen Nordbäder (Łazienki Północne).

**Spanischer Hof**

Das älteste noch erhaltene Herrenhaus in Zoppot ist der Dwór Hiszpański in der al. Niepodległości 781. Dem Erdgeschoss des Gebäudes aus dem 17. Jh. wurde im 18. Jh. ein Stockwerk in Fachwerkkonstruktion aufgesetzt.

# Suwałki

U 2

**Wojewodschaft:** Podlaskie
**Einwohnerzahl:** 69 000
**Höhe:** 130 m ü. d. M.

**Suwałki liegt abseits der quirligen Touristenhochburgen ganz im Osten der Masurischen Seenplatte; ein idealer Ort für Leute, die Ruhe und Entspannung suchen und Ausflüge in die nahen Naturparadiese unternehmen.**

Die Stadt inmitten der Suwalker Seenplatte (Pojezierze Suwalskie), dem touristisch und wirtschaftlich noch wenig erschlossenen äußersten Nordosten Polens, entstand im 17. Jh. aus einer Siedlung, die

*Ein einsamer Segler zieht im Wigry-See gemächlich seine Bahnen.*

## SUWAŁKI ERLEBEN

### AUSKUNFT

*Tourist-Information*
ul. Kościuszki 45
PL-16-400 Suwałki
Tel. 087 / 566 58 72
www.suwalki-turystyka.info.pl

### ESSEN

► **Preiswert**
*Rozmarino*
ul. Kościuszki 75
Tel. 087 / 566 59 04
Gut frequentierte Pizzeria im Zentrum des Städtchens.

### ÜBERNACHTEN

► **Günstig**
*Dom Nauczyciela*
ul. Tadeusza Kościuszki 120
PL-16-400 Suwałki
Tel. 087 / 566 69 00
www.domnauczyciela.suwalki.pl
31 Z.
Neben hübsch eingerichteten Zimmern, alle mit mit Bad, Sat-TV und Telefon, gibt es in dem Hotel auch ein gutes Restaurant.

Kamaldulensermönche aus dem nahe gelegenen Wigry hier gründeten. Im Jahr 1715 erhielt sie das Stadtrecht. Heute lebt das Städtchen v. a. von der Holzindustrie.

## Sehenswertes in Suwałki

**Klassizistischer Stadtkern**

Charakteristisch für Suwałki sind die klassizistischen Häuser im Zentrum, insbesondere das Rathaus aus der ersten Hälfte des 19. Jhs. sowie einige Gebäude in seiner näheren Umgebung, z. B. die Gymnasialkirche von 1838 und das ehemalige Gymnasium aus dem Jahr 1833, das u. a. der bedeutende polnische Pianist **Jerzy Lalewicz** besuchte.
Die Alexanderkirche (Kościół św. Aleksandra) am pl. Wolności, 1820 bis 1845 erbaut, ist ebenfalls klassizistisch; in der Kirche hängt ein ausdrucksstarkes Gemälde aus dem 17. Jh. mit der Kreuzigungsszene.

## Umgebung von Suwałki

**✶ Wigry-Nationalpark**

Der 1989 gegründete Wigierski Park Narodowy liegt südöstlich von Suwałki beiderseits der Straße nach Sejny. In den ausgedehnten Wäldern des 15 000 ha umfassenden Parks, leben u. a. Elche, Wölfe, Dachse und Luchse, die Seen bieten Bibern und Fischottern Lebensraum.
Im Zentrum des Parks liegt der knapp 18 km lange und bis zu 73 m tiefe **Wigry-See** (Jezioro Wigry) mit dem kleinen gleichnamigen Ort am östlichen Ufer und einem barocken Kloster der Kamaldulenser. Die Parkverwaltung findet man in Suwałki.

30 km östlich von Suwałki liegt der Wallfahrtsort **Sejny** mit der ehemaligen Dominikanerkirche, die 1760 zu einem spätbarocken Gotteshaus umgebaut wurde. In der Seitenkapelle befindet sich eine herrliche gotische Madonnenfigur aus dem 14. Jahrhundert.

Nördlich der Stadt liegen viele kleine Seen, darunter der stille **Jezioro Hańcza**, mit 108 m der tiefste See Polens. Die Seen sind von bis zu fast 300 m hohen Hügeln umgeben, auf denen sich im Winter Skifahrer tummeln. Auf dem Berg Cisowa Góra, ca. 5 km nördlich von Suwałki, liegt ein kleiner Friedhof aus dem 3. bis 5. Jh., eines der wenigen Relikte des kaum bekannten jatwingischen Volkes.

! *Baedeker* TIPP

**Rückzug ins Kloster**

Auf einer Landzunge im Wigry-See liegt ein barockes Kamaldulenserkloster aus dem 17. Jahrhundert. Seine zwölf Einsiedeleien werden heute als Hotel genutzt, auch andere Räume des Klosters können angemietet werden. Die absolute Ruhe, die dort herrscht, macht das Kloster zu einem begehrten Rückzugsort, vor allem für Künstler (Nähere Infos erhält man von der Touristeninformation in Suwałki).

# ★★ Świdnica · Schweidnitz

H 9

**Wojewodschaft:** Dolnośląskie
**Einwohnerzahl:** 64 800
**Höhe:** 250 m ü. d. M.

**Das geschäftige Städtchen Świdnica, nur wenige Kilometer südwestlich von Breslau in der weiten Ebene des Sudetenvorlands gelegen, präsentiert sich mit einer schmucken Altstadt und der berühmten Friedenskirche, ein Weltkulturerbe der Unesco.**

**Geschichte**

Die frühslawische Burg und Wehrsiedlung erhielt 1243 das Stadtrecht und war von 1291 an Sitz des Herzogtums Schweidnitz. 1392 kam die Stadt an Böhmen, 1742 an Preußen. Die Festungsanlagen, die unter Friedrich dem Großen ausgebaut worden waren, wurden 1867 geschleift. Im Zweiten letzten Krieg blieb die Stadt unversehrt.

## Sehenswertes in Świdnica

**Rynek**

Den repräsentativen Marktplatz beherrscht das in seiner Mitte stehende Rathaus, ein Bau aus dem 16. Jh., der 1720 grundlegend umgestaltet wurde. An seiner Westseite ist die Renaissance-Fassade erhalten geblieben. Im Erker an der Nordseite befand sich der Altarraum der einstigen Ratskapelle. Vor dem Rathaus erhebt sich der Neptunbrunnen aus dem Jahr 1732 u. a. mit dem Wappen der Stadt. Im Rathaus beherbergt das **Museum des alten Kaufmannsstands** alte Maße, Waagen und anderes Kaufmannsgerät (Öffnungszeiten: Di. bis So. 10.00 – 16.00 Uhr).

## ŚWIDNICA ERLEBEN

### AUSKUNFT

*Tourist-Information*
ul. Wewnętrza 2
PL-58-100 Świdnica
Tel. / Fax 074 / 852 02 90
www.um.swidnica.pl

### ESSEN

**► Erschwinglich**
*Ziemianska*
Rynek 43
Tel. 074 / 856 84 19
Spezialität des eleganten Restaurants ist Meerbarbe mit blanchiertem Gemüse und kanadischem Reis.

### ÜBERNACHTEN

**► Komfortabel**
*Hotel Park*
ul. Pionierów 20
PL-58-100 Świdnica
Tel. 074 / 853 77 22
www.park-hotel.com.pl
18 Z., 5 App.
Die im Landhausstil eingerichteten Zimmer des Park-Hotels sind alle hervorragend ausgestattet, u. a. mit Klimaanlage und Sat-TV. Das hoteleigene Restaurant bietet neben polnischen Gerichten auch internationale Küche.

**★ St. Stanislaus und St. Wenzel**

Vom Ring führt die ul. Staromiejska zur katholischen Pfarrkirche św. Stanisława i Wacława, einer gewaltigen gotischen Hallenkirche, die von 1325 bis 1488 errichtet wurde. Ihr 104 m hoher Turm – mit dreifacher Renaissancehaube von 1565 – ist das weithin sichtbare **Wahrzeichen der Stadt**. Der hohe Innenraum beeindruckt durch den Kontrast von gotischer Architektur und üppiger barocker Ausstattung, die um 1700 entstand. Erhalten ist noch der spätgotische Altar mit dem Tod Mariens von einem Veit-Stoß-Schüler.

**★★ Friedenskirche**

Vom Rynek gelangt man in nordöstlicher Richtung zu der evangelischen Kościół Pokoju, einem der beeindruckendsten Kirchenbauten Europas und seit 2002 **Weltkulturerbe** der Unesco.

Entspricht das Äußere trotz der vielen orthodox wirkenden Anbauten den Erwartungen an eine protestantische Kirche, überrascht das Innere mit einer sehr »katholischen« barocken Pracht. Nach dem Dreißigjährigen Krieg gehörte Schweidnitz zu Österreich; daher konnte sich die protestantische Bevölkerung nur unter engen Bedingungen eine Kirche bauen: kein Glockenturm, nicht aus Stein, ein Jahr Bauzeit.

Der Militärbaumeister **Albrecht von Saebisch** erstellte von August 1656 bis Juni 1657 den Fachwerkbau über dem Grundriss eines griechischen Kreuzes.

Zwei- bis dreistöckige Emporen umgeben den gänzlich ausgemalten Innenraum, in dem 7500 Menschen Platz finden. Die 28 außen sichtbaren Anbauten sind Sondereingänge, durch die man zu den Logen und Emporen gelangt, die Emporen sind mit Bibelsprüchen beschriftet, allegorische Szenen daneben stellen die Sprüche dar. Der Altar

*Der von Kapellen umkränzte Fachwerkbau der Friedenskirche, seit 2002 Unesco-Weltkulturerbe, bietet insgesamt 7500 Gläubigen Platz.*

entstand 1752, darüber befindet sich die zweite, kleine Orgel der Kirche von 1695, Ersatz für die 1666 gebaute Hauptorgel, die häufig ausfiel. Diese wurde um 1780 mit musizierenden Engeln verziert, deren Bewegungen an das Spiel gekoppelt ist.

Etwas abseits der Kirche steht ein Glockenturm. Im alten Friedhof sind noch Gräber deutscher Familien erhalten (Öffnungszeiten: Mo. bis Sa. 10.00 – 13.00, 15.00 – 17.00, So. 15.00 – 17.00 Uhr).

## Umgebung von Świdnica

**✶ Strzegom (Striegau)**

In den Striegauer Bergen (Wzgórze Strzegomskie), 18 km nördlich von Schweidnitz, liegt die Stadt Striegau. In der noch gut erkennbaren mittelalterlichen Stadtanlage ragt die katholische Stadtpfarrkirche St. Peter und Paul mit ihrem seltenen gotischen Netzgewölbe heraus. Das mächtige Schiff aus Granitbruchsteinen besitzt zwei nur bis zum First reichende Türme und reich verzierte Portale.

**Sobótka (Zobten)**

Am nördlichen Fuß des weithin sichtbar aus der Ebene ragenden Góra Ślęża liegt, 10 km nordöstlich von Świdnica, der Naherholungsort Sobótka, dessen Name sich von dem slawischen Wort »sobota«, Samstag bzw. Markttag, herleitet. Sehr schön ist eine etwa 2-stündige Wanderung vom Südrand Sobótkas aus auf den 718 hohen, bewaldeten **Góra Ślęża**, einst keltische Kultstätte und heiliger Berg des slawischen Stammes der Slesanen, nach der man sich in der Zobtenbergbaude stärken und vom Aussichtsturm einen herrlichen Blick genießen kann.

Regionalmuseum ► Im Städtchen selbst lohnt sich ein Besuch des Muzeum Ślężańskie. In der Nähe der auf romanischen Fundamenten errichteten barocken Jakobuskirche im Renaissance-Abtshaus untergebracht, zeigt das Museum Exponate zur Geschichte der Region, u. a. ein für Schlesien typisches Bußkreuz und einen Pranger (Dom Opata; Öffnungszeiten: Mi. – So. 9.00 – 16.00 Uhr).

**Krzyżowa (Kreisau)** Auf Gut Kreisau, ein paar Kilometer südöstlich von Schweidnitz, das **Helmuth James Graf von Moltke** gehörte, trafen sich im Zweiten Weltkrieg die Mitglieder einer Widerstandsgruppe, des **»Kreisauer Kreises«**. Heute gibt es hier eine Internationale Jugendbegegnungsstätte, eine Akademie für Erwachsenenbildung und – im so genannten Berghaus – eine Gedenk- und Forschungsstätte.

Die Dauerausstellung dokumentiert zum einen den Widerstand des »Kreisauer Kreises« gegen das NS-Regime und zum anderen die Opposition gegen die kommunistische Herrschaft in Ost- und Mitteleuropa (Öffnungszeiten: Di. – So. 10.00 – 16.00 Uhr).

# ★ Szczecin · Stettin

D 4

**Wojewodschaft:** Pomorskie **Höhe:** 5 – 100 m ü. d. M.
**Einwohnerzahl:** 416 000

**Die alte, traditionsreiche Hansestadt und einstiger Hafen von Berlin präsentiert dem Besucher eine Altstadt aus rekonstruierten historischen Bauten und neuen, bunten, historisierenden Gebäudeensembles.**

**Geschichte** Die im 9. Jh. an der Oder gegründete Fischersiedlung stieg rasch zu einem blühenden Handelsplatz auf. Im 12. Jh. zählte die Siedlung fast 10 000 Bewohner. 1121 eroberte Herzog **Bolesław Krzywousty** die Stadt, Pommern gerät unter polnische Oberhoheit. 1181 belehnt Friedrich Barbarossa Herzog **Bogisław I.** mit Slawien (Pommern). Im 12. Jh. wurde im Süden der slawischen Vorstadt eine deutsche Kaufmannssiedlung gegründet, die um 1240 das Stadtrecht erhielt und ab 1275 Mitglied der Hanse war. Durch König **Władysław Jagiełło** mit Handelsprivilegien ausgestattet, zog die Stadt deutsche Kaufleute an. Die Einnahme des Hafens durch die Schweden 1630 unterbrach die Entwicklung der Stadt. Während des Nordischen Kriegs (1700 bis 1721) wurde Stettin von Preußen eingenommen; zu Polen kam es erst wieder 1945, nachdem große Teile der Stadt zerstört waren.

In den Jahren 1970 und 1980 war die Stadt Schauplatz von Arbeiteraufständen gegen die damaligen Machthaber: Neben Danzig war Stettin eine der Keimzellen der Gewerkschaft **Solidarność**.

*Herrlich bunte Häuser säumen den Marktplatz mit dem gotischen Altstädter Rathaus.*

## Sehenswertes in Szczecin

**Tore**

Von der mittelalterlichen Stadtbefestigung Stettins stehen noch Fragmente an der Ecke ul. Pod Brama/ul. Podgórna sowie die **Bastei der Sieben Mäntel** (Baszta Panieńska Siedmiu Płaszczy) in der ul. Panieńska. An der Stelle von gotischen Toren entstanden im 18. Jh. nach der preußischen Besitznahme das **Tor der Preußischen Huldigung** (Brama Hołdu Pruskiego) und das Hafentor (Brama Portowa). Für beide lieferte der Architekt Cornelius von Walrave die Pläne.

**Altstädter Rathaus**

Am Stary Rynek erhebt sich das Altstädter Rathaus, in dem noch Teile eines aus dem 14. Jahrhunderts stammenden Kellergewölbes erhalten sind, die heute als Weinkeller genutzt werden. Der Nachfolgebau aus dem 15. Jh., im Barock durchgreifend umgestaltet, erstand nach Kriegszerstörung 1945 wieder in rein gotischen Formen und beherbergt das **Stadtmuseum**. Anhand von Bildern, Schautafeln, Landkarten und Modellen wird die Geschichte der Stadt bis in die Gegenwart und die Geschichte polnischer Organisationen in Stettin anschaulich vermittelt (Muzeum Historii Miasta Szczecina, pl. Rzepichy 1; Öffnungszeiten: Di. u. Do. 10.00 – 17.00, Mi. u. Fr. 9.00 bis 15.30, Sa. u. So. 10.00 – 16.00 Uhr).

★ **Schloss der pommerschen Herzöge**

An der Stelle einer frühmittelalterlichen Festung entstand ab 1346 der Zamek Książąt Pomorskich. Nach mehrfachen Umbauten erhielt es um 1575 durch den italienischen Architekten **Guglielmo di Zacca-**

## *Szczecin* Orientierung

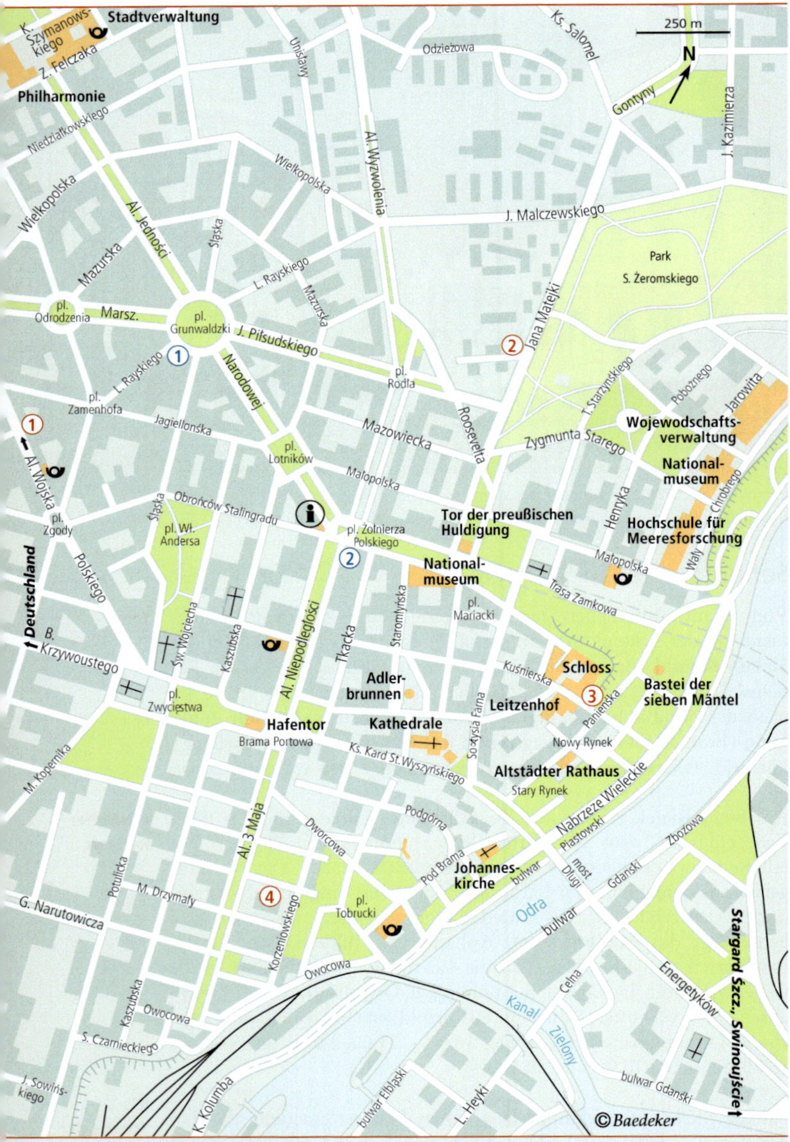


**Essen**
① Chief
② Pod Muzami

**Übernachten**
① Radisson
② Neptun
③ Arkona
④ Victoria

## SZCZECIN ERLEBEN

### AUSKUNFT

*Tourist-Information*
al. Niepodległości 1
PL-70-412 Szczecin
Tel. 091 / 434 04 40
Fax 433 84 20
www.szczecin.pl

### ESSEN

#### ► Fein & teuer

① *Chief*
pl. Grunwaldzki / ul. Rayskiego 16
Tel. 091 / 434 32 65
Schon seit vielen Jahren gibt es hier ausschließlich Fisch, stets frisch und variationsreich zubereitet.

#### ► Erschwinglich

② *Pod Muzami*
pl. Żołnierza Polskiego 25
Tel. 091 / 434 72 09
Das Altstadt-Restaurant serviert sehr gute polnische Küche.

### ÜBERNACHTEN

#### ► Luxus

① *Radisson*
pl. Rodła 10
PL-70-412 Szczecin
Tel. 091 / 359 55 95
www.radisson.com; 379 Z.
Das Vorzeigehaus der skandinavischen Hotelkette verfügt über ein Hallenbad und zwei sehr gute Restaurants. Die Hausgarage ist bewacht; am Wochenende Shuttleservice zum Golfplatz in Binowo.

#### ► Komfortabel

③ *Arkona*
ul. Panieńska 10
PL-70-412 Szczecin
Tel. 091 / 488 02 61
www.orbis.p; 62 Z.
Das Altstadthotel wirkt grau von außen, präsentiert sich innen aber bedeutend besser. Einige Zimmer haben sogar Blick auf den Fluss.

② *Neptun*
ul. Matejki 18
PL-70-412 Szczecin
Tel. 091 / 488 38 83
www.orbis.pl
283 Z.
Das Mittelklassehotel liegt im Żeromski-Park nördlich der Altstadt und lockt mit Disko und Kasino.

#### ► Günstig

④ *Victoria*
pl. Stefana Batorego 2
PL-70-207 Szczecin
Tel. 091 / 434 38 55
41 Z.
Familienfreundliches Hotel unter deutscher Leitung auf halber Strecke zwischen Bahnhof und Altstadt.

**ria** im wesentlichen seine heutige Gestalt. Die einen Innenhof umschließende Vierflügelanlage wurde 1616 bis 1619 um den sog. Museumsflügel erweitert, durch den ein zweiter, kleinerer Hof dazukam. Der im Zweiten Weltkrieg schwer beschädigte Gebäudekomplex beherbergt ein **Museum** mit Gemälden und Kunstgegenständen sowie ein Kulturzentrum mit Konzertsaal und Ausstellungsräumen.
Im Nordflügel, dem ältesten Teil der Schlossanlage, befindet sich neben der zu einem Konzertsaal umgestalteten Schlosskapelle der Glo-

ckenturm mit der Kopie einer mittelalterlichen Statue des hl. Otto an der Südostseite und einer Aussichtsplattform, von der sich ein schöner Blick über die Stadt eröffnet. Eine Krypta aus der Spätrenaissance mit den Sarkophagen der pommerschen Herzöge findet sich im Ostflügel (Öffnungszeiten: Di. – So. 10.00 – 16.00 Uhr).

**Loitzenhof** Gegenüber dem Schloss steht das prächtige Wohnhaus, das Dom Loitzow, der Kaufmannsfamilie Loitze, die als Bankiers im Dienst der pommerschen Herzöge stand. Das 1547 erbaute, den Stilwandel von der Spätgotik zur Renaissance spiegelnde Haus vertritt exemplarisch die bürgerliche Architektur Stettins in der frühen Neuzeit.

**★ Nationalmuseum** Die Sammlungen des Nationalmuseums sind in zwei nebeneinander stehenden Gebäuden untergebracht. Es umfasst Abteilungen zur Archäologie, Volkskunst, polnische und ausländische Malerei und Plastik, ein großes Lapidarium, Kunsthandwerk sowie eine reiche Grafiksammlung. Sehenswert ist auch die Ausstellung zur Geschichte der polnischen Seefahrt und die naturkundliche Abteilung (Muzeum Narodowe, Wały Chrobrego; Öffnungszeiten: Di. u. Do. 10.00 – 17.00, Mi. u. Fr. 9.00 – 15.30, Sa. u. So. 10.00 – 16.00 Uhr).

*Vor den Hakenterrassen liefern sich Freizeitsegler eine spontane Regatta.*

Die Gründung der Kościół św. Piotra i Pawła geht auf die Christianisierung Stettins im 12. Jh. zurück. Das Gotteshaus wurde angeblich an der Stelle einer heidnischen Kultstätte errichtet und um 1370 durch eine gotische Backsteinkirche mit Stufengiebel ersetzt. Die Fassade der Kirche schmücken glasierte Ziegel, wie man sie häufig bei gotischen Kirchen der Region findet.

★ **Peter-und-Pauls-Kirche**

An der Ostseite des pl. Żołnierza Polskiego stehen die so genannten Kamienice Profesorskie, im Kern gotische Gebäude aus dem 14. Jh., die um 1740 und nochmals um 1830 umgestaltet und mit repräsentativen Fassaden zum Platz hin versehen wurden.

**»Professorenhäuser«**

Die Katedra św. Jakuba, eine gotische Hallenkirche, ist eine der größten Kirchen Pommerns und entstand ab dem 14. Jh. an der Stelle eines 1187 gegründeten Vorgängerbaus. Ältester Bauteil ist der Chor, um 1375 entstanden; das Langhaus wurde um 1400 errichtet und der Turm im Jahr 1504 vollendet.

★ **Kathedrale St. Jacob**

Die über dem Oderufer verlaufenden Wały Chrobrego wurden seit dem Ausgang des 19. Jhs. zu einer Prachtstraße ausgebaut, an der sich repräsentative Gebäude aneinander reihen, darunter die Marinehochschule und das in einem Neorenaissancebau von 1903 untergebrachte **Meeresmuseum**, eine Abteilung des Nationalmuseums, mit umfangreichen Sammlungen zur Geschichte der Seefahrt, sowie mit reichhaltigen archäologischen und völkerkundlichen Abteilungen (Öffnungszeiten: Di. – Do. 10.00 – 17.00, Fr. 9.00 bis 15.30, Sa. u. So. 10.00 – 16.00 Uhr).

Zur Oder hin erstreckt sich die von Pavillons gefasste Hakenterrasse – benannt nach **Hermann Haken**, dem Oberbürgermeister der Stadt von 1876 bis 1906 – mit einem schönem Blick auf Stadt und Hafen.

**Wały Chrobrego**

★ ◄ Hakenterrasse

Zwischen 1873 und 1914 entstanden im Norden und Nordwesten der Altstadt der Śródmieście genannte, weitläufig angelegte Stadtbezirk um den pl. Grunwaldzki, das heutige **Geschäftszentrum von Stettin**. Charakteristisch für den um die Jahrhundertwende nach dem Pariser Vorbild angelegten Stadtteil sind die breiten Alleen und Straßen, die sternförmig von großzügigen Plätzen ausgehen und von stattlichen Bürgerhäusern gesäumt sind. Die Hauptachse der Śródmieście, die al. Jedności, führt stadtauswärts direkt auf den Königsplatz (Jasne Błonia) mit der Philharmonie. Den schönen Park umgeben Villen aus dem 19. und 20. Jahrhundert.

**Śródmieście**

## Umgebung von Szczecin

Für einen Abstecher an das Oderhaff (Zalew Szczeciński) empfiehlt sich Nowe Warpno, 50 km nördlich von Stettin. Die mittelalterliche Stadt mit schöner Fachwerkarchitektur liegt malerisch auf einer schmalen Halbinsel und bietet einen weiten Blick auf das Haff.

**Nowe Warpno (Neuwarp)**

★ **Stargard Szczecińskie**

Stargard Szczecińskie, 36 km östlich von Stettin, besitzt eine fast vollständig erhaltene bzw. nach Kriegszerstörung rekonstruierte Stadtbefestigung mit Basteien und Toren. Zu den bedeutendsten gotischen Kirchen Polens zählt die **Pfarrkirche St. Marien**, eine monumentale Backsteinbasilika aus dem 14. Jh. mit mächtiger Doppelturmfassade und aufwändig gestalteten Familienkapellen. Am Markt stehen das spätgotische Rathaus von 1569 sowie die 1720 erbaute Wache mit einem kleinen Regionalmuseum (Muzeum Regionalne; Öffnungszeiten: Di. – So. 10.00 – 16.00 Uhr).

# Szczecinek · Neustettin

H 3

**Wojewodschaft:** Zachodnio-Pomorskie
**Einwohnerzahl:** 43 000
**Höhe:** 130 m ü. d. M.

**Inmitten der hügeligen Draheimer Seenplatte liegt das pommersche Städtchen Szczecinek, in dessen unmittelbarer Nähe sich der Vilm- und der kleinere Streitzigsee erstrecken – ein Dorado für alle Wassersportbegeisterten.**

*Kurzes Päuschen beim Nachmittagsspaziergang am Ufer des Vilmsees*

# SZCZECINEK ERLEBEN

## AUSKUNFT

*Tourist-Information*
pl. Wolności 5
PL-78-400 Szczecinek
Tel. 094 / 372 37 00
www.szczecinek.net.pl

## ÜBERNACHTEN

### ► Komfortabel

*Gromada*
al. Piastów 15
PL-64-920 Piła
Tel. 067 / 351 18 00
www.hotele.gromada.pl
208 Z., 4 App.
Das Hotel im weiter südlich gelegenen Städtchen Piła liegt ganz in der Nähe des Bahnhofs. Geboten werden neben einem Fitness- und Wellnessbereich auch eine Kegelbahn und ein Kiosk.

### ► Günstig

*Resiedence*
ul. Lelewela 12
PL-78-400 Szczecinek
Tel. 094 / 372 88 50
www.resiedence.szczecinek.pl
27 Betten
Das »Resiedence« liegt außerhalb des Stadtzentrums am Trzesiecko-See. Alle Zimmer sind mit Bad, Telefon, Sat-TV und Internetanschluss ausgestattet. Das Restaurant serviert gute polnische Küche.

**Geschichte**

Auf dem Gebiet von Szczecinek bestand eine frühmittelalterliche slawische Siedlung, die 1310 als Neustettin das Stadtrecht erhielt. Die Burg wurde in den folgenden Jahrhunderten zerstört und verlassen. Bis zum 16. Jh. war die Mehrheit der Bevölkerung slawisch, im 17. Jh. waren es nur noch etwa ein Viertel. Im Jahre 1648 wurde die Stadt von Brandenburg eingenommen. Seit 1945 gehört sie zu Polen.

## Sehenswertes in Szczecinek

Das Regionalmuseum im alten gotischen Turm der Nikolaikirche (Kościół św. Mikołaja) aus dem 16. Jh. zeigt Exponate zu Stadtgeschichte und Volkskunde (ul. Ks. Elżbiety 6; Öffnungszeiten: Di. bis So. 10.00 – 16.00 Uhr).
Sehenswert sind auch das neugotische Rathaus und die neugotische Marienkirche mit einem 78 m hohen Turm. Die ehemalige Burg wurde in ein Hotel umgebaut.

## Umgebung von Szczecinek

**Pojerzierze Drawskie (Draheimer Seenplatte)**

Den Aufenthalt in Szczecinek sollte man mit einer Erkundung des Draheimer Seengebiets verbinden. Zwischen bewaldeten Moränenhügeln – eine der höchsten Erhebungen ist der Wola Góra bei Połczyn Zdrój mit 219 m – liegen zahlreiche kleine Seen mit Inseln und Halbinseln, Buchten und reichem Fischbestand, eine malerische Landschaft zum Wandern und Baden, Segeln und Kajakfahren.

Das größte Gewässer der Seenplatte ist der **Jezioro Drawsko**, der Großer Lübbesee. An seiner Südspitze, 43 km von Sczcecinek entfernt, liegt der beliebte Ferienort **Czaplinek** mit Schwimmbädern, Pensionen und Campingplätzen. Sehenswert ist seine, im 18. Jahrhundert umgebaute, gotische Kirche mit einer prachtvollen Barockausstattung.

## ? WUSSTEN SIE SCHON ...?

- ... dass die Geister pommerscher Grafen in ihrem einstigen Schloss in Białowas, ca. 30 km nordwestlich von Szczecinek, ihr Unwesen treiben? 1945 waren die Särge der Familiengruft derer von Glasenapps von sowjetischen Soldaten ausgeraubt worden. Alle Plünderer starben binnen weniger Monate, und auch der neue Besitzer Stanisław Michalak fühlt sich seines Lebens nicht sicher. Bevor nun das Geisterschloss für alle Zeiten versiegelt wird, soll geklärt werden, was wirklich für den Spuk verantwortlich war.

An der Grenze zwischen Pommern und Großpolen, ungefähr 70 km südlich von Szczecinek, liegt **Piła**. Ein Abstecher in die von Wiesen und Wäldern umgebene Stadt an der Gwdą lohnt für einen Besuch des **Bezirksmuseums** in der ul. Browarna 19 mit historischen Sammlungen und des **Museums der Befreiung der Stadt** (Muzeum Wyzwolenia Miasta) in der ul. Miła 1 (beide Mo. geschl.).

**Wałcz (Deutsch Krone)**

Knapp 30 km nordwestlich von Piła liegt das Städtchen Wałcz an einem See mit zahlreichen Erholungs- und Sportanlagen. Das **Museum des Pommernwalls** – eine unweit von Wałcz in den Jahren 1934 bis 1936 von der deutschen Wehrmacht erbaute Befestigungsanlage – und ein Soldatenfriedhof erinnern an die Kämpfe während des Zweiten Weltkriegs (Muzeum Wały Pomorskiego; Mo. geschl.).

# ★ Szklarska Poręba · Schreiberhau

F 9

**Wojewodschaft:** Dolnośląskie **Höhe:** 440 – 886 m ü. d. M.
**Einwohnerzahl:** 8000

**Im Winter tummeln sich an den schneebedeckten Hängen rund um den kleinen Ort Skifahrer und Rodler. Im Sommer, wenn es hier etwas ruhiger zugeht, locken weite Wanderungen in Schluchten mit faszinierenden Wasserfällen.**

**Ehemals größtes Dorf in Preußen**

Neben ►Karpacz ist Szklarska Poręba der bedeutendste Ferienort in den Sudeten. Das Städtchen besteht aus mehreren Weilern im Tal des Zacken (Kamienna) und seiner Nebenflüsse zwischen dem Riesen- und dem Isergebirge. Das Stadtgebiet des ehemals flächenmäßig größten Dorfes in Preußen umfasst insgesamt 74,7 km² mit den

*Meterhoher Schnee und ein strahlend blauer Himmel – Bilderbuchwetter für eine Abfahrt hinunter nach Szklarska Poręba*

Ortsteilen Niederschreiberhau (Szklarska Poręba Dolna), Mittelschreiberhau (Szklarska Poręba Średnia) und Oberschreiberhau (Szklarska Poręba Górna). Zu Oberschreiberhau, dem am höchsten gelegenen Ortsteil, gehört Jakuszyce (Jakobsthal) mit dem Grenzübergang zur Tschechischen Republik.

**Geschichte**

Schreiberhau wird 1366 erstmal urkundlich erwähnt; bereits damals existierte im heutigen Niederschreiberhau eine Glashütte. Es entstanden weitere Glashütten und im 16. Jh. auch ein Pyritbergwerk und eine Schwefelsäurefabrik. Die 1842 von Graf **Leopold Schaffgotsch** gegründete **Josephinenhütte** entwickelte sich schnell zur bedeutendsten Glasfabrik Schlesiens; in Preußen war sie lange Zeit einziger Hersteller von künstlerisch gestaltetem Kristallglas (nach dem Zweiten Weltkrieg nach Schwäbisch Gmünd umgesiedelt; der hiesige Betrieb eröffnete 1956 als »Julia-Hütte«). 1960 erhielt Szklarska Poręba das Stadtrecht.

## Sehenswertes in Szklarska Poręba

**Szklarska Poręba Dolna**

Die evangelische Kirche entstand 1755 und wurde 1817 im neogotischen Stil umgebaut. Ausgestattet ist sie u. a. mit Bildern von **Vlastimil Hofman** (► S. 395), der Hauptaltar enthält zwei Bilder aus der

## SZKLARSKA PORĘBA ERLEBEN

### AUSKUNFT

*Tourist-Information*
ul. Jedności Narodowej 3
PL-58-580 Szklarska Poręba
Tel. 075 / 717 24 49
Fax 717 24 94
www.szklarskaporeba.pl

### ESSEN

**► Erschwinglich**

*Bożena*
ul. Jedności Narodowej 18
Tel. 075 / 717 21 17
Die restaurierte Holzvilla an der Hauptstraße bietet ein im Jugendstil eingerichtetes Restaurant. Spezialität des Hauses sind Forelle mit Kräuterbutter und die ganze Palette polnischer Klassiker von Piroggen bis zu Bigos.

**► Preiswert**

*Młyn św. Łukasza*
1 Maja 16
Tel. 075 / 717 55 52
In der Lukasmühle, einem Fachwerkbau an der Brücke über den Kamieńczyk, traf sich einst die deutsche Künstlerkolonie. Noch heute kann man schön auf der Terrasse am Fluss sitzen und deftiges Grillfleisch ordern.

### ÜBERNACHTEN

**► Komfortabel**

*Weneda*
ul. Wzgórze Paderewskiego 12
PL-58-580 Szklarska Poręba
Tel. 075 / 717 29 57
www.hotelweneda.pl; 35 Z.
Zentrumsnah gelegenes Dreisternehotel mit großem Garten. Die Zimmer verteilen sich auf eine renovierte Villa von 1898 und einen modernen Anbau; durch eine gläserne Passage sind beide Gebäude miteinander verbunden.

*Baedeker-Empfehlung*

**► Günstig**

*Gawra*
ul. Turystyczna 24
PL-58-580 Szklarska Poręba
Tel. 075 / 717 50 88
www.gawra.pl; 20 Z.
Nah am Nationalpark gelegen, ist das »Gawra« die ideale Unterkunft nicht nur für Wanderer. Die drei miteinander verbundenen Häuser sind von viel Grün umgeben und verfügen über gemütlich eingerichtete Zimmer – und dazu über eine urige Gaststätte.

Renaissance. Unterhalb der Kirche, in der ul. Piastowska, steht eine mächtige Gerichtslinde mit einem Umfang von 6,5 m. In den unteren Teilen der Stadt sind viele alte sudetische Holzhäuser aus dem 18. und 19. Jh. erhalten geblieben.

**Szklarska Poręba Średnia**

Im Haus Nr. 23 in der ul. 11 Listopada 23 wohnte von 1890 bis 1902 der Literaturnobelpreisträger Gerhart Hauptmann (► Berühmte Persönlichkeiten) zusammen mit seinem Bruder Carl, der ebenfalls Schriftsteller war und u. a. ein »Rübezahl-Buch« veröffentlicht hat. Das Haus ist als heute als Museum eingerichtet (Öffnungszeiten: Di., Do., Fr. 9.00 – 15.30, Mi., Sa., So. 9.00 – 16.30 Uhr).

Im Haus ul. Matejki 12 lebte und arbeitete der Neoromantiker **Vlastimil Hofman** (1881 – 1970); heute sind dort eine Sammlung seiner Bilder sowie Werke von anderen Malern des »Jungen Polen« ausgestellt. (Öffnungszeiten: tgl. 10.00 bis 16.00 Uhr).

! *Baedeker* TIPP

**Schätze des Riesengebirges**

Im Riesengebirge wurden 130 verschiedene Mineralien entdeckt, darunter Edel- und Halbedelsteine wie Achat, Amethyst und Rubin. Schon im Mittelalter unternahmen Schatzsucher wagemutige Schürfexpeditionen ins Innere der Berge. Was sie an schillernden, bizarr geformten Steinen zu Tage förderten, kann im Mineralienmuseum in der ul. Kilińskiego 20 besichtigt werden (Di. – Sa. 10.00 – 18.00, So. bis 16.00).

## Umgebung von Szklarska Poręba

Schöne Wanderungen in unmittelbarer Umgebung von Schreiberhau führen zu den Wasserfällen der Szklarka und des Kamieńczyk. Den **Kochelfall** (Wodospad Szklarki; Abb. S. 18) erreicht man von Oberschreiberhau aus entlang der Kamienna in etwa einer Stunde. Der 27 m hohe **Zackelfall** (Wodospad Kamieńczyka), der vom Kamieńczyk (Zackerle) gebildet wird, ist von Oberschreiberhau über die Julia-Hütte in einer knappen Stunde zu erreichen.

**»Todeskurve«**

Nicht versäumen sollte man, die alte Sudetenstraße Richtung Świeradów-Zdrój (Bad Flinsberg) zu fahren. Die Straße erreicht den Kamm des Isergebirges in der berühmten »Todeskurve«. Vom Parkplatz aus eröffnet sich ein großartiger Blick auf Schreiberhau und das Riesengebirge.

# ★ Tatry · Tatra

O / P 12

**Wojewodschaft:** Małopolskie

**Die Tatra ist der höchste Teil des über tausend Kilometer langen Gebirgszuges der Karpaten. Zugleich ist sie das kleinste Hochgebirge der Welt, das bereits seit Jahrzehnten Wanderer, Kletterer und vor allem Skifahrer anzieht. »Basislager« für die meisten Wintersportler ist Polens »Winterhauptstadt« Zakopane.**

**★★ Tatra-Nationalpark**

Bereits Ende des 19. Jhs. wurde die »Gesellschaft zum Schutz der polnischen Tatra« gegründet. Schließlich entstand 1955 der Tatra-Nationalpark (Tatrzański Park Narodowy).
Der Park umfasst nicht nur den 21 000 ha großen polnischen Teil der Tatra, sondern auch die angrenzenden der Slowakei. Einige Teile sind komplett gesperrt, in den übrigen Teilen wurden markierte Wanderpfade mit Orientierungstafeln angelegt. Die polnische Parkdirektion hat ihren Sitz in Zakopane.

**Kristallklare Seen und tiefe Höhlen**

Die Tatra bedeckt eine Fläche von 785 km², ihr höchster Gipfel ist der 2655 m hohe Gerlachovský štít (Gerlsdorfer Spitze) in der Slowakei. In Polen liegt nur etwa ein Viertel der gesamten Gebirgsfläche, der höchste Gipfel auf polnischem Gebiet ist mit 2499 m der Rysy. Die polnische Tatra erstreckt sich über einen 75 km langen Bergkamm vom Pass Przełęcz Huciański (904 m ü. d. M.) zum 1076 m hohen Pass Przełęcz Zdziarski.

## TATRY

### AUSKUNFT

*Tatra-Nationalpark*
Tatrzański Park Narodowy
ul. Chałubińskiego 42 a
PL-34-500 Zakopane
Tel. 018 / 201 41 92
www.cyf-kr.edu.pl/tpn

Gegliedert wird die Tatra in die Westtatra (Tatry Zachodnie), die Hohe Tatra (Tatry Wysokie) und die Belaer Tatra (Belanske Tatry), die ganz in der Slowakei liegt.
Diese Aufteilung folgt dem geologischen Aufbau des Gebirges. Die **Hohe Tatra** besteht hauptsächlich aus Granit und anderem kristallinen Gestein. Hier gibt es die steilsten, bei Kletterern beliebten Felswände, die Tallandschaft ist durch klare, tiefe Seen abwechslungsreich gestaltet.
Die **Westtatra**, hauptsächlich die zu Polen gehörenden Nordhänge, besteht aus Kalk. Seen gibt es in dieser Region zwar nicht, jedoch zahlreiche Höhlen.

**Vegetation**

Bis 1000 m ü. d. M. reicht die landwirtschaftlich genutzte Zone, bis auf 1500 m Höhe wachsen Mischwälder aus Tannen und Buchen, im oberen Bereich Fichtenwälder. Oberhalb der Baumgrenze, in etwa 1500 bis 1800 m Höhe, liegt die Krummholz-Zone, an die sich die Bergwiesen anschließen, auf denen früher Schafzucht betrieben wurde. Nach der Einrichtung des Nationalparks ist die Schafzucht auf wenige Almen beschränkt.

## i Das Auge des Meeres

- Der Legende nach soll er mit dem Mittelmeer verbunden sein, vielleicht heißt der See deshalb »Meeresauge«, »Morskie Oko«. Eine Verbindung zum Mittelmeer konnte bislang nicht entdeckt werden, doch von seiner Magie hat der genau 50,80 m tiefe, schwarz schimmernde See nichts verloren. Eingebettet in ein fast 1400 m hoch gelegenes Tal, ist der von den Einheimischen auch »Fischauge« genannte Bergsee so klar, dass man bis in 15 m Tiefe Fische entdecken kann.

Über dem Almengürtel, ab einer Höhe von etwa 2300 m, liegt die Felszone. Hier wachsen vorwiegend Hochgebirgs- und arktische Pflanzen, darunter 130, zum Teil sehr selten vorkommende und daher streng geschützte Blumenarten wie Edelweiß, Türkenbund und die stengellose Silberdistel. Die beiden Letzteren sind häufige Motive in der regionalen Volkskunst. Nach der Schneeschmelze blüht der violette Krokus, der die Wiesen in Blumenteppiche verwandelt; berühmt dafür ist das **Chochołowska-Tal** südwestlich von Zakopane.

*Angekommen am Morskie Oko, dem geheimnisvollsten See der Hohen Tatra.*

**Fauna**

Die Tatra besitzt eine sehr reichhaltige Tierwelt. In den niederen Lagen sind Hirsche, Rehe und Füchse verbreitet, selten sind Luchse, Bären und Adler. Die höheren Lagen, im Bereich der Baumgrenze, sind das Revier der Gämsen und der Murmeltiere, die in Erdlöchern in den Almen in einer Höhe zwischen 1700 und 2000 m leben. Bei Gefahr warnen sich die Murmeltiere mit einem schrillen Pfiff, daher ihr polnischer Name »świstak« (von »świstać«: pfeifen).

# ★ Toruń · Thorn

M 4

**Wojewodschaft:** Kujawsko-Pomorskie
**Einwohnerzahl:** 207 000
**Höhe:** 50 m ü. d. M.

**Mit ihren backsteinernen Giebelhäusern und romantischen Gassen erinnert die alte Handelsstadt Toruń an jene Zeit, als hier der berühmte Astronom Nikolaus Kopernikus geboren wurde. Als eine der historisch bedeutsamsten und mit ihrer gotischen Architektur eine der schönsten Städte des Landes wurde die Hauptstadt der Wojewodschaft Kujawien-Pommern 1997 zum Unesco-Weltkulturerbe erklärt.**

# TORUŃ ERLEBEN

## AUSKUNFT

*Tourist-Information*
Rynek Staromiejski 25
PL-87-100 Toruń
Tel. 056 / 621 09 31
Fax 621 09 30
www.it.torun.pl

## ESSEN

### ► Erschwinglich

① *Petite Fleur*
ul. Piekary 25
Tel. 056 / 663 44 00
Polnisch-französisches Restaurant, untergebracht im Kellergewölbe eines im Stil der Renaissance rekonstruierten Hotels. Am Wochenende wird hier das Tanzbein geschwungen.

② *Zajazd Staropolski*
ul. Żeglarska 10/14
Tel. 056 / 622 60 60
Das »Altpolnische Gasthaus« ist Thorns bestes Lokal. Man sitzt in einem stilvollen Saal mit gotischen Spitzbogenfenstern und probiert die altpolnischen Gerichte. Lecker schmecken Pfifferlinge mit Krabben und Wildbret.

### ► Preiswert

③ *Hungaria*
ul. Prosta 19
Tel. 056 / 622 41 89
Wie der Name schon sagt, gibt es hier neben polnischen auch ungarische Gerichte zu akzeptablen Preisen, und das in großer Auswahl und in großen Portionen.

## ÜBERNACHTEN

### ► Komfortabel

① *Filmar*
ul. Grudziądzka 45
PL-87-100 Toruń
Tel. 056 / 619 48 00
www.hotelfilmar.pl
260 Betten
Das im Jahr 2004 eröffnete Hotel nahe der historischen Altstadt bietet u. a. ein Restaurant und einen großzügigen Fitnessbereich.

④ *Spichrz*
ul. Mostowa 1
PL-87-100 Toruń
Tel. 056 / 657 11 40
www.spichrz.pl
19 Z.
Romantisches Hotel in einem am Brückentor gelegenen Speicher aus dem Jahr 1719. Auch das hoteleigene Restaurant ist zu empfehlen.

③ *Zajazd Staropolski*
ul. Żeglarska 10/14
PL-87-300 Toruń
Tel. 056 / 622 60 60
Fax 622 53 84
36 Z.
Der »Altpolnische Gasthof« ist in einem mittelalterlichen Kaufmannshaus mitten in der Altstadt untergebracht. Das Frühstück wird in einem rustikal-ritterlichen Speisesaal eingenommen.

### ► Günstig

② *Polonia*
ul. Plac Teatralny 5
PL-87-100 Toruń
Tel. 056 / 657 18 00
www.polonia.torun.pl
65 Betten
Das in schöner Altstadt-Lage in einem Bürgerhaus aus dem 19. Jh. untergebrachte Hotel verfügt über gut ausgestattet Zimmer, jeweils mit Telefon, Radio und TV und Minibar, sowie über ein Restaurant und ein Pub.

## *Toruń* Orientierung

**Essen**
① Petite Fleur
② Zajazd Staropolski
③ Hungaria

**Übernachten**
① Filmar
② Polonia
③ Zajazd Staropolski
④ Spichrz

**Geschichte**

Vom 8. bis zum 12. Jh. existierte eine slawische Burgfestung am Ufer der Weichsel. Die Siedlung, ab 1288 unter der Herrschaft des Deutschen Ordens, erhielt 1233 das Stadtrecht. Auf dem Areal der slawischen Festung entstand ab der Mitte des 13. Jhs. die Deutschordensburg als Sitz für den Komtur.

Der Aufstieg Thorns, ab 1280 **Mitglied der Hanse**, zur wohlhabenden Handelsstadt vollzog sich im 14. und 15. Jahrhundert. Am Aufstand des Preußischen Bundes gegen den Deutschen Orden im Jahr 1453, der den Anfang des sog. Dreizehnjährigen Kriegs bildete, war die Stadt maßgeblich beteiligt. Der **Zweite Thorner Frieden** beendete 1466 diesen Krieg, und die Stadt Thorn fiel an Polen. Bis zur Mitte

des 17. Jahrhunderts erlebte die Stadt eine Blütezeit, die Schwedenkriege machten jedoch ihrem Reichtum ein Ende. In der Zweiten Polnischen Teilung wurde sie 1793 Preußen angeschlossen.
Durch den Versailler Vertrag wurde die Stadt 1920 wieder polnisch und Hauptstadt der Pommerschen Wojewodschaft. Während der deutschen Besetzung Polens kam es auch in Thorn zu Massenverhaftungen, Deportationen, Exekutionen und Aussiedlung der polnischen Bevölkerung.

## Sehenswertes in Toruń

**★★ Rathaus**

Den Mittelpunkt des Altstadtmarkts, des Rynek Staromiejski, bildet das mächtige gotische Rathaus, das zu den interessantesten Denkmälern der bürgerlichen Architektur in Europa gehört. Vor dem Gebäude steht das **Kopernikus-Denkmal** des Berliner Bildhauers Friedrich Tieck von 1853.
An seiner Stelle existierten bereits seit der zweiten Hälfte des 13. Jahrhunderts Wirtschafts- und Verwaltungsgebäude wie die Tuchhallen, die Waage, Brotbänke, Krämerläden und die Gerichtslaube. Im Jahr 1385 wurde der bereits um 1250 erbaute Turm erhöht. Wenige Jahre später wurden die einzelnen Gebäude durch eine großzügige, um einen Innenhof gruppierte Vierflügelanlage ersetzt, die die Handels-, Lager- und Amtsgebäude unter einem Dach vereinte. Sein heutiges Aussehen verdankt das Gebäude dem Umbau zu Beginn des 17. Jhs. durch den flämischen Baumeister **Anton van Opbergen**. Er erhöhte das Rathaus um ein Geschoss, setzte den Ecken zierliche Türmchen auf und akzentuierte die Fassaden durch Giebel.
Die reiche Innenausstattung mit prächtiger Holztäfelung wurde 1703 durch einen Brand zerstört und 1722 – 1737 im spätbarocken Stil wiederhergestellt.

Bezirksmuseum ►

Heute beherbergt das Gebäude das Bezirksmuseum mit einer umfangreichen Sammlung von mittelalterlicher Kunst und Kunsthandwerk, u. a. Formen der berühmten Thorner Honigkuchen, eine Galerie mit Porträts von Thorner Bürgern, darunter auch ein zeitgenössisches Bildnis von Nikolaus Kopernikus, sowie eine Sammlung polnischer Malerei vom Ende des 18. Jhs. bis heute (Muzeum Okręgowe; Öffnungszeiten: Di. – So. 10.00 – 16.00 Uhr).

! *Baedeker* TIPP

### Picknick auf dem Rathausturm

Man decke sich bei »Kopernik« (Rynek Staromiejski 6) mit Thorner Lebkuchen ein, gehe einige Schritte hinüber zum Rathausturm und steige zur Aussichtsterrasse hinauf. Oben angekommen, stärkt man sich mit dem süßen Proviant und genießt den wunderbaren Blick über die ziegelrote Altstadt (Wieża Ratuszowa, Rynek Staromiejski 1, Öffnungszeiten: Di. – So. 10.00 – 16.00 Uhr).

*Das mächtige gotische Rathaus auf dem stets belebten Rynek Staromiejski ist der Stolz und das Herz von Thorns Altstadt.* →

**Haus »Zum Stern«**

Das im 15. Jh. erbaute und im 16. Jh. umgestaltete Pod Gwiadą (Nr. 35) gehört mit seiner prächtigen spätbarocken Fassade mit charakteristischer Blumen- und Fruchtornamentik zu den schönsten Häusern am Altstadtmarkt. In den historischen Räumen hat das **Museum für Kunst des Fernen Ostens** seinen Sitz. Gezeigt werden Kunst und Kunsthandwerk aus China, Japan, Indien, Tibet und Vietnam (Muzeum Sztuki Dalekiego Wschodu; Öffnungszeiten: Di. – So. 10.00 – 16.00 Uhr).

**Bürgerhäuser am Altstadtmarkt**

Die meisten Bürgerhäuser am Altstadtmarkt waren ursprünglich im gotischen und spätgotischen Stil erbaut worden; heute zeigen die Hausfassaden sämtliche Stilrichtungen zwischen Gotik und Neoklassizismus. Gegenüber dem Rathaus erhebt sich ein Neorenaissancebau, der in den Jahren 1889 bis 1891 an der Stelle des früheren **Artushofs** (Dwór Artusa) errichtet wurde und heute das Collegium Maximum der Thorner Universität aufnimmt. Im Artushof wurde 1466 der Zweite Frieden von Thorn unterschrieben.
Das Haus **»Zum Adler«** (Pod orłem; Nr. 4) beherbergt die **älteste Apotheke Thorns** aus der Mitte des 17. Jahrhunderts.
Nach seinem ersten Besitzer, dem Bürgermeister und königlichen Burggraf Jacob Meissner, ist das Gebäude Nr. 7 benannt. Die spätbarocke Fassade des **Palais Meissner** wurde um 1800 durch eine klassizistische ersetzt.
Eines der **ältesten Häuser der Stadt** ist das im 14. Jahrhundert errichtete und im 15. und 18. Jahrhundert umgebaute Haus Nr. 17; das Portal stammt aus dem Jahr 1630.

**Heiliggeistkirche**

Die spätbarocke Kościół św. Ducha an der Südwestecke des Altstadtmarkts wurde Mitte des 18. Jhs. nach einem Entwurf des Thorner Baumeisters **Ephraim Schroeger** erbaut. Ihre Ausstattung ist im Stil des Rokoko gehalten.

*** Kopernikus-Museum**

Das Haus Nr. 17 in der ul. Kopernika wurde im späten 15. Jh. an der Stelle des Geburtshauses von Nikolaus Kopernikus erbaut und beherbergt heute das Muzeum Mikołaja Kopernika. Die umfangreiche Sammlung dokumentiert Leben und Wirken des berühmten Astronomen (Öffnungszeiten: Di. – So. 10.00 bis 16.00 Uhr).

**** Marienkirche**

Die Kościół N. P. Marii in der ul. Panny Marii entstand in der zweiten Hälfte des 14. Jhs. als Klosterkirche eines Franziskanerkonvents. Die monumentale dreischiffige Hallenkirche ist ein ausgezeichnetes Beispiel für die Gotik des Weichsellandes.
Ihre reiche Ausstattung vereint Werke aus mehreren Jahrhunderten. Aus der Erbauungszeit der Kirche finden sich im südlichen Seitenschiff noch Wandmalereien aus dem späten 14. Jh. Das Chorgestühl und das Triumphkreuz, beides aus dem 15. Jh., sind eindrucksvolle Zeugnisse mittelalterlicher Holzschnitzkunst. Der 1731 entstandene Hauptaltar mit Baldachin repräsentiert die Kunst des Spätbarocks.

*Manchmal herrscht in Thorns historischer Altstadt fast ein Gedränge.*

**★★ Johanneskirche**

Von Kriegszerstörungen und späteren Umgestaltungen verschont blieb die gotische Kościół św. Jana. Mit ihrem Bau wurde um 1260 begonnen, das Langhaus noch im 13. Jh. errichtet, die Seitenkapellen im 14. und 15. Jh. angefügt.
Der mächtige, ins Langhaus integrierte Westturm vom Anfang des 15. Jhs. ist ein Werk des Baumeisters **Hans Gotland**. Seit 1500 hängt in dem Turm die zweitgrößte Glocke Polens, die so genannte **Tuba Dei**. Die wertvolle Ausstattung der Kirche ist weit gehend erhalten geblieben, darunter Wandmalereien aus dem 13. Jh., eine gotische Grabplatte des Bürgermeisters **Johann von Soest** sowie der Hauptaltar mit dem spätgotischen Wolfgangsschrein aus dem Jahr 1506.

**Bischofspalast**

Im Pałac Biskupów Kujawskich in der ul. Żeglarska residierten die Bischöfe von Kujawien. Aus der Entstehungszeit des Palasts, 1693 stammt noch die reich dekorierte Barockfassade.

**Stadtbefestigung**

Ab dem 13./14. Jh. war die Altstadt von einem Mauerring umgeben, die im 15. Jh. weiter ausgebaut und mit Toren, Türmen und Basteien besetzt wurde.
Am besten erhalten ist der südliche, an der Weichsel gelegene Abschnitt der Wehranlage. Den südwestlichen Eckpunkt der Altstadt bildet der um 1350 entstandene **Schiefe Turm** (Krzywa Wieża), es folgen an der Mündung der ul. Ducha Świętego das **Klostertor** (Brama Klasztorna), das **Seglertor** (Brama Żeglarska), das die ul. Żeglarska beschließt, und in der südwestlichen Ecke das 1432 von Hans Gotland errichtete **Brückentor** (Brama Mostowa). Ein Überrest der

östlichen Stadtbefestigung an der ul. Podmurna ist der achteckige Monstranzturm (Wieża Monstrancji) aus dem 15. Jahrhundert.
Die im 16. Jh. erbaute **Alte Katzenkopfbastei** (Dawna Baszta Koci Łeb) beim pl. Teatralny wurde 1703 teilweise zerstört und im Jahr 1900 im neogotischen Stil wiederaufgebaut.

**Esken-Palast** Das Dom Eskenów, ein großes gotisches Haus in der ul. Łazienna vom Ende des 14. Jhs., wurde im 19. Jh. in einen Speicher umgewandelt. Von seiner ehemals prachtvollen Renaissanceausstattung zeugt noch das schöne Portal, ein Werk **Wilhelm van den Blockes**.

✶ **Deutschordensburg** Die Deutschordensburg in Thorn gehört zu den ältesten im ehemaligen Ordensstaat. An der Stelle einer Holzburg entstand ab Mitte des 13. bis Mitte des 15. Jhs. ein Backsteinbau. Die Burg bestand aus einem vieleckigen Hauptbau mit Innenhof und einem Mauerring mit Wachturm, Gräben und Toren. Die 1454 von den Bürgern Thorns zerstörte Anlage blieb bis ins 19. Jh. Ruine. Bei Ausgrabungen konnten Teile der Hauptburg, der Grundriss des Ordenshauses und Fragmente der Wehrmauern freigelegt werden.
Das Burgmuseum informiert über die Besiedlung des Gebietes vor dem Auftreten des Deutschen Ordens, über die Geschichte der Burg und über den Konflikt zwischen den Bürgern und dem Deutschen Orden in den Jahren 1454 bis 1466 (ul. Przedzamcze; Öffnungszeiten: tgl. 9.00 – 19.00 Uhr).

**Löwenapotheke** Das gotische, 1830 im Stil des romantischen Klassizismus umgebaute Gebäude am Neustädter Marktplatz (Rynek Nowomiejski) ist Domizil der 1624 gegründeten Apteka pod Złotym Lwem.

✶ **Jakobuskirche** Nahe der südöstlichen Ecke des Marktplatzes liegt die Kościół św. Jakuba. Mit dem Bau des Chors wurde 1309 begonnen, 1340 entstanden das Langhaus und bis 1424 die Seitenkapellen. Die durch die Jahrhunderte gewachsene Ausstattung umfasst u. a. zahlreiche spätmittelalterliche Fresken und ein großes Kruzifix vom Ende des 14. Jhs.; aus dem Barock stammen ein Gestühl vom Beginn des 17. Jhs. sowie Altäre aus den Jahren 1730 bis 1740.

**Volkskundliches Museum** Das Muzeum Etnograficzne in einem klassizistischen Zeughaus von 1824 zeigt Volkskultur aus Nordpolen. Direkt daneben bilden ein kaschubischer, ein kujawischer und ein Tucheler Gutshof vom Ende des 19. Jhs ein kleines Freilichtmuseum (ul. Wały gen. Sikorskiego 19; Öffnungszeiten: Di. – So. 10.00 – 16.00 Uhr).

## Umgebung von Toruń

**Golub Dobrzyń (Gollub)** Der Doppelort Golub Dobrzyń, etwa 40 km nordöstlich von Thorn an der Drwęca in schöner Umgebung gelegen, besitzt ein gut erhaltenes Deutschordensschloss. Zu Beginn des 14. Jhs. errichtete der Orden eine kastellartige Anlage mit vier Flügeln um einen annähernd quadratischen Innenhof. Von den zwei Ecktürmen, die im 15. Jh. der Westfassade angefügt wurden, ist einer erhalten. Zwischen 1616 und 1623 ließ **Anna Waza**, die Schwester des Königs **Zygmunt III.**, der Burg ein Attikageschoss mit runden Ecktürmchen im Stil der Spätrenaissance aufsetzen. In der Burg ist heute ein kleines Regionalmuseum untergebracht (Öffnungszeiten: tgl. 9.00 – 16.00 Uhr).

*Technik des 19. Jahrhunderts in Ciechocinek*

Technikinteressierten bietet sich in dem Solekurort **Ciechocinek**, ca. 25 km südöstlich von Thorn, die Gelegenheit, ein interessantes Architektur- und Industriedenkmal aus dem 19. Jahrhundert zu besichtigen: die Ende der 1820er-Jahre zur Salzgewinnung gebauten **Gradierwerke**: 16 Meter hohe Holzkonstruktionen, ausgefüllt mit Reisigzweigen. Wird darüber die heiße Salzlösung geleitet, bilden sich Salzkristalle.

# ★ Wałbrzych · Waldenburg

G 9

**Wojewodschaft:** Dolnośląskie **Höhe:** 400 – 500 m ü. d. M.
**Einwohnerzahl:** 135 000

**Wałbrzych, die zweitgrößte Stadt Niederschlesiens, liegt inmitten eines stillgelegten Kohlebeckens und zeichnet sich durch zwei prachtvolle mittelalterliche Architekturdenkmäler aus: das monumentale Schloss Fürstenstein und das südwestlich der Stadt gelegene spätbarocke Kloster Grüssau.**

**Geschichte**

Die 1426 erstmals urkundlich erwähnte Siedlung wurde erst gegen Ende des 18. Jhs. als Zentrum der Vermarktung von Leinen bedeutend. Im Stadtteil Altwasser, der bereits 1357 genannt wird, gab es ab dem Mittelalter Silberbergbau; vom 17. Jahrhunderts war der Ort bis zum Versiegen der Mineralquellen im Jahre 1873 durch den Kohlebergbau Badeort.
Die reichen Steinkohlelager in der Umgebung werden seit Mitte des 17. Jhs. ausgebeutet, ab Mitte des 19. Jhs. in beträchtlichem Ausmaß; in erster Linie wird die Kohle zu Koks verarbeitet. Seit 1945 gehört Waldenburg zu Polen.

## Sehenswertes in Wałbrzych

**Altstadt**

Sehenswert ist der Stadtkern mit engen, steilen Gassen und charakteristischen Bauten aus dem 19. Jh., die kleine Marienkirche aus dem 18. Jh. und die Sammlungen des Bezirksmuseums. Dort erhält man auch Infos zur Besichtigung der nordwestlich des Zentrums gelegenen **Kohlengrube »Julia«** mit ihren unterirdischen Stollen, basteiförmigen Schachttürmen und Bergbaumaschinen (Muzeum Okręgowe & Sztolnia Górnicza, ul. 1 Maja 9; Öffnungszeiten: Di. bis So. 10.00 – 16.00 Uhr).

✶ **Zamek Książ**

Das monumentale **Schloss Fürstenstein** liegt nördlich der Stadt sehr malerisch auf einem Bergsporn über der Hellebachschlucht (Zufahrt von der Straße Waldenburg–Świebodzice; Parkplatz). Vom Parkplatz nach dem Tor geht es links zu einem Aussichtspunkt, rechts durch einen schönen Park zur Schlossanlage. Die Anlage, eine der größten im Land mit über 400 Sälen, wurde im Laufe der Jahrhunderte mehrmals umgestaltet und repräsentiert daher Romanik, Gotik, Barock und Jugendstil.

Seinen ältesten Teil erbaute **Bolko I. von Schweidnitz**. Bis zum 14. Jh. war das Schloss unter der Herrschaft polnischer, später böhmischer Fürsten; von 1509 bis 1945 gehörte es den Grafen Hochberg, die ab 1847 auch Fürsten von Pless (Pszczyna) waren. Die barocken Flügel entstanden von 1722 bis 1724, Torhaus, Treppenhaus und Marmorsaal nach Entwürfen von Anton Hammerschmidt.

Heute ist das Schloss Sitz eines Kulturzentrums, in dem Veranstaltungen, Konzerte und Konferenzen stattfinden. Eine Ausstellung informiert anhand von Fotos über die Geschichte des Schlosses (Öffnungszeiten: Di. – Fr. 10.00 – 16.00, Sa. u. So. 10.00 bis 17.00 Uhr).

### ► WAŁBRZYCH

**AUSKUNFT**

***Tourist-Information***
Rynek 9
PL-58-300 Wałbrzych
Tel. / Fax 074 / 842 20 00
www.um.walbrzych.pl

## Umgebung von Wałbrzych

**Szczawno Zdrój (Bad Salzbrunn)**

Der 5 km nordwestlich Waldenburg gelegene Kurort ist seit dem Mittelalter bekannt und von 1509 bis 1934 im Besitz der Familie Hochberg. Er entwickelte sich ab 1815 zu einem der bedeutendsten Badeorte in Schlesien, wovon noch große, schöne Parks zeugen.

In Obersalzbrunn sind die Schriftsteller Carl und **Gerhart Hauptmann** (► Berühmte Persönlichkeiten) geboren, und zwar in »Hauptmanns Hotel zur preußischen Krone«, das heute ein Sanatorium beherbergt (ul. Sienkiewica 2).

*Das monumentale Waldenburger Schloss Fürstenstein thront auf einem kleinen Bergsporn über der Hellebachschlucht.*

**★★ Krzeszów (Grüssau)**

In Grüssau, ca. 15 km südwestlich von Waldenburg, liegt die **bedeutendste spätbarocke Klosteranlage Schlesiens**, die im Jahr 2000 in die Unesco-Liste des Weltkulturerbes aufgenommen wurde.

Gegründet wurde das Kloster von Anna, der Witwe Herzogs Heinrich. Im Lauf der Zeit wuchs der Klosterbesitz auf stattliche 330 km² mit 40 Dörfern an.

◄ Marienkirche

Die große Marienkirche mit der prunkvollen Doppelturmfassade – in der Mitte eine Marienstatue – wurde an der Stelle des mittelalterlichen Baus 1728 bis 1735 von **Josef Anton Jentsch** errichtet; der Entwurf stammt vermutlich von K. I. Dientzenhofer. Das durch eingezogene Strebepfeiler und eine umlaufende Empore gegliederte Innere ist mit 1733 bis 1735 geschaffenen Fresken von **Georg Wilhelm Neunhertz** und Altären, Orgelprospekt und Chorgestühl von **Anton Dorazil**, entstanden 1730 bis 1758, reich ausgestattet. Hinter dem Chor befindet sich das mit Statuen und ebenfalls von Georg Wilhelm Neunhertz geschaffenen Kuppelfresken ausgestattete Mausoleum der Schweidnitzer Piasten.

◄ Josefskirche

Links vor der Marienkirche steht die ältere, turmlose Josefskirche, erbaut 1690 bis 1696 von Martin Urban und Michael Klein aus Neisse. Berühmt ist sie durch die Fresken von Michael Willmann d. Ä., die 1693 bis 1698 unter Mitwirkung seines Sohnes Michael entstanden und die als dessen bedeutendstes Werk gelten.

# ★★ Warszawa · Warschau

Q/R 6

**Wojewodschaft:** Mazowieckie **Höhe:** 90 – 115 m ü. d. M.
**Einwohnerzahl:** 1 607 000

**In die Höhe schießende Büro- und Hoteltürme, moderne Shoppingmalls und vielspurige Magistralen – die Hauptstadt Polens boomt. Keine andere Stadt des Landes hat ihr Aussehen nach der politischen Wende so sehr verändert wie Warschau. Doch die Weichselmetropole bietet nicht nur großstädtische Geschäftigkeit, sondern auch kulturelle Highlights, nicht zuletzt mit ihrer originalgetreu rekonstruierten Altstadt, die bereits 1980 zum Unesco-Weltkulturerbe erklärt wurde.**

**Geschichte**

Gegründet wurde Warschau um 1300 am linken Weichselufer. Im Jahr 1408 begann man mit dem Bau der Neustadt (Nowe Miasto), 1413 erhob der masowische Herzog **Janusz I.** Warschau zur Hauptstadt seines Herzogtums. Nach dem Aussterben der masowischen Fürsten kam Masowien 1526 unter die Herrschaft des polnischen Königs. Von 1569 an war Warschau Versammlungsort des Reichstags, des Sejm. Ab 1573 fanden hier die Königswahlen statt, was zu einer kontinuierlichen Entwicklung der Stadt führte.

*Noch immer bestimmt der 230 m hohe Kulturpalast, das ungeliebte »Geschenk Stalins«, das Panorama der Weichselmotropole.*

## *Highlights* Warszawa

**Altstädter Marktplatz**
Rund um den Rynek Starego Miasta: eines der schönsten Viertel Warschaus
► Seite 414

**Krasiński-Palais**
Das prächtigste Barockpalais der Stadt dient heute als Handschriftenabteilung der Nationalbibliothek.
► Seite 417

**Sammlung Johannes Paul II.**
Meisterwerke von Cranach, van Dyck, Tizian, Rubens, Rembrandt, Velazquez, Renoir...
► Seite 417

**Kulturpalast**
Der »ungeliebte Bau« ist heute wieder Warschaus »Kulturhochburg«.
► Seite 418

**Königsschloss**
Ein Besuch des »Denkmals der Geschichte und Nationalkultur« mit seinen archäologischen und kunsthistorischen Sammlungen ist ein Muss.
► Seite 420

**Wilanów**
Herrliche Paläste und spannende Museen im »polnischen Versailles«
► Seite 429

Das bedeutendste Datum in der Geschichte Warschaus ist die Verlegung der königlichen Residenz **1596** durch König **Zygmunt III.** von Krakau hierher.

Seine große Blütezeit erlebte Warschau unter **Jan III. Sobieski** (1674 bis 1696), als herrliche Paläste und Kirchen gebaut wurden. Unter dem letzten polnischen König **Stanisław August Poniatowski** (1764 bis 1795) wurde Warschau zur Metropole.

In den polnischen Teilungen kam die Stadt 1795 an Preußen, 1807 bis 1815 war sie Hauptstadt des von Napoleon geschaffenen **Fürstentums Warschau** und von 1815 an des von Russland abhängigen Königreichs Polen, des sog. »Kongresspolen«.

Während des Ersten Weltkriegs war die Stadt von 1915 bis 1918 von deutschen Truppen besetzt. Hauptstadt eines unabhängigen Polen wurde Warschau 1918.

Das Jahr 1939 war der Beginn einer kaum vorstellbaren Katastrophe. Warschau wurde von der deutschen Armee eingenommen; 1940 richtete die deutsche Besatzungsmacht im Zentrum das jüdische Ghetto ein, in dem auf 4 km² 500 000 Menschen zusammengepfercht waren. Die Deportation der jüdischen Bevölkerung begann 1942, die verbliebenen 60 000 Juden versuchten im April und Mai 1943 den verzweifelten Aufstand, der mit der Auslöschung des Ghettos endete. Gut ein Jahr später, am 1. August 1944, brach der Aufstand der polnischen Untergrundarmee gegen die Deutschen aus; nach zwei Monaten musste auch sie kapitulieren. Die Bevölkerung wurde ausgesiedelt und die Stadt systematisch, Straßenzug für Straßenzug, zerstört. Warschau verlor im Zweiten Weltkrieg ca. 800 000 Einwohner, 90 % seiner Fläche lag in Ruinen.

# WARSZAWA ERLEBEN

## AUSKUNFT

*Tourist-Information*
pl. Zamkowy 1-3
PL-00-272 Warszawa
Tel. 022 / 635 18 81
Fax 831 04 64
www.warsawtour.pl

## SHOPPING

Was Auswahl, Vielfalt und Qualität der Angebote anlangt, unterscheidet sich die »Shoppingwelt« Warschaus inzwischen kaum mehr von der anderer europäischer Großstädte. Die Shoppingmeile ist die ul. Nowy Świat und Umgebung. Hier reihen sich die Geschäfte aneinander und laden zum Bummeln ein.
Am plac Trzech Krzyzy befinden sich mehrere exklusive Boutiquen, die einen dicken Geldbeutel verlangen. Wer mehr auf Shopping-Malls steht, sollte in die »Promenada« in der ul. Ostrobramska gehen: Hier gibt's schlicht alles, was das Herz begehrt. Einer der größten Freiluftmärkte Europas befindet sich im Dziesięciolecie-Stadion. Hier auf dem Sächsischen Markt (Jarmark Saski) bieten vor allem russische Händler ihre Waren an.

## STADTBESICHTIGUNG

Die Tourist-Information bietet für wenig Geld organisierte Stadtrundgänge und Wochenendausflüge ins Umland an. Einen schönen Vorgeschmack auf die Stadt ist eine Fahrt im Miniaturzug »Choo-Choo«: Mit der Bahn geht es durch die Alt- und Neustadt sowie auf den Königsweg. Tagesausflüge in die Umgebung und in andere Städte hat auch das Reisebüro »Mazurkas Travel« im Angebot, ebenso Führungen zu Warschaus Sehenswürdigkeiten: ul. Długa 8/14, Tel. 022 / 635 66 33, www.mtravelp.pl; Geschäftszeiten: Mo. – Fr. 8.30 – 16.30 Uhr

## ESSEN

### ► Fein & teuer

④ *Fukier*
Rynek Starego Miasta 27
Tel. 022 / 831 10 13
Überquellende Stillleben mit Früchten und Blumen, warmes Kerzenlicht und barocke Gewölbe – in Warschaus Top-Restaurant triumphiert die Opulenz. Passend dazu ist die Küche: mit Kaviar gefüllte Piroggen, Fisch-Carpacci und Wildgerichte mit raffinierten Soßen.

⑥ *Kurt Schellers Restaurant*
ul. Wilcza 73
Tel. 022 / 584 87 00
Wer bereit ist, für ausgesuchte Zutaten etwas tiefer in die Tasche zu greifen, besucht das in zurückhaltendem Art-Deco-Stil eingerichtete Restaurant des Schweizer Meisterkochs Kurt Scheller.

### ► Erschwinglich

① *Fret@Porter*
ul. Freta 37
Tel. 022 / 635 37 54
Im Künstlerlokal am Neustädtischen Markt kommen auch Vegetarier auf ihre Kosten. Ein Ort zum Wohlfühlen, abends oft mit Klaviermusik live.

③ *Gessler*
Rynek Starego Miasta 21
Tel. 022 / 831 16 61
Die schmale Fassade lässt nicht ahnen, was sich hinter ihr verbirgt: Im Kellergeschoss befindet sich ein rustikales Gasthaus, im Erdgeschoss ein stilvolles Café und im Obergeschoss ein Nobelrestaurant.

② *U Barssa*
Rynek Starego Miasta 14
Tel. 022 / 635 24 76
Stimmungsvolles Restaurant am Altstädtischen Markt mit dunklen Stilmöbeln, Kerzenlicht und bestens sortierter Vinothek.

**► Preiswert**

⑤ *Café Nowy Świat*
Nowy Świat 63
Eine Warschauer Institution: In dem Café am Königsweg – mit angeschlossener Konditorei – werden hervorragende Kuchen gebacken.

## ÜBERNACHTEN

**► Luxus**

④ *Le Royal Meridien Bristol*
ul. Krakowskie Przedmieście 42/44
PL-00-325 Warszawa
Tel. 022 / 551 10 00
www.lemeridien-bristol.com; 206 Z.
Exklusives Haus nahe beim Palast des Staatspräsidenten. Die Zimmer sind groß und mit englischen Stilmöbeln und Marmorbädern ausgestattet.

⑤ *Victoria*
ul. Królewska 11
PL-00-065 Warszawa
Tel. 022 / 657 80 11
www.sofitel.com; 341 Z.
Prunkbau der Kette Sofitel am Piłsudski-Platz mit großem Fitnessbereich und Kasino.

**► Komfortabel**

③ *Europejski*
ul. Krakowskie Przedmieście 13
PL-00-071 Warszawa
Tel. 022 / 826 50 51
www.orbis.pl
Warschaus ältestes Hotel liegt ganz zentral am Königsweg zwischen dem Bristol und dem weitläufigen Piłsudski-Platz.

① *Le Regina*
ul. Kościelna 12
PL-00-218 Warszawa
Tel. 022 / 531 60 00
www.leregina.com; 61 Z.
Klosterähnliches Palais, nur wenige Minuten vom Neustädtischen Markt entfernt. Die Zimmer sind mit italienischen Designmöbeln ausgestattet.

*Le Royal Meridien Bristol: Wohnen wie ein Staatsgast.*

② *Westin*
al. Jana Pawła II 21
PL-00-854 Warszawa
Tel. 022 / 450 80 00
www.westin.pl;
361 Z.
Exzellent geführtes Hotel in einem 20-stöckigen Glaspalast.

**► Günstig**

⑥ *Oki Doki*
pl. Dąbrowskiego 3
PL-00-057 Warszawa
Tel. 022 / 826 51 12
www.okidoki.pl; 18 Z.
Gut ausgestattete Zimmer bietet das »Oki Doki« Urlaubern mit kleinem Geldbeutel. Den Gästen stehen auch eine Küche, eine Waschmaschine und ein Internetterminal zur Verfügung.

## Warszawa Orientierung

**Essen**

① Fret@Porter
② U Barssa
③ Gessler
④ Fukier
⑤ Café Nowy Świat

**Übernachten**
1. Le Regina
2. Westin
3. Europejski
4. Le Royal Meridien Bristol
5. Victoria
6. Oki Doki

*Die mittelalterliche Barbakane öffnet heute ihre Tore für Kunstbeflissene.*

## ★★ Sehenswertes in der Altstadt

Das Stadtzentrum erstreckt sich am linken Hochufer der Weichsel; am niedrigeren rechten Ufer der Stadtteil Praga. Nach der Zerstörung im Zweiten Weltkrieg wurde die Altstadt (Stare Miasto) von 1949 bis 1963 originalgetreu wiederaufgebaut.

**Altstädter Marktplatz**

Von der Stadtgründung an bis Anfang des 19. Jhs. bildete der **Rynek Starego Miasta** das Zentrum des politischen, wirtschaftlichen, administrativen und kulturellen Lebens. Heute ist der rechteckige Platz mit den anschließenden Gässchen **eines der schönsten Viertel Warschaus**. Die wiederhergestellten Bürgerhäuser aus dem 17. und 18. Jh. beherbergen stilvolle Restaurants, Cafés und Museen.
Den Marktplatz schmücken zwei gusseiserne Brunnen vom Ende des 18. Jahrhunderts sowie eine Statue einer Sirene, die – halb Mensch, halb Fisch – mit Schild und erhobenem Schwert die Widerstandskraft Warschaus versinnbildlicht.

**★ Historisches Museum**

Das Muzeum Historyczne Miasta Stołecznego Warszawy dokumentiert die Geschichte Warschaus von den Anfängen bis in die Nachkriegszeit, v. a. auch den Widerstand im Zweiten Weltkrieg (Rynek Starego Miasta 28; Öffnungszeiten: Di. u. Do. 11.00 – 18.00, Mi. und Fr. 10.00 – 15.00, Sa. u. So. 10.30 – 16.00 Uhr).

**Mickiewicz-Museum**

Das Muzeum Literatury im. Adama Mickiewicza vis-a-vis des Historischen Museums ist dem Nationaldichter Polens, Adam Mickiewicz (► Berühmte Persönlichkeiten), gewidmet (Öffnungszeiten: wie Historisches Museum).

**Barbakane**

Die Barbakan Nowomiejska, die Befestigung des Neustadt-Tors (Brama Nowomiejska), wurde 1548 von Giovanni Battista Veneziano errichtet. Das Tor wurde Anfang des 19. Jhs. in die Wohnhäuser einbezogen und 1952 wieder freigelegt; heute wird die Barbakane für Wechselausstellungen genutzt.

## i Wodka und Kunst

- Warschaus Stadtviertel Praga entwickelt sich mehr und mehr zum Szenebezirk der Hauptstadt. Junge Künstler haben auf dem Gelände der traditionsreichen Wodkafabrik »Koneser« die Verkaufsgalerie »Luksfera« gegründet, in der polnische Fotografen ihre Werke präsentieren. In den fast fünf Meter hohen Räumen finden auch Konzerte statt (nähere Informationen gibt es unter www.koneser.pl).

Die **Johannes-Kathedrale** (Katedra św. Jana) war einmal die älteste Kirche Warschaus; sie entstand Anfang des 15. Jhs. an der Stelle eines um 1300 errichteten Holzbaus. 1836 bis 1840 wurde die Kirche neugotisch umgestaltet.
Die Ausstattung konnte in großem Umfang restauriert oder rekonstruiert werden. Beachtenswert im rechten Seitenschiff ist die Renaissance-Grabplatte der beiden letzten masowischen Herzöge Stanisław und Janusz, ferner ein als wundertätig geltendes Kruzifix aus dem 16. Jh. in der Herz-Jesu-Kapelle und die Kapelle des Allerheiligsten Sakraments aus dem 17. Jahrhundert.
In der Krypta ruhen u. a. die Warschauer Erzbischöfe sowie der Literaturnobelpreisträger von 1905, **Henryk Sienkiewicz**, **Gabriel Narutowicz** (1865 – 1922), der erste Präsident des unabhängigen Polen nach 1918, und Primas **Stefan Wyszyński** (1901 – 1981). ◄ Krypta

**Martinskirche**

Die nahe gelegene gotische Kościół św. Marcina mit dem ehemaligen Augustinerkloster aus dem 14. Jh. wurde im 17. und 18. Jh. im Stil des Spätbarock umgebaut. Der Wiederaufbau nach dem Zweiten Weltkrieg gab ihr die letzte spätbarocke Form. Die moderne Innenausstattung entstand nach Entwürfen von **Alma Skrzydlewska**.

## ★ Sehenswertes in der Neustadt

Mit dem Bau der Neustadt (Nowe Miasto) wurde bereits 1408 begonnen. Sie wurde beim Warschauer Aufstand 1944 zerstört und in der Nachkriegszeit in den Zustand des 18. / 19. Jhs. zurückversetzt.

**Curie-Museum**

Im Haus ul. Freta 16, 1770 bis 1780 von Simon Zug erbaut, ist das Muzeum Marii Skłodowskiej-Curie untergebracht. Hier wurde 1867 die Physikerin Marie Curie geboren, die 1903 mit ihrem Ehemann den Nobelpreis für Chemie und 1911 allein den für Physik erhielt (Öffnungszeiten: Di. – Sa. 10.00 – 16.00, So. – 14.00 Uhr).

**Dominikanerkirche** Die Anfang des 17. Jhs. erbaute Dominikanerkirche Kościół św. Jacka vereint gotische und frühbarocke Elemente. Von besonderem Wert ist die um 1690 gebaute barocke Grabkapelle der Familie Kotowski, die auf Entwürfe von **Tylman van Gameren** zurückgeht.

**Neustädter Marktplatz** Der **Rynek Nowego Miasto** war ursprünglich doppelt so groß wie der Altstädter Marktplatz; nach dem Zweiten Weltkrieg erhielt er wieder die Form des 18. Jahrhunderts. Die Patrizierhäuser, die den Platz säumen, wurden im Stil des 18. / 19. Jhs. wiederaufgebaut.

**Sakramentinerinnenkirche** Die auf dem Neustädter Marktplatz stehende Kościół Sakramentek wurde 1688 mit Hilfe einer Stiftung der polnischen Königin **Maria Sobieska** für den aus Frankreich kommenden Orden erbaut – als Dank für den Sieg ihres Gemahls Jan III. Sobieski über die Türken bei Wien im Jahr 1683.

In der Kirche ist die Enkelin der Sobieskis, Karolina, begraben, für die 1746 von Lorenzo Mattielli ein prächtiges Grabmal aus Marmor errichtet wurde. Architekt und Baumeister der kleinen kuppelbekrönten Kirche war Tylman van Gameren.

Ein eindrucksvolles Epitaph erinnert an die 1000 Menschen, die beim Bombardement 1944 hier umkamen.

*Umsonst und draußen: Openair-Konzert einer Straßencombo vor historischer Kulisse*

Die gotische Kościół Nawiedzania N. M. P. stammt aus dem 15. / 16. Jh. und wurde einige Male umgebaut. Der Wiederaufbau nach dem Zweiten Weltkrieg gab der Kirche ihre gotischen Formen mit schönen Sterngewölben und zwei Kapellen aus dem 18. Jh. zurück. **Kirche Mariä Heimsuchung**
Von der Terrasse hinter der Kirche hat man einen schönen Ausblick auf die Weichsel und die Vorstadt Praga.

Der Pałac Raczyńskich an der ul. Długa geht in seinen jetzigen Formen auf den klassizistischen Umbau durch **Johann Baptist Kamsetzer** aus dem Jahr 1786 zurück. Heute ist hier das Staatsarchiv untergebracht. **Raczyński-Palais**

Das Denkmal am Plac Krasińskich erinnert an den Warschauer Aufstand von 1944 und wurde am 1. September 1989 zum 45. Jahrestag seines Ausbruchs enthüllt. **Denkmal des Warschauer Aufstands**

**✶✶ Krasiński-Palais**

Der in einem großen Park gelegene Pałac Krasińskich, das **schönste Barockpalais Warschaus** und eines der bedeutendsten Barockbauwerke in Polen, wurde 1677 bis 1682 von Tylman van Gameren erbaut und zwischen 1766 und 1783 von Jacopo Fontana und Domenico Merlini umgebaut. Die Fassade ist mit Risaliten und Skulpturen von Andreas Schlüter versehen.
Im Jahr 1776 ging das Palais in staatlichen Besitz über – daher sein zweiter Name: Pałac Rzeczpospolitej, Palast der Republik. Das Gebäude beherbergt die Abteilung für Handschriften und alte Drucke der Nationalbibliothek.

Das Państwowe Muzeum Archeologiczne ist im ehemaligen Königlichen Zeughaus untergebracht, das 1638 bis 1643 errichtet und später neoklassizistisch umgebaut wurde. Beim Wiederaufbau nach dem Zweiten Weltkrieg griff man auf die frühbarocke Form zurück. **Staatliches Archäologisches Museum**
Das Museum macht seine umfangreichen Sammlungen mit Exponaten vom Neolithikum bis zum Mittelalter in wechselnden Ausstellungen zugänglich, u. a. zeigt es ein Modell der Hallstattsiedlung von Biskupin (► S. 223; ul. Długa 52; Öffnungszeiten: Mo. – Fr. 9.00 bis 16.00, So ab 10.00 Uhr). ⏲

**✶✶ Sammlung Johannes Paul II.** ⏲

Das Muzeum Kolekcji im. Jana Pawła II. besitzt eine ungewöhnlich wertvolle Sammlung europäischer Malerei mit über 400 Werken, u. a. von Cranach, van Dyck, Tizian, Rubens, Rembrandt, Velazquez, Renoir und Murillo (pl. Bankowy 1; Öffnungszeiten: Di. – So. 10.00 bis 16.00 Uhr).

## Sehenswertes in der Ulica Miodowa

Die ul. Miodowa wurde im 15. Jh. als Querverbindung zwischen der ul. Długa und der ul. Senatorska angelegt. Die Palastanlagen stammen aus der Zeit von 1700 bis 1800.

**Palais des Primas von Polen** Der Pałac Prymasowski (ul. Senatorska 13) wurde 1593 für den Bischof von Płock und Primas von Polen, **Wojciech Baranowski**, errichtet und vermutlich Ende des 17. Jhs. von Tylman van Gameren im Stil des Hochbarock umgebaut. 1789 erhielt der Palast von **Simon Zug** durch umfangreiche Veränderungen sein klassizistisches Erscheinungsbild.

**Palais der Krakauer Bischöfe, Branicki-Palais** Der spätbarocke Pałac Biskupów Krakowskich (ul. Miodowa 5) wurde im 19. Jahrhundert in Mietwohnungen aufgeteilt. In dem nebenstehenden, von **Johann Sigismund Deibel** 1740 erbauten Pałac Branickich ist heute das Ministerium für Wissenschaft, Technik und Hochschulen untergebracht.

**Kapuzinerkirche** Die Kościół Kapucynów (Miodowa 13) geht auf eine Stiftung von König **Jan III. Sobieski** zurück und wurde von Tylman van Gameren und Agostino Locci 1683 bis 1692 errichtet. Die Königskapelle im rechten Seitenschiff ließ König August III. 1726 von Daniel Jauch als Grablege für das Herz seines Vaters, August II., ausgestalten. Im Auftrag des Zaren Nikolaus wurde die Kirche 1829 modernisiert.

**Pac-Palais** Das Pac-Palais (ul. Miodowa 15) wurde von Tylman van Gameren im Auftrag der Familie Radziwiłł Ende des 17. Jhs. erbaut. Im Jahr 1825 kam es in den Besitz des Generals **Ludwik Pac**, der durch Enrico Marconi große Umbauten vornehmen ließ, die das heutige Erscheinungsbild prägen. Nach der Teilnahme des Eigentümers am Novemberaufstand 1830 wurde das Gebäude beschlagnahmt und Sitz des Gouvernements-, später des Kreisgerichts. Heute ist hier das Ministerium für Gesundheit und Soziales untergebracht.

**Borch-Palais** Der Palac Borchów (ul. Miodowa 17), heute **Sitz des Primas von Polen**, geht auf das frühe 17. Jh. zurück. Der klassizistische Umbau von Domenico Merlini von 1780 war die Vorlage für die Rekonstruktion nach dem Zweiten Weltkrieg.

**Piaristenkloster** Vor der Einmündung der ul. Długa in die ul. Miodowa steht das Klasztor Popijarski mit der Kirche der allerheiligsten Jungfrau Maria, Königin der Krone Polens (Kościół N. M. P. Królewej Korony Polskiej). Der Komplex wurde in der zweiten Hälfte des 17. Jhs. errichtet und erst 1712 von **Giuseppe Fontana** vollendet. Nach mehreren Umbauten erhielt er 1923 bis 1933 seine ursprüngliche Form.

## Sehenswertes in der Innenstadt · Śródmieście

**Kulturpalast** Der Pałac Kultury i Nauki am pl. Defilad, mit 230 m das höchste Gebäude der Stadt, wurde 1952 bis 1955 von **Lew Rudnew** als Geschenk der UdSSR in dem für jene Zeit typischen »Zuckerbäckerstil« erbaut und spielt, obwohl bei der Bevölkerung ungeliebt, im kulturellen und wissenschaftlichen Leben der Stadt eine wichtige Rolle.

*Nicht nur durch seine gigantischen Dimensionen ist der Kulturpalast Mittelpunkt des hauptstädtischen Kulturlebens.*

»Das Geschenk Stalins« beherbergt Theater, Kinos, Ausstellungs- und Konferenzsäle, ein Casino, Museen, Institute sowie die Polnische Akademie der Wissenschaften. Zudem befinden sich hier Geschäfte, Cafés und Restaurants sowie Sporteinrichtungen.
Von der Aussichtsterrasse im 30. Stock hat man einen sehr schönen Blick auf Warschau und Umgebung. Um die optische Wirkung des Kulturpalasts einzudämmen, wurde er in den letzten Jahren von zahlreichen Hochhäusern »eingekreist« (Öffnungszeiten: tgl. 9.00 bis 20.00 Uhr).

## Königsweg · Trakt Królewski

Der über 10 km lange Königsweg ist bei den Warschauern sehr beliebt. Er beginnt am Schlossplatz, dem plac Zamkowy, verläuft entlang der Krakowskie Przedmieście, der Nowy Świat, den aleje Ujazdowskie zum Łazienki-Palast und endet in Wilanów.

**Schlossplatz**

Der Plac Zamkowy am Rand der Altstadt wurde 1644 zur Präsentation der Sigismundsäule ausgestaltet. Der Verlauf der früheren Stadtmauern ist mit einem Streifen farbiger Ziegel gekennzeichnet.

◄ Sigismund-Säule

Die 22 m hohe Kolumna Zygmunta III wurde ursprünglich 1644 auf Initiative König **Władysławs IV.** zu Ehren seines Vaters **Zygmunt III.**

(1587 – 1632) nach Plänen von Agostino Locci und Constantino Tencalla errichtet, die Statue stammt von Clemente Molli. Die Säule wurde mit neuen Schaft und restaurierter Statue nach dem Zweiten Weltkrieg wieder aufgestellt.

**✶✶ Königsschloss**

Erster Vorläufer des Zamek Królewski war eine im 13. Jh. aus Holz und Lehm errichtete Burg der masowischen Fürsten. Das erste gemauerte Bauwerk war der etwa Mitte des 14. Jhs. gebaute Stadtturm (Wieża Grodzka), neben dem Anfang des 15. Jhs. eine Fürstenresidenz entstand.
Von 1569 bis 1572 ließ König **Zygmunt II. August** diese von Giovanno Battista Quadro in einen Renaissancepalast umbauen. Seine heutige frühbarocke Gestalt erhielt das Schloss 1598 bis 1619 unter **Zygmunt III.** durch Jacopo Rodondo. 1741 bis 1747 wurde der Nordostflügel im Auftrag von **August III.** von Gaetano Chiaveri und Antonio Solari im Rokokostil umgebaut.
Ein wichtiger Abschnitt in der Geschichte des Schlosses waren die Jahre 1764 bis 1795, die Herrschaftszeit von König **Stanisław August Poniatowski**. Damals wurden der Bibliotheksflügel angebaut und die Wohnräume des Königs und die Regierungssäle barock und klassizistisch ausgestaltet.
Anfang der 1970er-Jahre wurde das im Zweiten Weltkrieg völlig zerstörte Bauwerk rekonstruiert und 1984 als **»Denkmal der Geschichte und Nationalkultur«** der Öffentlichkeit zugänglich gemacht.
Im Parterre und ersten Stock des Zamek Królewski sind Räume aus dem 15. bis 17. Jh. mit Kunstwerken aus den früheren Sammlungen des Schlosses ausgestattet. Der zweite Stock beherbergt ein Numismatisches Kabinett mit über 8000 Stücken und der Schau »Münzen und Medaillen in der Geschichte Polens«. In den Kellerräumen sind archäologische Exponate ausgestellt, die während der Ausgrabungen auf dem Gelände des Königsschlosses und der Altstadt gefunden wurden (pl. Zamkowy 1; Besichtigung mit Führung, Öffnungszeiten: Di. – Sa. 10.00 – 16.00, So. u. Mo. 11.00 – 16.30 Uhr).

**Pałac Lubomirskich**

Unmittelbar an das Schloss schließt sich das barocke Palais Lubomirski an, genannt **»Unter dem Blech«** (Pod Blachą), da zur Entstehungszeit ein solches Dach eine Seltenheit war. Das ursprüngliche Wohnhaus aus dem 17. Jh. wurde 1776 von Merlini zu einem dreiflügeligen Palast ausgebaut.

**Akademische Kirche St. Anna**

Die Kościół akademicki św. Anny wurde als gotischer Bau 1454 errichtet und nach einem Brand Mitte des 17. Jhs. in barocken Formen wieder aufgebaut; die klassizistische Fassade von 1786 bis 1788 stammt von **Christian Peter Aigner** und **Stanisław Kostka Potocki**. Von der ursprünglichen Architektur sind der gotische Chor und Tei-

*Heutzutage ist das Königsschloss Treffpunkt für Kulturinteressierte und Schnäppchenjäger.* →

P
Sięgnij

le der Mauern sowie das spätgotische Klostergebäude erhalten geblieben. Die prächtige Ausstattung der Kirche ist barock. Beachtenswert ist die mit Fresken geschmückte frühbarocke Kuppelkapelle des selig gesprochenen **Władysław aus Gielniów**, des Patrons der Stadt.

**Mickiewicz-Denkmal**

Das Denkmal für den bedeutenden polnischen Dichter wurde 1898 zu dessen hundertstem Geburtstag von Cyprian Godebski errichtet. Im Jahr 1942 demontierte man das Denkmal und rekonstruierte es 1950 nach einem erhalten gebliebenen Modell.

**Radziwiłł-Palais**

Der Pałac Radziwiłłów, errichtet 1642 in barockem Stil, war vom Ende des 17. Jhs. bis 1817 Eigentum der Fürstenfamilie Radziwiłł. 1818 wurde er klassizistisch umgebaut und war seitdem Sitz des russischen Statthalters im Königreich Polen. 1955 wurde im Radziwiłł-Palais der »Warschauer Vertrag« unterzeichnet, 1970 der Vertrag über die polnisch-deutschen Beziehungen. Heute ist der Palast offizielle **Residenz des Präsidenten**.

**Potocki-Palais**

Der dreiflügelige barocke Pałac Potockich wurde Ende des 17. Jhs. errichtet. Von 1799 bis 1944 war er das Eigentum der Familie Potocki. Das Palais ist heute Sitz des Ministeriums für Kunst und Kultur. Das neobarocke Gittertor, ein Werk von **Władysław Marconi**, entstand um 1900.

**Sächsischer Garten**

Der Ogród Saski, 1666 bis 1671 von Tylman van Gameren angelegt, gehörte ursprünglich als Teil der »Sächsischen Achse« zu einem Palast, der im Zweiten Weltkrieg zerstört und nicht wieder aufgebaut wurde. Er war der erste Park in Warschau, der 1727 für die Öffentlichkeit geöffnet wurde. In den Jahren 1816 bis 1827 verwandelte **James Savage** die Grünanlage in einen englischen Landschaftspark. Heute sind noch die allegorischen Steinskulpturen, die im 18. Jh. von **Franz Xaver Deibel** geschaffen wurden, und der schöne kelchförmige Brunnen zu sehen.

**Grabmal des Unbekannten Soldaten**

Beim Sächsischen Garten erinnert das Grabmal des Unbekannten Soldaten an die vielen Polen, die im Kampf um die Unabhängigkeit ihres Landes gefallen sind. Urnen mit Erde von den Schlachtfeldern des Zweiten Weltkriegs aus aller Welt, auf denen Polen ungekommen sind, wurden hier aufgestellt. Jeden Sonntagmittag um 12.00 Uhr findet hier die feierliche Wachablösung statt.

**Staatliches Ethnografisches Museum**

Das Gebäude des Państwowe Muzeum Etnograficzne wurde von Enrico Marconi 1854 bis 1858 im Renaissancestil errichtet. Das Museum zeigt Exponate zur Volkskunst und -kultur Polens; besonders sehenswert ist die Trachtensammlung. Zudem werden die Kulturen außereuropäischer Länder vorgestellt (ul. Kredytowa 1; Öffnungszeiten: Di., Do., Fr. 9.00 – 16.00, Mi. 11.00 – 18.00, Sa. u. So. 10.00 bis 17.00 Uhr).

*Entlang der Nowy Świat begleitet Bumenschmuck den Königsweg.*

**Nationaltheater**

Das Theater am pl. Teatralny wurde von **Antonio Corazzi** in klassizistischem Stil errichtet. Beim Wiederaufbau nach dem Zweiten Weltkrieg behielt man die klassizistische Fassade bei. Das Nationaltheater, das erst seit 1996 existiert, ist aus dem Großen Theater hervorgegangen. Es gehört zu den größten Opernhäusern in Europa und bietet Platz für etwa 2000 Zuschauer.

**Altes Rathaus**

Gegenüber dem Theater wurde zur Jahrtausendwende das Alte Rathaus nach historischen Vorlagen wieder errichtet. Hinter dem prunkvollen Gebäude, das eine Bank beherbergt, hat man die **Warschauer Nike** »versteckt«. Die 1964 von Marian Konieczny, dem »sozialistischen Michelangelo« errichtete Riesenstatue erinnert an die im Warschauer Aufstand umgekommenen Polen.

**✶ Visitantinnen-Kloster**

Kirche und Kloster der Visitantinnen, ul. Krakowskie Przedmieście 34, sind das interessanteste Bauwerk entlang des Königswegs. Sie entstanden in zwei Phasen von 1728 bis 1766. Die Kirche entging im Zweiten Weltkrieg der Zerstörung. Ihre Fassade zeigt schon den Übergang vom Rokoko zum Klassizismus.

Von der original erhaltenen Ausstattung verdient die Kanzel in Form eines Boots Beachtung, geschaffen um 1755 von **Johann Georg Plersch**. Der Ebenholztabernakel (um 1650) von H. Pothoff stammt noch aus dem Vorgängerbau und wurde von Königin Maria Ludovica gestiftet. Daher finden sich in der Kirche auch Porträts der Königin und ihres Mannes Jan Kazimierz.

**Universität** Die Gebäude der 1816 gegründeten Uniwersytet Warszawski, ul. Krakowskie Przedmieście 26, entstanden im 18. und im 19. Jahrhundert. Auf das Gelände führt ein Neorenaissancetor, das mit dem Wappen der Universität geschmückt ist. Der älteste Bau, das Kazimierz-Palais (Pałac Kazimierzowski), heute Sitz der Universitätsverwaltung, wurde 1634 für **König Władysław IV.** errichtet und diente später als Sommerresidenz von **Jan Kazimierz**. In den Jahren 1737 bis 1739 erfolgte ein Umbau durch Karl Friedrich Pöppelmann, Joachim Daniel Jauch und Johann Sigismund Deibel. 1765 richtete König **Stanisław August** eine Militärakademie ein. Ein Absolvent dieser Lehranstalt war **Tadeusz KoȘbiuszko**. Das Palais wurde nach dem Zweiten Weltkrieg in barocken Formen wiederaufgebaut, es hat eine klassizistische Front und eine spätbarocke Gartenfassade.

! *Baedeker* TIPP

**Warschau musikalisch**

Warschau gehört an Sommersonntagen ganz den Musikliebhabern: Um 11.00 Uhr trifft man sich zu Klaviersonaten im Łazienki-Park am Chopin-Denkmal, es folgt ein Konzert auf der Bühne der Alten Orangerie. Dann gibt's um 16.00 Uhr ein Orgelständchen in der Johanneskathedrale. Im Juli kann man den Tag gar mit einem besonderen Leckerbissen abschließen: Die Warschauer Kammeroper präsentiert im Rahmen ihres Mozart-Festivals eine Aufführung mit historischen Instrumenten.

Der **Pałac Tyszkiewiczów** stammt vom Ende des 18. Jhs. und geht auf Entwürfe von **Johann Baptist Kamsetzer** und **Enrico Marconi** zurück. Auch der anschließende, im Stil der Neorenaissance erbaute **Pałac Uruskich** aus dem 19. Jh. und das ehemalige **St.-Rochus-Spital** (Szpital św. Rocha) gehören zur Universität.

**Heiligkreuzkirche** Die barocke Kościół św. Krzyża wurde nach einem Entwurf von **Giuseppe Simone Belotti** 1679 bis 1696 erbaut und im 18. Jh. umgestaltet. Während des Warschauer Aufstands 1944 war das Gelände der Kirche heftig umkämpft, woran mehrere Gedenktafeln erinnern. Von der ursprünglichen reichen Ausstattung ist u. a. die schmiedeeiserne Kanzel von 1698 erhalten geblieben. Der Hauptaltar ist eine originalgetreue Kopie des zerstörten Barockaltars von 1699.

**Nowy Świat (Neue Welt)** Die Straße Nowy Świat setzt die ul. Krakowskie Przedmieście nach Süden fort. Angelegt bereits Mitte des 17. Jhs., war sie stets eine der belebtesten Straßen der Stadt mit eleganten Geschäften, Cafés und Restaurants. Diesen Charakter hat sie trotz der weit gehenden Zerstörungen im Zweiten Weltkrieg bis heute bewahrt.

**Staszic-Palais** Der klassizistische Pałac Staszica (Nowy Świat 72) wurde 1820 bis 1823 von A. Corazzi für die Gesellschaft der Freunde der Wissenschaft erbaut und ist heute Sitz der **Polnischen Akademie der Wissenschaften** ist. Vor dem Palais steht ein 1830 von dem dänischen Bildhauer Bertel Thorwaldsen geschaffenes Denkmal für **Nikolaus Kopernikus**.

Das Nationalmuseum an der al. Jerozolomskie, untergebracht in einem Gebäude aus den 1930er-Jahren, ist *der* Kunsttempel des Landes. Es besitzt Abteilungen für antike Kunst, Kunst aus Faras – frühchristliche Fresken aus dem 8. bis 12. Jh., die von polnischen Archäologen in den 1960er-Jahren im sudanesischen Faras entdeckt wurden –, mittelalterliche, v. a. sakrale Kunst sowie polnische und europäische Malerei des 15. bis 20. Jhs., darunter Werke von Leonardo da Vinci, Rembrandt und Lukas Cranach (Muzeum Narodowe; Öffnungszeiten: Di. u. Mi. 10.00 – 16.00, Do. 12.00 – 17.00, Fr. 10.00 – 16.00, Sa. und. So. bis 17.00 Uhr). ★★ **Nationalmuseum**

Direkt neben dem Nationalmuseum illustriert das Muzeum Wojska Polskiego die Geschichte der polnischen Armee vom Mittelalter bis zum Zweiten Weltkrieg. Gezeigt werden u. a. historische Waffen und Exponate zum Thema Ballistik. In der Freilichtausstellung ist vor allem schweres Gerät aus der Zeit des Zweiten Weltkriegs zu sehen (Öffnungszeiten: Mi. – So. 10.00 – 16.00 Uhr). **Museum der polnischen Armee**

Die Nowy Świat stößt auf den pl. Trzech Krzyży mit der Alexanderkirche, die 1818 bis 1825 von Christian Peter Aigner nach dem Vorbild des römischen Pantheons zu Ehren von **Zar Alexander I.** erbaut wurde. Von hier führt die Ujazdowskie-Allee weiter, die aus einem 1724 bis 1731 von August dem Starken angelegten Kreuzweg entstand und später die eleganteste Promenade Warschaus war. ★ **Alexanderkirche**

In der Nähe befindet sich das Gebäude des **Sejm** aus der Mitte des 19. Jahrhunderts. Besonders bemerkenswert ist der halbrunde Sitzungssaal, der 1925 bis 1929 entstand (ul. Wiejska; Besichtigung außerhalb der Sitzungszeiten). **Parlament**

Das Zamek Ujazdowskie entstand in der 1. Hälfte des 17. Jhs. als Vorstadtresidenz des polnischen Königs **Zygmunt III.** In den Jahren 1766 bis 1771 ließ es König **Stanisław August** von Jacopo Fontana, Domenico Merlini und Ephraim Schroeger umbauen. Heute beherbergt es ein wichtiges Kulturzentrum, das mit interessanten Ausstellungen und Filmschauen von sich reden macht. **Schloss Ujazdów**

## ★★ Sehenswertes in Łazienki

Der Łazienki-Park ist Warschaus grüne Lunge – eine weitläufige, im englischen Stil gestaltete Landschaft mit Teichen, langen Alleen und wie zufällig eingestreuten Baumgruppen. Mehrere Cafés und Restaurants bieten sich für Verschnaufpausen an.

Malerisch im Zentrum des Parks liegt der Pałac na Wyspie. In den Jahren 1683 bis 1690 wurde hier von Tylman van Gameren ein Badehaus errichtet, das in der zweiten Hälfte des 18. Jhs. ausgebaut wurde; daher der Name des Parks: »łazienki« = »Bäder«. **Palast auf der Insel**

*Ob Kunstwerk, Propagandamittel oder Werbeträger – das Museum in der früheren Reitschule in Wilanów zeigt alle Facetten des »Mediums Plakat«.*

# POLNISCHE PLAKATSCHULE

**1968 öffnete in Polen das erste Plakatmuseum der Welt. Es befand sich weder in einer ausrangierten Fabrikhalle noch in einem obskuren Hinterhof, sondern in keinem geringeren Ort als Schloss Wilanów, einer Ikone des polnischen Nationalstolzes.**

Bereits zwei Jahre zuvor hatte in Warschau die erste **Internationale Plakat-Biennale** stattgefunden, der große Grafik-Schauen im ganzen Land folgten. Das Plakat avancierte zum Flaggschiff der polnischen Kunst und zu einem wichtigen Exportartikel – mit seinem Witz, seiner Schönheit und Originalität wurde es im westlichen Ausland mit Staunen zur Kenntnis genommen. Überall in der Welt war es präsent, kaum eine Ausstellung internationaler Grafik gab es, auf der nicht Werke von **Tomaszewski**, **Starowieyski** oder **Lenica** zu sehen gewesen wären.

Die polnische Regierung nutzte das Plakat als Waffe im Kalten Krieg und förderte den Export nach Kräften, denn indirekt enthielt es die Botschaft, dass ein Land, in dem solche Kunst entsteht, so repressiv nicht sein kann. Doch auch in Polen selbst war das Plakat allgegenwärtig. Es verschönte Lattenzäune und bröckelnde Hausmauern, prangte an Bahnhöfen, im Amtsstuben und Direktorenbüros.

## Plakat als Kunst

Inmitten der weithin grauen Städte erschienen sie als auftrumpfende Farbtupfer, ein Wink aus einer fernen und fremdartigen Welt. Seine Karriere begann im »Tauwetter« der 1950er-Jahre, als der Sozialistische Realismus mit seinem erzwungenen Optimismus in die historische Requisitenkammer abwanderte. Der sich bietende Freiraum wurde von zwei Professoren der Warschauer Akademie der Schönen Künste genutzt: **Henryk Tomaszewski** und **Józef Mroszczak** förderten den Eigensinn ihrer Studenten und ermunterten sie, das Medium Plakat als Kunst zu begreifen. Anders als im Westen, wo es einer glatten Waren-

und Werbeästhetik unterworfen war, durften sich die polnischen Grafiker frei entfalten. Sie konnten komplizierte Inhalte darstellen und neuartige Bildsprachen entwickeln – je origineller ihre Werke waren, desto mehr Applaus erhielten sie. Eine Anekdote bringt das Verhältnis von westlicher und östlicher Gebrauchsgrafik auf den Punkt: Als der Künstler **Szaybo** 1966 nach London emigrierte und wenig später ein wohlhabender Mann war, musste er sich von seinen polnischen Kollegen den Vorwurf anhören: »Du warst so talentiert, bist ausgereist – und was hast du davon? Du machst kommerziellen Mist, hier hättest du Kunst schaffen können!«

## Plakat als Massenmedium

Da die polnische Regierung die Auffassung vertrat, das Plakat als Massenmedium sei für die Bildung der Nation förderlich, gab sie für alle nur erdenklichen Anlässe Plakate in Auftrag. Für jede größere Ausstellung und Theateraufführung, jedes Konzert und Festival wurden Plakate angefordert – und dies, obgleich die Veranstaltungen ohnehin ausverkauft waren, da der Eintrittspreis rein symbolisch war. Plakate kündigten das »Erntefest der masowischen Bauern«, den »Tag des Arztes« und die zahlreichen Zirkusvorstellungen an. Auch alle Nationalfeiertage, Jahrestage und Jubiläen waren dazu angetan, Grafiker zu beschäftigen.

Durch das Aufkommen der Solidarność in den 1980er-Jahren begann sich die Bildsprache zu wandeln. Die subtilen, kunstvollen Formen wurden durch einfache, leichter lesbare Bilder verdrängt: christliche Symbole, blutende Wunden, Handschellen und Ketten. Mit dem Übergang zum Kapitalismus 1990 büßte es seine Massenwirkung vollends ein. Auf polnischen Straßen herrscht nun das Hätschelkind des freien Markts – das Werbeposter. Anspruchsvolle Gebrauchgrafik ist in die Galerien abgewandert, wo sie von Sammlern und Kunstkennern gekauft wird. Zu den besten Postergalerien Polens zählen **Hoża** in Warschau (ul. Hoża 40) und **Dydo** in Krakau (ul. Stolarska 8-10). Die Warschauer Plakat-Biennale findet in allen Jahren mit gerader Zahl statt, die nächste im Jahr 2006.

*Gemütliche Bootsfahrt nach dem Kunstgenuss im »Palast auf der Insel«*

Die Räume sind noch original erhalten, so das mit blau-weiß bemalten Kacheln ausgekleidete Bacchus-Zimmer. Klassizistisch sind der Ballsaal, das Porträtkabinett, der prunkvolle Salomonsaal, der als Audienzsaal diente, die Gemäldegalerie, die als Ausstellungsraum sparsam dekoriert ist und Bilder aus dem 17. und 18. Jh. zeigt, und die Rotunde mit Statuen polnischer Könige und Büsten römischer Kaiser (Öffnungszeiten: Di. – So. 9.30 – 15.00 Uhr).

**Weitere Bauwerke**

Im **Mylewicki-Palais**, 1775 bis 1778 im klassizistischen Stil errichtet, sind Wandfresken von Jan Bogumił Plersch erhalten geblieben. Das **Weiße Haus** (Biały Dom) wurde um 1775 errichtet. An seiner Südseite ist eine Sonnenuhr von 1776 angebracht.

Das **Theater auf der Insel** ist ein Amphitheater, das J. B. Kamsetzer 1790 nach dem Vorbild des antiken Herculaneum in Gestalt einer künstlichen Theaterruine baute. Wertvoll ist das Theater im Ostflügel der **Alten Orangerie** (Stara Pomarańczarnia), errichtet 1784 bis 1788 – es ist weltweit eines der wenigen Beispiele original erhaltener höfischer Theater des 18. Jahrhunderts. Eine Skulpturensammlung des 16.–20. Jhs. ist hier ebenfalls zu sehen.

Am Rand des Parks liegt der Pałac Belweder. Zur Zeit von König **Stanisław August** wohnte hier ein Teil des Hofstaats. Im nördlichen Seitenflügel befand sich die berühmte Manufaktur der **»Belvedere-Fayencen«**. In den Jahren 1818 bis 1822 wurde der Palast, den Jacopo Fontana zwischen 1730 und 1750 errichtet hatte, von Jakub Kubicki im klassizistischen Stil zum Sitz des Fürsten Konstantin, Bruder des russischen Zaren, umgebaut.

Das im Park stehende Jugendstildenkmal von Frédéric Chopin wurde 1904 von **Wacław Szymanowski** geschaffen.

◄ Chopin-Denkmal

## ★ ★ Wilanów

Wilanów liegt am Ende des Königswegs, ca. 7 km vom Stadtzentrum entfernt. Es ist eine der wertvollsten Park- und Palastanlagen Europas: das »polnische Versailles«.

**»Polnisches Versailles«**

Wilanów war Vorstadtresidenz von König **Jan III. Sobieski**. Der älteste Teil des Palasts ist der barocke Haupttrakt, der ab 1677 durch den Umbau eines Herrenhauses entstand. Die Skulpturen an den Fassaden stammen von Andreas Schlüter, das reich ausgestattete Innere ist mit Gemälden geschmückt. Die Dekoration der Frontfassade stellt eine Apotheose des Königs und Feldherrn Jan III. dar.

Von der ersten Hälfte des 18. Jhs. an blieb Wilanów in den Händen reicher Magnatenfamilien, die den Komplex mit klassizistischen und historistischen Anbauten versahen.

1805 eröffnete der Kunstsammler **Stanisław Kostka Potocki** im Palast eines der ersten Museen in Polen. Während der deutschen Besat-

### *Wilanów* *Orientierung*

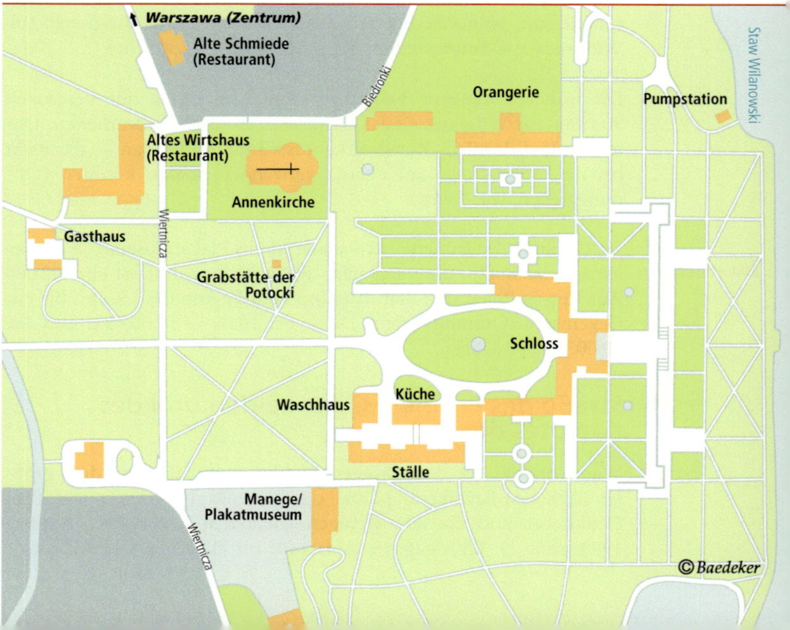

*Historischer Festumzug vor dem Palast des »polnischen Versailles«*

zung wurden die wertvollsten Kunstwerke geraubt und der Garten verwüstet. Nach dem Zweiten Weltkrieg wurde das Schloss in den Stand des 17. und 18. Jh. zurückversetzt.
In dem Palast werden Inneneinrichtungen des 17. – 19. Jhs. von großem historischem und künstlerischem Wert gezeigt, mit originalem Wand- und Deckenschmuck sowie prächtiger Ausstattung. In einer Galerie sind polnische Porträts aus dem 16. – 19. Jh. ausgestellt (ul. Wiertnica 1; Öffnungszeiten: Mi. – Mo. 9.30 – 14.30 Uhr).

**Orangerie**

Die frühere Orangerie beherbergt eine Ausstellung mit wertvollen Stücken aus Wilanów – Glas, Porzellan, Goldschmiedearbeiten, Uhren, Möbel, Waffen, Kunstwerke aus China und Japan –, die nicht bei der Ausstattung des Palasts verwendet werden konnten (Öffnungszeiten: wie Palast).

**★ Plakatmuseum**

Im Gebäude der früheren Reitschule ist ein Plakatmuseum (►Baedeker Special S. 426) untergebracht; die Sammlung umfasst über 40 000 Plakate aus Polen und dem Ausland vom Beginn des 19. Jhs. bis zur Gegenwart (Öffnungszeiten: Di. – Fr. 10.00 – 16.00, Sa. und So. 10.00 – 17.00 Uhr).

## ★ Straße des Erinnerns, der Leiden und des Kampfes der Juden

Warschau war vor dem Zweiten Weltkrieg die Stadt mit dem größten jüdischen Bevölkerungsanteil der Welt. Daran erinnern vor allem Denkmäler und die sehr wenigen erhaltenen historischen Bauten. 1988, zum 25. Jahrestag des Aufstands im jüdischen Ghetto, wurde

der sog. **Trakt Pamięci, Męczeństwa i Walki Żydów** geschaffen, die »Straße des Erinnerns, der Leiden und des Kampfes der Juden«, die an die Leiden der jüdischen Bevölkerung in den Jahren 1940 bis 1943 in dem von den Nationalsozialisten geschaffenen Ghetto sowie an den Aufstand 1943 erinnert.
Die Straße führt entlang der ul. Zamenhofa vom Denkmal der Helden des Ghettos zur Gedächtnismauer am ehemaligen so genannten Umschlagplatz, heute ul. Stawki. Sie ist mit Steinblöcken mit Texten zu Ereignissen, Personen und Orten, denen diese Straße gewidmet ist, markiert.

**Denkmal für die Helden des Ghettos**

Dieses Denkmal wurde 1948 enthüllt, am fünften Jahrestag des Ausbruchs des Aufstands im Warschauer Ghetto. Es steht an der Stelle des ersten Zusammenstoßes der Aufständischen mit den Nationalsozialisten und wurde aus schwedischem Granit angefertigt, der von den Besatzern für ein Siegesdenkmal vorgesehen war. Es besteht aus einem Block, dessen Wände zwei Reliefs sowie zwei siebenarmige jüdische Leuchter aus Stein schmücken. Hier hat Bundeskanzler **Willy Brandt** 1970 mit seinem Kniefall die Wende in den deutsch-polnischen Beziehungen eingeleitet.

**Gedächtnismauer**

Die Gedächtnismauer wurde an der Stelle des so genannten Umschlagplatzes errichtet, einem Nebengleis, von dem die Züge nach Treblinka abfuhren.

*Fotos und Pläne informieren am »Eingang« des Ghettos über die Ereignisse während des Aufstandes 1943.*

Das Denkmal des Bildhauers **Władysław Klamerus** wurde am 45. Jahrestag des Ausbruchs des Aufstandes im Warschauer Ghetto enthüllt. Es hat die Gestalt einer weißen Mauer mit einem schwarzen Streifen, der symbolisch einen Teil des ehemaligen Umschlagplatzes umgibt. Am Eingang befinden sich vier Tafeln mit Inschriften in polnischer, jiddischer, hebräischer und englischer Sprache: »Diesen Weg des Leidens und Todes gingen über 300 000 Juden.« Stellvertretend für die vielen Tausend Opfer wurden 400 Namen um die Tafeln eingraviert.

## Umgebung von Warszawa

* **Kampinoski Park Narodowy**

Der Kampinoski-Nationalpark unmittelbar nordwestlich der Stadtgrenze von Warschau wurde 1959 eingerichtet, ist rund 38 000 ha groß und seit dem Jahr 2000 als **Welt-Biosphärenreservat** von der Unesco anerkannt. Eine Besonderheit des viel besuchten Naherholungsgebiets sind voreiszeitliche Pflanzen wie die Schwarzbirke. In dem ehemaligen Urstromtal der Weichsel wechseln sich mit Pinien und Kiefern besetzte Dünen mit bis zu 30 m Höhe und sumpfige Laubwälder ab. Rund 150 Vogelarten sind hier heimisch.

* **Żelazowa Wola**

In Żelazowa Wola, einem kleinen Dorf am Westrand des Kampinoski-Nationalparks, am 1. März 1810 der bedeutendste polnische Komponist geboren: **Frédéric Chopin** (► Berühme Persönlichkeiten). Im erhalten gebliebenen, von einem Park umgebenen Herrenhaus zeigt das Chopin-Museum Originalmöbel, Porträts und Dokumente. Im Sommer finden in dem Park hier sonntags um 11.00 und 15.00 Uhr Konzerte mit Klaviermusik von Chopin statt (Öffnungszeiten: Di. – So. 10.00 – 16.00 Uhr).

**Ciechanów**

Die Stadt Ciechanów liegt ca. 70 km nordwestlich von Warschau im nördlichen Masowien nahe der ehemaligen Grenze zwischen Polen und Ostpreußen. Die **gotische Burg** der masowischen Herzöge, die in sumpfigem Gelände an der Łydynia liegt, wurde um 1430 errichtet. **Bona Sforza**, Gemahlin des polnischen Königs **Zygmunt I. Stary**, ließ sie zur Residenz umbauen; 1657 wurde sie von den Schweden zerstört. Geblieben ist eine imposante Ruine, die das **Museum der masowischen Aristokratie** beherbergt (Öffnungszeiten: Di. bis So. 10.00 – 16.00 Uhr).

**Pułtusk**

60 km nördlich von Warschau liegt das Städtchen Pułtusk am Ufer des Narew, das mit ihrem 400 m langen Rynek **einen der größten Marktplätze Europas** besitzt. Neben dem 1728 gebauten barocken Rathaus steht der gotische Wehrturm des Vorgängerbaus aus dem 16. Jh. mit einem interessanten **Regionalmuseum**, das mittelalterliche Waffen, stadtgeschichtliche Exponate und Volkskunst der Region zeigt (Öffnungszeiten: Di. – Sa. 10.00 – 16.00, So. bis 14.00 Uhr).
An der Nordseite des Markts steht die **Kollegiatskirche**, die heutige

*Das Mahnmahl auf dem Gelände des ehemaligen Vernichtungslagers Treblinka erinnert an die vielen Hunderttausend hier ermordeten Menschen.*

Pfarrkirche St. Matthäus, einer der bedeutendsten Bauten der polnischen Renaissance mit einer barocken Ausstattung aus dem 17. und 18. Jahrhundert.
Südlich des Ryneks liegt, umgeben von einem Park, das **Dom Polonii** genannte Schloss, die einstige Residenz der Bischöfe von Płock, das heute als exklusives Hotel genutzt wird.

**Treblinka**

Treblinka, ein Dorf 100 km nordöstlich von Warschau und 7 km von der Bahnstation Małkiń entfernt, hat im Zweiten Weltkrieg traurige Berühmtheit erlangt.
Auf dem Gelände bei Treblinka errichteten die Nationalsozialisten 1941 und 1942 zwei Konzentrationslager. Das erste war ein Straflager (Arbeitslager Treblinka I), in dem 1941 bis 1944 etwa 7000 Gefangene starben, meist Polen. Das zweite war ein Massenvernichtungslager (Sonderlager Treblinka II), in dem 1942 und 1943 etwa 800 000 Menschen ermordet wurden, hauptsächlich Juden aus Polen. Die Gefangenen, die mit den Transporten auf dem Bahnhof eintrafen, wurden unmittelbar in die Gaskammern geführt. Ende 1943 lösten die Nationalsozialisten das Vernichtungslager auf und ebneten das Gelände ein.

◄ Mahnmal auf dem Lagergelände

Das Gelände des ehemaligen Massenvernichtungslagers wurde 1964 zu einem Mahnmal gestaltet. An der Stelle, wo sich früher die Gaskammern befanden, steht ein Denkmal, umgeben von einem symbolischen Friedhof mit 17 000 Granitplatten. Der Weg zum Lager Treblinka I, wo ebenfalls eine Gedenkstätte angelegt wurde, ist durch Sandsteinblöcke gekennzeichnet.

**Łowicz**

In der Region um Łowicz, rund 80 km westlich von Warschau, entwickelte sich schon früh eine eigene Volkskultur. Charakteristisch sind die farbenfrohen, bestickten Trachten, die mit der polnischen Volkstracht schlechthin gleichgesetzt wird und heute v. a. bei hohen kirchlichen Feiertagen getragen wird.

◄ Łowiczer Museum

Zu sehen ist die Łowiczer Volkskunst im **barocken Missionsseminar** der **»Folklore-Stadt«**, das nach einem Entwurf von Tylman van Gameren um 1700 gebaut wurde.

Ausgestellt sind in dem dort untergebrachten Museum, zugleich eine Zweigstelle des Warschauer Nationalmuseums, polnisches Kunsthandwerk des Barock und reiche Sammlung mit Exponaten zur Stadtgeschichte und regionalen Volkskultur, u. a. Bilder, Stickereien, Scherenschnitte und Trachten. Das Freilichtmuseum im Hof besteht aus zwei vollständig eingerichteten historischen Bauernhäusern (Muzeum Łowickie, Rynek Kościuszki 4; Öffnungszeiten: Di. bis So. 10.00 – 16.00 Uhr).

*** Arkadia**

Im Jahr 1778 ließ Helena Radziwiłłowna, eine große Kunstsammlerin und Mäzenin, in Arkadia, 6 km südöstlich von Łowicz, einen Park anlegen. Nach damaliger Mode wurde ein malerischer Landschaftsgarten mit Seen, Bächen, Wäldern und Wiesen geschaffen. Unter den Bauten im Park befinden sich ein klassizistischer Dianatempel von 1783, künstliche Ruinen eines Amphitheaters und ein Schweizer Chalet.

# * Wolin · Wollin

C/D 3

**Wojewodschaft:** Zachodnio-Pomorskie **Einwohnerzahl:** 5200

**Ferientrubel und quirliges Strandleben, kiefernbewachsene Dünen und weite, einsame Sandstrände. Und einen Nationalpark mit einer außergewöhnlichen Tierwelt – es lohnt sich, die kleine Ostseeinsel Wolin zu entdecken.**

**Ferieninsel und Nationalpark**

Gemeinsam mit Usedom trennt die 265 km² große Insel Wolin das Oderhaff von der Ostsee. Im Westen wird sie von der Świna und im Osten von der Dzwina umspült – zwei Mündungsarmen der Oder.

Charakteristisch für das Landschaftsbild der Insel sind die direkt am Meer liegenden, bis zu 115 m hohen Moränenhügel. Auf der Hochebene der Insel trifft man auf kleine nacheiszeitliche Seen, Torfmoore und Sümpfe sowie Dünenwälle, die von Fichten- und Kiefernwäldern bedeckt sind.

← *»Auch ich in Arkadien« – erfüllt sich im romantischen Landschaftspark von Arkadia ganz in der Nähe von Łowicz.*

## WOLIN ERLEBEN

### AUSKUNFT

*Tourist-Information*
ul. Kolejowa 2
PL-72-500 Międzyzdroje
Tel. 091 / 328 03 82
www.miedzyzdroje.pl

*Wolin-Nationalpark*
Woliński Park Narodowy
ul. Niepodległości 3
PL-72-500 Międzyzdroje
Tel. 091 / 328 07 37
www.wolinpn.pl

### ÜBERNACHTEN

► **Komfortabel**

*Amber Baltic*
Promenada Gwiazd 1
PL-72-500 Międzyzdroje
Tel. 091 / 328 10 00
www.hotel-amber-baltic.pl; 190 Z.
Die geräumigen Zimmer der Hotelanlage sind alle mit Balkon ausgestattet und bieten einen weiten Blick auf Ostsee und Strand. Mehrere Restaurants, Bars, Cafés sowie Pools, Sauna und Solarium stehen den Gästen zur Verfügung.

*Hotel Wolin*
Centrum
Szkoleniowo-Wypoczynkowe
ul. Nowomyśliwska 76
PL-72-500 Międzyzdroje
Tel. / Fax 091 / 328 10 35
www.hotelwolin.pl
163 Betten
Am Rande des Naturschutzgebietes bietet das Hotel einen großen Wellness- und Fitnessbereich. Die Zimmer sind alle mit Balkon, Bad, Sat-TV und Telefon ausgestattet.

## Sehenswertes auf Wolin

**Wolin (Wollin)**

Auf der nur 35 km langen Insel reihen sich einige sehr beliebte Kur- und Badeorte wie Międzyzdroje, Międzywodzie, Dziwnów (Dievenow) und Dziwnówek (Klein Dievenow) entlang der Ostseeküste. Auf der Seite des Oderhaffs (Zalew Szczeciński) versteckt sich fast der kleine Ort Lubin (Lebbin).

Das Städtchen Wolin liegt im Südosten der Insel direkt bei der Brücke über die Dziwna. Im Gebiet Wolins siedelte bereits im 9. Jh. ein slawischer Stamm, von dem sich der Name des Ortes und der Insel herleitet. Das Regionalmuseum dort zeigt zahlreiche, wertvolle Gegenstände dieser frühslawischen Kultur. Und beim alljährlich im Sommer stattfindenden **Wikingerfest** wird die mittelalterliche Inselgeschichte wieder lebendig (Muzeum Regionalne, ul. Zamkowa 24, Öffnungszeiten: tgl. 9.00 – 18.00, in der Nebensaison bis 16.00 Uhr).

**Wolin-Nationalpark**

Der 1960 gegründete Nationalpark (Woliński Park Narodowy) nimmt rund ein Fünftel der gesamten Insel Wolin ein. Die rund 11 000 ha große geschützte Fläche umfasst die Steilküste, die Moränenlandschaft im Landesinneren und Teile des Stettiner Haffs. Ein dichtes Netz von markierten Wanderwegen lädt zu ausgiebigen Ent-

*Fischeralltag in der Nähe des Seebades Międzyzdroje*

deckungs-Touren ein. Es gedeihen dort seltene Pflanzen wie die Stranddistel, Orchideen und das Geißblatt. Zahlreiche Vögel finden in dem Naturschutzgebiet ihre Nistplätze; insgesamt wurden rund 230 Vogelarten gezählt. Auch einige **Seeadler** sind hier noch heimisch. Eine besondere Attraktion des Parks sind die **Wisente**, die 1976 in einem Reservat angesiedelt wurden.

**Międzyzdroje (Misdroy)**

Der größte Ferienort auf der Insel ist das Seebad Międzyzdroje mit kilometerlangem Sandstrand, einer schattigen Promenade und zahlreichen Unterkünften in jeder Preisklasse. Er ist nicht nur ideal für einen Badeurlaub, sondern zugleich ein guter Ausgangspunkt zu Wanderungen im Wolin-Nationalpark: In einer knappen halben Stunde erreicht man den unmittelbar an der Küste aufragenden, 61 m hohen Kaffeeberg (Kawcza Góra), nach einer weiteren Dreiviertelstunde steht man auf dem 95-m-Gipfel des Gosanbergs (Gosąn). Landeinwärts führt ein markierter Weg vorbei am **Wisent-Reservat** und mehreren kleinen Seen zum Golfplatz in Kołczewo.
Eine Einführung in die Entstehung der Insel, ihre Flora und Fauna gibt das Naturkundemuseum der Nationalparkverwaltung in Międzyzdroje (Muzeum Przyrodnicze, ul. Niepodległości 3; Öffnungszeiten: Di. – So. 9.00 – 15.00 Uhr).

## Umgebung von Wolin

**Świnoujście (Swinemünde)** Das traditionsreiche Seebad liegt unmittelbar an der deutsch-polnischen Grenze auf den beiden Inseln Usedom und Wollin. Der größere und attraktivere Teil der Stadt befindet sich auf Usedom. Der breite helle Sandstrand mit angrenzendem Kurpark lockt zahlreiche Besucher an, längs der Promenade wurden viele Jugendstilvillen restauriert

Der Fährhafen, der Polen mit den skandinavischen Ländern verbindet, liegt auf der kleineren Insel Wolin.

Schiffe der »Weißen Flotte« unternehmen Fahrten auf dem Stettiner Haff und entlang der Oderbucht, ein Tragflügelboot fährt mehrmals täglich nach Stettin.

Eine Besichtigung lohnt das interessante **Fischereimuseum** (Muzeum rybołówstwa morskiego, pl. Rybaka 1; Öffnungszeiten: Di. – Fr. 9.00 bis 15.00, Sa. u. So. 11.00 – 15.00 Uhr).

Vom 200-jährigen, fast 70 m hohen **Leuchtturm** eröffnet sich – nach über 300 Stufen hinauf zur Aussichtsplattform – ein weiter Blick über die Ostseeküste.

> ! *Baedeker* TIPP
>
> **Hotel, ahoi!**
>
> Wer in den Schlaf geschaukelt werden möchte, sollte sich im Hotelschiff »Hansa« einquartieren, das in der Nähe von Midzyzdroje vor Anker liegt. Die »Hansa«, ausgestattet mit 60 modernen Kabinen, Terrasse, Restaurant und Nachtclub, gehört zum Hotel »Amber Baltic«, bei dem man seine »Schiffsreise« bucht (s. S. 436).

# ★★ Wrocław · Breslau

H / J 8

**Wojewodschaft:** Dolnośląskie **Höhe:** 120 m ü. d. M.
**Einwohnerzahl:** 632 000

**Die Hauptstadt Niederschlesiens wurde in den letzten Jahren aufpoliert wie kaum ein anderer Ort in Polen: Rings um den Marktplatz erstrahlen die Bürgerhäuser, in den Seitengassen entdeckt man Cafés, Antiquariate und Galerien. Neben gewaltigen Backsteinkirchen stehen verspielte Barockpaläste und streng-klassizistische Residenzen. Zugleich ist Breslau eine Wiege der Moderne mit herausragenden Bauten berühmter Avantgarde-Architekten.**

**Geschichte** Die Gründung einer Stadt namens **Wrocisław** durch den böhmischen **Herzog Wratisław** an der Stelle einer schon zu Römerzeiten bestehenden Handelsniederlassung wird um die Wende vom 9. zum 10. Jh. vermutet. Die ersten Bauten der Stadt waren eine Burgfestung aus Holz und Lehm, später ein gemauertes Schloss auf der Dominsel. Besiedelt wurde auch die benachbarte Sandinsel.

Um 990 wurde Breslau zusammen mit ganz Schlesien an den Staat von Mieszko I. angeschlossen, zehn Jahre später wurde ein vom Erzbistum Gnesen abhängiges Bistum gegründet. Nach der Zerstörung durch die Tataren im Jahr 1241 begann die Stadt sich um den heutigen Rathausplatz herum auszudehnen und sich mit einer Festungsmauer zu umgeben. Auf der Dominsel blieben jedoch die Kathedrale und andere Kirchen. Bis 1335 war Breslau Hauptstadt eines unabhängigen Herzogtums der schlesischen Piasten, fiel dann an Böhmen, das 1526 wiederum unter habsburgische Herrschaft geriet.

Die Entwicklung der Stadt wurde durch den Dreißigjährigen Krieg und vor allem durch die drei Kriege zwischen Österreich und Preußen im 18. Jh. unterbrochen, infolge derer Breslau an Preußen ging. Im 19. Jahrhundert wurde Breslau zu einer bedeutenden Industriemetropole ausgebaut. Bei Ausbruch des Zweiten Weltkriegs hatte Breslau 660 000 Einwohner. Als Ende 1944 die Front immer näher rückte, wurde die Stadt zur »Festung« erklärt, die »bis zum Letzten« verteidigt werden sollte.

Im Januar 1945 wurden Hunderttausende evakuiert und ganze Straßenzüge zu Verteidigungszwecken zerstört. Um die verbliebenen Einwohner und Soldaten schloss sich am 15. Februar der sowjetische Belagerungsring. Erst am 6. Mai 1945, eine Woche nach Hitlers Selbstmord, gab die Besatzung von Breslau auf. Was die Verteidiger nicht schon selbst zerstört hatten, erledigte der pausenlose Artilleriebeschuss, der Breslau in eine einzige Ruine verwandelte.

## ? WUSSTEN SIE SCHON ...?

- dass das Breslauer Stadtwappen dreimal verändert wurde – bis es schließlich wieder das alte war? Zuerst durch die Nationalsozialisten, weil sie der Buchstabe W (für Wratislava) in dem 400 Jahre alten Wappen als Zeugnis des Slawentums störte. Dann 1948 von der Stadtverwaltung. Sie störte die Abbildung des aus Franken stammenden Evangelisten Johannes Cochlaeus, einstmals Domherr in Breslau, nun Symbol für die deutsche Besatzung. Das neu kreierte Wappen zeigte einen polnisch-schlesischen Adler. Doch im Jahr 1990 stimmte der neu gewählte Stadtrat für die Wiedereinführung des alten Wappens.

## ***Highlights*** *Wrocław*

**Rathaus**
Nach der Besichtigung der »Perle der schlesischen Gotik« gibt's im »Schweidnitzer Keller« etwas Kühles.
► Seite 442

**Aula Leopoldina**
Das Schmuckstück der Universität präsentiert die üppige Pracht des Barock.
► Seite 447

**Heiligkreuzkirche**
Architektonisches Kuriosum auf der Dominsel.
► Seite 451

**Kathedrale**
Der hoch aufragende gotische Dom birgt eine Fülle von kunsthistorischen Schätzen.
► Seite 451

# WROCŁAW ERLEBEN

## AUSKUNFT

*Tourist-Information*
Rynek 14
PL-50-101 Wrocław
Tel. 071 / 344 31 11
Fax 344 29 62
www.wroclaw.pl
und www.dolnyslask.info.pl

*Sightseeing-Pause im romantischen Café Więzienna*

## SHOPPING

In der Galeria Dominikańska am pl. Dominikanski findet man alles, was das Herz begehrt. In zahlreichen Boutiquen halten Angeboten für jeden Geldbeutel und jeden Geschmack bereit.
Am Rynek finden Schmuckliebhaber eine reiche Auswahl an Silber- und Bernsteinschmuck – hier reiht sich ein Juwelier an den anderen.
Herrlich frisches Obst und Gemüse und auch was man sonst noch so braucht kauft man in der 1908 errichteten Alten Markthalle am pl. Nankiera – die einen sehr interessanten offenen Dachstuhl besitzt – und schnuppert die geschäftige Atmosphäre.

## ESSEN

### ► Fein & teuer

④ *Cesarsko-Królewska*
Rynek 19
Tel. 071 / 341 92 04
Im Restaurant am Ring wird habsburgische Küche geboten, die eines Kaisers würdig wäre – Franz Joseph blinzelt von der Speisekarte und wacht an der Tür. Ein Menüvorschlag: als Vorspeise Pilzsuppe mit Kaviar, dann Rehkoteletten im Haselnussmantel und als Dessert hausgemachter Apfelstrudel.

### ► Erschwinglich

① *Akropolis*
pl. Solny 18/19
Tel. 071 / 343 14 13
Ob Gyros, zarte Rippchen oder Suflaki: Beim Griechen auf dem Salzmarkt schmeckt alles gut.

⑤ *Dwór Polski*
Rynek 5
Tel. 071 / 372 48 96
Hinter der Fassade des »Polnischen Hofs« verbergen im Erdgeschoss das Królewska mit altpolnischer Küche sowie die ländliche Karczma Piastów, im Obergeschoss entdeckt man das Rokoko-Café Czwartkowa.

### ► Preiswert

③ *Café Więzienna*
ul. Więzienna 6
In dem romantischen Arkdenhof kann man sich vom Trubel des Rings erholen. Ist es kühl, zieht man sich in die mittelalterlichen Kellergewölbe zurück.

② *Pod Złotym Psem*
Rynek 41
Beim »Goldenen Hund« gibt es für den Hunger zwischendurch unkomplizierte Gerichte. Starke Biertrinker greifen zum 3-Liter-Gefäß, das einem vergrößerten Reagenzglas gleicht.

## ÜBERNACHTEN

### ► Luxus

③ *Qubus*
ul. św. Marii Magdaleny 2
PL-50-107 Wrocław
Tel. 071 / 341 08 98
www.qubushotel.com; 87 Z.
Das schöne Hotel liegt in der Altstadt gegenüber der gleichnamigen Kirche und verfügt über Hallenbad, Sauna und Fitnessraum.

④ *Radisson*
ul. Purkyniego 10
PL-50-156 Wrocław
Tel. 071 / 375 00 00
www.radissonsas.com; 162 Z.
Außen wie innen gibt sich das Nobelhotel minimalistisch, bietet Entspannung und Komfort ohne Schnickschnack. Die Zimmer sind geräumig und elegant, haben Klimaanlage und Sat-TV. Das Frühstücksbüfett ist hervorragend.

### ► Komfortabel

② *Sofitel*
ul. Św. Mikołaja 67
PL-50-107 Wrocław
Tel. 071 / 358 87 24
www.dorint.com/wroclaw; 205 Z.
Das »Sofitel« befindet sich in einem Glaspalast, der trotz seiner modernen Fassade bestens zur gegenüberliegenden gotischen Elisabethkirche passt. Die Zimmer sind groß und aufwändig gestaltet. Pluspunkte des Hauses sind das vorzügliche Frühstücksbüfett und das »Wellness-Center«

① *Tumski*
ul. Wyspa Słodowa 10
PL-50-266 Wrocław
Tel. 071 / 322 60 99
www.hotel-tumski.com.pl
57 Z.
Die malerisch über einem Oderarm thronende Villa liegt nahe des Rynek. Wer sein Urlaubsbudget schonen möchte, kann sich in der angeschlossenen Jugendherberge einquartieren.

*Gediegen speisen im »Polnischen Hof«*

### ► Günstig

⑤ *Europejski*
ul. Piłsudskiego
PL-50-017 Wrocław
Tel. 071 / 343 10 71
Fax 344 34 33
65 Z.
Das Hotel für Urlauber mit kleinem Geldbeutel liegt ganz in der Nähe des Bahnhofs.

## *Wrocław* Orientierung

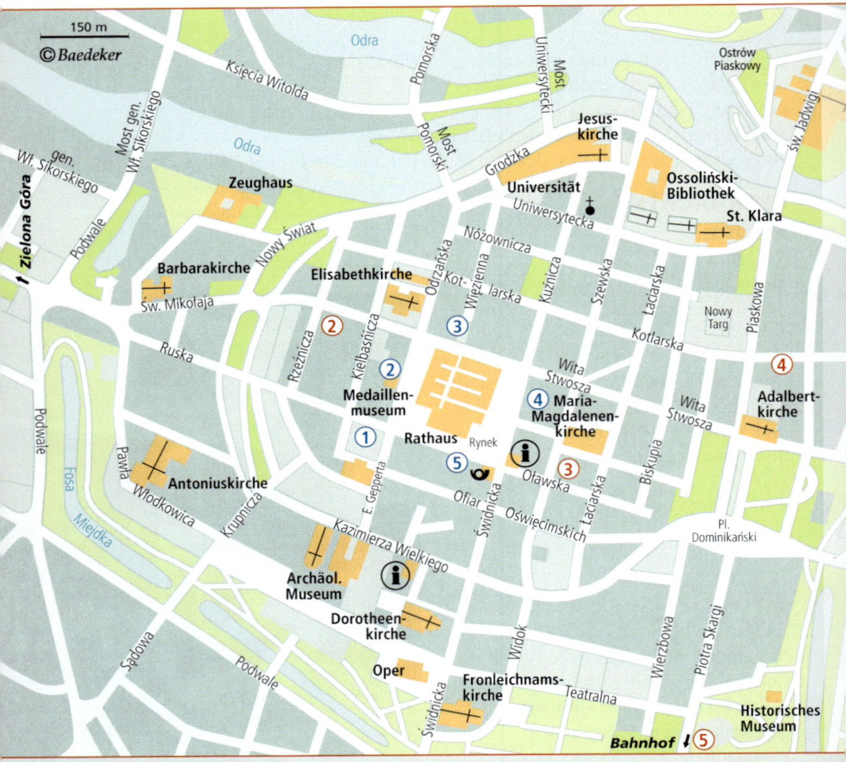


**Essen**
① Akropolis
② Pod Złotym Psem
③ Café Więzienna
④ Cesarsko-Królewska
⑤ Dwór Polski

**Übernachten**
① Tumski
② Sofitel
③ Qubus
④ Radisson
⑤ Europejski

## ★★ Sehenswertes in der Altstadt

**Rynek** Der Rynek ist das Zentrum der schachbrettartig angelegten Altstadt, er entstand 1241 auf einer Fläche von 175 x 212 m. Die Gebäudegruppe aus Rathaus und anderen Häusern in seiner Mitte bildet ein wunderschönes Ensemble.

**★★ Rathaus** Eines der wertvollsten Baudenkmäler in Polen ist das im 14./15. Jh. erbaute Rathaus, oft **»Perle der schlesischen Gotik«** genannt. Wahrzeichen Breslaus ist die Ostfassade mit dem 1508 vollendeten, prächtig verzierten Mittelgiebel, der eine astronomische Uhr von 1580

trägt. Nicht weniger schön ist die spätgotische Südfassade, deren aufwändig gestaltete Fenster schon auf die Renaissance hinweisen. Über diesen sind die Elemente des Breslauer Wappens zu erkennen: der Adler der schlesischen Piasten, der böhmische Löwe, der Buchstabe W (vom lateinischen Namen Wratislavia), der Kopf des Evangelisten Johannes, des Patrons des Stadtrats, und der Kopf Johannes des Täufers, des Stadtpatrons.

Unter dem besonders schönen mittleren Turm liegt der Eingang zum traditionsreichen »Schweidnitzer Keller«. Die Westfassade des Rathauses wird dominiert vom 66 m hohen, mit einem Renaissancehelm abgeschlossenen Uhrturm.

◄ Historisches Museum

Das Breslauer Rathaus mit seinen meisterhaft restaurierten Sälen präsentiert sich als Historisches Museum. Zu den Dauerausstellungen zählt die »Galerie berühmter Breslauer« mit Büsten u. a. von Herzog Heinrich I. und seiner Frau, der hl. Hedwig, Gerhart Hauptmann und Ferdinand Lassalle, der Philosophin Edith Stein und dem Arzt Ludwig Hirschfeld. Daneben werden Meisterwerke Breslauer Goldschmiedekunst vom 15. bis 20. Jh. ausgestellt.

◄ Besichtigung

Von der Westseite des Gebäudes gelangt man zunächst in den Bürgersaal, der 1616 sein heutiges Aussehen erhielt. Es folgt der Gerichtssaal mit seinem schönen gotischen Sterngewölbe aus der Mitte des 15. Jhs., das von einem Pfeiler in der Mitte getragen wird. Durch ein schönes Renaissanceportal von 1528 geht es in die Ratsherrenstube; daneben befinden sich der als Vogtskanzlei benutzte Grüne

*Die »Perle der schlesischen Gotik« besitzt mit dem »Schweidnitzer Keller« auch eine kulinarische Perle.*

Saal und die Vogtsstube. Der Repräsentationsraum des Rathauses im Obergeschoss, der Große Saal oder **Remter**, ist ein prächtiges Beispiel für die Architektur der Spätgotik, dessen Glanzpunkt der Mittelerker mit Kassettendecke und Steinbalustrade ist. Die Schluss- und Kragsteine des den Saal überspannenden Netzgewölbes tragen Motive aus dem Bürger- und Adelsleben Breslaus (Muzeum Historyczne, Sukiennice 14 / 15; Öffnungszeiten: Mi. – Fr. 10.00 – 16.00, Sa. 11.00 bis 16.00, So. 10.00 – 17.00 Uhr).

**Bürgerhäuser am Ring**

Zu den interessantesten Häusern am Ring gehören das Haus Nr. 2 **»Pod Gryfami«**, das »Greifenhaus«, ein Beispiel niederländischer Architektur des 16. Jhs., und das Haus Nr. 8 **»Pod Siedmioma Elektorami«**, »Zu den Sieben Kurfürsten«, mit teilweise gotischen Mauern und einem Barockportal aus dem 17. Jh., verziert mit dem zweiköpfigen Adler der Habsburger. In ihm und im benachbarten Haus Nr. 6 **»Pod Złotym Słońcem«**, »Zur Goldenen Sonne« stiegen die böhmischen und habsburgischen Herrscher ab. Heute ist hier ein **Münzen- und Medaillenmuseum** eingerichtet (Muzeum Sztuki Medalierskiej; Öffnungszeiten: Di. – So. 10.00 – 18.00 Uhr).

An der Nordwestecke des Rings, ul. Odrzańska / ul. św. Mikołaja, stehen zwei kleinere Häuser aus dem 16. Jh., »Jasio« und »Małgosia«, **»Hänsel« und »Gretel«**, genannt. Ein kleines, nettes Café hat sich in der »Gretel« eingerichtet. Die beiden winzig scheinenden Häuschen sind durch ein Barocktor aus dem 18. Jh. verbunden, durch das man zur Elisabethkirche kommt.

**Elisabethkirche**

Die Kościół św. Elżbiety, eine der großen gotischen Backsteinkirchen Breslaus, besitzt den höchsten Kirchturm der Stadt mit 86 m; ursprünglich war der Turm sogar 130 m hoch. Ein erstes Gotteshaus stand 1211 an dieser Stelle; die heutige Kirche stammt aus dem 13./14. Jh., der Turm wurde 1458 vollendet. In dem imposanten Ziegelbau mit drei Schiffen, der 1976 abgebrannt und 1988 wieder hergestellt war, wird die größte Sammlung bürgerlicher Grabmäler und Epitaphe in Schlesien bewahrt: 370 Exemplare aus Gotik, Renaissance und Barock.

! *Baedeker* TIPP

**Speisen im »Theater«**

Im 700 Jahre alten »Schweidnitzer Keller« im Kellergewölbe des Rathauses stehen zehn unterschiedliche Räume stehen zur Wahl – vom freskengeschmückten Fürstensaal bis zum Theater und zur Bauernschenke; Gerhard Schröder wählte bei seinem letzten Besuch die »Höhle«, wo einst die zum Tode Verurteilten der Vollstreckung ihrer Strafe harrten. Ebenso vielfältig wie die Räume ist die Küche: Sie reicht vom deftigen Schmaus mit Schmalz und Bier bis zur Haute Cuisine nach Art polnischer Adelshöfe (Piwnica Świdnicka, tgl. ab 11.00 Uhr).

Westlich der Elisabethkirche, etwas außerhalb des ursprünglichen Festungsrings, liegt das im 15. Jh. erbaute Zeughaus bzw. **Arsenal**, in dem eine sehr umfangreiche Sammlung historischer Waffen ausgestellt wird (Muzeum Historyczne Oddział Arsenał, ul. Cieszyńskiego 9; Öffnungszeiten: Di., Do. u. Fr. 10.00 – 16.00, Sa. 11.00 – 17.00, So. 10.00 – 18.00 Uhr).

**Salzmarkt**

An die Südwestecke des Rings grenzt der plac Solny, auf dem in früheren Zeiten die Waren der Kaufleute umgeschlagen wurden. Auch er ist von schönen Bürgerhäusern umstanden. Herausragendes Bauwerk ist die klassizistische **Alte Börse** von 1842.

**Kirche St. Maria Magdalena**

Die Kościół św. Marii Magdaleny steht wenig östlich des Rings in der ul. Szewskiej. Das imposante Bauwerk entstand von 1355 bis 1360, die Türme wurden erst 1488 vollendet. Um 1545 wurde an der Südwand ein reich mit Blattwerk, Tier- und Fabelwesen verziertes, in den Jahren 1150 bis 1175 entstandenes **romanisches Portal** eingemauert, das aus einer Benediktinerkirche in der Umgebung Breslaus stammte. Ausgestattet ist die Kirche u. a. mit einer Renaissance-Marmorkanzel und einem gotischen Sakramentshaus aus dem 15. Jahrhundert.

**Adalbertkirche**

Weiter östlich steht die Kościół św. Wojciecha, al. Słowackiego / ul. św. Katarzyny, in einem schon außerhalb des Festungsrings liegenden Stadtteil, der 1945 völlig zerstört wurde. Vorläuferin der jetzigen Kirche war die 1112 gestiftete älteste Kirche des linksufrigen Breslau.

An ihrer Stelle erbauten die Dominikaner ihr – nach ►Sandomierz – zweites Gotteshaus in Polen, ein schönes Beispiel einfacher, früher Backsteingotik. Das Schiff entstand ab 1226 und wurde nach einem Brand beim Tatarensturm im Jahr 1241 ab 1260 neu gebaut; der Chor folgte um 1300, der Turm wurde 1359 angefügt; 1492 wurde das Schiff verlängert.

Im Chor befindet sich die Lauretanische Kapelle, Kaplica Lauretańska, aus dem 17. Jh., außerdem steht hier eine steinerne gotische Skulptur der Muttergottes aus dem 15. Jahrhundert.

Im 18. Jh. wurde die Barockkapelle des seligen **Czesław Odrwąża** an die Südseite angebaut, deren üppige Ausstattung einen bemerkenswerten Gegensatz zur ansonsten schlichten Kirche bildet. Am Altar befindet sich ein Alabastersarkophag mit 34 Reliefs mit Szenen aus dem Leben Czesławs, dessen Gebete 1241 die Tataren zurückgeworfen haben sollen. Ähnliche Szenen finden sich auch auf den Bildern an den Seitenwänden, Werken von **Johann Franz de Bakker** aus Antwerpen.

! *Baedeker* TIPP

**Armes Theater**

Theaterfans entdecken hinter dem Neuen Rathaus am Altstadtmarkt eine ständige Ausstellung, die das Schaffen des bekanntesten Künstlers Breslaus dokumentiert: Jerzy Grotowski (1933 – 1999). Als er 1982 aus politischen Gründen nach Italien auswanderte, endete die von ihm begründete Ära des »Armen Theaters«. Jetzt widmet sich hier ein Forschungsinstitut (Orodek Bada Twórczoci Jerzego Grotowskiego i Poszukiwa Teatralno-Kulturalnych) dem Werk Jerzy Grotowskis.

Auch die Dorotheenkirche, Kościół św. św. Stanisławy, Wacława i Doroty, etwas weiter südlich des Rings an der ul. Świdnicka imponiert durch ihre Ausmaße. Das 80 m lange, 30 m breite und 25 m hohe Gotteshaus wurde zum Gedenken an die Begegnung Kaiser **Karls IV.** mit dem polnischen König **Kazimierz Wielki** 1351 vom Kaiser für die augustinischen Einsiedler gestiftet. Der Chor entstand in den Jahren 1354 bis 1381, um 1400 die drei gleich hohen Schiffe, Mitte des 15. Jhs. der Giebel der Kirche.

Nach einem Brand im Jahr 1686 wurde sie im 18. Jh. teilweise barock wieder aufgebaut. Bewahrt wurden Kreuz-, Stern- und Springgewölbe in Mittel- und Seitenschiffen. Die Ausstattung ist überwiegend barock.

**Museum für Archäologie und Völkerkunde**

Das barocke Spätgen-Palais, Mitte des 18. Jahrhunderts Residenz **Friedrichs des Großen**, zeigt eine Abteilung mit Keramik, Waffen und Kunsthandwerk von der Stein- bis zur Neuzeit sowie eine Dauerausstellung zum Thema »Schlesien von der Frühgeschichte bis zum Mittelalter«.

Eine weitere Abteilung beherbergt eine ethnografische Sammlung mit Volkskunst und Trachten aus Schlesien (Muzeum Archeologiczne i Etnograficzne, ul. Kazimierza Wielkiego 34; Öffnungszeiten: Mi. bis Fr. 10.00 – 16.00, Sa. u. So. bis 17.00 Uhr).

## Sehenswertes im Universitätsviertel

★ Universität

Das Hauptgebäude der Universität liegt nördlich vom Rynek zur Oder hin. Die mittelalterliche Festung, die den Übergang über den Fluss schützte, wurde 1659 von Kaiser **Leopold I.** dem Jesuitenorden geschenkt, der das zerstörte Gebäude abtragen ließ und 1728 bis 1742 das heutige monumentale Barockbauwerk errichtete.
Die Schule, die der Orden in Breslau betrieb, hatte schon 1702 den Rang einer Hochschule erhalten. 1811 schließlich wurde sie durch die Übernahme der in Frankfurt a. d. Oder aufgelösten Fakultäten in die bis heute existierende allgemeine Universität umgewandelt. Die mächtige Fassade zur Oder hin ist 171 m lang und wird überragt vom Astronomischen Turm, verziert mit einem Globus und umgeben von Skulpturen, die die vier Wissenschaften Recht, Theologie, Astronomie und Medizin symbolisieren.

★ ★ ◄ Aula Leopoldina

Viele Säle des Universitätsgebäudes besitzen eine prächtige barocke Ausstattung, einzigartig jedoch ist die Aula Leopoldina, einer der schönsten Barockräume in Polen, entstanden in der 2. Hälfte des 17. Jhs. nach einem Entwurf von Christoph Tausch; die Ausgestaltung stammt von Franz Joseph Mangold (Skulpturen), Ignazio Provisore (Stuck) und Johann Friedrich Handke (Fresken). Über dem Podium sieht man die Figur des Universitätsgründers Leopold I., das Fresko darüber stellt die Widmung der Universität an die Gottesmutter dar.

*Barocke Pracht: die Aula Leopoldina*

Die anderen Skulpturen und Gemälde zeigen die Söhne Leopolds und Gönner der Universität wie Papst Urban VIII. oder Friedrich den Großen. In den Fensterlaibungen sind verdiente Wissenschaftler porträtiert (pl. Uniwersytecki 1; Öffnungszeiten von Aula und Turm: Mo., Di., Do. – So. 10.00 – 15.30 Uhr).

**Matthiaskirche**

Die Uniwersytetski Kościół im. Jezus, die ehemalige Kirche der Jesuiten, schließt an den Südflügel der Universität an. Das recht stattliche Gebäude entstand 1689 bis 1698 an der Stelle des Ostflügels des Fürstenschlosses, wobei die alten Mauern miteinbezogen wurden.
Die barocke Ausstattung wurde von Christoph Tausch entworfen. Neben dem Hauptaltar steht eine von drei existierenden Kopien der Pietà, die Michelangelo für die Peterskirche in Rom schuf.

**✶ »Ossolineum«**

Die Bibliothek des Ossoliński-Instituts, Biblioteka Zakładu Narodowego im. Ossolińskich, Ecke ul. Grodzka / ul. Szewska, nach der Nationalbibliothek in Warschau und der Jagiellonen-Bibliothek in Krakau die größte Bibliothek in Polen, wurde 1946 aus Lwów nach Breslau gebracht und in dem um 1700 erbauten, ursprünglich als Johanniterkloster, ab 1811 als Gymnasium genutzten Gebäude eingerichtet. Zu der Bibliothek gehören die größte Exlibris-Sammlung Polens, umfangreiche Grafiksammlungen, darunter Werke von Rembrandt und Dürer, sowie eine Handschriftensammlung.

Die **Kirche St. Klara**, Kościół św. Klary, am pl. Nankiera – benannt nach dem Krakauer **Bischof Nanker**, ab 1320 an Bischof von Breslau und Kämpfer für ein polnisches Schlesien – bildet zusammen mit dem ehemaligen Ursulinerinnenkloster eine barocke Anlage.
Der Komplex entstand aus einem im 13. Jh. errichteten Kaufmannshaus, das schon bald nach seiner Fertigstellung für sakrale Zwecke verwendet wurde. Ein Teil wurde zur Kirche St. Klara umgebaut, der zweite mit fast identischen Ausmaßen zu der mit ihr verbundenen Hedwigskirche, Kościół św. Jadwigi. Ein Umbau Ende des 17. Jhs. gab der ganzen Anlage barocke Züge, dennoch sind große Teile der ursprünglichen Mauern erhalten geblieben.
In beiden Kirchen sind Grabmäler und -platten schlesischer Fürsten zu sehen; besonders interessant ist die Hedwigskapelle, Kaplica św. Jadwigi, mit den Grabmälern Heinrichs III., Heinrichs V. und Heinrichs VI., weshalb sie auch **Mausoleum der Breslauer Piasten** genannt wird.

### i Klassik live

- Das Festival Wratislavia Cantans in Breslau gehört der exklusiven Vereinigung »European Festival Association« an und besteht schon seit 1966. Es wird alljährlich im Herbst veranstaltet und umfasst neben zahlreichen Sinfonie- und Kammermusikkonzerten auch Kunstausstellungen und Theateraufführungen. Konzerte finden u. a. auch im Kloster Leubus (Lubiąż), in der Garnisonskirche von Hirschberg (Jelenia Góra) und im Schloss Klitschdorf (Kliczków) statt (Termine und Infos unter www.wratislavia.art.pl).

*Großstadtidylle: romantische Bucht neben dem Nationalmuseum*

Das Nationalmuseum befindet sich in einem monumentalen Neorenaissancebau am Oderufer. Es enthält eine der besten Sammlungen mittelalterlicher Kunst in Polen: Steinskulpturen wie den Tumba-Sarkophag von Heinrich IV., ausdrucksstarke Tafelmalerei und geschnitzte Altarbilder sowie Heiligenfiguren, darunter zahlreiche »schöne Madonnen«. **★ Nationalmuseum**
In einer weiteren Abteilung wird man mit schlesischer Kunst der Neuzeit vertraut gemacht, besonders sehenswert sind die beschwingten Barockskulpturen und Gemälde von Michael Willmann, dem **»schlesischen Rembrandt«**. Polnische Kunst bildet den Schwerpunkt einer dritten Abteilung: Die Palette reicht von sarmatischen Porträts mächtiger Magnaten bis zu den düsteren Gruppenplastiken von Magdalena Abakanowicz (Muzeum Narodowe, pl. Powstańczów Warszawy 5; Öffnungszeiten: Di., Mi., Fr. – So. 10.00 – 16.00, Do. 9.00 – 16.00 Uhr).

In einer großen Rotunde im Stadtpark wird ein 114 m langes und 15 m hohes Panoramagemälde ausgestellt, das die **Schlacht von Racławice** darstellt. Dort trafen am 4. April 1794 die polnische Armee unter **Tadeusz Kościuszko** (► Berühmte Persönlichkeiten) und die russische Armee aufeinander. Das Gemälde entstand in den Jahren 1893 / 1894 in Lwów (Lemberg) durch eine Gruppe von Malern unter Leitung von **Jan Styka** und **Wojciech Kossak**. Es war dort bis 1944 zu sehen und wurde 1946 nach Breslau gebracht (ul. Purkyniego 11; Öffnungszeiten: Di. – So. 9.00 – 17.00 Uhr). **★ Panorama von Racławice**

**Architekturmuseum** Das Museum befindet sich im früheren Bernhardinerkloster und zeigt die Entwicklung der Architektur vom Mittelalter bis zur Moderne sowie den Wiederaufbau Breslaus nach 1945 (Muzeum Architektury, ul. Bernardyńska 5; Öffnungszeiten: Di., Do., Fr. 10.00 bis 15.30, Mi. u. Sa. bis 16.00, So bis 17.00 Uhr).

**Post- und Fernmeldemuseum** Das 1926 bis 1929 errichtete Museum enthält Exponate zur Geschichte des polnischen Post-, Fernmelde-, Fernseh- und Rundfunkwesens (Muzeum Poczty i Telekomunikacji, ul. Krasińskiego 1; Öffnungszeiten: Mo., Mi. – Sa. 10.00 – 15.00, So. 11.00 – 14.30 Uhr).

## Sehenswertes auf der Sandinsel

**Sandbrücke** Vom linken Oderufer führt die 1861 erbaute Most Piaskowy, die älteste erhaltene Brücke Breslaus, auf die Sandinsel (Ostrów Piaskowy). Piotr Włast, der die »rechte Hand« des Königs Bolesław Krzwousty werden sollte, stiftete um 1149 dem Augustinerorden ein auf der Insel zu errichtendes Kloster. Heute nimmt diesen Platz die barocke Universitätsbibliothek ein.

**★★ Kirche Maria auf dem Sande** Die Kościół Najświętszej Marii Panny na Piasku, die gewaltige gotische Kirche auf der Sandinsel, ist ein dreischiffiger Backsteinbau mit zwei Türmen – der Nordturm blieb unvollendet –, der in den Jahren 1334 bis 1425 an der Stelle eines Vorgängerbaus aus dem 12. Jahrhundert erbaut wurde.

*Breslaus älteste Brücke führt hinüber zur Sandinsel.*

Im Südschiff ist das **Stiftungstympanon** der ersten Kirche aus dem 12. Jh. zu sehen. Dargestellt sind Piotr Własts Ehefrau Maria und sein Sohn Świętosław, die der Muttergottes ein Modell der Kirche übergeben und diese ihr weihen. Hohen künstlerischen Wert hat auch der spätgotische, reliefgeschmückte Taufstein aus dem 15. Jh. links vom Eingang in einem Raum unter dem Turm. Die gotischen Altäre an den Pfeilern stammen aus schlesischen Kirchen.

## Sehenswertes auf der Dominsel

**Dombrücke**

Von der Sandinsel geht man am besten auf der hübschen gusseisernen Most Tumski hinüber auf die Dominsel (Ostrów Tumski). Sie ist der älteste Teil Breslaus und seit dem 9. Jh. bewohnt. Hier befand sich der älteste Fürstenhof, der 1241 zusammen mit der ganzen Stadt auf das linke Oderufer verlegt wurde. Seitdem wurde die Insel zum Stadtteil der Kirchen, Sitz des Erzbischofs und anderer Mächtiger des Klerus. Im 19. Jh. wurde der alte Oderlauf zugeschüttet und die Insel mit dem Land verbunden.

**Martinskirche**

Links geht es zur Kościół św. Marcina, ursprünglich eine Schlosskapelle aus dem 13. Jh. mit achteckigem Grundriss, im 13./14. Jh. sowie 1571 zu einem gotischen Bauwerk umgebaut. Vor dem Zweiten Weltkrieg wurden hier Gottesdienste in polnischer Sprache abgehalten, der letzte fand am 17. September 1939 statt. Neben der Kirche steht ein Granitdenkmal für Papst Johannes XXIII. von 1968.

**★ Heiligkreuzkirche**

Die gotische Kościoły św. Krzyża i św. Bartłomieja, ein **architektonisches Kuriosum**, besteht aus zwei übereinander liegenden Kirchen: oben die Kreuzkirche, unten die Bartholomäuskirche.
Beide Kirchen wurden auf Geheiß des Piastenfürsten **Heinrich IV. Probus** in den Jahren 1288 bis 1295 als Familienmausoleum errichtet. Aus dieser Zeit stammt noch der Chor; die Kirchenschiffe wurden in den Jahren 1320 bis 1350 unter **Bischof Nanker** angebaut.
In der Kreuzkirche befindet sich über dem Eingang zum Südschiff das Stiftungstympanon von 1360, das die Heilige Dreifaltigkeit sowie die Gründer, Heinrich IV. und seine Frau Mathilda, zeigt. Der Hauptaltar trägt ein gotisches Triptychon aus dem 15. Jahrhundert.

**Erzbischöfliches Palais**

Das klassizistische Gebäude des Pałac Arcybiskupi wurde 1795 bis 1802 errichtet; seine Fassade schmücken ionische Säulen. 1955 wurden im nordöstlichen Teil des Gebäudes Mauern eines Bischofspalais von etwa 1240 entdeckt, mithin das älteste Wohngebäude der Stadt. Bis heute erhalten sind Bauteile aus Romanik und Gotik.

**★★ Dom Johannes der Täufer**

Das beherrschende Bauwerk auf der Dominsel ist die Katedra św. Jana Chrzciciela. Schon um das Jahr 1000 stand eine Kirche an dieser Stelle, die heutige Kathedrale ist die vierte. Ihr ältester Teil ist der gotische Chor, der um 1245 dem romanischen Schiff angefügt wurde,

*Mit der »Weißen Flotte« geht's gemächtlich entlang der Dominsel.*

das **erste gotische Bauwerk** auf polnischem Boden. Etwa zur selben Zeit wurden auch zwei niedrige Türme errichtet. Die gegenwärtigen Schiffe entstanden, ebenso wie die Marienkapelle, im 14. Jh. Die heutigen imposanten Türme stammen aus dem 15. Jahrhundert.

Ausstattung ▶ Mittelpunkt des Chors, vom Kirchenraum durch eine Balustrade mit Figuren der Schutzpatrone der Kathedrale getrennt, ist ein spätgotisches Triptychon von 1552, das Barockgestühl stammt aus dem 17. Jahrhundert. Im nördlichen Seitenschiff sind Freskenreste aus dem 15. Jh. erhalten geblieben.

Kapellen ▶ Die drei schönsten Kapellen liegen an der Giebelwand der Kathedrale, Zugang über den Chorumgang. Die **Elisabeth-Kapelle** entstand in den Jahren 1684 bis 1700 und ist ein Meisterwerk der italienischen Künstler Scianzi, Rossi, Ferrato, Guidi und Passerino, die auch die Skulpturen geschaffen haben. Die Kuppelfresken zeigen Szenen aus dem Leben der hl. Elisabeth.

Die auf der Achse der Kirche stehende gotische **Marienkapelle** wurde 1354 bis 1361 aus einer Stiftung des Breslauer Bischofs Przecław erbaut und enthält dessen Marmorsarkophag.

Die **Kurfürstenkapelle** gilt als das schönste Beispiel der Barockarchitektur in Breslau. Sie wurde in den Jahren 1716 bis 1724 vom Wiener Hofarchitekten **Johann Bernhard Fischer von Erlach** für den Fürstbischof von Breslau, **Franz Ludwig von Pfalz-Neuburg**, erbaut und von verschiedenen europäischen Künstlern prächtig ausgestaltet.

Die romanische Kościół św. Idziego nördlich des Doms ist die älteste noch benützte Kirche Breslaus. Aus der ersten Hälfte des 13. Jhs. ist das Südportal erhalten geblieben, das zweite Portal stammt aus der Renaissance. Das Gewölbe stützt sich auf einen einzigen Pfeiler. **Ägidienkirche**

Die Kirche ist durch einen Backstein-Schwibbogen mit dem spätgotischen Gebäude des Domkapitels aus dem 16. Jh. verbunden. Hier und im benachbarten neogotischen Gebäude ist das Erzdiözesanmuseum untergebracht, das mittelalterliche schlesische Sakralkunst zeigt. Ausgestellt sind Altäre, Kruzifixe und Heiligenfiguren sowie liturgische Gewänder und eine Kollektion schöner Madonnen (Muzeum Archidiecezjalne, pl. Katedralny 16; Öffnungszeiten: Di. – So. 9.00 – 15.00 Uhr). ◄ Erzdiözesanmuseum

Der nur im Sommer geöffnete Botanische Garten nördlich der Ägidienkirche erstreckt sich auf dem Gelände des alten Oderlaufs, von dem noch einige Teiche zurückgeblieben sind. Der Garten wurde in den Jahren 1811 bis 1816 angelegt und umfasst u. a. einen Rosengarten, ein Alpinarium und eine Orangerie sowie eine der größten Kakteenzuchten Polens. **Botanischer Garten**

## Sehenswertes außerhalb des Zentrums

Der ehemalige jüdische Friedhof von Breslau, 2 km südlich des Zentrums, wurde 1856 angelegt. Viele berühmte Breslauer sind hier beigesetzt, darunter der Arbeiterführer **Ferdinand Lassalle**. Als einer der wenigen jüdischen Friedhöfe hat er den Zweiten Weltkrieg fast unbeschadet überstanden, seine oft monumentalen, aufwändig gestalteten Gräber und Gruften stehen heute als Friedhofskunst unter Denkmalschutz (Muzeum Sztuki Cmentarnej, Cmentarz Żydowski, ul. Ślęża 119; Öffnungszeiten: tgl. 8.00 – 18.00 Uhr). **Museum für Friedhofskunst**

Von der Altstadt führt die Kaiserbrücke (Most Grunwaldzki) über die Oder. Diese längste Hängebrücke Polens wurde 1910 erbaut und drei Jahre nach ihrer Zerstörung 1945 wieder aufgebaut. Von der Brücke aus hat man einen schönen Blick auf die Oder, auf die Kirchtürme auf Sand- und Dominsel sowie auf das östlich der Brücke liegende Universitätsviertel. *** Kaiserbrücke**

Östlich des akademischen Viertels, jenseits des Oderkanals, liegt die »Jahrhunderthalle«, Hala Ludowa, eine bahnbrechende Stahlbetonkonstruktion von **Max Berg** aus den Jahren 1912 / 1913, erbaut zur Hundertjahrfeier der Völkerschlacht von Leipzig. **Jahrhunderthalle**

Die imposante, 42 m hohe Halle – Innendurchmesser: 95 m, Gesamtfläche: 13 330 m² – verfügt über 6000 Sitzplätze und kann bis zu 20 000 Menschen aufnehmen.

Die 96 m hohe stählerne Nadel vor der Halle wurde 1948 anlässlich der polnischen »Ausstellung der wieder gewonnenen Gebiete« hier aufgestellt.

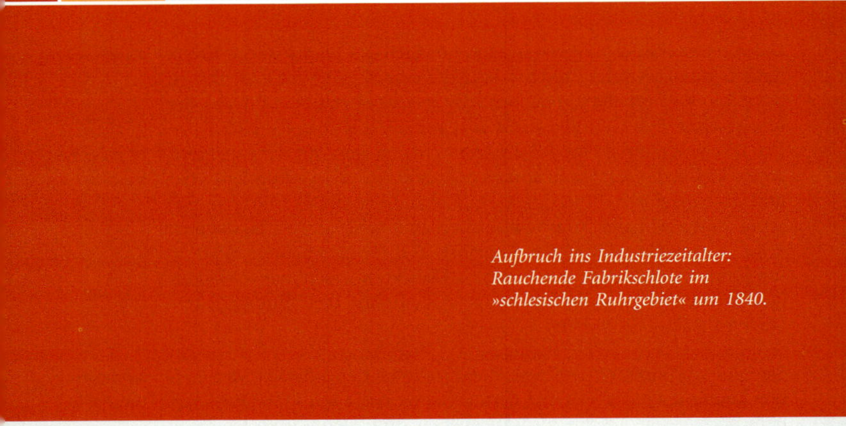

*Aufbruch ins Industriezeitalter: Rauchende Fabrikschlote im »schlesischen Ruhrgebiet« um 1840.*

# SCHLESIEN – GESTERN UND HEUTE

**Schlesien ist ein Land mit einer wechselvollen Geschichte, ein Zwischenland, auf dessen Boden sich Völker und Kulturen begegneten, das immer wieder zum Zankapfel wurde. Um Schlesien wurde im 20. Jh. zwischen Deutschland und Polen mehr Unfrieden gestiftet als in allen Jahrhunderten zuvor.**

Das Land, diesseits und jenseits der mittleren und oberen Oder gelegen und im Süden bis an die Sudeten reichend, besteht in der geschlossenen Form seiner alten Grenzen nicht mehr. Die preußische Provinz (Oberschlesien und Niederschlesien) hatte diese bis zum Ersten Weltkrieg bewahrt. Heute sind die Landesteile Schlesiens in neue polnische Wojewodschaften eingegangen.

Geblieben ist die **Bedeutung Schlesiens als Kulturlandschaft**, seine prächtigen Klöster und Kirchen, die Ausstrahlungskraft seiner Metropole Breslau. Bis zum Zweiten Weltkrieg war Breslau eine der bedeutendsten Städte Ostdeutschlands, heute ist die Stadt ein polnisches Zentrum von Kunst und Wissenschaft, in dem das geistige Erbe der verloren gegangenen Stadt Lwów (Lemberg) bewahrt wird. Oberschlesien mit seinen Industriegebieten, das im Gegensatz zu Niederschlesien immer eine gemischt-sprachige Bevölkerung hatte (hier wird das »Wasserpolnische« gesprochen), ist für Polen eine lebenswichtige Region. Dort hat sich an vielen Orten die deutschstämmige Bevölkerung gehalten; die Menschen haben jetzt wieder die Möglichkeit, ihre Tradition zu pflegen.

## Frühe Besiedelung

Schlesien verdankt seinen Namen vermutlich einem wandalischen Stamm (den Silingen), der dort schon vor unserer Zeitrechnung siedelte. Eine andere, in Polen bevorzugte Lesart sieht den Ursprung in der Bezeichnung des Siedlungsgebietes der Slesanen (Ślęzanie), die mit anderen slawischen Stämmen das Land etwa ab dem 8. Jahrhundert bewohnten. Im 10. Jahrhundert stand Schle-

sien unter böhmischer Herrschaft. Der böhmische **Herzog Wratislaw I.** errichtete die älteste Burg an der Oder, wo später Breslau (Worzislawa, heute Wroclaw) entstehen sollte. Aber schon 990 gehörte Schlesien zum polnischen Staat, den der Piastenfürst **Mieszko I.** 966 begründet hatte. Ein Bistum Wroclaw wurde im Jahr 1000 eingerichtet.

## Deutscher Einfluss

Während der Herrschaft der Piastenherzöge, die vielfach mit Personen aus deutschen Geschlechtern versippt waren, bildeten sich zwei schlesische Linien heraus, die von Breslau und die von Oppeln-Ratibor.

Von den berühmten schlesisch-piastischen »Heinrichen« (Heinrich der Bärtige, Heinrich der Fromme, Heinrich IV. Probus) gingen Pläne einer Erneuerung und Einigung der von Zersplitterung bedrohten polnischen Gebiete aus. Sie alle bemühten sich aber vor allem um einen kulturellen und wirtschaftlichen Aufschwung in ihren Ländern; der deutsche Einfluss in Adel, Geistlichkeit und im Bürgertum Schlesiens war nicht zu übersehen. Heinrich Probus wird sogar unter die deutschen Minnesänger gezählt. Die Piastenfürsten riefen deutsche Siedler ins Land, Handwerker und Bauern, Kaufleute und Bergleute, Mönche und Priester.

## Abhängigkeit von Böhmen

Noch einmal geriet Schlesien in Abhängigkeit von Böhmen. Im Jahre 1335 verzichtete der polnische **König Kazimierz Wielki** (der Große) auf die polnischen Ansprüche gegenüber den piastischen Gebieten in Schlesien. Als Teil Böhmens wurde 1526 ganz Schlesien in die Habsburger Monarchie eingegliedert. In der Reformationszeit wurden die meisten schlesischen Fürsten und Städte lutheranisch. Die Gegenreformation unter der Ägide der katholischen Habsburger trug Unruhe und Verfolgung in die schlesische Bevölkerung. Zugleich aber brachte das 17. und das beginnende 18. Jahrhundert mit dem Aufkommen des schlesischen Barock in Baukunst und Dichtung eine reiche Kultur zur Blüte. In den Schlesischen Kriegen entschied Friedrich der Große über das weitere Schicksal Schlesiens bis

*Die heilige Hedwig, die Schutzpatronin der Schlesier, wird noch heute hoch verehrt (Hedwig-Statue in der Nähe der Breslauer Johannes-Kathedrale).*

zum Jahre 1918. Schlesien wurde eine preußische, später eine deutsche Provinz. Nur ein kleiner Teil im Süden des Landes blieb bei Österreich.
Das 19. Jh. beförderte mit den Ideen des nationalen Erwachens der Völker bei den im preußischen Schlesien lebenden Polen ein Streben nach politischer und kultureller Autonomie. Aber noch gab es keine nennenswerte Rivalität zwischen Deutschen und Polen. Erst der Erste Weltkrieg mit seinen Folgen schuf die Unversöhnlichkeit zwischen den Fronten, die so viele Leiden über die Bevölkerung Schlesiens brachte. Grenzbezirke Nieder- und Ostoberschlesien fielen im Versailler Vertrag und nach einer von Aufständen begleiteten **Volksabstimmung** an Polen. Die neue sog. »Unrechtsgrenze« wurde von Deutschland nicht anerkannt.
Der Zweite Weltkrieg führte dann zum endgültigen Verlust Schlesiens für Deutschland. Nach Flucht und Vertreibung der deutschen Bevölkerung fanden Polen aus dem von den Sowjets annektierten Osten ihres Landes, Flüchtlinge aus dem Innern Polens und zurückgekehrte Emigranten in Schlesien eine neue Heimat. Ca. 900 000 Deutsche blieben zurück, vor allem in Oberschlesien. Viele dieser von den Polen als Autochthone (ursprünglich Ansässige) bezeichneten Deutschen, die sich als »Schlesier« fühlten, siedelten später nach Deutschland über; Hunderttausende bekennen sich als polnische Staatsbürger noch heute zu ihrer deutschen Herkunft.

## Nachbarschaftsvertrag

Nach der Wiedervereinigung Deutschlands wurde in den Grenz- und **Nachbarschaftsverträgen** von 1990 und 1991 ein neues Verhältnis zwischen Deutschland und seinem Nachbarn Polen begründet. Als gleichberechtigte Bürger können deutsche Schlesier heute ihre eigene Kultur pflegen und sich politisch betätigen.
Ferner gibt es jetzt auch Schlesier, die sich bei den deutschen Konsulaten in Polen einen deutschen Pass besorgt haben. Wer zwei Pässe hat, gilt für die polnischen Behörden als Pole und für die deutschen Ämter als deutscher Staatsbürger.

**Zoo**

Ganz in der Nähe der Jahrhunderthalle, mitten im Schneitniger Park (Park Szczytnicki), lassen sich in einem der größten Zoos des Landes über 5000 Tiere beobachten (Ogród Zoologiczny; Öffnungszeiten: Sommer tgl. 9.00 – 19.00, Winter bis 17.00 Uhr)..

## Umgebung von Wrocław

**Trzebnica (Trebnitz)**

Trebnitz, ca. 25 km nördlich von Breslau, ist Handels- und Dienstleistungszentrum für die landwirtschaftlich geprägte Region der Umgebung. In der im Zweiten Weltkrieg stark zerstörten Stadt blieben einige barocke Bürgerhäuser erhalten, das Rathaus nordwestlich des Rings wurde wieder aufgebaut. Westlich vom Ring hat man einen kleinen Burghügel rekonstruiert.

✶ ✶ ◄ Kloster der Zisterzienserinnen

Ein Juwel der Stadt ist das Zisterzienserinnen-Kloster, das zu den **wertvollsten Architekturdenkmälern des Landes** zählt. Die Kirche, zu Beginn des 13. Jhs. errichtet, war der erste Ziegelbau auf polnischem Boden. Aus dem 13. Jh. stammen zwei schöne spätromanische Portale, im 17. Jh. wurde die Kirche barock umgebaut. Die prächtige barocke Ausstattung umfasst u.a. Gemälde, die Szenen aus der Legende der hl. Hedwig zeigen. Die Seitenaltäre sind mit Stuck verziert. Am südlichen Seitenschiff befindet sich die gotische **Hedwigskapelle** 1269. Hier steht unter einem von Marmorsäulen getragenen Baldachin der **Sarkophag der hl. Hedwig**, die in dem Kloster ihre letzten Lebensjahre verbrachte.

Neben der Kirche steht das mächtige Kloster, mit 115 m Länge und 88 m Breite eine der größten Klosteranlagen in Polen.

**Oleśnica**

Die 30 km nordöstlich von Breslau gelegene Stadt war von 1312 bis 1815 Residenz des gleichnamigen Fürstentums. Wichtigste Sehenswürdigkeit ist das **Renaissance-Schloss**, dessen mächtiger Turm noch vom gotischen Vorgängerbau stammt. Durch einen Kreuzgang gelangt man zur spätgotischen **St.-Johannis-Kirche**, in der sich Grabmäler der Oelser Fürsten befinden, dazu ein wertvoller Taufstein aus dem 15. Jh. und eine prächtige Kanzel von Gerhard Heinrich von Amsterdam aus dem Jahr 1605.

**Oława (Ohlau)**

Die 27 km südöstlich von Breslau gelegene Stadt wurde im 12. Jh. gegründet. Ihr bedeutendste Baudenkmal ist das Rathaus aus dem 14. Jh., das seine heutige Gestalt 1823 durch **Karl Friedrich Schinkel** erhielt. Der barocke Rathausturm aus dem 17. Jh. ist 53 m hoch und verfügt über eine berühmte, 1718 fertig gestellte Uhr, den sog. **»Tod von Ohlau«**. Zu jeder vollen Stunde zeigen sich verschiedene Figuren, u. a. der Tod mit einer Sense.

✶ **Henryków (Heinrichau)**

Henryków, 43 km südlich von Breslau, birgt ein kunsthistorisches Juwel: das Kloster Heinrichau, jahrhundertelang ein wichtiges kulturelles Zentrum in Schlesien. Ort und Kloster sind nach **Heinrich I. von Schlesien** benannt. Das **»Heinrichauer Gründungsbuch«** – im Bres-

*Das erste Frauenkloster Polens wurde von Herzogin Hedwig, der nachmaligen Schutzheiligen Schlesiens, Anfang des 13. Jahrhunderts in Trebnitz gegründet.*

lauer Diözesanmuseum zu sehen – enthält einen in den lateinischen Text eingefügten polnischen Satz, der als **ältestes überliefertes Sprachdenkmal des Polnischen** gilt.

Seine Blütezeit erlebte das Kloster im 17. Jh., was durch das prachtvolle barocke Klosterensemble augenfällig bezeugt wird. 1810 wurde das Kloster säkularisiert, seit der politischen Wende 1990 untersteht es den Franziskanern.

Das Gemälde am Hauptaltar der in reichem Barock ausgestatteten Kirche stammt von niemand Geringerem als dem **»schlesischen Rembrandt«** Michael Willmann (1630 – 1706); die zahlreichen Heiligenfiguren schuf Matthias Steinl (1644 – 1727). Ein Meisterwerk schlesischer Schnitzkunst sind die ausdrucksstarken, auf dem Chorgestühl frei stehenden Figuren von Päpsten, Bischöfen und Äbten.

**Środa Śląska (Neumarkt)**

Das Städtchen, 32 km westlich von Breslau, ist eine der ältesten Städte Schlesiens, Teile der einst 1700 m langen Stadtmauer sind noch erhalten. Auf dem über 330 m langen Rynek steht das Rathaus von 1552 und eine Rolandsfigur. Die gotische Andreaskirche aus dem 13. / 14. Jh. besitzt Fragmente einer älteren romanischen Kirche, neben ihr erhebt sich ein gotischer Wehrglockenturm aus dem 15. Jahrhundert.

# ✶ Zakopane

O 12

**Wojewodschaft:** Małopolski **Höhe:** 838 m ü. d. M.
**Einwohnerzahl:** 30 000

**Am Fuß der Tatra liegt Polens »Winterhauptstadt« Zakopane, die auch im Sommer recht gut besucht wird: Wanderer und Radfahrer starten von hier zu Touren ins »kleinste Hochgebirge der Welt«.**

**Geschichte**

Den Anfang der Stadt bildeten Hirtensiedlungen, Mitte des 16. Jhs. wird der Name Zakopane erstmals urkundlich erwähnt. Ende des 18., Anfang des 19. Jhs. war es ein Dorf im Schatten der Hütten in Kuźnice, das heute ein Ortsteil Zakopanes ist. Erst ab Mitte des 19. Jhs. begann sich hier der Fremdenverkehr zu entwickeln.
1873 entstand die Towarzystwo Tatrzańskie, die **Tatra-Gesellschaft**, die die Tatra für den Tourismus zu erschließen begann. Ende des 19. Jhs. und im 20. Jh. hielten sich bedeutende polnische Maler, Schriftsteller, Dichter und Komponisten für längere oder kürzere Zeit in Ferienort auf. An sie erinnern Ausstellungsstücke und Dokumente in Zakopanes alten Villen und Museen.

## Sehenswertes in Zakopane

**Ehemalige Pfarrkirche**

Der im Jahr 1847 von den Goralen errichtete Holzbau an der ul. Kościeliska, im ältesten Teil Zakopanes, trägt die Namen der Muttergottes von Tschenstochau und des hl. Clemens. Die drei Altäre wurden von dem Goralenbildhauer **Wojciech Kułach** angefertigt. Neben der Kirche steht das älteste sakrale Bauwerk in Zakopane: eine Steinkapelle, 1810 von dem Goralen **Paweł Gąsienica** erbaut.

Der **Alte Friedhof** neben der Holzkirche ist Mitte des 19. Jahrhunderts entstanden und als historisches Baudenkmal anerkannt. Unter den etwa 250 Beigesetzten sind viele Prominente. Hier ruhen u. a. der Krakauer Medizinprofessor Tytus Chałubiński (1820 – 1889), der Kinderbuchautor Kornel Makuszyński und der aus den Beskiden stammende Schriftsteller Władysław Orkan (1875 – 1930), ferner Stanisław Witkiewicz (1851 – 1915), der Architekt, der den »Zakopaner Stil« prägte und Vater des bedeutenden Dramatikers und Malers Stanisław Ignacy Witkiewicz.

! *Baedeker* TIPP

### Festival der Bergfolklore

Hochland-Indios spielen auf der Panflöte, Schotten blasen in den Dudelsack und Nepalesen aus dem Himalaya zupfen die Geige: Das alljährlich am letzten Augustwochenende stattfindende Festival ist ein farbenprächtiges Spektakel, zu dem Folklore-Ensembles aus allen Gebirgen der Welt kommen. Stets mit von der Partie sind die Goralen der Tatra, die, eingehüllt in ihren weiten, bestickten Wollmantel, den Filzhut tief ins Gesicht gezogen, wilde Lieder herausschmettern.

## ZAKOPANE ERLEBEN

### AUSKUNFT

*Tourist-Information*
ul. Kościuszki 17
PL-34-500 Zakopane
Tel. 018 / 201 22 11
Fax 206 60 51
www.zakopane.pl

### ESSEN

#### ► Erschwinglich

② *Giewont*
ul. Kosciuszki 1
Tel. 018 / 201 20 11
In dem gediegenes Restaurant beim gleichnamigen Hotel gibt es neben polnischen auch vegetarische Gerichte.

① *Redykołka*
ul. Kościeliska 1
Tel. 018 / 206 63 32
In dem urigen Blockhaus gibt's vom gegrillten Schafskäse bis zum Lammgulasch alle Regionalspezialitäten. Und am Wochenende kraftvolle Goralen-Musik.

#### ► Preiswert

③ *Chata Zbójnicka*
ul. Jagiellońska
Tel. 018 / 201 42 17
Uriges Lokal, untergebracht in einem typischen Goralen-Haus, mit deftiger polnischer Hausmannskost.

### ÜBERNACHTEN

#### ► Komfortabel

① *Kasprowy*
Polana Szymoszkowa 1
PL-34-500 Zakopane
Tel. 018 / 201 40 11
www.orbis.pl
286 Z.
Zakopanes größtes Hotel liegt am Fuß des Gubałówka, 3 km westlich der Stadt. Die Mehrzahl der Zimmer bietet Balkon und Bergblick. Mit Hallenbad und Tennisplatz.

③ *Helios*
ul. Słoneczna 2 A
PL-34-500 Zakopane
Tel. 018 / 201 38 08
www.hotel-helios.pl/de
40 Z.
Freundliches Hotel mit gut ausgestatteten Zimmern – mit herrlichem Blick auf die Berge.

#### ► Günstig

② *Zofia*
ul. Kościeliska 40
PL-34-500 Zakopane
Tel. 018 / 201 26 38; 4 Z.
Das 130-jährige, im originalen Zakopane-Stil erbaute Holzhaus liegt nahe der alten Dorfkirche. Die Zimmer sind freundlich eingerichtet, das Frühstück ist großzügig.

Im unteren Teil der ul. Krupówki, der über einen Kilometer langen »Vergnügungsmeile« von Zakopane, steht die neoromanische Pfarrkirche, Kościół parafialny. Sie wurde 1896 fertig gestellt und enthält originelle Werke einheimischer Künstler.

* **Tatra-Museum**

Das Gebäude des Tatra-Museums entstand 1913 bis 1920 und ist ein Beispiel für den Zakopaner Stil in Steinbauweise. Die Anfänge des Museums, das nach Dr. Tytus Chałubiński benannt ist, reichen in das Jahr 1875 zurück. Im Parterre sind Sammlungen zu Volkskunde

## *Zakopane* Orientierung

**Essen**
① Redykolka
② Giewont
③ Chata Zbójnicka

**Übernachten**
① Kasprowy
② Zofia
③ Helios

und Geschichte des Podhale ausgestellt: Arbeitsgeräte und Trachten der Goralen sowie Einrichtungen von Goralenkaten aus dem 19. Jh.; im ersten Stock werden naturkundliche Sammlungen gezeigt. Hinter

*Während der Skisaison herrscht auf der ul. Krupówki, der Flaniermeile von Zakopane, meist dichtes Gedränge.*

dem Museum wurde ein botanischer Garten mit 550 Pflanzenarten aus der Tatra angelegt (Muzeum Tatrzańskie im. dr. Tytusa Chałubińskiego, ul. Krupówki 10; Öffnungszeiten: Di. – Sa. 9.00 – 17.00, So. bis 15.00 Uhr).

**Karol-Szymanowski-Museum** Das Museum ist in der **»Villa Atma«**, einer Holzvilla von 1905, untergebracht und dem Andenken des großen polnischen Komponisten und Pädagogen Karol Szymanowski (1882 – 1937) gewidmet, der ab 1930 hier lebte. Er schrieb u. a. das Goralenballett »Harnasie«. In der Villa Atma finden in kleinerem Rahmen auch Kammerkonzerte statt (ul. Kasprusie 19; Öffnungszeiten: Mi., Do., Sa., So. 10.00 bis 15.30, Fr. bis 16.00 Uhr).

**Hasior-Galerie** Einen Besuch lohnt auch die Galeria Władysław Hasiora, in der Arbeiten des bekannten, 1999 verstorbenen Bildhauers **W. Hasior** und anderer Künstler besichtigt werden können (ul. Jagiellońska 18-C; Öffnungszeiten: Mi. – Sa. 11.00 – 18.00, So. 9.00 – 15.00 Uhr).

**Villen** Die meisten Villen der Stadt sind im Zakopaner Stil gebaut, der um die Jahrhundertwende von **Stanisław Witkiewicz** geschaffen wurde. Dieser Stil ist eine den traditionellen Holzbauformen nachempfundene Architektur. Das beste Beispiel dafür sind die von Witkiewicz entworfenen Villen »Koliba« (1893) an der ul. Kościeliska und »Pod Jedlami« (1897) auf dem Koziniec. An der ul. Kościeliska findet man auch alte Goralenkaten, die Straße ist ein »natürliches Freilichtmuseum« der Goralenarchitektur.

! *Baedeker* TIPP

**Kulinarisches Original**

In Zakopane, aber nicht nur dort, verkaufen Bauersfrauen auf der Straße »Oscypek«, Käse aus nicht pasteurisierter Schafsmilch, der nur die Lagerung in einem Holztrog den charakteristischen würzig-herben Geschmack verleiht. Es gibt den Käse in den Farben weiß und hellbraun, je nachdem, ob er pur angeboten wird oder zuvor mild geräuchert wurde. Im Restaurant wird der Tatra-Schafskäse meist gegrillt serviert – eine Variante, die auf der Karte als »Bacoski« erscheint.

Die **Kapelle in Jaszczurówka**, östlich von Zakopane, eine Holzkonstruktion von 1908 und entworfen von Witkiewicz, ist ein weiteres herausragendes Beispiel für den Zakopaner Stil. Die Ausstattung ist ebenfalls aus Holz gearbeitet. Den Kreuzweg malte Józef Jan Jachymiak auf Glas, die Seitenaltäre und den Eichenholz-Lüster schuf Józef Janas aus Dębno Podhalańskie.

**Jan-Kasprowicz-Museum**

Das Museum befindet sich im Ortsteil Harenda an der Straße nach Nowy Targ. Jan Kasprowicz (1860 – 1926), Lyriker, Literaturwissenschaftler und Übersetzer, u. a. von Shakespeare, Aischylos, Tennyson, Goethe und Hauptmann, lebte bis zu seinem Tod in der 1920 erbauten Villa. Daneben liegt ein Mausoleum mit seinen sterblichen Überresten (Öffnungszeiten: Di. – So. 10.15 – 15.00 Uhr).

**Pfarrkirche in Harenda**

Neben dem Museum befindet sich eine im 18. Jh. aus Holz erbaute Pfarrkirche mit niedrigen Lauben und einer volkstümlich barocken Ausstattung. Ursprünglich stand die Kirche in Kalwaria Zebrzydowska, 1947 wurde sie nach Harenda versetzt.

## Umgebung von Zakopane

**Ausflüge**

Zakopane ist idealer Ausgangspunkt für Ausflüge in die ►Tatra. Eine Schwebebahn führt auf den 1985 m hohen Kasprowy Wierch, eine Standseilbahn auf die Gubałówka in 1120 m Höhe. Die Dörfer der Umgebung sind für ihre ländliche Architektur bekannt, v. a. das nordwestlich gelegene Chochołów und Jurgów, östlich von Zakopane bei Bukowina Tatrzańska. In Białka Tatrzańska, nördlich von Bukowina, steht eine um 1700 gebaute hölzerne Goralenkirche.

**Poronin**

**Wladimir Iljitsch Lenin** (1870 – 1924) hielt sich vor seiner Reise in die Schweiz in dem Dorf Poronin auf, das etwa 5 km nordöstlich Zakopane an der Straße von Nowy Targ liegt, um eine (vermutete) Tuberkulose zu kurieren. Das Lenin-Museum unterhalb der Bahnstation wurde nach der Wende geschlossen – Erinnerungen an den Revolutionär waren nicht mehr erwünscht.

# ★★ Zamość

V 9

**Wojewodschaft:** Lubelskie
**Einwohnerzahl:** 68 000
**Höhe:** 220 m ü. d. M.

**Zamość, das »Padua des Nordens«, entstand im 16. Jh. als utopischer Architekturentwurf der Renaissance, dessen Zauber bis heute fortwirkt. Auch die Umgebung von Zamość will erkundet werden: Das nahe, waldreiche Hügelland Roztocze ist als Nationalpark geschützt und durch markierte Wanderwege erschlossen.**

Geschichte

Anfang des 16. Jhs. erwarben die **Zamoyskis**, reiche Magnaten, die hohe Staatsämter bekleideten, das Gebiet der heutigen Stadt. 1578 ließ sich der 36-jährige Großkanzler Jan Zamoyski von dem italienischen Architekten **Bernardo Morando** aus Padua – wo Zamoyski studiert hatte – eine Residenz errichten. Parallel dazu wurde in dem sumpfigen Gelände der Grundriss für eine Stadt abgesteckt, die offi-

## ZAMOŚĆ ERLEBEN

### AUSKUNFT

*Tourist-Information*
Rynek Wielki 13
PL-22-400 Zamość
Tel. 084 / 639 22 92
Fax 627 08 13
www.zamosc.pl

### ESSEN

**► Preiswert**

① *Arkadia*
Rynek Wielki 9
Tel. 084 / 638 65 07
Das kleine Lokal im Obergeschoss eines Bürgerhauses am Ring bietet polnische Klassiker in ruhigem Ambiente mit Blick auf einen herrlichen Platz.

② *Muzealna*
Ormiańska 30
Rynek Wielki
Tel. 084 / 638 73 00
Im Renaissancekeller des Regionalmuseums bietet das gemütliche Lokal deftige polnische Küche.

### ÜBERNACHTEN

**► Komfortabel**

① *Zamojski*
ul. Kołłątaja 2 – 6
PL-22-400 Zamość
Tel. 084 / 639 25 16
www.orbis.pl; 54 Z.
Das im Jahr 2000 eröffnete Komforthotel könnte nicht besser platziert sein: Es liegt direkt am Renaissance-Rynek, von vielen Zimmern hat man Ausblick auf seine bunten, reich verzierten Fassaden.

**► Günstig**

② *Renesans*
ul. Grecka 6
PL-22-400 Zamość
Tel. 084 / 639 20 01
40 Betten
Ganz in der Nähe der Altstadt gelegen bietet das »Renesans« moderne Zimmer mit Sat-TV, Radio und Kühlschrank sowie ein hoteleigenes Restaurant und einen bewachten Parkplatz.

ziell 1580 gegründet wurde. 1585 siedelten sich hier Armenier an, im Jahr 1588 Juden. 1589 wurde die Stadt Verwaltungssitz großer Ländereien, des so genannten **Zamośćer Majorats**.
In den folgenden Jahren wurden Befestigungen, Rathaus und Kirchen erbaut und eine Akademie gegründet. Im 17. Jh. erweiterte man die Befestigunganlagen, die sich bei der Abwehr der schwedischen Truppen im Jahr 1656 bewährten.
In der Ersten Polnischen Teilung 1772 kam des Gebiet an Österreich. Ab 1815 gehörte Zamość zum Königreich Polen, dem sog. »Kongresspolen« und stand de facto unter russischer Herrschaft. 1866 wurde die mächtige Festung abgetragen.
Den Zweiten Weltkrieg überstand Zamość – als Zentrum eines Germanisierungsgebiets in »Himmlerstadt« umbenannt – weit gehend unzerstört, doch kamen in den Kriegsgefangenenlagern und dem südlich gelegenen Vernichtungslager Bełec viele Tausend Menschen

## *Zamość Orientierung*

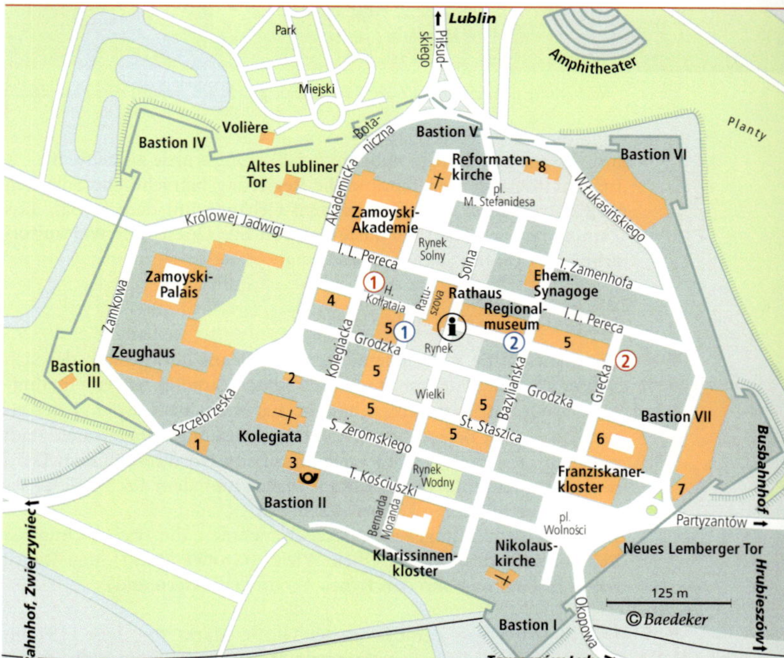


1 Szczebrzeszyner Tor
2 Glockenturm
3 »Bischofsmütze«
4 Seminar
5 Hist. Bürgerhäuser
6 Bonifraterkloster und -Spital
7 Altes Lemberger Tor
8 Neues Lubliner Tor

**Essen**
① Arkadia
② Muzealna

**Übernachten**
① Zamojski
② Renesans

*Nachmittagsplausch im Café am Rynek unter prächtigen Renaissance-Fassaden.*

um; die einst zahlreiche jüdische Bevölkerung wurde ausgelöscht.
In den 1970er-Jahren pumpte die Regierung beträchtliche Summen in die Renovierung der historischen Gebäude mit dem Erfolg, dass Zamosc seit 1992 auf der Liste der von der Unesco als **Weltkulturerbe** anerkannten Stätten steht.

## Sehenswertes in Zamość

★★ **Ideale Stadt**

Die Stadt wurde nach einem Entwurf geplant und gebaut, der sich an der Idee der idealen Stadt orientierte. Zamość, auf einem fünfeckigen Grundriss errichtet, besteht aus einer Residenz und der eigentlichen, von Befestigungsmauern mit Bastionen umgebenen Stadt mit dem Lubliner Tor (Brama Lubelska) im Nordwesten, dem Lemberger Tor (Brama Lwowska) im Osten und dem Szczebrzeszyner Tor (Brama Szczebrzeska) im Südwesten.
Die rechtwinklig angelegten Straßen nehmen die drei wichtigsten Plätze der Stadt ein: den Rynek Wielki (Großer Markt), den Rynek Solny (Salzmarkt) und den Rynek Wodny (Wassermarkt).

★★ **Großer Markt**

Das Zentrum von Zamość ist der Große Markt mit dem 1591 bis 1600 nach Entwürfen von **Bernardo Morando** erbauten Rathaus mit dem 52 m hohen Uhrturm und der großzügigen doppelten Freitreppe, die 1768 angefügt wurde. Der barocke Turmhelm stammt aus dem Jahr 1770.

Den Platz umgeben schön restaurierte Arkadenhäuser mit Läden, Kunstgalerien und Restaurants. Beachtenswert ist besonders das Haus »Zum Engel« an der Nordseite des Markts mit der Nr. 26, ein armenisches Kaufmannshaus von 1634 mit dem Erzengel Gabriel an der Fassade, in dem das sehenswerte Regionalmuseum untergebracht ist. U. a. wird ein Modell der Idealstadt gezeigt. Im Haus mit der Nr. 37 wurde 1871 Rosa Luxemburg geboren (► Berühmte Persönlichkeiten; Muzeum Okręgowe, Öffnungszeiten: Di. – So. 10.00 bis 16.00 Uhr).

! *Baedeker* TIPP

**Jazz an der Grenze**

Jeweils im Frühjahr und im Herbst treffen sich bei Zamość Jazzfreunde aus ganz Europa. Im April und Mai organisiert der Jazzklub Kosz das Festival »Jazz im Osten« mit Newcomern und etablierten Bands. Und im Oktober gibt es das »Internationale Treffen der Jazzsänger« (Infos: Kosz Klub Jazzowy, ul. L. Zamenhofa 3, PL-98-200 Zamość, Tel. / Fax 084 / 638 60 41, www.polishjazz.com).

Die dreischiffige **Stiftskirche St. Thomas** wurde 1587 bis 1598 von Bernardo Morando erbaut, ausgestattet ist sie mit manieristischen Skulpturen und Illusionsmalerei. Das um 1600 entstandene Gemälde im Hauptaltar, »Ungläubiger Thomas«, wird **Domenico Tintoretto**, Sohn des »berühmten« Tintoretto, zugeschrieben. Im Fußboden der barocken Kapelle der Zamoyski ist die aus schwarzem Marmor gearbeitete Grabplatte (1618) des Großkanzlers **Jan Zamoyski** eingelassen. Unter der Kapelle befindet sich die Krypta der Zamoyski. Im **Diözesanmuseum** innerhalb des Doms werden sakrale Kunst, wertvolles liturgisches Gerät und alte liturgische Gewänder aufbewahrt. Der Glockenturm stammt aus den Jahren 1761 und 1776 (Muzeum Diecezjalne; Öffnungszeiten: Mi. – Sa. 11.00 – 16.00, So. 10.00 bis 13.00 Uhr).

**Arsenal**

Das 1582 gebaute Arsenal gehört zu den ältesten Gebäuden der Stadt. In dem 1820 bis 1825 klassizistisch umgebauten Zeughaus werden alte Waffen und Uniformen ausgestellt (Muzeum Arsenał, ul. Zamkowa 2; Öffnungszeiten: Di. – So. 10.00 – 16.00 Uhr).

**Rotunde**

Das Rotunde-Mausoleum jenseits der Bahnlinie im Süden der Stadt, ein Pulverhaus aus dem Jahr 1831, erinnert an die 8000 Menschen, die hier im Zweiten Weltkrieg von den Nationalsozialisten ermordet wurden.

## Umgebung von Zamość

**✶ Roztocze-Nationalpark**

Der Höhenzug Roztocze, ein langer »Kreidewall« südlich der Lubliner Hochfläche (Wyżyna Lubelska), erreicht eine Höhe von 390 Metern, ist 25 km breit und auf polnischem Gebiet 110 km lang; auf ukrainischem Gebiet reicht er bis Lwów (Lemberg). Der Höhenzug bildet die Wasserscheide zwischen San, Bug und Wieprz. Die Flüsse

des Roztocze haben tiefe Schluchten und, besonders der Tanew, malerische Wasserfälle ausgebildet. Besonders interessant ist die Umgebung von Szczebrzeszyn, westlich von Zamość, mit den Flusstälern des Gorajec und des Wieprz.
Aufgrund der einzigartigen Landschaft und der vielfältigen Tier- und Pflanzenwelt wurde 1974 südwestlich von Zamość der ca. 8500 ha umfassende Roztoczański Park Narodowy angelegt. In seinen Buchenwäldern leben über 200 Vogelarten, unter anderem Auerhähne und Schwarzstörche. Zu den Bewohnern gehören auch die polnischen **Tarpan-Ponys**, die hier 1982 wieder angesiedelt wurden.

**Krasnobród** In Krasnobród, 24 km südlich von Zamość in den Wäldern des Roztocze gelegen, sind ein Palais aus dem 18. Jh., eine Barockkirche und ein Dominikanerkloster (18. Jh.) sehenswert.

**Zwierzyniec** In dem 28 km südwestlich von Zamość am Wieprz gelegenen Dorf gibt es eine spätbarocke Kirche auf einer Insel und einige alte Bauten des Zamośćer Majorats aus der 1. Hälfte des 19. Jhs. Zwierzyniec besitzt Bademöglichkeiten und ist Ausgangspunkt für Wanderungen in den Roztocze-Nationalpark. Hier hat auch die Nationalparkverwaltung ihren Sitz.

**Radruż** Die kunstvoll aus Holz errichtete orthodoxe Kirche aus dem 17. Jh. in dem Dörfchen Radruż, südlich von Zamość an der ukrainischen Grenze gelegen, wurde in die Liste des **Weltkulturerbes der Unesco** aufgenommen.

# ★ Zgorzelec · Görlitz

D / E 8

**Wojewodschaft:** Dolnośląskie
**Einwohnerzahl:** 35 000

**Bundesland:** Sachsen
**Einwohnerzahl:** 62 000

**Für alle, die über den Süden nach Polen einreisen, lohnt ein Stopp in der deutsch-polnischen Grenzstadt. Sie präsentiert eine einmalig geschlossene Anlage mit Prachtbauten von der Gotik bis zum Jugendstil.**

**Deutsch-polnische Doppelstadt** Durch die Osterweiterung der EU wird die durch den Zweiten Weltkrieg geteilte Stadt immer mehr zusammenwachsen: Links der Lausitzer Neisse liegt Görlitz, rechts Zgorzelec, der deutsche Teil gehört zu Sachsen, der polnische zu Niederschlesien. Schon jetzt sind beide Stadtteile in der **Euroregion Neisse** vereint, arbeiten in Kultur- und lokalen Verwaltungsfragen eng zusammen. Auf deutscher Seite ist bereits viel Geld in eine umfassende Sanierung geflossen. Jenseits der Neisse sind die Supermärkte und Fastfood-Ketten am Rande von Zgorzelec die bislang einzigen Zeichen von Modernität.

# ZGORZELEC ERLEBEN

## AUSKUNFT

*Tourist-Information*
Görlitz Tourismus
Obermarkt 29
D-02806 Görlitz
Tel. 035 81 / 475 70
Fax 47 57 27
www.goerlitz.de und www.g-tm.de

## ESSEN

### ► Fein & teuer

*Le Trou*
Untermarkt 13
Tel. 035 81 / 41 70 38
Auf Görlitz' schönstem Platz birgt ein Barockhaus von 1726 ein französisches Restaurant.

*Schneider-Stube*
Romantik Hotel Tuchmacher
Peterstr. 8
Görlitz
Tel. 035 81 / 473 10)
Holzvertäfelte Wände, Stilmöbel, im Sommer ein Garten – dazu passt die feine, leichte Küche, die Chefkoch Thierry Baumgart zubereitet.

### ► Erschwinglich

*Athos*
Elisabethstr. 2
Görlitz
Tel. 035 81 / 40 59 34
In dem beliebten Lokal im Zentrum der Stadt gibt es die ganze Palette von Gyros über Suflaki bis zum hervorragenden Moussaka. Im Sommer kann man draußen auf der Terrasse sitzen.

## ÜBERNACHTEN

### ► Luxus

*Romantik Hotel Tuchmacher*
Peterstr. 8
D-02806 Görlitz
Tel. 035 81 / 473 10
www.tuchmacher.de; 42 Z.
Das Hotel befindet sich in einem Renaissance-Palais von 1528 im Schatten der mächtigen Pfarrkirche. Die Zimmer sind behaglich und komfortabel. In der Weber-Stube können sich die Gäste gratis Tee und Kaffee zubereiten.

*Stadtbummel-Pause vor dem »Le Trou« auf dem schönsten Platz der Stadt*

### ► Komfortabel

*Sorat*
Struvestr. 1 / Ecke Marienplatz
D-02806 Görlitz
Tel. 035 81 / 40 65 77
www.sorat-hotels.com; 46 Z.
In dem schönen Jugendstilhotel fühlt man sich gleich aufgehoben: Die Lobby, in der Tageszeitungen ausliegen, wirkt fast wie ein Wohnzimmer. Die Zimmer sind geräumig, das Frühstücksbüfett ist recht üppig.

**Geschichte**

1071 wurde erstmals eine »Villa Gorelic« erwähnt. 55 Jahre später ließ der böhmische Herzog **Sobiesław** am Fluss eine Burg errichten, in deren Schutz eine Kaufmannssiedlung entstand. In Gorelic kreuzte sich die Hohe Straße mit der Ostsee-Böhmen-Route, was für ihre Entwicklung sehr förderlich war und 1303 zur Verleihung des Stadtrechts führte.

Ab 1346 spielte die Stadt die führende Rolle im **Oberlausitzer Städtebund**, dem außerdem Bautzen, Löbau, Kamenz, Zittau und Lauban (Lubań) angehörten. Die Orte schlossen sich zusammen, um sich gegen den räuberischen Landadel zu wehren.

Von kurzen Episoden abgesehen, gehörte die Stadt bis 1645 zum Königreich Böhmen und profitierte von den guten Handelskontakten. Im Prager Frieden wurde Görlitz Sachsen zugesprochen, beim Wiener Kongress 1815 fiel es an Preußen. Mit dem Bau des Neisse-Viadukts 1847 wurde sie ein wichtiger Verkehrsknotenpunkt und Industriestandort.

Die Festlegung der deutsch-polnischen Grenze längs der Lausitzer Neisse 1945 bedeutete die Teilung der Stadt, was im **Görlitzer Abkommen** von 1950, einem Staatsvertrag zwischen der DDR und Polen, bestätigt wurde.

## Sehenswertes in Zgorzelec · Görlitz

Die **deutsche Seite** bietet bedeutend mehr Sehenswürdigkeiten als die polnische. Diese wurde erst später besiedelt, diente vor allem als Wohnviertel betuchter Bürger und bewahrte sich einen schönen Park mit einer monumentalen Ruhmeshalle.

**Postplatz und Demianiplatz**

Die Straßen rund um den repräsentativen Postplatz im Stadtzentrum stammen aus dem späten 19. Jahrhundert. Einzig die **Frauenkirche** auf dem benachbarten Marienplatz ist eine spätgotische Schöpfung. Gleich daneben erhebt sich das Kaufhaus Karstadt von 1913, ein Einkaufstempel aus der Pionierzeit der Warenwelt mit herrlichem Lichthof und umlaufenden Galerien.

Die gegenüberliegende Seite wird vom **Dicken Turm** dominiert, gebaut vor 1305, in dessen Fassade 1477 das Stadtwappen eingelassen wurde. Links davon steht das **Naturkundemuseum** mit Schausammlungen zu Geologie und Ökologie, Flora und Fauna (Marienplatz s/n; Öffnungszeiten: Di. – So. 10.00 – 17.00 Uhr).

Von hier sind es nur wenige Schritte zum Demianiplatz. Wie ein Gigant erhebt sich hier das mächtige Rondell des 1490 errichteten Kaisertrutzes, der zusammen mit dem benachbarten, gut hundert Jahre zuvor erbauten Reichenbacher Turm das **Städtische Museum** beherbergt (Obermarkt; Öffnungszeiten: Di. – So. 10.00 – 17.00 Uhr).

**Obermarkt**

Der weite, lang gestreckte Obermarkt ist ringsum von schmucken Bürgerhäusern gesäumt. Das schönste von ihnen ist das **Napoleonhaus** (Nr. 29) mit seiner barocken figürlich-plastischen Stuckverzie-

rung. Es heißt, der französische Heerführer habe bei seinem Rückzug aus Russland vom Balkon aus den vorbeidefilierenden Resten seiner einstigen Grande Armée salutiert.
Gegenüber erhebt sich die gotische **Dreifaltigkeitskirche** aus dem 14./15. Jahrhundert, die ihrem kargen Äußeren zum Trotz viele Kostbarkeiten beherbergt: ein reich geschnitztes Mönchsgestühl von 1484, eine ausdrucksstarke Grablegungsgruppe (1492) und den Wandaltar der »Goldenen Maria« aus dem Jahr 1511.

*Prächtige Arkadenhäuser aus Renaissance und Barock säumen den Hauptplatz von Görtlitz*

Der **Untermarkt**, der Hauptplatz von Görlitz, an dem sich einst die beiden großen Handelsstraßen kreuzten, ist von prächtigen Arkadenhäusern aus der Zeit der Spätgotik, der Renaissance und des Barock gesäumt. Der 1526 errichtete kupferrote **Schönhof**, vom damaligen Stararchitekten **Wedel Roskopf d. Ä.** entworfen, ist Deutschlands ältester – manche meinen auch schönster – Renaissance-Bau. Zusammen mit dem angrenzenden Haus zum Goldenen Baum dient er als **Schlesisches Museum**, in dem das deutsch-polnische Kulturerbe der Region ausgeleuchtet wird (Untermarkt 4, Öffnungszeiten: Di. bis So. 10.00 – 17.00 Uhr).
Schräg gegenüber, an der Westseite des Markts, prunkt das **Alte Rathaus** mit Wedels berühmter, geschwungener Freitreppe und einer Justitia-Säule. Seitlich grenzt das Neue Rathaus an, das 1903 entstand, sich aber stilistisch bestens ins Gesamtgefüge einpasst. An der Nordseite des Untermarkts fällt die **Ratsapotheke** ins Auge – auch sie ein Prachtbau aus der Renaissance, für die der in Görlitz geborene Astronom Zacharias Scultetus eine phantastische Sonnenuhr schuf. Die **»Zeile«** genannten Häuser in der Mitte des Untermarkts beherbergten einst die Stadtwaage und die Alte Börse.

**St. Peter und Paul**

Über die Peterstraße gelangt man zur 1497 gebauten fünfschiffigen Pfarrkirche St. Peter und Paul, die hoch über dem Neisseufer thront. Ihr Schmuckstück ist die riesige, hellblau bemalte **Sonnenorgel** von **Eugenio Casparini** aus dem Jahr 1701. Von ihrer Klangfülle kann man sich an jedem Sonntag um 12.00 Uhr – und von April bis Oktober zusätzlich am Donnerstag – überzeugen.

**Nikolaivorstadt und Heiliges Grab**

Am Nikolaiturm vorbei gelangt man zur Nikolaivorstadt, dem ältesten Siedlungskern der Stadt. Blickfang ist hier die **Nikolaikirche** (1452 – 1520), auf deren Friedhof ein früher Wegbereiter der deutschen klassischen Philosophie, der in Görlitz geborene Jakob Böhme (1575 – 1624) beigesetzt ist. Im Westen der Nikolaivorstadt liegt das so genannte **Heilige Grab**, eine Replik des Originals von Jerusalem, angelegt 1481 – 1504, das als erster Versuch der Landschaftsgestaltung in Europa gilt.

**Stadtpark und Ruhmeshalle**

Nach Passieren der Grenze hält man sich rechts und gelangt an gründerzeitlichen Villen vorbei zum Stadtpark. In seiner Mitte steht die Oberlausitzer Gedenk- und Ruhmeshalle, die 1898 bis 1902 von **Hugo Behr** in Erinnerung an die Reichsgründung von 1871 entworfen wurde. Sie präsentiert sich in schönstem Klassizismus mit Säulenportikus und Kuppel, Reliefs und heroischen Skulpturen, die Deutschlands Aufstieg zur Weltmacht verkünden. Heute ist in dem Palast das städtische Kulturzentrum untergebracht.

## Umgebung von Zgorzelec · Görlitz

**Muskauer Park**

Etwa 80 km nördlich von Görlitz liegt bei dem Kurort Bad Muskau der im Juli 2004 von der Unesco zum **Weltkulturerbe** erklärte gleichnamige Park. Eine Hälfte des jederzeit zugänglichen Landschaftsgartens liegt auf deutscher, die andere auf polnischer Seite – das knapp 700 ha große Areal wurde bei der Festlegung der Grenzen nach dem Zweiten Weltkrieg 1945 geteilt.
Angelegt wurde der Park zwischen 1815 und 1844 von Prinz **Hermann von Pückler-Muskau**, der, tief beeindruckt von englischen Landschaftsgärten, seinen Park regelrecht inszenierte. Dabei verbrauchte der exzentrische Prinz sein ganzes Vermögen und musste die Gartenanlage schließlich verkaufen. Die neuen Besitzer bauten den Park weiter aus, der bald zu einer der bedeutendsten Gartenanlagen Europas avancierte.

! *Baedeker* TIPP

**Bunzlauer Keramik**

Wer das blaue Geschirr mit dem dekorativen Muster preiswert erwerben möchte, besucht den Firmenladen der Fabrik. Alles, was das Herz begehrt, ist dort zu haben: Kannen und Krüge, Töpfe und Tassen, Brotbrettchen und Butterdosen, Stövchen und Gewürzbehälter (Sklep / Zakład Ceramiczny, ul. Masarska s/n).

**Bolesławiec (Bunzlau)**

Die Keramikstadt liegt 42 km östlich von Zgorzelec. Schön restauriert ist der Marktplatz mit seinen Giebelhäusern, dem barocken Rathaus und der spätgotischen Liebfrauenkirche. Interessant ist das **Keramikmuseum** nahebei, in dem Bunzlauer Tonwaren ausgestellt werden: archaisches braunes Geschirr, aber auch Teller, Tassen und Töpfe, die mit dem typischen blauen Pfauenmuster verziert sind (Muzeum Ceramiki, ul. Mickiewicza 13 und ul. Kutuzowa 14, Öffnungszeiten: Di. – Sa. 10.00 – 16.00, So. 11.00 – 16.00 Uhr).

# Zielona Góra · Grünberg

F 7

**Wojewodschaft:** Lubuskie
**Einwohnerzahl:** 118 000
**Höhe:** 120 – 200 m ü. d. M.

**Zielona Góra, hübsch an den Hängen der Grünberger Höhen gelegen, ist dank des günstigen Klimas der am weitesten nördlich gelegene Weinort Europas mit einer in den letzten Jahren wunderschön sanierten Altstadt.**

**Geschichte**

Erstmals erwähnt wurde Grünberg 1302, das Stadtrecht bekam es 1323 von dem Piastenfürsten von Glogau und Sagan **Heinrich IV.**; ab Mitte des 14. Jhs. stand es unter böhmischer Herrschaft.
Die erste Erwähnung des Weinbaus in Grünberg geht auf das Jahr 1314 zurück; im 15 und 16. Jh. entwickelten sich Tuchweberei und Weinbau. Von 1742 bis 1945 war Grünberg unter preußischer Herrschaft. Während des Zweiten Weltkriegs gab es hier ein für Frauen bestimmtes Nebenlager des Konzentrationslagers Groß Rosen bei Liegnitz. 1945 kam die Stadt zu Polen.

## Sehenswertes in Zielona Góra

**Rathaus**

An der Stelle eines 1542 abgebrannten Holzbaus entstand in den Jahren 1652 bis 1679 das Rathaus am Rynek, das im 18./19. Jh. neoklassizistisch umgebaut wurde. Der Turm mit dreistöckiger Haube stammt aus dem Jahr 1670.

**! *Baedeker* TIPP**

**Weinfest**

Die Weinlese wird mit einem großen Fest in der dritten Septemberwoche begangen: Während der »Grünberger Tage« (Dni Zielonej Góry) wird ein edler Tropfen ausgeschenkt und Folkloregruppen treten an zu Tanz und Gesang.

Die an der Łącza gelegene **Pfarrkirche St. Hedwig**, die Kościół św. Jadwigi, stammt aus den Jahren 1373 bis 1384, wurde einige Male durch Feuer zerstört und immer wieder in Stand gesetzt, zuletzt 1679. Der Turm entstand Ende der 1770er-Jahre, seine jetzige Gestalt erhielt er 1832. Bemerkenswert an der Ausstattung sind ein barocker Orgelprospekt, eine schmiedeeisernes Gitter aus der Renaissance und einige barocke Grabplatten.

**Ehemalige evangelische Kirche**

Der Fachwerkbau in der ul. Mickiewicza entstand in den Jahren 1746 bis 1748, nachdem die Protestanten unter den Preußen ihre Religion wieder frei ausüben konnten. Die klassizistische Fassade und der Turm datieren von 1828. Sehenswert von der Ausstattung sind vor allem der spätbarocke Hauptaltar, die dreistöckige hölzerne Empore, eine Rokoko-Kanzel in Form einer Lotosblume und ein Taufstein von 1755.

## ZIELONA GÓRA ERLEBEN

### AUSKUNFT

*Tourist-Information*
ul. Kupiecka 15
PL-65-426 Zielona Gora
Tel. / Fax 068 / 323 22 22
www.zielona-gora.pl

### ÜBERNACHTEN

► **Komfortabel**
*Qubus*
ul. Ceglana 14a
PL-65-211 Zielona Góra
Tel. 068 / 329 31 00
www.qubushotels.pl
56 Z.
Das Hotel in der Nähe des Zentrums bietet modern eingerichtete Zimmer. Das Restaurant serviert polnische und internationale Küche.

### ESSEN

*Baedeker-Empfehlung*

► **Erschwinglich**
*Palmiarnia*
ul. Wrocławska 12a
Tel. 068 / 324 18 18
Eingerichtet in einem riesigen Gewächshaus mit tropischen Pflanzen lädt das »Palmiarnia« zum Essen unter Palmen. Auf der Karte des »Dschungelrestaurants« stehen neben polnischen und vegetarischen Gerichten auch einige exotische Spezialitäten.

**Hungerturm** Der Hungerturm (Wieża Głodowa) am pl. Pocztowy ist ein Rest der mittelalterlichen Stadtbefestigung, erbaut 1479 / 1480; er diente einst als Wachturm und Gefängnis. Der barocke Turmhelm stammt aus dem 17. Jahrhundert.

**Museum des Lebuser Landes** Das Muzeum Ziemi Lubuskiej dokumentiert mit alten landwirtschaftlichen Geräten und historischem Hausrat die Alltagskultur des Lebuser Lands vom 18. bis zum Beginn des 20. Jahrhunderts (al. Niepodległości 15; Öffnungszeiten: Mi. – Fr. 11.00 – 17.00, Sa. u. So. 10.00 – 15.00 Uhr).

## Umgebung von Zielona Góra

**Łagów** Etwa 50 km nördlich von Zielona Góra liegt der kleine Urlaubsort Łagów in der **Lebuser Seenplatte** (Pojezierze Lubuskie) zwischen den fjordartigen Seen Jezioro Łagowski und Ciecz.

Johanniterburg ► Blickfang der hübschen Dorfanlage ist die in der zweiten Hälfte des 14. Jhs. von den Johannitern erbaute Burg. Der von Wehrmauern umgebene Bau besitzt noch zwei Tore aus dem 15. Jahrhundert: das gotische Polnische Tor (Brama Polska), ein rechteckiger Backsteinbau, und das mehrstöckige Marktor (Brama Marchijska). Umgeben von einem im 18. Jahrhundert angelegten Landschaftspark, ist diese Burg heute ein stilvolles Hotel. Etwa 500 m nördlich der Burg steht auf dem Falkenberg (Sokoła Góra) eine gut erhaltene mittelalterliche Festung.

*Über dem Ufer des Łagów-Sees erhebt sich diie wuchtige Johanniterburg des kleinen Urlaubsortes.*

**Ochla (Ochel)**

Ca. 6 km südwestlich von Grünberg befindet sich der Zielonogórski Park Etnograficzny, ein Freilichtmuseum mit hauptsächlich alten Holzbauten, darunter die Rekonstruktion einer Hütte aus dem Jahr 1675 (Öffnungszeiten: Mi. – So. 10.00 – 17.00 Uhr).

**Kożuchow (Freystadt)**

Das 33 km südlich von Grünberg gelegene Freystadt wurde im Mittelalter angelegt, die **Stadtmauern** aus Feldsteinen, im 13. und 14. Jahrhundert errichtet, sind fast in ihrer gesamten Länge erhalten geblieben. In der zweiten Hälfte des 15. Jahrhunderts wurde der Mauerring mit Basteien verstärkt, von denen noch eine erhalten ist. Hübsche **Renaissancehäuser** säumen den Marktplatz. Die Kirche, 1273 erstmals erwähnt, wurde um 1350 erweitert und im 15./16. Jahrhundert umgebaut; der gotische Baukörper besitzt Renaissancegewölbe und eine barocke Ausstattung. Das Rathaus aus dem 15. Jahrhundert wurde im 19. Jahrhundert im klassizistischen Stil umgebaut.

! *Baedeker* TIPP

**Einmal Burgherr sein**

Diesen Wunsch kann man sich im »Zamek Joannitów« erfüllen. Untergebracht in einer Burg aus dem 14. Jh. bietet das Hotel Ritterromantik pur. Die 24 Zimmer sind stilecht eingerichtet und gut ausgestattet. Furchtlose übernachten zuweilen in der »Folterkammer«. Im Ritter-Ambiente des Burgrestaurants genießt man altpolnische Küche (ul. Kościuszki 3, PL-66-220 Łagów, Tel. 068 / 341 20 10, www.zamek-lagow.pl).

# REGISTER

# VERZEICHNIS DER KARTEN & GRAFISCHEN DARSTELLUNGEN

# BILDNACHWEIS

akg-images S. 38, 162
Baedeker-Archiv S. 25
Freyer S. 5 (unten), 10 (unten), 11, 22, 65, 88, 107, 132, 137, 139 (links), 146 (rechts), 150 (links u. rechts), 152/153, 160, 171, 175, 177, 181, 207, 209, 215, 241, 246, 247 (Mitte), 247 (rechts oben), 248 (Folderklappe), 253, 264, 267, 273, 275, 287 (rechts unten), 299, 301, 312, 323, 333, 337, 338, 357, 362, 373, 383, 390, 397, 403, 414, 419, 421, 423, 434, 437, 441
HB Verlag/Freyer S. 293
HB Verlag/Gläser S. 148 (links)
HB Verlag/Hirth S. 5 (oben), 29, 33, 95, 98, 105, 140, 190, 203, 206, 211, 213, 320 (unten), 321 (Mitte), 325
HB Verlag/Marczok S. U2, 7, 10 (oben), 17, 36, 69, 82/83, 92, 94, 139 (rechts), 145 (unten), 148 (rechts), 186, 187 (rechts oben), 188, 227, 251, 257, 282, 288 (Folderklappe), 288, 291, 316, 331, 341, 347, 350, 369, 447, 449, 450, 458, 462, hintere Umschlagklappe
Ihlow S. 18, 112, 238
Interfoto S. 8 (unten), 54, 81, 455
Jürgens Ost + Europa Photo S. 13, 187 (links oben)
Look/Pompe S. 83, 91
Müller S. 223
picture-alliance/akg-images S. 28, 43, 44, 46, 49, 74, 205 (rechts oben u. rechts unten), 320 (oben), 321 (oben u. unten), 439
picture-alliance/dpa S. 1, 55, 66, 73, 75, 76, 77, 78, 79, 80, 101, 165, 173, 221, 456,
picture-alliance/dpa/dpaweb S. 287 (rechts oben)
picture-alliance/KPA S. 309
picture-alliance/KPA/UTKIEK S. 225
picture-alliance/obs S. 270
picture alliance/ZB S. 114
Polnisches Fremdenverkehrsamt, Berlin S. 4, 8 (oben), 15 (oben u. unten), 16 (oben u. unten), 21, 122, 125, 129, 135, 142, 145 (oben), 146 (links), 155, 237, 248, 256, 284, 302, 342, 355, 378, 385, 388, 393, 401, 405, 408, 452, 466, 475
Polnisches Touristen-Informationszentrum, Warschau S. 287 (links unten)
Schulze/Gawin S. 70, 127, 148 (Mitte), 167, 187 (unten), 197, 198, 201, 204, 218, 230, 232, 233, 240, 243, 247 (rechts unten), 277, 305, 327, 360, 411, 416, 428, 431, 440, 469, 471
Sport i Turystyka, Warschau S. 222, 236, 354
Travel Photo S. 205 (links)
transit S. 365
transit/Allner S. 379
transit/Busse S. 14, 57
transit/Haertrich S. 85, 444
transit/Hirth S. 6, 24, 26, 34, 51, 58, 60, 62, 153, 183, 189, 229, 244, 269, 281, 282, 287 (links oben), 334, 376, 407, 427, 430, 433
transit/Kürtz S. 12/13, 15 (Mitte), 16 (Mitte), 20, 136/137, 191, 193, 195, 322
Wikipedia S. 247 (links)
Wójcik S. 262

Titelbild (Trakehner-Gestüt, Mazurskie): **Bilderberg/Schmitz**

# IMPRESSUM

**Ausstattung:**
257 Abbildungen, 44 Karten und grafische Darstellungen, eine große Reisekarte
**Text:**
Roland Brockmann, Izabella Gawin, Klaus Klöppel, Dieter Luippold, Dr. Dieter Schulze, Jens Wassermann, Reinhard Zakrzewski
**Bearbeitung:**
Baedeker Redaktion (Dieter Luippold)
**Kartografie:**
Christoph Gallus, Hohberg; Franz Huber, München; MAIRDUMONT / Falk Verlag, Ostfildern (Reisekarte)
**3D-Illustrationen:**
jangled nerves, Stuttgart
**Gestalterisches Konzept:**
independent Medien-Design, München (Kathrin Schemel)

**Chefredaktion:**
Rainer Eisenschmid,
Baedeker Ostfildern

7. Auflage 2006
Völlig überarbeitet und neu gestaltet

**Urheberschaft:**
Karl Baedeker Verlag, Ostfildern

**Nutzungsrecht:**
MAIRDUMONT GmbH & Co KG; Ostfildern
Der Name Baedeker ist als Warenzeichen geschützt. Alle Rechte im In- und Ausland sind vorbehalten. Jegliche – auch auszugsweise – Verwertung, Wiedergabe, Vervielfältigung, Übersetzung, Adaption, Mikroverfilmung, Einspeicherung oder Verarbeitung in EDV-Systemen ausnahmslos aller Teile des Werkes bedarf der ausdrücklichen Genehmigung durch den Verlag Karl Baedeker GmbH.

Printed in Germany
ISBN 3-8297-1096-8
Gedruckt auf 100% chlorfrei gebleichtem Papier

# BAEDEKER VERLAGSPROGRAMM

- Ägypten
- Algarve
- Amsterdam
- Andalusien
- Athen
- Australien
- Bali
- Baltikum
- Barcelona
- Belgien
- Berlin
- Bodensee • Oberschwaben
- Brasilien
- Bretagne
- Brüssel
- Budapest
- Bulgarien
- Burgund
- Chicago • Gr. Seen
- China
- Costa Blanca
- Costa Brava
- Dänemark
- Deutsche Nordseeküste
- Deutschland
- Djerba • Südtunesien
- Dominikanische Republik
- Dresden
- Elba
- Elsass • Vogesen
- Finnland
- Florenz
- Florida
- Franken
- Frankfurt am Main
- Frankreich
- Französische Atlantikküste
- Fuerteventura
- Gardasee
- Germany (engl.)
- Gomera
- Gran Canaria
- Griechenland
- Griechische Inseln
- Großbritannien
- Hamburg
- Harz
- Hongkong
- Formentera
- Indien
- Irland
- Island
- Israel
- Istanbul
- Italien
- Italien • Norden
- Italien • Süden
- Italienische Adria
- Italienische Riviera
- Japan
- Jordanien
- Kalifornien
- Kanada
- Kanada • Osten
- Kanada • Westen
- Kanalinseln
- Kenia
- Köln
- Kopenhagen
- Korfu
- Ionische Inseln
- Korsika
- Kos
- Kreta
- Kroatische Adriaküste • Dalmatien
- Kuba
- Kykladen
- La Palma
- Lanzarote
- Lissabon
- Loire
- Lombardei • Mailand • Oberit. Seen
- London

- Madeira
- Madrid
- Malaysia
- Malediven
- Mallorca
- Malta • Gozo • Comino
- Marokko
- Mecklenburg-Vorpommern
- Menorca
- Mexiko
- Moskau
- München
- Namibia
- Nepal
- Neuseeland
- New York
- Niederlande
- Norwegen
- Oberbayern
- Österreich
- Paris
- Peking
- Polen
- Portugal
- Prag
- Provence • Côte d'Azur
- Rhodos
- Rom
- Rügen • Hiddensee
- Sachsen
- Salzburger Land
- San Francisco
- St. Petersburg
- Sardinien
- Schottland
- Schwäbische Alb
- Schwarzwald
- Schweden
- Schweiz
- Seychellen
- Sizilien
- Skandinavien
- Slowenien
- Spanien
- Sri Lanka
- Stuttgart
- Südafrika
- Südengland
- Südtirol • Dolomiten
- Sylt
- Syrien
- Teneriffa
- Tessin
- Thailand
- Toskana
- Tschechien
- Tunesien
- Türkei
- Türkische Mittelmeerküste
- Umbrien
- Ungarn
- Usedom
- USA
- USA • Nordosten
- USA • Südstaaten
- USA • Südwesten
- Venedig
- Vietnam
- Washington DC • Capital Region
- Weimar
- Wien
- Zypern

# LIEBE LESERINNEN, LIEBE LESER,

**ein herzliches Dankeschön, dass Sie sich für einen Baedeker Allianz Reiseführer entschieden haben. Er wird Sie zuverlässig auf Ihrer Reise begleiten und Sie nicht im Stich lassen.**
**Natürlich beschreibt er die wichtigen Sehenswürdigkeiten, aber er empfiehlt auch die nettesten Restaurants, dazu Hotels für den großen und kleinen Geldbeutel, gibt Tipps für Shopping, Ausflüge und für vieles mehr, was eine Reise zum Erlebnis macht. Dafür haben die Autoren Sorge getragen. Sie sind für Sie regelmäßig nach Polen gereist und haben all ihre Erkenntnisse in diesen Reiseführer gepackt.**

Trotzdem: Die Erfahrung zeigt, dass Fehler und Änderungen nach Drucklegung, für die der Verlag keine Haftung übernehmen kann, nicht ausgeschlossen werden können. Für Kritik, Berichtigungen und Verbesserungsvorschläge sind wir Ihnen außerordentlich dankbar. Schreiben Sie uns, mailen Sie uns oder rufen Sie an:

► **Verlag Karl Baedeker GmbH**
Redaktion
Postfach 3162
D-73751 Ostfildern
Tel. (0711) 4502-262, Fax -343
E-Mail: info@baedeker.com

Besuchen Sie uns auch im Internet unter www. baedeker.com. Hier finden Sie jeden Monat den aktuellen Reisetipp der Redaktion und das gesamte Verlagsprogramm. Hier können Sie auch lesen, wer Karl Baedeker war und wie er seinen ersten Reiseführer geschrieben hat. Mit seinen über 175 Jahren ist der Karl Baedeker Verlag der älteste Reiseführer-Verlag der Welt.

**www.baedeker.com**

## ZU GEWINNEN: STADTREISE NACH LONDON

**Unter allen Einsendungen verlost der Verlag am Jahresende – unter Ausschluss des Rechtswegs – eine Städtekurzreise für zwei Personen nach London.**
**Freuen Sie sich auf ein spannendes Wochenende in London. Natürlich ist ein Baedeker Allianz Reiseführer London auch dabei!**